구곡문화관광특구(九曲文化觀光特區)와 구곡한시 연구(九曲漢詩 研究)

이상주 지음

도서출판 다운샘

좌측: 중국 무이구곡 천유봉에서 내려다본 곡수(曲水) 충북일보 강신욱 촬영
우측: 고산구곡 고산정 2006년 중부매일 노승혁 촬영

좌측: 고산구곡 제4곡 주지번의 은병 글씨. 2001년 이상주 탁본.
우측: 고산구곡 제4곡 은병암 잔도(棧道) 2006년 중부매일 노승혁 촬영

갈은구곡 제2곡 갈천정시 판독

갈은구곡 제4곡 옥류벽(玉溜壁)

갈은구곡 제5곡 금병(錦屛)

갈은구곡 제6곡 구암(龜嵒)

2001년 산막이마을.

연하동문 1981년 노봉균(盧鳳均) 촬영

좌측: 노성도가 세운 문간공소재노선생지단(文簡公穌齋盧先生之壇).
2010년 12월 10일 조사하는 안동대 이종호교수.
우측: 전망대에서 내려다 본 수월정, 2006년 중부매일 노승혁 촬영

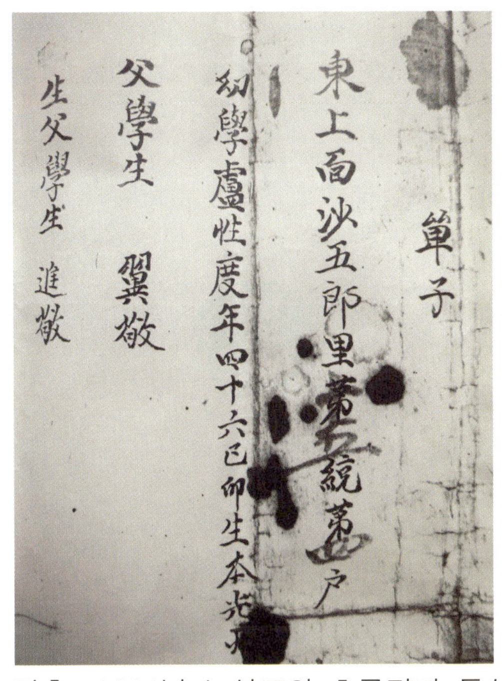

單子

東上面沙五郎里第[illegible]統第[illegible]戶

幼學盧性度年四十六己卯生本光[illegible]

父學生 翼敬

生父學生 進敬

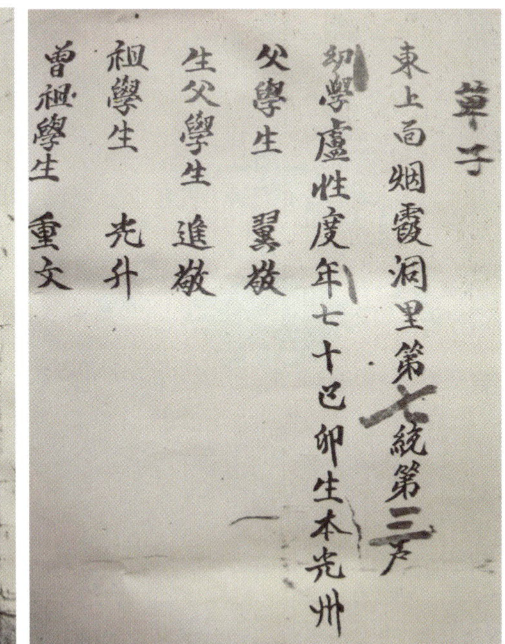

單子

東上面烟霞洞里第七統第三戶

幼學盧性度年七十己卯生本光州

父學生 翼敬

生父學生 進敬

祖學生 光升

曾祖學生 重文

좌측: 1864년 노성도의 호구단자 동상면 사오랑리
우측: 1888년 노성도의 호구단자 동상면 연하동리

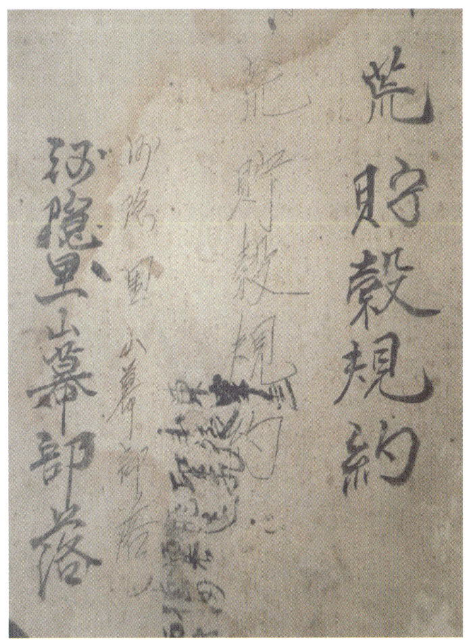

荒貯穀規約

沙隱里山幕部落

좌측: 산막이 분청사기 도요지에서 수습한 분청사기편
우측: 사은리산막부락(沙隱里山幕部落)이라 기록한 문서, 노광영 소장

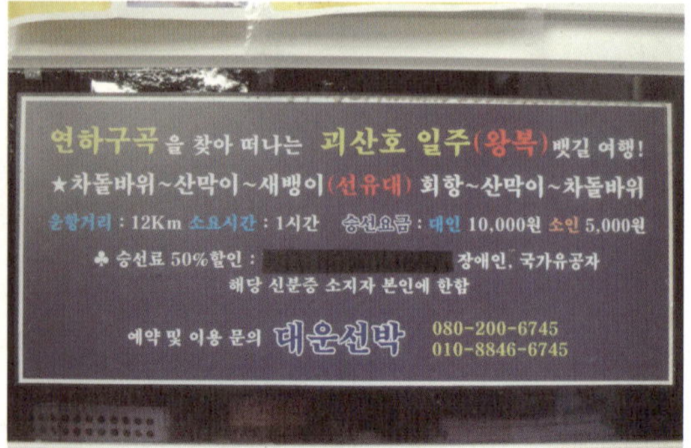

좌측: 2001년 6월 16일 토요일 이상주 연하동문 학계 최초 탁본. 탁본을 도와 준 양성국(楊成國 1977~)

우측: 2016년 8월 22일 월요일 '산막이옛길' 차돌바위선착장 매표소에 부착한 '연하구곡' 안내문구

쌍계구곡 제3곡 축요당 근처 절골 소금강　정재응이 거처하던 장소

좌측: 쌍계구곡 제7곡 용추(龍湫) 2006년 중부매일 노승혁 촬영

우측: 시묘살이 골짜기 쪽에 있는 쌍곡폭포

좌측: 2002년 이상주 발견 쌍곡 떡바위 한국유일의 복주머니 문양 암각문
우측: 선유구곡 제5곡 연단로 암반의 신선도

좌측: 선유구곡 제5곡 와룡폭
우측: 선유구곡 제5곡 와룡폭 옆 선유정의 주초석

좌측: 일제가 쪼아버린 만동묘비.
우측: 1914년 우인규의 옥조빙호 탁본. 옥조빙호각석은 1953년경 도난

좌측: 화양구곡 제2곡 운영담을 배경으로 기념촬영을 하는 관광객들
우측: 화양구곡 제9곡 파곶 파(巴 己)자 형의 물흐름

좌측: 1937년도 암서재. 명덕초등학교 6학년 수학여행기념 사진. 괴산군 사리면 화산리 도촌(243번지) 출신 졸업생 이은우(李殷祐 1920~1999) 참가
우측: 화양구곡 제4곡 암서재 2001년 설경

좌측: 서계구곡 상읍암 전경.
중앙: 이득윤의 상읍암 각자.
우측: 서계구곡 이득윤의 농금암(弄琴巖) 각자

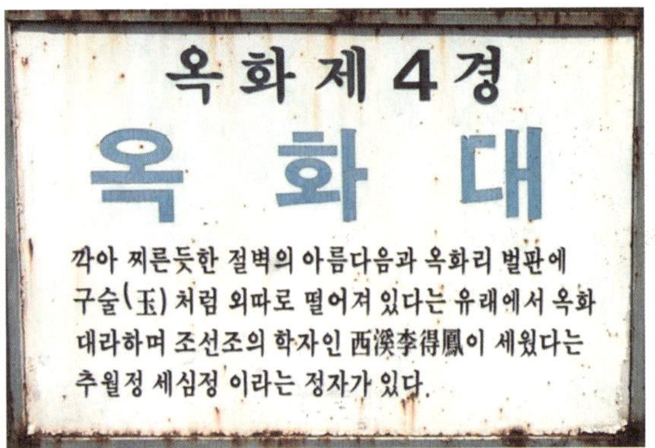

1995년 옥화대 안내판

송시열이 지은 옥화대명(玉華臺銘) 현판

옥화구곡 제7곡 오담. 지층의 변화 현상인 습곡(褶曲)

옥화구곡 제5곡 옥화대의 겨울

제5곡 옥화대에 있는 세심정의 가을

청주시 상당구 현암리 신득치 묘소 문관석의 문양,
2001년 이상주 탁본

구곡문화관광특구 탐방 지도

지도 1) 고산구곡 · 갈은구곡 · 연하구곡 · 쌍계구곡 · 선유구곡 · 화양구곡.

1	고산구곡 (孤山九曲)	유근 (柳根 1549~1627)	충북 괴산군 괴산읍 제월리 검승리
2	갈은구곡 (葛隱九曲)	전덕호 (全德浩1844~1922)	충북 괴산군 칠성면 갈론리
3	연하구곡 (煙霞九曲)	노성도 (盧性度 1819~1893)	충북 괴산군 칠성면 사은리 산막이 상하류
4	쌍계구곡 (雙溪九曲)	정재응 (鄭在應1764~1822)	충북 괴산군 칠성면 쌍곡리
5	선유구곡 (仙遊九曲)	김시찬(金時粲 1700~1767). 이보상(李普祥 1698~1775). 이상간(李尙侃 1715~1765). 정술조(鄭述祚 1711~1788)	충북 괴산군 청천면 삼송4리 선유동
6	화양구곡 (華陽九曲)	송시렬(宋時烈 1607~1689). 권상하(權尙夏 1641~1721) 민진원(閔鎭遠 1664~1736)	충북 괴산군 청천면 화양리

지도 2) 서계구곡 · 옥화구곡 · 낙우당구곡

1	서계구곡 (西溪九曲)	이득윤(李得胤 1553~1630)	충북 청주시 상당구 미원면 가양리
2	옥화구곡 (玉華九曲)	이득윤(李得胤 1553~1630)	충북 괴산군 청천면 귀만리, 청주시 상당구 미원면 옥화리, 보은군 내북면 봉황리
3	낙우당구곡(樂愚堂 九曲: 봉황정구곡)	신득치(申得治 1592~1656)	충북 청원군 미원면, 보은군 내북면 주성리 일원

『구곡문화관광특구와 구곡한시연구』라는 책을 내기까지

구곡은 한국 최고의 문화산수(文化山水)이다. 즉 자연산수에 구곡문화를 이입한 산수이다. 구곡은 필자가 일생을 바쳐 연구한 주제이다. 이에 대해 집요하게 연구한 배경은 다음과 같다.

필자는 '수신 제가 치국 평천하'의 논리로 인생을 살고 학문을 했다. 가까운 곳 즉 내 고향 괴산에 존재하는 가치가 있는 연구자료를 우선적으로 연구하자는 것이다. 또 나 자신과 전주 이씨 가문의 명예를 위해, 고향 도촌과 괴산 지역사회의 영광을 위해, 조국 대한민국과 한국국민의 번영을 위해, 인류와 세계의 안녕과 평화를 위해, 최후의 일각까지 최선을 다해야한다고 생각했다. 모든 사람이 이 원리대로 하면 한국은 더욱 세계의 선진이 될 수 있다. 필자의 학문방법은 온고지신이며 학문목표는 홍익학문이다. 이 책도 그 실천의 산물이다. 한국사회는 지금 4차산업혁명시대를 맞아 창의융합교육이 화두요 시대어가 됐다. 유학에서는 창의융합학문과 창의융합교육을 기본으로 했다. 그 방법을 제대로 알면 그를 성취할 수 있다. 필자는 학문의 철이 들면서 즉 학문을 하는 기본적인 방법을 터득하면서부터 모든 것이 향상 발전되었다. 필자는 성균관대학교에서 한국한문학을 전공하여 1994년 문학박사학위를 취득했다. 이후 한문학연구학자로서 조국과 민족에게 홍익이 되는 학문 즉 홍익학문을 해야 한다는 생각을 했다. '도랑 치고 가재 잡는다.'는 속담이 있다. 필자는 도랑치고 가재도 잡고 산삼도 캤다. 즉 박사학위논문에 필요한 자료를 수집하면서 틈틈이 그 이후에 연구할 가치가 있는 자료를 수집해놓았다. 그래서 그에 대한 논문을 작성했다. 그러다 문득 구곡에 대한 연구가 최고최적의 홍익학문이라는 생각이 들었다. 개권유익(開卷有益)의 소산이다.

신흥고등학교 재직시절(1981~1988) 함께 근무한 분 중에 조상희(趙相熙)

선생님이 있다. 그분은 석사학위 논문으로 「조선후기 만동묘(萬東廟)의 건립과 변천연구」에 대해 연구했다. 복사한 한문 자료를 대조 검토해달라고 하였다. 그 당시 나도 석사과정을 공부하고 있어 마음이 바쁘고 한문번역에 미숙하여 전체를 훑터보고는 미루다가 바로 해드리지 못했다. 그런데 하지 않아도 된다고 하셨다. 그때 그 복사본 자료에 화양구곡에 대해 쓴 시 3편이 수록돼 있던 것이 기억났다. 순간 '이것이다' 하는 생각이 들었다. 구곡이 홍익학문의 획기적인 자료이다. 그 무렵 '21세기는 문화의 세기'라고 하는 말이 유행했다. 경제중산층시대에서 문화중산층시대로 이행한다. 이런 시대풍조에 부응하여 사람들은 단순한 산수유람에서 문화관광을 누리며 품격이 높은 문화관광여행을 하고 싶어할 것이라 생각했다. 그리고 그런 자부심을 가지고 싶어할 것이라는 생각을 했다. 이런 시대적 욕구에 맞는 문화관광지는 구곡이 단연 최고라고 판단했다. 구곡은 거의 자연 산수가 수려한 곳이 설정돼있다. 거기에 시와 글씨 그림 등 역사문화요소가 함께 있다. 또한 사람들은 건강하게 장수하고 싶어한다. 흔히 구곡은 역사문화, 자연건강, 체험학습을 만족시킬 수 있다. 시청후미촉(視聽嗅味觸) 5감도 만족시킬 수 있다. 그래서 구곡연구에 몰입하고 자료를 탐색하기 시작했다. 그때까지 충북에서는 구곡에 대해 연구한 사람이 없었다.

1998년부터 구곡에 대해 본격적으로 연구하기 시작했다. 그 첫 번째 성과로 1999년 청주대학교 교육문제연구소에서 간행하는 『교육과학연구』 제13집에 「구곡시(九曲詩)의 전통(傳統)과 화양구곡시(華陽九曲詩)」라는 논문을 게재했다. 이 논문은 조상희선생님이 복사해준 자료에 수록돼있는 구곡시를 연구한 것이다. 그러다가 보은 속리산에서 발원하는 달천강유역에 구곡이 9개가 설정된 사실을 알게 됐다. 그래서 이를 '구곡문화관광특구(九曲文化觀光特區)'로 설정하는 것이 좋겠다고 생각했다. 그래서 2001년에는 '구곡문화관광특구'를 설정하고 '구곡문화관광특구선포문(九曲文化觀光特區宣布文)'을 작성했다. 문화관광특구를 설정하고 선포문을 작성한 사례도 처음인 듯하다. 이후 필연처럼 운명처럼 구곡과 구곡한시에 대한 자료들을 상당량 수집했다. 2018년 현재 화양구곡에 대해 지은 시만 45편 이상 탐색 수집하게 되었다. 어언 20년이란 세월이 흘렀다. 본래 '구곡문화관광특구'에 대한 연구는 2001년경에 마무리할 계획이었다. 지금 돌아보면 무리한 계획이었다. 완벽하게 연구하라고 지금껏 미루게 해주셨다고 여기고 있다.

필자는 구곡 등 연구논문을 쓰면서 한국전통문화의 현대화 세계화를 목표로 박물관을 건립하기 위해 사라져가는 그 시대 산물 등 생활문화재를 다량 수집했다. 식견이 있으면 박물관을 찾게 되고 박물관을 찾으면 식견이 높게 된다.

이 책은 필자가 1998년부터 연구 작성한 한 논문을 모아 엮은 것이다. 그간 새로 확인한 사실을 보완 수정하고 본문의 체제를 통일하는데도 시간이 적잖게 걸렸다. 각주는 당시 게재한 논문집마다 서술양식이 달라 그것을 통일하는데도 시간이 많이 들었다. 부득이 기본적인 사항을 통일하고 그대로 두었다. 그래서 논문을 게재할 당시의 논문서술 규정과 양식을 대략이나마 알아볼 수 있다.

그후 새로운 자료들을 찾아내게 되어 처음 게재했던 논문의 일부를 보완하거나 삭제해야할 사정이 생겼다. 그 논문 내용 중에 극히 일부는 당시 필자가 식견이 부족해서 본의 아니게 실수를 한 부분이 있어 이번에 정정했다. 가능한 한 그 내용을 각주에 기재했다. 그리고 그 내용을 본문 등 해당부분에 표시했다. 그런 경우 본문에 다음과 같이 표시했다. "축요당(祝堯堂)터: 통상 축요정(祝堯亭) 또는 쌍계정(雙溪亭)이라 불렀다. 정호(鄭澔 1648~1736)가 지금 '떡바위'라 불리는 암반 위에['충북 괴산군 칠성면 쌍곡리 절골 소금강 상류를 바라볼 때 왼쪽 암벽 근처에'로 2018년 수정한다] 지은 정자이다." 그래도 필자가 인지하지 못한 불완전한 부분이 있을 것이다. 양해와 질정을 바란다. 본래의 논문을 작성한 연도는 참고문헌 목록을 보면 알 수 있다.

연구되지 않은 가치가 있는 새로운 연구자료를 찾는 것이 쉬운 일이 아니다. 땅속에 들어있는 금강석 찾기와 같다. 가지고 있다고 해서 다 알려주는 것도 아니다. 누가 가지고 있는지 알기도 어렵다. 그래서 필자에게 가지고 있는 자료를 연구할 수 있도록 제공해준 분들께 감사하는 뜻으로 각주에 그 사실을 명기했다. 자료를 보여주신 분들께 깊이 감사한다. 필자가 탐문하거나 발견한 자료에 대해서도 그 경위를 각주에 서술한 경우도 있다. 자료 탐색과 수집에 어려움과 그 과정을 기술하여 학문하기가 쉬운 일이 아니라는 점도 알려주고 싶었다.

본 책의 내용은 한시와 한문을 번역하고 그 내용을 좀 더 이해하기 쉽게 해설해 놓은 것으로 보아도 좋다. 흩어져있는 자료들을 이 책에 모아놓는 자체도 매우 큰 의미가 있다. 필자가 논문을 쓸 때 참고했던 자료를 가지고 있던 분들이 상당 수 작고했을 만큼 세월이 흘렀다. 그 때 그 자료들이 그대로 남아있는지도 장담할 수 없다. 소장하신 분들이 작고하고 자손들이 이사하면서 제대로 챙겨놓았기를 바란다.

필자는 1979년부터 현재까지 쉬기는 했어도 놀지는 않았다. 옛날에도 뛰어나게 학문적인 업적을 남겨 역사에 이름이 빛나는 분들은 모두 그렇게 살았다.

2018년 현재 필자는 190여 편의 논저를 작성했다. 그 중에 구곡에 관한 논저가 70여 편 가량이 된다. 그래서 평소에 자칭 '구곡연구전문가(九曲硏究專門家)'라 했다. 2018년 10월 25일에는 한국의 연민학회(淵民學會)와 중국 상요사범학원 문학여신문전파학원(上饒師範學院 文學與新聞傳播学院) 공동으로 주최하는 국제학술대회에서 「주자(朱子)의 무이도가(武夷櫂歌)와 우암 후손(尤庵 後孫)들의 화양구곡시가(華陽九曲詩歌)」라는 논문을 발표했다. 평소 한국전통문화의 현대화 세계화를 목표로 연구해온 온고지신의 결과이다.

구곡은 팔경과 함께 2대 산수문화유산이다. 현재까지 필자가 확인한 바 우리나라에 설정된 구곡은 120여 곳이 있다. 구곡의 종주국 중국보다 많은 것으로 알고 있다. 구곡은 학통계승의 상징으로 설정된 매우 독특한 문화다. 이런 특이한 문화유산은 세계에서도 드문 것으로 알고 있다. 성인의 눈에 성인이 보인다. 문화의 아름다움과 그 향취도 재학식(才學識) 삼장(三長)의 식견을 구비한 사람이 제대로 음미 향유할 수 있다. 구곡은 산수가 좋은 곳에 설정되어있다. 대기의 오염도가 날로 심해져가는 시대에 역사문화, 자연건강, 생태체험을 만끽할 수 있는 최적의 문화관광지이다.

본 책을 엮으면서 오류와 불찰을 최소화하려고 했다. 항상 느끼는 것이지만 신은 인간에게 완벽을 허용하지 않는다. 기억이 나지 않거나 본의 아니게 순간적으로 착각하여 오류를 인지하지 못한 부분도 있다. 그리고 한문 번역이 생각보다 어렵다. 필자가 미처 감지하지 못한 오류가 있더라도 이해해주기 바라며 불찰이 보이거든 알려주기 바란다. 아울러 이 책에 참고한 책 첨부한 자료만 보아도 상당한 지식을 얻을 수 있어 경제적 학습을 할 수 있는 책이라 여겨주기 바란다. 이렇게나마 자위하고자 한다.

'華陽九曲'식으로 한자로 표기한 논문을 화양구곡(華陽九曲)으로 변환하는 일은 청주대학교 한문교육과를 졸업한 박범수(朴範秀)선생과 박수언(朴秀彦)선생이 도와주었다. 중원대학교 한국학과 3학년 이지선군이 네이버지도에 구곡의 위치를 표시해주었다. 자료를 제공해준 분들에 대해서도 기술해놓았다. 이 책을 낼 수 있게 은혜를 준 데 대해 감사의 예를 갖추는 것이다. 자료를 확인한 과정도 개술했다.

필자가 연구에 전념할 수 있도록 교수로 임용해주신 중원대학교 여러 어른들께 심심한 사의를 올린다. 그 은혜에 보답하기 위해 최선의 노력을 하여 연구했다.

묵묵히 내조한 아내 박정규, 내 공부하느라 잘 해주지 못했는데 자력으로 잘 성장해준 세계적인 이용재목 아들 용재, 천사의 미소 딸 혜라에게 미안하고 고맙다.

대한민국을 위대한 나라로 만들고 금수강산을 지켜주신 호국영령들께 감사하며 학문을 하여 홍익할 수 있도록 영감을 주신 천지신명과 조상님께 감사한다.

2019년 2월 7일

충북 괴산군 사리면 화산리 도촌 수동재(首峒齋)에서

영원한 이상주의자 이상주 삼가 적음

목 차

1부

구곡문화관광특구(九曲文化觀光特區)란 무엇인가?

1. 머리말

구곡은 한국의 최고(最高)의 문화산수(文化山水)이다. 즉 자연산수에 구곡문화를 이입한 산수이다. 필자는 1998년부터 충북의 '구곡문화권(九曲文化圈)'에 대한 연구를 수행해왔다. 그 첫 번 째 성과로 「구곡시의 전통과 화양구곡시」라는 논문을 썼다.[1] 구곡에 대해 자료를 수집하는 한 편 논문을 계속 작성했다. 그런데 마침 정부가 2001년을 '한국방문의 해'와 '지역문화의 해'로 선포한 바, 그 취지에 부응하고자, 이를 '구곡문화관광특구'[2]라 명명했다. 이는 '산수관광(山水觀光)'과 '문화관광(文化觀光)' 즉 문화산수관광(文化山水觀光)을 할 수 있는 문화관광권으로, 구곡(九曲)의 산수(山水)를 유람하며 구곡(九曲)에 대해 읊은 한시(漢詩)인 구곡시(九曲詩)를 감상할 수 있는 특별한 관광구역을 말한다. 전국적으로 구곡의 분포도를 살펴볼 때, 대개 어느 한 지역에 1개의 구곡이 설정되어 있는 경우는 종종 찾아 볼 수 있다. 그런데 충북지방엔 속리산계(俗離山系) 남한강인 달래강(달천강㺚川江) 중·상류 100여리 사이에 9개의 구곡이 설정돼있다. 이런 경우는 전국적으로도 드물며 충북에서는 유일하다. 그래서 필자는 이를 특별한 하나의 문화권으로 설정하여 그 명칭을 '구곡문화관광특구'라 명명한 것이다. 이에 대해 필자는 2001년 '구곡

---

1) 이상주, 「구곡시의 전통과 화양구곡시」, 『교육과학연구』 제13집, 청주대학교 교육문제연구소, 1999, 75~98면.

2) 필자가 조사 확인한 바 속리산계(俗離山系) 남한강인 달천(㺚川)유역에 9개의 구곡이 설정돼있다. 이에 대해 필자가 2001년 '구곡문화관광특구'라 명명하고 '구곡문화관광특구선포문'을 작성했다. 이상주(李相周), 「'구곡문화관광특구(九曲文化觀光特區)'와 구곡시 연구(九曲詩 硏究)」, 『동서어문연구(東西語文硏究)』 제17집, 청주대학교 동서어문학회, 2001, 195~232면.

문화관광특구'라 명명하고 선포문을 작성했다.

이 9개소의 구곡(九曲)에는 거기에서 은거했거나 유람했던 사람들이 구곡의 승경을 읊은 구곡한시를 남겼다. 이들은 자연과 인간과의 조화를 도모하며 산수자연을 즐기고 문학예술적으로 그 정경을 묘사하였다. 필자는 이러한 선인들의 자연애호정신과 문학예술정신을 선양하며 구곡문화유산의 가치를 올바로 평가하고 그 의미를 확연히 해두고자 하는 뜻에서 '구곡문화관광특구'라 명명한다. 따라서 필자는 특정지역에 형성된 독특한 지역문화유산인 '구곡문화유산'을 많은 사람들에게 공람하게 하여, 지역문화에 대한 관심과 자긍심을 고취앙양하고, 이를 계승하여 새로운 문화를 창달할 수 있는 기반을 조성하기 위해, '구곡문화관광특구'를 설정하여 선포했다.

'구곡문화관광특구'내에는 9개의 구곡이 있다. 답사하기 편리한 순서대로 그 명칭을 들어본다. 괴산군에 고산구곡(孤山九曲)·갈은구곡(葛隱九曲)·연하구곡(煙霞九曲)·쌍계구곡(雙溪九曲)·선유구곡(仙遊九曲)·화양구곡(華陽九曲)이 있다. 그리고 청원군에 서계구곡(西溪九曲)·옥화구곡(玉華九曲)이 있다. 또 보은군에 낙우당구곡(樂愚堂九曲)이 있다. 이에 대해서 필자는 그간 여러 편의 논문을 통해 연구했다. '구곡문화관광특구'를 기행하고 보은의 삼년산성을 거쳐 속리산 자정국존비에서 마무리하면 이상적이고 환상적인 산수문화관광을 누릴 수 있다. 따라서 그 구곡을 설정한 인물과 위치 그리고 그 구곡시에 대해 연구하여 문화수준을 향상하는데 기여하고 구곡문화가 한국 최고의 산수문화라는 점을 확산하고자 한다.

2. 구곡문화관광특구(九曲文化觀光特區) 설정과 그 의의

1998년부터 필자가 조사확인한 결과 기호사림이 설정한 구곡은 58개이며 충북내에 설정된 구곡은 28개이다. 이는 『충북의 구곡도와 구곡문화』에 자세히 소개했다. 여기서는 구곡문화관광특구내에 설정된 구곡을 도표로 제시해본다. 괴산읍을 시작으로 하여 답사하기 편한 순서로 배열했다. '구곡문화관광특구'내에 있는 9개 곡 중에 자신의 편의대로 답사하면 된다.

순번	구곡의 명칭	설정한 사람	위치
1	고산구곡(孤山九曲)	유근(柳根 1549~1627)	충북 괴산군 괴산읍 제월리 검승리
2	갈은구곡(葛隱九曲)	전덕호(全德浩1844~1922)	충북 괴산군 칠성면 갈론리
3	연하구곡(煙霞九曲)	노성도(盧性度 1819~1893)	충북 괴산군 칠성면 사은리 산막이 상하류
4	쌍계구곡(雙溪九曲)	정재응(鄭在應1764~1822)	충북 괴산군 칠성면 쌍곡리
5	선유구곡(仙遊九曲)	김시찬(金時粲 1700~1767) 이보상(李普祥 1698~1775) 이상간(李尙侃 1715~1765) 정술조(鄭述祚 1711~1788)	충북 괴산군 청천면 삼송4리 선유동
6	화양구곡(華陽九曲)	송시렬(宋時烈1607~1689)권상하(權尙夏 1641~1721) 민진원(閔鎭遠 1664~1736)	충북 괴산군 청천면 화양리
	서계구곡(西溪九曲)	이득윤(李得胤 1553~1630)	충북 청주시 상당구 미원면 가양리
	옥화구곡(玉華九曲)	이득윤(李得胤 1553~1630)	충북 괴산군 청천면 귀만리 청주시 상당구 미원면 옥화리 보은군 내북면 봉황리
	낙우당구곡(樂愚堂九曲:봉황정구곡)	신득치(申得治 1592~1656)	충북 청원군 미원면 보은군 내북면 주성리 일원

'구곡문화관광특구' 설정은 어떤 의미가 있는가? 우리는 '구곡문화관광특구'의 기행을 통해 다섯 가지 중요한 의미를 찾을 수 있다. 이는 구곡문화관광특구선포문에 기술했다. 지금 우리 사회는 물질적 풍요를 누리고 있지만, 날로 인심은 각박해져가고 인륜도덕은 추락해가며 자연환경은 심각하게 오염돼가고 있다. 이런 시대에 정신문화를 풍성하게 해주고 자연의 소중함을 인식하게 해주는 '구곡문화관광특구'는 인성교육의 도량으로 체력단련의 산장(山莊)으로 역사문화교양을 확충할 수 있다. 따라서 수학여행과 신혼여행 그리고 단체관광과 학술답사의 최적지이다.

학문의 바다는 넓디넓다. 2001년 당시에는 1개 강유역에 9개 구곡이 설정된 곳이 전국에서 달천강유역이 유일한 것으로 알았다. 필자는 충북, 경북 지역 뿐 아니라 전국의 구곡을 조사했다. 120개가 넘는다. 경북지방 구곡도 조사해놓은 자료가 있다. 경북대 김문기 교수가 집중적으로 연구하고 있기도 해서, 본의 아니게 보다 자세히 살피지 못했다. 그런데 2017년 12월 16일 토요일 한양대학교에서 한국한문학회 동계발표대회 [담정총서의 재조명]에서 필자가 자유주제 발표로 「이준(李埈)의 「단양십경차무이도가운(丹陽十景次武夷棹歌韻)」에 대한 고찰」이라는 논문을 발표했다. 토론을 맡은 한국국학진흥원

임노직 선생이 낙동강유역에 춘양구곡(春陽九曲), 갈산구곡(葛山九曲), 대명산구곡(大明山九曲), 도산이상구곡(陶山以上九曲), 도산구곡(陶山九曲), 퇴계구곡(退溪九曲), 절강구곡(浙江九曲), 백담구곡(栢潭九曲), 임하구곡(臨河九曲), 하회구곡(河回九曲) 등 10개 이상의 구곡이 설정돼 있다고 알려줬다. 감사하다. 따라서 본 책을 내면서 이 사실을 기술하는 것이다. 기본적인 연구방법이지만 필자도 책을 내거나 논문을 작성할 때 최신의 논문을 충실하게 검토해야한다는 생각을 해왔다. 또 그렇게 해왔다. 그러나 2001년도 당시에는 경북지역의 자료를 구득하기 쉽지 않아 갈산구곡, 도산이상구곡, 절강구곡, 하회구곡의 존재를 알지 못했다.

3. 구곡문화관광특구 선포문(九曲文化觀光特區 宣布文)

정부는 2001년을 '지역문화의 해'와 '한국방문의 해'로 선포했다. 2002년에는 월드컵축구대회가 일본과 우리나라에서 개최된다. 나는 정부의 취지에 부응병진하고, 또한 한국을 찾는 외국인에게 '구곡문화(九曲文化)'라는 하나의 독특한 문화권(文化圈)을 홍보하여 문화관광에 일익을 제공하고자 '구곡문화관광특구'를 설정하여 이를 선포한다.

'구곡문화관광특구'는 산수관광과 문화관광을 병행할 수 있는 관광권으로, 구곡(九曲)의 산수(山水)를 유람하며 구곡(九曲)의 한시(漢詩)를 감상할 수 있는 특별한 문화산수관광구역을 말한다. 전국적으로 구곡의 분포도를 살펴볼 때, 대개 어느 한 지역에 1개의 구곡이 설정되어 있는 경우는 종종 찾아 볼 수 있다. 구곡을 설정한 사람과 구곡에 은거한 사람, 또는 구곡을 유람했던 사람들 중에 구곡의 승경을 읊은 구곡한시를 남겼다. 이들은 자연과 인간과의 조화를 모색하며 산수자연을 즐기고 그 정경을 문학예술적으로 묘사하였다. 그런데 충북지방엔 속리산계(俗離山系) 남한강 즉 달천강 상·중류인 괴강(槐江)·박대천(博大川)·봉황천(鳳凰川)유역에 9개의 구곡이 집중돼있다. 이처럼 구곡(九曲)이 같은 수계(水系)에 연계설정(連繫設定)되어 '구곡문화권(九曲文化圈)'을 형성하고 있는 곳은 충북에서는 이 지역이 유일하다. 나는 속리산계(俗離山系) 남한강유역에 형성된 독특한 지역문화유산인 '구곡문화유산'을 통해, 선인들의 자연애호정신과 문학예술정신을 선양하며 구곡문화유산의 가치를 올바로 평가하고 그 의미를 확연히 해두고자 한다. 이에 나는 '구곡문화유산'을 많은 사람들에게 공람하게 하여, 지역문화에 대한 관심과 자긍심을 고취앙양하고, 이를 계승하여 새로운 문화를 창달할 수 있는 기반을 조성하기 위해, '구곡문화관광특구'를 설정하여 선포한다.

'구곡문화관광특구'는 하류에 있는 괴산군 제월리의 고산구곡(孤山九曲)을 기행의 출발점으로 하여, 청원군[청주시 상당구 2014년 7월 1일 통합. 이하 청주시로 표시함]의 박대천 유역에 설정된 옥화구곡(玉華九曲)을 거쳐, 보은군 내북면 봉황리에 설정되어있는 낙우당구곡(樂愚堂九曲)을 기행하고, 법주사경내에 있는 「속리산법주사자정국존비(俗離山法住寺玆淨國尊碑)를 관람하는 것으로 대 장정의 대미를 장식한다. '구곡문화관광특구'내에는 확인된 구곡은 현재 9개소가 있는데, 하류로부터 그 명칭을 들어본다. 괴산군에 고산구곡(孤山九曲)·연하구곡(煙霞九曲)·갈은구곡(葛隱九曲)·쌍곡구곡(雙谷九曲)·선유구곡(仙遊九曲)·화양구곡(華陽九曲)이 있다. 그리고 청원군에 서계구곡(西溪九曲)·옥화구곡(玉華九曲)이 있다. 또 보은군에 낙우당구곡(樂愚堂九曲)이 있다. 고산구곡은 유근(柳根 1549~1627), 연하구곡은 노성도(盧性度 1819~1893), 갈은구곡은 전덕호(全德浩 1844~1922), 선유팔경은 이녕(李寧 1514~), 화양구곡은 송시열(宋時列 1607~1689), 서계구곡과 옥화구곡은 이득윤(李得胤 1553~1630), 낙우당구곡은 신득치(申得治 1592~1656)가 설정했다. 이들 구곡이 설정된 시기는 대략 고산구곡(孤山九曲)·서계구곡(西溪九曲)·옥화구곡(玉華九曲)은 1500년대에, 화양구곡(華陽九曲)·낙우당구곡(樂愚堂九曲) 1600년대에, 연하구곡(煙霞九曲)·갈은구곡(葛隱九曲) 1800년대에 설정되었다. 지금의 선유구곡(仙遊九曲)은 1500년대에 화양동을 포함해서 선유팔경(仙遊八景)의 일부였으나, 1752년 김시찬(金時粲)·이보상(李普祥)·정술조(鄭述祚)·이상간(李尙侃) 등에 의해 선유구곡(仙遊九曲)으로 분화되었다. 쌍곡구곡(雙谷九曲)은 1987년 12월 28일에 설정 공포하였다.

현재 위에 든 구곡 중에 해당 구곡의 각각의 승경을 읊은 구곡한시가 확인된 곳은 8개소이다. 고산구곡(孤山九曲)·연하구곡(煙霞九曲)·갈은구곡(葛隱九曲)·쌍계구곡(雙溪九曲)·선유구곡(仙遊九曲)·화양구곡(華陽九曲)·옥화구곡(玉華九曲)·낙우당구곡(樂愚堂九曲)이다. 구곡중에 구곡시는 아직 나타나지 않았지만 구곡내의 승경을 팔경이라는 제목으로 읊은 곳이 1개소이다. 서계구곡(西溪九曲)이 여기에 해당된다. 이상 9개소의 구곡을 중심으로 구곡문화관광특구의 기행여정을 수립했다.

이 지역은 소백산맥 북쪽품안에 위치하고 있다. 백두대간이 남으로 내려오다가 소백산맥을 형성하고 있다. 소백산맥 정맥은 죽령이 있는 소백산, 조령관문으로 유명한 조령산, 그 주위에 주흘산, 문장대와 법주사로 명성이 있는 속리산, 추풍령으로 유명한 민주지산, 직지사로 유명한 모악산으로 이어진다. 이 소맥정맥의 산봉우리들은 산세가 험준하고 웅혼하다. 그러나 그 험준한 산에서 발원하는 물줄기를 따라 내려오면 골골이 시내와 들녘이 아기자기하게 펼쳐진다. 물길을 따라 계곡을 따라 아담하고 그윽한 산수가 조화를 이루어 절경이 곳곳에 자리하고 있다. 여기에 골골이 문인학자들이 구곡을 설정하고 구곡시를 지었다. 대자연이 가져다주는 물질적 풍요와 수려한 산수가 이들을 학문과 예술의 세계로 이끌었던 것이다. 이들의 풍류와 학문 예술 정신은 문화의 세기에 사는 오늘의 우리들이 숭상하고 본받을 만한 것이다. 이에 나는 구곡의 산수를 유람하며 구곡한시를 분석하고 그 의미를 되새기며 구곡문화관광특구를 기행할 수 있는 기회를 마련했다.

유근(柳根)의 고산구곡(孤山九曲)은 소설 『임꺽정』의 저자 홍명희(洪命熹)의 생가가 있는 제월리일대에 펼쳐져있다. 유근은 고고한 인품과 높은 학문을 통해 경세제민을 구현한 연후 귀향하여 심신의 안식을 취하기 위해 고산구곡을 설정했다. 이 주변에는 수많은 문화유적지가 산재해 있다. 연하구곡(煙霞九曲)은 1957년 완공된 광복 후 최초의 발전소인 괴산수력발전소 호수 위쪽에 설정됐다. 지금은 수력발전소 건설로 수몰되었지만, 호수로 인해 훨씬 더 조화로운 산수미를 즐길 수 있다. 연하구곡(煙霞九曲)은 노수신(盧守愼)의 적소(謫所)에 그 후손 노성도(盧性度)가 노수신(盧守愼)의 혼령을 위로하고자 제단을 쌓고 구곡을 설정했으니 그 숭조정신과 효성을 본받을 만하다. 전덕호(全德浩)가 설정한 것으로 전해지는 갈은구곡(葛隱九曲)은 괴산수력발전소 호수 위쪽으로 올라가다가 왼쪽으로 들어가는 산수좋은 골짜기에 전개된다. 이곳의 특징은 각각의 구곡(九曲)마다 다양한 서체로 한시(漢詩)를 바위에 음각해놓았는데 그 필세가 유려하다. 이리하여 한시(漢詩)의 야외강의실이요 서체연구(書體硏究)의 야외 연구실로 활용할 수 있다. 이처럼 구곡(九曲)의

매 구곡마다 구곡시를 암각하여 구곡문화의 진수를 보여주는 곳은, 전국적으로도 이곳이 유일하다. 이는 구곡문화의 대표적 상징적 문화유산으로 길이 보전하여 그 의미를 선양하고, 그 문화정신을 계승 발전시켜야 할 것이다. 이것이 올바른 후손의 도리인 것이다. 선유구곡(仙遊九曲)은 전설적이며 선취적(仙趣的)인 인물 이녕(李寧)과 지인지감(知人之鑑)의 달인(達人)인 이준경(李浚慶)의 설화가 어우러져 선취적(仙趣的) 정감과 초세적(超世的) 운치를 더해준다. 화양구곡(華陽九曲)은 송시열로 하여 유명하다. 송시열의 사대적(事大的)인 면을 부정적으로 평가하기도 하지만 그 의리정신(義理精神)은 긍정적으로 평가해야할 것이다. 옥화구곡(玉華九曲)과 서계구곡(西溪九曲)은 학술과 교육에 힘썼던 이득윤(李得胤)이 설정했다. 그는 육가(六歌)의 전통을 계승하여 「서계육가(西溪六歌)」와 「옥화육가(玉華六歌)」를 창작했으며, 선조(宣祖)의 신임을 받아 왕자사부(王子師傅)로 발탁되어 광해주(光海主)를 가르쳤던 문인이자 학자이다. 신득치(申得治)가 설정한 보은군의 낙우당구곡(樂愚堂九曲)은 주돈이(周敦頤)와 굴원(屈原)의 삶을 추구한 고고한 선비의 자취를 엿볼 수 있다. 보은읍 종곡에는 선유팔경(仙遊八景)을 설정한 이녕(李寧)과 친분이 두터웠던 성운(成運)이 은거하며 고고한 선비의 절개를 지켰다. 속리산에는 성운의 발자취와 그의 제자인 임제(林悌)의 발자취가 남아있다. 임제는 「화사(花史)」와 「수성지(愁城志)」로 유명하다. 속리산에서 특히 주목할 것은 법주사경내에 있는 「속리산법주사자정국존비(俗離山法住寺玆淨國尊碑)」이다. 이 비석에는 『고려사』에 보이지 않은 승관(僧官)인 참회부(懺悔府)의 존재를 기록해놓고 있어 당시 불교의 흥성과 승려들의 위상을 알 수 있다. 또한 자정비는 은인장(銀印章)과 금속(金屬) 주자인장(鑄字印章)을 주조했다는 사실을 기록해 놓은 현존 최고의 비이다. 특히 주목할 점은 불경인 『해장내서경론(海藏內書經論)』을 번역했다는 사실을 기록해놓았다는 점이다. 따라서 '『해장내서경론(海藏內書經論)』 번역본(飜譯本)'은 비문(碑文)에 전해지는 '최고(最古)의 불경번역본(佛經飜譯本)'으로 볼 수 있다. 이런 사실을 통해 볼 때 자정비는 불경번역본(佛經飜譯本)의 존재를 기록한 최고(最古)의 비이자 유일의 비로 평가할 수 있다. 그외도 중요한 사실을 알 수 있으니, 자정비는 13세기중엽 14세기초 고려 당시의 사회사연구와 불교사연구의 보배라고 그 의의를 부여할 수 있다. 보은의 삼년산성은 신라(新羅) 자비마립간(慈悲麻立

干) 13년(서기 470년)에 축조된 산성으로 축성연대를 확실히 알 수 있는 산성중에 연대가 앞선다. 이 산성은 신라가 북진을 위해 축조한 거점산성으로, 독특한 축성방식과 함께 삼국통일의 기반을 구축한 산성이라는 점에서 그 의미가 크다.

우리는 구곡문화관광특구 기행을 통해서 몇 가지 중요한 의미를 찾을 수 있다.

첫째, 우리는 구곡문화관광특구를 기행을 통해 장엄하고 수려한 산수자연미를 감상하는 시각적 즐거움을 만끽할 수 있으며 자연의 소중함을 확인할 수 있다. 아울러 '인자요산(仁者樂山) 지자요수(知者樂水)'라는 대자연이 가르쳐 주는 무언의 교훈을 통해, 만인이 나의 스승이자 만물이 나의 선생이라는 배움의 자세를 터득할 수 있다.

둘째, 구곡을 설정한 사람이나 구곡시를 창작한 사람들은 대부분 주돈이(周敦頤)·정이(程頤)·정호(程顥)·주자(朱子) 등 중국 도학자들의 심오한 학문 자세와 고결한 인품을 숭앙하고 자신들도 이를 실천하여 학문과 교육에 정진하기도 했다. 또한 그들은 구곡을 실존의 현실속에 존재하는 신선의 세계로 간주하기도 했다. 그리하여 속세의 번민과 갈등에서 초탈하려 했거나, 신선연(神仙然)하며 안빈낙도하고 유유자적하고자 했다. 이렇듯 이들은 수려한 산수자연에서 선취적(仙趣的)이며 초속적(超俗的)인 삶을 추구했다. 이를 통해 조선조 선비들이 신선사상과 중국 도학자들의 영향을 받았다는 사실을 확인할 수 있다.

셋째, 산수자연미를 감상하면서 자연에 인간의 감정을 의탁하여 표현하는 문학의 표현법인 탁물우의(托物寓意)의 표현기법을 감지할 수 있다. 또 자연경치를 먼저 읊고 인간의 감정을 나중에 표현하는 표현법인 전경후정(前景後情)의 시적(詩的) 표현기법을 배워 문학적 소양을 높이고 한시(漢詩)의 묘미를 즐길 수 있다. 또한 사물과 자아가 하나로 되는 물아일치(物我一致)의 자연관을 체험할 수 있다.

넷째, 구곡의 암벽에 한자를 새겨놓은 곳도 있으며, 누각에 현판을 양각해 놓거나, 시를 음각해놓은 곳도 있다. 이를 통해 당시 유행했던 서체와 개인의 서풍 등 당시의 서예미학을 연구하고 서예적 식견을 확립할 수 있는 서예학습장으로 답사할 만하다.

다섯째, 구곡이나 그 주변에 은둔했거나 거처했던 문인학자들은 그 인근을 비롯하여 각지의 교우들과 시문을 주고받으며 서로의 처지를 격려해주기도하고 찬양하기도 하며 돈독한 정분을 나누었다. 이런 선인들의 우도의 실천은, 이해득실(利害得失)에 따라 이합집산(離合集散)하는 경향이 농후한 이 시대에 진정한 우도(友道)의 방향을 제시해준다.

이렇듯 구곡문화관광특구는 산수자연을 즐기면서 다양한 의미와 효과를 얻을 수 있다. 지금 우리 사회는 물질적 풍요를 누리고 있지만, 날로 인심은 각박해져가고 인륜도덕은 추락해가며 자연환경은 심각하게 오염돼가고 있다. 이런 시대에 정신문화를 풍성하게 해주고 자연의 소중함을 인식하게 해주는 구곡문화관광특구는 인성교육의 도량으로, 체력단련의 광장으로 활용할 수 있다. 따라서 수학여행과 신혼여행 그리고 단체관광과 학술답사의 최적지이다. 결론적으로 '구곡문화관광특구'는 단순히 산수자연을 유람감상하는 장소가 아니다. 산수자연을 통해 산수자연의 소중함을 각성하게 해주고, 산수 자연을 통해 진정한 인생의 의미와 진지한 인생의 자세를 반추해볼 수 있는 문화관광명소이다.

'구곡문화관광특구' 인근엔 문화사적으로 중요한 유적지가 적지 않다. 괴산의 괴강 기슭에는 현존 최고(最古)의 육아일기(育兒日記) 『양아록(養兒錄)』의 저자 이문건(李文楗)을 배향한 화암서원(花巖書院)이 있다. 진천군 초평에는 조선후기 박학다식을 추구했던 이하곤의 지적(知的) 산실인 서화도서관 완위각(宛委閣: 만권루萬卷樓)이 있었다. 현존 최고의 금속활자본 『직지심체요절(直指心體要節)』을 인쇄했던 청주(淸州) 흥덕사지(興德寺址)에 고인쇄박물관(古印刷博物館)이 건립돼있다. 그외 인근에는 수많은 문화유적이 산재해 있다.

근자까지 산수명승지의 관광은 대개 단순히 먹고 마시고 보고 즐기는 유흥관광이 주류를 이루었다. 21세기는 우주촌시대(宇宙村時代)이며 문화의 세기이다. 영국인들은 인도와 세익스피어를 바꾸지 않는다고 했다. 1999년 영국 엘리자베스여왕이 경북 안동의 하회(下回)마을을 방문했다. 그 만큼 그들은 문화예술을 중시하고 있는 것이다. 2001년은 '한국방문의 해'와 '지역문화의 해'이며, 2002년은 우리나라에서 월드컵축구대회가 개최된다. 이런 시대적 대세로 볼 때, 독특한 문화권인 '구곡문화관광특구'는 국내적으로는 우리문화를 올바로 이해할 수 있게 해주고, 세계적으로는 한국문화의 한 특색을 인식하게 해줄 수 있다. 아울러 지역경제의 융성에도 기여할 수 있을 것이다. 이런 국내외적 문화적 추세에 능동적이며 적극적으로 부응하기 위해, 나는 산수관광과 문화교육관광의 인식과 기회를 확산하고자 충북의 톡특한 문화지구인 '구곡문화권(九曲文化圈)'을 묶어 '구곡문화관광특구'를 설정하여 선포한다. 이제 '구곡문화관광특구 – 신선(神仙)의 길을 따라 물길 산길 200리를 가보자.'

2001년 11월 11일

충북 괴산군 사리면 화산리 도촌 출신
청주대학교 강사 문학박사 이상주 작성 선포

4. 구곡문화관광특구와 구곡한시(九曲漢詩)의 연구 범위

'구곡문화관광특구'내에는 9개의 구곡(九曲)이 있는데, 관련시가 확인된 구곡은 8개의 구곡이 있다. 이 9개의 구곡(九曲)은 속리산계 남한강 상류지역으로 속리산에서 발원하여 괴강에 이르는 구간에 설정되어있다. 구체적으로 그 하류인 괴산군 괴산읍 제월리의 괴강부터 청주시 상당구 미원면의 박대천, 보은군 내북면 봉황천에 이르는 지역에 분포되어 있다. 그 명칭을 하류로부터 순서대로 열거하면 다음과 같다. 괴산군에 고산구곡(孤山九曲)·연하구곡(煙霞九曲)·갈은구곡(葛隱九曲)·쌍곡구곡(雙谷九曲)·선유구곡(仙遊九曲)·화양구곡(華陽九曲)이 있다. 그리고 청원군[청주시 상당구 2014년 7월 1일 통합]에 서계구곡(西溪九曲)·옥화구곡(玉華九曲)이 있다. 또 보은군에 낙우당구곡(樂愚堂九曲)이 있다.

'구곡문화관광특구'와 관련된 구곡시(九曲詩)에 대한 연구는 구곡이라 명명된 산수명승지를 중심으로 거기에 관련된 구곡한시(九曲漢詩)를 대상으로 한다. '구곡문화관광특구'내의 구곡시를 다음과 같이 분류할 수 있다.

첫째 주자의 「무이도가(武夷棹歌)」에 차운한 시이거나, 제목이 구곡의 명칭과 일치하며 각각의 구곡의 경관을 9수의 한시로 읊은 경우다. 괴산군에 속해있는 연하구곡(煙霞九曲)·갈은구곡(葛隱九曲)·화양구곡(華陽九曲), 그리고 청주시에 속해 있는 옥화구곡(玉華九曲), 또 보은군에 속해 있는 낙우당구곡(樂愚堂九曲)이 여기에 해당된다.

두 번 째 한시의 제목이 구곡의 명칭과 일치하지 않더라도 9개의 한시가 해당 구곡을 읊었다는 것을 객관적으로 수긍할 수 있는 경우다. 괴산군에 속해 있는 「고산구경시(孤山九景詩)」가 여기에 해당된다.

세 번째 해당 구곡에 대해 읊은 구곡시가 없는 경우 부득이 팔경시(八景詩)를 넣었다. 즉 이득윤이 서계구곡(西溪九曲)과 서계팔경(西溪八詠)을 설정했는데 겹치는 곳이 있다. 그래서 서계팔경시를 포함시켰다.

본 연구는 속리산계 남한강지역에 분포한 구곡과 구곡한시를 다루는 작업이다. 그 발원지가 되는 속리산 법주사 경내에 매우 중요한 비석이 있어 이 기회에 소개한다. 바로 속리산법주사 경내에 있는 「속리산법주사자정국존비(俗離山法住寺玆淨國尊碑)」이다. 이 비석에는 『고려사』에 보이지 않은 승관(僧官)인 참회부(懺悔府)의 존재를 기록해놓고 있어 당시 불교의 흥성과 승려들의 위상을 알 수 있다. 또한 자정비국존비는 은인장(銀印章)과 금속(金屬) 주자인장(鑄字印章)을 주조했다는 사실을 기록해 놓았다. 따라서 자정비는 은인장(銀印章)과 금속 주자인장(鑄字印章)을 주조했다는 사실을 기록해 놓은 현존 최고의 비이다. 특히 주목할 점은 불경인 『해장내서경론(海藏內書經論)』을 번역했다는 사실을 기록해놓았다는 점이다. 불경을 번역했다는 사실을 기록한 문헌이나 금석문도 찾아보기 힘든 것 같다. 따라서 '『해장내서경론(海藏內書經論)』번역본(飜譯本)'은 비문에 전해지는 '최고(最古)의 불경번역본(佛經飜譯本)'으로 볼 수 있다. 이렇게 볼 때, 자정비는 불경번역본(佛經飜譯本)의 존재를 기록한 최고(最古)의 비이자 유일의 비로 평가할 수 있다. 그 외도 중요한 사실을 알 수 있으니, 자정비는 13세기중엽 14세기초 고려 당시의 사회사연구와 불교사연구의 보배라고 그 의의를 부여할 수 있다.[3)]

본고는 '구곡문화관광특구'내에 존재하는 9개 구곡과 그 구곡한시를 연구하고자 한다.

3) 이상주(李相周), 「13세기중엽 14세기초 금속(金屬) 인장(印章) 주조(鑄造)와 불경(佛經)의 강론(講論)·번역(飜譯) - 속리산(俗離山) 법주사(法住寺) 자정국존비(玆淨國尊碑)를 중심으로 -」, 『書誌學報(書誌學報)』25, 한국서지학회, 2001.

5. 구곡(九曲)과 구곡시(九曲詩)의 연원

우리나라에는 구곡과 팔경이 적지 않다. 산수가 수려한 곳이면 대개 ○○구곡 ○○팔경이라 불리는 곳이 상당 수 있다. 구곡(九曲)으로는 화양구곡(華陽九曲)이 유명하며, 팔경(八景)으로는 관동팔경(關東八景)과 단양팔경(丹陽八景)이 유명하다. 그런데 10곡도 아니고 10경도 아니고 왜 하필이면 구곡이고 팔경인가? 본고에서는 구곡과 구곡시에 대한 이해를 돕기 위해 구곡과 구곡시의 유래에 대해 알아본다.

1) 곡(曲)을 구곡(九曲)으로 한정한 철학적 배경

주지하다시피 ‘구곡(九曲)’은 아홉 개의 ‘곡(曲)’으로 이루어졌다. 그런데 왜 하필이면 ‘곡(曲)’을 아홉 개를 설정하고, ‘구곡(九曲)’이라 했을까? 이는 『주역(周易)』 ‘구오(九五)’의 원리를 적용한 것이다. 이 점에 대해서는 근자에 김문기(金文基)가 그의 논문에서 간략한 언급한 바 있으며[4], 조선후기 홍양호(洪良浩)의 글에도 보인다. 이 점에 대하여 구체적이며 논리적으로 전개한 기록이 있을 수 있겠으나, 필자는 아직 목도하지 못했다.

최초로 ‘구곡(九曲)’을 설정한 사람은 중국의 주자(朱子)이다. 주자의 글을 통해 이런 점을 언급한 사실이 있는지를 고찰하는 것이 순서이겠으나, 제반 여건상 쉬운 일이 아니라서, 편의상 『주역(周易)』의 논리를 따라, 주자가 구곡(九曲)을 설정한 의도를 살펴보기로 한다. 먼저 『설문해자(說文解字)』에, “구(九)는 양수(陽數)의 변(變)이며, 그 굽은 것이 다 끝난 모양을 본뜬 것이다.[5]”라고 설명했다.

역(易)의 괘(卦)를 구성하는 두 가지 요소에 양효(陽爻)와 음효(陰爻)가 있다. 양효(陽爻)와 (陰爻)는 역(易)을 구성하는 두 가지 괘(卦)이다. 음효(陰爻) 하나로써 양효(陽爻) 하나로써 겉을 삼는다. 양효(陽爻)는 괘효(卦爻)의 하나. 일(一)로써 겉을 삼는데, 음효<일>(陰爻<一>)과 상대가 된다.

다음은 구오(九五)와 관련된 내용에 대해 알아보자.

---

4) “역(易)의 구오(九五) 즉(卽) 비룡재천격(飛龍在天格)인 구오(九五)를 택해서 5곡” 김문기(金文基), 「구곡가계(九曲歌系) 시가(詩歌)의 계보(系譜)와 전개양상」, 『국어교육연구』23, 국어교육연구회, 1991. 52면.

5) 『說文解字』. “九 陽數之變, 象其屈曲究盡之形.”

> 제일(第一)의 자리에 놓이게 되어, 그래서 초(初)라고 칭했다. 그 양(陽)으로서 효(爻)가 되어, 그래서 구(九)라 칭하는 것이다.6)

> 역괘(易卦) 아래로 부터 위로 향하는 수(數), 양효(陽爻)가 제오위(第五位)에 위치하는 것을 일컬어 구오(九五)라 한다.7)

> 구오(九五)에 말하기를, "'날으는 용이 하늘에 있으니, 대인을 보는 것이 이롭다.'고 함은 무엇을 말하는가?"라고 했다. 공자가, "같은 소리는 서로 호응하고, 같은 기운은 서로 구한다. 물은 흘러 습하게 되고, 불은 나아가 마르게 한다. 구름은 용을 따르고, 바람은 범을 따른다. 성인이 나타나면 만물이 보이게 된다. 하늘에 바탕을 둔 것은 위와 가깝게 되고, 땅에 바탕을 둔 것은 아래와 가깝게 되니, 곧 저마다 그 부류를 따르게 된다."8)라고 말했다.

위의 내용을 간단히 요약하면, 구오(九五)는 만물이 각각 그 기능과 역할을 다하여 원만하고 활발하게 작용하는 상황이다.

『주역(周易)』「계사전(繫辭傳)」상(上) 에, "천자(天子)의 지위이다. 역(易)의 구오(九五)는 군(君)의 자리를 본 뜻 것이다.9)"라 했다. 즉 구오(九五)가 군(君)의 자리라 함은 제일의 자리 으뜸의 자리인 것이다. 모든 것이 으뜸 또는 제일로 진행하는 상황으로 본 것이다.

『주역(周易)』「건(乾)」에, "공자가 말했다. … 건(乾)의 큼이 구(九)를 쓰니 천하가 다스려지는 것이다. 10)"라고 했다. 즉 구(九)는 천하가 다스려지게 하는 숫자이다.

이상을 종합해보면 구오(九五)는 만물이 각각 그 기능과 역할을 다하여 원만하고 활발하게 작용하는 상황이며, 모든 것이 으뜸 또는 제일로 진행하는 상황으로 본 것이며, 천하가 다스려지게 하는 숫자인 것이다. 결국 구오(九五)는 만물이 각각 그 기능과 역할을 다하여 원만하고 활발하게 작용하게 하여, 천하를 으뜸으로 잘 다스려지게 하는 상황을 표현한 괘(卦)이다. 그리니

---

6) 『周易』「乾, 初九, 疏」. "居第一之位, 故稱初. 以其陽爻, 故稱九."
7) 『周易』「乾」. "易卦從下向上數, 陽數居第五位, 謂之九五."
8) 『周易』「乾・九五」. "九五曰 飛龍在天, 利見大人, 何謂也? 子曰 同聲相應, 同氣相求, 水流濕, 火就燥, 雲從龍, 風從虎. 聖人作, 萬物覩. 本乎天者, 親上, 本乎地者, 親下, 則 各從其類也."
9) 『周易』「繫辭傳」上. "天子之位也. 易之九五, 象君位.(易 繫辭 上. 崇高莫大乎富貴, 疏)"
10) 『周易』「乾」. "子曰 … 乾元用九, 天下治也."

까 자연에 구곡(九曲)을 설정한 것도 순리대로 원만하게 천하가 으뜸으로 잘 다스려지기를 기원하는 천하관(天下觀)과 정치관(政治觀)의 자연에의 표현인 것이다.

위에서 살펴보았듯이, 구곡(九曲)은 『주역(周易)』에 나오는 양효(陽爻)가 제5위에 있는 구오(九五)의 원리에 근거하여 '아홉 개'의 '곡(曲)'을 설정한 것이다. 주자는 『周易』의 구오(九五)의 원리를 원용하여 구곡(九曲)을 설정한 것이며, 제5곡에 무이정사(武夷精舍)를 지은 것이다.

구곡(九曲)의 아홉 개의 곡(曲)을 설정하게 된 것을 『주역(周易)』의 구오(九五)에서 유래됐다는 사실을 언급한 인물로는 일찍이 홍양호가 있다.

> 「우이동구곡기(牛耳洞九曲[11]記)」
>
> 무릇 구(九)라는 것은 양(陽)이 왕성한 숫자가 지극한 것이다. 그래서 건(乾)의 책(策)에 구(九)를 쓴 것이니, 규범(規範)에 홍범구주(洪範九疇)[12]가 있으며, 우공(禹貢)에 구주(九州)[13]가 있으며, 동(洞)에 구곡(九曲)이 있는 것이니, 또한 자연(自然)의 숫자이다. 주부자(朱夫子)[14]가 무이(武夷)[15]의 깊은 곳에서 출발한 것으로부터, 우리나라 사람들이 이름난 구역을 점유한 사람이 많은데, 구(九)로서 숫자를 삼은 것이다. 오직 영남(嶺南)의 도산(陶山)[16]과 해주(海州)의 석담(石潭)[17]이 더욱 뛰어나니, 어찌 오직 땅의 아름다움 때문이겠는가?. 거의 사람으로 말미암아 드러난 것이다. 지금 우이(牛耳)의 곡(曲)은 모든 경치가 웅

11) 우이동구곡(牛耳洞九曲): 지금 서울특별시 강북구 우이동일대에 설정한 구곡..

12) 범주서(範疇書): 홍범구주(洪範九疇) 중국 하(夏)의 우(禹)임금 때 낙수(洛水)에서 나타난 신령스런 거북이 등에 나타났다는 구장(九章)의 글로서 천하를 다스리는 대법(大法) 첫째 오행(五行), 둘째 경건히 시행할 오사(五事), 셋째 농사에 필요한 팔정(八政), 넷째 협조하여 적용할 오기(五紀), 다섯째 임금의 법칙을 통일시키는 황극(皇極), 여섯째 다스림에 적용할 삼덕(三德), 일곱째 명확하게 하기 위해 점을 치는 계의(稽疑), 여덟째 정치의 잘잘못을 살피는 서징(庶徵), 아홉째는 신하의 공덕을 기리는 오복(五福)과 악덕을 경계하는데 필요한 육극(六極)이다. 『서경(書經)』「홍범(洪範)」.

13) 구주(九州): 우(禹)임금이 9의 권역으로 나누어 다스리던 행정구역. 『書經』「禹貢」. 冀州・兗州・青州・揚州・荊州・豫州・梁州・雍州.

14) 주부자(朱夫子): 주희(朱熹)를 가리킴.

16) 무이(武夷): 무이산(武夷山)을 지칭함. 중국 복건성(福建省) 숭안현(崇安縣) 남쪽에 있는 산. 무이구곡(武夷九曲)은 승진동(升眞洞), 옥녀봉(玉女峯), 선기암(仙機岩), 금계암(金雞岩), 철적정(鐵笛亭), 선장봉(仙掌峯), 석당사(石唐寺), 고루암(鼓樓岩), 신촌시(新村市)이다. 풍경이 뛰어나게 아름답다.

16) 도산(陶山): 퇴계(退溪) 이황(李滉)의 머문 도산서원일대를 말하는 것으로 보인다. 실제 퇴계는 구곡을 정하지 않았다.

17) 석담(石潭): 율곡(栗谷) 이이(李珥)가 설정한 황해도 석담(石潭)에 있는 석담구곡(石潭九曲)을 말함.

> 장하고 기이함과 달빛의 맑고 뛰어남은, 무이와 더불어 어느 것이 나은 지 알 수 없으니, 즉 도산(陶山)과 석담(石潭)의 장소에는 갖추고 있지 않다. 그러나 그 드러나고 드러나지 않는 것은, 또한 사람을 기다릴 뿐이다.[18]

홍양호는 구(九)가 양(陽)이 왕성한 숫자이기 때문에, 『서경(書經)』에 나오는 하(夏)나라 우(禹)임금이 법률을 홍범구주(洪範九疇), 행정구역도 구주(九州)로 했으며, 주자(朱子)가 동(洞)도 구곡(九曲)으로 했다고 밝히고 있다. 이는 『주역(周易)』의 구오(九五)의 원리를 간파한 식견이 있는 발언이다.

이상을 종합해볼 때, 주자의 무이구곡(武夷九曲)은 『주역(周易)』 구오(九五)의 원리의 자연에 표현이라는 사실을 재확인할 수 있다. 따라서 우리나라의 구곡(九曲)은 『주역(周易)』구오(九五)의 원리에 근거하여 완성한 주자의 무이구곡(武夷九曲)을 모방한 것이며, 구곡시(九曲詩)는 주자의 무이도가(武夷櫂歌)를 모방한 것이다.

우리나라 통일신라시대의 구주 오소경(九州 五小京)[19]도, 『주역(周易)』의 구오(九五)의 원리와 하(夏)나라 우(禹)임금의 구주(九州)를 모방하여 행정구역을 설정한 것이다. 즉 『주역(周易)』의 구오(九五)의 원리인 생생력이 발휘되고 최고의 자리에 도달하기를 염원하는 의지를 행정구역 설정에 적용한 것이다. 이를 통해 볼 때 삼경(三經)과 사서(四書)를 읽지 않고 동양과 한국의 전통학문을 논할 수 없다는 것을 확인할 수 있다.

2) 주자(朱子)의 무이구곡(武夷九曲)과 「무이도가(武夷櫂歌)」

2007년 4월 7일부터 3박 4일 간 충북일보 강신욱기자와 무이구곡을 다녀왔다. 사진은 그때 강신욱기자가 촬영한 것이다.

---

18) 洪良浩, 『耳溪集』「牛耳洞九曲記」. "夫九者, 陽之盛數之極. 故乾之策用九, 而範有九疇, 貢有九州, 洞之九曲, 亦自然之數也. 自夫朱夫子發武夷之奧, 東人之占名區者, 率多, 以九數焉. 惟嶺南之陶山, 海(州탈자?)之石潭尤著焉, 豈惟地之勝歟. 殆由人而顯也. 今牛耳之曲, 如萬景之雄奇, 月影之淸絶, 未知孰與武夷, 而卽陶山·石潭之所, 未有也. 然其顯不顯, 亦待乎人焉耳."

19) 통일신라시대 구주 오소경(九州 五小京): 문무왕 때부터 신문왕 때까지의 명칭(= 뒤의 명칭은 현재의 지명) 사벌주(沙伐州)= 상주(尙州) 삽량주(歃良州)= 양산(梁山) 청주(菁州)= 진주(晋州) 한산주(漢山州)= 광주(廣州) 수약주(首若州)= 춘천(春川) 웅천주(熊川州)= 공주(公州) 하서주(河西州)= 강릉(江陵) 완산주(完山州)= 전주(全州) 무진주(武珍州)= 광주(光州) 오소경(九州 五小京): 금관경(金官京)= 김해(金海) 중원경(中原京)= 충주(忠州) 북원경(北原京)= 원주(原州) 서원경(西原京)= 청주(淸州) 남원경(南原京)= 남원(南原)

사진: 제1곡. 제6곡 천유봉. 대나무 뗏목을 타고 내려오는 유람객. 제9곡 구곡이라는 곡의 순서와 구곡가를 새겨놓음

위에서 우리나라의 구곡과 구곡시는 주자의 무이구곡(武夷九曲)과 「무이도가(武夷櫂歌)」에서 유래했다는 사실을 밝혔다. 무이구곡(武夷九曲)과 「무이도가(武夷櫂歌)」에 대해 알아보기로 하자. 고려말에 주자학(朱子學)은 성리학(性理學)이란 이름으로 중국에서 받아들였으며, 이의 이념을 수용한 신진 지식인들이 부상하기 시작했다. 주자는 우리나라에 사상에서 뿐 아니라 문인학자들의 강호(江湖)에의 생활면 그리고 문학에까지 큰 영향을 미쳤다.

그러면 주자에 대해 알아보자. 주자(朱子 1130~1200)는 송의 대유학자이다. 이름은 희(熹)요, 송(松)의 아들이다. 자(字)는 원회(元晦), 중회(仲晦)로 고쳤다. 만년(晩年)의 호(號)는 회암(晦菴) 자양운곡로인(紫陽雲谷老人) 창주병수(滄州病叟) 둔옹운대은사(遯翁雲臺隱史) 등이다. 관직은 고(高)·효(孝)·광(光)·영(寧) 사조(四朝)에 걸쳐 전운부사(轉運副使) 환장각대제(煥章閣待制) 비각수찬(秘閣修撰) 등을 역임했다. 그 당(堂)의 이름이 자양서당(紫陽書堂), 무이정사(武夷精舍), 또 건양 운곡(建陽 雲谷)에 초당(草堂)을 짓고 회암(晦菴)이라 했다. 만년에 건양(建陽)의 고정(考亭)에 복축(卜築)하여 창주정사(滄州精舍)를 세웠는데, 고정(考亭)에 강학(講學)하는 장소가 있어 사람들이 고정학파(考亭學派)라 불렀다. 『자치통감절목(自治通鑑節目)』『사서집주(四書集注)』『소학(小學)』『근사록(近思錄)』등 많은 저술이 있다.

주자는 무이구곡(武夷九曲)[20]과 운곡(雲谷)에 은거했다. 무이산(武夷山)에 대해 알아보자. 무이(無彛)로도 쓴다. 중국 복건성(福建省) 숭안현(崇安縣) 남쪽 선하산맥(仙霞山脈)이 일어나는 머리가 된다. 옛날에 신인(神人) 무이군(武夷君)이 살던 곳이라 그렇게 이름했다. 백 여리에 걸쳐있으며, 많은 봉우리들이 줄지어 솟아있는데(列峙), 삼앙봉(三仰峯)이 가장 높으며, 시내가 감돌아 흘러가는데, 구곡(九曲)이라 일컬어지는 곳이 있다.

무이구곡(武夷九曲)은 다음과 같다. 1곡 승진동(升眞洞) 2곡 옥녀봉(玉女峯) 3곡 선기암(仙機岩) 4곡 금계암(金雞岩) 5곡 철적정(鐵笛亭) 6곡 선장봉(仙掌峯) 7곡 석당사(石唐寺) 8곡 고루암(鼓樓岩) 9곡 신촌시(新村市)이다.

「무이도가(武夷櫂歌)」란 주자가 무이구곡의 제1곡에서 부터 제9곡까지 산수풍광을 읊은 9수의 연작시를 말한다. 주자(朱子)의 「무이도가(武夷棹歌)」전편을 소개한다. 성균관대학교 송재소(宋載卲 1943~)교수의 번역을 싣는다.

무이도가(武夷棹歌)
무이산상유선령, 산하한류곡곡청. 욕식개중기절처, 도가한청양삼성.
(武夷山上有仙靈, 山下寒流曲曲淸. 欲識箇中奇絶處, 棹歌閑聽兩三聲)
무이산 위에는 선령이 있고, 산 아랜 찬 물결 구비구비 맑은데
그중에 기절처 알고 싶으면, 한가롭게 도가소리 들어보게.

일곡계변상조선, 만정봉영잠청천. 홍교일단무소식, 만학천암쇄취연.
(一曲溪邊上釣船, 幔亭峯影蘸淸川. 虹橋一斷無消息, 萬壑千岩鎖翠煙)
일곡이라 냇가에서 낚싯배에 오르니, 만정봉 그림자가 맑은 내에 잠겨 있네.
홍교 한 번 끊어진 후 소식 없는데, 천 만개 골과 산이 푸른 안개에 싸여 있네.

이곡정정옥녀봉, 삽화임수위수용. 도인불복양대운, 흥입전산취기중.
(二曲亭亭玉女峯, 揷花臨水爲誰容. 道人不復陽臺雲, 興入前山翠幾重)
이곡이라 옥녀봉 우뚝 솟아 있는데, 물가에서 꽃꽂고 누굴 위해 단장했나.

---

20) 무이(武夷): 무이산(武夷山)을 지칭함. 중국 복건성(福建省) 숭안현(崇安縣) 남쪽에 있는 산. 무이구곡은 승진동(升眞洞), 옥녀봉(玉女峯), 선기암(仙機岩), 금계암(金雞岩), 철적정(鐵笛亭), 선장봉(仙掌峯), 석당사(石唐寺), 고루암(鼓樓岩), 신촌시(新村市)이다. 풍경이 뛰어나게 아름답다.

도인은 양대의 꿈 다시 꾸지 않고서, 흥에 겨워 산에 드니 푸르름이 몇 겹이냐.

삼곡군간가학선, 부지정도기하년. 상전해수금여허, 포말풍등감자련.
(三曲君看架壑船, 不知停棹幾何年. 桑田海水今如許, 泡沫風燈敢自憐)
삼곡이라 그대는 가학선을 보았는가, 노 젓기 멈춘 지 몇 년이나 되었던고.
상전이 벽해됨이 이와 같은데, 인생의 덧없음을 어찌 감히 슬퍼하랴

사곡동서양석암, 암화수로벽람삼. 금계규파무인견, 월만공산수만담.
(四曲東西兩石巖, 岩花垂露碧㲯毿. 金鷄叫罷無人見, 月滿空山水滿潭)
사곡이라 동서에 우뚝 솟은 두 바위, 이슬 젖은 꽃잎이요 무성한 풀이로다.
금계 울음 그치고 인적도 없는데, 빈산엔 달 가득 연못엔 물이 가득.

오곡산고운기심, 장시연우암평림. 임간유객무인식, 애내성중만고심.
(五曲山高雲氣深, 長時烟雨暗平林. 林間有客無人識, 欸乃聲中萬古心)
오곡이라 산 높아 구름기운 짙고, 언제나 평림은 안개비에 어두운데,
숲속의 나그네 알아줄 이 없으니, 노 젓는 소리 속 만고심에 잠기도다.

육곡창병요벽만, 모자종일엄시관. 객래의도암화락, 원조불경춘의한.
(六曲蒼屛遶碧灣, 茅茨終日掩柴關. 客來倚棹巖花落, 猿鳥不驚春意閑)
육곡이라 푸른 병풍 물굽이 둘렀는데, 띠집엔 종일토록 사립문 닫혔네.
삿대 기댄 나그네 바위 꽃 떨어지고, 새 원숭이 소리 없이 봄은 마냥 한가롭네.

칠곡이선상벽탄, 은병선장갱회간. 각련작야봉두우, 첨득비천기도한.
(七曲移船上碧灘, 隱屛仙掌更回看. 却憐昨夜峰頭雨, 添得飛泉幾道寒)
칠곡이라 배를 저어 푸른 여울 올라가니, 은병봉 선장봉이 다시 돌아 뵈는구나.
아름답다, 어제밤 봉우리에 나린 비로, 몇 갈랜지 불은 물길 싸늘한 것을.

팔곡풍연세욕개, 고루암하수영회. 막언차처무가경, 자시유인불상래.
(八曲風煙勢欲開, 鼓樓巖下水縈洄. 莫言此處無佳境, 自是遊人不上來)
팔곡이라 바람 안개 걷히려는데, 고루암 아래 물결 굽이쳐 돌아드네.
이곳 가경이 없다고 하지 말라, 이로부터 유람객이 오지 않을라.

구곡장궁안활연, 상마우로견평천. 어랑갱멱도원로, 제시인간별유천
(九曲將窮眼豁然, 桑麻雨露見平川. 漁郎更覓桃源路, 除是人間別有天)

구곡이라 다하려니 눈앞이 훤해지고, 상마와 우로에 평천이 보이누나.
어랑은 도원길 다시 찾지만, 여기가 인간의 별유천인 것을.

주자는 제5곡에 무이정사(武夷精舍)를 짓고 학문과 강학을 했다. 여기서 정사(精舍)[21]는 학사(學舍)를 뜻하는 말로 쓴 것이다. 조선조 사림들은 이런 주자의 생활을 모방하여 생활 속에 실천했다. 주자의 문학적 영향은 「무이도가(武夷棹歌)」의 수용으로 극명하게 나타난다. 이조에 있어서 주자의 무이구곡에의 음영을 최초로 시창작에 응용했던 지식인은 서거정(徐居正)인 듯하다.[22] 이후 구곡을 경영하면서 문학작품을 창작한 사실이 중요하다.

3) 율곡 이이의 고산구곡가(高山九曲歌)와 고산구곡가 한역시

주자의 무이구곡과 「무이도가」를 본받아, 이이는 고산구곡을 설정하고 「고산구곡가」를 지었다. 고산구곡은 황해도 해주군 고산면 석담에 설정했다. 석담구곡 또는 고산구곡이라 한다. 고산구곡은 다음과 같다. 제1곡 관암(冠巖), 제2곡 화암(花巖), 제3곡 취병(翠屛), 제4곡 송애(松崖) 제5곡 은병(隱屛), 제6곡 조협(釣峽), 제7곡 풍암(楓巖), 제9곡 금탄(琴灘)이다.

이이가 1578년에 지은 10수의 연시조인 고산구곡가가 전해진다. 고산구곡가는 문헌에 따라 표기법이 다르다. 본고에서는 수록연대가 오래된 것으로 보이는 이형상(李衡祥)의 『병와전서(甁窩全書)』, 「악학습령(樂學拾零)」에 수록된 대본을 참고한다. 원문에 붙여썼으나, 편의를 위해 필자가 띄어썼다.

高山九曲潭을 사름이 모로더니
誅茅卜居ᄒᆞ니 벗님ᄂᆡ 다 오신다
어즈버 武夷를 想像ᄒᆞ고 學朱子을 ᄒᆞ리라.

一曲은 어ᄃᆡ ᄆᆡ오 冠岩에 ᄒᆞ비쵠다
平蕪에 ᄂᆡ 거드니 遠近이 그림이로다
松間에 綠罇을 노코 벗 오는 양 보노라

---

21) 정사(精舍): 『후한서(後漢書)』, 「포함전(包咸傳)」. 咸在東海, 立精舍講授.

22) 이민홍(李敏弘), 『사림파문학(士林派文學)의 연구(硏究)』, 형설출판사, 1987. 55면. 서거정(徐居正)은 주자의 무이정사잡영(武夷精舍雜詠)에 차운(次韻)하여 「주문공무이정사도용문공운(朱文公武夷精舍圖用文公韻)」를 지었다. 서거정(徐居正) 『사가집(四佳集)』 권4 79~80면.

二曲은 어ᄃᆡ ᄆᆡ오 花岩에 春晩커다
碧波에 곳을 ᄯᅴ워 野外로 보ᄂᆡ노라
사ᄅᆞᆷ이 勝地을 모로니 알게 ᄒᆞᆫ들 엇더리

三曲은 어ᄃᆡ ᄆᆡ오 翠屛에 닙 퍼젓다.
綠樹에 山鳥ᄂᆞᆫ 下上其音ᄒᆞᄂᆞᆫ 적의
盤松이 바ᄅᆞᆷ을 바드니 녀ᄅᆞᆷ 景이 업ᄉᆡ라.

四曲은 어ᄃᆡᄆᆡ오 松岩[23]에 ᄒᆡ 넘거다.
潭心岩影은 온갓 빗치 ᄌᆞᆷ겨셰라
林泉이 깁도록 됴흐니 興을 계워 ᄒᆞ노라

五曲은 어ᄃᆡ ᄆᆡ오 隱屛이 보기 됴타
水邊精舍은 瀟洒ᄒᆞᆷ도 ᄀᆞ이 업다
이中에 講學도 ᄒᆞ려니와 咏月吟風ᄒᆞ리라

六曲은 어ᄃᆡ ᄆᆡ오 釣(위 山+ 아래 夾)에 물이 업다
나와 고기와 뉘야 더욱 즐기ᄂᆞᆫ고
黃昏에 낙ᄃᆡ를 메고 帶月歸를 ᄒᆞ노라

七曲은 어ᄃᆡ ᄆᆡ오 楓岩에 秋色 됴타
淸霜 엷게 치니 絶壁이 錦繡ㅣ로다
寒岩에 혼ᄌᆞ셔 안쟈 집을 잇고 잇노라

八曲은 어ᄃᆡ ᄆᆡ오 琴灘에 ᄃᆞᆯ이 ᄇᆞᆰ다
玉軫金徽로 數三曲을 노는 말이
古調를 알이 업스니 혼ᄌᆞ 즐거 ᄒᆞ노라

九曲은 어ᄃᆡ ᄆᆡ오 文山에 歲暮커다
奇巖怪石이 눈 속에 무쳐셰라
遊人은 오지 아니 ᄒᆞ고 볼 것 업다 ᄒᆞ더라

---

23) 송암(松岩): 송애(松崖)로 되어 있는 (本)이 많다.

이이와 그가 지은 「고산구곡가」가 끼친 그 영향이 어느 정도였는지 살펴보기로 하자. 이이가 한글로 창작한 「고산구곡가」를 한시(漢詩)로 번역한 사람들의 숫자를 보면 이를 절감할 수 있다. 여기에 참여한 사람들의 이름을 열거해본다.

우암(尤庵) 송시열(宋時烈 1607~1689) 문곡(文谷) 김수항(金壽恒 1629~1689), 제월(霽月) 송규렴(宋奎濂 1630~1709), 장암(丈巖) 정호(鄭澔 1648~1736), 수곡(睡谷) 이여(李畬 1645~1718), 곡운(谷雲) 김수증(金壽增 1624~1701), 삼연(三淵) 김창흡(金昌翕 1653~1722), 수암(遂庵) 권상하(權尙夏 1641~1721), 지촌(芝村) 이희조(李喜朝 1655~1724), 교리(校理) 송주석(宋疇錫 1650~1692) 등 10명이다.

이 한역시 작자들은 모두 기호학맥(畿湖學脈) 서인(西人) 노론계(老論系) 인물들이다. 이어 「고산구곡가」의 한역시인 「고산구곡시」[24]를 소개한다.

우암(尤庵), 「기차무이도가수운(旣次武夷櫂歌首韻), 하분속제공(下分屬諸公) 의선생구곡가이성지(李先生九曲歌 而成之)」

우암이 이미 무이도가수운(武夷櫂歌首韻)에 차운하였으며, 그 이하는 여러 분에게 배분하여, 선생의 구곡가(九曲歌)의 내용에 의거하여 완성했다.

오백천종지병령(五百天鍾地炳靈), 율옹자품수이정(栗翁姿稟粹而精)
5백가지 천품(天稟)을 받고 땅이 영험함을 밝혀주어,
율곡선생의 자품이 순수하고 정예하네.
고산구곡유심처(高山九曲幽深處), 율괵한류점슬성(汩㶁[25]寒流點瑟聲)
고산구곡(高山九曲) 아늑하고 깊은 곳에,
빠르게 흐르는 시원한 시내물소리 비파소리라.
우암(尤庵) 송시열(宋時烈 1607~1689)

일곡송간양옥선(一曲松間漾玉船), 관암초일영전천(冠巖初日映前川)

24) 이이(李珥), 「고산구곡시(高山九曲詩)」, 『율곡전서(栗谷全書)』Ⅱ, 부록(附錄) 속편(續編), 한국문집총간 45. 민족문화추진회, 1992. 452~253면.
25) 율괵(汩㶁): 율(汩)은 빨리 흐르는 모양. 빠른 모양. 괵(㶁): 물이 갈라져서 흘러가는 모양. 셀차게 흐르는 모양.

일곡이라 소나무 사이에 옥선(玉船)을 띄우니,
관암(冠巖)의 아침 햇빛이 앞개울에 비치네.
휴공좌대가붕지(携笻坐待佳朋至), 원수평무권권연(遠峀平蕪捲捲煙)
지팡이 잡고 앉아서 친한 벗 오기를 기다리니,
먼 산봉우리 평평한 들녁에 안개 걷히네.
문곡(文谷) 김수항(金壽恒 1629~1689)

이곡선암화영봉(二曲僊巖花映峯), 벽파유수양춘객(碧波流水漾春客)
이곡이라 선암(僊巖)은 꽃이 비치는 봉우리,
푸른 물결 흐르는 물에 봄놀이 손님 띄우네.
낙홍해사어랑식(落紅解使漁郎識), 휴설도원격만중(休說桃源隔萬重)
떨어진 꽃잎을 어부에게 알아보게 하였으니,
무릉도원(武陵桃源)이 만 겹이나 떨어져있다 말하지 말라.
제월(霽月) 송규렴(宋奎濂 1630~1709)

삼곡증문영학선(三曲曾聞詠壑船), 상유이도문하년(上游移櫂問何年)
삼곡이라 일찍이 학선(壑船)에서 읊조렸다 들었는데,
노저어 올라가며 그 때가 어느 해인가 물었네.
산금해설창상사(山禽解說滄桑事), 하상기음정가련(下上其音正可憐)
산새는 상전벽해(桑田碧海)의 일을 설명하며,
오르내리니 그 울음소리 정말 가련하네.
장암(丈巖) 정호(鄭澔 1648~1736)

사곡송애만장암(四曲松崖萬丈巖), 일사임영취람삼(日斜林影翠毿毿)
사곡이라 송애(松崖)는 만 길의 바위,
해 기울자 숲그림자 푸르름이 짙네.
이정정재유심처(怡情正在幽深處), 운백산청집일담(雲白山靑集一潭)
기쁜 정 바로 아늑하고 깊은 곳에 있으며,
흰 구름 푸른 산 연못 하나에 모였네.
수곡(睡谷) 이여(李畬 1645~1718)

오곡운연심복심(五曲雲煙深復深), 무이정사차산림(武夷精舍此山林)
오곡이라 구름 안개 짙고 또 짙은데,

무이정사(武夷精舍)가 이 숲속에 있네.
유연장리청계상(翛然杖履淸溪上), 수회음풍영월심(誰會吟風詠月心)
빠르게 맑은 물가에 지팡이 짚고 거닐며,
누가 음풍영월(吟風詠月)하는 마음을 모으리?
곡운(谷雲) 김수증(金壽增 1624~1701)

육곡춘심조연만(六曲春深釣緣灣), 귀시계월조송관(歸時溪月照松關)
육곡이라 봄은 깊어가고 낚시 물가에 드리웠는데,
돌아올 때 시내위에 뜬 달은 소나무굴을 비추네.
호량상하천기활(濠梁[26]上下天機活), 어아상념과숙한(魚我相念果孰閑)
호량(濠梁) 위 아래에 천기(天機)[27]가 활발하니,
고기와 나 서로의 생각 과연 누가 더 한가할꼬?
삼연(三淵) 김창흡(金昌翕 1653~1722)

칠곡풍암도벽탄(七曲楓巖倒碧灘), 금병추색경중간(錦屛秋色鏡中看)
칠곡이라 풍암(楓巖)이 푸른 물결에 꺼꾸로 비치는데,
금병(錦屛)의 가을 기운이 거울 가운데 보이네.
유연독좌망귀로(悠然獨坐忘歸路), 일임상풍불면한(一任霜風拂面寒)
유연히 홀로 앉아 돌아가는 걸 잊고 있는데,
한 줄기 서리 바람이 싸늘하게 얼굴을 스치네.
수암(遂庵) 권상하(權尙夏 1641~1721)

팔곡계산하처개(八曲溪山何處開), 금탄종일호연회(琴灘終日好沿洄)
팔곡이라 시내와 산이 어느 곳에 펼쳐졌는고?
금탄(琴灘)이 휘감돌아가는 걸 종일토록 좋아하네.
아현욕주무인화(牙絃[28]欲奏無人和), 독대청천제월래(獨對靑天霽月來)

---

26) 호량(濠梁): 속세를 떠나서 자연속에서 한가롭게 즐김. 장자(莊子)가 호량(濠梁) 위에서 물고기가 노는 것을 보고 즐거워했음. 『장자(莊子)』, 「추수(秋水)」. 莊子與惠子, 遊於濠梁之上, 莊子曰, 鯈魚, 出遊從容, 是魚之樂. 惠子曰, 子非魚, 安知魚之樂? 莊子曰, 子非我, 安知不知魚之樂? 惠子曰, 我非子, 固不知子矣. 子固非魚, 子之不知魚之樂 全矣. 호량(濠梁): 안휘성(安徽省) 봉양현(鳳陽縣) 동북(東北) 동쪽에서 흐르는 호수(濠水)에 설치한 다리의 이름.

27) 천기(天機): 천성(天性)과 같은 뜻. 『장자(莊子)』, 「대종사(大宗師)」. 조선후기에 통용되었던 성정(性情)·천기(天機)·성령(性靈)의 개념은 근본적으로 큰 차이가 없는 상통하는 의미라 할 수 있다. 즉 인간이 천부적(天賦的)으로 지니고 있는 순수(純粹)하고 진실(眞實)한 정감(情感)과 성품(性品)으로 볼 수 있겠다.

28) 백아(伯牙)의 거문고줄: 백아(伯牙)가 거문고를 잘 타서 높은 산에 마음을 두고 타면, 종자기가

백아(伯牙)의 거문고 연주하고자 하나 화답할 사람 없어,
홀로 파란 하늘을 바라보니 맑게 개인 달이 떠오르네.
지촌(芝村) 이희조(李喜朝 1655~1724)

구곡문암설호연(九曲文巖雪皓然), 기형엄진구산천(奇形揜盡舊山川)
구곡이라 문암(文巖)에 하얗게 눈이 나려,
옛 산천 덮어 모두 기이한 형상 되었네.
유인만설무가경(遊人謾說無佳景), 미긍궁심차동천(未肯窮尋此洞天)
노니는 사람들 아름다운 경치 없다 함부로 말하지 말라,
이 동천(洞天) 즐겨 찾으려 힘쓰지 않을라.
교리(校理)[29] 송주석(宋疇錫 1650~1692)

위에서 살펴보았듯이 「고산구곡가」를 한역한 사람들은 모두 기호학맥 서인 노론계 인물들이다. 그 후 상당수의 기호학맥 서인계 인물들은 구곡을 설정하고 구곡시를 짓는다.[30]

4) 구곡(九曲) 설정의 원칙

산수가 좋은 곳에는 구곡이나 팔경이 설정되어 있는 경우가 많다. 동일인이 일정지역에 구곡을 설정하기도 하고 또 다른 지역에 팔경을 설정하기도 한다. 다른 사람이 설정한 팔경 내에, 또 다른 사람이 구곡을 설정하기도 한다. 그런가하면 다른 사람이 설정한 팔경 내에 또 다른 사람이 구곡을 설정하기도 한다. 처음에 팔경이 설정되었다가 후대에 구곡으로 분화 변천되는 경우도 있다. 구곡과 팔경의 범위가 넓은 경우도 있고 좁은 경우도 있다. 다른 사람이 설정한 구곡의 인근에 또 다른 사람이 팔경을 설정하기도 한다. 이렇게 된 연유는 서로 생존시대가 다른데다가, 기록을 남겨놓았어도 서로 그 기록을 보지 못하여 그런 일이 야기된 것으로 여겨진다. 혹은 산수가 좋은 곳이다 보니,

---

"좋도다. 높고 높도다, 태산 같이."라고 하고, 강하(江河)에 마음을 두고 타면, 종자기가 "좋도다. 출렁출렁대도다, 강물같이."라고 했다. 서로 마음이 잘 통한다는 뜻. 『열자(列子)』「탕문(湯問)」. 伯牙鼓琴, 志在登高山, 鍾子期曰 善哉, 峨峨兮若泰山. 志在流水, 鍾子期曰 善哉, 洋洋兮若江河.

29) 교리(校理): 다른 사람들은 모두 호(號)를 썼는데, 송주석은 관직의 명칭을 썼다. 송시열의 손자이다.

30) 이상주(李相周), 「'구곡문화관광특구'와 그 구곡 설정자들의 학맥」, 『중원문화논총』제9집, 충북대학교 중원문화연구소, 2005. 참조.

서로 애호하고 즐기려니 남이 설정한 것과 중복되더라도 개의치 않은 것이 아닌가한다.

'구곡문화관광특구(九曲文化觀光特區)' 인근이나 그 권역 내에도 팔경(八景)이 몇몇 존재한다. 충북 괴산군 괴산읍 제월리 괴강 제월대를 중심으로 설정된 고산구곡(孤山九曲) 인근과 그 구역내에도 팔경과 팔경시가 존재한다. 고산구곡과 거의 같은 지점 맞은편에 박지겸(朴知謙 1549~1623)이 설정한 애한정팔경(愛閑亭八景)이 있다. 그런가 하면 그 구역 내에 제월팔경(霽月八景)을 설정한 사람도 있다. 그 설정자를 밝히려고 노력하고 있다. 고산구곡 하류 약 1km 지점에 김득신(金得臣 1604~1684)이 취묵당팔경(醉默堂八景)을 설정했다. 박지겸의 애한정팔경부터 김득신의 취묵당팔경까지 약 3km이내이다.

통계상으로 우리나라에 구곡과 구곡시보다는 팔경과 팔경시가 더 많다. 구곡은 계곡을 대개 하류부터 1곡으로 시작하여 상류에 9곡을 정한다. 즉 계곡의 9개 명소를 선으로 연결한 '곡선중심(曲線中心)의 문화산수'이다. 대다수 구곡은 구체적인 지점에 설정하고, 명칭을 정하기 때문에 구곡의 위치를 알 수 있다. 1곡에서 9곡까지의 총 거리가 최소한 1km 이상, 길으면 수십 km가 된다.

반면 팔경은 구곡처럼 계곡 상하류에 선(線)으로 이어 설정한 경우가 거의 없다. 자기가 거처하는 곳에서 보이는 범위 내에 설정하는 것이 보통이다. 보이지 않는 광범한 구역까지 포괄해서 설정한 경우도 있다. 8개의 경(景)이면(面)을 이루고 있어, '평면중심(平面中心)의 문화산수'이다. 팔경은 기존의 지명을 사용하는 경우도 있고 설정자 자신이 전에 없던 지명을 새로 명명한 경우도 있다. 따라서 8개 경(景)의 구체적인 명칭은 있으나 그 명칭을 새겨 놓지 않아 그 위치를 확인하기가 쉽지 않다. 팔경 8개의 경(景)과 구곡 9개의 곡(曲)의 정확한 위치를 확인하기 어려운 곳도 더러 있다.

6. 맺음말

충북에는 일찍이 이득윤(李得胤 1553~1630)이 서계구곡과 옥화구곡을 설정했다. 한편 율곡 이이의 도통(道統) 즉 학통(學統)을 계승한 우암 송시열과 그 문하생 권상하와 민진원에 의해 화양구곡이 완성되었다. 이후 기호지방에는 율곡과 우암의 학통을 계승한 사림들이 학통계승의 상징으로 구곡을 설정하는 사례가 증가했다. '구곡문화관광특구'내에 설정된 구곡 중에 화양구곡을 본받아 설정한 구곡이 4개이다. 선유구곡, 쌍계구곡, 연하구곡, 갈은구곡이다. 이렇듯 학통은 사상과 문화에 지대한 영향을 준다. 오늘날도 학문을 하는데 있어 이런 전통의 장점을 살려 매진하면 나름 대로 뛰어난 학문적 성과를 거둘 수 있다고 본다. 속리산계(俗離山系) 남한강유역에 형성된 독특한 문화산수인 '구곡문화유산'을 통해, 선인들의 자연애호정신과 문학예술정신 그리고 학통계승의식을 배울 수 있다. 또 지역문화에 대한 관심과 자긍심을 갖을 수 있다. 나아가 이를 선양하고 온고지신하여 학문발전과 문화창달에 기여할 수 있는 역량을 배양해야할 것이다.

본고를 통해 '구곡문화관광특구(九曲文化觀光特區)와 구곡한시(九曲漢詩)'에 대해 보다 충실하게 이해할 수 있기를 바란다.

2부

구곡문화관광특구(九曲文化觀光特區)와 구곡한시연구(九曲漢詩 硏究)

1장. 고산구곡(孤山九曲)과 고산구곡시(孤山九曲詩)

1. 머리말

고금(古今)에 고산구곡(孤山九曲)을 사랑한 두 명사(名士)가 있었다. 조선조에 유근(柳根 1549~1627)이요 현대에 홍명희(洪命熹 1888~ 1968)다. 유근은 문명(文名)과 함께 정치가로도 명망이 높으며, 홍명희는 기념비적 역사소설 『임꺽정』으로 유명하다. 홍명희는 그의 소설 『임꺽정』이 해금되면서, 그에 대한 세인의 관심은 표면적으로 가중되었다. 그렇게 되자 괴산읍 인산리에 자리한 그의 생가와 제월리에 터를 잡은 별서(別墅)를 내방하는 인파가 증가했다. 지금 두 곳에 대한 관심은 날로 증가하는 추세에 있다. 그렇다고 해서 유구한 역사 속에 이들만이 고산구곡을 사랑한 것은 아니다. 수많은 시인묵객과 유람객이 천고의 세월 속에 이곳을 거쳐 갔다. 이중에서 단연 홍명희에 대한 인지도가 높다. 그러나 고산구곡과 고산구곡의 정경을 읊은 고산구경'시에 대해서는 거의 관심이 없는 실정이다. 속담에 "도랑치고 가재잡는다."는 말이 있다. 이 속담을 지행합일하면 최소한의 덕을 볼 수 있다. 그러나 한 단계 나아가 식견(識見)이 있는 사람은 가재만 잡는 것이 아니다. 무한대적 부가가치를 창출할 수 있다. 가재는 1급수에서 서식한다. 따라서 가재는 산기슭 가까운 쪽은 물론 물줄기가 이어지는 곳이면 산정상부 근처에도 살 수 있다. 도랑가를 비롯하여 산중에는 각종 산약초가 자생하고 있다. 그 중에는 산삼도 있을 수 있다. 가재만 잡는 것이 아니라 생각을 바꾸는 사람은 산삼을 비롯해서 많은 산약초를 채취할 수 있다. 말려 놓았다가 필요할 때 우려 먹으면 된다. 인생도 마찬가지다. 박학다식해서 손해될 것이 없다. 가재도 잡고 산삼도 캐면 일석이조이다. 홍명희의 생가를 거쳐 별서(別墅)에 오가는 길에, 유근이 애호했던 고산구곡(孤山九曲)에 들려 구곡의 풍광과 구곡시의 운치에 흠뻑 취해보자. 후회없는 현명한 선택이 평생의 추억을 좌우할 것이다. 최후의 선택은 현명한 당신의 몫이다. 고도(高度)의 식견(識見)이 고도의 미래를 결정한다.

홍명희 생가와 홍명희 별서에서 볼 수 있는 문학적 유적은 기둥에 붙인 주련(柱聯)이 있다. 그러나 고산정(孤山亭)에 가면 확실히 특별한 것이 당신을 기다리고 있다. 당신의 문화기행에 필요한 것은 모두 갖추고 있다. 고산정엔 강(江)과 산(山)과 시(詩)와 문(文)이 있다. 다만 사람이 없다. 당신을 위해 그 자리는 언제나 비어 있다. 녹수청산(綠水青山)이 당신을 기다리고 있으며, 임자 없는 광풍제월(光風霽月)이 그대를 반길 것이다. 대가를 치르지 않고 당신이 소유할 수 있는 것은 이것뿐이다. 좋은 것이 있는데도 있는 줄 몰라서 손해를 보는 것도 불행이다. 나는 지적(知的) 호기심(好奇心) 많은 당신에게, 몰라서 손해보는 불행을 예방시켜주고 싶다. 그곳에 가면 한시(漢詩)도 감상할 수 있고 한문(漢文)으로 쓴 산문(散文)도 읽을 수 있다. 또한 서예작품(書藝作品)도 감상할 수 있고 전각공부(篆刻工夫)도 할 수 있다. 그곳에 사신(使臣)으로 왔던 중국인 주지번(朱之蕃)[1]이 쓴 "호산승집(湖山勝集)", 이완(李完)이 쓴 "고산정(孤山亭)"이라는 현판을 통해 서예(書藝)와 전각공부(篆刻工夫)를 할 수 있다. 또한 목판에 새겨놓은 고산구경시와 「고산정사기(孤山精舍記)」를 통해 한시문학(漢詩文學)과 한문(漢文)으로 쓴 산문(散文)인 한문산문문학(漢文散文文學)을 볼 수 있다.

그곳에 가면 "산수가 그림 같다."는 말을 실감할 수 있어 문학의 한 표현법인 비유적 표현을 실감할 수 있다. 당신이 사진을 찍으면 하나의 사진작품이

---

1) 주지번(朱之蕃): 명(明)나라 금릉인(金陵人). 자(字)는 원개(元介). 호(號)는 난우(蘭嵎). 일작(一作)에 임평인(茌平人). 자(字)는 원승(元升). 서화(書畵)에 공려했다. 만력(萬曆)때 진사(進士)에 제일로 급제하여 이부시랑(吏部侍郎)이 되었다. 조선에 사신으로 나왔는데 그 뇌물을 물리쳤으며, 조선인이 와서 글씨를 써주기를 비는데, 담비가죽(초삼貂參) 세 개를 폐백(지贄)으로 삼아서, 행장(탁장橐裝)이 도리어 두터워져 모두 법서·명화·고기(法書·名畵·古器)를 사서 수장했다.

된다. 그러면 당신은 사진작가가 된다. 문학적 재질과 사진작가적 재질을 이번 기회에 연마하고 계발해보자.

이제 고산구곡으로 떠나보자. 고산구곡은 지금 제월대(霽月臺)라는 명칭으로 더 잘 알려졌다. 제월대(霽月臺)는 고산구곡 중 제5곡에 해당된다. 그렇다면 언제 누가 고산구곡을 설정한 것일까? 고산구곡시는 누가 지은 것일까. 지금부터 이를 추적해보고 그 현대적 의미를 부여해보고자 한다.

2. 유근(柳根)과 고산구곡(孤山九曲)

고산구곡을 설정한 사람은 유근(柳根 1549-1627)이다. 유근은 본관이 진주(晉州)이다. 자는 회부(晦夫)이며, 호는 서경(西坰)이다. 별시문과(別試文科)에 급제하고 예조판서(禮曹判書)를 거쳐 좌찬성(左贊成)을 지냈으며 호성공신(扈聖功臣)으로 진원부원군(晉原府院君)이 되었다. 시호는 문정(文靖)이고, 저서로 『서경집(西坰集)』이 있다. 유근은 『속청구풍아(續靑丘風雅)』[2]와 『별본(別本) 동문선(東文選)』를 편찬했다. 또한 『해동시부선(海東詩賦選)』를 편찬했다고 하나 현재 전하지 않는 것으로 알려졌다.

고산구곡(孤山九曲)은 지금 충북 괴산군 괴산읍 제월리 인근의 괴강유역에 펼쳐져있는 명승지이다. 지금 우리는 이곳의 승경을 일컬어 고산구곡(孤山九曲)이라 부르고 있다. 유근 자신도 고산구곡이라 불렀던 것으로 짐작된다. 그 단서로 삼을 수 있는 웅화(熊化 ?~?)가 쓴 「고산정사기(孤山精舍記)」를 살펴보자. 웅화(熊化)는 중국 명(明)나라 사람으로 사행인(司行人)이 되어 광해군(光海君) 1년(1609)에 우리나라에 사신으로 다녀갔다.

회부(晦夫)가 나에게 자랑하여 말하기를 "이것은 기이한 경치를 다 본 것이

2) 홍만종(洪萬宗)의 『시화총림(詩話叢林)』 증정(證正)○ "유서경의 속청구풍아(續靑丘風雅)는 넣고 빼어버린 기준이 분명하지 않으니 그 요령을 터득하지 못한 것이다.(柳西坰續靑丘風雅, 與奪不明, 未得其要領)"라고 기록하고 있는 것으로 보아, 유근이 편찬자임을 알 수 있다. 이종묵(李鍾默), 「조선중기의 한시선집」, 『정신문화연구』 20권 3호 (통권68호) 1997. 70면 참조.

> 아니다. 한강을 거슬러 올라가면 '몽촌(夢村)'이라는 곳이 있는데 우리 아버님의 무덤이 있는 곳이라 내가 몽촌에서 30리 가까운 곳에 살 터를 잡았다. 그 땅이 넓고 사방이 탁 트였는데 그 가운데 산 하나가 우뚝 솟아 이름이 '고산(孤山)'이다. 산에는 본래 소나무가 많아 푸른 빛으로 크게 헤아리니 그 위에 정자를 짓고 이름을 '만송정(萬松亭)'이라 하였다. 그 아래로 물이 합쳐 흐르다가 고여 못이 되었는데 곧 '영화담(映花潭)'이다. 여기서 아래를 내려보고 위를 쳐다보면 얻는 바, 다 알지 못하지만 이름을 얻은 것은 '은병(隱屛)', '창벽(蒼壁)', '영객령(迎客嶺)', '황니판(黃泥坂)', '제월대(霽月臺)', '관어대(觀魚臺)'이다. 비록 형상은 다르고 하나같지 않으나 그 중에서도 '영화담(映花潭)'이 가장 뛰어나다. 물 깊이는 몇 길이 되지만 맑아서 바닥이 보이고 진달래와 철쭉이 돌 틈에서 자라는데 늦은 봄에 꽃이 피면 물속에 거꾸로 비친 그림자가 하늘색과 서로 어울려 비친다. 내가 만송정이 내려다 보이는 그 위 큰 소나무 수 십 그루가 늘어선 곳에 작은 집을 짓고 이름을 '고산정사(孤山精舍)'라 하였다. 선생은 기이함을 좋아하시니 나를 위하여 기문을 써주지 않겠는가?"라 하였다. 3)

위에서 보았듯이 유근은 괴강유역(槐江流域) 느티여울을 따라 산수풍광이 좋은 아홉 곳을 골라 고산구곡을 설정하고 고산정사(孤山精舍)를 건립했다. 주지하다시피 구곡(九曲)은 중국의 무이구곡(武夷九曲)에서 유래된 것이다. 또한 구곡시는 무이구곡을 읊은 주자의 「무이도가(武夷棹歌)」의 영향을 받은 것이다. 주자가 무이구곡 제5곡에 무이정사(武夷精舍)를 지었다. 또 고산구경(孤山九景)의 제4경은 은병(隱屛)이며, 제6경은 창벽(蒼壁)이다. 그런데 주자의 「무이도가(武夷棹歌)」제6곡에 창병(蒼屛)이란 용어가 보이며, 제7곡에 은병(隱屛)이란 용어가 보인다. 이런 전반적인 정황으로 보아 양유년이 제목을 고산구경(孤山九景)이라했지만, 고산구곡을 읊은 고산구곡시(孤山九曲詩)인 것이다. 본 구곡문화관광특구에 대한 연구는 충북 특히 속리산계 남한강에 밀집돼있는 구곡의 승경을 읊은 시를 연구대상으로 했다. 고산구경시(孤山九景

3) 웅화(熊化), 「고산정사기(孤山精舍記)」. "晦夫詑余曰 是未盡奇也. 泝漢江而上曰夢村, 則先大夫之壟在焉. 根亦卜地, 於夢村三十里之近, 其地廣衍, 四寒中一山突起, 是名孤山. 山故多松葱翠, 以萬計爲構亭其上, 曰萬松亭. 其下二水合流, 匯爲潭, 卽映花潭也. 俯仰所得, 莫能盡識, 其得名者, 爲隱屛, 爲蒼壁, 爲迎客嶺, 爲黃泥坂, 爲霽月觀魚二臺. 雖異狀不一, 而映花潭爲最勝. 潭水深數丈, 其淸見底, 杜鵑躑躅, 羅生石罅間, 當暮春花發, 倒影水中, 空色相應映而. 余亭臨其上, 前搆小屋, 列長松數十株合, 名之曰孤山精舍. 先生好奇, 盍爲我記之." 김종륜집필, 『괴산군지』, 1969, 참고. 고산정에 부탁한 현판 참고.

詩)를 지은 양유년이 비록 중국인이라해도 우리나라의 구곡을 읊은 시이기 때문에 연구 대상에 포함시켰다.

3. 양유년(梁有年)과 고산구경(孤山九景)

양유년의 가계와 생애를 비롯하여 교유관계 등을 구체적으로 밝혀보려고 노력했으나 현재 소상한 정보를 얻지 못했다. 한국 땅에서 중국에 관한 자료를 두루 섭렵한다는 것이 쉽지 않으며, 혹 있다하더라도 소장처를 확인하는 일이 쉬운 일이 아니라 모두 점검하지 못했다. 대강의 사적만 제시한다. 양유년(梁有年 ?~?)은 중국 명(明)나라 사람이다. 자(字)는 성옹(惺翁)이며, 예과좌급사(禮科左給使)가 되어 선조(宣祖) 39년(1606) 주지번(朱之蕃)을 따라 부사(副使)로 우리나라에 왔다가 돌아갔다. 본고에서 다루는 「고산구경위반송사 유찬성서경국상제(孤山九景爲伴送使 柳贊成西坰國相題)」[4] 즉 "「고산구경을 반송사(伴送使) 찬성 유서경을 위하여 짓다」"를 남겼다. 이에 유근은 「사부사증만송정구경시운 이수(謝副使贈萬松亭九景詩韻 二首)」 즉 「부사(副使)[5]가 준 만송정구경시를 감사하여 두 수를 짓다」[6]로 답례했다. 그에 대한 기록은 『선조실록(宣祖實錄)』과 『대동야승(大東野乘)』 등에 보이나 가계와 생애 등 개인적 신상에 대한 내용이 소개되어있지는 않다.

고산(孤山)은 외떨어져 있는 산이라는 뜻이다. '호젓한 산'이라고 푸는 것이 좀 나을 것 같다. 먼저 유근(柳根)이 '고산구경(孤山九景)'이라 명명한 내력에 대해 알아보기로 하자. 제9경에 고산(孤山)이 나오는데, 여기서 잠시 고산과 관련된 사항을 살펴보자. 고산(孤山)은 절강성(浙江省) 항주시(杭州市) 서호(西湖)가운데 있는데, 경계의 안팎이 두 호수사이에 있다. 하나의 섬이 솟아 있는데 옆에 연이어 붙은 것이 없이, 호산(湖山)의 승경(勝景)이 되는데 또한 일컫기를 "고서(孤嶼)" 또 이름하기를 "영서(瀛嶼)"라 했다. 중국 송(宋)나라

4) 선조(宣祖) 39년(1606) 8월에 지은 시인데, 목판에 새겨져 지금 고산정 안에 걸려있다.
5) 부사(副使) : 선조(宣祖) 30년(1606) 우리나라에 왔던 명(明)나라 부사(副使) 양유년(梁有年)
6) 유근(柳根), 『서경집(西坰集)』. 제1수 "故園泉石近松楸, 歸計悠悠數十秋. 正爲國恩難可答, 敢言身病未曾瘳. 淸詩却使湖山重, 浪跡空貽澗壑羞. 唯有夢魂常獨往, 乞骸安得老菟裘. 제2수 昔聞眞隱出人間, 睹得幽居帝畵看. 何意塵蹤叨儐接, 却煩仙筆賦溪山. 瓊琚滿紙歸傳誦,魚鳥從今定不閑. 沐浴恩波如綏死, 白頭長望五雲端."

처사(處士)인 임포(林逋)가 고산(孤山)의 북쪽 기슭에 은거했으며, 매화를 심고 학(鶴)을 길러 스스로 짝을 삼았다. 그의 묘도 거기 있다. 유근이 '고산구경(孤山九景)'이라 명명한 것은 임포(林逋)의 생활상을 답습하려는 취지에서였다. 이런 배경을 알고 '고산구경시(孤山九景詩)를 살펴보기로 하자. '고산구경시(孤山九景詩)는 목판에 새겨 고산정(孤山亭)안에 걸어놓았는데 이를 참고한다.

고산구경(孤山九景) 중에 제1경은 만송정(萬松亭)[7]이다.

좌측 사진: 제월대(고산정) 2006년 중부매일 노승혁 촬영.
우측 사진: 제9곡 고산정에 걸려있는 주지번의 글씨 "호산승집". 2001년 필자 탁본

孤亭僻在海東隅 고 정 벽 재 해 동 우	호젓한 정자 해동(海東) 깊숙한 곳에 있지만,
淸籟幽香溢五湖[8] 청 뢰 유 향 일 오 호	맑은 바람소리 그윽한 향취 오호(五湖)에 넘치네.
數卷黃庭[9]兼古篆[10] 수 권 황 정 겸 고 전	몇 권의 황정경(黃庭經)과 고전(古篆)을 겸비하고,
種松爲伴十千株 종 송 위 반 십 천 주	소나무 만 그루 심어놓고 짝삼네.

7) 2001년 3월 27일 화요일 제월리에 거주하는 윤사덕옹에게 전화로 만송정의 위치에 대해 여쭤보았다. 만송정은 제월리 동네 입구 개울가에 있었는데 장마에 정자와 소나무가 모두 떠내려갔다고 한다. 만송정이라 써져있었다고 한다. 김종륜이 집필하여 1969년에 간행한 『괴산군지』에는 지금의 고산정 주변 솔밭에 있었던 것으로 지도에 표시하였다. 어느 것이 옳은지 고증이 필요하다.

8) 오호(五湖): 고대 오(吳)·월(越)지구에 있는 다섯 개의 호수. 태호(太湖)부근의 다섯 개의 호수. 장탕호(長蕩湖)·태호(太湖)·사호(射湖)·귀호(貴湖)·격호(滆湖)

9) 황정(黃庭): 황정경(黃庭經). 도가(道家) 경전의 이름이다.

10) 고전(古篆): 전문(篆文: 전서로 쓴 글씨)으로 고시(古時)의 서체(書體)를 삼았다. 그래서 그것을 고전이라 했다. 국조한학사승기(國朝漢學師承記), 강성(江聲))

고정(孤亭), 즉 호젓한 곳에 정자 하나가 자리잡고 있다. 이름하여 만송정(萬松亭)이다. 이름 그대로 소나무가 많은 땅에 지은 정자이다. 유근이 만송정이라 명명한 것은 중국 송(宋)나라 때 사람 소식(蘇軾)의 시 「만송정(萬松亭)」의 시의를 모방한 것으로 보아진다. 다음은 소동파(蘇東坡)가 만송정(萬松亭) 시를 짓고 붙인 「만송정병서(萬松亭幷敍)」의 내용이다.

> 마성현령(麻城縣令) 장의(張毅)가 길 주위에 만 그루의 소나무를 심어 지나가는 사람들에게 햇볕을 가리게 해주는데, 또한 그 정자 이름으로 삼았다. 십년이 못 돼서 소나무가 남아있는 것이 10중 3, 4도 못 됐는데, 손상시키는 자는 그 심은 뜻을 이어가지 못한 것이다. 그래서 이 시를 짓는다.[11)]

이렇듯 유근이 만송정(萬松亭)이라고 이름을 지은 것은 장의(張毅)가 소나무를 심은 뜻을 본받는다는 의도가 담겨 있다. 그래서 제목을 차용한 것이다. 지금 고산정일대에는 언제 심은 것인지는 모르나 소나무가 울창하다. 만송정은 깊은 곳에 있다. 그도 그럴 것이 지금이야 교통이 편리해졌지만 예전엔 괴산 땅이 매우 깊은 곳에 자리한 곳이었다. 그러나 맑은 청뢰(淸籟)와 그윽한 향기는 오호(五湖)까지 퍼졌다. 청뢰(淸籟)는 맑은 자연의 소리이다. 오호(五湖)는 중국 서호(西湖) 근처에 있는 다섯 개의 호수이다. 만송정의 명성이 중국까지 알려졌다는 말이니, 만송정이 유명세를 대변해주는 것이다. 이 시의 작자는 중국인 양유년이다. 만송정은 양유년 자신이 알고 있을 정도로 널리 알려질 정도의 유명한 명승지인 것이다. 양유년은 선조 30년(1606년)에 우리나라에 왔던 명나라의 사신이다. 유근과 친분을 맺어 이 고산구경의 시를 지어준 것이다. 양유년은 고산구경의 승경이 뛰어난다는 것을 최대화하기 위해 중국에까지 알려졌다는 말로 예찬한 것이다. 이 만송정에는 황정경(黃庭經)이 비치되어 있다. 황정경(黃庭經)이 도가(道家) 경전을 일컫다. 또한 고전체(古篆體)의 글씨도 있다. 양유년은 제1곡시에서 만송정의 위치와 분위기를 잘 그렸다. 그리고 그 주인 유근이 자연을 즐기며 독서하고 글씨를 좋아하는 취향을 강조했다. 유근은 양유년이 지어준 만송정구경시에 감사하며 두 수의 시

---

11) 소식(蘇軾), 『소동파전집(蘇東坡全集)』, 「만송정병서(萬松亭幷敍)」 제11권 167면. "麻城縣令 張毅植萬松於道周以芘行者, 且以名其亭. 去未十年, 而松之存者, 十不及三四, 傷來者之不嗣其意也. 故作此詩." 詩 제2구 原註에 "十年之計, 樹之以木.' 즉 '10년의 계획은 나무를 심는 것으로 세운다.'는 고어(古語)를 인용했다. 만송정(萬松亭)은 지금 호북성(湖北省) 마성현(麻城縣)에 있다.

를 지었다. 바로 「사부사증만송정구경시운(謝副使贈萬松亭九景詩韻)」2수이다. 또 「우구절만흥(又九絶漫興)」 9수가 있다. 이 시들은 그의 문집 『서경집(西坰集)』에 실려있다.

제2곡은 황니판(黃泥坂)이다.

赤壁[12]風流成往事 적벽강(赤壁江)의 풍류는 그 옛날에 즐겼던 일이며,
적벽 풍류성왕사

黃泥煙景此方新 황니판의 그윽한 경치는 이곳에서 바야흐로 새로워라.
황니연경차방신

主人未暇行歌去 주인이 쉬지않고 노래하며 거닐으니,
주인미가행가거

作賦人今擬後身 노래를 짓는 사람 지금 그 후신이라 할만 하네.
작부인금의후신

황니판은 황색의 진흙 언덕이다. 중국의 소식(蘇軾)이 살던 집근처에 황니판[13]이 있었다. 「적벽부(赤壁賦)」에서 보듯이, 적벽의 풍류는 소식이 적벽강에서 뱃놀이하던 일을 말한다. 그런데 1에서 "적벽강의 풍류는 그 옛날에 즐겼던 일"이라고 한 이유는 무엇인가. 지금 고산구곡에 적벽이라 설정한 곳은 없지만 황토길을 황니판이라 명명했기 때문이다. 그래서 2구에서 황니판의 아름다운 경치가 이곳에서 바야흐로 새롭다고 한 것이다.

제3구와 4구에서 주인이 겨를 없이 노래하며 가니, 시인이 지금 그 뒤를 잇는다고 했다. 지금 유근이 황니판을 설정하고 문학적 풍류를 누리는 것을, 자연과 더불어 문학적 풍류를 즐겼던 소식과 동류(同類)로 평가하고 있는 것이다.

제3곡은 관어대(觀魚臺)이다.

却嫌釣餌枉絲綸 문득 낚시질하기 싫어져 줄을 거두고,
각혐조이왕사륜

12) 적벽(赤壁): 황주(黃州)에 유배된 소식이 원풍(元豊)5년 壬戌(1082년) 양세창(楊世昌)과 함께 적벽에서 두 차례 뱃놀이하며 그 감회를 쓴 것이 전후 적벽부(前後 赤壁賦)이다. 호북(湖北)에는 적벽이라는 곳이 네 곳이 있다. 하나는 무창현(武昌縣), 또 하나는 한양현(漢陽縣)에 있다. 또 하나는 가어현(嘉魚縣) 동북쪽 장강(長江)변으로 촉한(蜀漢)의 유비(劉備)를 쫓던 위(魏)나라 조조(曹操)의 백만 대군이 적벽(赤壁)에서 오(吳)나라 주유(周瑜)의 3만 명의 군사에게 패한 곳이다. 소식이 뱃놀이한 곳은 황강현(黃岡縣) 성(城) 밖에 있는 적벽이다. 소식은 적벽대전이 있었던 곳이 이곳인줄 알고 적벽대전의 고사를 인용했으나, 후에 잘못되었다는 사실을 인정했다.

13) 소식(蘇軾), 「후적벽부(後赤壁賦)」. "二客從予, 過黃泥之坂." 「황니판(黃泥坂)」 詩. "走雪堂之坂陀兮, 歷黃泥之長坡."

獨倚虛臺看泳鱗 홀로 빈 대에 기대앉아서 노는 물고기 바라보네.
독 의 허 대 간 영 린

忘去不知誰是樂 돌아가야 하는 것도 잊어버리게 되는 이런 즐거움 누가 알까?
망 거 부 지 수 시 악

朝霞夜月對淸濱 아침노을 밤달이 맑은 물가에 머무네.
조 하 야 월 대 청 빈

관어대는 물고기가 헤엄치고 노는 모습을 바라볼 수 있는 고즈넉한 장소에 붙이는 상투적인 이름이다. 중국의 관어대(觀魚臺), 일명(一名) 장주대(莊周臺)는 안휘성(安徽省) 봉양현(鳳陽縣)동쪽에 있다. 장자(莊子)와 혜자(惠子)의 일화에서 유래했다. 그 대화의 내용을 잠시 참고삼아 소개한다.

> 장자(莊子)가 혜자(惠子)와 호수(濠水)가 뚝을 지나다가 말했다. "피라미가 나와서 조용히 헤엄치니 이것이 물고기가 누리는 즐거움이야." 했다. 혜자가 말하기를 "자네는 물고기가 아닌데 어떻게 물고기의 즐거움을 아는가?"라고 했다. 장자가 말하기를 "그대는 내가 아닌데 어떻게 물고기의 즐거움을 알지 못하는지 아는가?"라고 했다. 혜자가 말하기를 "나는 그대가 아니라서 본시 그대를 알지 못하네. 그대도 본시 물고기가 아니니 그대가 물고기의 즐거움을 알지 못하는 것은 틀림없네." 라고 했다.14)

일반적으로 이 대화는 논리학에서 궤변을 설명한 일화로 널리 알려졌다. 그러나 위의 시 제2구에서 양유년은 자연 속에서 즐겁게 유영하는 피라미의 모습에 촛점을 맞추어 주목한 것이다. 그래서 거기에 도취되어 돌아가기 싫어진다고 제3구에 토로한 것이다. 관어대(觀魚臺)에 앉아 고기가 자연스럽게 노는 모습을 바라본다. 돌아갈 것을 잊었으나 함께 즐길 사람이 없다. 그러나 대상은 있다. 다름 아닌 아침노을과 밤에 뜨는 달이다. 이는 자연과 벗하며 살 수 있다 것을 비유한 것이다.

제4곡은 은병(隱屛)이다.

---

14) 『장자(莊子)』「추수(秋水)」. "莊子與惠子, 遊於濠梁之上, 莊子曰, 鯈魚, 出遊從容, 是魚之樂. 惠子曰, 子非魚, 安知魚之樂? 莊子曰, 子非我, 安知不知魚之樂? 惠子曰, 我非子, 固不知子矣. 子固非魚, 子之不知魚之樂 全矣."

좌측 사진: 은병암에 새겨놓은 중국 사신 주지번의 글씨. 2001년 필자 탁본.
우측 사진: 현존 충북 최장(最長)의 잔도 은병암 잔도(棧道)와 중부매일 조혁연기자: 2006년 중부매일 노승혁 촬영.

屏開古壁煙霞老　병풍은 고벽에 펼쳐져 있으며 노을이 짙어 가는데,
병 개 고 벽 연 하 로

松隱寧知有意無　만송정에 숨은 이 뜻이 없는지 어찌 알리오?
송 은 녕 지 유 의 무

他日功成初服[15]在　다음날 벼슬길에서 공을 이루게 되면,
타 일 공 성 초 복 재

任教邀月臥黃虞[16]　달을 맞아 황우(黃虞)처럼 편안히 누우려네.
임 교 요 월 와 황 우

은병(隱屏)은 글자 그대로 숨겨놓은 병풍이다. 제목에서부터 이곳의 풍경이 범상치 않다는 것을 감지할 수 있다. 본래 병풍은 다양한 용도로 쓰이지만, 아름답게 치장하여 가까이 둘러치고 감상할 수 있는 예술품으로 각광받기도 한다. 숨겨져 있는 병풍이라면 그 품격이 어느 정도인지 짐작이 간다. 은병의 위치는 느티여울 강가다. 강가에서 도로까지는 적잖이 떨어져있으며 강가에 높이 솟아있다. 이런 위치와 주변경관과 비교해볼 때 병풍이라는 표현이 적합하다. 제1구에서 양유년은 오래된 절벽에 둘러쳐진 병풍으로 표현했다. 오래된 바위절벽이 병풍처럼 펼쳐져 있는 형상을 표현한 것이다. 은병암(隱屏巖)에 노을이 짙어간다. 회백색의 바위색깔과 불그레한 노을이 조화를 이룬 풍경을 연상해보라. 이곳에 은거하는 뜻은 무엇인가? 초복(初服)은 처음 벼슬한다

---

15) 초복(初服): 아직 벼슬하지 못했을 때의 옷. 『이소(離騷)』. 퇴장복수초복(退將復修初服) 비로소 옷을 입고 교화를 행함. 소공(召公)이 성왕(成王)과 제후 관리들에게 고(誥)한 말. 『서경(書經)』, 「소고(召誥)」. 왕내초복(王乃初服)

16) 황우(黃虞): 황제(皇帝)와 우순(虞舜)

는 뜻이다. 그냥 벼슬에 나간다는 뜻으로 보아도 된다. 벼슬로 나가 공을 이룬 후에 황제(皇帝)나 우순(虞舜)처럼 편안히 누워쉬고자 하는 것이다. 황제(皇帝)나 순(舜)임금시대에는 태평성대가 지속되었다. 양유년은 유근이 정치를 하여 황우(黃虞)시대 같이 국태민안할 수 있기를 기원하고 있는 것이다. 그 이면에는 유근의 그런 위업을 수행할 수 있는 정치적 역량을 감지하고 그를 예찬하고 있는 것이라.

은병(隱屛)에 주지번이 쓴 은병(隱屛)이라는 글씨를 새겨놓았다[17]. 특히 은병암에서 주목할 것은, 암벽에 새겨놓은 '은병(隱屛)'이라는 중국 사신 주지번의 글씨도 중요하려니와 여기에 조성해놓은 잔도(棧道)[18]이다. 잔도는 석

---

17) 지금 은병(隱屛)이라 명명한 바위에 새겨진 은병(隱屛)이라는 글씨를 쓴 사람이 주지번(朱之蕃)이라는 사실을 기록으로 남긴 최초의 인물은 심제현(沈齊賢)으로 보인다.

① 심제현(沈齊賢 1677~1722년 경), 『죽재폐추(竹齋弊箒)』제 2책, 「괴강록(槐江錄)」, 불분권(不分卷) 7책, 국립도서관 소장본. "西垌孤山亭在槐灘下流. 溪山淸迴, 有放鶴尋梅日趣. 岩下刻朱天使之蕃筆迹云."

② 오원(吳瑗 1700~1740)의 1723년 3월 27일 「湖左日記」에 고산정과 주지번의 은병에 대해 기술했다. 오원(吳瑗), 『月谷集』권10, 「湖左日記」(한국문집총간 218), 한국고전번역원, 1998, 487a면. 「湖左日記」癸卯三月 二十七日. 將向槐山, 蘇進士后由自丹陽追來. 涉梧江西行三十里, 午炊延豐水入店. 踰楡峴行凡三十里□孤山亭. 槐山守李丈潩適在此,遂共泛舟亭前. 亭卽柳西垌別業. 川自東來, 北折西轉. 又北流, 曲如彎弓. 小山陡起西轉之陽, 左右蒼壁亘聯, 松樹掩蔚, 其下綠潭頗深廣. 白沙映帶, 境界開豁可悅. 亭右北流之川, 亦削壁臨. 其上刻朱天使之蕃筆隱屛二字. 沿洄良久而歸宿郡齋, 自亭十里.

③ 신필흠(申弼欽 1806~1866년), 『泉齋先生文集』권1, 「槐江遷」(한국문집총간 속 128), 2011, b128_028d. "林路紆廻掛石遷, 倚笻隨處弄風煙. 玉虹抱出層灣曲, 錦障圍來澹靄邊. 步步渾疑兜率界, 行行如遇武陵仙. 平生得意玆遊最, 不奈狂吟聳巨肩." 2018년 추가했다.

④ "감물면 이탄(梨灘) 상류 골짜기에 있는 명나라 사신 주지번(朱之蕃)의 글씨라는 음병(陰屛: 차상찬은 음병(陰屛)이라 표기 했는데 본래 은병(隱屛)이 옳음." 차상찬(車相瓚), 개벽 6권4호, 1925년 4월 에 게재한 「충북답사기(忠北踏査記)」 중 괴산에 관한 부분 중에 은병에 대한 내용이다. 김영진이 『괴산문화』26집, 1999.에 위와 같이 소개했다.

⑤ 김종륜, 『괴산군지』, 1969. 452면 ⑧ 승경지・명산 68 고산구경 "은병(隱屛) 이자(二字)를 대서(代書)하여 현 은병암(現 隱屛岩) 암벽(岩壁)에 각자(刻字)케 하였는데 풍우세기백년(風雨洗幾百年) 지금은 창태(蒼苔)속에 겨우 흔적을 엿볼 수 있을 정도다." 나는 이런 기록을 토대로 2001년 4월 4일 수요일 현장을 찾아가서 탁본했다. 암벽에 글씨가 있다는 사실을 알고 갔는데도 바로 찾지 못했다. 400년이 넘었기 때문에 풍우에 침식되어 바위 본래의 형태인지 글씨인지 얼른 분별하기 어려웠다. 검승마을로 가서 좀 더 구체적인 지점을 알아보고 찾아갔다. 이 마을에 사는 김상기씨 부인이 그 남편에게 들었다는 말을 들려준다. 은병암 절벽 아래 부분에 이탄으로 가는 길이 있는데, 이 길 중간쯤 가다보면 키 높이 되는 부분에 은병이라 새겨져있다고 한단다. 다시 가서 햇빛 방향을 고려하여 천천히 손으로 더듬으며 살펴보니 희미하게 윤곽이 남아있었다. 기쁜 맘으로 잠시 숨을 돌리고 나서 탁본하였다.

18) 이 잔도(棧道)는 석등(石燈)이라고도 불렸다. 석등(石燈)은 돌로 만든 계단이라는 뜻이다. 실제 이 잔도는 계단으로 되어있는 곳이 여러 군데 있다. 애한정은 조선 광해군(光海君) 6년(1614)에 박지겸(朴知謙)이 괴산군 괴산읍 검승리에 세운 정자인데, 현종(顯宗) 15년(1674)에 지금의 자리로 옮겼다. 충청북도 유형문화재 제50호로 지정되었다.

등(石隥)·석계(石階)·석급(石級)이라고도 한다. 이 잔도는 박지겸(朴知謙 1540~1623)의 애한정 8경(愛閑亭 八景) 제5경 '석등행인(石磴行人)'에도 들어있다. 따라서 이미 이 17세기에도 이 잔도가 존재했다는 사실을 알 수 있다. 잔도(棧道)[19]란 사람이 암벽을 원활히 통행할 수 있도록 암벽을 정으로 쪼아내 인위적으로 만든 길이다. 은병암의 잔도는 충북에서 최초로 발견된 잔도이다. 은병암은 강가에 깎아지른 듯한 암벽으로 이루어졌다. 이 암벽 하단부에 잔도를 만들어 통행했다. 암벽의 경사가 매우 심하여 상하류로 왕래하기가 매우 어려웠을 것이다. 경사가 심한 암벽을 다니기 편리하도록 보통 사람의 보폭(步幅)에 맞추어 한 발자욱 간격으로 수평의 홈을 파놓았다. 일부구간에는 죽 이어서 일직선의 홈을 파서 안정하게 통행할 수 있게했다. 이 은병암 잔도는 괴산군내에 존재하는 것으로는 학계에 처음 소개하는 것이며, 충북 도내에서도 처음 발견하여 소개하는 것으로 여겨진다. 나는 이 길을 '잔도(棧道)로 가는 길'이라 명명한다. 잔도를 향해서 간다는 것이 아니라, 잔도를 거쳐서 가는 길이라는 말이다. 이는 관광객들에게 자연을 지혜롭게 이용하는 방법을 보여주는 산 교육장으로 활용할 수 있다.

제5곡은 제월대(霽月臺)이다.

明鏡非臺或是臺 명 경 비 대 혹 시 대	명경대가 여기 아닐까 혹 여기인 것 같기도 한데,
禪家微處總儒該 선 가 미 처 총 유 해	선가(禪家)의 은미한 곳 모두 선비에게 마땅하네.
天心不如人心異 천 심 불 여 인 심 이	천심이 세상인심이 변덕스런 것과는 같지 않으니,

19) 잔도(棧道)을 의미하는 우리의 방언(方言)은 '천(遷)'이다. 이하곤(李夏坤), 『두타초(頭陀草)』, 「동유록(東遊錄)」 1714년 3월 24일 "歷普通水晶二遷, 具極危險, 蓋動俗爲潺爲遷." 이상주, 『담헌 이하곤 문학의 연구』, 이화문화출판사, 2003, 174면. 잔도(棧道)란 사람이 암벽을 원활히 통행할 수 있도록 암벽을 정으로 쪼아내 인위적으로 만든 길이다. 강원도 고성의 옹천(甕遷), 문경시 토끼비리 곶갑천(串岬遷)이 유명하다 경북 문경시 마성면 신현 1리 석현산성이 있는 산 중턱 급경사 암벽에 폭이 한 발자국 정도, 길이는 7~8m정도의 잔도(棧道)가 몇 군데 조성되어 있다. 이를 토천(兎遷) 혹은 곶갑천(串岬遷)이라 한다. 오랜 세월 많은 사람들이 통행했기 때문에, 쪼아낸 바위표면이 너무 닳아서, 윤이 반들반들 난다. 경북 상주시 화북면 옥량동폭포(玉樑洞瀑布)을 향해 올라가다 보면, 암벽 하단부에 가로로 일직선의 홈을 파서 물길을 내어, 산에서 내려오는 물을 농경지에 관개한다. '잔도형 농수로(棧道形 農水路)'의 일례이다. 자연의 난관을 극복하고, 그를 적절하게 이용하는 인류의 일상적 지혜 발현의 현장인 것이다. 아울러 자신도 편리하게 이용하며 남에게도 도움을 주는 자타공존 정신과 봉사정신를 확인할 수 있는 현장이다.

臺上閒看霽月來 대(臺)에서 한가롭게 비 갠 후 떠오르는 달을 바라보네.
대 상 한 간 제 월 래

제1구의 명경(明鏡)은 거울처럼 맑은 물을 지칭하는 말이다. 제월대(霽月臺) 아래, 빙빙 도는 물은 명경이다. 제2구에 선가(禪家)는 불가(佛家)이다. 불가의 사람이 머물러야할 곳에 유학자가 머물고 있다고 했다. 참선하는 사람이 수도해도 될 만큼 고요하고 정결한 곳이라는 것을 부각한 말이다. 그 유학자는 바로 유근이다. 제3구에 천심이 다른 사람들의 마음과 같지 않다고 했다. 여기서 천심은 유근의 천부적으로 타고난 마음이다. 인심은 보통사람들의 마음이다. 유근은 보통사람과 다른 고결한 심성을 지닌 사람이다. 그것은 제4구에서 제월을 바라본다는 표현에서 알 수 있다. 제월(霽月)은 광풍제월(光風霽月)의 약어이다. 이는 청아하고 고결한 인품을 비유할 때 쓰는 관용어이다. 유근의 인품을 비유하여 표현한 것이다. 그 유래는 다음과 같다. 송(宋)의 황정견(黃庭堅)이 주돈이(周敦頤)의 인품을 평하여 "가슴속과 마음이 상쾌하고 시원하기가, 비온 뒤에 부는 바람과 비 개인 뒤에 떠오르는 달과 같다."[20] 라고 비유적으로 표현한 말인데, 후대에 고결하고 청아한 인품을 비유하는 상징어가 됐다. 또한 그런 이념을 추구하는 사람들이 정자나 누대의 이름으로 사용했다. 제월대는 전국적으로 적지 않게 분포되어 있다. 일예로 전남 하순군 소쇄원(瀟灑園)에 제월당(霽月堂)이라는 정자가 있다. 고산구곡의 제월대에 담긴 의미도 위와 동일하다. 지금 제월대와 고산정이 자리한 곳은 강가를 따라 수백미터 정도 거의 수직의 암벽으로 형성돼있다. 제월대는 10여명이 둘러 앉아 달맞이를 할 정도로 널직한 암반이다. '제월대(霽月臺)'라는 세 글자를 평평한 암반위에 종서로 새겨놓았다.[21] 이곳에 오면 그대의 마음은 명경이 되고 그대의 인품은 제월이 되리라.

제6곡은 창벽(蒼壁)이다.

峭壁誰教巧剪成 높다란 절벽을 누가 기교부려 깎아세웠나?
초 벽 수 교 교 전 성

20) 광풍제월(光風霽月): 『송사(宋史)』「주돈이전(周敦頤傳)」. "胸懷灑落, 如光風霽月."

21) 2001년 4월 28일 제월대(霽月臺)라고 암반에 새겨놓은 글자를 탁본했다. 그 위치는 애향심이 지극한 괴산문화원 연찬흠(延燦欽 1948~)사무국장께 여쭈어 보았다. 제월리에 살고 있는 김태성(金泰成 1945~)에게 확인하여 알려주는 노고를 아끼지 않았다. 고산정 동쪽 강가 절벽 위에 암반에 새겨놓았다.

千秋雲物未曾更 천추의 자연물이라 일찍이 변하지도 않네.
천 추 운 물 미 증 경

悠悠世路如脂膩 아득코 아득한 세상 일이 기름때 같은데,
유 유 세 로 여 지 니

幾見尋幽預結盟 그윽한 곳 찾아와 어떻게 미리 설정하였나?
기 견 심 유 예 결 맹

푸르고 우뚝 솟은 절벽이다. 제1구에서 누가 정교하게 가위질하여 조성했느냐고 묻는다. 구체적으로 창벽에 대한 표현은 생략했다. 상상에 맡긴 것이다. 작자는 창벽을 보는 순간 예사롭지 않다는 것을 직감했다. 기교를 부려 정교하게 만든 걸작품이라는 사실을 감지한 것이다. 제2구에서 이 창벽은 변하지 않는다고 했다. 이는 창벽이 지금까지도 불변의 형태를 유지해왔듯이, 앞으로도 만고불변의 형태를 유지할 것이라는 사실까지도 예견하고 있는 것이다. 이렇게 표현한 것은 이런 창벽을 차지하고 그 절경을 누리는 사람이 존재한다는 것을 전제한 것이다. 제3구를 보자. 세상사 아득히 기름때 같다고 했다. 오염과 혼탁함을 비유한 것이다. 제4구를 보자. 어떻게 이런 곳을 미리 알고 설정해두었나 하고 의아해한다. 양유년은 이곳을 오염된 세속의 때를 정화해줄 곳으로 간주한 것이다. 아울러 유근의 선경지명과 통찰력을 예찬하고 있는 것이다. 지금 괴산군은 “21세기 미래의 땅, 살기 좋은 청정 괴산”이라는 구호를 괴산의 상징으로 홍보하고 있다. 앞으로 인간이 오염되지 않은 청정한 자연에서 생활하기란 전반적 여건상 용이하지 않다. 21세기에는 청정자연을 최대한 보존한 지역이 축복받은 땅으로 평가받을 것이다. 괴산은 그런 면에서는 우위에 있는 천혜의 지역이다. 지금 상태의 청정자연만 잘 보존해도 자손만대 쾌적하고 윤택한 삶을 누릴 수 있다. ‘신선(神仙)의 길을 따라 물길 산길 200리 문화기행’의 시발점인 고산구곡에서 그 옛날만은 덜 하지만 청정감과 청량감을 만끽하고 떠나기 바란다.

제7곡은 영객령(迎客嶺)이다.

隔斷紅塵路欲苔 속세와 차단돼 있어 길에 이끼 끼려하는데,
격 단 홍 진 노 욕 태

逢迎偏倩[22]此山開 뛰어난 사람 맞이하여 이 산이 열렸네.
봉 영 편 천 차 산 개

只緣鎭日[23]雲深鎖 다만 평상시에 인연을 맺어 구름 짙게 붙잡아두고,
지 연 진 일 운 심 쇄

---

22) 편천(偏倩): 남자의 미칭.

掃石頻頻待客來 (소석빈빈대객래) 돌길 자주 자주 쓸며 손님 오기 기다리네.

손님을 맞이하는 고개이다. 이곳 고산구곡의 위치는 세상을 등졌다고 할 정도로 깊숙한 곳에 자리 잡고 있다. 지금이야 통행인이 많지만, 그 때는 인적이 드물었을 것이다. 그래서 길에 이끼가 끼었다한 것이다. 그런데 한 번 사람을 맞으니 산이 열렸다. 그 사람은 다름 아닌 유근이다. 그의 인품과 명성으로 하여금 사람을 찾아오게한 것이다. 평상시에 구름을 깊이 묶어놓고 돌길 자주 쓸며 사람을 기다린다. 유유상종이라고, 그만한 사람에 어울리게 사람이 찾아오게 된다. 이 고개에서 손님을 맞는다. 이리하여 고개이름이 영객령이다. 명나라 사신(使臣)인 주지번(朱之蕃)과 양유년(梁有年)이 고산구곡을 예찬한 바, 그곳으로 가는 길목이다. 이 길을 중국동포를 비롯하여 중국인 관광객은 물론 기타 외국인들이 내방할 수 있게 해야할 것이다. 우리는 이제 그 날을 위해 차질이 없이 만반의 준비를 완료해야 될 것이다. 유근과 홍명희의 삶의 궤적이 내국인은 물론 외국인들을 감동시킬 것이다. 지금 영객령은 도로 확장공사가 완료되었다. 그 옛날에는 좁고 경사진 길이었을 것이다. 이것을 자동차가 다니도록 깎아내어 낮추었다. 그런데 더욱 넓고 낮게 고친다. 편리하긴 하지만 옛날의 호젓한 정취는 느낄 수 없어 매우 아쉽다. 이 길이 구곡문화관광특구의 시발점으로 통하는 관문이다. 이 길은 구곡문화기행을 통해 경향각지의 다양한 문화가 교융(交融)되는 문화교류의 길이 되길 바란다.

제8곡은 영화담(暎花潭)이다.

花底澄潭照月明 (화저징담조월명) 꽃 아래 맑은 연못에 달빛이 밝게 비치고,

日描花影漾潭清 (일묘화영양담청) 햇빛에 꽃 그림자 맑은 못에 일렁이네.

晩煙忽單花枝暝 (만연홀단화지명) 저녁 안개 문득 감돌자 꽃가지 희미하더니,

又有潭邊好月生 (우유담변호월생) 또 연못 가에 밝은 달빛이 찾아드네.

꽃이 비치는 연못이다. 꽃만 비치는 것이 아니다. 달빛도 비친다. 꽃그림자가 맑은 못에 출렁인다. 어쩌다 꽃잎도 떨어져 물위에 감돌 것이다. 여기에

23) 진일(鎭日): 평상시(平常時)

달빛도 가세하여 일렁인다. 제3구의 만연(晩煙)은 저녁안개이다. 때가 저녁인데다가 안개가 주변에 확 퍼지니 꽃가지도 어두무레하게 감싸인다. 화려한 꽃을 볼 수 없는 상황이 되는 듯하다. 아쉬움이 느껴진다. 그러나 뒤이어 반전되는 상황이 전개된다. 황홀 찬란하게 은은한 달빛이 떠오른다. 꽃과 물과 달이 어우러져 환상적인 장면이 연출된다. 무슨 꽃인지는 모른다. 온갖 꽃이 피었으리라. 물이야 당연히 맑다. 맑디맑은 물이 대자연의 푸르름을 모두 받아들여 푸르스름하다. 달빛은 하얗다. 안개가 몽실몽실 피어오른다. 안개 피어오는 달밤에 포르란 물결위에 비치는 꽃송이가 보이는 못이다. 그 시절 그들은 오염되지 않은 천혜의 자연 속에서 산수미를 만끽했다. 그런데 지금 이곳은 적잖이 오염되어 있다. 물고기를 잡는 사람이 많아 물고기도 전보다 많이 줄었으며 물도 무척 오염됐다. 꽃도 옛 꽃이 아니요, 물도 옛 물이 아니다. 그러니 물에 꽃이 비친들 그때만 하랴. 옛 물에 옛 꽃이 비치는 운치를 만끽할 수 있도록 오염을 방지하고 청결상태를 유지하는데 총력을 경주해야할 것이다.

제9곡은 고산정사(孤山精舍)이다.

放鶴湖山有舊圖 방 학 호 산 유 구 도	호산에서 학 기르는 일 예전에 도모했었는데,
東藩今復見林逋 동 번 금 복 견 임 포	동쪽 울타리에서 지금 다시 임포를 보네.
靑山爲客君爲主 청 산 위 객 군 위 주	청산은 손이 되고 그대는 주인이 되어,
爲報孤山總不孤 위 보 고 산 총 불 고	고산에 보답하니 모두 외롭지 않겠네.

고산정사는 고산에 자리를 잡은 학사(學舍)이다. 이른바 학문을 교육하고 학술을 토론하는 강의장이다. 작자는 제1구에서부터 고사(故事)를 염두하고 시를 썼다. 한시(漢詩)는 제한된 글자 수와 평측(平仄)과 압운(押韻)이라는 까다로운 형식에 맞추어 정경을 표현하자니 자연히 고사를 원용하게 된다. 따지고 보면 경제적이고 효과적인 표현법이다. 평측(平仄)이란 평성(平聲)(－)·상성(上聲)(↗)·거성(去聲)(↘)·입성(入聲)(∨)의 사성(四聲)을 가리킨다. ( )에 기호를 보듯이 평성(平聲)만 평평한 음조로 발음되어 평(平)이라하고, 나머지 세 가지는 고저 굴곡있게 발음해야하기 때문에 측(仄)이라 한다. 압운

법(押韻法)이란 발음상 중성(中聲)과 종성(終聲)이 동일하게 발음되는 글자나 같은 운목(韻目)의 글자를 사용하여야 한다는 한시작법상의 규칙이다. 물론 중국발음으로 그렇다는 것이다. 예를 들면, 흔히 잘 알고 있는 정지상(鄭知常)의 「송인(送人)」이란 시를 보자. “우헐장제초색다(雨歇長堤草色多), 송군남포동비가(送君南浦動悲歌) 대동강수하시진(大洞江水何時盡), 별루연연첨록파(別淚年年添綠波)” 즉 “비 개인 긴 뚝방에는 풀빛이 매우 푸르고, 그대를 떠내보내는 남포엔 슬픈 노래가 일어나네. 대동강물은 언제나 다 마를까? 이별의 눈물 해마다 푸른 강물위에 보태니.”이다. 제1구 맨 끝 글자 “다(多)” 2구의 “가(歌)” 4구의 “파(波)”자를 참고하면 된다.

고사(故事)는 표현미학상에 있어서 비유적 기능을 한다. 고산(孤山)에 얽힌 고사에 대해서는 앞에서 고산이라 명명한 유래를 밝히는 자리에서 설명했다. 유근은 임포의 생활을 모방하였다. “동쪽 울타리에 다시 임포를 보네”라는 구절이 그것을 말해준다. 그 다음 3~4구의 표현은 매우 재미있고 재치와 기려가 넘친다. 청산은 객이요 유근은 주인이다. 주객이 어울려 친화한다. 그래서 이름은 고산이지만 외롭지 않다고 했다. 그 표현이 절묘하다. 학은 신선의 화신이다. 임포는 학과 어울렸으니 신선이나 마찬가지다. 유근을 거기에 연관시켰으니, 유근도 임포와 마찬가지로 신선(神仙)처럼 살 수 있는 인물이라는 점을 강조한 것이다.

4. 맺음말

고산구경은 고산구곡 각각의 정경을 읊은 시이니, 형식상으로 구곡시의 체제를 갖추었다. 그러나 주자의 「무이도가(武夷棹歌)」의 운(韻)이나 시의(詩意)를 답습하지는 않았다. 구곡시라는 형식을 모방하여 고산구곡의 산수를 통해 유근의 생활자세를 적절한 고사를 대비하여 담아놓았다.

고산구곡이란 명칭은 중국 고산(孤山)에서 선취적(仙趣的)으로 살았던 임포(林逋)의 생활을 동경하고 그를 구현하기 위해 붙인 것이다. 제1곡에서도 유근이 황정경(黃庭經)을 구비하고 있다는 점을 부각하는데서 신선적 정취를 더해준다.

유근은 처음부터 은둔에만 목적을 두고 고산구곡을 설정한 것은 아니다. 관직에 나아가 경세제민에 최선을 다해 태평성대를 이룩하는데 기여한 후 금의환향하여 은거하려는 취지에서였다. 사대부의 도리를 이행한 연후에 귀향하여 만년에 고고하게 운치있는 삶을 누리는 것이 진정 의미있는 삶의 자세로 본 것이다. 양유년은 유근을 인품에서나 기량 면에서 이런 자격을 구비한 인물로 보았다. 또한 유근의 고아한 인품을 주돈이(周敦頤)에 비견될 만한 인물로 보고 있다. 제월대(霽月臺)란 명칭이 그것을 대변하고 있다. 고산구경시를 통해 중국의 선비들이나 조선조 선비들이 주돈이 같은 도학자의 인품과 학문을 추앙하고 답습하려는 한 실례를 감지할 수 있다. 고산정사(孤山精舍)라 명명한 이면에도 선취적 세계에 대한 동경심이 반영되어있는 것이다.

'구곡문화관광특구' 기행의 상징적 구호를 "신선의 길을 따라 물길 산길 200리를 가다."로 했다. '구곡문화관광특구'의 시발점인 고산구곡은 그 명칭에서부터 선취적이다. 따라서 '구곡문화관광특구' 를 기행하는 사람은 그 시발점에서 고산구곡에서부터 신선경을 실감할 수 있으며, 선취적 운치를 만끽할 수 있을 것이다.

2장. 갈은구곡(葛隱九曲)과 갈은구곡시(葛隱九曲詩)

1. 머리말

갈은구곡은 기존의 구곡을 참작하여 최상의 구곡으로 완성한 전덕호 특별기획 작품이며 한국 구곡의 온고지신적(溫故知新的) 완결판이다.[1] 일찍이 『택리지(擇里誌)』의 저자 이중환(李重煥 1690~1756)은 괴산에는 "명승지와 이름난 동네가 많고, 또한 귀현자(貴顯者)도 많다."[2]고 했다. 이는 괴산지방(槐山地方)이 산수자연이 수려하다는 점과 훌륭한 인물이 많이 배출된 고장이라는 사실을 갈파한 논평이다. 이런 괴산의 문화적 전통은 학교명칭에서도 그 일례를 찾아볼 수 있다. 괴산 명덕초등학교(明德初等學校)가 그것이다. 명덕(明德)이라는 용어는 『대학(大學)』에 나오는 "대학지도(大學之道), 재명명덕(在明明德)"에서 따온 것이다. "대학의 도는 밝은 덕을 밝히는데 있다."라는 뜻이다. 이렇듯 경전에 들어있는 명구를 학교의 이름에 사용하여 그런 인물이 되도록 잠재의식 속에 상기하게 한 사례도 드물다. 근대(近代)에만 보더라도 귀현자가 적지 않게 배출되었다. 몇몇만 들어본다. 『임꺽정(林巨正)』의 저자 홍명희(洪命熹 1888~1968)와 조선말 역사학자 이능화(李能和 1868~1945)가 괴산출신이다. 근자에 이중환의 평을 실감할 수 있는 또 하나의 명승지가 확인되었다. 바로 충북(忠北) 괴산군(槐山郡) 칠성면(七星面) 갈론리(葛論里)에 있는 갈은구곡(葛隱九曲)[3]이다.

---

1) 2005년 6월 4일 토요 김태영 김상배 조재명 이상주 답사. 김태영선생이 다음과 같은 말을 했다. 갈은구곡은 전덕호와 그 일행이 기존 구곡의 장점을 최대한 참고하여 특별 기획한 걸작품이다.

2) 이중환(李重煥), 『택리지(擇里誌)』. 동임대강(東臨大江), 다승지명촌(多勝地名村), 역다귀현자(亦多貴顯者), 토지의오곡목면(土地宜五穀木棉), 북근금천(北近金遷), 역가거처야(亦可居處也)

3) 갈론계곡(葛論溪谷) 인근의 암벽에 한자(漢字)가 새겨져 있다는 사실과 암반에 바둑판이 새겨져 있다는 사실은, 칠성면 사은리와 외사리를 비롯하여 그 인근 사람들은 대개 알고 있었다. 다만 갈은구곡(葛隱九曲)이란 이름으로 알고 있었던 것은 아니다. 필자도 이런 사실을 칠성면 사은리에 거주하는 중학교친구 노은영(盧殷永 1954~)으로부터 1970년대에 들었다. 늘 관심을 갖고 정밀하게 답사를 해보려 했으나, 매사가 골몰하여 시도하지 못 했었다. 그러다 1987년 가아(家兒)인 용재(鎔在 1981~)를 데리고 이곳의 동구까지 왔다가 시간이 여의치 않아 미루었다. 1997년 충북문화유산답사회 송기호(宋起鎬)·한도희(韓桃熙)회원과 갈천정(葛天亭)과 강선대(降僊臺)에 새겨져있는 한시(漢詩)를 확인했다. 그외 바둑판이 새겨진 곳을 비롯하여 주변지역을 세심하게 탐사하는 일은 차후로 미루고 있었다. 갈은구곡시 전체를 확인하게 된 경위는 다음과 같다. 괴산향토사연구회는 1999년 4월 월례회를 갈론리에서 개최했다. 이 때 회원들이 강선대

괴산의 산수명승지를 치자면 전국적으로 잘 알려진 화양동을 빼놓을 수 없다. 갈은구곡은 화양동하류 약 30여리 지점에 위치하고 있다. 괴산에는 갈은구곡이 확인되기 전에 화양구곡(華陽九曲)·선유구곡(仙遊九曲)·고산구곡(孤山九曲)·연하구곡(煙霞九曲) 등의 기존의 구곡 명승지가 있었다. 1987년 괴산군에서 쌍곡구곡(雙谷九曲)을 설정했다. 이제 갈은구곡(葛隱九曲)이 확인되니, 괴산은 6개의 구곡(九曲)을 보유하게 됐다. 이렇게 해서 괴산은 명실상부한 문화관광지의 명성을 공고히 하게 됐다.

대개 구곡의 명칭은 계곡 초입에서 부터 명명하는 것이 통례이다. 갈은구곡(葛隱九曲)도 계곡초입으로부터 상류쪽으로 올라가면서 구곡(九曲)이 명명돼 있다. 1곡 장암석실(場岩石室) 2곡 갈천정(葛天亭) 3곡 강선대(降僊臺) 4곡 옥류벽(玉溜壁) 5곡 금병.(錦屛) 6곡 구암(龜嵒) 7곡 고송류수재(古松流水齋) 8곡 칠학동천(七鶴洞天) 9곡 선국암(仙局嵒)이다. 2008년경 괴산군에서 대대적으로 관광 개발을 하면서 우거진 나무를 제거하자 갈천정 맞은 편 수직 암벽에 '장암석실(場岩石室)'이라 새긴 글씨가 드러났다. 이 글씨를 새겨놓은 지점 가기 바로 전에 석실이 있는데 그 석실 수직암벽에 다음 싯구를 새겨놓았다. "제1구: 동의온오하의량(冬宜溫奧夏宜凉), ~ 제4구: 청산중용요원장(青山重聳繞垣墻)" 이를 근거로 볼 때 갈은구곡 제1곡은 갈은동문이 아니고 '장암석실(場岩石室)'라고 보아야한다. '장암석실(場岩石室)'이라는 암각자가 드러나기 전에는 '갈은동문(葛隱洞門)'을 갈은구곡 제1곡으로 알았다. 이제 장암석실을 갈은구곡 제1곡으로 보아야할 것으로 생각한다.

여기서 우리가 주목해야할 점은 갈은구곡에는 매 구곡마다 자연의 암벽이나 암반에 구곡시를 새겨놓았다는 점이다. 뿐만 아니라 갈은구곡의 명칭과 갈은구곡시을 새긴 글자체가 다양하다는 점이다. 즉 행서(行書)로 쓴 글씨는 갈

(降僊臺) 암벽에 한자(漢字)로 새겨진 글씨를 목격했다. 그 외에 더 많은 암각서(巖刻書)와 바둑판이 새겨져 있다는 사실을 전해 듣고, 갈론리(葛論里)에 구곡(九曲)이 설정됐을 것이라는 생각을 하게 됐다. 5월 월례회 때 다시 갈론에 가서 확인한 몇몇의 암각시를 탁본(拓本)했다. 1999년 7월 11일 일요일, 필자가 동행답사하여 괴산향토사연구회 회원들이 판독하지 못한 행서(行書)와 별자(別字)의 일부를 판독하였다. 이 때 암벽이나 암반에 새겨진 갈은구곡시(葛隱九曲詩) 9개 전체를 확인했다.

이런 성과를 정리하여 필자는 다음의 논문을 썼다. 「갈은구곡(葛隱九曲)과 갈은구곡시(葛隱九曲詩) 연구(研究)」, 『괴향문화(槐鄕文化)』 제7집, 괴산향토사연구회, 1999,69~97면. 다시 이를 다듬어서 「갈은구곡과 갈은구곡시」, 『한문학보(漢文學報)』 제2집, 우리한문학회, 2000, 353~389면에 실었다.

은동문(葛隱洞門), 갈천정 제서(葛天亭 題書), 고송류수재 제서(古松流水齋 題書), 선국암 제서(仙局嵒 題書)이다. 전서(篆書)로 쓴 글씨는 옥류벽 제서(玉溜壁 題書), 금병 제서(錦屛 題書), 귀암 제서(龜嵒 題書)이다. 갈천정시(葛天亭詩)는 종(從)과 수(數)와 발(髮)은 초서(草書)로 쓰고 나머지 글자는 해행체(楷行體)로 썼다. 그외 대부분의 시는 몇몇 글자를 초서(草書)나 별자(別字)로 쓰고 나머지는 예서(隷書)로 썼다. 별자(別字)를 쓴 경우는 고송류수재시(古松流水齋詩)의 상(相)를 상(目木) 으로 썼다. 통자(通字)는 강선대시(降僊臺詩)에서 쇄(灑)를 쇄(洒)로 썼다. 자법(字法)을 변형한 경우는 옥류벽시(玉溜壁詩)의 벽(壁)을 ( )으로 썼다. 제서(題書)는 제목을 새긴 글씨이다. 이처럼 구곡한시(九曲漢詩)를 암각한 사례는 물론이요, 다양한 서체로 암각한 사례도 없는 것 같다. 이렇듯 갈은구곡에 암각된 갈은구곡시는 한시연구(漢詩硏究)의 호재(好材)요, 서체연구(書體硏究)의 귀중한 자료이다. 따라서 갈은구곡시의 암각시는 한시(漢詩)의 표현기법의 연구는 물론이요, 다양한 한자서체를 연구할 수 있는 특이한 사례로 전국적으로도 보기드문 희귀한 문화유적이다. 이에 널리 알려 연구의 편의를 제공하고자 갈은구곡시를 소개한다.

2. 갈은구곡(葛隱九曲)과 전덕호(全德浩)

갈은구곡은 언제 누가 설정했을까? 갈은구곡시는 누구의 작품이며, 글씨는 누가 썼으며, 바위에 글자를 새긴 사람은 누구일까? 이는 필자를 비롯한 괴산향토사연구회원들과 갈은구곡의 존재를 확인했다는 사실을 아는 사람들의 최대 관심사였다. 이제껏 확인한 내용을 토대로 갈은구곡을 설정한 사람과 설정한 연대에 대해 정리해보고자 한다.

현재까지 검토한 바에 의하면, 갈은구곡(葛隱九曲)을 설정한 사람으로 볼 수 있는 유력한 인물은 전덕호(全德浩 1844~1923)가 거론된다. 갈은구곡(葛隱九曲)과 관련된 그에 대한 기록을 열거해보자 한다. 1969년에 편찬된 『괴산군지(槐山郡誌)』, 537면. 제10장 「명승고적」155 강선대(降僊臺)에 다음과 같이 기록했다.

괴산수력발전소땜의 상부(上部) 좌측(左側)의 협곡간(峽谷間)에 있는 거대(巨

大)한 암석(巖石)으로 석실(石室)이 있으며 옛적에 신선(神仙)이 하강(下降)하여 노닐었다는 전설이 있을 정도의 절승(絶勝)이다. 어느 시대인지 알 수 없는 전덕호(全德浩)라고 기명(記名)한 시(詩)가 각자(刻字)되어 남아있다. 불시황당불시진(不是荒唐不是眞), 세인능기견선인(世人能幾見仙人) 각괴영인래도착(却怪令人來到着[착(着)은 차(此)의 오자: 인용자]), 육금쇄자무진(育衿[육금(育衿)은 흉금[胸襟]의 오자: 인용자]灑[쇄(灑)의 약자인 쇄(洒)로 써져있다: 인용자]落自無塵.4)

이 기록은 실제상황과 차이가 난다. 강선대는 석실이 아니고, 약 3m 정도의 수직으로 된 암벽 위쪽에, 암석이 지붕추녀처럼 1m정도 돌출되어 있다. 혹 석실이라고 하는 곳은 지금 강선대 가기 전 우측에 집바위라 불리는 곳을 말하는 것 같다. 여기도 석실은 아니고 암벽이 수직으로 2m 정도 올라간 지점에서, 바위가 수평으로 2m정도 나와있어 지붕처럼 보인다. 그래서 집바위라 불린다. 이를 장암석실(場巖石室)이라 한 것이다. 갈은구곡으로 들어가다 보면 오른쪽 암벽위에 갈은동문(葛隱洞門)이라 새겼다. 장암은 왼쪽 길 옆 개울가에 있는 암반이다. 이어 김종륜은 "어느 시대인지 알 수 없는 전덕호(全德浩)라고 기명(記名)한 시(詩)가 각자(刻字)되어 남아있다."라고 했다. 위에 김종륜이 언급한 시(詩)가 강선대(降僊臺)에 새겨져 있는 것은 사실이다. 그러나 전덕호(全德浩)라는 이름을 새겨놓은 곳은 강선대(降僊臺)가 아니고 갈천정(葛天亭)이다. 이런 상황을 통해 볼 때 『괴산군지』를 쓴 김종륜은 현지에 가서 확인하지 않고 전해들은 것을 토대로 쓴 것이라 판단된다. 갈천정은 강선대(降僊臺) 가기 전 오른쪽 개울가 좌측 절벽이다. 이 절벽에 갈천정(葛天亭)이라는 제목은 가로로 새기고, 시(詩)는 세로로 새겨놓았다. 전덕호라는 이름은 갈천정시가 끝나는 왼쪽에 새겼는데, 글자가 크기가 갈천정(葛天亭) 제목 글자 크기로 큰 편이다. 김종륜이 강선대시(降僊臺詩)를 전덕호가 지은 것으로 단정한 것은, 갈천정시 좌측에 전덕호란 이름이 새겨져있는 것을 근거로 한 것이다 .

칠성면 사은리에 거주하는 임양수(1936년생~)씨는 그 조부 임상기(林相基 1878년생)와 마을 어른들이 다음과 같은 내용을 들려주었다고 한다. 서울에

4) 『괴산군지(槐山郡誌)』, 1969, 537면. 제10장 「명승고적」 155 강선대(降僊臺) 원문에는 한자(漢字)로만 기록했는데, 필자가 한자를 ( )안에 넣고 한글로 음을 달은 것이다.

서 내려온 전덕호(全德浩)가 바위에 구곡과 바둑판을 새기고 친구들을 모아 유상했다는 것이다. 전덕호는 일명 중군(中軍)이라고 했는데 호(號)인 것 같다고 한다. 임양수씨가 10여세 때, 고송유수재라 글씨를 새겨놓은 건너편, 즉 단조(丹竈)라 새겨놓은 암벽근처에 퇴락해 있던 정자를 뜯어다 사오랑동네의 산신각(山神閣)을 지었다고 한다. 당시에 벌목을 엄격히 단속해서 나무를 베어다 쓰기가 힘들어 그 퇴락한 재목 중에 쓸 만한 것을 사용했다는 것이다.

갈론 출신인 박일순(朴日淳 1940년생~)씨는, 전덕호는 일명 전중근이라 했으며, 중근은 자(字)였던 것으로 추정된다고 했다. 괴산 사람으로 돈이 많아서 사람들에게 모아 소를 잡아 먹이며 잔치를 했으나 시를 짓거나 글씨를 쓸 그런 정도는 아니었다고 한다는 것이다.

괴산에서 한약방을 했던 전규원(全奎元 1878년생)이 고송유수재 건너편 단조(丹竈)라 새겨놓은 바위뒤에 있는 초가집을 관리했었다고 한다.

전덕호(全德浩)란 이름은 갈천정시(葛天亭詩) 좌측 말고도 고송류수재(古松流水齋)라는 암각서 맞은편 고송류수(古松流水)라 새긴 글씨 아래에도 새겨져 있다. 여기에 그는 아우 아들 손자의 이름까지 새겨놓았다. 즉 좌측에서 우측으로 "고등룡(高登龍)·신치우(申治雨)·김재희(金在喜)·제(弟)덕연(德淵)·전덕호(全德浩)·자(子) 윤석(胤錫)·창석(昌錫)·인석(麟錫)·손(孫) 영경(永慶)·영수(永壽)"란 이름을 세로로 새겨놓았다.

갈은구곡중 제9곡인 선국암시(仙局嵒詩)가 새겨진 널직한 암반에 바둑판이 그려져 있고, 바둑판 네 귀퉁이에 '사노동경(四老同庚)'이라 새겨놓은 사실도 주목할 필요가 있다. 이것이 갈은구곡시의 작자과 서자(書者) 그리고 각자(刻者)를 규명할 수 있는 단서가 될 수 있기 때문이다. 동경(同庚)이란 사전적(辭典的) 의미는 나이가 같은 동갑내기 노인 네 명이라는 뜻이다. 사전적 의미를 그대로 따른다면, 이 선국암에서 바둑을 두고 유상하던 사람들중 나이가 동갑인 사람이 넷이 있었다는 말이다. 위에서 보듯이 '고등룡(高登龍)·신치우(申治雨)·김재희(金在喜)·전덕호(全德浩)', 이 네 사람이 '사노(四老)'의 주인공일 것으로 짐작된다. 이들이 갈은구곡과 갈은구곡시와 직접전 연관이 있을 것으로 짐작한다. 특히 전덕호(全德浩)는 갈은구곡 설정의 주역일 가능성이 높다. 그가 갈은구곡과는 상당한 관련이 있는 인물로 생각되어 족보를 확인해보기로 했다. 족보에 혹 그런 사실을 기록해놓았을 가능성도 있기 때문이다. 필자는 전덕호가문 3대의 이름이 바위에 새겨져 있어, 그들의 이름을 족보에서 쉽게 확인할 수 있을 것으로 생각했다. 그래서 국립중앙도서관에 비치된 전씨중앙종친회에서 간행한 『전씨대동보(全氏大同譜)』16책을 한장 한장 넘기면서 점검했다. 필자가 본의 아니게 못 보았을 수 있으나, 그들의 이름이 등재되어 있지 않았다. 김재희(金在喜)에 대해 경주김씨족보를 우선 열람한 바, 김재희가 16명이나 되나 갈은구곡과 관련있다는 단서는 기록되어 있지 않았다. 괴산군 칠성면 외사리에 거주하는 의성김씨문중(義城金氏門中) 직계 선대에도 김재희란 인물은 없다. 칠성면 성산리에 사는 김태석의 증조부가 조선말 공조참판을 했다한다. 한일합방 후 이곳으로 낙향했다하여 혹 갈은구곡과 관련있을까 추정하여, 김태석씨에게 문의했으나 무관한 것으로 보인다. 그 직계선대에도 김재희란 사람은 없다한다.

갈은구곡 제7곡 고송유수재부터 제9곡 선국암사이의 바위에는 전덕호라는 이름이외 많은 사람들의 이름이 있다. 임꺽정의 저자 홍명희(洪命熹 1888~1968)의 할아버지 홍승목(洪承穆 1847~1925)의 이름이, 고송류수재(古松流水齋)라는 암각서(巖刻書) 옆에 세로로 새겨져 있으며, 한말 역사학자 이능화(李能和 1869~1943)의 아버지 이원긍(李源兢 1849 ~ 미상)의 이름도 고송류수(古松流水)라 새겨놓은 옆쪽 즉 전덕호(全德浩)라는 이름 약간 오른쪽에 떨어져 새겨져있다. 이런 점으로 보아 갈은동은 산수가 좋아, 괴산 지역인사들이 유상처로 찾던 곳임을 알 수 있다.

위에서 보았듯이, 갈은구곡(葛隱九曲)과 전덕호는 불가분의 관계가 있는 것은 분명하다. 괴산향토사연구회는 1999년 10월 7일 괴산읍사무소 2층 회의실에서 '갈은구곡 종합학술발표대회'를 개최했다. 그때까지 확인한 전덕호에 대한 정보는 위에 제시한 내용이 전부였다. 나는 하는 수 없이, 차후 기회가 되는 대로 전덕호에 대해 알아보기로 하고, 그간의 결과를 「갈은구곡(葛隱九曲)과 갈은구곡시(葛隱九曲詩) 연구(硏究)」[5]라는 제목으로 소개했다. 이후도 전덕호에 대한 자료 색출에 계속 관심을 갖고 있었다. 그런데 2001년 1월 8일 박일순가 직접 전화를 했다. 전덕호에 대한 자료가 있다는 것이다. 무척이나 반가웠다. 그는 갈론리에 살다가 청주로 이사 와서 살고있 다. 2001년 1월 9일 오전 9시 청주시에 있는 효성병원 휴게실에서 박일순씨를 만났다. 서

5) 이상주(李相周), 「갈은구곡(葛隱九曲)과 갈은구곡시(葛隱九曲詩) 연구(硏究)」, 『괴향문화(槐鄕文化)』 제7집, 괴산향토사연구회, 1999.

로 쉽게 찾아갈 수 있는 가까운 장소였기 때문이다. 박일순씨의 아우의 명의로 돼있는 토지를 매각하기 위해, 구(舊) 토지대장을 발급받아보니, 전덕호로 전(前) 소유주가 돼있어서 알려주는 것이라 한다. 2001년 1월 6일에 발급받은 괴산군 칠성면 사은리 82~89번지의 토지대장을 보여주었다. 그중 82번지의 구(舊)토지대장에 전덕호가 전(前) 소유주로 기록돼있다. 박일순씨는 나머지 번지의 토지도 함께 매입했던 것이기 때문에, 나머지도 전덕호의 소유였을 것으로 생각된다며, 기회가 되는 대로 확인해보라 했다. 다음은 괴산군 칠성면 사은리 82번지 구(舊) 토지대장(土地臺帳)의 기록이다.

1943년 制令 六號二에 의거하여 地價 賃貸 價格 二改 작성(이 줄 검토?)

토지(임야)대장:충북 괴산군 칠성면 사은리 82번지(畓)
1912,7,28일 이도면(二道面) 대덕리(大德里) 전덕호(全德浩)
1914,7,4 읍내면 동부리 우영명(禹永命) 소유권 이전.
1929,5,20. 도정리(道井里) 207번지 박만년(朴萬年) 소유권 이전.

전덕호는 1914년 7월 4일 읍내면 동부리에 사는 우영명(禹永命)에게 매각했던 것이다. 나는 2001년 1월 17일 괴산군 민원실에서 토지대장을 발급받아 위 사실을 재확인했다. 괴산군 칠성면 사은리 82~89번지까지의 토지대장에 위와 같은 내용이 기록돼 있다. 충북 괴산군 칠성면 사은리 82번지에서 89번지 일대는 갈은구곡이 분포돼있는 지역이다. 즉 이곳은 갈은구곡의 제4곡 옥류벽이 있는 근처이다. 현재까지 추적한 결과, 갈은구곡을 선정하고 시를 지은 사람이 전덕호(全德浩)라고 확정할 구체적인 기록은 색출하지 못했지만, 전반적인 정황으로 보아 전덕호로 간주해도 무리는 아니다. 따라서 그의 가계와 생애를 정리한다.

3. 전덕호의 가계와 생애 및 갈은구곡 설정 연대

전덕호의 가계를 추적하기 위해서, 전화번호부에 등재된 인명을 통해, 괴산군 괴산읍이나 괴산읍 대덕리에 거주하는 전씨와 관련있는 인물을 알아보기로 했다. 2001년 2월 11일 일요일, 괴산군 괴산읍 금산리 전영근(全영根)씨가 전덕호와 종씨(宗氏)라는 사실과 그리 멀지 않은 집안이라는 사실을 확인했다. 『정선전씨대파보(旌善全氏大派譜)』, 대전 대경출판사, 1979.에 전덕호가 등재돼있음을 확인했다. 그리고 다음과 같은 사실을 들었다. 전덕호는 지금 충북 괴산군 괴산읍 대덕리에서 출생했으며, 임실군수가 되어 전주에서 거주했다한다. 전라도에 전덕호의 땅이 많이 있어서, 전영근씨 아버지는 전덕호의 땅을 경작하러 전주로 갔다. 전영근은 전라도에서 출생하여 8년 정도 살다가, 지금의 괴산군 괴산읍 대덕리로 돌아왔다. 전영근은 전주 전덕호의 집에서 같이 살았다.

전영근의 말에 의하면, 전덕호의 4대조인 전계초(全繼初)가 강원도 정선군 대왕에서 괴산군으로 이주해왔다고 했다. 그러나 『정선전씨대파보(旌善全氏大派譜)』에는 계초의 2남 효일(孝一)은 영조(英祖) 신미년(辛未年 1751년) 십일월 삼일 생으로, 선비(先妣)를 받들고 처음 괴산으로 들어왔다고 기록돼있다. 족보의 내용이 옳을 것으로 보인다.

2001년 1월 17일 수요일 괴산읍사무소에서 전덕호의 제적등본을 발급받았다. 거기에 문광면으로 이사한 사실이 기재돼있다. 문광면사무소으로 가서 제적등본을 발급받았다. 그런데 전라북도 전주로 이사한 것으로 돼있다. 전주시 완산구청에 우편으로 제적등본을 신청하였더니 송부해주었다. 그 당시에는 호적등본 등 행정서류를 동사무소에 신청하면 해당지역 동사무소 등 행정기관에 서로 협조하여 요청한 서류를 발급하여 제공하는 제도가 있었다. 2011년 3월 29일 제정시행한 개인정보보호법으로 인해, 지금은 그런 혜택은 받을 수 없게 됐다. 참 격세지감이요 불신시대의 한 징표이다. 『정선전씨대파보』와 전덕호의 호적등본 등을 참고하여 얻은 그에 대한 정보를 정리해보겠다.

다음은 『정선전씨대파보(旌善全氏大派譜)』[6]의 내용이다.

> 시조(始祖)는 섭(聶)이다. 2세 호익(虎翼)→ 3세 반(槃)→ 4세 순성(舜成)→ 5세 여균(汝均)→ 6세 운교(雲喬) …
>
> 46세 계초(繼初)→ 47세 2남 효일(孝一)→ 48세 후성(厚成)→ 49세 2남 태영(泰英)→ 50세 덕호(德浩)

6) 『정선전씨대파보(旌善全氏大派譜)』, 대전 대경출판사, 1979.

계초(繼初)의 2남 효일(孝一)은 영조 신미년(1751년) 십일월 삼일 생이다. 이가 선비(先妣)를 받들고 처음 괴산으로 들어왔다. 증(贈) 가선(嘉善) 겸 부총관(副摠管)이다. 묘소는 괴산군 남중면 지곡(池谷: 지금 문광면 대명리 못골) 뒤 신좌(辛坐)이다. 효일(孝一)의 아버지 계초(繼初)의 묘소와 형(兄)인 자일(慈一)의 묘소는 강원도 대화(大和) 무릉(武陵)에 있다. 계초(繼初)의 두 번 째 부인의 묘소는 괴산군 남하면(南下面: 지금 문광면 광덕리) 동막동(東幕洞) 자좌(子坐)에 있다. 이렇듯 전덕호의 선조는 강원도 정선군에 살다가 그의 4대조 때 괴산으로 이사해 괴산에서 자리잡았다.

전덕호의 아버지 전태영(全泰英)은 일명 화근(華瑾)라 했으며, 자(字)는 치화(致華)이다. 순조(純祖) 무인년(戊寅年 1818년) 7월 3일 생으로 가선(嘉善) 동중추(同中樞)를 했다. 묘소 괴산군 칠성면 송동(松洞) 문암(門岩) 신좌(辛坐)에 있다. 전덕호의 어머니 정부인(貞夫人)인 삼산(三山) 이씨(李氏)는 을해(乙亥 1815년) 10월 23일 생으로 덕우(德祐)의 딸이다. 묘소는 괴산읍내 대덕리 후록에 있다.

『정선전씨대파보(旌善全氏大派譜)』에 기록돼있는 전덕호에 대한 내용이다.

전덕호(全德浩)는 일명(一名) 덕준(德駿)이다. 자(字)는 경현(敬顯)이다. 헌종(憲宗) 갑진(甲辰 1844년) 10월 19일생으로 통정(通政) 중군(中軍)을 역임하고 가선(嘉善) 의관(議官)을 역임했다. 향년 79로 11월 21일 졸했다. 묘소는 전주군(全州郡) 이동면(伊東面) 노송리(老松里) 삼삼오(三三五)번지에 있다. 배(配)는 개성(開城) 방씨(龐氏)로 봉장(鳳章)의 딸이다. 경자(庚子 1840년) 정월(正月) 팔일(八日)으로, 팔월(八月) 이십팔(二十八)일 졸(卒)으며, 향년(享年)은 팔십사(八十四)이다. 묘(墓)는 전덕호와 같은 곳(同原)이다.

『승정원일기』를 보자.

> 『승정원일기』, 고종 39년 임인(1902) 12월 22일(무신, 양력 1월 20일) 중추원의관(中樞院議官) … 정2품 정봉환(鄭鳳瑍), 종2품 전덕호(全德浩), 정3품 성진호(成鎭鎬)・유세양(柳世養), 6품 홍일섭(洪日燮)・신승균(申升均), 9품 이병원(李秉元)을 중추원 의관에 임용하였다. 7)

7) 한국고전번역원, 신영주(역), 2003. 『승정원일기』, 3153책 (탈초본 140책) 고종 39년 12월 22일 [양력1월20일] 임인[무신] 3/8 기사 1902년 光武 6년 光緖(淸/德宗) 28년. "中樞院議官金在龜·徐敬濠·鄭曮圭·李雲浩·李鍾哲·李鳳夏·金錫鎬依願免本官, 正二品鄭鳳瑍, 從二品全德浩(밑줄은 필자가 쳤다), 正三品成鎭鎬·柳世養, 六品洪日燮·申升均, 九品李秉元任中樞院議官,"

위 『승정원일기』에서 보았듯이 전덕호는 중추원의관(中樞院議官) 의관(議官)을 역임했다.

다음은 호적등본의 내용을 정리해본다. 전덕호는 1844년 10월 19일생 충북 괴산군 괴산면 대덕리(大德里) 219번지에서 출생했다. 지금 괴산군 괴산읍 대덕리 219번지이다. 1918년 5월 10일 충북 괴산군 문광면(文光面) 광덕리(光德里) 144번지로 이거했다. 1921년 2월 5일 전북 전주군 이동면(伊東面) 노송리(老松里) 335번지(지금 전북 전주시 중노송동 335번지)로 이거했다. 1923년 1월 8일 오전 4시 전북 전주군 이동면(伊東面) 노송리(老松里) 337번지에서 사망했다.

그후 장남(長男) 전윤석(全胤錫)이 충북 괴산군 문광면(文光面) 광덕리(光德里) 144번지로 이거했다고, 전주시 완산구청 한미영이 전화로 확인해주었다.

이제 전덕호가 갈은구곡을 설정한 것으로 간주하고 갈은구곡 설정연대에 대해 정리해보고자 한다.

갈은구곡중 제7곡인 '고송유수재(古松流水齋')' 맞은 편 단조(丹竈) 아래, 앞에서 지적했듯이 전덕호 직계가족의 이름을 새겨놓았다. 이들의 출생연도와 사망연도를 기준으로 갈은구곡의 설정연대를 추정해보는 것이다. 호적등본 및 『정선전씨대파보』[8])를 참조하여 그들의 생몰연도를 알아보았다.

제(弟) 덕연(德淵 1855,10,29생) 무과(武科) 사과(司果)

전덕호(全德浩 1844,10,19~1923,11,21) 통정(通政) 중군(中軍), 가선(嘉善) 의관(議官)

자(子) 윤석(胤錫 1863,7,22~1928,7,7) 충남관찰부(忠南觀察府) 주사(主事)
창석(昌錫 1872,7,4~1934,4,1) 탁지부(度支部) 주사(主事) 재무서장(財務署長)
인석(麟錫 1889,10,20생)
기석(麒錫 1893,7,22생)

손(孫) 영석(永慶 1879,12,5~1904,4,14) : 윤석(胤錫)의 장남
영수(永壽 [?]~ 1928,12,18졸) : 윤석(胤錫)의 삼남
영철(永喆 1899년,3,8~[?]5,14) : 창석(昌錫)의 장남

8) 『정선전씨대파보』, 대전 대경출판사, 1979.

전영철(全永喆)은 전덕호의 둘째 아들 창석의 장남이다. 전영철의 이름을 마지막에 새겨놓은 것으로 보아, 이를 새길 당시에는 그가 가장 나중에 출생한 손자이기 때문인 것으로 보아야 한다. 전영철(全永喆)의 출생연대가 1899년이다. 이로 보아 갈은구곡을 설정한 시기는 1899년 이전이거나 늦어도 1899년으로 보아도 될 것이다.

갈은구곡시의 작자에 대해 정리해보자. 갈은구곡시의 작자는 전반적인 상황으로 보아 전덕호일 가능성이 높다. 『정선전씨대파보(旌善全氏大派譜)』에 그의 관직이 "통정(通政) 중군(中軍)을 역임하고 가선(嘉善) 의관(議官)"이라 기록돼있다. 중군(中軍)이라는 그의 관직은 앞서 제시했던 임상기(林相基 1878년생)와 마을 사람들이 전하는 말이 신빙성을 더해주고 있다. 즉 "서울에서 내려온 전덕호(全德浩)가 바위에 구곡과 바둑판을 새기고 친구들을 모아 유상했다. 전덕호는 일명 중군(中軍)이라고 했는데 호(號)인 것 같다고 한다."고 했다. 중군(中軍)은 전덕호의 관직이다. 성(姓)이 김씨(金氏)인 사람이 진사를 했으면, 김진사(金進士)라 불러주듯, 중군(中軍)이라는 전덕호의 관직을 따라 전중군(全中軍)이라 불렀던 것이다. 그런데 듣는 사람들이 '중근'으로 잘못 알아듣기도 하였던 것이다. 위에서 살펴본 정황으로 보아, 갈은구곡시의 작자는 전덕호로 보아도 될 것 같다.

2002년 9월 29일 일요일, 나는 전덕호의 묘소와 비석이 남아있는지 또 비석에 갈은구곡에 대해 언급한 내용이 있는지 확인하기 위해, 청주대학교 한문교육과 3학년 박수언(朴壽彦 1979~)군과 함께 트럭(충북 1554)을 몰고 떠났다. 전덕호의 묘소가 있는 전북 전주군 이동면(伊東面) 노송리(老松里) 335번지(지금 전북 전주시 완산구 중노송동 335번지)는 여러 필지로 분할돼 있었다[2014년 1월 도로명주소가 시행될 때. 전라북도 전주시 완산구 중노송동 335번지 '중노송동 335-1번지'는 '전라북도 전주시 완산구 인봉북로 28-99(중노송동)'으로, '중노송동 335-148번지'는 '전라북도 전주시 완산구 인봉남로 37(중노송동)' 으로 개편했다.] 그리고 택지로 개발이 되어 신식집들이 들어서 묘지가 있던 흔적은 찾아볼 수가 없었다.

이곳에서 오래 살았다는 김생기(金生基 전주시 완산구 중노송동(1가동) 337-1번지 거주)씨에게, 택지조성이 이전의 상황에 문의했다. 지금 자기 집터에 초가집이 있었는데 분할을 받아 살고 있다고 하며, 그 이상은 자기도 잘 모르겠다고 한다.

현재 355번지 주변 상황

335번지 묘소

336-1 그린슈퍼

337-4 337-1번지 김생기(金生基)거주

337-5번지

2002년 10월 7일 일요일, 그 지역에 오래살고 있는, 중노송동 258-4의 박홍민 전 전북대교수에게 전화(163- 284-9026)로 문의했다. 1937년경 이사를 와서 살고 있다. 355번지 일대에 묘소가 3~4개 있었다. 그런데 개인이 매입해서 1962-3년경 택지를 조성하면서 묘소가 없어졌다. 묘가 크고 비석도 있고 상석도 갖추어져, 어린 나이에도, 밥술 깨나 먹는 집 묘라고 생각했다. 337번지의 땅이 자기 소유였는데 팔았다. 일본인이 지었다고 전하는 초가집이 있었다.

묘소 앞에 설치했던 석물의 행방은 알 수 없다. 안타깝게 됐다. 후손의 행방도 확인하기 힘들어 미루었다. 정보보호법으로 인해 2018년 현재 후손의 행방을 확인한다는 것은 사실상 불가능에 가깝다. 후손 중에 누군가 자기 선조 전덕호가 괴산에 살았으며 갈은구곡을 정하고 바위에 시를 새겨놓았다는 사실을 알고 괴산문화원이나 괴산군청에 찾아와서 그 사정이라고 알려주거나 그간의 사연을 알려고 하지 않으면 그렇다는 말이다.

앞에서 살펴보았듯이 전덕호(全德浩 1844~1923)는 『승정원일기』에 의하면, 고종 39년 임인(1902) 12월 22일(무신, 양력 1월 20일) 중추원의관(中樞院議官) 종2품에 임용되었다. 이상에서 살펴본 바를 종합해 볼 때, 갈은구곡을 설정한 사람은 전덕호로 보는 것이 타당하다. 갈은구곡의 초입인 제2곡 갈천정에 그의 이름을 큰 글씨로 새겨 놓았으며, 제7곡 고송유수재에 그와 그 아들 그 손자들의 이름을 새겨 놓았다. 그리고 갈은구곡일대인 괴산군 칠성면 사은리 82번지부터 89번지의 토지가 전덕호의 소유였다. 즉 갈은구곡의 제4곡 옥류벽이 있는 근처이다. 이런 사실을 종합해 볼 때, 갈은구곡을 설정한 사람을 전덕호로 보는 것이 무리는 아니다.

갈은구곡을 설정한 시기는 늦어도 전덕호의 둘째 아들의 장남 영철(永喆)이 출생한 1899년으로 보아야한다. 갈은구곡시의 작자는 전반적인 상황으로 보아 전덕호로 보아도 될 것이다. 차후 보다 충실하고 확실한 자료가 출현하길 기대한다.

4. 갈은구곡(葛隱九曲)의 경관(景觀)과 각각의 특색

갈은구곡은 지금 충북 괴산군 칠성면 갈론리(葛論里)일대에 펼쳐져 있다.

이제 갈은구곡 1곡에서부터 9곡까지의 위치와 대체적인 경관을 소개하기로 한다. 제1곡은 장암석실(場岩石室)이다. 장암석실 가기 전 오른쪽 암벽 위에 갈은동문이라 새겨놓은 글씨가 있다. 상류쪽으로 올라가다 보면 길 오른쪽에 암벽아래 몇 사람이 들어가 앉을 수 있는 석실이라 할 만한 공간이 있다.

제2곡은 갈천정(葛天亭)이다. 장암석실 맞은 편 개울가 수직의 절벽에 갈천정(葛天亭)이라 해행체(楷行體)로 음각했다. 갈은동문 주변의 풍광이 이어지고 있다.

상류쪽으로 올라가다 보면 갈은동문(葛隱洞門)이라는 글씨는 오른쪽 암벽 위에 올려놓은 듯한 바위에 새겨놓았다. 상류쪽으로 올라가다가 왼쪽 개울가에 있는 암벽이 갈천정이다. 그 맞은 편 즉 약간 상류쪽 암벽 하단에 장암석실이 있다. 장암석실이라는 암각자가 드러나기 전에는 집바위에 새겨놓은 한시를 본의 아니게 갈은동문을 읊은 시로 보았다. 갈은동문이라는 글씨가 갈천동보다 하류쪽에 있었기 때문에 본의 아니게 갈은동문을 1곡으로 본 것이다. 곡(曲)의 순서를 정할 때 대개 하류 초입부터 1곡으로 정한다. 장암석실이라는 암각자가 드러났고 위치상 갈천정이 장암석실보다 하류에 있는 것을 감안하면 갈천정을 1곡으로 고쳐야한다. 괴산군청 등에서 발간한 책자 등에 장암석실을 제1곡으로 기록해놓고 있어 대개 그렇게 알고 있다. 이런 정황을 참고하라는 뜻에서 기술하는 것이다.

제3곡 강선대(降僊臺)는 갈은천 왼쪽 지류의 초입에 있다. 갈은천은 갈천정(葛天亭)에서 조금 올라가서 두 갈래로 나눠진다. 한 지류가 갈천정을 지나 오른쪽으로 제9곡인 선국암쪽에서 흘러 내려오며, 또 한 지류는 왼쪽으로 강선대(降僊臺) 상류로 이어진다. 갈은구곡중 강선대를 제외하고 나머지 6곡은 모두 오른쪽 계곡에 펼쳐져 있다. 왼쪽 개울과 오른쪽 개울이 합쳐지는 합수머리에서 왼쪽으로 100m 쯤 올라가면 강선대에 이른다. 수직의 암벽에 웅혼한 행서체(行書體)로 강선대(降僊臺)라 음각했다. 이곳에 오면 거침없이 일필휘지로 강선대라 써놓고 신선연(神仙然)했던 선인(先人)들의 인간신선(人間神仙)의 경지를 맛볼 수 있을 것이다.

제 4곡은 옥류벽(玉溜壁)이다. 계곡 왼쪽에 3m 높이의 암벽이 수십미터 이어져있다. 시내 바닥이 거의 암반으로 이루어지다시피 했다. 동쪽에 수직으로 된 암벽 표면에 매우 안정감을 주고 차분하게 느껴지는 전서체(篆書體)로 옥류벽이라 새겼다.

제5곡은 금병(錦屛)이다. 오른쪽에 깎아지른 듯한 암벽으로 형성되어있다. 이 암벽이 수 십 미터가 이어져있다. 암벽의 색깔은 약간 불그레한 부분도 있으며 누르스름한 갈색 빛을 띠고 있기도 하다. 마치 비단 병풍을 둘러친 듯하다. 그래서 비단병풍이란 뜻으로 금병(錦屛)이라 명명한 것이다. 그 암벽위에는 수목이 나있어 지붕처럼 덮고 있다. 그 아래 소가 형성되어 있는데, 소에 이르는 물이 야트막하게 턱을 이루어 낙차를 보인다. 여기 하얀 물거품과 뽀얗게 물결이 일어 하얀 비단을 깔아 놓은 듯하다.

제6곡은 구암(龜嵒)이다. 왼쪽 암벽에 졸박한 전서체(篆書體)로 구암(龜嵒)이라 써놓았다. 옆 개울의 물결이 갈라져 하얀 물보라를 이루기도 한다. 글씨를 새겨놓은 바위 조금 하류에 작은 소(沼)가 있다. 이 소의 위쪽에 있는 수직의 바위 표면에 구암시를 음각해 놓았다. 이 시를 새겨 놓은 윗부분에 거북이가 물로 뛰어 들 듯 목을 내밀고 있는 형상의 바위가 얹혀있다. 소가 둥글게 형성되어 있어, 고기들이 유영하는 것을 볼 수 있다. 오른쪽 개울가에는 역시 수목이 뒤 덮혀 있고, 수목아래 평평한 암반이 깔려있다. 이 암반에 앉아있으면 골바람이 땀을 거두어간다.

제7곡은 고송류수재(古松流水齋)이다. 왼쪽 수직의 암벽에 가로로 고송류수재(古松流水齋)라 행서체로 써놓았는데 명필이다. 그 왼쪽에 시를 새겨놓았는데 대(對)자의 위쪽 획 부분은 돌이 떨어져 나갔다. 개울을 중앙에 두고 높이가 약 3미터쯤 되는 암벽이 양쪽으로 형성되어 있으며, 암벽 정상부가 바로 윗쪽 8곡인 칠학동천(七鶴洞天) 암반과 이어진다. 이 칠학동천에서 내려오는 물이 폭포를 이루고 있는데, 뽀얀 명주와 같다. 이 물이 암벽사이에 형성되어 있는 소에 고였다가 흘러간다. 소의 오른쪽 암벽에 조대(釣臺)라 음각해놓은 정황으로 보아 여기서 낚시를 했다는 것을 알 수 있다. 조대(釣臺)라 새긴 암벽위에 칠학동천으로 이어지는, 널직한 수평의 암반이 형성되어 있어, 수십명이 앉아 폭포와 소를 바라보며 낚시할 수 있다. 이 조대(釣臺) 뒤편 즉 남쪽에 돌담의 흔적이 남아있어 여기에 사람이 기거했던 집이 있었다는 것을 알 수 있다. 조대(釣臺) 오른쪽 수직의 바위에 단조(丹竈)라 새겨놓아, 그 집을 단조(丹竈)라 했다는 것을 알 수 있다. 이들은 이곳을 인간세계의 신선경으로 여겼으며, 이곳에서 노니는 자신들을 신선화했던 것이다.

제8곡은 칠학동천(七鶴洞天)이다. 왼쪽 수직에 가까운 암벽에 칠학동천이라 새겼다. 갈은구곡의 다른 제호(題號)는 모두 횡서(橫書)로 썼다. 그런데 유독 이 곳은 우측부터 두 줄의 종서(縱書)로 썼다. 글자 크기가 다른 곳의 두배 정도 된다. 그 이유는 정확히 단정할 수 없으나 그 만큼 크게 비중을 두었던 것이 아닌가 한다.

제9곡은 선국암(仙局岩)이다. 칠학동천 위편 오른쪽에 2미터 높이의 둥글며 평평하고 널직한 암반이 있다. 수십명이 앉을 수 있다. 이 암반 왼쪽 가장자리에 선국암이라 행서체로 새겨놓았다. 이 암반위에 바둑판을 새기고, 그 네 모서리에 서쪽에 사(四), 동쪽 노(老), 북쪽에 동(同), 남쪽에 경(庚)이라 새겨놓았다. 바둑판 북쪽 모서리와 동(同)자 사이, 바둑판 남쪽 모서리와 경(庚)자 사이에 바둑알을 넣을 수 있게 둥그런 홈을 파놓았다. 네 사람의 동갑내기가 바둑을 두며 놀은 곳이다. 그러나 이 네 사람은 하늘로 올라갔는지 그들의 신상에 대해서 아직 밝혀지지 않고 있다. 오히려 그것이 신선처럼 살다간 이들의 진면목을 잘 보여주는 것인지도 모른다. 서편에 옥녀봉(玉女峰)이 자리하고 있다. 이들은 혼탁한 인간세계를 조롱하며, 옥녀와 깊은 잠에서 깨어나지 않고 있는 지도 모를 일이다. 그 아래 작은 소(沼)가 형성되어 있다.

1999년 9월 18일 토요일, 바둑에 관련된 일화를 많이 알고 있는 『청석기담(淸石棋談)』의 저자 이승우(李承雨)는 필자와 대담하는 자리에서 바둑판의 형태로 보아 최소한 150년이나 100년전에 새긴 듯하다고 추정했다. 이승우(李承雨)씨의 설명에 따르면, 순장 = 순장(巡將 = 巡牆)바둑은 이조중엽이후 등장했으며 일설에 임진왜란 때 유성룡(柳成龍 1542~1607)이 창안했다는 설이 있다한다. 순장점은 바둑판 모서리에서 셋째 줄에 X표를 하거나 셋째 줄 사방에 : :을 찍는다. 필자는 1999년 10월 23일 토요일 갈은구곡에 또 갔었다. 그 때 선국암에 새겨놓은 암각바둑판에는 모서리에서 셋째 줄에 흐릿하지만 X표로 순장점을 사방 네군데 새겨놓은 사실을 동행했던 우삼봉(禹三峰)친구와 확인했다.

老(동쪽)　　　庚(남쪽)
同(북쪽)　　　四(서쪽)
(동쪽) 등 방위 표시는 이해를 돕기 위해 인용자가 한 것임

5. 갈은구곡시(葛隱九曲詩)

주지하다시피 구곡(九曲)과 구곡시(九曲詩)는 중국의 주자(朱子)가 무이구곡(武夷九曲)을 설정하고 「무이도가(武夷棹歌)」를 지은데서 그 기원을 찾을 수 있다. 이조에 있어서 주자의 무이구곡에의 음영을 최초로 시작에 응용했던 지식인은 서거정인 듯하다.[9] 율곡(栗谷) 이이(李珥)는 고산구곡(高山九曲), 곡운(谷雲) 김수증(金壽增)이 곡운구곡(谷雲九曲), 우암(尤庵) 송시열(宋時烈)은 화양구곡(華陽九曲), 이계(耳溪) 홍양호(洪良浩)는 이계구곡(耳溪九曲)을 설정하였다. 구곡시(九曲詩)는 이런 전통 속에서 창작되었으며, 갈은구곡시(葛隱九曲詩)도 이런 전통 계승의 일례이다.

갈은구곡시(葛隱九曲詩)는 획수가 많은 몇몇 글자를 초서로 쓴 것을 제외하고 대부분 예서체(隷書體)로 썼다. 암벽이 깎이고 떨어져나가고 부서진 부분이 있어, 판독이 쉽지 않은 글자도 있었다. 몇 번 답사하면서 판독을 시도한 결과, 다음과 같이 판독하여 정자(正字)의 현대활자로 바꾸어 싣는다. 이제 바위에 새겨놓은 갈은구곡시(葛隱九曲詩)를 살펴보기로 한다.

먼저 1곡 장암석실(場岩石室) 일명 집바위라 불리는 곳으로 암벽에 종서로 새겨놓은 한시이다.

---

9) 이민홍(李敏弘), 전게서, 55면. 주자의 무이정사잡영(武夷精舍雜詠)에 차운(次韻)하여 「주문공무이정사도용문공운(朱文公武夷精舍圖用文公韻)」를 지었다. 서거정(徐居正), 『사가집(四佳集)』 권4 79~80면.

좌측 사진: 장암(마당바위) 개울의 피서인파.
우측 사진: 장암석실 암벽에 장암석실 시를 예서체(隸書體)로 새겨놓았다.

제1곡 장암석실(場岩石室) 일명 집바위)

冬宜溫奧夏宜涼 동 의 온 오 하 의 량	겨울엔 따숨 따숨 여름엔 서늘 서늘,
與古爲隣是接芳[10] 여 고 위 린 시 접 방	태고의 자연과 벗하며 사노라니 마냥 좋아라.
白石平圓成築圃[11] 백 석 평 원 성 축 포	평평하고 하이얀 암반은 채소밭 하면 안성맞춤,
靑山重聳繞垣墻 청 산 중 용 요 원 장	청산은 겹겹이 높이 솟아 담장이어라.

갈은구곡 제1곡은 장암석실(場岩石室)이다. 갈은동문이라 새겨놓은 글씨는 갈은천(葛隱川)이 흐르는 오른쪽 산언덕에 있다. 커다란 바위의 수직면에 횡서로 새겨놓았다. 여기서 갈은천 상류로 올라가는 산기슭에 나있는 길을 따라 수십미터 가다가 오른쪽에 일명 집바위라 불리는 곳이 나온다. 높다란 암벽아래부분에 높이 2m, 수평 2m 가량 들어간 공간이 자연적으로 형성되어 있다. 마치 지붕의 추녀와 같은 형상을 이루고 있다. 집바위란 명칭은 이런 외형적 형상에 맞춰 명명한 것이다.

제2구의 첫번 째 글자인 여(與: 더불 여)는, 여(与: 與의 약자)아래에, 여(舁: 들것 여)에서 구(臼: 절구 구)를 뺀 입(廾: 밑스물 입)를 더해 놓은 글자로 써놓았다. 예서체(隸書體)로 그렇게 쓴다. 그런가 하면 위(爲: 할 위)에

10) 접방(接芳): 접방린(接芳隣) 접맹씨지방린(接孟氏之芳隣)을 가리킴. 맹모삼천지교(孟母三遷之敎)를 말함. 맹자의 어머니는 자식을 교육시키기 좋은 환경을 찾아 세 번 이사했다. 좋은 이웃을 만나서 기쁘다는 뜻. 왕발(王勃), 「등왕각서병시(滕王閣序竝詩)」. “非謝家之寶樹, 接孟氏之芳隣. 他日趨庭, 叨陪鯉對.”

11) 축포(築圃): 채소밭을 만듬. 『論語』, 「子路」. “樊遲請學稼, 子曰 吾不如老農, 請學爲圃, 曰 吾不如老圃.”

서 불화 발(灬)을 정자(正字)인 불화(火)로 새겼다. 이처럼 다양한 서체를 구사하고 있다. 이로 보아 이 갈은구곡시의 글씨를 쓴 사람은 다양한 서체를 공부한 사람이라는 것을 짐작할 수 있다.

집바위는 그 이름에 걸맞게 겨울이 돼도 바람이 들이치지 않을 정도로 안온하다. 그런가 하면 여름이 돼도 그늘이 져 시원한 것은 당연하다. 이렇듯 천연적으로 형성된 안온한 집이 있다. 그 위치는 태고의 자연 가운데 있다. 주변에 펼쳐져 있는 태고의 산수자연은 그야말로 좋은 이웃이다. 15~6년 전 자동차도로가 개설되기 전까지 이곳은 오솔길로 걸어 다녀야 하는 산간 오지여서 사람의 발길이 드문 곳이었다. 그 앞개울에 희고 평평한 암반이 펼쳐져 있다. 하이얀 암반에 채소밭삼아 신선한 야채를 가꾸면, 요즘말로 신선한 무공해 청정채소가 된다. 어디 그뿐이랴. 그 주변에 겹겹이 솟아 있는 산이 담장이다. 이렇듯 시인은 집바위의 안온함과 그 주변의 자연경관의 수려함을 비유적으로 표현했다. 이렇게 산수가 좋은 곳에서 시인은 번다한 속세를 탈피하여 신선같은 삶을 추구하였던 것이다. 그러나 이렇게 표현한 것은 이곳 집바위 한곳의 외형적 상황에 국한해서 표현한 것은 아니니라. 시인은 갈은구곡에 대한 총체적인 인식을 서시격(序詩格)인 제1곡시에 표출한 것이리라.

제2곡 갈천정시를 살펴보기로 하자.

좌측 사진: 1999년 9월 25일 토요일 고구마 녹말가루를 발라 풍화가 심해 판독이 어려운 글자를 판독했다. 왼쪽이 석촌(石邨) 이두희(李斗熙 1936~) 선생님. 오른쪽이 필자.

우측 사진: 제4곡 옥류벽(玉溜壁) 실경

제2곡 갈천정(葛天亭)이다.

日氣青山暮 햇살은 청산 너머로 저물어가고,
일 기 청 산 모

年光白髮新 해가 갈수록 백발이 늘어만 가누나.
연 광 백 발 신

永從數君子 오래도록 몇몇 군자(君子)들과 함께,
영 종 수 군 자

同作葛天民[12] 갈천씨(葛天氏)의 백성이 되고파라.
동 작 갈 천 민

갈천정시(葛天亭詩)가 새겨져 있는 암벽은 암벽자체의 풍화가 심하다. 제2구의 '종수(從數)'는 초서로 쓴데다가 깎이고 부서지고 떨어져나가 글씨를 판독하기가 매우 힘들었다. 한학에 조예가 깊으신 석촌(石邨) 이두희(李斗熙 1936~)선생님을 모시고 가서 극적을 판독했다.[13] 갈천정(葛天亭)은 이름 그대로 갈천민(葛天民)이 사는 장소이다. 현재 갈천정 아래 자리하고 있는 마을의 이름이 갈론(葛論)이다. 갈은(葛隱)이 갈론(葛論)으로 변이된 것이다.

이곳 갈천정(葛天亭)에 해가 청산너머로 저물어 간다. 해가 갈수록 백발도 늘어만 간다. 대자연의 하루도 저물고 인생도 저물어 백발이 성성하게 됐다. 나이 먹어 노년이 됐지만, 이들이 지향하는 세계는 고고하고 기품이 있다. 이들은 몇몇 맘맞는 군자(君子)들과 갈천민(葛天民)이 되기를 갈망했다. 군자

---

12) 갈천민(葛天民): 갈천씨(葛天氏)는 중국 상고시대의 제왕. 세상을 다스리는데 말하지 않아도 믿게 되고 교화(敎化)하지 않아도 저절로 교화가 행해졌다. '갈천씨지민(葛天氏之民)'이란 욕심없고 순박한 사람이란 뜻. 무회씨(無懷氏)는 도덕으로 세상을 다스려 당시의 백성들이 모두 사욕(私慾)이 없고 편안했다. 도연명(陶淵明), 「오류선생전(五柳先生傳)」. "酣觴賦詩, 以樂其志, 無懷氏之民歟, 葛天氏之民歟."

13) 바위에 새겨놓은 갈은구곡시(葛隱九曲詩)에 대한 문학적 의미는 필자가 담당했다. 서예미학적(書藝美學的) 연구(硏究)는 필자가 추천한 무심서학회회장(無心書學會) 송종관(宋鍾寬 1951~)이 맡았다. 필자는 갈은구곡시의 판독과 관련 사실을 파악하기 위해 5차에 걸쳐 답사하였다. 송종관회장과 김종칠(金鍾七)서예가가 2차 답사 때 동행하였다. 이때도 글씨가 마모가 심해서 갈천정시는 몇 글자를 판독하지 못했다. (사)괴산향토사연구회 주최로 1999년 10월 7일 갈은구곡에 대한 학술발표를 할 때, 『괴향문화』제7집에 갈은구곡과 갈은구곡시에 대한 논문을 게재하는 걸로 일정이 잡아놓았기 때문에 '갈천정시'를 판독하는 것이 매우 시급했다. 갈천정시(葛天亭詩)의 글자는 풍화로 마멸이 심해 판독하기가 어려웠다. 이두희선생님(李斗熙 1936~)께서 감자녹말가루를 글자가 새겨진 획 부분에 바르고 확인해보자고 말씀하셨다. 1999년9월 25일 토요일 추석 다음날 충북 괴산군 칠성면 사곡리에 사는 친구 우삼봉(禹三峯 1950~2010)과 그 아들 우동오(禹東吾 1984~)에게 알미늄사다리를 트럭에 싣고 와달라고 부탁했다. 필자는 단국대학교 동양학연구소에서 근무하셨던 한학에 조예가 깊으신 석촌(石邨) 이두희선생님을 청주에서 모시고 갔다. 청주에서 서예가 김영순(金榮順 1957~)선생의 차를 타고 갔다. 이렇게 해서 극적으로 판독을 완료했다. 탁본과정 전모에 대해서는『괴향문화』제7집에 자세히 정리해놓았다.

(君子)란 학문과 인품을 겸비한 이상적인 인물이다. 갈천민(葛天民)은 갈천씨지민(葛天氏之民)의 준말이다. 이런 훌륭한 친구들과 갈천민의 백성이 되기를 염원하고 있다. 이문회우(以文會友)요, 이우보인(以友輔仁)이다. 즉 "글로써 벗을 모으고, 벗을 통해 어짐을 보충한다."는 뜻이다. 갈천민(葛天民)은 도연명(陶淵明)의 「오류선생전(五柳先生傳)」에서도 추구했던 이상세계의 백성이다. 갈천씨의 백성은 인위적으로 작위적으로 하지 않아도 무위자연적으로 백성이 교화되어 태평성대를 누리는 이상세계의 백성이다. 갈천씨는 그런 이상을 구현하는 제왕이다. 작자를 포함하여 갈은동에서 이문회우(以文會友)하던 사람들은 고고한 군자들과 함께 무위자연적 이상세계에서 사욕(私慾)이 없고 편안한 마음으로 태평성대를 구가하며 유유자적하고 싶었던 것이다.

제3곡 강선대시(降僊臺詩)를 보기로 하자.

제3곡 강선대(降僊臺)

不是荒唐不是眞 불 시 황 당 불 시 진	황당하다고 해야 할까! 진짜라고 해야 할까?[14]
世人能幾見仙人 세 인 능 기 견 선 인	이 세상에 신선을 본 사람 몇이나 되리오?
却怪令人來到此 각 괴 령 인 래 도 차	참으로 이상도하지. 여기에 찾아오는 사람은,
胸襟洒落[15]自無塵 흉 금 쇄 락 자 무 진	가슴속 상쾌해져 절로 속된 마음 사라진다네.

신선설화(神仙說話)의 발생시기는 신선사상(神仙思想)의 유행과 때를 같이 한 전국중기(BC 4세기)무렵이다.[16] 선(仙)이란 글자는 한대(漢代)이후부터 쓰이기 시작했으며 그 이전에는 선(僊)이라 썼다. 선(僊)의 본래의 의미는 "춤소매가 펄렁이거리는 것"[17]이다. 『석명(釋名)』, 「석장유(釋長幼)」에 "노이불사왈선(老而不死曰僊)"이라 했다. "늙어도 죽지 않는 것을 선(僊)이라 한다"

14) 직역하면 "황당한 것도 아니고 진짜도 아닌데"라고 해야하는데 운치있게 하려고 그렇게 해보았다.

15) 흉금쇄락(胸襟洒落): 인품이 깨끗하고 속된 기색이 없는 모양. 『송사(宋史)』, 「주돈이전(周敦頤傳)」. 胸懷灑落, 如光風霽月. 青雲白石, 聊同趣.

16) 정재서(鄭在書), 『불사(不死)의 신화와 사상』, 민음사, 1994. 63면. 신선사상과 관련된 내용은 이 책을 많이 참고하였다.

17) 허신(許愼) 찬(撰) 단옥재(段玉裁) 주(注), 『설문해자(說文解字)』, 八篇 上, 人部, 대만(臺灣) 천공서국(天工書局), 1987. "안선선(按僊僊), 무수비양지의(舞袖飛揚之意)"

는 뜻이다. 이처럼 신선(神仙)은 실제적으로 육체의 갱신을 통하여 현세의 개체가 영속되기를 추구하고 있다는 것이 다른 종교 사상과 다른 점이다. 그리하여 신선사상(神仙思想)은 실제적 육체적으로 죽음을 초월하고자 소망하는 의식형태 및 그 달성에 수반되는 다양한 방법적 기술적 체계를 총칭하는 것으로 정의될 수 있다.[18]

이렇듯 이곳 강선대는 신선이 내려오는 장소이다. 신선은 이 세상에 실재하지 않는다. 인간이 상상 속에서 만들어낸 가상적 존재이다. 그래서 본 사람도 없는 것이다. 따라서 진짜라고 할 수 없는 것이다. 그러나 황당하다고 할 수만은 없다. 그 이유는 이곳 강선대에 오면 실감할 수 있다. 즉 이곳 강선대에 오면 가슴속이 상쾌해져 속기(俗氣)가 싹 가신다. 이것이 신선계의 기준이다. 이런 경지가 신선이 누릴 수 있는 경지인 것이다. 그래서 시인은 신선이 있다는 말을 황당하다고만 하지 않는 것이다. 이런 기준에 입각해서 시인은 신선의 실존을 믿고 싶은 것이다. 이렇듯 시인은 강선대의 산수경관이 인간의 마음을 후련하게 해 주어 신선들이 향유하는 경지에 도달할 수 있다고 강조한 것이다. 따라서 이곳에 와 있는 시인 자신이 이미 신선 같은 마음으로 이곳에 와 있는 것이다. 이들은 인간도 신선이 될 수 있다고 생각하는 선인일치(仙人一致)이 사상의 일면을 안고 있다.

제4곡 옥류벽(玉溜壁)이다.

龍伏鼎丹[19]龜上蓮 용은 단약(丹藥) 솥에 엎드리고 거북은 연꽃 위에 올라가는데,
용 복 정 단 구 상 련

眞難驟得挾飛仙[20] 참말로 신선되어 오르기 어렵다네.
진 난 취 득 협 비 선

壁間滴滴瓊漿[21]水 절벽사이 방울방울 흐르는 물 경장수(瓊漿水)요,
벽 간 적 적 경 장 수

久服知應可引秊 오래도록 먹으면 응당 장수할 수 있다네.
구 복 지 응 가 인 년

우리는 이 시의 내용을 충분히 이해하기 위해서는 우선 여러 고사와 전설

18) 정재서(鄭在書), 『불사(不死)의 신화와 사상』, 민음사, 1994, 33~34면 참조.

19) 정단(鼎丹): 단정(丹鼎) 도가(道家)에서 약을 달이는 그릇. 노조린(盧照鄰) 「증이영도사시(贈李榮道士詩)」. “圓洞開丹鼎, 方壇聚絳雲.”

20) 소식(蘇軾), 『전적벽부(前赤壁賦)』. “哀吾生之須臾, 羨長江之無窮, 挾飛仙以遨遊, 抱明月而長終.”

21) 경장(瓊漿): 마시는 것 중에 지극히 맛있는 것. 『초사(楚辭)』 송옥(宋玉) 「초혼(招魂)」. “華酌既陳, 有瓊漿些.”

을 섭렵해야한다. 제1구 "용복정단구상련(龍伏鼎丹龜上蓮),"과 관련된 고사를 살펴보기로 하자. 먼저 "용복정단(龍伏鼎丹)"에 관련된 설화이다.

> 황제가 수산(首山)의 구리를 캐어 형산(荊山)의 기슭에서 세발솥을 빚었는데, 솥이 완성되자 턱수염을 늘어뜨린 용이 내려와 맞이하였고, 황제는 곧 승천하였다. 많은 신하들이 용의 수염을 잡고 황제를 따라 올라갔다. 황제의 활에 매달리기도 했다. 용의 수염이 빠지고 활이 떨어지는 바람에 신하들은 따라 올라갈 수 없게 되자, 황제를 우러러 부르며 슬프게 울부짖었다. 따라서 후세에 그 장소를 정호(鼎湖)라 하였고 그 활을 오호(烏號)라 불렀다.[22]

구리솥은 단약을 제조하는 솥이다. 단약(丹藥)은 단사(丹砂)를 이겨 만든 환약(丸藥)으로 장생불사약(長生不死藥)이다. 거북은 십장생(十長生)의 하나이다. "구상연(龜上蓮)"은 "거북이는 천년이 되면 연꽃잎 위에서 노닐 수 있다."[23]의 원용이다.

시인은 제2구에서, 소식(蘇軾)의 『전적벽부(前赤壁賦)』에 쓴 "협비선이오유(挾飛仙以遨遊)" 즉 "날으는 신선을 끼고 노닌다"를 차용하며, "진난취득협비선(眞難驟得挾飛仙)"이라고, 신선이 되기 어렵다는 점을 인정하고 있다. 즉 용(龍)도 단약(丹藥)을 다리는 솥에 엎드려 단약(丹藥)을 먹는다. 여의주(如意珠)를 물고 있는 신령한 동물이라는 용도 신선이 되기가 이렇게 어렵다. 또한 거북도 천년 묵어야 연꽃에 올라갈 수 있다고 한다. 그러나 시인은 현실을 매우 긍정적으로 보고 있으며 현실 속에서 신선의 경지에 도달하는 방법을 모색하고 있다. 앞서 강선대시(降僊臺詩)에서도 강선대에 오면 신선이 된 기분을 느낄 수 있다고 했다. 신선사상을 신봉하는 사람들은 약을 복용하여 신선이 될 수 있다고 믿었다. 따라서 옥액(玉液)을 먹는 방법도 있다.[24] 옥류벽(玉溜壁)은 구슬같은 물방울이 흘러내리는 절벽이다. 여기서 시인은 옥류벽에 흐르는 물을 신선이 마시는 경장수(瓊漿水)로 보고, 이것을 마시면 신선이 될 수 있다고 본 것이다. 시인은 이렇듯 인간세계에서 신선의 경지에 도달하는 방법을 모색하고 있다.

---

22) 『신선전(神仙傳)』 卷上.

23) 『사문유취(事文類聚)』후집(後集) 권 35 개충부(介蟲部), 귀책전(龜策傳) "龜千歲乃遊於蓮葉之上."

24) 곽박(郭璞 276~324)의 유선시(遊仙詩) 其九. "呼吸玉滋液, 妙氣盈胸懷."

제5곡 금병(錦屛)을 살펴보기로 하자.

제5곡 금병.

제6곡 귀암

제5곡 금병(錦屛)

百花叢薄[25]日烘蒸 백 화 총 박 일 홍 증	온갖 꽃이 무성하고 햇빛이 붉게 비치니,
五色袈裟背着僧 오 색 가 사 배 착 승	오색가사를 등에 걸친 중이러라.
何如錦屛層嵒影 하 여 금 병 층 암 영	층층히 쌓인 바위 금병(錦屛)의 그림자 어떠한고?
倒入寒潭映碧澄 도 입 한 담 영 벽 징	차가운 연못에 거꾸로 비치니 푸르고 맑도다.

금(錦)자는 쇠 금(金)자만 확실히 남아있고 비단 백(帛)에서 흰 백의 삐침 획(丿)과 세로 그은 획(丨)만 남아있고 나머지 획은 돌이 부서져나가 남아있지 않다. 그래서 병풍 병(屛)자와 글자의 크기가 균형이 맞지 않는다. 글자의 전체적인 크기가 균형을 이루려면 쇠 금(金)자 옆에 글자가 있어야 된다. 그런데 시(詩)에 금병(錦屛)이란 용어가 나온다. 이런 정황으로 미루어 볼 때, 제목은 금병(錦屛)이라는 사실을 알 수 있다.

금병은 암벽이 비단병풍처럼 둘러싸고 있는 형상을 하고 있다. 그만큼 아름답다는 것을 비유한 것이다. 금병 주변에 갖가지 꽃들이 무성하고 햇살이 영롱하게 비친다. 그 형상이 오색 가사와 같다. 가사는 스님이 입는 예복의 하나다. 스님은 속세를 떠나서 사는 수도자이다. 신선이 비속세적(非俗世的) 존

25) 총박(叢薄): 초목이 무성하고 뒤엉켜 있는 곳. 『회남자(淮南子)』, 「숙진훈(俶眞訓)」. "獸走叢薄之中."

재이듯 스님도 탈속적(脫俗的) 존재이다. 이곳 금병은 속세의 경치가 아니라 초속적(超俗的) 세계라는 점을 강조하는 표현인 것이다. 금병은 층층이 싸인 바위 절벽으로 이루어져있다. 물에 거꾸로 비치는 모습을 "차가운 연못에 거꾸로 비치니 푸르고 맑도다."라고 했다. 오죽 물이 맑고 포르스름하면 거기에 비친 바위 그림자까지 맑고 푸르게 비치겠는가! 실제 금병 아래로 흐르는 물은 맑고 포르스름하다. 맑고 푸른 물가에 화려하고 아름답게 서있는 금병의 실경을 표현하면서 이곳이 탈속적인 절경이라는 사실을 강조하고 있다.

제6곡 구암(龜嵒)이다.

老龜噴吸百泉寒 노 구 분 흡 백 천 한	오래 묵은 거북이 차거운 샘물을 들이켰다 내뿜었다 하며,
伸縮珠形遠近看 신 축 주 형 원 근 간	구슬모양 오므렸다 폈다 하여 멀리 가까이에서도 볼 수 있네.
一自石門雷破後 일 자 석 문 뇌 파 후	한번 석문이 우레(雨雷) 맞아 부서진 이후로,
未能慳守此靈山 미 능 간 수 차 령 산	이 영산(靈山)을 잘 아껴서 지켜주지 못했다네.

구암(龜嵒)은 거북모양의 바위다. 그러나 시인의 눈엔 바위로 보이는 것이 아니라, 살아있는 거북이로 보이는 것이다. 이 거북은 물을 들이마셨다 내뿜었다 한다. 그 외형적 모습이 멀리서도 알아 볼 수 있을 정도로 완연하다. 거북은 장수하는 동물로 장수의 상징이다. 석문(石門)은 암석이 문 모양을 이루고 있는 것을 말한다. 이 산은 신령한 산이다. 벼락을 맞았다는 것은 변화의 조짐이 있다는 것을 의미한다. 석문이 파손되는 변화가 일어난 것이다. 문은 출입을 조절할 수 있는 기능을 가지고 있다. 문이 파손됐다는 것은, 출입이 원활하게 되었다는 것을 뜻한다. 그런데 이 석문이 벼락 맞아 부서진 후, 거북은 이 영산(靈山)을 잘 지켜주지 못하고 있다고 했다. 이는 구암(龜嵒)이 세상에 드러나게 됐다는 비유적 표현이다. 이곳 갈은구곡은 오랜 세월 속에 은미하게 감추어졌다가, 이 시인들의 애호를 받게 된 것이다. 이제 다시 이 시대에 널리 알려지게 됐으니, 『중용(中庸)』에 보이는 "막현호은(莫現乎隱), 막현호미(莫顯乎微)"인가. 즉 숨겨진 것보다 더 잘 나타는 것은 없으며, 작은 것보다 더 잘 드러나는 것은 없는 것인가. 수려한 비경의 자연산수도 그 자연미를 즐길 줄 아는 사람만이 즐길 수 있는 모양이다. 이제 갈은구곡은 문화명승지로 세상에 널리 알려지게 됐다. 이제 우리는 이 산의 비경과 선인(先人)

들이 남긴 암각 구곡시를 잘 보존하여, 후손에게 잘 물려주어야 할 것이다.

제7곡 고송류수재(古松流水齋)를 보기로 하자.

제7곡 고송류수재(古松流水齋)

제9곡 선국암(仙局嵒)

제7곡 고송류수재(古松流水齋)

鶴觀何曾在此中　일찍이 학은 여기에 아름다운 곳이 있는 줄 어떻게 알았을까?
학 관 하 증 재 차 중

但從趣味與之同　다만 나의 취미도 학과 같다네.
단 종 취 미 여 지 동

一局紋梂[26]一間屋　바둑판 하나 새기고 한 칸 집 지어 놓고,
일 국 문 추 일 간 옥

欣然相對兩衰翁　두 늙은이 기쁜 마음으로 마주 앉았네.
흔 연 상 대 양 쇠 옹

이 시의 제4구 네 번째 글자가 새겨져있는 부분은 바위가 완전히 떨어져 나가서, 글자가 아랫부분 반만 남았다. 왼쪽의 흙 토(土)자 부분이 남아있고, 오른쪽 마디촌(寸)에서 한 일(一) 부분까지 떨어져 나가, 나머지 획이 칼도(刂)처럼 보이는 부분이 남아있다. 대할 대(對)를 쓸 때 마디 촌(寸)에서 한 일(一)을 뺀 나머지 획을 칼 도(刂)처럼 쓰는 경우도 있다. 다른 글자와 글자 크기를 대조하고, 전체적인 문맥으로 보아 대할 대(對)가 합당하다. 이 시에서 작자는 별자(別字)를 사용하여 전체적인 변화를 추구하고 있다. 서로 상(相)자를 ⿰目木으로 썼다. 이런 용례는 당(唐) 공부상서(工部尙書) 최태(崔泰)의 묘지(墓誌)에서 찾아볼 수 있다[27].

26) 추국(梂局): 바둑판. 추평(梂枰)과 같음.

27) 진공집(秦公輯), 『비별자신편(碑別字新編)』, 文物出版社, 1985, 99면. 당(唐) 공부상서(工部尙書)

이 시에서 고송(古松)은 단순히 자의(字意) 그대로 오래된 소나무로만 보면 이 시의 깊은 의미를 놓칠 수 있다. 이에 얽힌 고사를 살펴보자.

『태평광기(太平廣記)』권 16「속현괴록(續玄怪錄)」에 다음과 같은 내용이 나온다. 두자춘(杜子春)은 도사(道士)인 노인을 만나 몇 차례 재정적 도움을 받는다. 그리고 그는 이 노인에게 보답하기 위해 만난다. 모든 일을 끝내고 약속한 날에 찾아갔다. 두자춘은 두 그루의 노송나무가 있는 곳에서 만나기로 했다. 노인과 함께 오른 화산(華山)은 섬서성(陝西省)에 있는 명산으로, 갈홍(葛洪)이 선도수련의 적격지로 첫 번째 꼽았던 명산이다. 과연 그곳엔 채운(彩雲)이 멀리 드리우고, 경학(驚鶴)과 약로(藥爐)주위에 옥녀(玉女)가 아홉 명이나 있었다. 그리고 청룡(靑龍)과 백호(白虎) 등이 전후에 있다.[28] 노송나무는 소나무과의 상록교목으로 불사(不死)를 상징한다. 따라서 두 사람이 노송나무 아래에서 만난다는 것은 불사(不死)의 길을 모색하는 것을 의미한다.

노인의 정체는 단약을 합성하는 도사이다. 약로(藥爐)는 연단실(煉丹室)이다. 지금 고송류수재(古松流水齋)라 새겨놓은 맞은 편 바위에 단조(丹竈)라고 새겨 놓았다. 단조(丹竈)는 방술지사(方術之士)가 단약을 달이는 부엌이다. 여기서는 부엌을 신비롭게 미화하여 이르는 말이다. 이런 점으로 볼 때 시인은 일면 도가사상을 견지하고 있다는 사실을 짐작할 수 있다. 이 바위 뒤에 돌로 쌓은 담장이 지금 남아 있다. 여기에 집을 지었던 것이다. 이렇듯 시인은 현실세계에 신선의 세계를 구축해 놓았다.

여기서 우리는 시 제목 고송류수(古松流水)에 주목할 필요가 있다. 고송(古松)은 오래된 소나무다. 소나무는 고래로 십장생의 하나이며 절의의 상징으로 표현되어 왔다.『논어(論語)』,「자한(子罕)」"세한연후(歲寒然後), 지송백후조야(知松柏後彫也)"라는 구절이 이를 명증한다. 직역하면 "날씨가 추워진 후에라야 소나무 잣나무가 늦게 시든다는 것을 알 수 있다."이다. 속뜻은 선비는 궁할 때 절의(節義)를 알 수 있고, 세상이 어지러울 때 충신을 알 수 있다는 말이다. 이렇듯 고송(古松)에 내포된 함의는 변함없는 우정(友情)을 유지하자

최태지묘지(崔泰之墓誌)

28) 李昉 외,『태평광기(太平廣記)』권16,「속현괴록(續玄怪錄)」. "旣畢事, 及期而往. 老人者方嘯于二檜之陰. 遂與登華山雲臺峯, 入四十里餘, 見一處, 室屋嚴潔, 非常人居. 彩雲遙覆, 驚鶴飛翔其上. 有正堂, 中有藥爐, 高九尺餘, 紫焰光發, 灼煥窗戶. 玉女九人, 環爐而立, 靑龍白虎, 分據前後. 其時日將暮, 老人者不復俗衣, 乃黃冠絳帔士也." 회(檜)는 전나무, 또는 노송(老松)이라 한다. 내용상 소송으로 보는 것이 옳을 듯하다.

는 맹서가 담겨있는 것이다.

또한 유수(流水)에는 이곳이 선계(仙界)라는 암시가 담겨 있다. 여기서 유수(流水)는 도연명(陶淵明)의 「도화원기(桃花源記)」의 내용을 시화(詩化)한 이백(李白)의 「산중답속인(山中答俗人)」)에 나오는 "도화류수묘연거(桃花流水杳然去), 별유천지비인간(別有天地非人間)"을 염두한 표현이다. "복숭아꽃이 아득히 물위에 흘러가니 인간세상이 아닌 별천지가 있다."는 뜻이다. 이는 갈은구곡이 신선이 사는 별천지(別天地)라는 암시인 것이다.

위에서 살펴본 전반적인 내용을 감안하고 시를 보기로 하자. 고송류수재(古松流水齋)는 오래된 소나무 아래 흐르는 물가에 지은 집이다. 시인은 학이 어떻게 이런 곳을 알았을까 하고 의문을 제기한다. 그러면서도 시인 자신도 학과 같이 이런 곳을 좋아하는 취미가 있다고 실토한다. 학은 신선(神仙)이 화(化)해서 됐다는 전설이 있다.[29] 신선(神仙)·유수(流水)·학(鶴)·단조(丹竈)·추국(楸局)·고송(古松) 등의 시어(詩語)는 모두 신선과 장수와 관련이 있는 시어들이다. 시인은 이곳이 신선경이라는 사실을 은유적으로 표현한 것이다. 이런 곳에서 이들은 바둑판을 새겨놓고 집 한 칸을 지어 놓고 두 노인은 흐뭇한 마음으로 마주하고 있다.

여기서 두 노인이라는 표현에 촛점을 맞춰보자. 두 노인은 바로 『태평광기(太平廣記)』, 「속현괴록(續玄怪錄)」에 나오는 두자춘(杜子春)과 도사(道士)을 가리키는 것으로 볼 수 있다. 이 시에서 두 노인의 만남은 바로 인간과 신선의 만남을 상징화한 것이다. 결국 자신들을 신선화한 것이다. 따라서 도인의 수준에 도달하고자 도사연(道士然)하는 자신들의 의식을 반영한 것이다. 전체적으로 이 시는 아름다운 신선경에서 변함없는 우정을 유지하며 신선처럼 고결하게 살자는 맹서를 시로 형상화한 것이다.

제8곡을 형상화한 시를 살펴보자.

제8곡 칠학동천(七鶴洞天)

29) 정영위(丁令威)는 본래 요동인(遼東人)인데 영허산(靈虛山)에서 도(道)를 배워 학(鶴)이 되어 요동에 돌아왔다 한다. 성문의 화표주(華表柱)에 모였는데 이 때 소년이 활로 쏘려하자 학이 날며 허공을 배회하며 말하기를 "새가 있으니 정영위라. 집을 떠난 지 천 년만에 지금 돌아오니, 성곽이 옛과 같은데, 인민은 아니다. 어찌 선몽(仙冡)을 누누이 배우지 않나?" 하고는 드디어 하늘로 높이 날아갔다. 『수신후기(搜神後記)』

此地曾巢七鶴云 차 지 증 소 칠 학 운	여기에 일찍이 일곱 마리 학이 살았다 하나,
鶴飛不見但看雲 학 비 불 견 단 간 운	학은 날아가 보이지 않고 구름만 떠가네.
至今月朗山空夜 지 금 월 랑 산 공 야	지금 달 밝고 산은 공허한 밤인데,
警露寒聲若有聞 경 로 한 성 약 유 문	이슬 싫어하는 학(鶴)의 소리 들리는 듯하누나.

다음과 같은 설화가 이 시 2구의 내용을 이해하는데 도움이 된다.

> 2월 25일, 봄 경치가 아름답고 꽃들이 만발한데, 과연 오색구름에서 학과 하얀 고니가 울고, 통소 생황 등 온갖 악기소리가 울리는데, 깃털로 지붕을 덮고 옥으로 바퀴를 만든 수레가 나타나, 갖가지 깃발이 하늘에 가득하고 호위하는 신선도 많은 가운데 그것을 타고 하늘로 올라갔다.[30]

시인은 구름을 바라보며 이곳을 신선의 세계로 상상하고 있으며, 지금 신선이 되어 승천하는 상상을 하고 있다.

4구의 경로(警露)의 함의를 알아보기로 하자. 학은 흰 이슬이 내리는 것을 좋아하지 않으며, 흰 이슬이 내리면 서로 경계하기 시작한다고 한다. 이는 학을 깨우쳐주는 말로 학에 대한 얘기를 뜻한다.[31] 후에 경로(警露)는 학에 대해서 읊는다는 전고가 되었다. 따라서 경로(警露)는 학을 비유적으로 표현한 것이다.

칠학동천(七鶴洞天)은 일곱마리 학이 사는 골짜기이다. 시인은 이 골짜기에 학이 살았다는 전설을 들었다. 그러나 지금 학은 보이지 않고 구름만 떠간다. 실제 지금 시인은 구름이 떠가고 있는 장면을 바라보고 있다. 그러나 그 구름은 단순히 떠가는 구름이 아니다. 오색구름 사이로 학이 날아간 후에 남아있는 구름인 것이다. 지금 달 밝은 밤이며 산은 공허하다. 아무것도 보이지 않는데 어디서 학의 소리가 들린다. 학은 달밤에 날아다니길 좋아한다. 신선의

30) 『속선전(續仙傳)』, 「김가기설화(金可記說話)」. "金可記新羅人也. 賓貢進仕, 性沈靜好道, 不尙華侈, 或服氣鍊形, 自以爲樂 …… 二月二十五日, 春景姸媚, 花卉爛漫, 果有五雲, 唳學白鵠, 簫笙金石, 羽蓋瓊輪, 幡幢滿空, 仙仗極衆, 昇天而去. 朝列士庶, 觀者塡溢山谷, 莫不瞻禮歎異." 정재서, 전게서, 119면.

31) 팔월이 되어 이슬이 내려 풀잎위에 흘러 똑똑 소리가 나면, 높이 울며 서로 경계하며 깃들었던 곳에서 이사하니 변고와 해가 있을 것을 우려하기 때문이다. 『예문유취(藝文類聚)』 권 90 引 진 주처(晉 周處) 『풍토기(風土記)』

화신이 학이다. 유가(儒家)의 통념상으로 구름은 무상함을 의미한다. 그러나 도교적 관념에서는 이상향(理想鄕) 또는 피안의 징표가 된다는 것이다. 즉 잡다하고 유한한 속세를 초월하여 불로장생의 선계를 그리는 도교적 세계가 구름으로 나타나 있다. 구름은 신선의 환유적(換喩的) 등가물(等價物)로 보기도 한다.[32] 도교적인 관념으로 달은 항아라는 선녀가 살고 있는 월궁이므로 맑고 거룩한 신선의 삶이 지닌 빛으로 생각되어 왔다. 달은 도교적인 초월이나 승화에 관련된 상징성을 갖추고 있다.[33] 이 시에서 시인은 바로 이곳이 신선이 사는 선계(仙界)라는 사실을 은근하게 표현해 놓았다.

제9곡시를 분석해 보기로 하자.

제9곡 선국암(仙局嵒)

玉女峰[34]頭日欲斜 옥 녀 봉 두 일 욕 사	옥녀봉 산마루에 해는 저물어가건만,
殘棋未了各歸家 잔 기 미 료 각 귀 가	바둑은 아직 끝내지 못해 각자 집으로 돌아갔네.
明朝有意重來見 명 조 유 의 중 래 견	다음날 아침 생각나서 다시금 찾아와 보니,
黑白都爲石上花 흑 백 도 위 석 상 화	바둑알 알알이 꽃 되어 돌 위에 피었네.

선국암(仙局嵒), 제목이 신선이 바둑을 두던 바위다. 신선이 바둑을 두었다는 설화는 광포되어 있다. 그런데 지금 속세에 사는 주인공들이 바둑을 둔다. 그런데 옥녀봉 산마루에 저녁 해가 진다. 그러나 바둑을 다 끝내지 못했다. "제3단(第三丹)은 이름을 신단(神丹)이라고 한다. … 복용한지 100일이 지나면 신선(神仙)·옥녀(玉女)와 산천의 귀신이 모두 모시러 오는데, 그들은 인간의 형체로 보인다."[35] 이렇듯 옥녀는 인간이 금단(金丹)을 100일 먹으면 나타난다는 신선계의 여인이다. 옥녀봉은 늘 이들과 함께하는 옥녀의 화신으

---

32) 『한국문화상징사전』, 동아출판사, 1992. 68면 참조.

33) 위의 책, 194면 참조.

34) 옥녀봉(玉女峰): 지금 충북 괴산군 칠성면 갈론리(葛論里)와 청천면 사기막리(沙器幕里) 접경에 있는 산. 주자의 무이구곡 제2곡에도 옥녀봉이 존재한다. 주자의 제2곡에서는 여색을 경계하라는 뜻으로 썼다고 보는 견해가 많다. 그러나 여기서는 꼭 그렇게 볼 필요는 없다. 옥녀는 신녀(神女)로 신선계에 존재하는 아름다운 여인의 상징이다.

35) 갈홍(葛洪), 『포박자(抱朴子) 내편(內篇)』권4 「금단(金丹)」, 중국(中國) 귀주인민출판사(貴州人民出版社), 1995, 96면. "第三之丹名曰神丹 … 服百日, 仙人・玉女・山川鬼神皆來侍之, 見如人形."

로 이들 곁에 상존하는 것이다. 날이 저물자 그대로 놓아둔 채 집으로 돌아왔다. 이들은 밤이 되어 어디에 머물렀을까? 옥녀와 함께 머물렀으리라. 다음날 나가보니 전날에 놓아두었던 바둑알이 모두 꽃이 되어 있었다. "명조유의중래견(明朝有意重來見)"이라는 싯구는 이백(李白)의 「산중여유인대작(山中與幽人對酌)」에 쓴 "명조유의포금래(明朝有意抱琴來)" 즉 "내일 아침 맘이 있으며 거문고 안고 오라."라는 싯구를 차용했다. 바둑알이 꽃이 되었다는 신이한 변화는 신선의 세계에서만 가능한 일이다. 자신들이 이미 신선의 세계에 들어와 있다는 암시적 표현이다. 자신들은 이미 속세의 신선, 이른 바 인간세계의 신선이라는 것을 자부하고 있는 것이다. 이렇듯 1~2구에서는 이 세상 현실 속에서 자신들의 생활의 실상을 읊었다. 이른 바 실경(實景)을 읊었다. 3~4구에서 신선세계에서 발생될 수 있는 허경적(虛景的) 상황을 읊었다. 작자는 속세의 실경과 선계에서 가능한 허경을 절묘하게 안배하여 이곳이 선경과 같이 신비를 간직한 절경이라는 사실을 강조했다. 옥녀·바둑·신선 모두 신선적, 도교적 상징어들이다.

위에서 살펴보았듯이 갈은구곡시는 갈은구곡 산수의 외형적 형상을 사실적(寫實的)으로 표현하지는 않았다. 그러나 이곳이 신선이 살만큼 산수가 수려하다는 점을 은유적으로 표현했다. 갈은구곡시의 작자는 물론이요, 그와 함께 어울리던 사람들은 인간도 신선처럼 살 수 있다는 선(仙)·인일치사상(人一致思想)의 일면을 소유한 사람들이다. 시인은 이런 관념을 시로 형상화했다. 이런 면에서 갈은구곡시는 문학적 표현미학에서도 성공한 작품으로 평가할 수 있다.

6. 맺음말

위에서 살펴본 바를 정리해본다. 갈은구곡(葛隱九曲)은 1899년 경 전덕호(全德浩 1844~1922)가 충북 괴산군 칠성면 갈론리 일원에 정했다. 갈은구곡은 9개의 구곡시를 구곡의 암석에 새겨놓은 전국 유일의 구곡이다.

갈은구곡과 갈은구곡시에 관련된 사람들은 유학을 기본으로 하고 신선사상을 견지한 한문학적 소양이 뛰어난 사람들이며, 다양한 서체(書體)를 섭렵한 고고한 시인묵객들이다. 갈은구곡의 바위에 갈은구곡 9개 곡(曲)의 명칭과 그 시를 새겨놓았는데 전반적인 상황으로 보아 갈은구곡을 설정한 전덕호가 쓴 것으로 보아야한다.

갈은구곡시는 산수의 외형적 형상을 사실적(寫實的)으로 표현하지는 않았다. 그러나 이곳이 신선이 살만큼 산수가 수려하다는 점을 은유적으로 표현했다. 이런 면에서 갈은구곡시는 문학적 표현미학에서도 성공한 작품으로 평가할 수 있다.

갈은구곡(葛隱九曲)에는 갈은구곡한시(葛隱九曲漢詩)를 다양한 서체로 암각해 놓았다. 이렇듯 구곡시(九曲詩)를 암각한 사례는 물론이요, 다양한 서체로 암각한 사례도 이제껏 없었던 것 같다. 이처럼 갈은구곡시는 한시(漢詩)의 표현기법의 연구는 물론이요, 다양하고 특이한 한자서체를 연구할 수 있는 특이한 사례로 전국적으로도 보기 드문 희귀한 문화유적이다. 따라서 갈은구곡은 한시학습(漢詩學習)의 야외강의실(野外講義室)이요, 서체연구(書體研究)의 자연학습장(自然學習場)이다.

괴강(槐江)주변지역은 훌륭한 인물과 인연이 많은 고장이며, 의미있는 문화유적지가 밀집해있다. 조선말 일제하의 유명한 역사학자 이능화(李能和)가 괴산읍 수진리(水津里) 출생이다. 괴산읍 인산리(仁山里)에 홍명희생가(洪命熹生家)와 제월리에 그의 별서(別墅), 괴산읍 제월리 고산정(孤山亭), 괴산읍 검승리 애한정(愛閑亭), 감물면 오간리 이창훈(李昌勳)의 99칸집, 이황(李滉)·노수신(盧守愼)·김제갑(金悌甲)·현존(現存) 최고(最古)의 육아일기(育兒日記)『양아록(養兒錄)』[36]의 저자 이문건(李文楗) 등이 배향되어 있는 칠성면 송동리(松洞里)[37] 화암서원(花巖書院), 칠성면 갈읍리(葛邑里) 의병산성(義兵山城), 칠성면 도정리(道井里) 7개의 고인돌, 칠성면 성산리(城山里) 김기응의 99칸집, 칠성면 외사리 삼성부락(三省部落) 절터, 외사리 의성김씨의 학재(學齋)인 봉서재(鳳棲齋), 칠성면 사은리 사오랑 장연노씨의 영모재(永慕齋), 사은리 산맥이 노수신(盧守愼) 적소(謫所)의 연하동(煙霞洞) 군자산(君子山) 금수굴(金水窟), 괴산수력발전소, 청천면 사기막리에 조선시대 세종때 분청사기 가마터가 있다. 이와 같이 갈은구곡은 위에 열거한 문화유적지와 더불어 명실상부한 문화교육관광지로 활용할 수 있다.

---

36) 이문건(李文楗) 저・이상주(李相周) 역주,『양아록(養兒錄)』, 태학사, 1997 참조.
37) 지금 괴산군 괴산읍 검승리에 신축했다.

덧붙이는 글: 다음은 전영근이 들려준 얘기이다. 전후원(全厚遠)은 괴산에서 고을살이를 했다. 전주로 농사를 지으러 갔던 전씨 집안들이 전덕호가 군수를 그만 두자 다시 괴산으로 돌아왔다. 족보에 전후운(全厚運)의 묘소가 괴산군 문광면(文谷面: 문광면이 옳음 – 인용자 주) 매곡(梅谷) 자좌(子坐)에 있다고 기록했다. 전후운의 묘소로 추정되는 묘소의 위치를 아는 분은 문광면 광덕리 동막골 김태진(043-832-2945이다. 필자가 미루다 못 가봤다. 괴산군 괴산읍 대덕리 동막골에 있는 전후운(나중에 전병준 소유했다)이 지은 집에 전씨 여러 가구가 살았다. 전영근의 아버지도 한 집에 살았다. 괴산군 문광면 동막골에 큰집 전후달이 살았는데 그 후손 전영헌(全永憲)이 살다가 지금은 김기종이 살고 있다.

일제 때 전오석이 500석 지기의 농사를 지었다. 전후달(全厚達) 전후운(全厚運) 전덕호(全德浩)는 시문(詩文)으로 소일했다. 해방후 1949년 토지개혁 때 분배되어 망했다. 전후운의 손자 전영조가 괴산에서 성심병원을 했는데 전봉식이 팔아먹고 서울로 이사를 갔다. 전영근 자신의 큰 아버지가 괴산 역말다리 근처에 살았는데 책이 많았다. 해방되고 책이 다 없어졌다. 전라북도 전주시 소하면 숙정이 지금 전주시 완산구 진북동 숙정이(산밑 냇가) 고속버스를 타고 가다가 보인다. 전덕호가 죽었다는 전북 전주시 중노송동 335번지를 말하는 것이다.

덧붙이는 글: 김영진(金榮振)은 갈은구곡에 대해 다음과 같은 의견을 피력했다. 『괴산군시문집』 12면에서 '갈은동(葛隱洞)'이라 제목을 붙이고 해설을 하기를 "갈은동은 괴산 칠성면 갈론리에 있는 경승지이다."라 하고, 각주 184)에 "괴향문화 7, (1999) 참고"라 했다. 그 다음 122면에 '갈은팔곡(葛隱八曲)'이라 소제목을 붙이고, 각주 185)에 "윗글에서 이상주는 갈은구곡(葛隱九曲)이라 하였으나, 편자는 시 형식으로 보아 갈은팔경(葛隱八景)으로 보았다."라고 했다. 또한 같은 책 19면에 갈천정(葛天亭)은 정자로 분류하여 수록하면서, "갈천정(葛天亭) 갈은정은 괴산 칠성면 갈론리에 있던 정자인데 지금은 없어졌다."라고 하였다. 김영진, 『괴산군시문집』, 괴산문화원, 2000, 1~301면.

이에 대한 필자의 견해를 밝힌다. 첫째 팔경의 8개 경(景)의 명칭은 거의 4자이다. 8경의 원조인 소상팔경(瀟湘八景)을 보자. 제1경 산시청람(山市晴嵐), 제2경 어촌석조(漁村夕照), 제3경 원포귀범(遠浦歸帆), 제4경 소상야우

(瀟湘夜雨), 제5경 연사만종(煙寺晩鍾), 제6경 동정추월(洞庭秋月), 제7경 평사낙안(平沙落雁), 제8경 강천모설(江天暮雪)이다. 갈은구곡은 그렇지 않다. 둘째, 김영진은 '갈천정'이라는 정자가 있었다고 보았다. 충북 괴산군 칠성면 사은리에 거주하는 임양수(1936년생~)씨가 말했다. " 10여세 때, 고송유수재라 글씨를 새겨놓은 건너편, 즉 단조(丹竈)라 새겨놓은 암벽근처에 퇴락해 있던 정자를 뜯어다 사오랑동네의 산신각(山神閣)을 지었다." 만약 갈천정에 정자를 지었다면 같은 시대인데 정자를 지었다는 사실을 몰랐다고 보기 어렵다. 제7곡 고송유수재에 폭포와 못이 있어 이 근처에 정자를 지은 것이다. 갈천정 위에 올라가보아도 정자를 지을 만 한 곳이 아니다, 100여 년 전이라 정자가 허물어져서 토사가 쌓였다하더라도 주초석 하나도 보이지 않는다. 그리고 김종륜이 1969년에 집필한 『괴산군지』에 강선대시를 수록했다. 그런데 갈천정이라는 정자에 대한 기술을 없다. 또한 김종륜의 『괴산군지』499면 '정자(亭子)'조에도 갈천정은 없다. 셋째, 보편적 객관적 형식이 있다. 구곡의 전형적 형식은 구곡 입구에 '○○洞門'이라 새긴다. 갈은동 입구 오른쪽 암벽 위의 바위에 큰 글씨로 '갈은동문(葛隱洞門)'이라 새겨놓았다. 그 효시는 화양구곡 입구 오른쪽 암벽에 새긴 '화양동문(華陽洞門)'이다. '구곡문화관광특구' 내에 있는 구곡을 살펴보자. '선유구곡(仙遊九曲)에 선유동문(仙遊洞門), 연하구곡(烟霞九曲)'연하동문(烟霞洞門)'이 있다. 갈은동문은 이를 모방한 것이다. 위와 같은 근거로 볼 때 갈은구곡이 옳다고 보아야하며 갈천정이라는 정자는 짓지 않았다고 보아야한다.

3장. 노성도(盧性度)와 「연하구곡가(煙霞九曲歌)」

1. 머리말

좌측 사진: 노성도가 세운 문간공소재노선생지단(文簡公穌齋盧先生之壇). 2010년 12월 10일 조사하는 안동대 이종호교수.

우측 사진: 전망대에서 내려다 본 수월정: 2006년 중부매일 노승혁 촬영

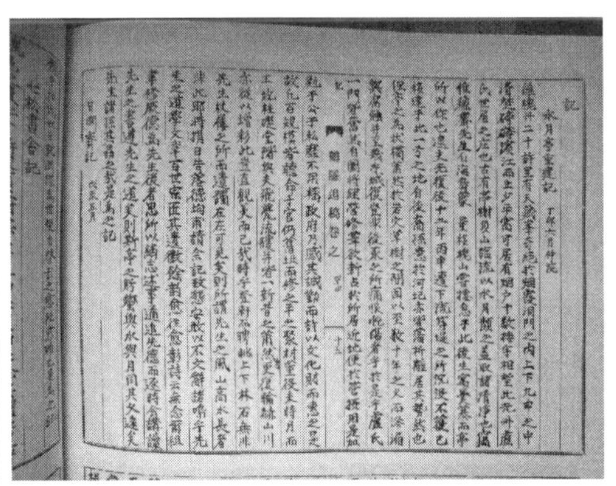

좌측 사진: 수동대(이상주전망대)에서 바라본 2001년의 산막이 마을.

우측 사진: 이복(李馥 1911~2002)이 1987년(정묘丁卯) 「수월정중건기(水月亭重建記)」를 지어 그의 문집 『학은추고(鶴隱追稿)』에 실었다. 노성도의 현손인 노덕균(盧德均 1932~)이 이 내용을 목판에 새겨 수월정에 게시했다.

좌측 사진: 군자산과 괴산호에 비친 그 그림자. 2001년 6월 16일 토요일 필자 촬영.
우측 사진: 연하구곡 제1곡 탑암(塔巖).

2011년 산막이옛길 개발 이후, 어느 때부터 유람선을 운영하는 측에서, 이 탑암을 각시바위라 부르고 건너편에 있는 바위를 신랑바위라고 스토리텔링을 만들어 유포하고 있다. 신방점(新坊店)이라는 음식점 겸 주막 겸 숙박을 하는 가게가 있었던 곳이다. 새로 개업을 한 것이다. 신방(新坊)을 신랑 신부가 신방(新房)을 차렸다는 뜻으로 보고 각시바위와 신랑바위라고 명명한 것이다. 황금만능시대에 관광수입의 증대와 관광객에게 흥미를 유발하게하기 위해 민첩하게 부응하는 순발응용력이 돋보인다. '신방'은 한글로 번역하면 '새방'인데, 신방점(新坊店)에 대해 모르는 상당 수 사람들은 한글 'ㅣ'모음을 첨부하여 '새뱅이'라 부르고 있다. '새우'를 방언으로 '새뱅이'라 하는데 이를 관련시켜 연상하면 인지 기억하기가 쉽다. 박세화(朴世和)가 「화양강회일기(華陽講會日記)」 1904년 9월 13일자에 신방점숙소(新坊店宿所)에서 유숙했다고 기술했다. 1957년 괴산수력발전소 완공으로 그 유허지도 수몰됐다. 기록은 정직하고 진실해야한다.

「연하구곡가(煙霞九曲歌)」는 노성도(盧性度 1819년~1893년)가 연하구곡(煙霞九曲)을 설정하고 그 정경을 읊은 것이다. 연하동은 그의 선조 노수신(盧守愼 1515~1590)이 유배생활을 한 곳이다. 노수신(盧守愼)은 조선전기 중추적인 관각문학가(館閣文學家)의 한 사람이며, 노성도는 노수신(盧守愼)의 10대 후손이다. 노수신은 을사사화(乙巳士禍)가 일어났던 1545년 7월 충주로 유배 갔다가 1547년 진도로 이배되었다. 그 후 을축년(乙丑年, 1565년) 51세에 지금의 충북 괴산군(槐山郡) 칠성면 사은리 산맥이라 불리는 연하동(煙霞洞)으로 이배되었다가, 선조(宣祖) 무진년(戊辰年, 1568년) 54세 2월에 부름을 받고 서울로 돌아갔다[1]. 노수신이 해배되어 연하동을 떠난 지 300년 가까이 된 시기에, 그 후손인 노성도가 지금의 경상북도 상주시 화서면(化西面) 금산리(錦山里)에서 그 유배지로 이주해왔다. 그는 이곳에 단(壇)을 설치하고 제를 올렸다. 그리고 수월정(水月亭)을 건립했으며, 연하구곡을 설정하고 「연하구곡가(煙霞九曲歌)」를 창작했다. 이때가 1865년으로, 노수신이 연하동에 유배된 지 5주갑(周甲) 즉 300년이 되는 해이다. 이렇듯 노성도는 현대식으로 따져 노수신의 유배 300주년 기념행사를 하듯이, 그런 의미 있는 행사를 거행했다.

본고에서는 노성도가 연하구곡(煙霞九曲)을 설정하고 「연하구곡가(煙霞九曲歌)」를 창작한 배경을 검토하여 그 의미를 부여하고자 한다. 아울러 「연하구곡가(煙霞九曲歌)」에 대한 분석을 통해 주자의 「무이도가(武夷棹歌)」가 조선조 사림(士林)에 끼친 문학적 영향의 일단을 살펴보고자 한다.

2. 노성도(盧性度)의 가계 및 생애 저술

노성도(盧性度)가 지금의 충북 괴산군 칠성면 사은리 산맥이라 불리는 연하동(煙霞洞)[2]에 오게 된 경위에 대해, 그의 현손인 노덕균(盧德均 1932~)은 다음과 같이 말했다. 본래 노성도는 지금의 경상북도 상주시 화서면(化西面) 금산리(錦山里)에 살았는데, 소재(穌齋) 노수신(盧守愼)의 적소(謫所)를 보존, 관리하기 위해 종중에서 노성도를 보낸 것으로 생각 되며, 그 곳의 농지를 처분하고 이곳으로 와서 토지를 매입한 것 같다고 한다. 그러나 특별한 소득이 없는 가운데, 소재(穌齋)의 유적 보존과 학문생활로 인해 생활은 그리 여유롭지 못했던 것 같았다고 했다.

---

1) 노수신(盧守愼), 『소재집(穌齋集)』, 「연보(年譜)」, 한국문집총간 35, 민족문화추진회, 374~376면 참조.

2) 지금 충북 괴산군 칠성면 사은리 산맥이라 불리는 마을이다. 노성도의 나이 46세에 작성된 호구단자(戶口單子)에 "동상면(東上面) 사오랑리(沙五郞里) 제(第) 십오통(十五統) 제(第) 사호(四戶)"라고 돼있다. 1819년생이니 흔히 한국식 나이대로 환산하면 1864년이 된다. 그 다음 70세인 1888년에 작성된 호구단자에 보면 "동상면(東上面) 연하동리(煙霞洞里) 제(第) 칠통(七統) 제삼호(第三戶)"라고 되었다. 호구단자(戶口單子)의 내용에 근거하여볼 때, 노성도가 연하동으로 이주한 시기는 최소한 1864년으로 볼 수 있다. 또한 노성도가 연하동으로 명명한 이후, 행정주소가 연하동으로 변경됐다는 것을 알 수 있다.

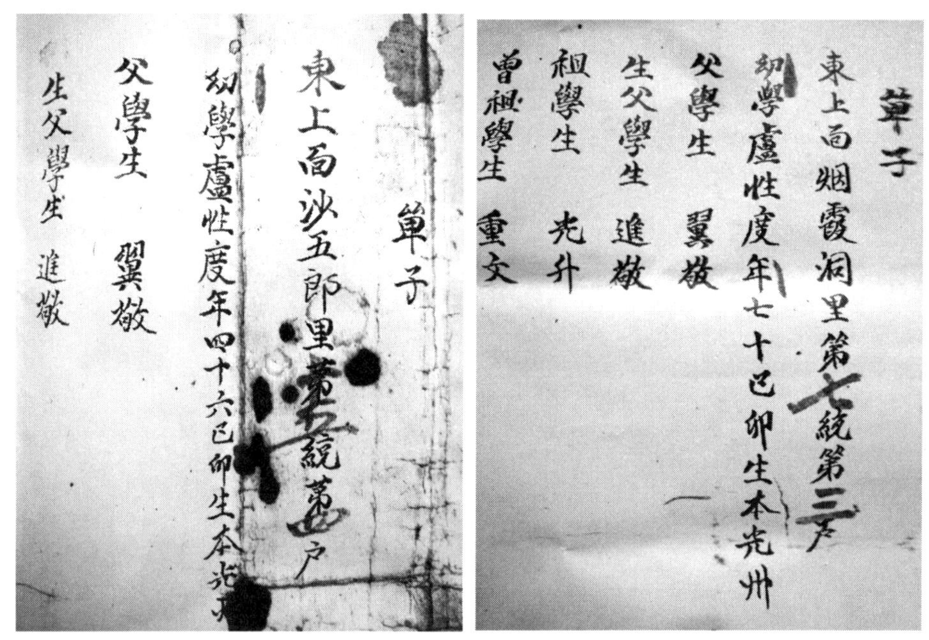

單子
東上面沙五郎里第五統第四戶
幼學盧性度年四十六己卯生本光
父學生 翼敬
生父學生 進敬

單子
東上面烟霞洞里第七統第三戶
幼學盧性度年七十己卯生本光州
父學生 翼敬
生父學生 進敬
祖學生 光升
曾祖學生 重文

좌측 사진: 노성도의 호구단자1 확대. 주소가 동상면 사오랑리 제오통제사호(東上面沙五郎里 第五統第四號) 돼있다.
우측 사진: 노성도의 호구단자 2 확대. 주소를 동상면 연하동리 제칠통제삼호(東上面烟霞洞里 第七統第三號)라 바꾸었다.

노성도의 가계를 살펴보자. 그는 소재(穌齋) 노수신(盧守愼 1515~1590)의 10대 후손이다. 그의 가계도를 작성해보면 다음과 같다. 노수신(盧守愼 1515~1590) → 대해[(大海), 아우 극신(克愼)의 둘째 아들을 입양] → 도형(度亨) → 삼남(三男)준명(峻命) → 사현(思賢) → 하적(夏績) → 계원(啓元) → 중문(重文) → 광승(光升) → 익경[(翼敬), 생부(生父)는 진경(進敬)] → 성도[性度 을묘(己卯, 1819년) → 계사(癸巳, 1893년)]. 호구단자(戶口單子)에 을묘(己卯, 1819)출생으로 기록되어 있으며, 1984년에 간행한 『광산노씨파보(光山盧氏派譜)』에 계사(癸巳, 1893)에 졸(卒)한 것으로 기록되어 있으니, 75세의 수를 누린 것이다. 본관은 광주(光州), 자(字)는 치평(穉平), 생부(生父)는 진경(進敬), 호(號)는 경은(敬隱)이다. 묘소는 괴산군 불정면 세평리 산14번지의 1번지에 있으며, 이복(李馥 1911~2002)이 비명(碑銘)을 썼다. 앞에 든 족보에, 그는 성품이 뇌락(磊落)하고 호방하며, 시대사정에 뜻이 뛰어났으며 산림에 뜻을 품었다고 했다.

노성도(盧性度)의 취향과 인생관을 들어보자.

이 몸이 쓸데없이 한 표주박으로 헛되이 늙어가고 빈천(貧賤)을 즐거움으로 여기니 하늘을 알고 만족함을 아는 것이다. 산수 간에 몇 간의 모옥(茅屋)을 지어놓고 북쪽 창 아래서 반쯤 술 취하고 산에서 고사리를 꺾으니 온 산에 봄의 흥취 일어나고, 소나무 아래 한 눈길 주고, 물에서 고기를 낚으며 구곡의 빼어난 흥이 대(臺) 위에 한결같이 모였으니 아름답다. 청운(靑雲)을 초개와 같이 여기고 백운(白雲)을 주옥으로 여기며 갈건포의(葛巾布衣)로 산수 간에 늙어가는 것도 또한 좋지 않겠는가? 주(周)나라 때 여상(呂尙)이 위수(渭水)에서 낚시를 하고, 한(漢)나라 때 제갈 량(諸葛 亮)이 남양(南陽)에서 농사를 지은 것은, 실로 임금이 부덕(不德)하게 하는 때가 오고 오지 않은 형세가 진실로 그렇게 만든 것이 아니겠는가? 부귀빈천은 하늘에 달려있으며 운수에 달려 있으니 푸성귀 먹고 나물국 끓여먹어도 어찌 마음에 유감이 있으리오? 고기 잡고 나무하고 밭갈이하고 책 읽는 것이 가난한 선비의 직분이라. 하늘을 즐기는 이치와 땅의 이로움을 얻는 이로움이 분수에 있어 당연하니 즉 천작(天爵)을 앙모(仰慕)하고 조석(朝夕)으로 제단에 첨배(瞻拜)하며, 때때로 밝은 달이 산수 간에 떠오르는 것을 희롱하며, 이로써 나의 여생을 마치려하니, 또한 즐겁지 않겠는가? [3]

노성도는 빈천(貧賤)을 낙(樂)으로 삼고 하늘의 도를 알고 만족할 줄 아는 삶을 추구했다. 그는 산수 간에서 나물을 뜯어 먹고 낚시하며 청운을 초개와 같이 버리고 갈포포의(葛巾布衣)로 살아가는 것을 긍정하고 있다. 그러나 이 말은 자위하는 말로 볼 수 있다. 이는 다음 발언을 통해 알 수 있다. 그는 흔히 강태공이라 불리는 여상(呂尙)과 와룡이라 부르는 제갈 량(諸葛 亮)이 농사를 지은 이유는, 임금의 부덕(不德)의 여부와 관련이 있다고 보는 것이다. 그는 부귀빈천도 운수에 달려 있으니, 푸성귀 먹으며 사는 것을 유감으로 여기지 않는다고 말한다. 노성도는 하늘을 즐기는 이치와 땅의 이로움을 이롭게 누리는 이익이 당연히 나누어졌으니, 천작(天爵) 즉 인의충신(仁義忠信)을 앙모(仰慕)하고 조석(朝夕)으로 제단(祭壇)에 첨배(瞻拜)하며, 산수간에서 음풍

---

3) 노성도(盧性度), 『선집요결(譔集要訣)』, 인책(仁冊) 1권(卷) 40장, 「연하구곡봉단서(烟霞九曲封壇序)」.“此身無用而空老於一瓢, 貧賤爲樂知天乎知足乎. 以山水之間, 數間茅屋, 半醉於北窓下, 採薇於山, 而萬山春興, 一眼於松下, 釣魚於水, 而九曲逸興, 一總於臺上, 美哉. 靑雲爲草芥, 白雲爲珠玉, 以葛巾布衣, 老於山水之間, 不亦可乎? 周時呂尙釣於渭水, 漢代諸葛耕於南陽, 實非君之不德時之來不來, 勢固然也. 富貴貧賤在天在數, 蔬食菜羹, 何憾於中乎? 漁樵耕讀, 寒士之職也. 樂天之理, 利地之利, 於分當然, 則 仰慕天爵, 瞻拜朝夕, 有時乎弄明月於山水之間, 以此以終吾餘日, 不亦樂乎?” 맹자가 仁義忠信을 천작이라 했으며 公卿大夫을 인작이라 했다. 사람에게 갖추어진 자연의 미덕을 말한다.

농월하며 여생을 즐기겠다고 표방한다. 결국 노성도는 세속적인 부귀공명을 초월하여 수려한 연하구곡의 산수자연 속에서 안빈낙도하며 군자의 도리를 지키며 고고하게 살고자했던 것이다.

노성도(盧性度)가 남긴 저술로는 『선집요결(譔集要訣)』 5책과 『선집요결별록(譔集要訣別錄)』 1책이 있다. 이는 경전의 내용에 대해 자신의 견해를 피력해놓은 논평집이라 할 수 있다. 이를 통해 그의 경학관(經學觀)을 고찰할 수 있으며, 1800년대 중반이 유학계의 한 조류를 파악할 수 있어 연구가 요망된다. 『선집요결(譔集要訣)』 1책에 1871년에 창작한 가사(歌詞) 「여민락(與民樂)」[4]이 수록되어 있어 1800년대 중반에 창작된 가사(歌詞) 작품의 한 면모를 고찰할 수 있다. 「여민락서(與民樂序)」와 「악해(樂解)」도 수록되어 있어 그의 악학사상(樂學思想)의 일단과 그의 정치관을 일견할 수 있다.

노성도가 남긴 또 다른 기록물로 노성도의 시와 교유인사들과 화답한 시를 묶어놓은 시고(詩稿) 10장이 남아있다. 1장에서 4장까지는 낙장 되고 5장부터 14장까지 남아있다. 14장 앞면 1행부터 「수월정상량문(水月亭上樑文)」이 시작되어 14장 뒷면까지 이어지나 종결부분까지가 남아있지 않는 것으로 보아 15장 이후는 낙장 되었다는 사실을 짐작할 수 있다. 따라서 현재 이 시고(詩稿)의 전모를 확인할 수 없는 실정이다. 이 시고에는 「연하구곡운(煙霞九曲韻)」, 「선유대운(仙遊臺韻)」, 「연하동원운(煙霞洞原韻)」, 「봉단원운(封壇原韻)」과 이에 친우들이 화운한 시, 「경제(敬題) 봉단서미(封壇序尾)」, 「수월정상량문(水月亭上樑文)」의 앞부분이 수록되어있다. 연하구곡(煙霞九曲) 제9곡 병암(屛巖)에 「연하구곡운(煙霞九曲韻)」의 서시(序詩)에 해당하는 시를 새겨놓은 연도가 1865년이다. 이런 점으로 미루어보아 같은 시고(詩稿) 안에 수록되어있는 「연하구곡가(煙霞九曲歌)」도 같은 시기에 창작된 것으로 간주해도 무리는 아니다. 이상의 시 작품들은, 내용상으로 보아 노성도가 단(壇)을 설치하고 연하구곡을 설정한 것을 기념하기 위해 창수(唱酬)한 시와 자작한 시를 모아 책으로 엮은 것으로 짐작된다. 결국 이 시고(詩稿)는 봉단(封壇)과 연하구곡 설정을 기념하기 위해 지은'연하구곡설정기념시문집(煙霞九曲設定紀念詩文集)'인 셈이다.

---

4) 이상주, 「新發掘 歌辭, 盧性度의 '與民樂'」, 『忠北學』 제3집, 충북학연구소, 2005, 91~122면.

3. 연하구곡(煙霞九曲)의 설정 배경과 경관(景觀)의 특색

일반적으로 '연하(烟霞)'라는 용어는 산수풍광이 수려한 곳을 지칭하는 관용어다. 이제 노성도가 연하구곡을 설정하게 된 동기에 대해 다음 글을 통해 알아보기로 하자.

> 볼그레한 구름이 창가에 비치고 구곡에 아침 햇살(구곡조당九曲朝堂) 비치니, 이곳은 세상에서 뛰어난 산수이다. 달빛에 천성을 수양하고 돌 돈대에 마음을 노니노라니, 어찌 선조에 대해 느끼어 슬퍼지는 정이 없으리오? 내가 영남(嶺南)으로부터 와서 괴산(槐山) 동쪽의 산수에 접하여 스스로 "'어진 사람은 산을 좋아하고, 지혜로운 사람은 물을 좋아한다.'라고 했으니 이곳은 군자(君子)가 살 곳이다."라고 했다. 또 "노니는 사람은 바람과 안개를 좋아하면서 시를 읊조리고, 신선은 구름과 노을에 살면서 즐기는 것을 좋아하니, 이곳 연하동은 또한 신선이 별장으로 삼을 곳이다."라고 했다.[5)]

노성도는 경상북도 상주로부터 자신의 선조 노수신이 유배생활 했던 지금 충북 괴산군 칠성면 산맥이 즉 연하동으로 이주했다. 그는 이곳 산수의 아름다움을 평하여, 군자가 살 곳이며 "신선(神仙)의 별장(別莊)"이라 단언한다. 연하동(煙霞洞)이라는 이름도 자신이 명명한 것이다. 그런데 그는 "달빛에 천성을 수양하고 돌 돈대에 마음을 노니노라니, 어찌 선조에 대해 느끼어 슬퍼지는 정이 없으리요?"라고 한탄했다. 그 이유는 무얼까? 다음을 보자.

> 선조(宣祖)조에 학행이 탁월하고 특이하여 왕이 말하기를… 또 치제문(致祭文)에 말하기를 "아 거룩하신 열조(烈祖)에 말하노니 '크게 보필해주는 인재(석필碩弼)가 있었으니, 거의 하늘이 내려주신 바이며, 세상에 드물게(간세間世) 나온 사람입니다. 오직 갑관(甲觀)[6)]에서, 요순(堯舜) 같은 임금을 보필할 자질을 다듬었으니, 후사(後嗣)[7)]에게 관직(官職)을 주어 잇도록 하고 전 시대의 훌륭한

---

5) 노성도(盧性度), 『선집요결(譔集要訣)』, 인책(仁冊) 1권(卷) 40장. "彤雲暎窓, 九曲朝堂, 此絶世之山水也. 養性於月色, 游心於石坮, 豈無先世感愴之情乎? 余自嶺南來, 接于槐東山水間, 而自謂曰仁者樂山智者樂水, 此君子之所居也. 又曰遊者, 喜風烟而詠詩, 仙者, 居雲霞而愛娛, 此地烟霞, 亦仙人之所庄也."

6) 갑관(甲觀) : 황태자의 궁전. 또는 도서를 관장하는 관(館) 노수신이 1544년 시강원(侍講院) 사서(司書)가 되고 이해에 사가독서(賜暇讀書)를 했는데 이 사실을 가리키는 듯함.

7) 후사(後嗣) : 노수신이 아우 극신(克愼)의 둘째 아들 대해[大海, 가정(嘉靖, 기유己酉 1549)~천

철인(哲人)[8]을 잘 보존(保存)하게 했습니다. 풍유(風遺)와 계책을 그리워하는 것이, 해와 달과 밝기를 다투며, 천추(千秋)에 호남과 영남에서도 제사지내는 것이 결여된 적이 없습니다.'"라고 했다. 또 선조대왕을 종묘에 제사할 때에 조정에서 선생을 배향할 것을 청했으나 광해조 때 시종 보존하지 않아 마침내 이루지 못했다. 아! 이 또한 시대의 불행이다. 하물며 지금 각처에 제사지내는 것이 결여 되었음에랴? 자손 된 사람으로 어찌 억울한 마음이 없겠는가? 그러나 하늘의 덕은 고리와 같아서 살아나서 성장하고 성장하여 살아나니 생성이 무궁하다. 또 정(貞)이 되면 즉 원(元)이 회복되니, 그 이치를 미루어 그것을 말하니 즉 어떤 근심이 있으리오? 내가 이곳에서 단(壇)을 창설하여 우리 선조를 삼가 받들고 산수지간(山水之間)에 구곡(九曲)을 설정하여 하늘에 계시는 영령을 위로하는 것이 또한 마땅하지 않겠는가? 대개 이곳 연하구곡은 정일(精一)한 산천이니 즉 사물의 기미를 아는 정령(精靈)이신 나의 열조(烈祖)가, 아름다운 샘과 돌 가에서 소유(逍游)하여, 서원(書院)을 훼손한 원통함을 씻으실 것이니, 어찌 쉬시지 않겠는가?[9]

선조와 광해조 때 조정에서 노수신을 종묘에 배알해야한다고 요청했으나 관철되지 못했다. 또한 영남 호남에서 제향을 받다가 서원이 훼손당하여 각처에서 제향을 받지 못하게 됐다. 그래서 노성도는 연하동(煙霞洞)에 단(壇)을 창봉(剏封)[10]하여 선조 즉 노수신을 모시고 산수간에 구곡을 설정하여 하늘에 계시는 영령을 위로하고자 했던 것이다. 또 연하구곡은 산수가 제일가는 곳이기 때문에, 사물의 기미를 아시는 열조(烈祖)께서 아름다운 산수에 노니시며, 원(院)을 훼손당하여 공식적으로 제향 받지 못하는 원통함을 씻어버리

계(天啓, 병인丙寅, 1626)]를 양자로 삼음. 음사(蔭仕)로 감역(監役)을 역임함.

8) 전 시대의 철인(哲人) : 노수신을 지칭함.

9) 노성도(盧性度), 노성도(盧性度), 『선집요결(譔集要訣)』, 인책(仁冊) 1권(卷) 40장. "宣廟朝, 以學行卓異, 王若曰 … 又致祭文曰 於皇烈祖 曰 有碩弼, 殆天所授, 間世以出. 惟時甲觀, 堯舜爲質, 俾官後嗣, 用保前哲. 緬懷風猷, 爭光日月, 千秋湖嶺, 俎豆罔缺. 又宣祖大王祔太廟時, 朝廷請以先生配享, 光海朝, 以不保終始, 竟不果. 噫! 此亦時之不幸也. 況今俎豆缺於各處者乎! 爲其子孫者, 豈無抑鬱之心哉? 然 天德如環生而成, 成而生, 生成無窮. 又貞則復元也, 推其理而言之, 則何憂之有哉? 余於此地, 乃剏封壇, 謹奉吾先而設九曲於山水之間, 以慰在天之靈, 不亦宜乎? 盖此烟霞精一之乾坤, 則 吾烈祖知幾之精爽, 逍游於美泉石之上, 以雪毁院之寃, 豈不休哉?"

10) "문간공소재노선생지단(文簡公蘇齋盧先生之壇)"이라 쓴 표지석이 지금 이전한 수월정(水月亭) 안에 안치돼있다. 두 동강 났으나 글씨는 알아볼 수 있다. 노성도가 노수신을 모시는 단(壇)을 봉(封)하고 그 축하와 기념의 뜻으로 교유인사들의 시를 「봉단원운(封壇原韻)」과 「경제봉단서미(敬題封壇序尾)」라는 제목아래 모아 놓았다.

고 휴식할 수 있게 해드리기 위해서이다. 이와 같이 노성도가 연하구곡을 설정하고 단(壇)을 창설한 것은 노수신에 대한 지극한 효성과 숭조영모정신의 발로에서 기인한 것이다. 이렇듯 노성도가 연하구곡을 설정한 것은 유학의 도리중의 하나인 효를 실천하기 위해서였다. 이때가 1865년으로, 노수신이 연하동에 유배 된지 5주갑(周甲) 즉 300년이 되는 해이다. 이렇듯 노성도는 노수신의 유배 300주년을 맞아 그를 제향하기 위해 단을 설치하고 제사지냈으며, 그의 혼령을 위로하고자 연하구곡(煙霞九曲)을 설정하고 그 정경을 「연하구곡가(煙霞九曲歌)」로 읊어 노래한 것이다.

이번에는 연하구곡의 경관(景觀)의 특색을 알아보자. 연하구곡(煙霞九曲)은 1957년 괴산댐이 완공되면서 수몰되어 전모를 살펴볼 수 있는 곳은 없는 실정이며 일부를 확인할 수 있는 곳은 두 곳이다. 즉 상단부가 수몰되지 않은 제1곡 탑바위와 제9곡 병암(屛巖)이다. 따라서 각각의 구곡의 순서나 구곡의 명칭을 새겨놓은 글씨와 일부 구곡에 새겨놓은 한시구(漢詩句)가 수몰되지 않고 남아있는 곳은 없다. 연하구곡의 경관과 그 특색에 대해서는 노성도의 현손인 노덕균씨가 구술한 내용을 정리한 것이다. 연하구곡은 구곡을 명명하는 순서에서 다른 구곡과는 차이가 있다. 대개의 구곡의 경우, 하류에서부터 1곡 하류로부터 제1곡이 시작되어 상류로 올라가면서 차례로 9곡을 설정하는 것이 보통이다. 그런데 연하구곡은 상류로부터 제1곡을 설정하여 하류에 제9곡이 있다. 그 이유는 정확히 알 수 없다. 다만 다음과 같이 추측해볼 수 있을 뿐이다. 광산 노씨가 지금의 경상북도 상주시에 많이 세거하고 있었기 때문에, 상류지역을 거쳐 자주 내왕하다 보니 상류 쪽에 익숙해져 그런 것이 아닌가 한다.

제1곡은 탑암(塔巖)이다. 통상 탑바위라 불렀다. 지금 충북 괴산군 청천면 운교리 지역이다. 괴산 댐에서 상류로 올라가다 보면 왼쪽이다. 바위가 층층이 쌓여있어 마치 탑을 쌓아놓은 듯해서 탑바위라 부른 것이다. 이 탑바위 주변 바위에 많은 한시를 새겨 놓았다한다.

제2곡은 뇌정암(雷霆巖)이다. 통상 벼락바위라 불렀다. 탑바위에서 하류로 약 500~600m 내려오면 약 3m 높이의 바위 두개가 서있다. 하나는 위쪽 하나는 아래쪽에 서있는데 바위의 색깔이 붉은 색이다. 그 주변 돌서덜의 색깔도 붉은 색이다.

제3곡은 형제암(兄弟巖)이다. 약 3m 높이의 바위 세 개가 물 가운데 상류로부터 하류 쪽으로 차례로 서있다. 그래서 삼형제 바위라 한다. 별칭으로 쌀개바위라고도 한다. 상류로 올라가는 것을 기준으로 할 때 강 가운데서 오른편 강가 쪽으로 약간 치우쳐 있다. 위쪽에 있는 것이 가장 크고 가운데 있는 것이 그 다음으로 크고 아래쪽으로 있는 것이 제일 작다.

제4곡은 전탄(箭灘)이다. 오른편 산 쪽으로 즉 상류로 올라가는 오솔길 위쪽에 높이 1m 폭 60cm의 돌을 세우고 사곡이라 새겨놓았다. 산막이마을에서는 '살쟁이여울'이라 부른다.

제5곡은 사기암(詞起巖)이다. 높이가 약 3m되는 바위로 둥글며 바위 위쪽이 평평하다. 지금 산맥이 나루터와 사곡의 중간지점이다.

제6곡은 무담(武潭)이다. 활음(滑音) 와전(訛傳)되어 무당소라 불린다. 소재(穌齋)의 적소(謫所)가 있던 앞개울이다. 이 개울가에 노성도는 수월정(水月亭)[11]을 건립했었다. 물이 흘러내려오다 무담소에 이르면 깊어진다. 이 무담 아래가 장(長)여울 즉 긴 여울이다. 폭이 약 30m쯤 되었다.

제7곡은 구암(龜巖)이다. 육각형의 돌로 돌 표면이 거북의 갑옷무늬처럼 생겨 그렇게 불렀다. 오른편 산 쪽으로 치우쳐있으며 개울 쪽이 높고 산 쪽이 낮다. 길이는 약 2m 가량 된다.

제8곡은 사담(沙潭)이다. 제9곡인 병풍바위 위쪽 개울가이다. 상류 쪽으로 올라 다니던 오솔길의 오른쪽 산 바위절벽에 세로로 팔곡이라 새겼다. 찬바람내기라 불리는 곳이다. 바람이 몹시 세차게 부는 곳이라 그렇게 부른 것이다.

제9곡은 병암(屛巖)이다. 높은 천장봉(天藏峰)아래 절벽으로 바위가 병풍처럼 둘러쳐져있다. 비록 사진이지만, 연하구곡 중에서 바위에 새겨놓은 글씨를 확인할 수 있는 유일한 곳이다. 이곳에 노성도는 자신이 지은 연하구곡(煙霞九曲) 제9곡에 대해 읊은 「연하구곡운(烟霞九曲韻)」의 시를 수직의 암벽에 새겨놓았다. 중요한 것은 노성도 자신이 시를 지은 사실과 시를 창작연대를 새겨놓아, 시의 작자와 창작연대를 분명하게 알 수 있다는 점이다. 연하구곡 제9곡 병암(屛巖)에 새긴 글씨의 내용을 확인할 수 있게 된 것은 노성도의

11) 노성도가 수월정(水月亭)이라 명명한 이유는 "지자요수(知者樂水), 인자요산(仁者樂山)"의 정신을 구현하고, 달은 태음(太陰)의 정(精)으로 군자(君子)가 은현(隱顯)하는 상(象)이라는 관념을 실천하려는 의지를 반영한 것이다. 또한 노성도는 연하동의 산수가 주자(朱子)의 무이구곡(武夷九曲)보다 못하지 않다고 여겼다. 노성도(盧性度), 『선집요결(譔集要訣)』, 의책(義冊) 2권 「수월정서(水月亭序)」참조. 노성도는 당(堂)의 이름을 '양락당(兩樂堂)' 이라 명명했는데, 역시 산수의 아름다움을 좋아하고 군자(君子)의 인지(仁智)의 덕(德)을 앙모하는 뜻을 의탁한 것이다. 노성도(盧性度), 『선집요결(譔集要訣)』, 의책(義冊) 2권 「수월정서(水月亭序)」. 「양락당기(兩樂堂記)」참조.

현손인 노덕균(盧德均 1932~)이 수고한 덕택이다.12) 「연하구곡운(烟霞九曲韻)」은 오른쪽부터 다음과 같이 세 줄의 종서로 새겨놓았다. 삭립병암시별구천장봉(削立屛岩是別區天藏峯), 하취환오산고수벽다진(下取歡娛山高水碧多眞), 경차지연하세외도(景此地烟霞世外圖) 칠언절구(七言絶句)인데 7자씩 끊어서 배열해보면 다음과 같다.

삭립병암시별구(削立屛岩是別區) 깎아 세운 병풍바위는 특별한 구역이며,
천장봉하취환오(天藏峯下取歡娛) 천장봉 아래에서 기꺼이 즐기노라.
산고수벽다진경(山高水碧多眞景) 산은 높고 물은 포르라서 진경이니,
차지연하세외도(此地煙霞世外圖) 이곳 연하동이야말로 세상밖에 그림일세.

다음과 같은 내용도 음각돼있다. "연하수석(烟霞水石) 정일건곤[精一乾坤" "연하동의 수석은 천지간에 유정유일(惟精惟一)이로다". 두 줄의 종서로 새겼는데 매우 글씨가 크다. 그 옆에 숭정사을축(崇禎四乙丑)'이라 새겼다. 그 다음에'동시(同治) 사년(四年) 을축(乙丑) 이월(二月) 일(日)'이라 새겼다. 서시의 글자 크기이며, 종서로 새겼다. 동치(同治) 사년(四年) 을축(乙丑)은 서기로 1865년이다.

그 다음에 연하동문(烟霞洞門)은 가로로 새겼는데 글씨가 크다. 그 다음에 "광주후인 노경은제(光州后人 盧敬隱題)" 즉 "광주후인(光州后人)인 노경은(盧敬隱題)이 제(題)하다"라고 세로로 새겼는데, 서시를 새긴 글자와 거의 같은 크기의 글자로 새겼다. 경은(敬隱)은 노성도(盧性度)의 호(號)이다. 그 위치는 연하구곡 제9곡 병암 암벽이다. "산막이옛길" '호수전망대'라고 이름을 붙인 곳 가기전 물가에 있는 암벽처이다. 그후 2015년경쯤 인가 '호수전망대'

12) 노덕균(盧德均, 1932년~)은 1957년 괴산댐이 완공되어 수몰될 당시는 나이도 많지 않고 여러 가지 여건상 사진을 찍을 생각을 하지 못했다고 한다. 그 후 나이가 들면서 그는 선조의 유적이 물에 잠긴 것을 늘 애석하게 생각하고, 기회가 되면 사진을 찍어둬야 한다고 생각하고 있었다. 그런데 1981년 괴산수력발전소의 사정으로 댐에 가뒀던 물을 상당량 빼었는데, 다행히 병풍암에 새겨놓은 글씨만 드러나 사진으로 찍어 남길 수 있게 된 것이다. 사진관에서 사진기를 빌려다 찍었다. 겨울이라 얼음이 얼었을 때라 얼음위로 다니며 제1곡에서부터 제9곡까지 사진을 찍은 것이다. 백묵을 글씨의 음각된 부분에 칠하여 글씨 획을 분명하게 알아볼 수 있게 하고 사진을 찍었다. 처음에 그냥 찍었는데 선명하게 알아보기 어려울 것 같아 그렇게 했다는 것이다. 그 분과 그 종형제들의 노고에 경의와 감사를 표한다. 게재하는 사진은 1981년 1월 18일 노덕균의 종제(從弟) 노봉균(盧鳳均 1963년~)]이 촬영한 것이다. 노수신의 유배처에 노성도가 세운 수월정(水月亭)이 괴산수력발전소 건설로 수몰되게 되자, 노덕균은 1957년 수월정을 현 위치에 이전하고 자신은 괴산군 칠성면 율지리로 이사해 살고 있다.

를 '병풍루'로 바꾸었다. 제9곡 병암(屛巖) 즉 병풍바위에서 착안한 듯하다. 평소에는 물에 잠겨 볼 수 없다.

연하구곡은 그 전체의 산수가 아름답다. 일반인이 강가에서 쉽게 관람할 수 있는 제5곡에서 제9곡까지는 물굽이가 태극선으로 휘돌아 흐르는데, 제8곡이 있는 지점은 군자산(君子山)쪽 절벽이 암벽으로 둘러싸인 섬처럼 구성되어 매우 아름답다. 수월정 주변의 경관은 물이 줄어들어 수몰되기 전의 지형이 어느 정도 드러나면, 그리스문자 'Ω'를 거꾸로 놓은 형상으로 강원도 영월의 청령포와 흡사하다. 괴산수력발전소가 건설되기 전에는 이러한 지형에다 협곡 사이로 강물이 흘러 그 운치가 대단했을 것으로 짐작된다.

4. 연하구곡가(煙霞九曲歌)의 내용분석

이제 「연하구곡가(煙霞九曲歌)」를 통해 노성도의 시세계(詩世界)와 「무이도가(武夷櫂歌)」의 수용양상의 일례를 살펴보고자 한다. 노성도가 지은 시 「연하구곡운(煙霞九曲韻)」을 통하여 연하구곡(煙霞九曲) 각각의 명칭을 구체적으로 알 수 있다. 「연하구곡가(煙霞九曲歌)」를 논하면서 아울러 「연하구곡운(烟霞九曲韻)」[13]을 각주에 소개하여 연하구곡의 명칭과 그 경개(景概)를 이해하는데 도움을 주고자 한다.

다음은 「연하구곡가(煙霞九曲歌)」의 서시(序詩)이다.

연하구곡가(煙霞九曲歌)

煙霞洞裏有仙靈 연 하 동 리 유 선 령	연하동 안에는 선령(仙靈)이 있으며,
林下川流曲曲清 임 하 천 류 곡 곡 청	숲 아래 흐르는 시내 구비 구비 맑아라.
欲向靜中閒絶處 욕 향 정 중 한 절 처	고요하고 한적한 절경을 찾아가고자 하니,
清歌欸乃又鸝聲 청 가 애 내 우 리 성	노 젓는 청아한 노래와 꾀꼬리 소리 들려라.

이 서시(序詩)는 「무이도가(武夷棹歌)」 서시(序詩)의 운을 차운했으며, 「무

13) 노성도는 「연하구곡가(煙霞九曲歌)」 말고도 「연하구곡운(煙霞九曲韻)」 9수를 남겼다.

이도가(武夷棹歌)」의 시상(詩想)을 본받았다. 중국 무이산(武夷山)에는 도교적(道敎的) 전설이 어린 선령(仙靈)이 있다. 이 연하구곡에도 선령이 있다고 노성도는 간주한다. 노성도는 「연하구곡가(煙霞九曲歌)」서시(序詩)에서 연하동의 풍광을 간명하면서도 총괄적으로 표현했다. 즉 노성도는 연하동을 신선이 노닐 조건을 구비한 곳으로 간주한다. 그것은 다음과 같은 조건을 구비했기 때문으로 본 것이다. 숲 아래 맑은 물이 구비쳐 흐르는 고요하며 한적한 절경이다. 거기다 이곳에 찾아오면 노 저으며 부르는 노래를 청아하게 들을 수 있다. 애내(欸乃)는 노 저으며 부르는 노래 소리를 뜻하는 관용어이다. 거기에 꾀꼬리 소리도 들린다. 시인은 이미 선경에 들어와 인간신선의 정취를 만끽하고 있는 것이다. 노성도는 연하구곡이 도(道)를 깨닫게 해주는 현장으로 간주하고 있다.

제1곡을 살펴보기로 하자.

一曲仙臺造化邊 일 곡 선 대 조 화 변	일곡이라 선대(仙臺)는 조화옹의 작품,
數聲風角逼人旋 수 성 풍 각 핍 인 선	잦은 바람소리 사람을 스쳐 휘돌아 가네.
此地佳境曾無主 차 지 가 경 증 무 주	이곳의 아름다운 경치는 일찍이 주인이 없는데,
秋水眞身[14]太古先 추 수 진 신 태 고 선	추수(秋水)의 진인(眞人) 태고적부터 먼저 차지했네.

1곡 선대(仙臺)[15]는 탑바위(탑암塔岩)이다. 작자는 선대(仙臺)를 조물주의 작품으로 여겼다. 우주 만물이 조물주의 피조물이다. 굳이 선대를 조물주의 작품이라 간주한 것은, 인간의 능력으로 감히 조성하기 어렵다는 점을 강조한 것이다. 즉 선대의 경관이 절경이라는 사실을 천명한 것이다. 그런데 그는 선대에 일찍이 주인이 없는데, 진인(眞人)이 태고적부터 이 선대를 먼저 차지했다고 말한다. 이는 선대가 매우 오래전부터 진인(眞人)이 선점(先占)할 정도로 풍치가 아름다운 지역이라는 점을 강조한 것이다. 또 이곳의 아름다운 산수 자연은 매우 오래전부터 존재했다는 것을 강조한 것이다. 시인은 장구한

14) 추수진신(秋水眞身) : 『장자(莊子)』, 「추수(秋水)」편에 나오는 신. 진인(眞人)

15) 연하일곡(煙霞一曲) 궁연일석입강천(穹然一石立江天), 납납태충조화변(納納太冲造化邊) 명득탑암구우락(名得塔岩鳩又樂), 주공문이화루전(住笻問爾畵樓前) 3구에 1곡의 명칭을 탑암(塔岩)이라고 표명해놓고 있다. 이 탑바위 정상부에 별도로 신선대라 부르는 바위가 있다.

세월동안 내려온 선대(仙臺)에서 그 아름다운 선경을 제대로 유상할 수 있으니, 따지고 보면 실질적인 선대(仙臺)의 주인인 것이다.

박세화(朴世和 1834~1910)는 1904년 9월 16일에 화양강회(華陽講會)를 거행하기 위해, 9월 11일 지금 충북 제천시 덕산면 용하리 불억산에서 출발했다. 화양강회는 오늘날 표현으로 하자면 "박세화의 '존화양이사상(尊華攘夷思想)' 고취앙양을 위한 특강"이자 "존화양이의식수호결의대회"이다. 「화양강회일 서심제군자(華陽講會日 書諗諸君子)」는 "존화양이의식수호선언서"라 할 수 있다. 박세화는 1904년 9월 13일 연하구곡 제1곡 탑암을 거쳐 화양구곡으로 갔다는 사실을 「화양강회일기」에 서술했다. 그는 연하구곡 제1곡 탑암 아래 약간 평평하고 넓은 암반에 크게 새겨놓은 '연하일곡(烟霞一曲)' 네 글자를 보았다고 기록했다.[16] 1957년 괴산수력발전소 완공으로 지금은 물에 잠겨있다. 이 기록은 개인이 기록한 최초의 연하구곡 제1곡에 대한 기록이다. 신현국(申鉉國 1880~1962)은 스승 박세화를 모시고 화양구곡으로 가다가[17] 「과괴강탑암(過槐江塔巖)」[18]이라는 시를 지었다. 필자가 본 바로는 신현국의 이 시는 노성도 이외에 연하구곡 제1곡 탑암(탑바위)를 읊은 현존 최초의 시이다. 위에서 살펴보았듯이 양심과 식견을 구비한 선비들은 선현들의 유적과 유물에 대해 견문한 대로 사실적으로 기술했다.

제2곡을 보자.

二曲奇巖錦繡彫 (이 곡 기 암 금 수 동) 이곡이라 기이한 바위는 비단으로 수놓은 듯 울긋불긋,
幾年無改爲誰客 (기 년 무 개 위 수 객) 몇 년 동안 어떤 손님을 위해 변함이 없는가?
送迎詞客長時面 (송 영 사 객 장 시 면) 오랜 세월동안 시인묵객 오갔는데,

---

16) 朴世和, 『毅堂集』,「華陽講會日記」, 내제문화연구회, 2002, 328면. "翌明十三日也.…余謂諸生曰今行, 欲祗拜于尤翁祠堂 墓所, 其嗣孫宋洗馬所居青川, 此去爲幾里. 對曰九十里. 余曰宜知此前導也. 遂發到榆峴, 金穉直與其徒十餘人, 自栢陽追至七星巖, 中火. 至九津峙, 溪上有水月亭[魯蘇齋書院舊墟. 今其裔孫居之云]. 路緣水厓石勢磊巇甚危, 乃下轎, 步行. 見一巖削立凡層甚奇, 名塔巖, 其下有廣石刻烟霞一曲四大字. 昏至新坊店宿所. 余以寒氣眩氣爲苦, 臥調理. 命諸生輪講一遍訖, 乃寢."

17) 申鉉國, 「年譜」, 『直堂集』, 내제문화연구회, 2002, 528~529면. "甲辰 先生 三十六歲. 九月 倍毅翁設講于淸州華陽洞. 知舊門人 從之者 二百餘人.四方師友聞風而會者, 亦甚衆. 先生司講會日記."

18) 申鉉國, 『直堂集』, 「過槐江塔巖」, 내제문화연구회, 2002, 57면. "壁立千尋石,孤危不可臨. 橫流打莫過, 引得化翁心."

有斐行裝住竹筇 글 지을 채비하여 대나무 지팡이 짚고 머무네.
유 비 행 장 주 죽 공

2곡은 뇌정암(雷霆岩)[19]이다. 기이한 바위가 비단으로 수놓은 듯 화려하다. 이는 기암의 전체적 형상을 함축적으로 표현한 말이다. 차라리 고상한 바위라고 하는 편이 좋을 것 같다. 노성도는 '기암이 몇 년 동안 어떤 손님을 위해 변함이 없는가?'라고 반문하고 있다. 여기서 누구는 다름 아닌 시인 자신이다. 이곳은 산수가 수려하여 시인묵객들의 왕래가 그치지 않았다. 그리고 이곳에 찾아오는 시인묵객들은 고상한 문장을 지을 것이다. 지금 시인은 글 지을 채비를 하고 이곳에 왔다. 자연이 아름다운 만큼 문장도 아름답게 나오는 것이다. 시를 일컬어 음풍농월(吟風弄月)이라 했다. 시(詩)에 대한 이런 관점은 서양에서도 일례를 찾아볼 수 있다. 그리스인 아리스토텔레스도 "시는 자연의 모방이라"했지 않던가. 자연은 시문학의 소재이자, 시문학 창작의 산실이다. 이렇듯 기암에 오면 그 경관이 수려하여 절로 멋진 시가 흘러나오게 된다. 뇌정암(雷霆岩)은 시문학의 대상으로 시문학 창작의 현장으로 시인들이 탐방했던 곳이다. 조선조의 대다수의 유학자들은 자연을 심성수양과 시문학 수련의 장으로 여겼다.

제3곡을 보자.

三曲清波彩雲邊 삼곡이라 맑은 물결에 오색구름 드리웠는데,
삼 곡 청 파 채 운 변
把花問鳥詠詩仙 꽃을 잡고 새에게 시를 읊조리는 신선을 물어보네.
파 화 문 조 영 시 선
仙街欲識明明德 선가(仙街)에서 명덕(明德)을 밝힘을 알고자하니,
선 가 욕 식 명 명 덕
空谷傳聲見太平 빈 골짜기에 전하는 소리 태평(太平)의 상(像)이 드러나는도다.
공 곡 전 성 견 태 평

3곡은 형제암(兄弟岩)[20]이다. 이곳은 물결이 맑다. 이 맑은 물결에 오색찬란한 구름이 드리운 물가이다. 하늘에 오색구름이 떠있으니, 물에 오색구름이 어리는 것은 당연하다. 실경과 허상이 수평선을 경계로 해서 나누어지는 것이다. 이 가운데 시인은 와 있다. 신선의 세계에서 명덕(明德)을 밝히고자하니,

19) 뇌정암이곡(雷霆岩二曲) 징청호수연소입(澄清湖水煙霄入), 저리뇌암혹유무(這裏雷岩或有無) 2곡의 명칭이 뇌정암(雷霆岩)이다.
20) 형제암삼곡(兄弟岩三曲) 곡곡원천금일태(曲曲源泉今日態), 중중층석고제변(重重層石古堤邊) 3곡의 명칭이 형제암(兄弟岩)이다.

빈 골짜기에 울려오는 소리 태평하게 들린다. 명덕(明德)은 순수 자연의 천성을 말한다. 순수한 자연 속에 들어가 있으면 순수 자연의 소리가 평온하게 들리는 것은 당연하다. 인간의 심성은 자연의 소리의 영향을 받아, 자연히 자연처럼 순수 자연심으로 돌아간다는 점을 부연한 것이다.

명덕(明德)이라는 용어는 『대학(大學)』에 나오는 "대학지도(大學之道), 재명명덕(在明明德)"에서 따온 것이다. 명덕(明德)에 대해 정자(程子)는 다음과 같이 해설했다. 명덕(明德)은 사람이 하늘에서 얻어서 텅 비고 마음이 신령하고 어둡지 아니하여 여러 이치를 갖추어 만사에 응하는 것이다. 다만 기품(氣稟)에 구애되고 인욕에 가리는 바가 되어 어두울 때가 있으나 그 본체의 밝음은 그치지 않는 것이다. 밝은 덕을 밝히고 또 마땅히 이것으로 미루어 사람에 미치게 해 옛날 오염된 것을 버리게 한다는 말이다. 이렇듯 시인은 이곳이 『대학(大學)』에서 가르치는 도를 느낄 수 있는 곳이라는 점을 강조하고 있다. 인간의 천부적 성품을 도야하여 지선(至善)의 길로 가는 것이 『대학(大學)』이 추구하는 도이다.

제4곡을 보자.

四曲引風志欲淡 사곡인풍지욕담	사곡이라 인풍(引風), 뜻을 담박하게 하고자하는데,
白雲深處水如藍 백운심처수여람	흰구름 감도는 깊숙한 산골에 물은 쪽빛 같다네.
存心養性[21]逍遊[22]地 존심양성 소유 지	심성을 수양하며 소요할 만한 곳,
兩岸丹花雨露涵 양안단화우로함	양쪽 언덕에 빨간 꽃 이슬비에 젖어있네.

4곡은 전탄(箭灘)[23]이다. 노성도는 인풍에서 뜻을 청담하게 하려고 계획한다. 이곳은 흰 구름이 감도는 깊은 골짜기에 물이 쪽빛처럼 맑다. 노성도는 인풍의 맑은 물과 자신의 마음과의 상관성을 표명했다. 노성도는 맑은 물을 바라보며, 맑은 물이 지니는 물성을 답습할 수 있다고 믿었다. 즉 맑은 물처럼 자신의 심성도 맑아질 수 있다고 생각한 것이다. "군자의 사귐은 물과 같

---

21) 『맹자(孟子)』, 「진심(盡心)」상(上) 존기심양기성(存其心養其性), 소이사천야(所以事天也)

22) 『장자(莊子)』, 「양왕(讓王)」. 소요어천지지간이심의자득(逍遙於天地之間而心意自得) 『시경(詩經)』, 「정풍(鄭風) 청인(淸人)」. 하상호소요(河上乎逍遙)

23) 전탄사곡(箭灘四曲) 애기운물소요지(愛其雲物逍遙地), 유차영원호장탄(有此靈源扈張灘) 4곡의 명칭이 전탄(箭灘)이다.

이 맑다. 여기서 시인은 『장자(莊子)』「산림(山林)」에 나오는 군자지교(君子之交), 담약수(淡若水)"라는 말을 응용했다. 시인은 인풍의 맑은 물을 바라보면서 군자가 구비해야할 덕목중의 하나인 청아한 우도의 논리를 반추해 본 것이리라. 또한 노성도는 이곳을 존심양성(存心養性)하며 소요할 수 있는 곳으로 여기고 있다. 인간의 본심을 살피고 수양하라는 점을 강조한 내용이다. 소요(逍遙)는 느긋하게 노닐며 스스로 만족한 자득(自得)의 모습을 말한다. 제4구에서 빨간 꽃이 이슬비에 젖어 청초하게 제 모습을 드러내는 것처럼, 시인은 이곳을 순수 자연의 천성을 마음껏 닦을 수 있는 도량으로 보는 것이다.

제5곡을 보기로 하자.

五曲風煙察理襟 오 곡 풍 연 찰 이 금	오곡이라 바람과 안개는 이치를 관찰하게 하는 옷깃,
誠心樂水度雲林 성 심 요 수 도 운 림	성심(誠心)으로 물을 좋아하며 운림(雲林)에 산다네.
滄浪歌[24]闋人誰識 창 랑 가 결 인 수 식	창랑가(滄浪歌) 한 곡조 아는 사람 누구리요?
四大[25]五常[26]萬古心 사 대 오 상 만 고 심	사대오상(四大五常)은 만고에 간직해야할 마음이라.

5곡은 사기암(詞起岩)[27]이다. 이곳은 바람과 안개가 운치를 더해주는 곳이다. 요수(樂水)는 『논어』, 「옹야(雍也)」에 나오는 지자요수(知者樂水), 인자요산(仁者樂山)"즉"지혜로운 사람은 물을 좋아하고, 어진 사람은 산을 좋아한다."는 말을 원용한 것이다. 인간은 산수자연의 아름다움을 통해, 내재되어있는 천연의 본심을 수양할 수 있다는 점을 제시하고 있는 것이다. 즉 산과 물을 늘 가까이 하고 살다보면 산과 물이 가지고 있는 속성을 닮아간다는 점이다. 시인은 풍연(風煙)을 바라보면서 이런 점까지도 관조했던 것이다. 운림(雲林)은 높이 구름가운데로 솟은 숲이란 뜻으로 자연(自然) 또는 자연 속에

24) 창랑가(滄浪歌)는 굴원(屈原)의 「어부사(漁父辭)」로 다음 내용을 가리키는 것으로 짐작된다. 「漁父辭」. "安以身之察察, 受物之汶汶者乎? 寧赴湘流, 葬於江魚之腹中, 安能以皓皓之白, 而蒙世俗之塵埃乎?." 굴원(屈原)은 전국시(戰國時) 초인(楚人) 이름은 평(平) 자(字)는 원(原) 치란지도(治亂之道)에 밝아 삼려대부(三閭大夫)가 되었으나, 간신들의 참소(讒訴)로 왕으로 부터 멀어지게 되었다. 그러자 「이소(離騷)」를 지어 울분을 풀었다. 그 후 양왕(襄王)때 유배되어 「어부사(漁父辭)」를 짓고 멱라수(汨羅水)에 몸을 던졌다.

25) 사대(四大) : 천지부모(天地父母)

26) 오상(五常): 오륜(五倫)을 가리킴.

27) 사기암오곡(詞起岩五曲) 등한수조사하발(等閒垂釣詞何發), 류수풍청죽엽춘(流水風淸竹葉春) 5곡의 명칭이 사기암(詞起岩)이다.

은둔하는 것을 가리킨다. 창랑가(滄浪歌) 한 곡조는 굴원(屈原)이 지은 「어부사(漁父辭)」의 다음 내용을 가리키는 것으로 짐작된다. “어찌 결백한 몸으로 사물의 더러운 것을 받아드릴 수 있겠는가? 차라리 상강(湘江)에 나가서 물고기의 뱃속에 장사지내지, 어찌 결백한 몸으로 세속의 티끌을 뒤집어 쓸 수 있겠는가?”이 말은 세속의 부정과 비리에 오염되지 않고 고결하게 살아가는 인생관을 표명한 것이다. 이것이 바로 노성도의 지향점이다. 5곡에서는 유학에서 강조하는 사대오상(四大五常)을 만고에 실천해야할 불변의 덕목으로 생각하고 있다. 즉 노성도는 고결한 인품을 도야하고 유학의 도를 실천할 것을 강조한 것이다.

第6곡을 보자.

六曲武潭逝者灣 육 곡 무 담 서 자 만	육곡이라 무담은 흘러가는 물굽이 이루고,
居然泉石眞心閑 거 연 천 석 진 심 한	산수가 아늑하니 천진(天眞)의 마음이 한가롭네.
遲遲春睡無人見 지 지 춘 수 무 인 견	느긋하게 봄잠 자니 사람을 볼 수가 없으며,
啼鳥開花本色山 제 조 개 화 본 색 산	새 우는 소리에 꽃 피는 것이 이 산의 본색이라네.

第6곡은 무담(武潭)[28]이다. 무담 주변에 흐르는 물은 구비 돌아간다. 이곳은 아늑하다. 자연이 아늑하니 자신의 진심도 평온해지는 것이다. 자연이 가지고 있는 속성을 답습하여 얻어지는 효과이다. 이곳에서 편안한 마음으로 봄잠을 자니 사람을 보기가 쉽지 않다. 그런 가운데 꽃피고 새우는 소리 들을 수 있다. 이런 정경이 이 산의 본색 즉 진면목이다. 본색은 조선후기에서 거론되었던 정신(神情)과 그 맥이 통한다. 정신(神情)은 묘사 대상이 내재하고 있는 본색과 특징뿐만 아니라 작자의 신정도 포함하는 것이다.[29] 그렇다면 시인이 추구해야할 본색은 무엇인가? 수려한 대자연을 통해 인간이 성취 도달해야 할 본색은 ‘진심한(眞心閑)’이리라. 즉 순수자연의 참된 마음을 평온하게 하는 것이리라.

---

28) 무담육곡(武潭六曲) 백석탄두가무담(白石灘頭歌武潭), 장전환요상천궁(庄前環繞像天弓) 6곡의 명칭이 무담(武潭)이다.

29) 이상주(李相周), 「담헌(澹軒) 이하곤(李夏坤) 문학(文學)의 연구(硏究)」, 성균관대박사논문, 1994, 33면 참조. 그리고 18~39면에서 진심(眞心), 천기(天機), 성정(性情), 성령(性靈), 신정(神情)에 대하여 상론했다.

제7곡을 보자.

七曲龜巖潛碧灘 칠 곡 귀 암 잠 벽 탄	칠곡이라 귀암(龜巖) 포르란 여울에 잠기어 있는데,
依然洛瑞[30]宛江干 의 연 낙 서 완 강 간	낙서(洛書)의 상서(祥瑞)로움이 강가에 완연하다.
乾坤更得惟精一[31] 건 곤 갱 득 유 정 일	천지간에 다시 유정유일(惟精惟一)함을 얻었는데,
禹後山川幾度寒 우 후 산 천 기 도 한	우(禹)임금 이후로 산천은 몇 겁이나 지났던가?

제7곡은 구암(龜巖)[32]이다. 즉 거북모양을 한 바위다. 1~2구는 거북바위가 있어 상투적으로 표현한 것이다. 시인은 포르란 여울물에 잠겨있는 거북바위를 바라보며 하도낙서(河圖洛書)의 고사를 연상한다. 우(禹)임금이 치수할 때 낙수(洛水)에서 신령스런 거북이가 나왔는데, 등에 문자가 있어 이를 토대로 홍범구주(洪範九疇)를 만들었다한다. 이 고사는 제도와 규범이 잘 정비된 것을 나타내는 말이다. 여기서 시인은 문명이 홍성하는 시대를 동경하는 마음을 의탁한 듯하다. 3~4구는 『서경(書經)』, 「우서(虞書)·대우모(大禹謨)」에 나오는 "인심은 위태롭고 도심은 미미한 것이니 오직 정예하고 오직 한결같이 하여 진실로 적중하게 해야 할 것이다."를 염두 한 표현이다. 우(禹)임금시대에는 인심도심(人心道心)이 정일(精一)하였으며, 질서 정연히 태평성대가 유지되었다. 지금 노성도는 우임금시대와 같이 인심도심(人心道心)이 정일(精一)한 태평성대가 구현되기를 갈망하고 있는 것이다

제8곡을 보자.

八曲明沙一幅開 팔 곡 명 사 일 폭 개	팔곡이라 맑은 모래 한 폭이 펼쳐지고,
夕陽已沒月徘徊 석 양 이 몰 월 배 회	석양은 이미 지고 달빛이 은은하네.

---

30) 낙상신구(洛上神龜) : 하도낙서. 우(禹)임금이 치수할 때 낙수(洛水)에서 신령스런 거북이가 나왔는데, 등에 문자가 있어 이를 토대로 홍범구주(洪範九疇)를 만들었다함. 복희씨(伏犧氏)가 임금이 되었을 때 하수(河水)에서 용마(龍馬)가 문자를 지고 나왔는데 이것이 팔괘(八卦)이다.

31) 『서경(書經)』, 「우서(虞書)·대우모(大禹謨)」. 인심유위(人心惟危), 도심유미(道心惟微), 유정유일(惟精惟一), 윤집궐중(允執厥中)

32) 구담칠곡(龜潭七曲) 괴석기암청의미(怪石奇岩淸意味), 구두일편일침부(龜頭一片日沈浮) 7곡의 명칭이 구암(龜巖)인데 구담(龜潭)으로도 불렀던 것이다.

知心鷗鷺無時集 마음을 아는 갈매기와 하오라비 때도 없이 날아들고,
지 심 구 로 무 시 집

共得閒情也不猜 함께 한가한 마음을 가지고 있으니 모두 시기하지 않네.
공 득 한 정 야 불 시

제8곡은 사담(沙潭)[33]이다. 이곳은 개울가에 맑은 모래(명사明沙)가 펼쳐진 곳이다. 그 현장 분위기를 보자. 하이얀 모래가 반짝이는 백사장에 노을이 찾아든다. 그러다 노을이 가버리고나면 은은한 달빛이 찾아든다. 백사장은 은은한 달빛을 받아 은빛으로 반짝인다. 가히 환상적인 분위기다. 이 가운데 홀연 갈매기가 노성도 가까이 날아든다. 이 갈매기는 노성도 자기를 해치려는 마음이 없다는 것을 잘 알고 있다. 그래서 두려움 없이 찾아드는 것이다. 서로 기심 없다. 그만큼 지고지순하다.

노성도는 기심(機心)의 고사를 염두에 두고 시를 썼다. 기심은 술수를 부려 남을 해치려는 마음이다. 『열자(列子)』에 보이는 고사로 그 내용은 다음과 같다. 해변에 사는 사람이 갈매기와 친해서 늘 그의 옆에 갈매기들이 와서 놀았다. 누가 갈매기 한 마리를 잡아달라고 해서 갈매기를 잡을 마음을 가지고 바닷가에 나갔더니, 갈매기들이 가까이 오려 하지 않더라 한다. 그때 그에게는 '기심(機心)'이 있었기 때문에 그런 일이 일어났다는 것이다. 따라서 갈매기는 기심(機心)이 없음의 상징이다. 지금 갈매기는 노성도 가까이 있지만 노성도는 기심이 없다는 것을 이심전심으로 알기 때문에 아무 때나 거리낌 없이 날아다니는 것이다. 노성도 역시 기심이 없기 때문에 갈매기를 해치려하지 않고 한가로이 자연을 즐기는 것이다. 8곡시에서 노성도는 자신이 기심이 없다는 사실과 기심을 버려야 도심(道心)의 경지에 도달할 수 있다는 것을 밝힌 것이다.

제9곡을 보자.

九曲至頭逸興多 구곡이라 지두(至頭)는 초속적(超俗的) 흥취가 넉넉한데,
구 곡 지 두 일 흥 다

渾然眞性琢而磨[34] 혼연하게 진실한 본성을 연마하게 해주네.
혼 연 진 성 탁 이 마

洞門深鎖莓苔石 마을 어귀엔 이끼 낀 돌이 깊이 박혀있는데,
동 문 심 쇄 매 태 석

---

33) 사담팔곡(沙潭八曲) 호호명사구우롱(晧晧明沙鷗又弄), 청강마출석두매(淸江磨出石頭莓) 8곡의 명칭이 사담(沙潭)이다.

34) 『詩經』, 「衛風・淇奥」. "瞻彼淇奥, 綠竹猗猗. 有匪君子, 如切如磋, 如琢如磨."

自投桑麻[35]又棹歌 자신은 산수자연에 살며 또 도가(棹歌)를 부르네.
자투상마 우도가

제9구곡은 병암(屛巖)[36]이다. 병풍처럼 둘러친 바위이다. 지두(至頭)는 산마루를 뜻하며, 병암(屛巖)이 속해있는 천장봉(天藏峰) 주변을 가리킨다. 지두에 오면 초속적(超俗的)인 흥이 일어나게 된다. 자연과 혼연일체가 되어 천부의 진실한 본성을 연마할 수 있는 곳이다. '탁이마(琢而磨)'는 뼈·상아·옥·돌을 자르고 다듬고 갈듯이, 학문과 덕행을 힘써 닦음을 비유한다.

'마을 어귀엔 이끼 낀 돌이 깊이 박혀있는데, 자신은 상마(桑麻) 즉 전원에 살며 도가를 부르네.'라고 했다. 상마(桑麻)는 바로 산수자연생활 또는 전원생활을 가리킨다. 「무이도가(武夷櫂歌)」제9곡의 시상을 본받은 것이다. 주자(朱子)의 「무이도가(武夷棹歌)」제9곡시를 보자."구곡장궁안활연(九曲將窮眼豁然), 상마우로견평천(桑麻雨露見平川). 어랑갱멱도원로(漁郞更覓桃源路),제시인간별유천(除是人間別有天)"즉 "9곡이라 다하려니 눈앞이 훤해지고, 상마(桑麻)와 우로(雨露)에 평천(平川)이 보이누나. 어랑(漁郞)은 도원(桃源)길 다시 찾지만, 여기가 인간의 별유천인 것을." 주자가 강조하는 뜻은, 학자가 추구하는 도(道)는 뽕나무와 삼나무 같은 평상일용의 사물들 사이에 있는 것이지 별다른 곳이 존재하는 것이 아니라는 것이다. 주자(朱子)의 「무이도가(武夷櫂歌)」서시(序詩)에 "욕식개중기절처(欲識箇中奇絶處), 도가한청양삼성(櫂歌閑聽兩三聲)"즉"그중에 기절처(奇絶處) 알고 싶으면, 한가롭게 도가(棹歌)소리 들어보게"라는 시구가 있다. 노성도는 연하구곡 제9곡인 지두(至頭)가 바로 도가(櫂歌)소리 들으며 유상(遊賞)할 수 있는 기절처(奇絶處)임을 분명히 한 것이다. 이렇듯 「연하구곡가(煙霞九曲歌)」제 9곡시에서도 주자의 시상(詩想)을 수용했다는 것을 알 수 있다. 결국 노성도는 연하구곡이라는 현실 세계가 신선이 살만한 별천지(別天地)라는 점을 천명한 것이다. 따라서 달리 별유천지를 찾아다닐 필요가 없다는 단언적 의미도 내포되어 있다.

35) 상마(桑麻)는 전원(田園) 대개 전원에 상마를 심기 때문에 그렇게 일컬음.

36) 노성도(盧性度), 『선집요결(譔集要訣)』, 인책(仁冊) 40장, 「연하구곡봉단서(烟霞九曲封壇序)」. 일곡즉유천장탑암(一曲則有千丈塔岩), 상유선유대(上有仙遊臺) 구곡즉유수첩병(巖九曲則有數疊屛巖), 하유영화담동문(下有暎花潭洞門), 여쇄건곤개합(如鎖乾坤開闔) 9곡은 병암(屛巖)이다. 다음의 시를 통해 그 아래 흐르는 물을 영화담(暎花潭)이라 했다는 사실을 알 수 있다. 「영화담운(暎花潭韻)」. 부경회두수경평(浮磬回頭水鏡平), 산용상대진수형(山容相對盡收亨) 막언차지무가경(莫言此地無佳境), 양안단화수저명(兩岸丹花水底明) [(부경(浮磬 : 석로수빈(石路水濱) : 원주)

5. 맺음말

노성도(盧性度)가 선조(先祖) 노수신의 적소(謫所)자리에 단(壇)을 창설한 것은, 종묘와 서원에서 제향 받지 못하는 노수신의 영령에 제사지내기 위한 것이며, 연하구곡을 설정한 것은, 그 영령을 위로하고 쉬게 하기 위해서였다. 그리고 연하구곡(煙霞九曲)의 설정을 기념하기 위해 「연하구곡가(煙霞九曲歌)」를 창작했다. 그것도 노수신이 연하동에 유배된 지 5주갑(周甲)이 되는 해에, 그 기념적인 의미로 시행한 것으로 짐작되어 이례적이라 할 수 있다. 이렇듯 노성도가 연하구곡을 설정한 것은, 유학의 도리중의 하나인 효를 실천하기 위해서였으니, 매우 특이한 사례로 주목할 만하다.

조선의 유학자들은 주자(朱子)는 「무이도가(武夷櫂歌)」에 대해 도(道)에 나아가는 과정을 순차적으로 노래했다고 보는 사람도 적지 않다. 노성도는 「연하구곡가(煙霞九曲歌)」에서 이 과정을 주자(朱子)처럼 순차적으로 노래하지는 않았지만, 산수자연을 입도수련(入道修練)의 감발을 주며 시문(詩文)을 수련(修練)할 수 있는 현장으로 간주했다. 즉 유교경전에 나오는 용어를 시어(詩語)로 사용하여, 연하구곡의 승경이 유학의 도를 연마할 수 있는 이상적인 도량이라는 점을 노래했다. 성리학자들이 자연을 찾는 것은 단순히 자연의 아름다움을 즐기기 위함이 아니며, 자연은 인욕(人欲)을 물리치고 천리(天理)를 보존하기 위한 성리학적(性理學的) 자기수양의 이상적인 도장(道場)이다.[37] 유학의 궁극적 목표는 천부적 성품의 도야와 천부적 재능의 극대화를 통해 개인을 완성하여 사회국가에 공헌하는데 있다. 이른바, 수신 제가 치국 평천하의 길로 나아가는 것이다.

결국 연하구곡의 설정은 노성도의 효심(孝心)의 산수자연적 표현이며, 「연하구곡가(煙霞九曲歌)」는 효심(孝心)의 시문학적 표출이다. 「연하구곡가(煙霞九曲歌)」는 「무이도가(武夷櫂歌)」의 형식과 시의(詩意)를 수용한 바, 무이구곡에서 「무이도가(武夷櫂歌)」를 지었던 주자의 사상과 문학적 영향이 조선후기 1800년대 중반까지 지속되었다는 사실을 알 수 있는 일례적인 작품이다.

지금 우리사회에는 부모를 잔인하게 살해하는 등 과거보다 패륜적 범죄와 불효행위가 증가하고 있다. 이렇듯 인륜타락과 도덕상실의 현상이 확산돼가는 세

37) 송재소, 『다산시 연구』, 창작사, 1986. 116면.

태에, 노성도가 선조의 영령을 위로하고 쉬시도록 하기 위해 연하구곡을 설정하여 효를 실천한 사례는 효의 참의미를 일깨워주며 효행심을 고취앙양하게 해주는 귀감이 된다. 우리는 그의 효행을 예찬하고 우리의 효심을 다짐하는 뜻에서라도 '연하구곡 강변오솔길 효행다짐 걷기대회'를 시행해보자. 효행을 주제로 한 글짓기대회를 개최하고, 또 효경 부모은중경 독후감을 공모하여 우수작을 시상하고, 군민중이 효행이 뛰어난 사람을 선발하여 효행상을 시상한다.

요즘 각 지방자치단체마다 머물게 하는 관광을 유도하여 지역경제 활성화에 기여하게 해야 한다는 목소리가 높다. 이런 면에서 우리 괴산은 그 가능성이 매우 높다. 천혜의 산수관광자원과 유서 깊은 문화유적지가 많다. 이를 관광여정을 잡아 활용하면 충분히 가능하다. 괴강 주변을 비롯해 칠성의 경우 '홍명희 생가와 별서, 괴강일대의 문화유적지를 탐방하게 한다. 그리고 칠성의 '갈읍의병산성', 연하구곡 '연하동'을 나룻배로 도강하게 하여 '노수신 적소'를 탐방하게 한다. 이어 '이상주전망대'에 올라가서 연하동을 관람하도록 유도한다. 나아가 '갈은구곡'을 안내한다. 이들 문화관광명소를 연계해서 잘 홍보하고 안내하면 충분히 체류성 관광을 유도해 지역주민의 관광소득증대에 일정한 기여를 할 수 있을 것이다.

'수동대(首峒臺이상주전망대)'는 군자산 중턱 암벽에서 연하구곡을 바라볼 수 있는 지점이다. '이상주전망대'에서 바라본 연하동의 아름다움은 가보지 않고는 말하지 말라. 내 고향에 이런 아름다운 곳이 있다는 것 자체가 영광이자 축복이다. '이상주전망대'라 한 것은 연하구곡에 대한 총체적인 연구 성과를 기념하고 그간의 노고를 자위하는 뜻에서, 경업대 태종대라 명명한 통례를 따라 그렇게 명명한 것이다. 이 전망대는 연하구곡 앞쪽 군자산중턱에 있다. 군자산전망대 라고하면 너무 광범하여 구체성이 없으며, 이곳에 올라가면 연하구곡에 국한하여 일목요연하게 조망할 수 있기 때문에 그렇게 붙인 것이다. 노성도가 지금 상주시 화서면 금산리에서 지금 산맥이로 이사 올 당시에는 칠성면 사은리였다. 그후 노성도는 연하동(煙霞洞)이라 불렀다.

산막이라는 마을의 이름의 유래에 대해 개략해보고자 한다. 도자기를 굽던 도공들이 살던 임시 집이 있었기 때문에 산막이라 불리게 됐다. 충북대학교 박물관에서 도요지를 조사해서 보고서에 기술했다. 「괴산군 사은리 분청사기 가마터」, 『충북지방 도요지 지표조사 보고서』, 충북대학교 박물관, 1993, 9,23, 201~213면. 도편 사진 수록, 244~247면. 산막동은 지금 괴산군 칠성면 사은리 산막이마을이다. 이 시 제목을 통해 괴산군이 2009년 개장하여 지금 전국적 명소가 된 '산막이 옛길'의 '산막(山幕)'의 어원을 알 수 있다. 텔레비전 프로에서도 산이 막혀 '산막이'라 한다고 설명한 바 있으며, 많은 사람들이 그렇게 알고 있다. 어떤 사람은 '산맥(山脈)'에 그 어원을 대고 있다. 이곳에는 조선 초기 분청사기를 굽던 도요지, 즉 도자기공장이 있었다. 그 도공들이 거처하던 산에 있는 집이 '산막(山幕)'이다. 움막, 원두막. 오두막. 농막. 등에서 막의 의미가 집이라는 사실을 알 수 있다. 지금도 선착장 인근 산기슭에 도자기 조각 및 도자기를 굽기 위해 도자기를 올려놓는 도침(陶枕) 즉 '도지미'를 찾아볼 수 있다.

좌측 사진: 산막이 분청사기 도요지에서 수습한 분청사기편: 노광영 소장.
우측 사진: 『비황저곡규약(備荒貯穀規約』이라는 책 표지이다. 불행하게도 그 상세한 내용을 알 수 있는 부분이 남아있지 않다. 그러나 표지에 "사은리산막부락(沙隱里山幕部落)"이라고 먹물로 써놓았다. 그 다음 볼펜으로 써 놓았다. 산막이라 불렀던 사실을 확실히 알 수 있다.

연하구곡 제9곡 병암 바위 절벽에 노성도가 새겨놓은 글씨를 살펴보자.

좌측 사진: 연하구곡 제9곡 병암 2001년 6월 15일 금요일
우측 사진: 2015년경 제9곡 병암(산막이옛길 망세루 호수전망대 목조 산책로)

연하구곡 제9곡 병암 근처에 호수전망대라는 전망대를 조성했는데 그후 병풍루로 바꾸었다. 오른쪽 물가에 보이는 암벽이 병암(屛巖) 즉 병풍바위다. 오른쪽 하단에 물가에 앞으로 불룩 나온 바위에 '정일건곤 연하수석(精一乾坤 烟霞水石)' 등을 새겼다. 그리로 그 왼쪽 수직 암벽에 '연하동문(烟霞洞門)'을 새겼다.

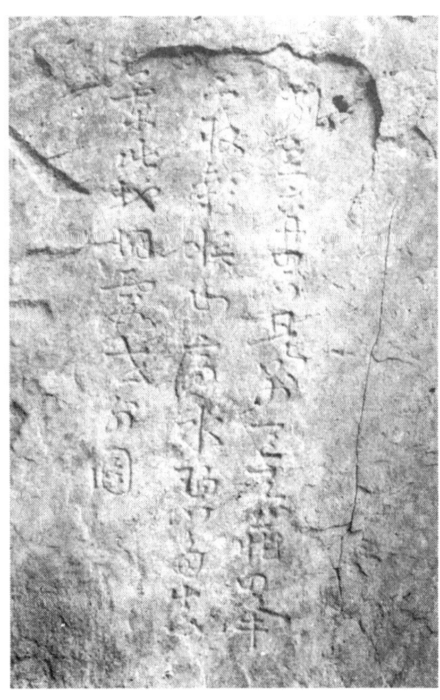

烟霞洞門

사진은 1981년 1월 18일 노덕균(盧德均, 1932년~)이 그의 종제(從弟)인 노봉균(盧鳳均 1963년~)과 함께 가서 노봉균이 촬영한 것이라고 노덕균이 말했다.

우측 사과 궤짝을 실은 배가 보이는 '연하수석 정일건곤(烟霞水石 精一乾坤)'은 2001년 6월 16일 토요일 90년만의 가뭄에 드러났을 때 필자가 촬영했다.

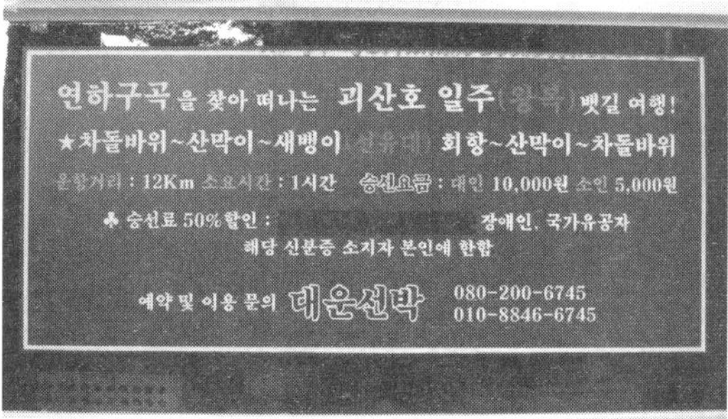

좌측 사진: 2001년 6월 16일 토요일, 병암 암벽에 새겨놓은 '연하동문(烟霞洞門)'이라는 글씨를 필자가 학계 최초로 탁본했다. 탁본을 도와준 당시 충주대 3학년 양성국(楊成國 1977~)

우측 사진: 2016년 8월 22일 월요일 촬영. '산막이옛길' 차돌바위선착장 매표소에 창문 유리에 부착한 안내설명문. "연하구곡을 찾아 떠나는 괴산호일주(왕복) 뱃길여행! 차돌바위~ 산막이~ 새뱅이(선유대) 회항'~ 산막이 ~차돌바위"이라 설명했다. 산막이옛길 개장 초창기에는 이런 문구는 없었다. 현지주민들도 연하구곡을 알고 있으며 그것을 부각시켜 관심을 유도하기 위한 발상인 듯하다. 선유대까지 표기한 것을 보면 연하구곡의 실체를 비교적 상세히 알고 있다는 증거이다.

연하구곡 제9곡에 새긴 글씨 탁본하기까지의 전모를 개략한다. 2001년 금년의 가뭄은 90년만의 가뭄이라 한다. 이로 인해 강물이 많이 줄어 혹시나 연하구곡 제9곡 병암(屛巖)에 새겨놓은 글씨가 드러났을 것 같은 생각이 들어 기회가 되는 대로 확인하러 가려고 맘먹었다. 벼르다가 2001년 6월15일 금요일 1학기 성적표를 제출하고 점심을 먹은 후 청주에서 출발했다. 맞은편에서 쌍안경으로 확인하니 글씨가 드러나 있었다. 산맥이에 사는 변계식님께 나룻배를 7만원에 빌려주십사 하고 전화를 드렸다. 15일 사은리 사오랑에 사는 노은영친구집에서 잤다. 이튿날인 2001년 6월16일 토요일 변계식님의 나룻배를 빌려 타고 현장에 갔다. 빨리 가려고 노를 젖다보니 손바닥이 부르텄다. 나무배라 물이 스며들어 가끔 물을 퍼내야했다. 그 외 어려움이 많았지만 극적으로 최초로 탁본했다. 구곡특구 암각자 탁본을 별도의 단행본으로 출간할 계획이다.

4장. 정재응(鄭在應)의 쌍계구곡(雙溪九曲)과 쌍계구곡시(雙溪九曲詩)

1. 머리말

좌측 사진: 정재응이 거처하던 장소
우측 사진: 절골 소금강 왼쪽 시냇가 언덕에 정호가 축요당을 지었었다

좌측 사진: 용추(龍湫) 2006년 중부매일 노승혁 촬영
우측 사진: 시묘살이 골짜기 쪽에 있는 쌍곡폭포

필자는 충북 출신 한문학도로서 충북적이면서 한국적인 문화유산을 발굴 연구해왔다. 흔히 21세기는 문화의 세기라고 한다. 필자는 이런 시대의 대세에 부응병진하기 위해, 충북을 상징할 수 있는 문화유산을 발굴 연구하여 충북의 문화적 위상을 전국적으로 제고 선양하는 것이, 애향심의 학문적 실천이

요 학자적 사명의 구현이라 생각했다. 그리하여 그 대상을 탐색하던 차, 충북 남한강 달천(㺚川)유역에 구곡(九曲)이 밀집해 있는 점을 주목하고, 구곡(九曲)과 구곡한시(九曲漢詩)를 조사 연구하는데 심혈을 기울였다. 지금까지 조사한 결과, 남한강 달천유역에 9개의 구곡이 설정됐다는 사실을 확인했다. 필자는 2001년 이를 '구곡문화관광특구(九曲文化觀光特區)'로 설정하고 그에 대한 연구에 박차를 가했다.

이번에 새로 쌍계구곡시(雙溪九曲詩)[1]를 발굴해냈다. 지금 쌍곡구곡(雙谷九曲)이라 부르는데 이곳은 산수명승지이다. 그래서 예전에도 누군가 식견(識見)있는 사람이 구곡을 설정했을 가능성이 있다고 전제하고 자료를 탐색하기 시작했다. 그간 필자는 쌍계구곡을 설정하고 쌍계구곡시를 읊은 사실이 있는지 알아보기 위해, 1차적으로 쌍계계곡을 여행한 인물들이 누군지 조사했다. 다행히 목판으로 공간된 문집을 비롯하여 필사본 문집에서 쌍계에 은거하거나 여행한 사람들을 확인했다. 이중 비교적 쌍계에 대해 상세한 기록을 남긴 대표적이라 할 수 있는 몇 사람을 들어본다.

정철(鄭澈 1536~1593)의 현손(玄孫) 정호(鄭澔 1648~1736)는 쌍계(雙溪)에 축요당(祝堯堂)을 짓고 은거한 적이 있는데, 그와 교유했던 신정하(申靖夏 1680~1715)가 예방했다. 그리고 연풍현감(延豊縣監)으로 있던 조유수(趙裕壽 1663~1741)와 괴산군수를 지낸 심제현(沈齊賢 1661~1713)이 이곳을 여행했다. 이들의 쌍계에 대한 풍광과 정감을 문집속에 잘 남겨놓았다. 필자는 이를 「쌍곡구곡(雙谷九曲)과 관련 시(詩)·문(文)에 대한 고찰」[2] 이라는 논문으로 작성하여, 2004년 4월 『동방한문학(東方漢文學)』제26집에 기고하였다. 그후 쌍곡에 영일(迎日) 정씨(鄭氏) 후손인 정태건(鄭泰建 1936~)선생이 살고 있는 사실을 확인했다. 정태건선생께 전화를 해서 집안에 전해오는 문집의 유무를 여쭈었다. 선생께서 집에 문집이 있다하기에, 복사해달라는 건의를 했다.[3] 그러나 학기말이 가까워지고 기타 사정으로 인해 즉시 연

---

1) 충북 괴산군 칠성면 쌍곡리일대에 펼쳐져있는 계곡으로, 전에는 쌍계(雙溪)라 불렀는데, 요즘은 쌍곡계곡(雙谷溪谷)이라 부른다. 괴산군에서는 1987년 12월 28일에 쌍곡구곡(雙谷九曲)을 설정했다. 쌍곡구곡(雙谷九曲)의 각각의 명칭은 다음과 같다. 제1곡 호롱소. 제2곡 소금강. 제3곡 떡바위. 제4곡 문수암. 제5곡 쌍벽. 제6곡 용소. 제7곡 쌍곡폭포. 제8곡 선녀탕. 제9곡 장암. 이 당시까지 괴산군이나 지역 사람들은 정재응이 '쌍계구곡(雙溪九曲)'을 설정했던 사실을 알지 못했던 것으로 여겨진다.

2) 이상주(李相周), 「쌍곡구곡(雙谷九曲)과 관련 시(詩)·문(文)에 대한 고찰」, 『동방한문학(東方漢文學)』제26집, 동방한문학회, 2004.

락하지 못했다. 여름방학중인 8월 초, 「쌍곡구곡과 관련 시·문에 대한 고찰」이라는 논문이 간행되고 나서, 다시 전화를 드렸다. 그는 자신의 6대조께서 남긴 문집을 복사하여 제본해 놓았다고 했다. 바로 정재응(鄭在應 1764~1822)이 남긴 『잠재집(潛齋集)』[4)]이다.

2004년 8월 8일 일요일, 그 집으로 찾아가서 문집을 가져다가 꼼꼼히 살펴보았다. 그런데 제2권에 「근차주선생도가운(謹次朱先生櫂歌韻) 십수(十首)」라는 시(詩)가 수록되어 있었다. 이는 주자(朱子)의 「무이도가(武夷櫂歌)」에 차운(次韻)한 시(詩)로, 쌍계구곡(雙溪九曲)을 읊은 쌍계구곡시(雙溪九曲詩)였다. 이것이 정재응(鄭在應 1764~1822)의 쌍계구곡시를 만나게 된 시말(始末)이다. 이렇게하여 '구곡문화관광특구(九曲文化觀光特區)'내 9개의 구곡(九曲)중에, 서계구곡(西溪九曲)를 제외한 8개의 구곡을 읊은 구곡시를 찾아냈다.

이제 「근차주선생도가운(謹次朱先生櫂歌韻) 십수(十首)」가 내용상 쌍계구곡을 읊은 쌍계구곡시이기 때문에, 이를 편의상 쌍계구곡시라 명명하고 그 구체적인 내용과 의미를 부여하고자 한다.

2. 정재응(鄭在應)의 가계와 생애

정재응(鄭在應 1764~1822)의 가계와 생애에 대해서는, 쌍계구곡(雙溪九曲)을 이해하는데 필요한 내용을 중심으로 살펴본다.

『국역(國譯) 송강집(松江集)』[5)]에 실려있는 「세계도(世系圖)」와 『영일정씨

3) 이 논문 초고에는 다음과 같이 쌍계구곡시 확인과정을 서문에 기술했는데 좀 서문이 길어진 듯하여 줄였다. "정태건선생께 전화를 해서 집안에 전해오는 문집의 유무를 여쭈었다. 선생께서 집에 문집이 있다하기에, 혹 쌍곡구곡을 읊은 시나 산문이 있는지 확인해줄 것을 요청했다. 그러나 없다고 했다. 그 문집을 복사해달라는 건의를 했다." 이 내용은 "「鄭在應의 雙溪九曲과 雙溪九曲詩」, 『청대학술논집』 제3집, 166면"에 실려있다. 논문의 정본을 확정하고 나서도, 초고를 지우지 않고 논문이 끝나는 다음, 한 장 아래 부분에 초고를 남겨놓는 습관이 있다. 논문을 제출하기 위해 디스켓으로 옮길 때, 디스켓에 옮긴 논문에는 초고의 내용을 지우는데, 이번 경우는 한 장 아래쪽에 남겨놓았기 때문에, 그 내용을 미처 보지 못하여 초고까지 그냥 제출한 것이다. 그런데 인쇄소에서 출판일이 촉박하여 나에게 교정을 볼 시간을 주지 않아 논문집에 초고까지 실리게 됐다.

4) 본고는 정재응 6대 후손 정태건이 필자에게 기증한 『잠재집』복사본을 참고했다. 이 책과 같은 판본의 책이 국립중앙도서관에 소장되어있다.『潛齋集』, 鄭在應(朝鮮)著, 단기 4304(1971) 7권 3책. 石 29.3×18.7cm. <古819.5-J464j-V.1-3>.

5) 『국역(國譯) 송강집(松江集)』, 「송강집(松江集) 별집(別集) 권2 세계도(世系圖)」, 송강유적보존회,

문청공파세보 전(迎日鄭氏文淸公派世譜 全)』[6]의 「세계도(世系圖)」 및 『잠재집(潛齋集)』, 「가장(家狀)」의 기록을 통해 그의 가계를 알아보자. 본관은 영일(迎日)이며, 조선조의 가사문학의 대가인 정철(鄭澈 1536~1593)의 후손이다. 정호(鄭澔)와의 관계도 알 수 있도록 가계도를 제시한다.

시조(始祖) 극유(克儒)→ 2세 창우(昌祐)→ 3세 균지(均之)→ 4세 윤(潤)→ … 12세 철(澈)→

① 13세 장남 기명(起溟)→ 14세 운(沄)→ 15세 세연(世演)→ 16세 장남 치(治)→ 16세 차남 준(濬)→ 17세 수하(受河)→ 18세 석(晳)→ 19세 갑환(甲煥: [방(枋)의 제3남])→ 20 재응(在應)

② 13세 차남 종명(宗溟)→ 14세 직(溭) → 15세 경연(慶演)→ 16세 장남 주(澍) 16세 5남 호(澔)

정재응의 6대손이 정태건(鄭泰建 1936~)이다. 정재응의 고조(高祖)인 준(濬)은 장암(丈巖) 정호(鄭澔 1648~1736)와 8촌사이다. 정호는 정철의 현손(玄孫)이다. 정호는 쌍계에 축요당(祝堯堂)을 짓고 은거한 적이 있다. 이때 그와 교유했던 신정하(申靖夏)가 이곳을 방문 여행했다.

『잠재집(潛齋集)』에 실려있는 「가장(家狀)」의 기록을 통해 정재응의 신상에 대한 정보를 개략해보기로 한다. 아버지는 갑한(甲煥)이요. 어머니는 함안(咸安) 조씨(趙氏)로 중강(重綱)의 딸이다. 자(字)는 용경(龍卿)이며, 호(號)는 잠재(潛齋)이다. 영조(英祖) 갑신(甲申 1764) 4월 5일[7], 지금의 충북 진천군(鎭川郡) 백곡면(栢谷面) 사정리(沙汀里)에서 태어났다. 그 아버지(先君子)의 꿈에 황룡(黃龍)이 집으로 들어와서 이름에 용(龍)자를 넣어서 20까지 썼다. 8세에 강목(綱目)[8]을 읽었으며, 문리(文理)에 이미 통달하고, 한번 보면 문득 암송할 정도로, 영민하고 암기력이 뛰어났다. 9세부터 이미 과거(科

1988. 473~475 면.

6) 『영일정씨문청공파세보 전(迎日鄭氏文淸公派世譜 全)』, 회상사(回想社), 1984.

7) 위의 세보(世譜)에 영조 갑인(1734년) 출생으로 기재되어 있으나, 전반적인 상황으로 보아, 『잠재집(潛齋集)』, 「가장(家狀)」의 기록인 영조 갑신(1764) 4월 5일 출생으로 보는 것이 타당하다.

8) 강목(綱目): 자치통감강목(資治通鑑綱目)의 준말. 자치통감(資治通鑑)은 중국 송(宋)나라 사마광(司馬光)이 주(周)나라 위열왕(威烈王)부터 오대(五代)까지의 역사를 기술한 역사책이다.

擧)시험을 위한 시(詩)를 완성했으며, 시어(詩語)가 사람들을 놀라게 했다. 밤에 등불이 반짝반짝 빛나는 것을 보고, 시를 짓기를, "등불은 장군(將軍)의 빛남이요."라고 하여, 사람들이 대우(對偶)를 쓰지 못했다. 문 밖에 나가 낙엽이 떨어지는 것을 보고, 시를 짓기를, "낙엽(落葉)은 승상(丞相)의 쓸쓸함이라." 라고 하여, 사람들이 기이하게 여겼다.[9] 12세에 초택(初擇)[10]에 나아가, 장원(壯元)에 선발되자, 사람들이 혹 주사(主司)[11]가 사사로이 등용한 것으로 의심했다. 그후 종씨(宗氏) 재풍(在豊)과 함께 성담(性潭) 문경공(文敬公)에게 가서 수학했다. 「상성담선생서(上性潭先生)」 등 스승 송환기(宋煥箕 1728년~1807)[12]에게 올린 글이, 그의 문집 『잠재집(潛齋集)』에 14편 실려 있다. 신미년(辛未年 1811년)에 지금의 충북 괴산군 칠성면 쌍계리(雙溪里)로 이주했는데, 대개 송강(松江) 선조(先祖)가 일찍이 쌍계(雙溪)의 수석(水石)을 말했으며, 또 연풍(延豊)과 괴산(槐山) 사이에 승지(勝地)가 있으니, 즉 내가 장차 나무에 의지하여 집을 짓고 여생을 보낼 뜻으로 삼을 것이라는 데서 취한 것이다.[13] 임오년(壬午년 1822) 6월 25일 졸(卒)하니, 향년이 59

9) "등화장군경(燈火將軍耿)"과 "낙엽승상소(落葉丞相蕭)"라는 싯구는, 「한중잡록(閑中雜錄)」에 아동시(兒童時) 공주(公州) 갑사(甲寺)에 있을 때 지은 것으로 돼있다. 정재응, 『잠재집(潛齋集)』 권5, 「한중잡록(閑中雜錄)」.

10) 초택(初擇): 지방 과거시험에 응시할 선비를 소관 감영에서 시험을 보는 일.

11) 주사(主司): 시험관.

12) 송환기(宋煥箕 1728 영조 4년~1807 순조 7년) 조선시대 문신. 자는 자동(子東), 호는 심재(心齋)·성담(性潭) 본관은 은진(恩津) 송시열(宋時烈)의 5대손, 인상(寅相)의 아들, 종숙(從叔)인 능상(能相)의 문인. 1779년(정조3년) 음보(蔭補)로 경연간(經筵官)이 되고 1795년(정조 19년) 이조참의(吏曹參議)를 거쳐 예조판서(禮曹判書), 이조판서(吏曹判書)를 지낸 뒤 우찬성(右贊成)에 이르렀다. 당시 성리학계에서 호론(湖論)의 한원진(韓元震)의 주장을 지지했다. 학덕을 겸비하여 조야(朝野)의 존경을 받았으며 문하에 많은 선비가 모여들었다. 시호(謚號)는 문경(文敬) 저서에 『성담집(性潭集)』이 있다. 신구문화사, 『한국인명사전』, 1986. 참조.

13) 정철이 쌍계에 거처할 뜻을 품었다는 사실은 다음 내용들을 통해서도 알 수 있다.

① 정재응, 『잠재집(潛齋集)』권2, 「차춘실운(次春室韻) 사수(四首)」 제2수 칠언율시. "… 酒後看花都是畵, 雨餘臨水十分眞. 孤雲舊址名猶在, 杳杳仙蹤似隔晨. 先祖詩云, 我說雙溪[祠], 孤雲隱不還. [卜]居名偶似, 吾欲老玆山. 故末句云云." 정재응이 말하는 '先祖詩'는 다음 시(詩)이다. 『松江集·續集』권1, 「奉贈君會舊契 尹景禧」 三首 中 제1수. 「君會 尹景禧에게 봉증하다」. "我說雙溪[洞], 孤雲隱不還. [築]居名偶似, 吾欲老玆山." [ ]의 글자는 『松江集·續集』에 수록된 글자가 옳을 것으로 보인다.

② 정재응, 『잠재집(潛齋集)』 권6, 「仍樹齋銘」. "祖松江府君, 嘗有延槐之計, 觀於答延豊宰尹公書中, 可知也. 余自少時, 欲遂先志, 先師文敬公取書中, 仍樹二字名齋, 亦嘗親寫其扁矣. 樑摧以後, 又有黃巴之厄. 辛未秋, 余遂占雙溪洞居之, 仍揭其扁, 請記於鰲村宋台, 余又銘之. 有隱者曰 申屠蟠, 仍樹爲屋, 超然免難, 史稱其智. 晦翁亦許肆, 我先祖引用其語, 寄書三豊, 度了餘日志, 雖未就許, 非不切? … ."

신도반(申屠蟠): 동한(東漢), 진유인(陳留人), 자(字) 자룡(子龍) 은거하며 학문에 정진하여 오경

년 8개월이었다. 사정리(沙汀里) 후록(後麓)으로 운구하여 장례를 지냈다가, 그후 사정리(沙汀里) 앞산 장수곡(長壽谷) 침임(枕壬)[14]의 언덕으로 이장했다. 배(配)는 남원(南原) 양씨(梁氏)로, 진엽(震燁)의 딸이다. 영조 갑신(甲申 1764년) 4월 초 5일생이며, 순조(純祖) 임오(壬午 1822년) 7월 26일에 졸하여, 공(公)과 합장했다.[15]

다음은 그의 학문적 성향을 알아본다. 그는 책상에 오직 정이(程頤)·정호(程顥)·주자(朱子)·율곡(栗谷)·우암(尤庵) 여러 선생이 남긴 몇 권의 책을 두고, 강(講)하는 것이 정자·주자의 학문(學問)이요, 말하는 것이 율곡·우암의 행실(行實)이었다[16]고 할 정도로 철저히 정주학(程朱學)을 숭상했으며, 율곡과 우암을 숭상하고 그 학행을 실천했다.

그의 문하생 김성황(金聲璜)이 쓴 「제문(祭文)」을 보기로 하자.

> 괴산 동쪽 땅을 무이(武夷)의 형세에 가깝다고 여기고 제(齊)·노(魯)[17]의 선비들에게 과업을 강의하니, 덕을 사모하고 우러러보는 정성(精誠)이 하루 이틀이 아니었다. 어찌 공이 괴산의 동쪽에 와서 5~6년 동안 사림(士林)이 삼가 본보기로 삼고, 시골 이웃이 눈으로 보고 감동하기를 바라겠는가? 이는 훈염(熏

(五經)에 관통했다. 한실(漢室)이 오랑캐를 능멸하는 것을 보고 양탕간(梁碭間)에 자취를 감추고, 나무에 인하여 집을 짓고 두문불출하고 살았다. 그래서 후에 순상(荀爽)과 진기(陳紀)가 위협했으나, 어려움을 면했다.

'答延豊宰尹公書'는 다음의 글이다. 『송강집(松江集) · 속집(續集)』권2, 「답연풍쉬서(答延豊倅書)」(연풍 원에게 화답한 글) "所謂劒巖者何地? 果能與雙溪水石相伯仲耶?隨便示之. 延槐之間, 果有勝地, 吾將仍樹爲屋度了餘日, 善爲我指揮何如?"

③ 정재응, 『잠재집(潛齋集)』 권7, 附錄, 門人 金文顯, 祭文. "長胤精明, 亦能述繼. 往在壬申, 命卜溪庄. 丈巖遺志, 松翁所長. 不知不憫, 樂以仁智."

④ 정재응, 『잠재집(潛齋集)』 권7, 附錄, 同門 趙璧, 祭文. "松江美業, 善繼善述."

14) 침임(枕壬): 천간(天干)의 임(壬)좌을 베고 누운 자리, 즉 남남동(南南東)에 가까운 방향.

15) 정재응, 『잠재집(潛齋集)』권7, 附錄「家狀」. "字龍卿, 號潛齋. … 考 諱 甲煥. 妣 咸安趙氏, 重綱之女. 以英祖甲申 四月 五日生府君于鎭川沙汀里而其身也. 先君子夢黃龍入室故錫名龍字而及其冠也.… 八歲讀綱目文程已達, 一覽輒誦. 自九歲已成科詩詩, 詩語多驚人, 夜見燈火耿耿, 詩曰燈火將軍耿, 人無對耦, 出門見木葉落來曰落葉丞相蕭, 人多奇之. 十二赴初擇, 選壯元, 人或疑主司私用. … 與宗氏在豊偕往贄拜於性潭文敬公. … 辛未搬移于槐山雙溪, 蓋取松江先祖嘗稱雙溪水石, 而又言延槐之間, 有勝地則吾將仍樹屋爲度了餘日之意也. … 純宗 壬午년 六月 二十五日古終于正寢. 壽五十九 八月. 返櫬窆于沙汀後麓, 其後移窆于沙汀前山長壽谷 枕壬之原. … 配南原梁氏, 震燁之女, 生於英廟 甲申四月初五日, 卒於純祖壬午七月二十六日, 與公合窆."

16) 정재응, 『잠재집(潛齋集)』권7, 附錄「祭文」. "慶州 鄭文誠. 案上惟程朱栗尤諸先生幾卷遺書矣. 所講者程朱之學也, 所語者栗尤之行也."

17) 제(齊) · 노(魯): 주대(周代)의 제(齊)와 노(魯) 문교(文敎)를 뜻하는 말. 제(齊)는 맹자(孟子)의 탄생지, 노(魯)는 공자(孔子)의 탄생지로 문교(文敎)가 홍성했던 곳이기 때문이다.

> 炎)[18]한 공(功)이요, 오직 표얼(標臬)[19]을 바르게 했기 때문이다. [20]

위의 내용은 정재응의 주자학에 대한 관심과 그가 베푼 학덕의 크기를 살펴볼 수 있다.

정재응의 인품에 대해 살펴보자. 기상(氣像)은 시원하고 쾌활하기가 비온 뒤에 부는 바람과 비 개인 뒤 떠오르는 달과 같으며, 온수(溫粹)하기가 정제(精製)된 금(金) 좋은 옥(玉)과 같으며, 엄정(嚴正)하기가 먹줄이 곧고 수준기(水準器)가 수평한 것과 같으며, 높고 깊기가 산이 높고 바다가 깊은 것과 같다. [21] 이는 그가 중국(中國) 도학(道學)의 개조(開祖)인 주돈이(周敦頤)의 인품을 흠모하고 그것을 구현하려고 했다는 증거이다.

위에서 살펴보았듯이, 정재응은 정주학을 숭상했으며, 율곡 이이와 우암 송시열로 이어지는 기호지방 사림계 문인학자로, 선조(先祖)를 숭상하는 숭조정신(崇祖精神)과 어진 사람을 본받는다는 상현정신(象賢精神)이 투철한 선비다[22].

3. 정재응(鄭在應)의 쌍계구곡(雙溪九曲)과 쌍계구곡(雙溪九曲)의 명칭

여기서는 정재응이 쌍계구곡을 설정한 사실을 밝히고자 한다. 그의 제자 이집수(李集秀)가 쓴 「서쌍계기후(書雙溪記後)」를 살펴보자.

> … 쌍계의 계곡은 연풍 괴산사이에 있으니, 시내는 일찍 구곡(九曲)이요, 산은 역시 칠보산(七寶山)이니, 화양동의 바위를 받들고, 바위는 장회(丈滙)의 호

---

18) 훈염(熏炎): 가르침. 교육함.

19) 표얼(標臬): 규범. 법칙. 준칙. 표준.

20) 정재응, 『잠재집(潛齋集)』권7, 附錄, 金聲璜, 「祭文」. "凡茲槐東地近於武夷, 講業齊魯章甫, 景仰之誠, 非一二日矣. 何幸公來寓槐東者, 五六年, 士林之矜式, 鄉隣之觀感? 寔爲熏炎之功, 聿覩標臬之正.

21) 정재응, 『잠재집(潛齋集)』 附錄 「祭文」. "玄風 郭祖庚. … 氣像則 灑落如光風霽月, 溫粹如精金良玉, 嚴正如繩直準平, 崇深如山峷海涵, …"

22) 『상산지(常山誌)』에 정재응에 대한 다음과 같은 기록이 있다. 『常山誌』, 「學行」, 1932. "鄭在應, 延日人. 松江澈八世孫也. 早師宋文敬公煥箕, 聞爲學之要, 最用力於朱子書. 晚入雙溪山中, 扁其室曰仍樹齋. 世不見知而不悔. 年五十九而終. 有遺稿藏于家."

호(浩浩)함, 취선(醉仙)의 정자, 도옹(陶翁)의 별장에 접해있는데, 삼사(三舍)의 수준에 만족할 수는 없지만, 즉 영남 호남 사이에 있는 하나의 아름다운 지역이다.23) …

'시내는 일찍 구곡(九曲)이요'라는 구절을 통해서도 정재응이 쌍계구곡을 설정했다는 사실을 알 수 있다. 그는 쌍계에 구곡을 설정하여 주자와 우암이 구곡을 설정한 의취를 모방 구현했다.

다음에 열거하는 시(詩)들은, 정재응이 쌍계로 이사하고 지은 시(詩)들이다. 「쌍계천상구점(雙溪川上口占)」·「제우차쌍계운임별우수지(諸友次雙溪韻臨別又酬之)」는 『잠재집(潛齋集)』권1에 실려있다. 「정춘실병소서(呈春室幷小敍)」·「곡일차춘실제석운(穀日次春室除夕韻)」·「우차송강선조운(又次松江先祖韻) 삼수(三首)」·「화정춘실(和呈春室) 사수(四首)」·「차춘실운(次春室韻) 사수(四首)」·「우차춘실운(又次春室韻)」·「용추취제(龍湫醉題)」는 『잠재집(潛齋集)』권2에 수록되어있다. 다음 시(詩)들은 주자(朱子)의 시(詩)에 차운한 시들이다. 「근차주선생도가운(謹次朱先生櫂歌韻) 십수(十首)」·「우차무이잡영(又次武夷雜詠)」·「차주선생심백록동운(次朱先生尋白鹿洞韻) 육수(六首)」·「우 사수(又四首)」·「차유백록동운(次遊白鹿洞韻) 육수(六首)」. 우 오수(又 五首)·「차무이요자운(次武夷瑤字韻) 5수(五首)」·「우차무이정사운(又次武夷精舍韻)」·「우차주선생복거운(又次朱先生卜居韻)」 등인데 모두 『잠재집(潛齋集)』권2에 수록되어있다. 이 시(詩)들을 통해, 정재응의 쌍계에 대한 관심과 주자에 대한 숭모심을 알 수 있다.

쌍계에 대한 내용을 담은 시(詩) 몇 수 살펴보기로하자. 다음 시는 「차주선생심백록동운(次朱先生尋白鹿洞韻) 육수(六首)」·「우 사수(又 四首)」중, 제1수이다.

금일상마지(今日桑麻地), 오늘날은 상마(桑麻)의 땅,
석년한묵장(昔年翰墨場) 예전에는 한묵장(翰墨場)이라.
요조계구곡(窈窕溪九曲), 그윽할 손, 시내 구곡(九曲)이요,
창취목천장(蒼翠木千章) 푸르를 손, 나무 천 그루일세.

23) 정재응, 『잠재집(潛齋集)』 권7 附錄, 延安 李集秀, 「書雙溪記後」. "… 雙溪之間介於延槐, 溪曾九曲, 山亦七寶, 拱華陽之巖, 巖接丈滙之浩浩, 而醉仙之亭, 陶翁之庄, 亦不滿三舍, 卽嶺湖間一勝區也. …"

제3구의 "그윽할 손, 시내 구곡(九曲)이요"라는 표현은, 정재응이 쌍계구곡을 설정한 사실을 재확인할 수 있는 근거가 된다.

「우차무이정사운(又次武夷精舍韻)」이라는 시 15~22구를 보기로 하자.

…

15구: 욕궁연어리(欲窮鳶魚[24]理),
연어(鳶魚)의 이치 궁리하고자하니,
16구: 성모금가안(聖謨今可按)
성스러운 계획 지금 살펴볼 수 있네.
17구: 인택예위문(仁宅禮爲門),
인(仁)은 집이요 예(禮)는 문(門)이니,
18구: 미재륜여환(美哉輪與煥)[25].
아름답도다, 장대(壯大)함이여.
19구: 불유화양옹(不有華陽翁),
화양옹(華陽翁)이 계시지 않았다면,
20구: 수능식기완(誰能識奇玩)
누가 기이한 즐길거리를 알았겠는가?
21구: 소이무이서(所以武夷緖),
무이(武夷)가 실마리가 된 까닭에,
22구: 전지천년란(傳之千年爛)
그것을 전하여 천년동안 찬란하네.

…

화양옹(華陽翁)은 송시열의 또 다른 호(號)이다. 이 시에서 정재응은 우암(尤庵)이 무이구곡(武夷九曲)의 영향을 받아 화양구곡(華陽九曲)을 설정하여 기이한 완롱(玩弄)의 장소로 삼은 공을 높이 인정하고 있다. 아울러 주자의 영향을 받아 화양구곡을 설정했으며, 또 그곳이 빛날 수 있었다는 사실을 감지하고 있다. 이런 정황으로 보아, 정재응도 무이구곡과 화양구곡의 영향을 받아 쌍계구곡을 설정했다는 사실을 짐작할 수 있다.

이제 쌍계에 대해 예찬한 시를 살펴보기로 하자. 「우차송강선조운(又次松江

---

24) 연어(鳶魚): 군자(君子)의 덕화(德化)가 위로는 나는 새, 아래로는 물에서 뛰노는 물고기에까지 미치듯 두루 끼친다는 뜻. 『시경(詩經)』「대아(大雅)·조록(早麓)」. 鳶飛戾天, 魚躍于淵.

25) 『예기(禮記)』, 「단궁(檀弓)」. "美哉輪焉 美哉奐焉." 건물이 장대하고 아름다운 모양

先祖韻) 삼수(三首)」중 제1수이다.

> 복거칠보하(卜居七寶下), 칠보산(七寶山) 아래 거처를 마련하니,
> 지벽연괴간(地僻延槐間) 지세는 연풍 괴산사이에 치우쳐있네.
> 좌점신선계(坐占神仙界), 신선계(神仙界)에 자리 잡고 앉아있으니,
> 속인나득반(俗人那得攀) 속인(俗人)이 어찌 찾아오리오?

정재응은 쌍곡의 산수를 신선계 즉 신선경으로 간주하고, 속인이 찾아올 수 없는 곳으로 여기고 있으니, 자신은 이미 속인이 아닌 신선(神仙)인 것이다.

다음 시를 보기로 하자. 『잠재집』권2, 「차주선생심백록동운(次朱先生尋白鹿洞韻) 육수(六首)」중, 제3수이다.

> 암석준사상(巖石蹲師象), 암석은 스승이 걸터앉은 모습이요,
> 봉만울벽라(峯巒鬱薜蘿)[26]. 봉우리에는 벽라(薜蘿)가 빽빽하네.
> 면사고운지(緬思孤雲址), 고운(孤雲)의 유허지를 생각하니,
> 쌍계명불와(雙溪名不訛) 쌍계(雙溪)가 이름이 어긋나지 않네.

이 시를 통해서도 쌍계에 고운 최치원(崔致遠)의 유허지가 있었다는 전설이 전해진다는 사실을 알 수 있다. 최치원은 신선이 되었다는 전설을 낳은 인물이다. 그러니 쌍계는 신선이 살 수 있을 정도로 산수가 수려한 곳이라는 점을 강조한 것이다.

그러면 정재응이 쌍계구곡을 설정한 시기는 언제일까? 앞에서 살펴보았듯이, 그는 1811년 쌍계로 이사했다. 그의 문집인 『잠재집』권2에, 「원일 계유(元日 癸酉)」.「곡일차춘실제석운(穀日次春室除夕韻)」.「근차주선생도가운(謹次朱先生櫂歌韻) 십수(十首)」의 순서로 실려 있다. 계유년(癸酉年)은 1813년이다. 연대순으로 시를 배열했다고 보면, 창작연대가 1813년이다. 대개 구곡을 설정하고 구곡시를 짓는 것이 상례인 점으로 미루어 볼 때, 쌍계구곡을 설정한 후 쌍계구곡시를 지었을 것이다. 이런 사정으로 볼 때, 쌍계구곡은 늦어도 1813년에는 설정되었다고 보아야할 것이다.

---

26) 벽라(薜蘿): 덩굴이 뻗는 풀. 은자(隱者)의 옷이라는 뜻으로 씀. 벽려(薜荔)과 여라(女蘿) 벽려(薜荔)는 노박덩굴과에 속하는 상록(常綠) 만목(蔓木)의 식물. 여라(女蘿)는 송라(松蘿)라고도 하는데 소나무겨우살이에 속함.

정재응이 쌍계구곡을 설정한 것은 사실이지만, 쌍계구곡의 구체적인 명칭은 문집에는 기록돼있지 않다. 정재응의 「근차주선생도가운 십수(謹次朱先生櫂歌韻) 十首」는 「무이도가(武夷櫂歌)」의 운(韻)을 그대로 사용하여, 쌍계구곡을 읊은 것이다.

『잠재집』권2에 10수의 시를 수록하고, 매 수가 끝나는 다음 행에 '1곡(一曲) ~ 9곡(九曲)'까지 '○곡(○曲)'식으로 '곡(曲)'의 순서를 표시하였다. 그리하여 '곡(曲)'의 차례는 알 수 있지만, 그 명칭을 기술해놓지 않아 구체적인 명칭은 알 수 없다. 본래 필사한 초고본에는 적어놓았는데, 문집을 간행할 때 누락되어서 그런지 어떻게 된 것인지 알 수 없으나, 문집에는 그 구체적인 명칭을 알 수 있는 기록은 없다.

대개의 구곡의 명칭은 하류로부터 1곡을 부여한다. 시의 내용으로 보아, 정재응의 쌍계구곡도 쌍계입구에서부터 1곡을 설정했다는 것을 알 수 있다. 쌍계구곡의 명칭을 추리하는 데는, 『잠재집』권2, 「우차무이잡영(又次武夷雜詠)」의 내용이 도움이 된다. 서재(書齋)·축요당(祝堯堂)·학소대(鶴巢臺)·유승당(有勝堂)·잉수재(仍樹齋)·백중재(伯仲齋)·도료암(度了菴)·수점정(隨占亭)·향양정(向陽亭)·인수당(隣水堂)·구송단(九松壇)·와룡담(臥龍潭)이다. 「우차무이잡영(又次武夷雜詠)」의 소제목과 「근차주선생도가운(謹次朱先生櫂歌韻) 십수(十首)」, 그리고 현지 지형지세 유물유적 등을 참고하여, 쌍계구곡의 명칭을 짐작해볼 수 있다.

쌍계구곡 입구를 '화양동문(華陽洞門)' 등 '○○동문(○○洞門')'이라 하는 구곡(九曲)의 양식으로 보아, 통상 쌍계동문(雙溪洞門)이라 불렀을 것으로 생각된다. 제1곡은 와룡담(臥龍潭)이나 회룡소(回龍沼)라고 했을 것이다. 제2곡은 학소대(鶴巢臺), 제3곡은 축요당(祝堯堂), 제4곡은 잉수재(仍樹齋), 제5곡은 향양헌(向陽軒), 제7곡은 쌍계폭포(雙溪瀑布), 제8곡은 이계사(離溪寺), 제9곡은 칠보산(七寶山)으로 보인다. 이중에서 제6곡은 서재(書齋)라고 했을 것 같기는 한데 장담할 수 없다. 다른 것은 전반적인 상황으로 보아 크게 어긋나지 않을 것이다.

또 아쉬운 점은 쌍계구곡의 정확한 위치를 확인할 수 있는 것은 다음과 같다. 제1곡 와룡담(臥龍潭)은 지금 호롱수라 불리는 곳으로 보면 된다. 2012년경 김위수(金衛銖 1896~1972)의 「영쌍계회룡소유회(詠雙溪回龍沼遊會) 기축 사월 십일(己丑 四月 十日) 위재(渭齋)」[27]라는 시를 보게 되었다. 1949년 작품이다. 지금은 통상 '쌍곡(雙谷)'이라 부르지만 당시까지 '쌍계(雙溪)'라 했다. 지금 대다수 사람들이 '호롱처럼 생긴 바위가 있어 호롱수'라 부른다고 알고 있다. 이 시를 보면 1949년 까지도 '쌍계'. '회룡소(回龍沼)'라고 불렀다는 사실을 알 수 있다. 그곳은 쌍곡 계곡 가운데서는 비교적 물이 많이 고여 있는 곳으로, 그 상황으로 보아 '회룡소'가 타당하다. 이복(李馥 1911~2002)의 「하쌍곡기상록(雙谷奇賞錄)」[28]에도 '회룡소(回龍沼)'라고 기술했다. 제3곡 축요당(祝堯堂)은 정호가 지은 정자로 지금 쌍곡리 절골 소금강 왼쪽 구비도는 물가 언덕에 있었다. 제4곡 잉수재(仍樹齋)와 제5곡 향양헌(向陽軒)은 정재응이 세운 건물인데, 쌍계서실(雙溪書室) 근처 어딘가에 세운 건물일 것이다. 제7곡은 쌍계폭포(雙溪瀑布)는 지금 용추(龍湫)라 불리는 곳으로 보인다. 제8곡 이계사(離溪寺)는 지금 절말에 있던 절이다. 쌍곡폭포쪽에서 내려오는 물과 제수리치에서 내려오는 물이 만나는 곳, 즉 합수머리에 있던 절이다. 제9곡은 칠보산(七寶山)으로 지금도 등산객이 많이 찾는 명산이다.

4. 정재응(鄭在應)의 쌍계구곡시(雙溪九曲詩) 분석.

이제 정재응의 「근차주선생도가운 십수(謹次朱先生櫂歌韻 十首)」[29]를 분석해보기로 한다. 먼저 서시(序詩)이다.

「근차주선생도가운 십수(謹次朱先生櫂歌韻 十首)」

寶蓋山深護四靈
보 개 산 심 호 사 령
보개산(寶蓋山)은 깊어 네 분 신령을 보호하시고,

雙溪流水百年清
쌍 계 류 수 백 년 청
쌍계(雙溪)에 흐르는 물 백 년 동안 맑아라.

鳥啼花落無人到
조 제 화 락 무 인 도
새가 울고 꽃은 지건만 사람은 오지 않는데,

---

27) 김위수(金衛銖), 『위재유고(渭齋遺稿)』, 대전 회상사, 1991. 자술편(自述篇) 「영쌍계회룡소유회(詠雙溪回龍沼遊會) 기축 사월 십일(己丑 四月 十日) 위재(渭齋)」.

28) 이복(李馥)의 『학은만고(鶴隱漫稿)』, 「하쌍곡기상록(雙谷奇賞錄)」 305면.

29) 정재응(鄭在應), 『잠재집(潛齋集)』권1, 「근차주선생도가운 십수(謹次朱先生櫂歌韻 十首)」.

坐聽斜陽牧笛聲 석양에 앉아 목동의 피리소리 듣노라.
좌 청 사 양 목 적 성

이 시는 시가 끝나는 다음에 '곡(曲)'차례를 표시해놓지 않았다. 그 이유는 주자의 「무이도가(武夷櫂歌)」서시(序詩)의 운(韻)에 맞추어 지은 서시이기 때문이다. 운자(韻字)는 제1구 령(靈)·제2구 청(淸)·제3구 성(聲)이다. 보개산(寶蓋山)은 지금 보배산으로도 불린다. 행정구역은 충북 괴산군 칠성면 태성리이지만, 쌍계계곡과 맞붙어있는 동북쪽 앞산이 된다. 정재응은 서시에서 쌍계계곡일대가 보배로운 땅이라는 점을 부각하려는 의도에서인지, 쌍계계곡에 양쪽으로 인접해있는 몇몇의 산중에 보개산을 시에 썼다.

이 보개산이 네 분의 신령을 보호한다. 상산사호(商山四皓)30)를 염두한 표현으로 보인다. 주자의 「무이도가(武夷櫂歌)」서시에 무이산(武夷山)이 나온다. 무이산에는 무이(武夷)라는 선령(仙靈)이 있어 무이산이다. 그런데 보개산에는 선령이 넷이다. 중국의 무이산보다 더 신령스런 산이라는 점을 강조하고 싶었는가 보다. 이렇듯 정재응은, 쌍곡이 인간세계에 존재하는 신령한 세계로 간주한 것이다. 또한 인간은 노력하면 신선적 삶을 영위할 수 있다는 자신의 신념을 시에 표현한 것이리라. 제2구에 쌍계의 맑은 물이 백 년 동안 맑다고 했다. 여기서 100이라는 숫자는 꼭 100년에 한정된 시간이 아니다. 무한한 세월을 상징하는 숫자이다. '만년필(萬年筆)'이라고 하는 필기구의 수명이 만년이 간다고 믿는 사람은 없다. 그만큼 쌍계의 물이 오랜 세월 맑음을 유지해온 청정지역이라는 것을 강조한 것이다. 지금도 쌍계의 물은 맑아 여름철이면 피서객이 운집한다. 이렇듯 선경에다 맑은 물이 흐르는 쌍계에 새가 울고 꽃이 핀다. 그야말로 낙원이다. 그런데 사람이 오지 않는 곳이다. 그처럼 조용하고 한적하다. 「무이도가」에서는 뱃노래소리라 했다. 정재응은 목동들의 피리소리 들린다 했다. 선취적 자연속에서 목동의 피리소리가 목가적이며 친근감이 들 수 있다.

정재응은 서시에서 쌍계계곡이 한적하고 보배로운 산수명승지이며, 선경이라는 점을 강조했다.

---

30) 상옹(商翁): 상산사호(商山四皓) 진말(秦末)의 은사(隱士) 네 사람. 동원공(東圓公)·녹리선생(甪里先生)·기리계(綺里季)·하황공(夏黃公) 전란을 피해서 상산(商山)에 은거했는데, 나이가 모두 80여세를 살았으며, 수염과 눈썹이 모두 흰색이었기 때문에, 당시에 상산사호(商山四皓)라 일컬었다. 『사기(史記)』「유후세가(留侯世家)」.

다음은 제1곡이다.

回龍潭上泛漁船 회 룡 담 상 범 어 선	용이 돌아치는 못 위에 고기잡이배 떠있고,
下有三豊[31]一帶川 하 유 삼 풍 일 대 천	아래로 삼풍(三豊)이 있으며 하나의 시내 띠고 있네.
削出層峰遺世立 삭 출 층 봉 유 세 립	깎아지른 겹겹의 봉우리 세상 밖에 솟아있고,
洞門迷路隔雲煙 동 문 미 로 격 운 연	동문(洞門)의 미로(迷路) 구름과 안개에 격리됐네.

시의 내용과 「우차무이잡영(又次武夷雜詠)」의 항목을 통해 볼 때, 제일곡(第一曲)의 명칭은 회룡담(回龍潭)이라 했을 것으로 보인다. 제1곡은 괴산군에서 1987년 선정한 쌍곡구곡중 제1곡인 '호롱수'라 부르는 곳으로 여겨진다. '호룡소(呼龍沼)'가 정확할 것으로 생각된다. 즉 '용을 부르는 못'이라는 뜻이다. 앞에서 보았듯이 김위수(金衛銖 1896~1972)가 1949년에 지은 「영쌍계회룡소유회(詠雙溪回龍沼遊會)라는 시에 '회룡소(回龍沼)'라 했다. 이로 보아 회룡소라고 보아야한다. 용이 머무는 연못에 어선이 떠있다. 용은 잘 알다시피 입에 여의주를 물고 있는 전지전능한 영물이다. 그래서 절대 왕권시대에 임금을 상징하는 징표로 사용됐다. 용상(龍床)·용안(龍顔)·용포(龍袍) 등이 그것이다. 또한 용에 관한 전설이 서려있는 지명이 적지 않다. 용이 서려있는 못에 어선(漁船)이 떠있다. 그곳에 작은 배를 간신히 띄울 수는 있다. 실제 배를 띄우기 보다는 「무이도가」 1곡의 운자(韻字)인 선(船)에 맞추어 시를 짓다보니 선(船)을 쓴 것이다. 어선은 고기를 잡아 생계를 유지하는 생활장비이다. 신령한 연못이지만 생계를 유지하는 것도 매우 중요한 사항이라는 것을 염두한 것 같다. 이 하류 쪽에 삼풍(三豊)이 있고 한 줄기 물이 흐른다. 아래쪽에 사람이 사는 마을이 있는 것이다. 주변의 산세가 층층이 깎아 세운 듯하고 세상에서 뛰어나게 솟아있다. 이런 쌍계입구는 구름과 안개에 감싸여 있다. 용은 원래 안개와 구름이 끼었을 때 승천한다. 구름과 안개에 감싸인 자연은 언제 보아도 아름답고 신비롭다. 정재응은 제1곡시에서 제1곡이 신령한 장소라는 점을 부각하기 위해 용의 서식처라는 점을 원용했다.

제2곡을 보자

31) 삼풍(三豊): 지금 충북 괴산군 연풍면 삼풍리.

仙子何年隱此峯 신선(神仙)이 언제부터 이 봉우리에 은거했는가?
선자하년은차봉

靈芝叢桂勢從容 영지(靈芝)와 계수나무숲 형세가 조용하네.
영지총계세종용

丹爐煙歇無消息 연단로(煉丹爐)의 연기 멈추고 소식이 없는데,
단로연헐무소식

只有靑山鎖萬重 다만 청산이 만 겹으로 감싸고 있네.
지유청산쇄만중

제2곡시의 내용과 「우차무이잡영(又次武夷雜詠)」의 항목으로 보아, 제2곡의 명칭은 학소대(鶴巢臺)라 했을 가능성이 높다.

이 산봉우리에 오랜 세월 전부터 신선이 살았다. 신선이 먹는다는 불로장생초인 영지(靈芝)가 있다. 또한 계수나무 숲이 있다. 그만큼 깊고 한적하며 희귀 수목과 약리작용이 뛰어난 산약초가 많이 자생하고 있다는 말이다.

연단로(煉丹爐)는 신선의 세계에 기본적으로 등장하는 도구이다. 연단로에 연기가 나지 않고 신선은 소식이 없다. 사실 신선이 존재한다 해도 인간이 신선을 볼 수 없다. 인간이 현실 속에 신선세계라는 가상의 현실을 만든 것이다. 인간의 내면에 내재한 불로장생의 염원을 그렇게나마 가상의 현실 속에서 향유하고 싶어하는 것이다. 그런 상상으로도 인간은 정신적 안위와 행복을 얻을 수 있으니 정신건강에 나쁠 것은 없다. 신선이 없는 곳에 청산(靑山)만이 만 겹으로 감싸여있다. 신선이 떠나간 청산에 주인이 없다. 지금 이곳에 사는 시인 자신이 신선의 자리를 대신한 인간신선인 것이다. 스스로를 신선연하고 싶은 열망을 자연스럽게 표현한 시이다.

제2곡시에는 쌍계계곡이 신선경이라는 점을 재천명하고, 자신이 신선적인 삶을 대신할 수 있다는 가능성을 은근히 담아놓고 있다.

제3곡이다.

丈老當時住岸船 장암(丈巖)어른 당시 안선(岸船)이 머물었으며,
장노당시주안선

華封[32]古石老千年 봉축하던 오래된 바위 천년을 묵었네.
화봉 고석노천년

32) 화봉(華封): 『십팔사략(十八史略)』, 「화봉삼축(華封三祝)」. "堯觀于華, 華封人曰 嘻, 請祝聖人, 使聖人壽福多男子. 堯曰, 辭, 多男則多懼, 富則多事, 壽則多辱."정호(鄭澔)는 지금 충북 괴산군 칠성면 쌍곡리 화수암(華叟巖) 즉 세칭 떡바위['절골 소금강 상류쪽 맞은편 개울가 언덕 위'로 2018년 수정한다]에 '축요당(祝堯堂)'을 건립하고, 화(華)지방에 사는 봉인(封人)이 요(堯)임금에게 수복다남(壽福多男)을 축원했던 것과 같은 것이 아니라, 진정으로 임금이 혜안을 가지고 선

多男壽富吾君祝 다남수부오군축 — 다남수부(多男壽富)하라 우리 임금을 송축했는데,
思義顧名正可憐 사의고명정가련 — 뜻을 생각하고 이름을 돌아보니 참으로 좋도다.

제3곡시의 내용과 「우차무이잡영(又次武夷雜詠)」의 항목으로 보아, 제3곡의 명칭은 축요당(祝堯堂)이다. 제1구에 보이는 장노(丈老)는 정재응의 방계 선조이자 쌍곡에서 은거한 적이 있는 장암(丈巖) 정호(鄭澔)이다. 정호가 생존할 당시에 이곳에 안선(岸船)이 있었다는 표현은 「무이도가」의 운(韻)을 맞추기 위한 표현상의 기교이다. 정호가 축요당을 지었던 화수암을 은유적으로 표현했다고도 볼 수 있다. 중국 요(堯)임금 때 화(華)지방에 사는 봉인(封人)이 요(堯)임금을 위해 수복다남(壽福多男)을 송축했듯이, 화수암(華叟巖)에서 정호는 축요당을 건립하고 임금께 선정을 베풀고 성총을 잃지 않기를 축원했다. 그래서 바위이름을 화수암(華叟巖)이라 한 것이다.

제2구 화(華)지방의 봉인처럼 우리 숙종임금을 송축하던 바위 즉 화수암은 천년을 묵었다고 했다. 천년이란 숫자는 오래됐다는 상투적 표현이다. 제4구의 "뜻을 생각하고 이름을 돌아보니 참으로 좋도다."라고 했다. 제3곡의 명칭은 뜻과 이름이 잘 어울린다는 뜻이다. 제3곡시에서 정재응은 화수암의 내력과 화수암에 담긴 깊은 뜻이 걸맞게 이름지어졌다는 내용을 읊고 있다.

여기서 잠시 정호가 화수암에 축요당을 지었다는 사실을 살펴보기로 한다. 많은 사람들이 잘 알지 못하기 때문에 널리 알리기 위해서이다. 신정하(申靖夏 1680~1715)의 「유쌍계기(遊雙溪記)」를 보자.

> 드디어 말을 재촉하여 시내를 거슬러 몇 리를 가니 소나무 하나가 길 왼쪽에 있다. 소나무 북쪽 수십 보여 거리에 바위 하나가 평평하고 타원형으로 시냇가에 임해있다. 정자가 있는데 두 기둥에 축요당(祝堯堂)이라 했으니 이는 정장(鄭丈)이 새로 설치한 것이다. … 정장과 함께 바위 위를 산보하며 못의 승경에 대해 토론하였다. 못이 탁 트이고 거의 백무는 되는데 맑기가 바닥을 꿰뚫어 볼 수 있었는데, 물고기가 다니는 것을 셀 수 있다. 언덕을 대하니 절벽이 깎아지른 듯 서있는데 나무가 병풍 같으며 위아래에 단풍나무와 녹나무류가 있다. 정장이 말하기를, 이곳은 물이 붉고 뛰어난 곳이 많으며, 봄이 끝나갈 무렵 꽃

정을 펴기를 축원했다. 신정하(申靖夏), 『서암집(恕庵集)』, 「축요당기(祝堯堂記)」참조. 화(華)는 지명(地名)이요, 봉인(封人)은 국경을 지키는 사람이다.

이 피면, 한 골짜기를 비쳐서 현란하게 하여 더욱 볼만하다.[33]

신정하는 화수암 앞 시내에 자연적으로 형성된 못의 규모와 물의 맑기를 기록해놓았다. 또한 절벽에 나있는 나무의 종류도 기록하여 당시 화수암 주변 정황을 생생히 알 수 있다.

이번에는 신정하의 「축요당기(祝堯堂記)」를 통해, 축요당 주변의 경관과 축요당을 건립한 취지를 살펴보기로 하자. 신정하(申靖夏)는 정호로부터 쌍곡에서 지역 유학들과 갖는 모임에 참석해달라는 청을 받고 1714년 10월 11일 쌍곡에서 일박한다. 이때 신정하는 정호의 축요당에 차와 술을 마시고 저녁밥을 먹는다. 이런 사실은 「유쌍계기(遊雙溪記)」[34]에 자세하다. 이런 사실을 근거로 볼 때, 「축요당기(祝堯堂記)」는 정호의 요청으로 이때에 쓴 것으로 보인다. 「축요당기(祝堯堂記)」의 다음 내용을 보기로 하자.

> 괴주(槐州)[35]고을에 산수 중에 아름다운 곳이라면 다른 것이 없으니, 그 고을 동쪽에 자리 잡은 곳에 가장 빼어나고 독특한 곳으로 일컬어지는 것이 "칠보산(七寶山)"이다. 산의 물이 산의 밑뿌리를 둘러서 합류하는 곳을 "쌍계"라 한다. 시내에서 가장 깊숙한 곳인데, 한 시내의 아름다움이 모인 곳을 "화수암(華叟巖)"이라 한다. 지금 부학(副學)인 장암(丈巖) 정공(鄭公)이 그 위에 당을 짓고, 그것을 이름 하기를 "축요(祝堯)"라 했다. 당의 이름을 얻은 것은, 대개 바위[36]에 기인하여 호를 삼은 것처럼, 또한 공의 뜻을 볼 수 있는 것이다.[37]

위의 글에서 신정하는 쌍곡의 칠보산이 괴산에서 제일 아름다운 산수라 평하고 있다. 이 산 아래 장암(丈巖) 정호(鄭澔 1648~1736)의 축요당이 자리하고 있음을 밝히고 있다. 또한 정호가 충청북도 괴산군 연풍면 적석리 장암

33) 신정하, 『恕菴集』, 「遊雙溪記」, 374면. "遂促馬沿溪行數里, 得一松在路左. 松北十餘步, 得一巖盤陀斗臨溪上, 有亭兩楹曰祝堯堂, 是爲鄭丈所新置也. … 與鄭丈散步於巖上, 討潭勝. 潭闊可百畝, 淸澈見底, 可數魚行. 對岸巖壁削立, 若樹屛然, 上下有楓柟之屬. 鄭丈言是處水丹絶多, 春末開花, 照爛一壑, 又爲可觀云."

34) 신정하, 『恕菴集』, 「유쌍계기(遊雙溪記)」.

35) 괴주(槐州) : 지금 충북 괴산군의 옛이름.

36) 충청북도 괴산군 연풍면 적석리 장암(丈巖)

37) 申靖夏, 『恕菴集』, 「祝堯堂記」, 373면. "槐之爲州, 無他山水之勝, 其處州東而最以秀特稱者曰七寶山. 山之水環山趾而合流者曰雙溪. 爲溪之最深處, 而萃一溪之勝者曰華叟巖. 今副學丈巖鄭公作堂其上, 名之曰祝堯. 堂之得名, 盖因巖號而亦所以見公志也".

(丈巖)이라는 바위의 이름을 따서 장암(丈巖)이라 호를 지은 연유와, 요임금을 축원하는 뜻을 담아 당호(堂號)를 축요정이라 지은 연유를 들고 있다.

다음은 정호가 축요정에서 신정하에게 화답한 시 「쌍계축요정 화신정보정하운(雙溪祝堯亭 和申正甫靖夏韻)」[38]를 보자. 이 시에서 정호는 존주대의(尊周大義)는 신(神)까지 질정할 수 있다는 주장을 폈다. 그는 『춘추(春秋)』를 읽으며 춘추대의를 지키며 은구(隱求)하겠다는 강렬한 의지의 표명했다.

다음은 1704년 심제현(沈齊賢 1661~1713)이 쓴 『죽재폐추(竹齋弊箒)』제2책, 「괴강록(槐江錄)」이다. 이 기록을 통해서, 당시 축요당 주변의 상황을 보다 구체적으로 알 수 있다.

> 이계사(離溪寺)[39]는 칠보산중(七寶山[40]中)에 있다. 교차하는 시내가 흐르는 물을 끼고, 태고적 골짜기가 아늑하고 좌우에 봉우리와 메부리가 있는데 기이한 승경이 많다. 하류 쪽에 태고적 암석이 아름다운 곳이다. 부제학(副提學) 정호(鄭皓)가 1칸의 작은 정자를 짓고 이름을 축요정(祝堯亭)이라 했다. 정자는 바위 정수리에 있는데 홍록(泓淥)을 굽어 볼 수 있어 또한 특기한 경치이다. 내가 일찍이 시내를 따라 절을 찾아갔다. 거기에 있는 시에 "산은 칠보산으로 이어져 우뚝한 봉우리와 만나고, 경전이 쌍계로 들어가니 고시(古詩)가 그윽하네."라고 했으니 실상을 기록한 것이다. [41]

신정하와 심제현의 기록을 통해서 약 300 여년 전 쌍곡의 면모를 짐작할 수 있다. 심제현의 글을 통해 볼때, 이계사(離溪寺)는 지금 쌍곡리 합수머리 근처에 있는 절말이라 불리는 마을에 있었던 것으로 보면 틀림없다. 하나의 시내는 제수리치쪽에서 다른 하나의 시내는 지금 쌍곡폭포 쪽에서 흘러내려와 이 합수머리에서 만난다. 이계사(離溪寺), 이름 그대로 시내가 만나는 곳에 있는 절이라 뜻이다. 절이 있었던 곳이라 지금도 이름이 절말인 것이다.

---

38) 鄭澔, 『丈巖集』, 「雙溪祝堯亭 和申正甫靖夏韻」, 34면."聖君同德有賢臣, 義大尊周可質神.豈以燕昭中道卒,遽疑諸葛受知眞. 全軀遺孽尙昌熾, 扶世正論將晦堙. 一部獜經無地讀, 秖宜緘嘿潔吾身."

39) 이계사(離溪寺) : 지금 존재하지 않음. 충청북도 괴산군 칠성면 쌍곡리 절말, 합수머리 근처에 절이 있는데 그곳이 이계사가 있던 곳으로 추정된다.

40) 칠보산(七寶山) : 지금 충청북도 괴산군 칠성면 태성리에 있는 산. 쌍곡계곡에서 정상을 바라 볼 수 있다.

41) 沈齊賢, 『竹齋弊箒』, 제2책, 「槐江錄」."離溪寺在七寶山中. 叉溪夾流, 舊壑幽邃, 左右峰巒, 多奇勝. 下流舊石佳處. 鄭副學晧, 結一間小亭, 名曰 祝堯. 亭在巖巓, 俯瞰泓淥, 亦一奇景. 余嘗沿溪訪寺. 有詩曰 山聯七寶危峰合, 經入雙溪古詩幽, 紀實也."

이 절에 누구의 시인지 알 수 없으나 시판(詩板)도 부착돼 있었다는 사실도 알 수 있다. 이 절터 노송아래 1984년경까지 사리탑(부도)이 1기 남아있었다. 어른 두 사람이 들을 수 있는 작은 규모였는데, 그 후 언젠가 사람의 손을 탔다. 지금 법왕사라는 절이 있다.

심제현의 기록을 통해 볼 때, 축요당의 규모는 1칸이다. 심제현은 축요정이라 했으나, 신정하가 쓴 위의 「유쌍계기(遊雙溪記)」와 「축요당기(祝堯堂記)」[42]에 축요당(祝堯堂)이라 한 것을 보면, 정식 명칭은 축요당이며, 통칭 축요정(祝堯亭)이라 했으며, 또는 앞의 시에서 보듯이, 쌍계정(雙溪亭)이라 불렀던 것을 알 수 있다.

다음 정호(鄭澔)지은 시의 제목을 보자. 「복거(卜居)」[43]와 「계정야좌(溪亭夜坐)」[44]가 있다. 이를 통해 정호가 지금의 쌍곡 소금강 상류쪽 맞은편 개울가 언덕 위에 축요당(축요정 쌍계정)을 짓고 은거했다는 사실을 알 수 있다. 「쌍계서실답객문(雙溪書室答客問)」[45]이라는 시는 정호가 쌍계 축요당에 머물 때 찾아온 손님에게 지어준 시이다. 다음 「쌍계축요정(雙溪祝堯亭) 대신정보정하(待申正甫靖夏)」[46] 는 정호가 쌍곡에 세운 축요정에 찾아온 신정하에게 준 시이다. 「쌍계축요당(雙溪祝堯堂), 증정부학장호(贈鄭副學丈澔)」[47]은 신정하가 축요당에서 정호에게 준 시이다. 「증정장(贈鄭丈)」[48]과 「차정장감회운(次鄭丈感懷韻)」[49]은 신정하가 정호에게 지어준 또 다른 시이다. 위에서 보았듯이 정호와 신정하가 주고 받은 시를 통해서도 당시 정호가 쌍계에 축요당을 짓고 거처했다는 사실을 알 수 있다.

1700년대 초 지금의 쌍곡 당시 쌍계는 산수미(山水美)의 감상과 풍류지식 관료들의 교유(交遊)의 현장이었다. 잠시 시(詩)·문(文)에 표현된 지금의 쌍곡구곡(雙谷九曲)의 산수경관과 실상을 살펴보기로 한다. 먼저 조유수(1663~1741)의 시를 살펴보기로 하자. 조유수는 심제현과 지금의 쌍곡구곡의 제3

42) 申靖夏, 『恕菴集』, 「祝堯堂記」, 373면. "山之水環山趾而合流者曰雙溪. 爲溪之最深處, 而萃一溪之勝者曰華叟巖. 今副學丈巖鄭公作堂其上, 名之曰祝堯."

43) 鄭澔, 『丈巖集』, 「卜居」, 한국문집총간 157, 민족문화추진회, 12면.

44) 鄭澔, 『丈巖集』, 「溪亭夜坐」, 29면.

45) 鄭澔, 『丈巖集』, 「雙溪書室答客問」, 17면.

46) 鄭澔, 『丈巖集』, 「雙溪祝堯亭 待申正甫靖夏」, 17면.

47) 申靖夏, 『恕菴集』권4, 「雙溪祝堯堂, 贈鄭副學丈澔」, 249면

48) 申靖夏, 『恕菴集』권4, 「贈鄭丈」, 249면.

49) 申靖夏, 『恕菴集』권4, 「次鄭丈感懷韻」, 249면.

곡으로 설정된 화수암(華叟巖)을 방문한다. 이때가 숙종 정해(丁亥 1707년)이다. 조유수가 연풍현감(延豊縣監), 심제현은 괴산군수 재직시절로 여겨진다. 조유수는 1706년에 연풍현감으로 부임해 와서 1711년 전근 갔다.[50) 『호서읍지(湖西邑誌)[51)』에 심제현이 군수를 역임한 기록이 있다.

「쌍계화수암동사중왕방 정해(雙溪華叟巖同思仲往訪 丁亥[1707년])」[52)를 읽어보자.

청협두천장(靑峽斗千丈) 푸른 골짜기 천 길이나 높은데,
유담담일배(幽潭湛一盃) 그윽한 못은 한 잔의 술잔처럼 맑아라.
암공화수거(巖空華叟去) 바위가 공허한 것은 화수(華叟)가 떠나갔기 때문이며,
정폐취옹래(亭敝醉翁來) 정자가 헤질러진 것은 취옹(醉翁)이 찾아왔기 때문이라.
만반은린입(晩飯銀鱗入) 저녁밥상에 은빛 물고기 반찬 차린다하여,
귀헌자마최(歸軒紫馬[53)催) 집에 돌아오느라 자마(紫馬)를 재촉하네.
산용모유미(山容暮逾美) 산 모습은 어두워지자 더욱 아름다워지는데,
여별미인회(如別美人廻) 미인(美人)을 이별하고 돌아오는 것 같네.

조유수는 1~2구에서 화수암 일대 산수의 특징을 “푸른 골짜기 천 길이나 높은데, 그윽한 못은 한 잔의 술잔처럼 맑아라.”라고 표현했다. 지금도 쌍곡은 산수가 수려하여 수많은 관광객의 발길이 어어 지고 있는 산수관광명소로 부각돼있다. 5~6구에 민물고기를 반찬으로 차려 들인다고 하여, 집으로 들어오느라 자마(紫馬)를 재촉한다. 이 표현을 통해 이곳의 민물고기의 맛이 각별하다는 사실을 알 수 있다. 필자는 1972년 고등학교 2학년 때 친구 김규원(金奎元1954~)과 처음 쌍곡리를 여행했다. 이때는 쌍곡으로 들어가는 길은 1차선 너비의 흙길이었다. 1980년대 초 2차선으로 확장, 포장했다. 그 이전까지는, 도로도 나쁘고 경제적으로 여유가 있는 때가 아니어서 관광객이 많이 찾지도 않고 주민도 많지 않아 청정지역이었다. 이때까지만 해도 민물고기를 잡아 그 자리에서 회로도 먹고 찌개도 끓여 먹었다. 어종으로는 올갱이·피라

50) 『忠淸道邑誌』, 「延豊縣」, 국립중앙도서관, 아세아문화사, 1994, 57면. 官蹟 趙裕壽 丙戌到 辛卯瓜. 즉 1706년에 부임해 와서 1711년 전근 갔다.
51) 『湖西邑誌』, 1871년(고종 8년)
52) 趙裕壽, 『后溪集』, 「雙溪華叟巖同思仲往訪 丁亥」. 규장각.
53) 자마(紫馬) : 율모마(栗毛馬) 역명자류(亦名紫騮) 밤색털의 말. 두보(杜甫) 산시(山寺) 사군기자마(使君騎紫馬), 봉옹종서래(捧擁從西來)

미·중투라미 등은 기본적으로 서식했으며, 메기·빠가살이·꺽찡이 등 비교적 맛있는 종류들이 서식하고 있었다. 7~8구에서 조유수는 쌍곡의 특출한 산수미를 미인에 비유하여 극대화하고 있다. 이렇듯 산수평론(山水評論)에 있어서, 아름다운 산수를 미인에 비유하는 산수평론이 당시의 보편적 경향이었다는 단서를 이하곤(李夏坤)의 글에서 확인할 수 있다.

> 산수(山水)를 보는 것은 미인(美人)을 보는 것과 같다. 본 것이 비록 많더라도 혹 이름을 듣고는 그 면모(面貌)를 보지 못하면, 즉 부드러운 창자가 이끌려 가듯 바로 다시 여기에 마음 두게 되는데, 이것이 실로 인정이니 우습도다.[54]

아름다운 산수자연미 감상에 대한 이하곤의 열정은, 미인에 대한 호기심을 갖는 것처럼 집착이 컸다. 이런 그의 산수취미는 여행으로 발전되어 전국의 명승지를 유람한다. 위에서 보았듯이, 아름다운 산수를 '미인(美人)'으로 평가하는 '산수평론(山水評論)'이 이하곤 등의 지식인 사이에 보편적으로 통용됐던 사정을 알 수 있다. 이후 이들의 산수평론에서 착안하여 시간이 되면 조선후기 산수평론에 대한 연구할 계획을 세웠다. 외람되나 1500년 대부터 각 시대마다 창의력을 발휘한 문학작품을 발굴하여 연구하다보니 집중적으로 연구할 시간이 부족하였다. 그러나 계속 미룰 수 없어 부득이 그간 산수평론에 대해 발표했던 논문, 그리고 호남사림과 경남사림의 화양구곡에 대한 시, 또 『호서기정』에 실린 화양구곡이 대해 연구한 논문을 모아 2017년 『조선후기 산수평론과 화양구곡한시 연구』[55]라는 책을 출간했다.

오원(吳瑗 1700~1740)의 1723년 3월 28 「호좌일기(湖左日記)」에 축요정 화수현 용추 병암(餠巖)에 대한 기록이 있다.

> 28일 아침 쌍계사(雙溪寺)를 향해 출발하는데 이씨어른(李丈)과 소생(蘇生)이 함께 갔다. 애한정(愛閒亭)을 거쳐서 갔는데 정자는 군 동쪽 10리쯤에 큰 개울에 임해있다. 고 별검 박지겸(故 別檢 朴知謙)이 남긴 별장이다. 고송이 가지가 늘어져 있으며 정자 오른쪽 한 기슭이 솟아나 있는데 또 정자를 지을 수 있다. 다파현(多坡峴[지금 다파리재라 한다-인용자 주)를 넘어 사동(寺洞: 지금의 절

54) 李夏坤, 『頭陀草』, 「侍中湖」. "觀山水如觀美人. 所閱雖多而或聞名, 未覿其面, 則柔腸所牽, 正復在是. 此 實人情可笑."李相周, 『澹軒 李夏坤文學의 硏究』, 이화출판문화사, 2003, 33면 참조.
55) 이상주, 『조선후기 산수평론과 화양구곡한시 연구』, 다운샘, 2017, 1~315면.

골-인용자주)에 들어섰다. 봉우리가 둘러싸고 골짜기가 깊은데 나무와 바위가 푸르고 높으며 무과 돌이 점점 아름답다. 길 옆에 높은 바위가 벽계(辪溪)가운데 있으며 그 위에 작은 정자가 있는데 축요당(祝堯堂)이라 한다. 물이 남쪽으로부터 흘러들어오는데 바위에 이르러 서북쪽에 맑은 담(潭)을 이루었으며, 그 북쪽이 더욱 깊고 넓으며 지극히 맑아 모래와 돌이 조금 있어 경치가 매우 맑고 뛰어나다. 머물러 앉아 점심을 먹었는데, 바람이 매우 시원하고 차가워 깊은 가을 같았다. 당 앞에 화봉현(華封峴)이라는 옛이름(故名)이 있는데 정호(鄭澔) 어른이 지은 것이다. 그 위 수백 보에 작은 암(菴)을 짓고 사자(士子)들이 독서하는 땅으로 삼았다. 시내를 따라 올라가니 자주 층층의 암반과 맑은 물웅덩이를 볼 수 있다. 5리쯤 가니 소위 병암파타(屛巖坡陁)가 있다. 그러나 그 옆에 두 절벽이 좁고 솟았으며 그 사이로 물이 쏟아져 깊은 담(潭)을 이루었다. 이로부터 깊은 추(湫)와 큰 돌이 더욱 자주 있다. 2리쯤에 용추(龍湫)를 이루었다. 반석이 가장 크고 물의 흐름이 구비치고 꺾이어 요란한데 떨어져 추(湫)를 이루었다. 깊이는 약 몇 길이 되고 너비는 수십 보이다. 그 동쪽에 석봉이 첩첩이 높고 높아 기이했다. 문득 소나기를 만나 겨우 소나무 아래로 들어가 피했는데. 이미 그쳤다. 앉은 서쪽 바위가 추(湫)에 닿았다. 낙조가 벽에 비쳐 더욱 기이했다. 백보 가량에 무위사(無爲寺)가 있다. 시내가 두 갈래 길에서 흘러내려와 절에 이르러 합류해하기 때문에 그렇게 이름을 지었다고 한다. 저녁에 서쪽 요사채에서 숙박했다. 절은 군청소재지에서 30리 떨어졌다. 괴산군에서 피리를 부는 사람이 뒤 따라왔는데 아름다운 곳에서 만나 피리를 연주하라고 했는데 또한 기뻤다.56)]

위의 기록을 토대로 해서, 필자가 추적해 본 결과, 축요당은 지금 충북 괴산군 칠성면 쌍곡리에 절골 소금강 맞은편 상류쪽 개울가 언덕 근처로 보아야한다.

---

56) 吳瑗, 『月谷集』권10, 「湖左日記」(한국문집총간 218), 한국고전번역원, 1998,487a면. "癸卯三月… 二十八日. 早發向雙溪寺, 李丈及蘇生偕. 歷□閒亭, 亭在郡東十里臨大川, 故別檢朴知謙遺業也. 古松落落離列, 亭右一麓陡出亦可亭. 踰多坡峴入寺洞, 峰環谷深, 樹巖蒼巉, 水石漸佳, 路傍陡巖, □辪溪中, 其上小亭曰祝堯堂. 水自南淙泠來, 至巖西北爲澄潭, 其北尤深廣至淸, 可數沙石. 境殊淸絶. 留坐至午飯, 風氣爽冷如深秋. 堂前有華封峴故名, 鄭丈巖澔所構. 其上數百步築小菴, 爲士子讀書之地. 沿溪而上, 屢見層磐澄泓. 五里許, 有所謂餠巖坡陁. 然其側兩壁夾峙, 亂淙瀉其間爲深潭. 自此得深湫巨石尤頻. 二里許爲龍湫. 盤石最巨, 泉流屈折喧豗, 落而成湫. 深約數丈, 廣幾十□. 其東石峰疊峙巉奇. 忽遇密雨, 僅入松下避之. 旣而止歇. 坐西巖臨湫, 落照映壁尤奇. 百許武爲寺, 溪二道來, 至寺前合流故名云. 夕宿西寮, 寺距郡治三十里. 槐郡笛人追及, 遇佳處輒令吹之, 亦可喜."

다음은 제4곡이다.

溪上新齋傍小巖 계 상 신 재 방 소 암	시냇가에 작은 바위 옆에 새로 재(齋)를 지으니,
芝蘭乘蔓綠毵毵 지 란 승 만 녹 삼 삼	지초(芝草)와 난초(蘭草)가 무성해 푸른 잎이 늘어졌네.
啼禽喚起山人夢 제 금 환 기 산 인 몽	새가 울어 깨어보니 산(山)사람의 꿈인데,
茶罷移牀坐石潭 다 파 이 상 좌 석 담	차를 마시고 책상을 옮겨 석담(石潭)가에 앉았네.

제4곡시의 내용과 「우차무이잡영(又次武夷雜詠)」의 항목으로 보아, 제4곡의 명칭은 잉수재(仍樹齋)로 보인다. 정재응은 새로 잉수재(仍樹齋)라는 건물을 지었다. 그 위치는 시내가 작은 바위 옆이다. 여기에 지초와 난초가 무성하다. 신선세계에 자생하는 신령한 풀이다. 난초는 전통적으로 사군자(四君子)의 하나이다. 군자는 인품과 학문을 겸비한 인물이다. 그러니까 새로 지은 재는 군자가 머무는 곳이라는 의미이다. 바로 정재응 자신이 선비이자 군자인 것이다. 새가 울어 잠에서 깨어났다. 이 꿈이 양대(陽臺)[57]의 꿈일 수도 호접몽(胡蝶夢)[58]일 수도 있다. 중요한 것은 이곳이 꿈 속 같은 황홀한 경지에 도달할 수 있는 장소라는 것을 강조했다는 것이다. 세월 가는 줄 모르고 신선놀이 할 수 있는 곳이며, 지금 자신은 그런 행복을 누리고 있는 것이다. 꿈에서 깨어나서 차 마시고 책상을 돌이 있는 못가 즉 석담(石潭)으로 옮겨 앉았다. 차는 머리를 맑게 해준다. 꿈에서 깨어나는 것을 가속화시켜주는 촉매물인 것이다. 꿈속에서 깨어나 완전히 현실로 돌아온 것이다.

정재응은 제4곡 잉수재가 신령한 곳에 자리 잡고 있으며, 황홀한 꿈을 꿀 수 있는 공간이라는 점을 읊었다.

다음은 제5곡이다.

57) 초(楚), 양왕(襄王)이 고당(高塘)에서 잠을 자다가 꿈에 찾아온 여인과 하룻밤 동침을 하였다. 다음날 아침 그 여인이 떠나면서 "저는 무산(巫山)에 사는 선녀인데 매일 아침이면 구름이 되고 저녁이면 비가 됩니다." 하였다. 이 고사는 남녀의 성애적(性愛的) 쾌락을 즐기는 것을 뜻한다. 이 고사로 인해 운우지정(雲雨之情)이라는 말이 생겼다. 송옥(宋玉), 「고당부(高塘賦)」.

58) 꿈속에서 자신이 나비로 변하는 것. 후대에 환몽(幻夢)을 가리키게 됨. 『장자(莊子)』「제물론(齊物論)」. "昔者莊周夢爲胡蝶, 栩栩然胡蝶也. 自喩適志與,不知周也. 俄然覺, 則蘧蘧然周也. 不知周之夢爲胡蝶與, 胡蝶之夢爲周與, 周與胡蝶則必有分矣, 此之謂物化."

雲氣溶溶水氣深 운 기 용 용 수 기 심	구름기운이 뭉게 뭉게 물기가 많아지며,
巖如花障[59]繞平林 암 여 화 장 요 평 림	바위가 화장(花障)같아 평평한 숲을 감쌌네.
子規啼罷春山靜 자 규 제 파 춘 산 정	자규(子規)의 울음 그치자 봄산이 고요해지고,
獨坐花陰有道心 독 좌 화 음 유 도 심	홀로 꽃그늘에 앉으니 도심(道心)이 생기네.

제5곡시의 내용과 「우차무이잡영(又次武夷雜詠)」의 항목으로 보아, 제5곡의 명칭은 향양헌(向陽軒)으로 보아진다. 『주역』양괘(陽卦)로 향하는 집이라는 뜻이다.

제5곡의 정경은 구름이 피어올라 물기운이 생기는 곳이다. 바위가 총총히 서있어 꽃으로 이루어진 병풍같은 곳이다. 이런 꽃바위가 평림을 둘러싸고 있다. 자규는 일명 두견새라 하며, 촉(蜀)의 망제(望帝)의 혼(魂)이라는 전설이 있는 새이다. 그만큼 애절하게 그리는 사연을 가졌다는 말이다. 애절함이 그치면 평온함이 찾아든다. 이 고요함속에 홀로 꽃그늘에 앉아있으니 도심(道心)이 생긴다. 꽃은 아름답다. 아름다운 장소에서 도심을 닦는다. 이렇듯 제5곡은 바위가 꽃병풍처럼 둘러싸인 곳으로 도심이 생기게 하는 곳이다.

다음은 제6곡이다.

終朝嗒爾俯清灣 종 조 탑 이 부 청 만	아침 내내 우두커니 맑은 물굽이를 굽어보는데,
古有何人講鐵關[60] 고 유 하 인 강 철 관	옛날에 어떤 사람이 철관(鐵關)에서 강의했나?
寶鑑垢盡明全見 보 감 구 진 명 전 견	보감(寶鑑)에 묻은 때가 없어지니 전체의 견해를 밝힐 수 있으며,
靜抱遺經意自閑 정 포 유 경 의 자 한	남긴 경전(經傳) 조용히 껴안으니 맘이 절로 한가하네.

---

59) 화장(花障): 꽃이 총총히 피어 병풍같은 모양. 맹호연(孟浩然), 「만춘와병시(晩春臥病詩)」."狹徑花障迷, 閒庭竹掃淨."

60) 철관(鐵關): 관문(關門)의 이름. 철문관(鐵門關)을 일컬음. 지금 중국 호북성 한양현(漢陽縣) 동북쪽. 『명사(明史)』, 「서역전(西域傳)」. 원(元)의 태조(太祖)가 인도(印度)를 정벌하러 가다가 철문관에 주둔했는데 각단(角端)을 보고 군사를 돌렸다.
각단(角端): 코 위에 뿔이 있으며 사람의 말을 할 수 있다. 『원사(元史)』「야율초재전(耶律楚材傳)」. 황제가 인도를 정벌하러갔는데, 각단(角端)이 사람의 말로, 호위하는 사람에게 말하기를 "너의 임금이 일찍 돌아갈 것이다."라고 했다. 초재(楚材)가 말하기를 "이 짐승은 상서로운 짐승이다." 라고 했다.

제6곡시의 내용과 「우차무이잡영(又次武夷雜詠)」의 항목으로 보아, 제6곡의 명칭은 서재(書齋)로 여겨진다. 아침 내내 가만히 앉아서 흘러가는 물굽이를 바라볼 수 있는 곳이다. 제2구에서 철관(鐵關)에서 누가 강의를 했나 묻고 있다. 철관(鐵關)과 관련하여 다음과 같은 일화가 있다. 원(元)의 태조(太祖)가 인도(印度)를 정벌하러 가다가 철관(鐵關)에 주둔했는데, 각단(角端)이 하는 말을 듣고 군사를 돌렸다는 것이다. 여기서 철관(鐵關)은 선지적(先知的) 능력을 지닌 사람이 살고 있다는 뜻과 함께 그런 사람이 강학한다는 상징적 의미를 갖고 있다. 따라서 정재응 자신이 이곳에서 강학을 했다는 것을 비유적으로 표현한 것이다. 제3구에 보감(寶鑑)에 묻은 때가 모두 떨어져 나갔다고 했다. 책을 많이 읽었기 때문이다. 그래서 얻은 성과는 책 전체의 내용을 밝힐 수 있을 정도로 박학(博學)해진 것이다. 남긴 경전을 가지고 공부하니 맘이 절로 한가하다. 학문을 통해 얻어지는 지적(知的) 쾌감의 극치에 도달했다는 증거이다. 책을 통해 도심(道心)을 일으키고 책을 통해 지식을 얻는다. 좋은 책이 있는데도 몰라서 못 보는 것은 매우 불행한 일이다. 안보면 손해이다. 일생동안 자신의 인생을 바꿀 한 권의 책을 쓰고, 남의 인생을 바꿔줄 한 권의 책을 쓰자. 한 권의 책이 자신과 국가의 운명을 바꿀 수 있기 때문이다. 제6곡은 강학을 할 수도 있고, 경전의 뜻을 터득하여 지적(知的) 즐거움을 느낄 수 있는 곳이다.

다음은 제7곡이다.

向晩携筇過石灘 향 만 휴 공 과 석 탄	해질녘 지팡이 짚고 석탄(石灘)을 지나는데,
龍歸雲濕跡猶看 용 귀 운 습 적 유 간	용이 구름 속으로 돌아가 그 자취를 볼 수 있네.
雨餘飛瀑爭噴薄 우 여 비 폭 쟁 분 박	비 나린 후 날리는 폭포는 물 뿜기를 다투고,
盡日淸風五月寒 진 일 청 풍 오 월 한	하루 종일 맑은 바람 불어 오월에도 썰렁하네.

제7곡시 제2구에 "용이 구름 속으로 돌아가 그 자취를 볼 수 있네."라는 싯구가 있다. 대개 구곡의 순서를 정할 때 하류부터 1곡을 정하고 상류쪽에 9곡을 정한다. 이런 정황으로 보아 제7곡은 지금 용추(龍湫)라 부르는 곳을 가리키는 것으로 보인다. 저녁 무렵 지팡이 짚고 석탄(石灘)을 지나는데, 용이 올라가는 자취를 볼 수 있다. 실제 용을 보아서가 아니다. 상상의 눈으로

보는 것이다. 신령한 장소라는 점을 천명하기 위해 동원한 상투적 비유법이다. 비가 오고나면 폭포수 물줄기가 더욱 힘차고 거세진다. 그 현상을 다툰다고 표현한 것이다. 폭포수 주변에는 오존과 음이온이 많아 훨씬 시원하고 상쾌한 기분을 느낄 수 있다. 오월 한 여름에, 용추가 물을 뿜어낼 때, 바람이 일어난다. 그래서 하루 종일 맑은 바람 불어 오월에도 썰렁한 것이다. 제7곡시에서는, 폭포가 지극히 시원하면서도, 신령한 분위기를 자아내는 비경이라는 점을 잘 표현했다.

다음은 제8곡이다.

釋迦古趾洞門開 석 가 고 지 동 문 개	석가모니 옛 발자취 동문(洞門)에 열렸으며,
二水中分抱石洄 이 수 중 분 포 석 회	두 물줄기 나뉘어져 돌을 안고 도네.
天女飛花[61]皆影事[62] 천 녀 비 화 개 영 사	천녀(天女)가 꽃을 날리는 것 모두 영상(影像)이며,
千秋只許俗人來 천 추 지 허 속 인 래	천추(千秋)에 다만 속인(俗人)이 오는 것을 허락하네.

제8곡시의 내용과 쌍곡리 절말의 지형지세로 보아, 제8곡의 명칭은 이계사(離溪寺)[63]로 보아도 무방하다. 지금은 존재하지 않는다. 충청북도 괴산군

61) 천녀비화(天女飛花): 천녀산화(天女散花) 불가어(佛家語) 천녀(天女)는 여신(女神) 유마경(維摩經)에, 유마힐(維摩詰)의 집에 천녀(天女)가 있었는데, 천녀가 여러 대인(大人)들을 보고 그 설법하는 바를 듣고는, 현신(現身)하여 천화(天華)를 모든 보살과 대제자(大弟子)들에게 뿌리자, 꽃이 모든 보살(菩薩)들에게서 떨어져 나갔는데, 일체(一切)의 제자(弟子)들에게서는 떨어져나가지 않았다. 제자들이 신력(神力)으로 제거하려했으나 제거할 수 없었다. 천녀가 사리불(舍利佛)에게 무슨 이유로 꽃을 제거하려 하느냐고 묻자, 사리불이 이 꽃은 법(法)과 같지 않기 때문이라 했다. 천녀가 말하기를, “이 꽃을 법과 같지 않다고 하지 말라. 이 꽃은 분별(分別)할 바가 없으니, 어진 사람은 스스로 분별할 수 있는 생각을 타고 난다. 여러 보살을 볼 때, 꽃이 붙어있지 않는 사람은 일체(一切) 분별(分別)하는 생각을 끊은 것이다.” 라고 했다. 이는 다음과 같은 비유로 쓰인다. 사람이 두려워할 때에 그 마땅하지 않는 사람이 문득 그것을 얻으면, 이 제자와 같이 생사(生死)를 두려워한다. 그래서 색(色)・성(聲)・향(香)・미(味)・촉(觸)에 있어, 문득 그것을 얻어도, 이미 두려움을 벗어난 사람은, 일체(一切) 오욕(五欲)을 행하는 것이 없다. 『유마경(維摩經)』, 「관중생품(觀衆生品)」.

62) 영사(影事): 불교용어. 일의 영상(影像) 『능엄경(楞嚴經)』. “縱滅一切見聞覺知, 內守幽閉, 猶爲法塵分別影事. 「범성대시(范成大詩)」. 有爲皆影事, 無念卽生涯.”

63) 이계사(離溪寺)는 권상노(權相老), 『한국사찰전서(韓國寺刹全書)』, 동국대학교, 1979. 는 수록되지 않았다. 규장각(奎章閣) 소장, 『충청좌우도도회아사세지도(忠淸左右道都會衙舍細地圖)』, 「괴산군지도(槐山郡地圖)」에 칠보산(七寶山) 근처에 쌍계사(雙溪寺)라는 절이 표시되어 있다. 전반적인 상황으로 보아, 쌍계(雙溪)의 이름을 따서, 이계사(離溪寺)를 통칭 쌍계사(雙溪寺)라 한 것으로 보인다.

칠성면 쌍곡리 절말, 합수머리 근처에 절이 있었는데, 그곳이 이계사가 있던 곳으로 추정된다. 1982년경까지 작은 부도가 소나무 아래 있었는데, 그후 언제인지 모르나, 사람의 손을 탔다. 제1구의 '석가모니 옛 발자취가 동문에 열렸다'는 말은 바로 절이 이 계곡 안에 있다는 말이다. 그 위치는 제2구에서 보듯이, 두 물줄기 나누어지고 돌을 안고 돌아가는 곳이다. 다시 말해 두 물줄기가 만나는 곳이다. 그래서 절 이름을 '이계사(離溪寺)'라 한 것이다. '시내가 만나는 곳에 있는 절' 이라는 뜻이다. 이때 '이(離)'는 '만나다'라는 뜻이다. 김만중(金萬重)이 송강(松江)의 「사미인곡(思美人曲)」을 평해 '동방(東方)의 이소(離騷)'라 했다. 여기서도 '이(離)'는 '만나다'라는 뜻이며, 소는(騷)는 '시름 소'로 '시름을 만나다'라는 말이다.

제3구에서는 절의 상징적 특징을 표명한 것이다. "천녀(天女)가 꽃을 날리는 것 모두 영상(影像)이다." 라고 했다. 천녀산화(天女散華)의 고사와 관련해서 생각해보자. 절은 불심이 깊어서 오욕에 현혹되거나 오욕을 두려워하지 않는 초탈의 경지에 이른 사람이 수양하는 곳이라는 것을 밝힌 것이다. 이런 불가의 수도 도량인 이계사에 천 년만에 즉 매우 오랜만에 속인이 찾아오는 것을 허락했다. 이 절은 너무 깊고 한적한 곳에 자리하고 있어, 찾아오는 사람이 뜸하다는 말이다. 제8곡에서는 이계사라는 절이 속세 밖에 자리하고 있다는 점을 천명했다.

심제현의 「괴강록(槐江錄)」을 보자. 1700년대 중반 이계사의 대략적인 실상을 알 수 있는 자료가 귀한 상황에서 심제현의 이글은 대단히 귀한 기록이다. 필자가 심제현이란 이름을 처음 접한 것은 1988년경이다. 박사학위논문 제목을 「담헌 이하곤 문학의 연구(澹軒 李夏坤 文學의 硏究)」로 정하고, 그의 문집 『두타초(頭陀草)』를 읽다가 「윤문백경구애사(尹文伯敬龜哀辭)」를 접하게 되었다. 여기에 심제현이 재주가 높고 학문이 꽉 찬 사람이나, 불우하여 사림(士林)들이 애통하게 생각하는 사람 중의 한 사람이라는 대목을 읽게 되었다. 위의 기록에 주목하여 심제현의 가계와 문집에 대해 추적한 결과 그의 문집 『죽재폐추(竹齋弊箒)』[64]가 국립 중앙도서관에 필사본인 상태로 전해오는 것을 확인했다. 그는 여행을 많이 다녔으며 기록으로 남겨놓아, 당시 그 지역의 실상을 이해하는데 도움이 된다. 그와 그의 기행록에 대해서 본격적으

64) 심제현,『竹齋弊箒』, 不分卷 7책, 국립중앙도서관, 한- 46- 가1799 寫本 27.8cm 18.8.cm

로 연구되지 않았다. 필자가 「쌍곡구곡(雙谷九曲)과 관련 시(詩)·문(文)에 대한 고찰」이라는 논문에 다음 「괴강록(槐江錄)」의 내용을 소개한 바 있다.

나는 쌍계(雙溪)[65]의 천석(泉石)에 대해 아직 알 지 못했다. 의중(毅仲)[66]이 폭포[67]를 스스로 자랑하기를, 매번 기이하다 하고, 연풍(延豊)이 괴산(槐山)보다 낫다고 매번 말했는데, 내가 응대하지 않았다. 후에 쌍계(雙溪)의 동쪽으로 놀러 갔는데, 의중(毅仲)이 말하기를 "쌍계(雙溪)는 아늑하고 오묘하여, 진실로 폭정(瀑亭)[68]보다 나으니, 전에 운운했던 바는, 거의 이밀(李密)이 진황(秦王)을 보지 못한 것뿐이다."라고 했다. 의중(毅仲)이 자못 그것을 그렇게 여기지 않았었으나, 쌍계정(雙溪亭)[69]을 지나게 되니 비로소 기이하게 여긴 것이다. 내가 시에 "고요한 텅 빈 계곡에 가인(佳人)이 있으니, 쌍곡을 자못 공에게 자랑하는 것을 비웃지 말라."라고 읊었다. 폭포가 산을 가득 채워 진(秦)을 보지 못하여, 의중(毅仲)이 이와 같이 산수에 대해 제대로 비교하지 못한 것이다. 정해년(丁亥年, 1707년) 여름, 내가 더위를 먹어서 술을 끊었는데, 의중(毅仲)이 나에게 편지를 하기를 "향기로운 연꽃을 버물려서 술을 담갔다가 걸러서, 하나의 잎으로 나눠 마시세."라고 했다. 또한 시를 지어 주기를 "근래에 들으니 심태수가, 몸이 날씬해져서 술을 끊었다네. 한 잎의 청하주(青荷[70]酒)를, 멀리서 나눠 마시는 것이 더위를 물리치는 처방이라네."라고 했다. 내가 그에 대해 일컫기를 "병이 나서 홍우(紅友)[71]를 소홀히 했더니, 장사꾼이 홍벽하(鴻碧荷)를 가지고 왔네. 흘러가는 노을을 한꺼번에 가득 끌어들여, 술 취하여 들어간들 어떠하리?"라고 했으니, 대개 육반다낭(六斑茶[72]囊)을 서로 주었다고 한 고사와 같은 것이다.[73]

---

65) 쌍계(雙溪) : 지금 충북 괴산군 칠성면 쌍곡리 쌍곡계곡. 절말의 동쪽 쌍곡폭포 쪽에서 흐르는 시내와 동남쪽 제수리치 쪽에서 흐르는 시내가 만나서 그렇게 부른 것으로 짐작된다.

66) 의중(毅仲) : 충북 괴산군 연풍면 수옥폭포를 발견하고, 수옥정(漱玉亭)을 지은 조유수(趙裕壽)의 자(字)

67) 폭포(瀑布) : 지금 충청북도 괴산군 연풍면 에 있는 수옥폭포. 수옥정 폭포라고도 한다. 조유수가 수옥정을 세운 데에서 유래함.

68) 폭정(瀑亭) : 지금 충청북도 괴산군 연풍면 에 있는 수옥폭포 근처에 있던 수옥정. 조유수가 세운 것임.

69) 쌍계정(雙溪亭) : 지금 충청북도 괴산군 칠성면 쌍곡리 소금강 근처에 정호가 세웠던 축요정이다.

70) 청하(青荷) : 청색의 연잎.

71) 중국의 소식(蘇軾)이 황토촌(黃土村)이라는 마을에서 농부에게 받은 술. 따라서 술을 일컬음.

72) 육반다(六斑茶): 차의 이름. 『雲仙別錄』. "樂天方八關齋, 劉禹錫正病酒, 乃饋菊苗齏·蘆菔鮓, 換取樂天六斑茶, 以醒酒."

73) 沈齊賢, 『竹齋弊箒』, 「槐江錄」. "余之未得雙溪泉石也. 毅仲自誇瀑, 每稱奇而每稱延勝於槐, 余無

우선 심제현의 「괴강록(槐江錄)」기록을 통해 지금의 쌍곡을 전에는 쌍계(雙溪)라고 불렀다는 사실도 확인했다. 그 앞 세대 노수신(盧守愼, 1515~1590)의 시에도 쌍계(雙溪)[74]라고 표기했다. 이로 보아, 지금 쌍곡이라 부르는 계곡을, 전에는 쌍계(雙溪)라고 불렀던 사실을 재확인할 수 있다.

윗글에서 우리가 관심을 가지고 볼 대목은, 이들이 산수에 대한 평론을 하고 있다는 점이다. 조유수는 수옥정 폭포가 낫다고 평했다. 그러나 직접 쌍곡의 산수를 와서 보고는, 아늑한 것을 기준으로 하여 쌍곡의 산수가 수옥정보다 낫다고 했다. 이렇듯 일정한 기준에 의하여 공평하게 산수를 비평하는 산수평론을 하고 있다.

윗글에서 친구 간에 해학적인 농담을 주고받으며 친구간의 우의를 돈독히 하는 장면을 볼 수 있다. 심제현이 더위를 먹어 술을 끊게 되자 조유수가 편지와 시를 써서 희롱한다. 이에 심제현이 고사를 원용하여 응수한다. 두 사람 해학의 수준과 시의 수준이 막상막하이다. 이를 통해 당시 사대부들의 운치 있는 풍류를 엿볼 수 있다.

이번엔 제9곡이다.

努力躋攀勢豁然 노 력 제 반 세 활 연	휘어잡고 올라가니 지세가 탁 트였으며,
南隣離嶽北槐州 남 린 이 악 북 괴 주	남쪽으로는 속리산(俗離山) 북쪽으로는 괴산(槐山)일세.
殘年獨抱春秋傳 잔 년 독 포 춘 추 전	남은 생애 홀로 『춘추전(春秋傳)』을 안고 있는데,
地接巴溪[75]小洞天 지 접 파 계 소 동 천	땅은 파계(巴溪)와 인접하니 '작은 화양동(小 華陽洞)'일세.

제9곡의 지리적 위치에 대해 제2구에 설명해놓았다. "남쪽으로는 속리산 북

以應. 後遊雙溪東, 毅仲曰 雙溪幽妙, 誠過瀑亭, 而前所云云, 殆是李密未見秦王耳. 毅仲殊不然之, 及過雙溪亭始奇. 余詩曰窈窕空谷有佳人, 莫笑雙溪殊詫公. 瀑滿山未見秦, 毅仲之無競於山水如此. 丁亥之夏, 余病暑斷酌, 毅仲柬余曰凝香蓮, 釀發醅聊, 以一葉分餉, 且寄詩曰 近聞沈太守, 淸瘦斷深觴. 一葉靑荷酒, 遙分却暑方. 余稱之云, 病起踈紅友, 價來鴻碧荷. 流霞一引滿, 醉臥入無何, 盖似六斑茶囊相贈之故事耳."

74) 盧守愼, 『蘇齋集』, 「登東皐」, 한국문집총간 35, 민족문화추진회. 「登東皐」 "… 疊嶂高低立, 雙溪會合流. 徘徊不盡興, 半野日華收."

75) 파계(巴溪): 지금 화양구곡 제9곡 파곶(巴串)이다. '파곶(葩串), 파곶(巴串)·파곡(葩谷)·파곡(巴谷)·파계(巴溪)' 등으로 표기했다. 이상주(李相周), 「'선유팔경(仙遊八景)'의 '화양구곡(華陽九曲)'·'선유구곡(仙遊九曲)'에로의 분화변천과정과 기타 관련문제」, 『중원문화논총(中原文化論叢)』 제6집, 충북대학교 중원문화연구소, 2002.

쪽으로는 괴산일세.” 이 대목으로 보아 제9곡은 칠보산(七寶山)으로 여겨진다. 칠보산(七寶山)은 지금 충청북도 괴산군 칠성면 태성리에 있는 산이다. 쌍곡계곡에서 정상을 바라볼 수 있다.

제3구에서 정재응은 자신의 남은 생애의 목표를 밝혀놓고있다. 일생동안 『춘추전(春秋傳)』을 안고 살겠다고 했다. 『춘추전(春秋傳)』은 춘추시대의 역사책이다. 여기서는 춘추대의(春秋大義)를 중시하는 뜻으로 쓰였다.

제4구의 파계(巴溪)는, 지금 화양구곡(華陽九曲) 제9곡 ‘파곶(巴串)’을 가리키는 말이다. 그러나 여기서는 화양구곡 전체를 가리킨다. 뒤에 나오는 ‘소동천(小 洞天)’은 ‘쌍계동천(雙溪洞天)’을 ‘작은 화양동천(華陽洞天)’ 즉 ‘소화양동(小 華陽洞)’이라 간주한 것이다. 이는 쌍계의 산수에 대한 애호심과 우암에 대한 숭모심의 극대적 표현이다.

정재응은 우암을 매우 숭모했으며, 장암 정호는 우암의 제자이다. 정재응 자신은 우암의 5대손인 송환기의 제자이다. 화양동은 조선유학사에서 조선후기 서인계(西人系)와 노론당(老論黨)의 성지(聖地)이다. 오늘날 기독교인이 성지를 순례하듯이, 조선 유학자들은 화양동을 순례했다. 정재응도 그랬다.[76] 제3구에서 정재응은 송시열이 그랬듯이, 춘추대의(春秋大義)를 지키며 일생을 마칠 의지를 밝히고 있다. 제4구에서 스스로 ‘쌍계(雙溪)’를 ‘소 화양동천(小 華陽洞天)’이라 했으니, 자신은 ‘소우암(小尤庵)’이라는 자부심을 은근히 내포시키고 있다.

5. 맺음말

『중용(中庸)』에 “효자(孝者), 선계인지지(善繼人之志), 선술인지사자야(善述人之事者也)”라고 했다. “효도는 선조가 남긴 뜻을 잘 계승하고, 선조가 남긴 사적(事蹟)을 잘 기술하는 것이다.”라는 뜻이다. 정재응의 선조인 송강(松江) 정철(鄭澈)은 일찍이 쌍계(雙溪)의 수석(水石)을 승지(勝地)로 여기고, 나무에 의지하여 집을 짓고 여생을 보낼 뜻을 세웠으나 실현하지 못했다. 이런 선조의 뜻을 명심하고 있던 정재응은 이를 대신 실현하기 위해 신미년(辛未年

76) 정재응, 『잠재집(潛齋集)』 권5, 「華陽行中日記」.

1811년)에 쌍계리(雙溪里) 즉 지금의 충북 괴산군 칠성면 쌍곡리(雙谷里)로 이주했다. 이렇듯 정재응이 쌍계구곡을 설정한 것은 선조인 정철의 염원을 산수자연적으로 실천한 것이며 상현정신(象賢精神)과 숭조정신(崇祖精神)의 발로이다.

그는 정주(程朱)의 학문(學問)을 강학하고 율곡과 우암을 숭상하고 그 학행을 실천했다. 정재응이 쌍계(雙溪)로 이사하고 지은 시가 여러 편인데, 쌍계에 대한 내용과 주자(朱子)의 시에 차운한 시이다. 이를 통해 정재응의 쌍계에 대한 관심과 주자에 대한 숭모심을 알 수 있다.

정재응이 쌍계구곡을 설정했다는 사실을 알 수 있지만, 쌍계구곡의 구체적인 명칭을 확인할 수 없어 안타깝다. 필자가 「우차무이잡영(又次武夷雜詠)」이라는 시와 다른 기록 및 현지 지형지세 유물유적 등을 참고하여, 쌍계구곡의 명칭을 추정해보았는데, 크게 어긋나지는 않을 것이다.

정재응의 「근차주선생도가운 십수(謹次朱先生櫂歌韻 十首)」는 「무이도가(武夷櫂歌)」의 형식을 수용한 바, 무이구곡에서 「무이도가(武夷櫂歌)」를 지었던 주자의 사상과 문학적 영향이 1800년대 초반까지 지속되었다는 사실을 알 수 있는 일례적인 작품이다. 이 시의 표현의 대체적인 특징은, 먼저 쌍계구곡의 현장을 읊고 뒤에 자신의 감정을 이입하는 전경후정식(前景後情式)의 표현법을 구사했다. 한시(漢詩)의 전형적인 표현방식을 구현했으니, 표현미학적 관점에서도 일정한 수준을 유지했다고 평가할 수 있다. 제9곡 시에서 정재응은 쌍계를 '소 화양동(小 華陽洞)' 이라 했는데, 그 내면에 자신은 '소 우암(小 尤庵)'이라는 자부심을 은근히 내포시키고 있는 것이다.

정재응의 고조(高祖)인 준(濬)은 장암(丈巖) 정호(鄭澔 1648~1736)와 8촌사이다. 정호(鄭澔)는 정철의 현손(玄孫)이다. 정호는 쌍계에 화수암(華叟巖)에 축요당(祝堯堂)을 짓고 은거한 적이 있다. 이때 그와 교유했던 신정하(申靖夏 1680~1715)·연풍현감 조유수(趙裕壽 1663~1741))·괴산군수 심제현(沈齊賢 1661~1713)이 이곳을 여행하고 시문을 지었다. 쌍계에는 이계사(離溪寺)도 있었다. 쌍계사(雙溪寺) 무위사(無爲寺)라고도 불렀다.

신정하가 찾아와서 정호와 시를 주고받았다는 사실을 알 수 있다. 조유수는 시를 남기고, 심제현은 기행산문을 남겨놓아 당시 쌍곡계곡의 실상을 알 수 있게 됐다. 그들은 시에서 비유적 표현을 통해 쌍곡의 산수가 절경이라는 사실을 부각했다. 또한 정호는 쌍곡이 산수가 수려하여 은거했다는 점을 비유적으로 읊고 있어, 쌍곡이 산수가 빼어난 명승지라는 사실을 시를 통해 알 수 있다. 쌍곡 관련 시와 산문을 통해서, 친구 간에 해학적인 농담을 주고받으며, 지인(知人)간에 우의를 돈독히 하는 장면을 볼 수 있다. 또 그들의 시와 산문을 통해, 당시에 산수평론(山水平論)이 보편화됐던 징후를 확인했다.

신정하의 「축요당기(祝堯堂記)」를 통해 정호가 은둔한 사연을 알았다. 정호가 축요정에서 신정하에게 화답한 시 「쌍계축요정 화신정보정하운(雙溪祝堯亭 和申正甫靖夏韻)」를 보았다. 이 시에서 정호는 존주대의(尊周大義)는 신(神)까지 질정할 수 있다는 주장을 폈다. 그는 『춘추(春秋)』를 읽으며 춘추대의를 지키며 은구(隱求)하겠다는 강렬한 의지의 표명했다. 정호(鄭澔)의 춘추대의(春秋大義) 정신을 알 수 있어, 당시 사대부들의 정신세계의 일단을 확인할 수 있다.

정재응은 쌍계계곡을 속인(俗人)은 찾지 않는 선경(仙境)으로 간주했다. 지금은 속인의 천지가 되었다. 이곳 쌍계계곡에 머물고 있는 시간만이라도 '신선의 풍채요 도인의 골격'인 선풍도골(仙風道骨)의 기상을 견지(堅持)하기 바란다. 이렇게 산수가 수려한 쌍계의 자연을 잘 보전하여, 다음세대도 현실세계에 존재하는 신선세계(神仙世界)에서 정신적 위안을 느낄 수 있도록 해주자.

다음으로 2002년 여름 필자는 충북 괴산군 칠성면 쌍곡리 병암(屛巖) 세칭 떡바위에 조성돼있는 주요한 유적을 발견했다. 고인돌로 보이는 제일 큰 바위 상면(上面)에서 '갈아내기'방법으로 조성된 성혈(性穴) 5개를 확인했다. 2개는 정운호청덕불망비(鄭雲鎬淸德不忘碑)를 건립하면서 암면을 평평하게 하기 위해 갈아내어 남아 있지 않다. 파놓은 성혈을 연결해보면 북두칠성 모양이다. 이곳에 북두칠성을 숭배하는 부족이 바윗돌은 제단(祭壇)으로 쓰였던 것으로 추정된다. 지금 괴산군 칠성면 일대에 제천의식(祭天儀式)을 거행하던 하나의 집단이 살고 있었던 것을 알 수 있다. 지금 칠성면 도정리에 거대한 고인돌이 7개 이상 남아있다. 보다 정확하고 구체적인 내용을 규명하기 위해, 고고학적 조사를 실시해야할 것이다. 또 표면을 잘 다듬은 자연석을 바위 틈 사이에 끼워서 세워놓았다. 이 표면에 농협의 상징(象徵) 휘장(徽章)으로 사용하고 있는 복주머니(돈주머니)모양의 문양이 새겨져있다.[77] 전체적인 모양

77) 2004년 4월 11일 일요일 충북문화유산답사회 한수현(韓秀玹)회원과 동행하여 탁본하여 확인했다.

이 무엇을 담는 주머니 모양은 분명하다. 우리 조상들이 주머니에 물건을 많이 담을 수 있게 해달라고 기원하여 새긴 것으로 보인다. 이도 처음 발견하여 소개하는 것이다. 이렇듯 '고인돌과 선돌'이 동일 장소에 병립해있는 경우도 드문 것 같다. 필자는 이 문양의 명칭을 "쌍곡리 복주머니 모양을 새긴 선돌"이라 부르겠다. 사람이 풍요를 열망하는 원초적 이상이 면면히 이어져 농협휘장으로 형상화된 것이다. 이 문양이 내포한 의미와 용도에 대해서 심도 있는 연구가 이루어져야할 것이다. 위의 북두칠성모양의 성혈과 복주머니모양의 암각문양은 사실은 학계에 보고되지 않은 새로운 발견으로, 필자가 학계 처음으로 소개했다[78].

---

78) 이상주(李相周), 「쌍곡구곡(雙谷九曲)과 관련 시(詩)·문(文)에 대한 고찰」, 『동방한문학(東方漢文學)』제26집, 동방한문학회, 2004. 이상주(李相周), 『충북의 구곡과 구곡시 - 선인의 길을 따라 한시와 자연속으로-』, 충북학연구소, 2007.

이융조 외, 「중원지방에서 새로이 찾은 고인돌유적(1)」, 『호서문화연구(湖西文化硏究)』, 충북대 호서문화연구소(湖西文化硏究所), 1988. 4988면. 이들은 쌍곡 인근인 충북 괴산군 칠성면 도정리 일대의 고인돌에 대해 조사했으나, 쌍곡구곡 떡바위의 성혈(性穴)에 대해서는 언급하지 않았다. 이로 보아 이들은 당시에 이것을 발견하지 못했다는 것을 알 수 있다.

필자는 그간 '구곡문화관광특구'를 여러 차례 정밀하게 답사를 했다. 이 과정에서 새로 발견한 성혈(性穴)을 소개한다. 발견연도와 위치를 명기한다.

가) '구곡문화관광특구'에서 새로 발견한 성혈
① (2001년) 괴산군 청천면 화양리 화양구곡 제2곡 운영담 개울가 바위. (2003년경) 화양리 금성민박 옆 암반.
② (2001년)
ㄱ 괴산군 칠성면 갈론리 갈은천 입구 2개
ㄴ 괴산군 칠성면 갈론리 갈은천 중간 동네앞 1개
ㄷ 괴산군 칠성면 갈론리 집바위 근처 2개: 하나의 집단이 거주했다는 증거이다.
③ (2002년) 괴산군 칠성면 쌍곡리 떡바위: 괴산군 최대의 '고인돌 성혈'
나) 기타지역에서 새로 발견한 성혈
① (2002년)
ㄱ 청원군 상야리 1구 동네 개울가 (암반 제단): 청원군 최대의 '암반(巖盤) 성혈'.
ㄴ 청원군 상야리 1구 '상야교(上野橋)'에서 오른쪽 개울가 절터 근처
② (2003년 5월 24일 토요일) 충북 충주시 탑평리 중앙탑 하단
③ (2003년 6월 말) 청주시 보살사 탑 바닥 돌 1개
④ (2003년 7월 16일 수요일) 충북 충주시 상모면 미륵리 '미륵대원사' 가는 길 오른쪽 머리만 남은 불상 받침돌
다) 본래 장소에서 옮겨온 성혈(연도는 필자가 목격한 연도)
① (2001년) 충북대 박물관: 문의 대청댐 수몰당시 학술조사시 옮겨다 놓음.
② (2002년) 청주 고인쇄박물관 광장
③ (2003년 7월 28일) 청주대학교 경상대학 운동장 가 : 성혈의 조성방법을 엿볼 수 있는 유적
라) 새로 발견한 고인돌
① (2002년)고인돌 : 단재교육원 입구 개울가 탁자식 고인돌

이제 이 연구를 토대로 해서 쌍곡구곡이 산수문화관광지로서 보다 각광을 받고 널리 알려지기를 바란다.

좌측 사진: 2002년 발견 확인한 쌍계구곡 내 떡바위 고인돌 사이에 세운 한국유일의 복주머니 문양 암각화

우측 사진: 2013년 3월 23일 토요일 중원대학교 한국학과와 종교문화학과 개학연수 후 복주머니 문양 암각화와 북두칠성 모양의 성혈을 파놓은 바위를 답사하는 장면.

5장. 괴산군 청천면 선유팔경(仙遊八景)의 설정자 이녕(李寧)의 가계와 생애

1. 머리말

괴산군 청천면 소재의 선유동은 이름 그대로 신선이 노니는 동네다. 그런데 선유동에는 실제 신선적(神仙的)인 인물이 있었다. 그 이름은 이녕(李寧 중종 9년 1514년~선조3년 1570년 이후 어느 시기)이다. 그는 선유동(仙遊洞)에 선유팔경(仙遊八景)을 설정하고 그곳에서 신선처럼 살았다. 선유동은 이 사람으로 하여금 선취적(仙趣的) 운치를 더 해주고 있다. 이렇듯 선유동은 신선이 살 만큼 산수가 수려한 곳으로 꼽혔다. 그러나 그에 대한 연구는 이루어지지 않았다. 그렇게 된 근본적인 이유는, 첫째 이제껏 이녕이 선유동에 은거하며 팔경의 설정에 관여했다는 사실을 아는 사람이 없었다. 그렇기 때문에 그에 대해 연구해야한다는 생각 자체를 할 게재가 되지 못했다. 둘째 자료를 구득하기가 어려웠기 때문이라고 할 수 있다. 나는 최근 몇 년 전부터 '충북(忠北)의 구곡문화권(九曲文化圈)'에 대한 구체적인 연구작업을 지속해왔으며, 이를 '구곡문화관광특구(九曲文化觀光特區)'라 명명하였다. 즉 구곡(九曲)을 중심으로 하여 구곡(九曲)과 관련된 인물과 한시(漢詩) 중에 주로 연구되지 않은 자료를 색출하여 연구했다. 선유동도 그 대상중의 하나였기 때문에 선유동에 관한 자료를 광범하게 탐색해 왔다. 그러던 중 최근 필자는 선유팔경의 설정자인 전설적(傳說的)이며 신선적(神仙的)인 은자(隱者) 이녕(李寧)에 대한 획기적인 자료를 만나게 되었다. 바로 이만헌(李萬憲 1608~?)의 문집인 『소산공문집(小山公文集)』[1]인데, 필자가 처음 학계에 소개하는 것이다. 이

---

1) 이만헌(李萬憲), 『소산공문집(小山公文集)』, 편집자 이필영(李苾榮), 1922년 간행. 1922년에 간행된 『경주이씨파보(慶州李氏派譜)』를 통해 이만헌(李萬憲)의 가계와 생애를 개괄한다. 자(字)는 백식(伯式)이요, 호(號)는 소산(小山), 다른 호(號)는 상우당(尙友堂)이다. 성균관(成均館) 사마시(司馬試)에 합격했으며, 문장덕업(文章德業)으로 일세에 명성이 들렸다. 서울의 사대부(士大夫)가 추천하여 특별히 세마(洗馬)에 제수되었으나, 벼슬하지 않았으며, 산장(山丈)에 추천했으나, 사양했으며, 태서(兌書)를 했다. 문집이 세상에 유행한다. 묘소는 지금 충북 청원군 북이면 석화리 교동에 있다. 다음은 1922년에 간행한 『경주이씨파보(慶州李氏派譜)』를 통해본 경주이씨 시조인 알평공(謁平公)으로 부터 수락동서계공파(水落洞西溪公派)의 가계도이다. 알평공(謁平公)으로 부터 23세 공린(公麟)→ 24세 제8남 곤(鯤)→ 25세 제4남 이자(李滋)→ 26세 이득윤(李

책에 언급된 내용을 근거로 하여, 필자는 그에 대한 적잖은 자료를 색출하였다.2) 이제 이 자료들을 통해서 선유동의 산수미만큼이나 이채로운 이녕의 면모를 살펴보자.

2. 선유팔경(仙遊八景)의 설정자 이녕(李寧)의 가계와 생애

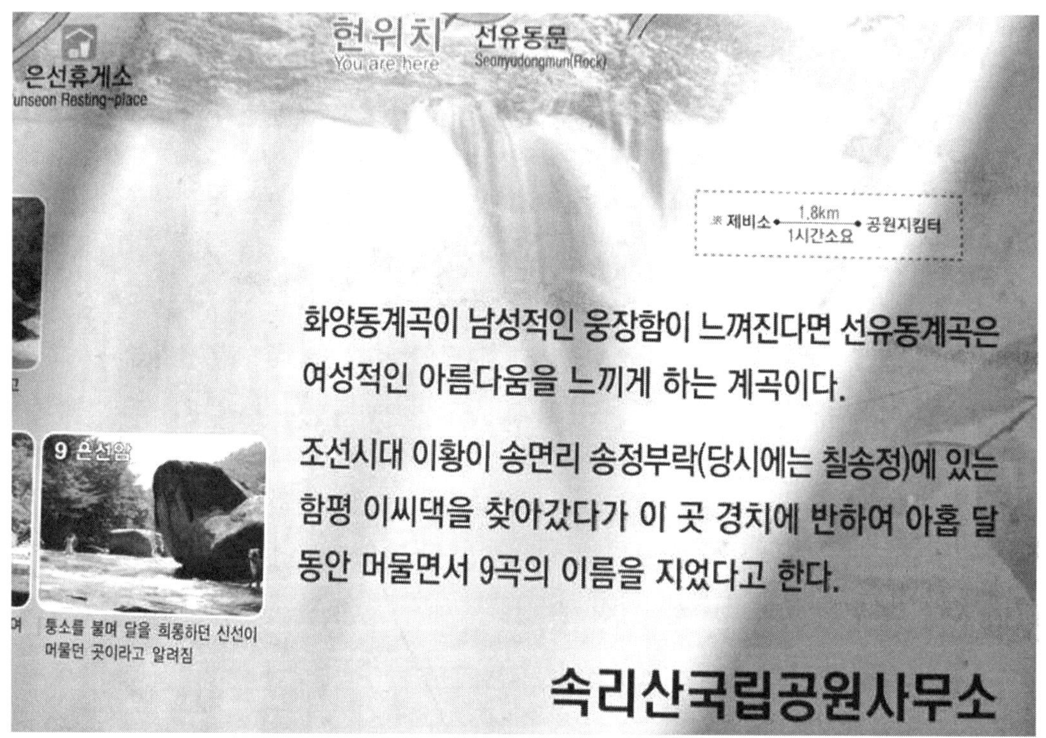

"조선시대 이황이 송정부락(당시에는 칠송정)에 있는 함평이씨댁을 찾아갔다가 이 곳 경치에 반하여 아홉 달 동안 머물면서 9곡의 이름을 지었다고 한

得胤)→ 이홍유(李弘有: 만력 무자 萬曆 戊子 1588~현묘 신해 顯廟 辛亥 1671. 84세)→ 이만헌(李萬憲)→ 진백(震伯) [숭정 崇禎 1640~영묘 정사 英廟 丁巳 1737년 88세에 졸함]이다. 『경주이씨파보(慶州李氏派譜)』와 『소산공문집(小山公文集)』소재(所載) 「소산공행장(小山公行狀)」에 생졸년이 기록되어 있지 않다. 다만 이만헌의 아버지 이홍유(李弘有)의 문집 『둔헌선생문집(遯軒先生文集)』소재(所載) 이홍유의 연보에, "무신(戊申) 장자 만헌생(長子 萬憲生)" 즉 "무신년(戊申年 1608년)에 장자(長子) 만헌(萬憲)을 낳았다."라는 단편적인 기록이 있어 그의 출생년도를 알 수 있을 뿐, 죽은 해는 알 수가 없다.

2) 박지화(朴枝華)・성운(成運)・송인(宋寅)・이정(李禎)의 문집에 수록된 내용은, 필자가 처음 논고하는 것이다.

다.”라는 안내판. 2013년 3월 23일 촬영.

위의 안내문에서 보듯이 선유구곡은 이황(李滉)이 설정한 것으로 지금까지 알려져 왔다. 이는 1969년 김종륜이 집필한 『괴산군지(槐山郡誌)』 463~464면의 영향이다. 살펴보기로 하자.

> 이조초기에 거유(巨儒) 퇴계(退溪) 이황(李滉)이 칠송정(七松亭) [현 송면리(松面里) 송정부락(松亭部落)]에 있는 함평이씨가(咸平李氏家)를 심방차(尋訪次) 왔다가 근방의 산수가 절묘하고 풍광이 명미(明媚)함을 못내 사랑하여 소요(逍遙) 두류(逗留)하기 구개월에 이르렀으며 이 가경은 가히 신선이 하강하여 노닐던 곳이라 하여 선유동문(仙遊洞門)을 비롯하여 구곡의 이름을 지어 각자(刻字)케 하였으나…[3]

이후 이를 검증하지않고 그대로 인용했다.[4] 이는 문헌의 기록과 선유동에 새겨져있는 암각서를 제대로 확인하지 못하여 야기된 오류이다. 심지어 선유구곡에 새겨져있는 ‘선유동문(仙遊洞門)’이라는 글씨도 이황의 글씨로 알고 있는 경우도 있다. 선유구곡이 설정되기 전에 선유팔경이 먼저 설정되었었다. 선유구곡의 설정자에 대해서는 다른 논문에서 논하기로 하고, 여기서는 선유팔경의 설정자에 대해서 논하기로 한다.

먼저 송인(宋寅 1516~1584)의 「증칠송거사병서(贈七松居士幷序)」를 통해 그의 생애와 품자에 대해 살펴보자.

> 거사는 이씨(李氏)가 성(姓)이며, 이름은 영(潁)이요, 자는 영지(頷之)라. 본관은 경주(慶州[계림鷄林])로 번성한 씨족이며, 벼슬[5]이 계속 이어졌다.[6] 그 선

3) 김종륜, 『괴산군지(槐山郡誌)』, 1969, 463~464면.

4) 괴산향토사연구회, 『괴산지명지』, 1997. 541~542면. 삼송4리 선유동 9곡에 대한 설명에, 위의 내용을 일부 한자어를 쉬운 말로 바꾸어 옮겨 놓았다. 최기수, 『서울의 경(景)과 곡(曲)』, 서울시립대 부설 서울학연구소, 1994,172면. “이황은 도산십이곡의 시가를 작성하고, 죽계구곡(竹溪九曲)과 선유구곡(仙遊九曲)을 설정하였으며,”라고, 했다. 『문화유적분포지도-괴산군』, 괴산군 중원문화재연구원, 2005, 2, 14. 272면.일련번호 422. 仙遊九谷[曲의 오자: 인용자 주] 개요. 2009년 11월 20일, 청천면지 198~199면. 그외 각종 향토지와 서책 그리고 인터넷에도 위의 내용을 문장만 약간 바꿔서 싣고 있다.

5) 잠홀(簪笏): 벼슬아치들이 관(冠)에 꽂는 동곳(비녀)과 손에 쥐는 홀. 전의(轉意)되어 예복을 입은 벼슬아치.

6) 선연(蟬聯): 연이어 계속됨.

> 조는 호남 지금 전남의 보성군에 여러 세대를 살았는데, 그 후에 청주로 이사하여 또한 여러 대가 되었다. 거사는 어려서 부모를 잃어서 의지할 데가 없었다. 점차 성장하며 학문에 뜻을 두어 과거공부[7]를 익혔으나 이루지 못했다. 이에 산수의 명승을 찾는데 뜻을 두어 우리나라를 두루 다니고, 고승(高僧)을 종유하는 것을 좋아하고 절경에서 살았다. 만년에 청주(淸州)의 청천현(淸川縣)[8] 동(東)쪽 삼 십리(三十里) 파곶산(葩串山)[9]의 선유동(仙遊洞)[10]에 집을 결성했는데, 집 주위에 일곱 개의 큰 소나무가 둘러싸고 있어 그곳을 칠송(七松)이라 지목했다. 항상 누런 소를 타고 산림 사이를 왕래하며 그 흥을 따라갔다. 그래서 또한 기우자(騎牛子)라 호(號)를 삼았다. 거사는 정덕(正德) 갑술년(1514년 중종9년)에 출생했으니, 금년 50하고도 또 6세이나 아들이 없어 매번 운명이라 믿으라고 아내를 회유하니, 아내도 또한 편안해 했다. 대개 소탈한 옷(구갈裘葛)을 입고 죽을 먹었는데, 오히려 혹 그것을 이어가지 못하였으나, 일찍이 마음에 두지 않아 추위와 더위도 또한 침범하지 못했다. 밭갈이하고 채소밭을 매어 가꾸는 것 이외에 고기를 잡고 약초를 캐는 여가에 혹 시를 읊조리고 혹 노래를 부르니, 오직 시내바람과 산위에 뜨는 달을 지음(知音)으로 삼았다.[11]

이녕의 선조는 지금의 전남 보성에서 누대를 살다가 청주 지금의 충북 괴산군 청천면 삼송4리 선유동으로 이사를 와서 또 누대를 살았다. 그는 조실부모했으며, 학문에 뜻을 두어 과거공부를 했으나 실패한 인물이다. 이래서 산수명승을 즐기며 고승(高僧)을 종유했다. 그러다 만년에 선유동에 터를 잡고 살았다. 그는 후사가 없었으며, 이를 번민하는 아내를 운명이라 믿으라 하며 회유했다. 채소를 가꾸고 고기 잡으며 검소하게 생활하면서 시를 읊조리고 시내바람과 산에 뜨는 달을 지음(知音)으로 삼은 것이다. 즉 산수자연을 벗하

---

7) 거자업(擧子業): 거자(擧子)는 과거를 보는 선비.

8) 지금 충북 괴산군 청천면(靑川面)이다.

9) 청천에서 삼십리라고 한 것을 보면 지금의 화양동 파곶에 있는 산을 가리키는 것으로 보임. 당시에는 지금의 화양동을 포함해서 선유동 일대를 파곶산이라 한 듯하다.

10) 지금 충북 괴산군 청천면 삼송4리 선유동. 당시 청주목 관할이었다.

11) 송인(宋寅), 『이암집(頤庵集)』, 「증칠송거사병서(贈七松居士幷序)」 한국문집총간 36책, 卷二 99면. "居士李姓, 名穎, 字頜之. 本鷄林茂族, 簪笏蟬聯. 其先世居湖南之寶城郡, 後移于淸州, 亦累代矣. 居士幼喪父母, 無所依歸. 稍長志學, 習擧子業, 不遂. 乃放意尋山水之勝, 遍歷東土, 喜從高僧, 棲息絶境. 晩結廬于淸州淸川縣東三十里葩串山之仙遊洞, 繞屋有七大松, 以七松目之. 常騎黃犢, 往來林野間, 以適其興. 故亦號爲騎牛子. 居士生于正德甲戌, 今年五十有六而無子, 每以信命諭其妻, 妻亦安矣. 蓋裘羯【갈(羯)은 갈(葛)을 잘못 썼거나 통(通)하는 자(字)로 쓴 듯. 겨울과 여름옷. 전의(轉意)되어 소박한 옷-인용자 주)】饘粥, 猶或不繼, 而未嘗經于懷, 而寒暑亦不能侵也. 耕田鋤圃之外, 釣魚採藥之餘, 或吟詩, 或放歌, 唯以溪風山月爲知音."

며 초속적인 삶을 영위했다.

이어지는 송인의 글을 살펴보자.

> 박수암(朴守庵) 군실(君實)[12] 이 마침 환희사(歡喜寺)에 머물 때 서로 만나서 기뻐했으며, 드디어 세만지계(歲晩之契)를 맡겼으며 여러 차례 시를 준 것이 있다. 또한 근방의 여러 승경들을 나열하여 팔경으로 삼았는데, 상덕(尙德) 신교리(辛校理) 군망(君望)[13]이 나아가 그것을 읊었으며, 또 수암의 시에 화운하여 주었다. … 거사는 선유동의 승경에 대해 후인들이 혹 어둑하게 될까봐 염려하여, 돌아다녀야 하는 것을 꺼려하지 않고, 정성스럽게 그것을 표시하여 알릴 방도를 생각한 것은 기이한 일이라 일컬을 것이며, 자작나무껍질로 만든 관은, 또한 기이한 복식이라 일컬을 것이다. 한스러운 것은 내가 기이한 문장을 아직 쓸 능력이 없어서 그것을 발휘하지 못하는 것이다. 고만(高巒)[14] 이전한(李典翰) 여수(汝受)[15]·율곡(栗谷) 이교리(李校理) 숙헌叔獻)[16]에게 소개하여, 한 마디 말을 발휘해 주기를 청하니, 두 학사(學士)가 흔쾌히 만나 그와 즐겁게 말했다. 거사는 삼베옷에 옥을 품고[17], 의기 만만하여 돌아갔다. 이에 처음과 끝을 서술하여 다른 날 서로 만나는 사람으로 하여금, 문득 비범한 사람이라는 것을 알 수 있게 하고자 한다.[18]

위의 인용문을 살펴보면, 선유팔경은 이녕(李寧)·박지화(朴枝華)·신응시(辛應時) 등[이녕이 단독으로 정했다고 보는 것이 옳다. 2018년 수정한다]이 설정했다는 사실을 알 수 있다. 이녕은 후세사람들이 선유팔경을 잘 모를까 염려하여 표시를 해 놓았다. 내용상으로 보아 바위 표면에 새겨놓았을 가능성이 높다. 필자는 선유팔경의 영역에 속했던, 지금 선유구곡과 화양구곡 일대

---

12) 수암(守庵): 수암은 박지화(朴枝華)의 호(號) 군실(君實)은 박지화의 자(字)
13) 군망(君望): 신응시(辛應時)의 자(字)
14) 고만(高巒): 이산해(李山海)의 호(號)의 하나인 듯함.
15) 여수(汝受): 이산해(李山海)의 자(字)
16) 숙헌(叔獻): 이이(李珥)의 자(字)
17) 懷玉于褐: 아름다운 자질을 품는 것을 비유함. 『老子』十七. "是以聖人, 被褐懷."
18) 宋寅, 『頤庵集』, 「贈七松居士 幷序」, 한국문집총간 36책, 권2, 99면. 이글은 1569년에 쓴 글이다. "… 朴守庵君實適寓歡喜寺, 相(辶咢))而悅之, 遂托歲晩之契, 累有詩贈. 又以傍近諸勝, 列爲八景, 而尙德辛校理君望(新應時의 字)就以咏之, 又和守庵詩, 以贈焉. … 居士恐仙遊之勝, 後人或昧焉, 惓惓然不憚其跋涉, 圖所以表章之者, 可謂奇事, 而樺皮冠, 亦可謂奇服矣. 所恨, 余未有奇文以發揮之耳. 因介于高巒李典翰汝受·栗谷李校理叔獻, 請發一語, 兩學士欣接而樂道之. 居士懷玉于褐, 意滿而歸. 玆叙首末, 使他日相遇者, 便知爲非凡人也."

를 답사하며, 이를 확인하려고 노력했으나 아직 성과가 없다.

이녕은 선유동에 살면서 칠송거사로 자처했다. 이황이 「증이거사(贈李居士)」라는 시에서, "선유거사휴일공(仙遊居士携一筇)"라 했다. 또한 이황이 지은 「선유동팔영(仙遊洞八詠)」시와 성운(成運)이 지은 「칠송팔경(七松八景)」시가 실존해온다. 또 구사맹(具思孟 1535-1604)의 『팔곡집(八谷集)』, 「선유동십영(仙遊洞十詠)」에서, "선유동은 청주(淸州)[19]에 있다. 고을 사람인 이령(李領)이 선유동입구에 거처를 마련하고 스스로 호를 '칠송거사(七松居士)'라 했다." 이를 통해 볼 때, 그 당시에 이녕을 '선유거사(仙遊居士)' 또는 '칠송거사(七松居士)'라 통칭했다는 사실을 알 수 있다. 이황은 「선유동팔영(仙遊洞八詠)」이라 했으며, 성운은 「칠송팔경(七松八景)」이라 했는데, 이는 이녕이 선유동에서 7그루의 소나무를 심어놓고 초세고답적(超世高踏的)이며 신선처럼 살고 있는 것을 추앙 부각하는 뜻을 담은 듯하다.

위의 내용을 종합해보면, 선유팔경을 설정하고 향유한 사람은 이녕(李寧)라고 보아야한다.

이제 이황과 성운의 시를 통해 '선유팔경(仙遊八景) = 칠송팔경(七松八景)'의 구체적인 명칭을 소개한다.[20]

제1경 송정대월(松亭待月) 송정에서 달 기다리기: 송정(松亭)은 지금 충북 괴산군 청천면 송면리 송정마을 송면교회가 있는 자리.

제2경 문암수계(門巖修契) 문암에서 수계하기: 문암(門巖)은 지금 충북 괴산군 청천면 명암리(울바위) 청천자연학습원 근처로 추정한다.

제3경 화양상춘(華陽賞春) 화양동에서 봄 즐기기: 화양(華陽)은 지금 충북 괴산군 청천면 화양리 금사담주변으로 추정된다.

제4경 파곶심승(葩串尋僧) 파곶사로 중을 찾아가기: 파곶사(葩串寺)는 지금 충북 괴산군 청천면 화양리 파곶근처에 있던 절로 추정된다. 파곶(葩串)은 지금 화양구곡중 제9곡 파곶이다.

제5경 사평목우(沙坪牧牛) 사평에서 소 기르기: 사평(沙坪)은 지금 충북 괴산군 청천면 이평리이다.[우복동(牛腹洞)은 십승지(十勝地)]

---

19) 당시 행정구역상 청주목(淸州牧) 소속.

20) 선유팔경에 나오는 지명중에 문암(門巖)·사평(沙坪)·화산(花山)·기탄(岐灘)의 지금의 행정구역 주소에 대해서는 2001년 5월 22일 충북 괴산군 청천면 삼송리 선유동에 거주하는 박온섭(1938~) 전 충북도의원께 전화로 여쭤 보았다.

제6경 선동방학(仙洞訪鶴) 선유동에서 학 찾기: 선동(仙洞)은 지금 충북 괴산군 청천면 삼송4리

제7경 화산채약(花山採藥) 화산에서 약초 캐기: 화산(花山)은 지금 경북 상주시 화북면 화산리

제8경 기탄조어(岐灘釣魚) 기탄에서 낚시하기: 기탄(岐灘)은 지금 충북 괴산군 청천면 지촌리(芝村里)로 추정한다.

이황은 「선유동팔영(仙遊洞八詠)」이라 했으며, 성운은 이녕을 추앙부각하는 뜻에서인지 「칠송정팔영(七松亭八詠)」이라 했다.

이번엔 이만헌(李萬憲)의 『소산공문집(小山公文集)』 「칠송거사전(七松居士傳)」을 보기로 하자. 여기에 "이암(頤菴) 송인(宋寅)이 전(傳)을 지어 그 평생(平生)을 서술하고, 오언육편(五言六篇)을 덧붙였다."[21)]라고 했다. 여기서 말하는 전(傳)이란 바로 「증칠송거사병서(贈七松居士幷序)」를 일컫는다. 송인(宋寅)이 5언절구 5수를 지어주면서, 그 앞에 전(傳)의 형식을 갖춘 서문(序文)을 붙인 것이다. 그렇다면 이만헌은 왜 이런 사실들을 기술한 것일까?

> 대략 옹(翁)과 서로 떨어진 것이 거의 70년인데, 그 거사의 유지(遺址)를 찾으니, 그 비슷한 것을 찾을 수 없고, 다만 흐르는 물과 푸른 산, 새가 우는소리와 꽃이 지는 것을 볼 수 있을 뿐이었다. 아! 옹(翁)의 청아한 기풍과 고고한 절의로 중국에 태어나서, 한(漢)·당(唐) 때 호사하는 시절에 놓이게 됐다면, 즉 사람들에게 일컬어지고 기려져서 흠모하는 것이 더욱 오래가고 더욱 새로워져, 상령(商嶺)[22)]·왕관(王官)[23)]보다 못하지 않을 텐데, 한 사람이 그것을 야승(野乘)에 게재하여 고인일사(高人逸士)의 지남(指南)에 도움이 되게 하지 못했으니, 탄식을 이길 수 있겠는가? [24)]

21) 이만헌,『소산공문집(小山公文集)』,하 7장, 「칠송거사전(七松居士傳)」. "宋頤菴寅, 爲作傳, 叙其平生, 副以五言六篇." 오언육편(五言六篇)을 덧붙였다고 했는데, 지금 전하는 송인의 「증칠송거사병서(贈七松居士幷序)」에는 5편만 실려 있다.

22) 상령(商嶺): 상산(商山)을 가리킴. 지금 중국 협서성(陝西省) 상현(商縣) 동남쪽. 진(秦)나라 말년에 동원공(東園公)·하황공(夏黃公)·녹리선생(甪里先生)·기리계(綺里季) 네 사람이 난을 피해 은거하던 곳. 모두 80여세를 살았으며 눈썹이 하얗기 때문에 '상산사호(商山四皓)'라 일컬었음.

23) 왕관(王官): 당(唐)나라 사공도(司空圖) 난을 피해 중조산(中條山) 왕관곡(王官谷)에 살면서 휴휴정(休休亭)을 지었다. 상령(商嶺)과 왕관(王官)은 은둔한다는 뜻으로 쓰임.

24) 이만헌, 『소산공문집(小山公文集)』, 하 7장, 「칠송거사전(七松居士傳)」. "約, 與翁相去, 幾七十年, 求其居士之遺址, 而未能得其彷佛者, 但見流水靑山鳥啼花落而已. 噫! 以翁之淸風高節, 生於中國, 而値漢唐好事之時, 則人之稱譽, 而豔慕, 愈久而愈新, 不下於商嶺王官, 而無一人載諸野乘, 以資高人逸士之指南, 可勝歎哉."

위에서 보았듯이, 이만헌이 이런 사실들을 기록으로 남긴 것은, 이녕의 청아한 기풍과 고고한 절의가 고인일사(高人逸士)의 지남(指南)에 도움을 줄 수 있기 때문에, 그 모범적 삶을 후세에 전하고자 하는 그의 투철한 전승의식과 기록의식에서 기인한 것이다.

이제까지 색출한 자료들을 통해 먼저 이녕의 성명(姓名)과 자호(字號)에 대해 알아보자. 위의 송인(宋寅 1516~1584)의 『이암집(頤庵集)』에는 성명은 이영(李潁), 자는 영지(領之)이며 본관은 경주[(慶州 = 계림(鷄林)]로 기록했다. 이만헌(李萬憲 1608~?)의 『소산공문집(小山公文集)』에는 "이녕(李寧)은 자(字)가 영지(寧之)요, 본관이 경주(慶州)인 사람이다.[25]"라 했다. 이 두 편의 글을 종합해보면 이녕은 본관(本貫)이 경주(慶州)인 것은 분명하다. 그러나 성명(姓名)과 자(字)의 한자(漢字)는 서로 다르다. 이정(李楨 1512~1571)의 「송이녕(送李寧)」[26]이라는 시에 성명을 이녕(李寧)으로, 박지화(朴枝華 1513~1592)는 「장입동해(將入東海), 이령지우연방숙(李領之偶然訪宿), 서이증별(書以贈別) 5수(五首)」[27]라는 시에 자(字)를 영지(領之)로 기록했다. 노수신(盧守愼 1515~1590)은 「증이녕(贈李寧)」[28]이라는 시에서 이녕(李寧)으로 표기했다. 구사맹(具思孟 1531~1604)의 「선유동십영(仙遊洞十詠)」시(詩)의 서문(序文)에, 이령(李領)으로 표기하고, 스스로 호를 칠송거사(七松居士)라 했다고 서술했다.[29] 유성룡(柳成龍 1542~1607)의 「종천영모록(終天永慕錄)」[30]에 이령(李領)이라 표기했다. 『경주이씨상서공세보(慶州李氏尙書公世譜)』[31]에 성명을 이녕(李寧)으로 표기했다. 송인(宋寅 1516~1584)과 박지화(朴枝華 1513~1592)는 거의 동시대에 생존했으며 교분이

---

25) 이만헌(李萬憲), 『소산공문집(小山公文集)』, 하 7장, 「칠송거사전(七松居士傳)」. 이녕(李寧), 자(字) 영지(寧之), 경주인야(慶州人也)

26) 이정(李楨), 『구암선생문집・속집(龜巖先生文集・續集)』, 卷一 26장 뒤, 국립중앙도서관 소장본. 「송이녕(送李寧)」. "老儒不語向天坐, 居士長歌出谷來. 一夜東廊燈火裏, 嗒然雙影共徘徊."

27) 박지화(朴枝華), 『수암유고(守庵遺稿)』, 한국문집총간 34책, 민족문화추진회, 123면. 「장입동해, 이령지우연방숙, 서이증별 오수(將入東海, 李領之偶然訪宿, 書以贈別 五首)」.

28) 노수신(盧守愼), 『소재집(穌齋集)』, 한국문집총간 35. 284면.

29) 구사맹(具思孟), 『팔곡집(八谷集)』, 「仙遊洞十詠」(序文) 한국문집총간 40, 민족문화추진회. 481~482면. "洞在淸州. 州人李領卜居洞口, 自號七松居士."

30) 유성룡(柳成龍), 「종천영모록(終天永慕錄)」, 『고문서집성(古文書集成)』 十八, 河回豊山柳氏篇, 4, 韓國精神文化硏究院, 1994. 80면. "己巳三月 初九日, 還鄕寒食拜掃先塋. 州東面淸川縣, 有葩串寺. 仙遊洞泉石絶勝. 山中有居士李領居之, 自號七松居士. 成大谷運及退溪先生皆有贈詩. 公時行遊葩串寺仙遊洞, 次退溪韻, 以贈領."

31) 『경주이씨상서공세보(慶州李氏尙書公世譜)』, 1999년.

있는 사람들인데도 불구하고 서로 한자를 달리 표기했다. 옛 사람들이 인명을 한자(漢字)로 표기할 때, 기록자에 따라 한자(漢字)를 달리 표기하는 경우는 적지 않다. 조선후기 가객 김성기(金聖基)도 김성기(金聖期)로, 조선후기 12대 가사(歌詞) 「춘면곡(春眠曲)」의 작자도 족보엔 이희징(李羲徵)으로 이하곤(李夏坤)의 『두타초(頭陀草)』「남유록(南遊錄)」엔 이희징(李喜徵)으로 기록되어 있다.

이녕의 경우, 족보의 기록과 빈도 수, 그리고 연대의 선후로 보아 성명은 한자(漢字)를 이녕(李寧)으로 하고 자(字)는 빈도 수로 보아 영지(領之)를 표준으로 하고자 한다. 참고로 ( )에 이령(李穎)·(李領), 영지(寧之)를 써넣어 다음과 같이 표기한다. 성명(姓名)은 이녕(李寧 = 穎 = 領), 자(字)는 영지(領之 = 寧之)로 표기하고자 한다. 송인의 앞의 글을 보면, 그는 항상 누런 소를 타고 산림간을 왕래하며 그 흥을 따라갔다. 그래서 또한 기우자(騎牛子)라 호를 삼았다. 또 자작나무 껍데기로 만든 관을 쓰고 다녀 화관옹(樺冠翁)이라고도 불렀다. 또한 집 주위에 일곱개의 큰 소나무가 둘러싸고 있어 칠송거사(七松居士)라고도 했다. 성운은 이녕이 선유동에 살아서 선유거사(仙遊居士)[32] 로 칭했다.

이녕(李寧)이 호를 칠송거사(七松居士)라 한 것은 다음과 같은 사례를 답습한 것으로 여겨진다. 중국 당(唐)나라 때 정훈(鄭薰)이 호(號)를 칠송거사(七松處士)라 했다. 향리(鄕里)와 세계(世系)는 알 수 없다. 의종시(懿宗時)에 이부시랑(吏部侍郞) 등을 역임하고, 좌승(左丞)에 승진했다. 성품이 우애심이 많아 많은 친척들을 모아 베풀었는데, 불충분하면 외부로부터 구해다 주기도 했다. 훈(薰)은 단정하고 강직했다. 가난하지만 재주와 지혜가 뛰어난 사람들을 끌어 모아 사류(士類)들이 많이 모여들었다. 노년에 사는 곳을 호로 삼아 은암(隱巖)이라 했는데, 정원에 일곱 그루의 소나무를 심어 그로 인해 칠송거사(七松處士)를 호로 삼았다.[33] 이녕은 벼슬은 하지 않았지만, 위와 같은 정훈(鄭薰)의 기품과 생활방식을 숭모하고 동경하여 자신도 그런 삶을 구현하려 했던 것이리라.

그의 출생년도와 졸년에 대해 알아보자. 송인(宋寅)의 윗 글의 기록에, "거

32) 성운(成運) 『대곡집(大谷集)』, 한국문집총간 28책, 19면, 「유선거사색시제황구이색기근(遊仙居士索詩題荒句以塞其勤)」.

33) 『당서(唐書)』177권.

사는 정덕(正德) 갑술년(1514년 중종9년)에 출생했으며 금년 50하고도 또 6세이나 …"라고 했다. 이런 내용을 토대로 환산해보면, 이 글은 송인(宋寅)이 1569년에 쓴 글이다. 또한 이만헌의 글에 "경오간(庚午間 1570년)에 단양군(丹陽郡)과 청풍군(淸風郡) 두 군의 산수(山水)에 놀러갔다가,… [34]" 라 했다. 이상을 종합해 볼 때 이녕은 1514년에 출생하여 1570년 이후에 졸했다는 것을 알 수 있다. 위와 같은 단서를 토대로 경주이씨족보를 열람하던중『경주이씨상서공세보(慶州李氏尙書公世譜)』에서 이녕(李寧)과 같은 한자(漢字)를 쓰는 이름을 보게 되었다. 이만헌은 이녕의 선대계파(先代系派)에 대해 "옹은 월성(月城) 이씨(李氏)로 몇 대에 어느 파(派)인지 자세치 않으나, 나와 실로 같은 본관(本貫)에서 나왔다."[35]라고 했다. 그러나 위의 세보(世譜)가 아주 사실무근한 것도 아닌 것으로 생각되어 참고삼아 제시한다.

경주이씨 시조인 알평공(謁平公) 거명(居明) → 2세 김현(金現)→ 3세 김서(金書)→ 4세 윤홍(潤弘)→ 5세 승훈(承訓)→ 6세 주복(周復)→ 7세 칭(偁)→ 8세 치련(侈連)→ 9세 총섬(寵暹)→ 10세 춘정(春貞)→ 11세 현복(玄福)→ 12세 선용(宣用)→ 13세 승고(升高)→ 14세 득견(得堅)→ 15세 핵(翮[상서공尙書公])→ 16세 세기(世基)→ 17세 과(薖)→ 18세 원보(元普)→ 19세 승(昇)→ 20세 연손(延孫)→ 21세 석견(石堅)→ 22세 효장(孝長)→

23세 ①장남 희현(希賢)

23세 ②차남 희성(希聖)→ 24세 ①장남 완(完)

②차남 굉(宏)

③삼남 영(寧)→ 25세 상(相)→ 26세 학(鶴) → 27세 연세(演世)→ 28세 인석(仁錫)→ 29세 영수(永秀)→ 30세 철(喆)→ 31세 공신(公信)[36]

23세 ③삼남 희양(希良)

23세 ④사남 희준(希俊)→ 24세 ①장남 우(宇)

---

34) 이만헌,『소산공문집(小山公文集)』, 하 7장,「칠송거사전(七松居士傳)」. "庚午間, 往遊丹淸兩郡山水."

35) 이만헌,『소산공문집(小山公文集)』, 하 7장,「칠송거사전(七松居士傳)」. "翁是月城之李, 未詳派於何代, 而於余實同自出也."

36) 공신(公信)이후 후손들에 대한 기록이 족보에 보이지 않는다.. 대개 족보 편찬시 게재 비용을 납부하지 않는 경우 그렇게 되는 것이 상례이다. 공신(公信)이후의 후손도 이런 경우에 해당된다고 할 수 있다. 성남시에 거주하는 상서공파 후손 이석우(李碩雨)에 의하면, 공신(公信)이 들어가 있는 자리에, 조선 영조 때 간행된 무신보(戊申譜) (1728년 간행)에는 순해(順海)가 들어있으며 공신(公信)은 그 다음 대에 들어있다 한다.

24세 ②차남 주(宙[중종中宗 계미癸未 1523년생~선조(宣祖) 무술戊戌 598년졸]→ 25세 정충(廷忠[명종明宗) 경술庚戌 1550년생~ 선조(宣祖) 정유丁酉 1597년졸]

이 계보를 보면 이녕(李寧)이란 이름의 한자가 동일하다. 다음으로 송인의 글을 통해 확인한 이녕의 출생연대와, 이 족보에 등재된 이녕의 출생연대가 거의 비슷한 것으로 추정할 수 있다. 즉 위의 기록에 의하면 22세 효장(孝長)의 사남(四男) 희준(希俊)의 차남(次男) 주(宙)의 생졸년이 중종(中宗) 계미(癸未 1523년생~선조(宣祖) 무술(戊戌 1598년)졸이다. 22세 효장(孝長)의 차남 희성(希聖)의 삼남(三男)인 이녕(李寧)이 출생한 해가, 위에서 살펴본 송인(宋寅)의 「증칠송거사병서(贈七松居士幷序)」에 정덕(正德) 갑술년(1514년 중종9년)으로 기록돼있어, 나이의 선후 관계로 보아 동일 인물일 가능성이 높다.

이녕이 어떠한 삶을 살았던 인물인지 앞에서 총체적인 면을 보았다. 이제 이만헌의 기록을 통해 다시 확인해보자.

> 성품이 조용하고 담박하며 온자하여, 자기 분수에 편안하게 여기어 시문(詩文)이외에 마음을 두는 것이 없으며, 종이를 뚫어 먹물을 쓰는 공(功)에 집착하지는 않았으나, 흥(興)이 일어 경치를 마주대하게 되면 문득 붓과 종이 사이에 드러내니 소산(蕭散)하고 쇄락(灑落)하고 화목한 것이 그 사람과 같았다. 항상 한 마리의 누런 황소를 타고 어린 동자에게 술통을 실으라고 명하여, 그 뒤를 쫒아, 한 줄기 물가 하나의 돌이 좀 맑고 그늘진 곳이 있으면, 반드시 휘파람 불고 읊조리다가, 마침내 저녁이 되어 술이 떨어지고 흥이 다하면 돌아왔다.[37]

이녕은 성품이 조용하고 담박하며, 온자하여 자기 분수를 편안하게 여겼다. 시문에 자신의 감회를 토로하니 그 시문에 소산(蕭散)하고 쇄락(灑落)하고 화목한 것이 드러나 있었다. 누런 황소를 타고 산수가 수려한 곳을 찾아 술과 자연미를 즐겼다.

이제 이녕의 선취적(仙趣的) 삶의 실상에 대해 여러 사람들의 시문을 통해

37) 이만헌, 『소산공문집(小山公文集)』, 하 7장, 「칠송거사전(七松居士傳)」. "性恬澹蘊藉, 安於素履, 而無慕乎外於詩文, 不着鑽紙數墨之功, 而遇興觸境, 輒形於毫楮間, 蕭散落穆如其人. 常乘一金犢, 命小僮挈酒榼, 而踵後, 一水一石秒淸陰處, 必嘯詠, 竟夕, 酒罄興闌而還."

살펴보자. 성운(成運)의 「선유거사색시제황구이색기근(仙遊居士索詩題荒句以塞其勤)」 4수 중 제2수이다.

고모경인기토홍(古貌驚人氣吐虹)	고아(古雅)한 모습은 사람을 놀라게 하며 기개는 무지개를 토하고,
화관고대사선옹(樺冠[38]高戴似仙翁)	화관(樺冠)을 높이 쓰고 있으니 신선같네.
출산심아편여학(出山尋我翩如鶴)	산을 나와 나를 찾으니 학이 나는 듯한데,
만수유함계학풍(滿袖猶啣溪壑風)	소매 가득히 오히려 계곡의 바람이 스며드네.

이녕의 고풍이 사람을 놀라게 하고 그 기개가 무지개를 토해내는 듯하다고 했다. 자작나무껍질로 만든 관을 쓰고 있는 모습이 신선을 연상케 한단다. 제3구에서 "학이 나는 듯하다"고 이녕의 자태를 비유했다. 제2구에서 신선 같다고 했는데, 고대로부터 학은 신선의 화신으로 여겼다. 그러니까 이녕의 고아한 풍채를 신선 같다고 재 강조한 것이다. 다음은 성운(成運)의 같은 시 4수 중 제4수이다.

화양동리석탐춘(華陽洞裏昔探春)	화양동(華陽洞)안에서 전에 봄을 즐길 때,
사입천태방옥진(似入天台[39]訪玉眞)[40]	천태산(天台山)에 들어가 옥진(玉眞)을 찾는 것 같았네.
빙문산령능기억(憑問山靈能記憶)	산신령에게 기억하고 있는지 물어봐야 하겠네.
백두미사구유인(白頭未死舊遊人)	흰머리에도 아직 죽지 않고 전에 놀던 사람을.

이녕은 칠송정팔경(七松亭八景) 이른바 선유동팔경(仙遊洞八景)을 설정하고 왕래하며 유유자적했다. 그 중의 하나가 화양상춘(華陽賞春)이다. 화양동에서 봄을 완상하는 모습에서 그의 선취적(仙趣的) 모습은 여실히 드러난다.

성운(成運)은 위의 시 제3구 제4구에서 이녕이 이미 신선 같은 경지에 도

38) 화관(樺冠): 자작나무껍질로 만든 관.

39) 천태(天台): 천태산(天台山) 중국 절강성(折江省) 천태현북(天台縣北), 선하령맥(仙霞嶺脈)의 동쪽 지류. 한(漢) 때 유신(劉晨) 완조(阮肇)가 천태산에 들어가 약초를 캐다가 두 여인[선녀(仙女)]을 만났다는 고사가 있다.『태평광기(太平廣記)』

40) 옥진(玉眞): 선인(仙人)『진령위업도(眞靈位業圖)』. "玉眞保皇道君, 居玉淸三元宮."

달한 인물이라는 점을 강조했다.

다음은 박지화(朴枝華)의 시(詩) 「장입동해, 이령지우연방숙, 서이증별 오수(將入東海, 李領之偶然訪宿, 書以贈別 五首)」중 제1수이다. 오언육구(五言六句)로 썼다.

숙석유선동(宿昔遊仙洞) 그전부터 선유동에 살면서,
휘수사진무(揮手謝塵霧) 손 내저어 티끌안개 사양했네.
가애주인옹(可愛主人翁) 주인노인을 좋아하노니,
지여소심유(知余素心[41]喩) 나에게 소심(素心)을 깨우쳐주는 걸 알기 때문이라네.
탁족부상석(濯足扶桑[42]石) 부상석(扶桑石)에서 발을 씻으며,
유기칠송취(猶記七松聚) 오히려 칠송정 마을에 대해 기록하네.

지금 박지화는 동해바다로 유람 가려고 한다. 동해바다의 경관이 장관임은 지금도 우리가 공인하는 바이다. 해금강(海金剛)·총석정(叢石亭)이라든지 일일이 예거할 수 없을 만큼 수려한 자연미를 자랑한다. 오죽하면 정철(鄭澈)이 관동팔경(關東八景)을 유람하고 「관동별곡(關東別曲)」을 지었겠는가. 그외에 한다는 명사들은 금강산을 비롯한 동해바닷가의 풍광을 노래했다. 여기서 박지화는 동해 바닷가에 가있으면서 이녕이 살고 있는 선유동을 말하고 있다. 그가 선유동을 예찬하는 것은 무엇 때문일까. 제1구에서 보듯이 선유동은 속세의 더러운 티끌을 피할 수 있는 곳으로 간주하기 때문이다. 박지화는 여기에 거주하고 있는 이녕을 좋아한다고 실토한다. 그 이유는 이녕이 자기에게 소심(素心)의 중요성을 깨우쳐준 인물이기 때문이다. 그래서 박지화는 '부상석(扶桑石)에서 발을 씻으면서도 오히려 칠송정 마을에 대해 기록한다.'고 한 것이다. 부상석(扶桑石)이란 무엇인가. 동해바다에 있는 신선이 사는 곳이 아니던가. 동해바다의 자연경관의 장엄함과 수려함이 그 규모에 있어서 선유동에 비길 수 있겠는가. 그러나 박지화는 그곳에서 선유동을 찬미하고 있다. 그는 알고 있다. "산은 높다고 유명한 것이 아니다, 신선이 있으면 유명하다는 것을"[43] 산수와 인간의 조화로운 명성을 중시하고 있는 것이다.

---

41) 소심(素心): 소박하고 거짓 없는 마음.
42) 부상(扶桑): 동쪽 바다 해뜨는 곳에 있다는 나무.
43) 산부재고(山不在高), 유선즉명(有仙則名) : 당(唐)나라 유우석(劉禹錫), 「누실명(陋室銘)」에 들어

다음은 박지화의 같은 시(詩) 제5수이다.

석일선인동(昔日仙人洞) 옛날 선인(仙人)이 살던 동네,
금위거사댁(今爲居士宅) 지금 거사(居士)의 집이 되었네.
벽계침상월(碧溪浸霜月)[44] 푸른 시냇물에 서릿달이 스며들고,
암간문학석(巖間聞鶴夕) 바위사이에서 저녁에 학우는 소리 들리네.
금종도원귀(今從桃源歸) 지금 도원(桃源)따라 돌아가서,
상기공수작(相期共酬酌) 서로 함께 술잔 주고받길 기약해보네.

선유동은 이름그대로 신선이 살던 동네이다. 그런데 지금 이곳이 이녕의 집이 되었다. 이녕이 신선이 사는 집에 살고 있으니 이녕이 신선이 되었다는 말이다. 제3구를 보라. 선경이 바로 이런 곳이다. 포르스름한 물이 흐르는 가을밤에 그윽한 달빛을 상상해 보라. 달은 가을 달을 최고로 아름답다고 여겼다. 암벽사이에서 어스름한 달밤에 학 우는 소리 들린다. 학은 신선의 화신이다. 역시 신선이 사는 곳이라는 사실을 재 강조한 것이다. 박지화는 도원(桃源)을 따라 돌아가서 대작하기를 기약하고 있다. 여기서 도원(桃源)은 실존의 지명으로 볼 수 있다. 지금 충북 괴산군 청천면에 도원리(桃源里)가 실존하기도 한다. 한편 인간세상에 존재한다고는 하나 인간이 찾을 수 없는 상상적인 신선의 세계로도 볼 수 있을 것이다. 그러나 이 도원(桃源)은 별천지(別天地)를 지칭하는 것은 분명할 것이다. 지금 두 사람은 초속적인 세계에서 술잔을 대작할 기약을 하고 있는 것이다. 인간신선을 상상해보는 것이다. 이녕이 신선이니 그 친구 박지화도 신선이 되는 것이다. 신선끼리의 만남을 모색하는 이들은 진정 인간신선이리라. 성인(聖人)의 눈에 성인(聖人)이 보이는 법이다. 남을 높여주고 예우해주면 자신도 절로 동격이 되어 자신의 인품도 절로 격상하는 법이다.

다음은 송인의 「증칠송거사병서(贈七松居士幷序)」이다. 5수의 시가 있다. 각 수의 시에서 세인의 평에 반대되는 해석을 했다. 즉 역설적으로 이녕을 예찬하고 있다. 1수에서 빈(貧)과 부(富), 제2수에서는 노(勞)와 일(逸), 제3수에서는 고(苦)와 낙(樂), 제4수에서는 용(慵)과 근(勤), 제5수에서는 노(老)

있는 문구.
44) 상월(霜月): 서리 나리는 밤의 달.

와 소(少)를 대비하여 이녕을 찬양했다. 제1수를 보기로 하자

인언거사빈(人言居士貧) 사람들은 거사가 가난하다 말하네만,
아위거사부(我謂居士富) 나는 거사가 부자라 일컫네.
심무부족시(心無不足時) 마음으로는 부족하다고 느낀 때가 없었으며,
단갈신문수(短褐[45]哂紋繡) 짤막한 삼베옷 입고서 무늬 새기고 수놓은 옷 비웃네.

세상사람들이 이녕을 가난하다고 평했다. 물질적 기준으로 본 것이다. 그러나 송인은 그를 부자라고 말한다. 이녕은 시기를 잘 알고 물러나 속세의 부귀를 초월하여 검소하게 살아가는 마음의 여유가 있는 사람이기 때문이다. 경제적으로는 가난하더라도 마음이 부자인 사람이 진정 부자라는 기준으로 평가한 것이다. 물질적 가치도 중요하지만 정신적 가치도 중요한 것이다. 인간다운 생활을 누릴 수 있는 경제적 안정에 만족하면서 탐욕부리지 않고 청렴결백하며 고고하게 정신적 가치를 추구하는 삶이 참가치 있는 삶이라는 점을 강조한 평이다. 나머지 4수에 대해서는 원시(原詩)는 소개하고 논의는 생략한다.[46]

다음은 노수신(盧守愼 1515~1590)의 「증이녕(贈李寧)」[47]이라는 시를 보기로 하자.

노유불어향천좌(老儒不語向天坐) 늙은 선비는 말없이 하늘을 바라보고 앉아있는데,
거사장가출곡래(居士長歌出谷來) 거사가 길게 노래하니 골짜기로 울려퍼지네.
일야동랑등화리(一夜東廊燈火裏) 하루밤 동쪽 행랑에서 등불 밝히고,
탑연쌍영공배회(嗒然雙影共徘徊) 멍하니 두 그림자 함께 배회하네.

노수신의 위 시에서 이녕의 모습은 비범하게 드러난다. "거사가 길게 노래하니 골짜기로 울려 퍼지네."라는 표현이, 그의 영향력을 단적으로 대변해주

45) 단갈(短褐): 기장을 짧게 만든 옷, 가난한 사람이 입는 옷.
46) "人言居士勞, 我謂居士逸. 耕鑿本分外, 無脅肩屈膝. 人言居士苦, 我謂居士樂. 曲肱不皺眉, 放歌天地廓. 人言居士慵, 我謂居士勤. 能爲勝區計, 重趼來求文. 人言居士老, 我謂居士少. 着意覓樺冠, 要得山妻笑."
47) 노수신, 『穌齋集』, 한국문집총간 35. 284면.

고 있다. 당대의 거유(巨儒) 노수신도 이녕과 교유하였으니, 재야에 은거한 처사로서의 그의 위상이 어떠했는지 짐작하고도 남음이 있다.

3. 이녕이 교유한 인사들의 성향

이녕의 교유관계와 그에 대한 세인들의 관심도는, 앞에서 살펴본 송인의 기록을 통해서 잘 알 수 있다. 송인이 이녕을 지목하여 "처음과 끝을 서술하여 다른 날 서로 만나는 사람으로 하여금, 비범한 사람이라는 것을 알 수 있게 하고자 한다."고 할만큼, 그는 당시 주목받는 특이한 인물이었다는 사실을 알 수 있다. 그리하여 그 사실을 제대로 다른 사람들에게 알리고자하는 의도에서 그 전기를 남긴 것이다. 송인은 이녕의 독특한 인품을 자신의 문장력으로는 표현할 수 없어 당대 명사 중에 이산해(李山海)와 이이(李珥)에 부탁했으며, 그들은 그 청을 흔쾌히 수락했다.

이녕이 당시 서울의 명사들에게 인정받는 비범한 인물이라는 사실은 이만헌의 글에서도 확인할 수 있다.

> 일찍이 한 번 서울에 들어갔는데, 벼슬한 여러 선생들이 동각(東閣)을 열고 그를 환영하여 맞이했는데, 율곡(栗谷) 이공(李公), 백록(白麓) 신공(辛公), 아계(鵝溪) 이공(李公) 등이 모두 시를 지어 주었다. 송이암인(宋頤菴寅)이 전(傳)을 지어 그 평생(平生)을 서술하고, 오언육편(五言六篇)을 덧붙였다. 형용이 간정(簡靜)하고 자득(自得)의 정취가 있어, 대관(大官)들이 직무에 관한 일로 붙잡아 두려 하고자 하였으나, 드디어 알리지도 않고 피해버렸다.[48]

이 글에서 관심을 끄는 대목은 대관들이 이녕을 직무에 관한 일로 붙잡아 두려고 했다는 부분이다. 이만헌이 자기와 같은 경주이씨라서 미화했을 가능성이 얼마간 있을 수 있겠다. 그러나 그 인물이 출중하지 않고서야 서울의 저명인사들이 그렇게 환대하고 배려했겠는가.

---

48) 이만헌, 『소산공문집(小山公文集)』, 하 7장, 「칠송거사전(七松居士傳)」. "嘗一入都中, 薦紳諸先生開東閣, 迎禮之, 有若栗谷李公・白麓(辛應時 1532~1585-인용자 주)辛公・鵝溪李公皆作詩以贈. 宋頤菴寅, 爲作傳, 叙其平生, 副以五言六篇. 形容簡靜, 自得之趣, 有大官欲縻以職事, 遂不告而遁."

이만헌의 「칠송거사전(七松居士傳)」을 더 살펴보자.

성대곡(成大谷) 건숙(健叔)과 더불어 막역하게 사귀었는데, 좋은 날씨에 아름다운 경치가 되면, 혹 도보(徒步)로 가서 방문하여도 괴로움으로 여기지 않았다. 경오간(庚午間 1570년)에 단양(丹陽)과 청풍(淸風) 양군(兩郡)의 산수(山水)에 놀러갔다가, 죽령(竹嶺)을 넘어 예안(禮安)으로 내려가서 도산정사(陶山精舍)에서 퇴계선생(退溪先生)을 배알했다. 선생은 자리를 마련해주고 회포를 펼치며 대접하고, 선유팔경(仙遊八景)을 지어 노래했다. 작별에 임하여 다음과 같은 고시팔구(古詩八句)를 주었다.

선동거사휴일공(仙洞居士攜一筇)	선유동거사 지팡이 하나 짚고,
월악구담방도옹(月嶽龜潭訪陶翁)	월악산(月嶽山)과 구담봉(龜潭峰)을 거쳐 도옹(陶翁)을 찾아 왔네.
자운주편제명산(自云走遍諸名山)	스스로 이르기를 여러 명산 둘러보고,
명조소입청량중(明朝笑入淸凉[49]中)	내일 아침에 웃으며 청량산(淸凉山)으로 들어가리라 하네.
귀래별아부작유(歸來別我不作留)	돌아갈 때 나와 이별하는데 머물지 않고,
표약일편공운부(飄若一片空雲浮)	표연히 저 허공에 떠가는 한 조각 구름이로다.
요화팔영증자거(聊和八詠贈子去)	애오라지 팔영시 읊어 떠나는 그대에게 주니,
호축동선유처유(好逐洞仙遊處遊)	선유동 신선의 뒤를 따라 노는 것을 좋아하도다.[50]

이녕은 성운과 막역하게 지냈으며 좋은 날에는 걸어서 찾아가도 방문하여도 괴로움으로 여기지 않았다. 참고로 말하면 이때 성운은 지금의 충북 보은군 보은읍 종곡리에 은거하고 있었다.

이녕은 이황(李滉)과도 친분이 있었다. 1570년 이녕은 지금 충북 괴산군

49) 청량(淸凉): 청량산(淸凉山)을 가리킴. 경북 봉화군 명호면 남쪽에 있는 산. 870미터. 선학봉(仙鶴峰), 신선이 내려와 바둑을 두었다는 신선대(神仙臺), 선녀가 가무를 즐겼다는 선녀봉(仙女峰), 최치원이 수도한 고운대(孤雲臺)와 독서대(讀書臺)가 있다.

50) 이만헌, 『소산공문집(小山公文集)』, 하 7장, 「칠송거사전(七松居士傳)」. "與成大谷健叔爲莫逆交, 佳辰美景, 或徒步往訪, 而不以爲勞. 庚午間, 往遊丹淸兩郡山水, 踰竹嶺下禮安, 謁退溪先生於陶山精舍. 先生賜坐開懷而待, 爲賦仙遊八景. 臨別贈古詩八句曰 仙洞居士携一筇, 月岳龜潭訪陶翁. 自云走遍諸名山, 明朝笑入淸凉中. 歸來別我不作留, 飄若一片空雲浮. 聊和八詠贈子去, 好逐洞仙遊處遊."

청천면 삼송4리 선유동에서 월악산(月岳山)과 귀담(龜潭)을 거쳐 도옹(陶翁) 즉 퇴계 이황(李滉)을 찾아갔다. 이때 이황이 이녕에게 「선유동팔영 경오(仙遊洞八詠 庚午)」[51]와 「증이거사(贈李居士)」[52]라는 시를 지어준 것이다. 경오년은 1570년이다. 위의 인용문 「칠송거사전(七松居士傳)」에서 말한 고시팔구(古詩八句)는 이황의 「증이거사(贈李居士)」제2수이다. 이 시(詩) 제2수 3~4구에 "요화팔영증자거(聊和八詠贈子去), 호축동선유처유(好逐洞仙遊處遊)"라 했다. "애오라지 팔영시 읊어 떠나는 그대에게 주니, 선유동 신선의 뒤를 따라 그 노는 것을 좋아하도다."라는 뜻이다. 이 시(詩)도 「선유동팔영(仙遊洞八詠)」을 지은 1570년에 지은 것으로 보아야한다. 위의 내용을 통해 보았듯이, 이황의 환대와 예우가 이녕의 인간상을 대변해주는 한 척도가 된다. 이 점을 박지화는 갈파했다. 박지화(朴枝華)의 앞에서 든 시(詩) 「장입동해, 이령지우연방숙, 서이증별 오수(將入東海, 李領之偶然訪宿, 書以贈別 五首)」중 제4수를 보자.

칠송진자고(七松儘自高) 일곱 그루 소나무 모두 다 높다란데,
가명수여도(佳名誰與道) 아름다운 이름 누구와 더불어 말할고?
퇴계일언중(退溪一言重) 퇴계(退溪)의 한 마디 말이 소중하니,
천산욕경도(千山欲傾倒) 모든 산들이 기울어지려고 하네.
금상양영진(今傷兩楹眞) 지금 두 기둥이 진짜로 손상돼가도,
주서계가모(酒絮[53]溪可芼) 술과 안주 대강 챙겨 시냇가에서 풀 뜯네.

이녕은 일곱 그루의 소나무가 둘러싸인 집에 살고 있다. 그 소나무가 높다. 그의 인품의 높이와 같은 것이다. 소나무는 십장생의 하나이다. 선계(仙界)에 등장하는 나무중의 하나이다. 아름다운 그의 명성 그 누구와 말하겠는가. 퇴계가 그에게 두 편의 시(詩)를 지어 예우한 것만으로도 더 이상 찬미할 말이 필요 없는 것이다. 모두 그 평가에 수긍하는 것이다. 이녕은 물질에 집착하지 않고 자연과 더불어 천심을 가지고 신선처럼 살았다.

이녕에 대한 또 하나의 기록을 살펴보자. 구사맹(具思孟 1531~1604)의 「선

51) 李滉, 『退溪先生文集 卷之五 續內集』, 「仙遊洞八詠 庚午」, (한국문집총간) 29, 1989, 157면.
52) 李滉, 『退溪先生文集 卷之五 續內集』, 「贈李居士」, (한국문집총간) 29, 1989, 158면.
53) 주서(酒絮): 후한(後漢)의 서치(徐穉)가 닭 한 마리와 솜에 술을 적셔 가지고 친구의 묘에 가서 곡하고 제사를 마치고는 성명(姓名)을 고하지도 않고 가버렸다는 고사. 술과 안주를 아껴서 마시고 먹는 것을 비유함.

유동십영(仙遊洞十詠)」의 서문(序文)이다.

> 선유동은 청주(淸州)[54]에 있다. 고을 사람인 이령(李領)이 선유동입구에 거처를 마련하고 스스로 호를 칠송거사(七松居士)라 했다. 성품이 소박하고 참됨이 많아서 비록 찬과 죽을 잇지 못해도 근심하지 않았으며, 항상 화피관(華皮冠)을 착용했다. 퇴계(退溪)·대곡(大谷)·토정(土亭)·이암(頤庵)·백록(白鹿)의 여러 분들이 그를 허여했다. 더욱 내형(內兄)인 이정서노(李正瑞老)에게 사랑을 입었는데, 나 역시 방외(方外)의 교유(交遊)가 되었으며, 놀고 감상할 곳이 있어 그와 더불어 함께하는 경우가 많았다. 여러 분들이 제(題)한 시를 일축(一軸)으로 잘 만들고, 나에게 거기에 이어서 지으라 요구했다. 나는 감히 거칠고 졸렬한 말로, 그 제목을 쓰고 그 운(韻)은 쓰지 않았다. 전에 다만 8경이 있어, 퇴계선생[55]으로부터 이암(頤庵)[56]·상덕(尙德)[57] 등 여러 군자들은 모두 그것을 읊었다. 나는 홍굴(虹窟)[58]이 매우 기이하고 석존(石尊)[59]의 고적을 읊지 않을 수 없어, 그래서 임금을 가까이 모셨던 어른[60]들을 꺼려야하는 것을 피하지 않고, 첨가하여 10영을 완성하여 읊는다.[61]

---

54) 청주(淸州): 선유동은 지금 충북 청천면 삼송4리이다. 당시 이곳은 청주목에 속해 있어 그렇게 표현한 것이다.

55) 퇴계선생(退溪先生) : 이황(李滉), 퇴계(退溪)는 그의 호(號)

56) 김영진은 다음 책 87면에 다음과 같이 번역했다. 김영진, 『괴산군시문집』, 괴산문화원, 2000, 1~301면. "舊只有八景. 自退溪先生, 順庵·尙德諸君子, 皆詠之. 옛날에는 오직 8영만 있어 퇴계선생을 시작으로 순암·상덕 등 여러 선비가 모두 8영을 읊었다." 원문(原文)을 순암(順庵)이라 쓰고, 번역문 각주에 순암(順庵)은 정윤희(丁胤禧)의 호라 하였다. 필자의 판단으로는 순암(順庵)이 아니라 이암(頤庵)이며, 이암(頤庵)은 송인(宋寅 1516~1584)의 호이다. 앞에서 살펴보았듯이, 송인은 『이암집(頤庵集)』에 「증칠송거사병서(贈七松居士幷序)」를 남겼는데, 이녕을 예찬하는 오언절구 오수(五首)를 지었다.

57) 상덕(尙德): 김영진은 다음 책 87면에 다음과 같이 번역했다. 김영진, 『괴산군시문집』, 괴산문화원, 2000, 1~301면 "상덕(尙德): 정유길(鄭惟吉)의 호"라고 주석했다. 그러나 앞에서 인용했듯이, 송인(宋寅), 『이암집(頤庵集)』, 「증칠송거사 병서(贈七松居士 幷序)」에, "상덕(尙德) 신교리(辛校理) 군망(君望)" 이라고 표현한 것으로 보아 신응시(辛應時)에 대한 호칭으로 보아야한다.

58) 홍굴(虹窟) : 지금 선유구곡 입구 '선유동문(仙遊洞門)'이라 새긴 글씨 아래 사람이 지나갈 수 있는 석굴이 마치 홍예문 모양으로 되어 있는데, 전반적인 상황으로 보아 이를 가리키는 듯하다.

59) 석존(石尊): 서문에는 석존(石尊)이라 적고 제10경에는 석준음주(石罇飮酒)라 썼다. 돌 술잔이다. 바위 윗면에 술잔 모양의 홈이 파인 것으로 보인다. 지금 확인하기 쉽지 않다. 지금 선유구곡 제4곡 '연단로(煉丹爐)'에 연단로(煉丹爐)가 있는데, 선유구곡을 정한 시기로 보아 연단로를 가리키는 것으로 보기에 무리가 있다.

60) 퇴계(退溪) 이황(李滉)을 가르킴.

61) 구사맹(具思孟), 『팔곡집(八谷集)』, 「仙遊洞十詠」(序文), 481~482면. "洞在淸州. 州人李領卜居洞口, 自號七松居士. 性朴多眞, 雖餐飦粥不繼而怡然不以爲憂, 常着華皮冠. 退溪·大谷·土亭·頤庵·白鹿諸公, 皆許之. 尤見愛於內兄李正瑞老, 余亦爲方外交, 有游賞處. 多與之俱. 諸公所題之

위의 내용으로 보아, 이녕은 퇴계(退溪)·대곡(大谷)·토정(土亭)·이암(頤庵)·백록(白鹿)과 교유했다는 사실을 재확인할 수 있다. 또한 구사맹(具思孟)과도 교유했다는 사실을 알 수 있다. 위글에서 주목할 사실은 이녕과 교유했던 사람들이 지은 시를 묶어 하나의 시축(詩軸)으로 만들었다는 점이다. 이 시축이 발견되기를 고대한다. 여기에 이녕이 창작한 시(詩)도 실려 있을 가능성이 있기 때문이다. 이는 그의 시의 일면을 확인할 수 있는 절호의 자료가 되는 것이다.

이녕에 대한 당시 세간의 관심도는 이만헌의 글에서 또 확인할 수 있다.

> 거사는 이미 일세의 청아한 이름을 얻었으며, 또 여러 원로들의 천거와 기림(장식奬飾)을 입었다. 이로 말미암아 사람들이 모두 그를 사귀기를 원했는데, 명(命)을 받들고 이 읍(邑)을 지나가는 사람은 그 집에 찾아가 보지 않음이 없으니 청주에 이르러 이녕을 만나보지 못하면 두루 여행하고 다니는 사람들에게 웃음거리가 되었다.[62]

이녕은 청아한 명성을 얻어 당시 원로인사들의 장려와 천거와 기림을 받았다. 명(命)을 받들고 청주에 와서 이녕을 찾아보지 못하고 돌아가면 여행하는 사람들에게 비웃음을 당했다 한다. 요즘 우리가 흔히 하는 말로 어디에 가서 누구 모르면 간첩이라 하듯이, 청주에 와서 이녕을 못 보면 수준이 있는 사람축에 들지 못했던 것이다. 이렇듯 당시에 이녕과의 대면여부로 그 사람의 인물됨을 평가할 정도였던 것이다.

이상에서 살펴보았듯이, 이녕과 교유인물들을 연장자순으로 정리한다. 성운(成運 1497~1579)·이황(李滉 1501~1570)·박지화(朴枝華 1513~1592)·노수신(盧守愼 1515~1590)·송인(宋寅 1516~1584)·구사맹(具思孟 1531~1604)·신응시(辛應時 1532~1585)·이이(李珥 1536~1584)·유성룡(柳成龍 1542~1607) 등이다. 거의 모두 당대 학계·정계의 거물들이다. 이들이 이녕을 환대하고 예우해준 이유는 이녕의 청아한 기풍과 고고한 절의가 고인일사

詩, 粧成一軸, 要余繼之. 不敢以荒拙辭, 用其題而不用其韻. 舊只有八景. 自退溪先生, 頤庵·尙德諸君子, 皆詠之. 余以虹窟甚奇, 石尊古跡, 不可不詠, 故不避黃屋左纛之僭, 而添成十詠云."

62) 이만헌, 『소산공문집(小山公文集)』, 하 7장, 「칠송거사전(七松居士傳)」. "居士旣負一世淸名, 又被諸老之奬飾. 由是, 人人皆有願交之, 奉命而行過是邑者, 莫不造其廬而至, 以到淸州, 不見李寧, 貽笑於周行焉."

(高人逸士)의 지남(指南)이 되기 때문이다. 지금 청주지역에 이녕과 같은 인물은 있는가. 아니면 있는데도 못 알아보는 것인가.

여기서 우리가 주목할 점은 이녕의 고결한 인품과 청빈한 생활이 새로운 문화를 창조해냈다는 사실이다.

> 손이 오면 귀천을 막론하고 길게 읍하고는 절하지 않았으며, 운인가사(韻人佳士)를 보면 옛날 얘기와 지금 얘기를 늘어놓고 수석(水石)에 논평을 하면, 벌떼가 일어나는 것 같이 향응하여 끝이 없으며, 때로 구름머리떡(운두병雲頭餠)을 내어 차와 술과 대신했다. 대개 메밀을 가루를 내어 떡을 만들어 애밀(崖蜜)을 뿌려 둥글게 만드니, 일어났다가 엎드리는 기세가 산꼭대기에서 구름이 나오는 것과 같았다. 그래서 그 모양을 취하여 그것에 이름을 창조해 붙인 것이다. 손이 비록 지위가 귀하고 높아 양육(梁肉)[63]을 싫어하는 사람이라 하더라도 그 진솔함을 좋아하고 그 이름을 좋아하여 반드시 한 접시를 모두 비워 배부르게 먹었다.[64]

이 글을 통해 이녕의 대인관계의 태도를 알 수 있다. 그는 신분에 구애받지 않고 읍(揖)을 하는 것으로서 기본적인 예를 갖추었던 인물이다. 과례나 아부를 용납하지 않았던 것이다. 이녕은 청빈한 생활을 하는 가운데 빈객이 찾아오면 최소한 접대의 예를 갖추기 위해 자기 형편에 맞게 음식을 만들었다. 즉 메밀가루로 반죽하여 떡을 만들고 그 표면에 꿀을 바른 떡을 대접했다. 이름하여 "구름머리떡(운두병(雲頭餠)"이다. 이는 이녕의 청빈하며 초속적인 삶과 인간적이며 자연친화적 감성이 조화를 이루어 창작해낸 걸작이다. 이녕의 청빈하고 초속적인 생활이 새로운 떡을 창조해내게 된 동기가 됐다. 나는 이녕의 그 정신과 인품을 추앙하고 찬양하는 의미에서 이 떡의 이름을 '신선의 떡' '이녕의 떡'이라 명명한다. 나는 이 떡을 복원 제조하여 선유동을 내방하는 문화관광객에게 선유동의 특산품 별미로 소개하고자 한다. 그의 청빈함과 예절의식과 창조정신을 널리 확산하고 아울러 지역경제 활성화에도 일조가 될 것이다.

---

63) 양육(粱肉): 맛있는 쌀로 밥을 하고 고기를 먹어 부귀를 누리는 것을 보여주는 것.

64) 이만현, 『소산공문집(小山公文集)』, 하 7장, 「칠송거사전(七松居士傳)」. "客至, 不論貴賤, 長揖不拜, 見韻人佳士, 揚扢古今, 平章水石, 蜂起響應而不可窮, 時進雲頭餠, 以替茶酒. 盖屑蕎麥, 作(食專)飥, 灑以崖蜜, 而團圓, 起伏之勢, 有類出峀之雲. 故取其象而創名之也. 客雖位貴顯, 而厭粱肉者, 樂眞率而愛其名, 必盡一盌而致果然矣."

지금까지 색출한 자료를 토대로 이녕의 가계와 생애 교유관계에 대해 살펴보았다. 아쉬운 점은 그의 학문의 수준과 문학의 수준을 고찰할 수 있는 그의 친필유고와 교유인사들의 친필자료들을 아직 찾아내지 못한 점이다.

4. 맺음말

선유팔경(仙遊八景)을 설정하고 향유한 사람은 이녕(李寧)이다. 선유팔경은 지금 괴산군 선유동(仙遊洞)과 화양동일원을 비롯하여 청천면일대에 설정되었다. 앞에서 논한 그의 가계와 생애에 대해 간략히 정리해 보겠다. 성명(姓名)은 이녕(李寧 = 潁), 자(字)는 영지(領之 = 寧之)이다. 본관은 경주(慶州)이며, 상서공파(尙書公[이름은 핵(翮)]派)후손으로 보인다. 1514년에 출생하여 1570년 이후 어느 시기에 졸했다. 호(號)는 기우자(騎牛子), 또 화관옹(樺冠翁)이라고도 불렀다. 또한 칠송거사(七松居士), 선유거사(仙遊居士)로 칭했다. 그는 고결하고 초세고답적(超世高踏的) 인품과 청빈 검약하며 인간미 넘치는 생활 자세로 말미암아 당대 저명인사들의 지우(知遇)를 받은 것은 물론 세인의 주목을 끌던 고인일사(高人逸士)였다. 그는 산자수명한 신선경같은 선유동에서 신선처럼 살다간 선취적 은사(隱士)였다.

선유동의 전설적인 인물 이녕은 여러가지 사정으로 주목받지 못했는데, 이제나마 수집한 자료를 통해 그의 신상정보에 대해 상당부분을 정리하였다. 일개 포의한사(布衣寒士)였던 이녕의 신상에 대해 비교적 소상히 밝힐 수 있었던 것은 그와 친분있던 저명인사들이 그에 대해 의도적으로 기록을 해놓았기 때문이다. 이렇게 그의 사적이 밝혀지게 된 사실과 관련하여 이만헌이 지은 「칠송거사전(七松居士傳)」의 다음 내용은 시사하는 바 크다.

> 비록 그러나 은거하고 고답한 것이 오래 지나서 돌아오지 않으나, 처음에 이름을 위한 것이 아니니, 이 옹의 기상을 보건데 또한 어찌 자신이 죽은 후의 이름에 급급했겠는가? 정말 인몰(堙沒)되어 들려지게 되지 않더라도 이에 그의 병이 되지 않으니, 도산(陶山)의 삼태성(三台星)과 북두성(北斗星)같은 문장에 힘입어 하늘과 땅(궁양穹壤)과 더불어 함께 썩지 않으니, 즉 옛의 사람에 미치지 못한다 할 수 없으니, 또한 반드시 공의 행운이 되지 않는다고는 할 수 없다.65)

우리는 이녕의 삶의 자세를 통해, 부귀공명을 누린 고관대작이 아니라도 고결한 인품과 학식을 구비하면 존경과 추앙을 받을 수 있다는 사실을 확인했다. 아울러 이녕의 고결한 삶의 자취를 찬양하고 후세에 귀감으로 삼을 수 있는 자료로 삼기 위해 그 행적을 기술한 선인들의 투철한 기록정신을 확인했다. 또 사람의 됨됨이를 중심으로 인간을 평가하는 선인들의 인간평가의 한 기준을 인지했다. 이런 풍토와 의식은 우리시대에 본받아 실천할 만한 미덕이다. 이녕의 사적을 기록한 사람들은 사람이 가야할 올바른 길 참된 길을 제시해준 것이다. 『중용(中庸)』에 "막현호은(莫現乎隱), 막현호미(莫顯乎微)"라 했다. "숨겨져 있는 것보다 더 잘 드러나는 것이 없으며, 작은 것보다 더 잘 내보여지는 것이 없다."는 말이다. 보옥(寶玉)은 갑속에 들어있어도 언제나 찬연히 그 빛을 발하게 된다. '옥(玉)은 돌에 섞여있어도 옥(玉)이요. 돌은 옥(玉)에 섞여있어도 돌이다. 금(金)은 똥통에 넣어도 금(金)이지만, 똥은 금통(金桶)에 넣어도 똥이다.' 같은 내용을 표현한 것이지만, 전자는 우아하고 고상한 표현의 실례요, 후자는 저속하고 천박한 표현의 실례이다.

산수의 외양적 아름다움만 보고 산수가 내포한 정신을 보지 못한다면 산수문화관광이 아니다. 선유동에 와서 선유동의 신선경에만 도취된다면 선유동을 반쪽만 본 것이다. 신선처럼 살다간 이녕의 삶을 관조하지 못한다면, 문화의 세기(世紀)에 문화적 식견(識見)이 부족한 사람이라는 혹평을 면치 못할 것이다. 이제 선유동에 와서 '신선의 떡' = '이녕의 떡' 하나를 맛보며, 이녕의 초세고답적(超世高踏的)이며 선취적(仙趣的)인 삶의 향기를 음미해보자. 그러면 그대도 신선이 되어 그를 만날 수 있을 것이다.

이제 선유동과 관련하여 이녕의 행적이 드러난 만큼, 그를 능가하는 인물의 출현을 촉구하고 기원하는 의미에서 선유동 근처에 그의 유허비(遺墟碑)나 추모비를 세워 그의 고결한 인품과 생애를 기려야할 것이다. 또한 본고에서 언급하지 않았지만 선유동은 동고(東皐) 이준경(李浚慶)의 후손이 살았다. 이준경은 임진왜란의 발발을 예견하고 이를 대비할 수 있는 인물을 선발할 수 있는 고도의 식견을 구비한 인물이었다. 그에 대한 비(碑)도 세울 필요가 있다. 다름이 아니라 미래에 대한 선견지명(先見之明)의 중요성을 고취앙양(鼓

65) 이만헌, 『소산공문집(小山公文集)』, 하 7장, 「칠송거사전(七松居士傳)」. "雖然, 隱居高蹈, 長往不返, 初非爲名, 而觀此翁氣像, 亦豈汲汲於身後之名者? 正爾, 堙沒無聞, 迺不爲渠之病, 而賴陶山星斗之文章, 與穹壤, 而同不朽, 則不可謂不及於古之人, 亦未必不爲翁之幸也."

吹昻揚)하기 위해서이다.

6장. 선유팔경(仙遊八景)의 화양구곡(華陽九曲)·선유구곡(仙遊九曲)으로의 분화변천과정

1. 머리말

화양구곡(華陽九曲)[1]과 선유구곡(仙遊九曲)[2]은 기암괴석과 녹수청산이 조화를 이룬 명승지로 전국적인 명성을 떨치고 있다. 특히 성해응(成海應 1760~1849)은 화양구곡(華陽九曲)은 한국의 무이구곡(武夷九曲)이라 탁평했다. 그러나 두 개의 구곡으로 분화되기 전에, 그 권역 내에 선유팔경(仙遊八景)이 존재했다는 사실을 아는 사람은 많지 않다. 본래 화양(華陽)·선유(仙遊)·파곶(葩串)은 선유팔경(仙遊八景)의 일부였는데, 후대로 내려오면서 분화변천된 것이다. 전래하는 각종 문헌에, 화양(華陽)은 황양(黃楊)으로, 선유(仙遊)는 그대로 선유(仙遊)로, 파곶(葩串)은 파곶(巴串)·'파계(巴溪)'·파곡(葩谷)·파곡(巴谷) 등으로 기록되어 있다. 이에 필자는 선유팔경(仙遊八景)·화양구곡(華陽九曲)·선유구곡(仙遊九曲)의 분화변천과정과 그에 관련된 사람들의 신원에 대해 추적한 결과를 제시하고자 한다. 그리하여 '구곡문화관광특구'의 백미인 '화양구곡'과 '선유구곡'의 설정에 대한 내력은 물론, 그 설정에 관련된 인물들을 올바르게 이해할 수 있게 하고자한다.

2. 선유팔경(仙遊八景)의 화양구곡(華陽九曲)·선유구곡(仙遊九曲)으로의 분화변천과정

1) 선유팔경(仙遊八景)의 설정자

지금껏, 선유구곡은 이황(李滉)이 설정했다고 알려져 왔다. 이는 1969년에 김종륜이 집필한 『괴산군지(槐山郡誌)』 463~464면에 연유했다. 이는 문헌의 기록과 선유동에 새겨져있는 암각서를 제대로 확인하지 못하여 야기된 오류

1) 충북 괴산군 청천면 화양리 일대.
2) 충북 괴산군 청천면 삼송4리 선유동일대.

이다. 심지어 선유구곡에 새겨져있는 '선유동문(仙遊洞門)'이라는 글씨도 이황의 글씨로 알고 있는 경우도 있다. 이황은 이녕(李寧)과 교유했지만 선유동에는 다녀가지 않았다. 이녕이 이황을 만나러 갔다. 그 때 이황은 이녕에게 「선유동팔영(仙遊洞八詠)」과 「증이거사(贈李居士)」라는 두 편의 시를 지어주었다. 이에 반하여 이녕은 시를 지었다고 하는데, 이를 찾아볼 수 없을 뿐 아니라, 그가 남긴 어떤 자료도 발견되지 않고 있다. 그런데다가 이황이 워낙 유명한 인물이다 보니, 그가 이곳과 조금 인연이 있는 사실을 두고, 그가 주체인양 오인하게된 것이다.

선유팔경(仙遊八景)이 화양구곡(華陽九曲)과 선유구곡(仙遊九曲)으로 분화되기 전에, 선유동에는 이녕(李寧 중종9년 1514년~선조3년 1570년 이후 어느 시기)이 살고 있었다. 이녕의 가계와 교유관계, 그리고 이녕이 선유팔경의 설정자라는 사실에 대해서는 필자가 이미 상론했다.[3] 송인(宋寅 1516~1584)의 「증칠송거사병서(贈七松居士幷序)」를 살펴보다.

> … 만년에 청주(淸州)의 청천현(淸川縣[4]) 동쪽 삼십리(三十里) 파곶산(葩串山)의 선유동(仙遊洞)[5]에 집을 결성했는데, 집 주위에 일곱 개의 큰 소나무가 둘러싸고 있어 그곳을 칠송(七松)이라 지목했다. 항상 누런 소를 타고 산림간을 왕래하며 그 흥을 따라갔다. 그래서 또한 기우자(騎牛子)라 호(號)를 삼았다. [6]

위에서 보듯이 당시에는 지금의 화양동을 포함해서 선유동 일대를 파곶산의 영역으로 보았다는 것을 알 수 있다. 이녕이 살던 위치는 지금의 괴산군 청천면 삼송리 선유동입구 '선유교회'가 있는 자리라고 한다. 충북도의회 의원을 지내고 지역의 역사문화에 해박한 박온섭(1938~) 전 도의원이 알려주었다.

이녕은 지금의 화양구곡과 선유구곡 일대에 선유팔경(仙遊八景)을 설정했다. 다음을 보자.

---

3) 이상주(李相周), 「괴산군 선유동(仙遊洞)의 전설적(傳說的)·선취적(仙趣的) 인물 이녕(李寧)의 가계와 생애」, 『중원문화논총(中原文化論叢)』제5집, 충북대학교 중원문화연구소(中原文化硏究所), 200, 51~67면.

4) 지금 충북 괴산군 청천(靑川)을 청천(淸川)으로 표기한 것이다.

5) 지금 충북 괴산군 청천면 삼송4리 선유동.

6) 송인(宋寅), 『이암집(頤庵集)』, 「증칠송거사병서(贈七松居士幷序)」. 한국문집총간 36책, 권2 99면. 晩結廬于淸州淸川縣東三十里葩串山之仙遊洞, 繞屋有七大松, 以七松目之. 常騎黃犢, 往來林野間, 以適其興. 故亦號爲騎牛子.

> 박수암(朴守庵)[7] 군실(君實)이 마침 환희사(歡喜寺)에 머물 때 서로 만나서 기뻐했으며, 드디어 세만지계(歲晩之契)를 맡겼으며 여러 차례 시(詩)를 준 것이 있다. 또한 근방의 여러 승경들을 나열하여 팔경으로 삼았는데, 상덕(尙德) 신교리(辛校理) 군망(君望)[8]이 나아가 그것을 읊었으며, 또 수암의 시(詩)에 화운하여 주었다.… 거사는 선유동(仙遊洞)의 승경에 대해 후인들이 혹 어둑하게 될까봐 염려하여, 돌아다녀야 하는 것을 꺼려하지 않고, 정성스럽게 그것을 표시하여 알릴 방도를 생각한 것은 기이한 일이라 일컬을 것이며, 화피관(樺皮冠)은, 또한 기이한 복식이라 일컬을 것이다.[9]

위의 인용문을 살펴보면, 선유팔경은 이녕(李寧)·박지화(朴枝華)·신응시(辛應時) 등[한문 원문의 내용을 재점검한 결과 이녕이 단독으로 정했다고 보는 것이 옳다. 2018년 수정한다]이 설정했다는 사실을 알 수 있다.

이녕이 후세사람들이 선유동을 잘 알아볼 수 있게 하기 위해서 표시를 했다면, 확실하고도 내구성이 있는 방법을 택했을 것이다. 그 표시한 방법을 기술해 놓지 않아, 어떻게 표시했는지 알 수는 없으나, 전반적인 정황으로 보아 바위에 새겨놓은 것으로 추측할 수 있다. 필자가 확인하기 위해 답사를 했으나, 아직은 성과가 없다.

이황 '선유팔경(仙遊八景)과 성운의 칠송팔경(七松八景)'의 구체적인 명칭을 소개한다.[10]

제1경 송정대월(松亭待月) 송정에서 달 기다리기: 송정(松亭)은 지금 충북 괴산군 청천면 송면리 송정마을(송면교회가 있는 자리)

제2경 문암수계(門巖修契) 문암에서 수계하기: 문암(門巖)은 지금 충북 괴산군 청천면 명암리(울바위) 청천자연학습원 근처로 추정한다.

제3경 화양상춘(華陽賞春) 화양동에서 봄 즐기기: 화양(華陽)은 지금 충북 괴산군 청천면 화양리 금사담주변 추정된다.

---

7) 수암(守庵): 박지화(朴枝華)의 호(號)

8) 군망(君望): 신응시(辛應時)의 자(字)

9) 송인(宋寅), 앞의 글. 朴守庵君實適寓歡喜寺, 相(辶咢))而悅之, 遂托歲晩之契, 累有詩贈. 又以傍近諸勝, 列爲八景, 而尙德辛校理君望就以咏之, 又和守庵詩, 以贈焉. … 居士恐仙遊之勝, 後人或昧焉, 惓惓然不憚其跋涉, 圖所以表章之者, 可謂奇事, 而樺皮冠, 亦可謂奇服矣.

10) 선유팔경에 나오는 지명중에 문암(門巖)·사평(沙坪)·화산(花山)·기탄(岐灘)의 지금의 행정구역 주소에 대해서는 2001년 5월 22일 괴산군 청천면 삼송리 선유동에 거주하는 박온섭(1938~) 전 충북도의원께 전화로 여쭤 보았다.

제4경 파곶심승(葩串尋僧) 파곶사로 중을 찾아가기: 파곶사(葩串寺)는 지금 충북 괴산군 청천면 화양리 파곶근처에 있던 절로 추정된다. 파곶(葩串)은 지금 화양구곡중 제9곡 파곶이다.

제5경 사평목우(沙坪牧牛) 사평에서 소 기르기: 사평(沙坪)은 지금 충북 괴산군 청천면 이평리이다.[우복동(牛腹洞)은 십승지(十勝地)]

제6경 선동방학(仙洞訪鶴) 선유동에서 학 찾기: 선동(仙洞)은 지금 충북 괴산군 청천면 삼송4리

제7경 화산채약(花山採藥) 화산에서 약초 캐기: 화산(花山)은 지금 경북 상주시 화북면 화산리

제8경 기탄조어(歧灘釣魚) 기탄에서 낚시하기: 기탄(岐灘)은 지금 충북 괴산군 청천면 지촌리(芝村里)로 추정한다.

이황은 「선유동팔영(仙遊洞八詠)」이라 했으며, 성운은 이녕을 추앙부각하는 뜻에서인지 「칠송정팔영(七松亭八詠)」이라 했다.

'화양(華陽)·황양(黃楊)'·선유(仙遊)·파곶(葩串) 등 세 지역을 포함한 선유팔경(仙遊八景)은 송시열(宋時烈)이 화양동에 은거하고 그 제자 권상하(權尙夏)가 '화양구곡'을 명명하면서 변이되기 시작한다. 이들은 이녕이 설정한 선유팔경중 제6경 '선동방학(仙洞訪鶴)'을 제외하고 제3경 화양상춘(華陽賞春)이 설정되었던 화양(華陽)과 제4경 '파관심승(葩串尋僧)'이 설정되었던 파곶(葩串)을 포함한 지역에 '화양구곡'을 설정하였다. 이렇게 하여 이녕이 설정한 '선유팔경'이 무시되고 분해되는 상황을 맞게 된 것이다. 후진들에 의해서 선배들이 설정한 팔경이 분해된 것이다.

2) 화양구곡(華陽九曲)의 성립과정과 곡(曲)의 순서

그러면 '화양구곡'을 설정한 사람과 화양구곡의 명칭의 글씨를 쓴 사람을 알아보자. 먼저 화양구곡(華陽九曲) 9개 곡(曲)의 명칭이 확정되기까지의 과정을 알아보자. 다음 글은 권섭(權燮1671~1759)의 「화양구곡도설(華陽九曲圖說)」이다.

석년(昔年), 참의(參議)벼슬에 있는 백온(伯溫) 김(金)공[11]이 구곡도(九曲圖)

11) 백온(伯溫) 김(金)공: 김진옥(金鎭玉): 조선시대 문관. 백온(伯溫)은 자(字) 호(號)는 유하(柳下) 본관은 광산(光山) 판서 익희(益熙)의 손자. 만균(萬均)의 아들. 송시렬(宋時烈)의 문인. 음보

> 를 초안을 잡아 그려서, 나에게 보여주며 말하기를 "내가 바야흐로 정군(鄭君)과 조군(趙君)에게 손수 그려내라고 청했는데, 한수선생(寒水先生)이 살아계실 때 완성하지 못한 것이 한이니, 기문(記文)은 그대가 짓는 것이 좋겠다." 하여 내가 즉 그것을 응락했다. 지금 백온공(伯溫公)은 아득히 멀리에 있다. 정군(鄭君)과 조군(趙君)이 누구인지 물었으나, 즉 모두 알지 못하여 내가 매우 서글프고 서글펐다. 대개 일찍이 그 그림의 형세를 논하니, 산으로 들어가는 입구에 어떤 물과 어떤 바위를 1곡과 2곡으로 삼고 황묘(皇廟)서원(書院)서실(書室)을 마땅히 3곡으로 삼고, 암서재(岩栖齋)를 4곡으로 삼고. 운한각환장암(雲漢閣煥章庵)을 5곡으로 삼고. 강암(舡岩)을 6곡으로 삼고. 파곶(巴串)을 7곡으로 삼고. 칠송정(七松亭)을 8곡으로 삼고 선유동(仙遊洞)을 구곡으로 삼아 종결했다. 이를 써서 많은 선비들에게 그것을 보여주니, 만약 마음에 두는 사람이 있어, 백온공(伯溫公)의 뜻과 일체가 되어 화양구곡도(華陽九曲圖)를 완성하여 그려내면, 내가 마땅히 그 기문을 흔쾌히 쓰겠노라. 내가 지금 82세 노인이라. 누가 내가 죽기 전에 이 화양구곡도(華陽九曲圖)를 그리는 것을 힘쓰겠는가? 슬프고 슬프도다. 숭정후(崇禎後), 재임신(再壬申 1752년), 동일(冬日) 후학(後學) 권섭서(權燮)이 쓰다.[12)]

위 글을 통해, 1751년 이전에 김진옥이 화양구곡도를 그렸다는 사실과 그 당시 그가 그린 화양구곡도가 지금의 화양구곡과 다르다는 사실을 알 수 있다. "한수선생이 살아계실 때 그리지 못한 것이 한이다"라고 말했다. 그리고 뒤에 열거한 구곡 9개의 명칭을 보면 김진옥이 그린 화양구곡도는 권상하가 정한 화양구곡을 그린 것으로 보아야한다. 이 초기 화양구곡은, 선유팔경(仙遊八景)에 속했던 칠송정(七松亭)과 선유동仙遊洞)이 포함되었다. 앞에서 보았듯이 선유팔경은 이녕(李寧)이 설정했다. 그러나 김진옥도 이러한 사실을

(蔭補)로 기용된 뒤 1714년(숙종 40년) 청주 목사, 1718년 수원부사, 1725년 승지를 지내고 1727년 강원도 관찰사가 되었다.

12) 권섭(權燮1671~1759), 『옥소장계(玉所長杳)』, 「화양구곡도설(華陽九曲圖說)」.권섭(權燮), 『옥소고(玉所稿)』 11 제천본, 「화양구곡도설(華陽九曲圖說)」, 다운샘, 2007. 453~454면. "昔年, 金參議伯溫公, 草成九曲圖, 示我曰, 吾方請鄭趙諸君手模出, 而恨未及於寒水先生之日, 記可君作. 我卽應諾之. 今伯溫公杳杳矣. 問于鄭趙, 則皆不知, 我甚悵然慊然. 槩嘗論其畵圖形勢, 入山之口, 某水某岩, 爲一曲二曲皇廟書院, 書室當爲三曲. 岩栖齋爲四曲. 雲漢閣煥章庵爲五曲. 舡岩爲六曲. 巴串爲七曲. 七松亭爲八曲. 仙遊洞爲九曲而終耶. 書此示之多士, 如有有心人, 體伯溫公志, 成出華陽九曲之圖, 我當快題其記. 我今八十二老矣. 誰能趨我未死, 而辦此筆? 慨然慨然. 崇禎後, 再壬申, 冬日 後學 權燮書." 권섭(權燮1671~1759)의 『옥소장계(玉所長杳)』는 전(前) 한남대 국문과 박요순(朴堯淳)교수가 복사해서 보내주었다.

몰랐던 것으로 여겨진다. 김진옥이 명명한 화양구곡의 명칭을 다시 정리해본다. 1곡과 2곡 입구의 어떤 물과 어떤 바위, 3곡 황묘(皇廟)서원(書院)서실(書室), 4곡 암서재(岩栖齋), 5곡 운한각환장암(雲漢閣煥章庵), 6곡 강암(舡岩) 7곡 파곶(巴串), 8곡 칠송정(七松亭), 9곡 선유동仙遊洞)이다.

이어서 권섭(權燮1671~1759)의 「화양구곡도설 후기(華陽九曲圖說 後記)」를 살펴보자.

> 근래 단암(丹岩) 민상공(閔相公) 성유(聖猷)[13]가 곡(曲)을 둘러보고, 손수 거기에 전서(篆書)로 썼다. 경천벽(擎天壁)을 1곡으로, 운영潭(雲影潭)을 2곡으로, 읍궁암(泣弓巖)을 3곡으로, 금사담(金沙潭)을 4곡으로, 능운대(凌雲臺)를 5곡으로, 첨성대(瞻星臺)를 6곡으로, 학소대(鶴巢臺)를 7곡으로, 와룡암(臥龍巖)을 8곡으로, 파곶(巴串)을 9곡으로 하여 화양동(華陽洞) 한 구역으로 삼아 9개의 숫자로 하고 칠송정(七松亭)과 선유동(仙遊동)은 화양동 밖에 있어 화양구곡에서 제외하여 별도로 분리했다. 마땅히 이렇게 해서 <화양구곡>이 올바로 설립(正立)이 되었는데, 선유동(仙遊)에 9곡으로 설정하지 않을 수 없게 한 것이다. 나의 손자 신응(信應)이 손수 그림을 그려, 스스로 아래부분에 그 일을 기록하여 바야흐로 나에게 보여주었다. 내가 매우 기뻐서 또 써서 그림아래에 작게 기록한다. 도리어 신응(信應)이 태어난 것이 또 늦어서 백부선생(伯父先生)[14]이 살아계실 때에 그 재질을 받들지 못한 것이 한스럽다. 백온공(伯溫公) 아셨다면 어떻게 생각했을까? 슬프도다. 또 쓰노라.[15]

권섭은 위의 글을 쓴 연도를 밝혀놓지 않았다. 그러나 위의 글을 통해 지금 우리가 알고 있는 화양구곡의 구체적인 위치와 명칭이 확정되었다는 사실을 알 수 있다. 즉 민진원(閔鎭遠 1664~1736)이 경천벽(擎天壁)을 1곡으로, 운영潭(雲影潭)을 2곡으로, 읍궁암(泣弓巖)을 3곡으로, 금사담(金沙潭)을 4곡으로, 능운대(凌雲臺)를 5곡으로, 첨성대(瞻星臺)를 6곡으로, 학소대(鶴巢臺)를

---

13) 단암(丹岩) 민상공 성유(閔相公 聖猷): 이름은 민진원(閔鎭遠 1664~1736) 자는 성유(聖猷) 호는 단암(丹岩) 본관은 여흥(驪興) 민유중(閔維重)의 아들. 인현왕후(仁顯王后)의 동생.

14) 백부선생(伯父先生): 권섭(權燮)의 큰아버지 권상하(權尙夏 1641~1721)

15) 權燮, 『玉所稿』 11 제천본, 다운샘, 2007. 「華陽九曲圖說 後記」, 454면. 近丹岩閔相公聖猷逐曲, 而手篆之. 擎天爲一曲, 雲影二曲, 泣弓三曲, 金沙四曲, 凌雲五曲, 瞻星六曲, 鶴巢七曲, 臥龍八曲, 巴串九曲, 以華陽一洞爲九數, 而七松仙遊, 以在洞外而別之. 當以此爲正,而不得不以仙遊爲九曲矣. 我孫信應手寫而爲圖. 自記其事于下, 方以示余. 余甚喜之, 又書小記于畵之下. 却恨 信應生 且晚未得奉質於伯父先生在世之日. 伯溫公有知, 以爲如何. 愴哉 又書.

7곡으로, 와룡암(臥龍巖)을 8곡으로, 파곶(巴串)을 9곡으로 확정했던 것이다. 또한 김진옥이 화양구곡에 포함시켰던 칠송정(七松亭)과 선유동(仙遊동)이 제외했다는 사실을 알 수 있다. 아울러 화양구곡에서 제외된 선유동(仙遊)에 선유구곡(仙遊九曲)이 설정된 사실을 확인할 수 있다.

위에서 살펴본 내용을 다음과 같이 정리할 수 있다.

(1) 김진옥의 화양구곡도(華陽九曲圖)를 통해본 화양구곡(1751년 그렸음)
1곡과 2곡: 입구의 어떤 물과 어떤 바위, 3곡: 황묘(皇廟)서원(書院)서실(書室), 제4곡: 암서재(岩栖齋), 제5곡: 운한각환장암(雲漢閣煥章庵), 제6곡: 강암(舡岩), 제7곡: 파곶(巴串), 제8곡: 칠송정(七松亭), 제9곡: 선유동(仙遊洞)

(2) 민진원의 전서(篆書)글씨를 통해본 화양구곡: 권신응(權信應)이 화양구곡도(華陽九曲圖)를 그림. 그린 시기 1752년 이후 어느 시기로 추정함.
제1곡: 경천벽(擎天壁), 제2곡: 운영담(雲影潭), 제3곡: 읍궁암(泣弓巖), 제4곡: 금사담(金沙潭), 제5곡: 능운대(凌雲臺), 제6곡: 첨성대(瞻星臺), 제7곡: 와룡암(臥龍巖), 제8곡: 학소대(鶴巢臺), 제9곡: 파곶(巴串)

이렇듯 민진원의 글씨를 바위에 선명하고 거대하게 새겨놓음으로 해서 오늘날 화양구곡의 명칭은 (2)와 같은 명칭으로 굳어진 것이다.

위의 기록을 통해 우리는 지금의 화양구곡의 순서와 다르다는 사실을 알 수 있다. 지금껏 화양구곡의 순서는 제1곡: 경천벽(擎天壁), 제2곡: 운영潭(雲影潭), 제3곡: 읍궁암(泣弓巖), 제4곡: 금사담(金沙潭), 제5곡: 첨성대(瞻星臺), 제6곡: 능운대(凌雲臺), 제7곡: 와룡암(臥龍巖), 제8곡: 학소대(鶴巢臺), 제9곡: 파곶(巴串)으로 알고 있고, 현재 화양구곡 현지의 안내문에도 그렇게 표기했다. 바위에 구곡의 명칭만 새겨놓고 구곡의 순서를 새겨 놓지 않아 잘못 알은 한 것이다. 이제 권신응의 화양구곡도에 그린 그대로, 화양구곡 제5곡을 '능운대(凌雲臺)'로, 제6곡을 '첨성대(瞻星臺)'로 바로 잡아야한다.

권섭(權燮)의 「화양구곡도설(華陽九曲圖說)」과 「화양구곡도설 후기(華陽九曲圖說 後記)」를 통해 초기 화양구곡은 권상하가 정하고 지금과 같은 화양구곡의 명칭은 민진원이 정했다는 사실을 보았다. 이런 사실을 알 수 있는 증거가 또 있다. 다음은 수암의 증손자인 권진응(權震應, 1711~1775)이 지은 「화양구곡화무이도가십수(華陽九曲和武夷櫂歌十首)」를 통해 알 수 있는 화양구곡이다. 권진응(權震應 1711~1775)이 읊은 '화양구곡' 9개 곡의 명칭을 제시한다.

> 제1곡: 경천벽(擎天壁), 제2곡: 운영담(雲影潭), 제3곡: 읍궁암(泣弓巖), 제4곡: 금사담(金沙潭), 제5곡: 첨성대(瞻星臺), 제6곡: 와룡암(臥龍巖), 제7곡: 학소대(鶴巢臺), 제8곡: 파곶(巴串), 제9곡: 선유동(仙游洞)

위 사실을 통해, 민진원의 글씨를 바위에 새겨놓음으로 해서 오늘날 화양구곡의 명칭으로 굳어진 화양구곡과의 차이점을 정리해보자. 권진응이 지은 「화양구곡화무이도가십수(華陽九曲和武夷櫂歌十首)」에는 민진원이 전서로 새겨놓은 화양구곡 9개 곡 중에 제5곡 '능운대'를 제외한 대신 제9곡에 '선유동'을 포함시켰다. 앞에서 이미 보았듯이 권진응의 할아버지 권상하가 화양구곡 9개 명칭을 정했다는 사실을 보았다. 권상하가 죽은 후 민진원이 구곡을 거의 새로 정하다시피하여 바위에 새기자 그 사실을 인정하고 할 수 없이 민진원이 정한 구곡에 대해 시를 지은 듯하다. 그러나 아쉽고 한스러워 권상하가 정한 화양구곡의 범위가 선유동까지였다는 사실만이라도 시에 언급하여 다소나마 위로하고 싶었던 것으로 생각된다.

권진응의 제9곡시 선유동(仙游洞)을 살펴보자.

⑨ 선유동(仙游洞)

구곡선유갱요연(九曲仙游更窅然)	구곡이라 선유동 다시 아득한데,
찬완봉벽사장천(巑岏峯壁瀉長川)	높고높은 봉우리 긴 시냇물을 쏟아내네.
유인수해궁원파(游人誰解窮源派)	유람객 누가 무궁한 근원을 알리오?
제시화양일동천(除是華陽一洞天)	여기도 화양구곡의 한 구역이라네.[16]

권진응은 3~4구에서 권진응은 자기 할아버지 권상하가 정한 화양구곡에서 선유동이 제외된 것을 아쉬워하는 심정을 시에 남겨놓았다.

다음은 『화양지(華陽誌)』에 수록한 「우암연보(尤庵年譜)」의 내용이다.

> 병오년(1666년) 청천(靑川)의 침류정(枕流亭)을 빌려 머물다가, 처음 띠풀을

16) 權震應, 『山水軒先生遺稿』火, 「華陽九曲和武夷櫂歌十首」, 회상사, 1994. 成海應, 『硏經齋集』外集 권30, 韓國文集叢刊 276, 민족문화추진회, 2001, 496~497면.

베어 화양동(華陽洞)에 거주했다. 이후로, 해마다 출입이 많아 오랜 기간만(淹時月)에 회덕(懷德)에 돌아왔다.[17] 연보절약(年譜節略) 부. 병오(선생의 연세 60) 정월(신해)에 유서로 불렀으나 사양하였다. 4월(임자)에 청천(靑川)의 침류정(枕流亭)[18]에 우거하였다(고 관찰사 황서(黃瑞)의 정사(亭舍)다. 지금은 부서져서 터만 남아 있다)[19]

병오년(1666년), 선생이 60세 되던 8월 기사일에 화양동(華陽洞)에 거주했다.[화양동(華陽洞)은 청천현 동쪽 파곡(巴谷)의 하류인 낙영산(洛陽山)아래에 있는데 청천현에서 20리 떨어졌다.][20]

구곡동천(九曲洞天) 구곡의 명칭을 살펴보면, 혹 지명에 인연하기도 하고 혹 고래의 뜻에서 취하기도 했다. 선생이 생존할 당시에 시작된 것이 많은데 구곡을 정했으니 즉 실제로 수암(遂菴) 권상하(權尙夏)공이 명명한 것이다. 단암(丹巖) 민진원(閔鎭遠) 상공(相公)이 전서(篆書)로 새겼으며, 오직 읍궁암(泣弓岩)은 아울러 예서(隷書)의 큰 글씨로 새겼는데 윤헌주(尹憲柱)의 글씨이다. 또 금사담(金沙潭)가 큰 돌에 새긴 화양수석 대명건곤(華陽水石, 大明乾坤)의 8자의 큰 글씨도 또한 윤헌주의 글씨이다.[21]

위의 내용을 종합해보면 송시열이 화양구곡의 위치를 정하고, 구체적인 화양구곡의 명칭은 그의 수제자인 권상하(權尙夏)가 명명했다. 또한 구곡 각각의 명칭을 전서(篆書)로 쓴 사람은 민진원(閔鎭遠)이다. 다만 '읍궁암'이라는

---

17) 송주상(宋周相), 『화양지(華陽誌)』, 1807년간. 「복거시말 부 암서재사실 년보절략(卜居始末 附巖棲齋事實 年譜節略)」. "丙午, 借寓淸州靑川之枕流亭, 始誅茅,卜居于華陽洞. 自後, 逐歲出入多, 淹時月及歸懷德."

18) 침류정(枕流亭): 침류정은 지금 청천면 도원리 신도2리 대티로 넘어가는 입구 개울가 '침류정거리'에 있었다. 칠성면에 사는 황창모와 충북 괴산군 청천면 금평리에 사는 황종원이 확인해 주었다.

19) 충북대학교 우암연구소, 『역주 화양지』, 우암학술총서 2, 한솔, 2007.번역 55~56면. 원문 257면. 연보절략(年譜節略) 부(附) "병오(丙午) (선생년육십세先生年六十歲) 정월(正月)신해(辛亥) 유소사(諭召辭) 사월(四月) 임오(壬子) 우서청천지침류정(寓棲靑川之枕流亭) (고황관찰서정사故黃觀察瑞亭舍 금폐이유허今廢而有墟)'

20) 송주상(宋周相), 『화양지(華陽誌)』, 「연보절략(年譜節略) 부(附)」. "丙午(1666년), 先生 年六十歲, 八月 己巳,卜居于華陽洞(洞在淸州靑川縣東 巴谷下流 洛陽山下, 距縣二十里)"

21) 송주상(宋周相), 『화양지(華陽誌)』, 「지명연혁(地名沿革)」 구곡동천(九曲洞天) "今按九曲名號, 或仍地名, 或取古義, 多昉於先生時, 而其定爲九曲, 卽 實 遂菴權公所命也. 丹巖閔相公鎭遠以篆鐫刻, 而惟泣弓岩並有隷字大刻字乃尹憲柱筆, 又金沙潭邊大石刻華陽水石大明乾坤八大字亦尹筆也."

글씨와, 일제가 정으로 쪼아버려 지금은 알아볼 수 없는 '화양수석 대명건곤(華陽水石, 大明乾坤)'의 8자는 윤헌주(尹憲柱)의 글씨이다. 이는 전문가들은 알고 있는 사실이며, 논문에도 소개된 적이 있다[22].

이상에서 살펴본 두 문헌의 내용을 정리하면 다음과 같다. 송시열이 화양동에 은거하며 무이구곡을 모방하여 화양구곡이라 개괄적으로 호칭하였으나, 화양구곡의 구체적인 명칭을 정하지는 않은 것 같다. 그후 권상하가 화양구곡의 명칭을 정해야한다는 필요성을 인식하고 대강의 위치를 정한 듯하다. 권섭의 글 가운데 보이는 "내가 바야흐로 정군(鄭君)과 조군(趙君)에게 손수 그려내라고 청했는데, 한수선생(寒水先生)[23]이 살아계실 때 완성하지 못한 것이 한이니, 기문(記文)은 그대가 짓는 것이 좋겠다." 라는 내용을 통해 그 개연성을 짐작할 수 있다. 권상하가 화양구곡의 위치와 명칭을 정한 것을 참고하여, 김진옥이 「화양구곡도」에 그 구체적인 위치와 범위를 정하여 그린 것으로 보인다. 그후 민진원이 화양동을 둘러본 후, 구체적인 위치와 명칭을 개정(改定)하고 전서(篆書)로 새겨놓음으로 해서 화양구곡의 위치와 명칭이 확정된 것이다. 그리하여 지금 우리는 이를 그대로 따르고 있는 것이다.

3) 선유구곡(仙遊九曲)의 설정자

선유구곡의 설정자를 알아볼 수 있는 근거는 선유구곡내에 있는 두 곳의 암벽에서 확인할 수 있다. 바로 선유구곡 제1곡 '선유동문(仙遊洞門)'에 새겨놓은 '선유동문(仙遊洞門) 이보상서(李普祥書)'라는 글씨이다. '선유동문(仙遊洞門)'이라는 글씨는 왼쪽부터 가로로 썼으며, '이보상서(李普祥書)'라는 글씨는 그 오른쪽에 세로로 새겼다. 또 선유구곡 제9곡 '은선암(隱仙巖)'에 '김시찬(金時粲)·이보상(李普祥)·정술조(鄭述祚)·동주(洞主) 이상간(李尙侃) 임신(壬申) 구월(九月) 일(日)'은 오른쪽에서 왼쪽으로 차례로 종서로 썼다. 이보상(李普祥)·정술조(鄭述祚)의 이름 첫자는 김시찬의 이름은 끝 글자인 '찬(粲)'과 같은 위치에서 시작했다. 이상간은 '동주(洞主)'의 '동(洞)'자가 김시찬의 '김(金)'자와 같은 위치에서 시작했다. 그 다음에 '은선암(隱仙巖)'은 횡서로 썼다. 살펴보기로 하자.

---

22) 김영진, 「화양서원고(華陽書院考)」, 『충북문화논고』, 향학사, 1997. 14면.
23) 한수선생(寒水先生): 한수齋(寒水齋) 권상하(權尙夏)

① '선유구곡' 제1곡 '선유동문'에 새겨놓은 암각서
선유동문 이보상서(仙遊洞門 李普祥書)

② '선유구곡' 제9곡 '은선암'에 새겨놓은 암각서
김시찬(金時粲)
이보상(李普祥, 충북 단양군 영춘면 上2里 느티 '북벽'에도 이름을 새겨놓음: 인용자 주)
정술조(鄭述祚)
동주이상간(洞主李尙侃)
임신구월일(壬申九月日)
은선암(隱仙巖)

임신(壬申)년 1752년으로 구월 일(九月 日)에 '선유구곡'은 김시찬(金時粲)·이보상(李普祥)·정술조(鄭述祚)·선유동(仙遊洞)의 소유주인 이상간(李尙侃) 등이 산유구곡을 설정했다는 사실을 알 수 있다.

이렇듯 이보상(李普祥)이 '선유동문(仙遊洞門)'이라는 글씨를 쓴 점으로 미루어 보아, 선유구곡 각각의 명칭의 글씨를 그가 썼을 것으로 보아진다. 충북 괴산군 칠성면 사은리에 있는 연하구곡(烟霞九曲)의 설정자 노성도(盧性度)도 연하구곡 제9곡 병암에 '연하동문(烟霞洞門)' '노경은제(盧敬隱題)'라 자신의 성과 호(號)를 새겨놓았다. 갈은구곡(葛隱九曲)의 설정자 전덕호(全德浩)도 갈은구곡 입구 바위에 갈은동문(葛隱洞門)이라 새겨놓았다. 자신의 성명은 제2곡 갈천정과 제7곡 고송유수재 암벽에 아우와 손자의 이름과 함께 새겨놓았다. 충북 제천시 덕산면 억수리 일대에 박세화(朴世和1834~1910)가 용하구곡을 설정하고 암벽에 용하동문(用夏洞門)이라 새겨놓았다. 지금의 충남 공주시 반포면 상신리 일원에 권중면(權重冕 1856~1936)이 용산구곡(龍山九曲)을 설정하고 입구 바위에 벽학동문(闢學洞門)이라 새겨놓았다. 이런 사례로 보아 위에 제시한 김시찬·이보상·정술조·이상간(李尙侃) 등 네 사람을 선유구곡의 설정자로 단정하고자한다. 네 사람이 합의로 동조동참한 것으로 추측할 수 있으며, 이상간(李尙侃)은 선유동(仙遊洞)의 소유주이다. 이들이 선유구곡을 설정한 연대는 그들의 생몰연대를 참고하여 환산해본 결과, '임신(壬申) 구월(九月) 일(日)'은 영조 28년 서기로 1752년이다. 이렇듯 선유구곡의 설정연대를 규명함으로해서, 1865년에 설정된 연하구곡(烟霞九曲)과 함께 설정연대를 정확히 알 수 있는 구곡(九曲)이 되었다.

이제 선유구곡을 설정한 인물들인 김시찬(金時粲)·이보상(李普祥)·정술조(鄭述祚)과 선유동의 주인인 이상간(李尙侃)의 가계와 생애에 대해 간략히 살펴보기로 하자. 은선암에 새겨놓은 순서대로 살펴본다.

1) 김시찬(金時粲)의 가계와 생애

김시찬(金時粲 1700~1767)의 가계와 생애에 대해 『안동김씨세보(安東金氏世譜)』[24]를 통해 알아보자.

> 시조(始祖) 김선평(金宣平) 1세 습돈(習敦)→ 2세 여기(呂基)→ 3세 남수(南秀)→ 4세 희(熙)→ 5세 자(資)→ 6세 근중(斤重)→ 7세 득우(得雨)→ 8세 초(草)→ 9세 삼근(三斤)→ 10세 계권(係權)→ 11세 영수(永銖)→ 12세 번(璠)→ 13세 생해(生海)→ 14세 극효(克孝)→ 15세 상용(尙容)→ 16세 장남 광형(光炯)→ 17세 차남(次男) 수민(壽民)→ 18세 차남(次男) 성도(成道)→ 19세 제4남 시찬(時粲)

자(字)는 치명(致明)이요, 호(號)는 초천(苕泉)이며, 또 다른 호는 정신재(靜愼齋)이다. 숙종(肅宗) 경진(庚辰 1700년) 사월(四月) 이십육일(二十六日)에 출생했다. 신축(辛丑 1721년)에 진사(進士)에 합격하고, 을묘(乙卯 1735년)에 증광문과(增廣文科)에 합격했으며, 홍문관부제학(弘文館副提學)을 했다. 영종(英宗) 병술(丙戌 1767년)에 십일월(十一月) 이십팔일(二十八日) 졸(卒)했다. 지금의 임금 병인(丙寅 1806년)에 특별히 이조판서(吏曹判書)에 추증되었다. 시호(諡號)는 충정(忠正)이니, 시법(諡法)에 나라를 생각하고 집안을 잇는 것을 '충(忠)'이라 하며, 바름으로써 사람을 감복하게 하는 것을 '정(正)'이라 한다. 후에 손(孫)이 귀(貴)하게 되어 의정부좌찬성(議政府左贊成)에 추증되었다. 문집이 남아있다. 배(配)는 정경부인(貞敬夫人)에 추증된 경주이씨(慶州李氏)이다. 기묘(己卯 1735년)에 출생하여, 무자(戊子 1828년) 이월(二月) 일일(一日)에 졸(卒)했다. 부(父)는 채조(采朝)이다. 묘(墓)는 청주(淸州) 궁현리(弓峴里)[25] 간좌(艮坐)에 합장했다. 묘갈은 대제학(大提學)

24) 『안동김씨세보(安東金氏世譜)』卷之二十一 1833년 간. "判官係權派 己編, 文忠公尙容派 初疊."

남유용(南有容)이 찬(撰)했으며, 현령(縣令) 김상숙(金相肅)이 썼다.[26] 김시찬(金時粲) 등이 공찬(共撰)한 『공거지남초(公車指南草)』[27] 1책이 있다. 그의 문집의 존재를 확인 중에 있다.

강원도 춘천에 곡운구곡(谷雲九曲)을 설정한 곡운(谷雲) 김수증(金壽增 1624~1701)은, 김시찬의 고조부(高祖父) 김상용(金尙容)의 아우인 김상헌(金尙憲)의 손자이다. 김시찬은 이런 자신의 가문의 방계(傍系) 선조가 구곡을 설정한 사례와 송시열이 화양구곡을 설정한 사례를 답습하여, 화양구곡인근의 산수가 좋은 선유동에 구곡을 설정하는데 동참한 것으로 볼 수 있다.

2) 이보상(李普祥)의 가계와 생애

『선원속보(璿源續譜)』[28]의 기록을 통해 이보상(李普祥 1698~1775)의 본관과 가계를 알아보기로 한다.

세종대왕의 후궁 신빈(愼嬪) 김씨(金氏) 소생 밀성군(密城君) 침(琛) → 운산군(雲山君) 계(誡) → 광성정(匡城正) 전(銓) → 제2남 광원군(廣原君) 구수(耉壽) → 장남(長男) 극강(克綱) → 제2남 신록(申祿) → 장남(長男) 덕흥(德興) → 사남(四男) 민도(敏道) → 장남 세석(世奭) → 장남 방언(邦彦) → 장남 보상(普祥)

> 숙종(肅宗) 무인(戊寅 1698년) 1월 26일 태어났다. 음보로 서윤(庶尹)을 지내고 가의(嘉義)로 승차했다. 영조(英祖) 을미(乙未 1775년) 10월 8일에 졸했다. 묘소는 연하동(煙霞洞)[29] 임좌(壬坐)에 있다. 함원부원군(咸原府院君) 어유구(魚

---

25) 궁현리(弓峴里): 지금 충북 청원군 강내면 궁현리.

26) 『안동김씨세보(安東金氏世譜)』卷之二十一 1833년 간. "字致明, 號 苕泉, 又號靜愼齋. 肅宗 庚辰 四月 二十六日生 辛丑 進士. 乙卯 增廣文科. 弘文館副提學. 英宗 丙戌 十一月 二十八日卒. 今上 丙寅 特贈吏曹判書. 謚忠正. 謚法 慮國忘家曰 忠, 以正服人曰正. 後以孫貴 贈議政府左贊成 遺集. 配 贈 貞敬夫人 慶州李氏. 己卯生 戊子 二月 一日卒. 父 采朝. 墓 淸州 弓峴里 艮坐 合窆. 碣大提學南有容撰 縣令 金相肅書."

27) 김시찬 등찬(金時粲 等撰) 『공거지남초(公車指南草)』1책 1933년 사본, 국사편찬위원회. "卷首 副提學 金時粲 上書 己卯 六月十二日."

28) 『선원속보(璿源續譜)』, 국립중앙도서관 일산문고. 간년은 미상이나, 범례에 "列聖朝歷年, 光武建號以後, 書光武"라는 내용으로 보아 순종이후 간행했다는 것을 알 수 있다. 2002년 8월 10일 토요일 서울에 거주하는 高麗族譜文化院 吳在謚(本貫은 同福)원장께, 이보상의 가계에 대해 알아봐달라고 전화로 부탁했다. 그외 김시찬・정술조・이상간에 대한 자료도 찾아주었다. 이를 필자가 다시 확인했다.

29) 연하동(煙霞洞): 지금 경기도 여주군 여주읍 연라리.

有龜)의 딸에게 장가갔다.[30]

이보상에 대해 좀더 살펴보면 다음과 같다. 이보상은 세종대왕의 후궁인 신빈(愼嬪) 김씨(金氏) 소생 밀성군(密城君) 침(琛)의 후손이며, 어유구(魚有龜)의 사위이다. 이러한 가문의 배경으로 인해 음직(蔭職)을 받은 것으로 생각된다. 그는 단양군 영춘현감을 거쳐 괴산군수를 지냈다.[31] 권섭의 『옥소고(玉所稿)』 3, 「기송면이괴산보상(寄松面李槐山普祥)」[32]이라는 시가 실려 있다. 그후 한성서윤(漢城庶尹)을 지내고 가자(加資)을 받았다. 첨지중추부사(僉知中樞府事)[33] 가 되었는데 그는 경종(景宗)과 동서(同婿) 사이이며, 어유구(魚有龜)의 사위였기 때문에 오위장(五衛將) 동중추(同中樞: 同知中樞府事)[34]을 역임했다. 나는 그가 괴산군수를 지낸 연도를 정확히 알 수 있는 자료를 아직 찾아내지 못했다. 『영조실록』의 기록을 통해 보듯이, 이보상은 영조 40년(1764년) 이후 주로 서울에 있는 중앙관직을 맡았다. 이런 점으로 보아, 그가 괴산군수를 역임한 시기는 1764년 그 이전 어느 시기로 보아야한다. 또한 그는 충북 단양군 영춘면 상2리(上二里) 느티에 있는 '북벽(北壁)'에 태수(太守) 이보상(李普祥)이라는 이름을 새겨놓았다. 『국역 영조실록』의 내용을 살펴보자.

> 영조 40년(1764년) 3월 27일, 집의 이정오(李正吾)가 전계를 거듭아뢰었으나, 윤허하지 않았다. 또 아뢰기를 "한성서윤(漢城庶尹) 이보상(李普祥)은 공해(公廨)에 입직했다하면 번번이 바둑을 꺼냅니다. '장일유소일국기(長日惟消一局碁)' 즉 '긴 날을 오직 바둑 한 가지로 보낸다.'고 한 것은 이원(李遠)[35]이 흥를 붙인 문장에 불과한데도 오히려 사람을 다스리지 못한다하고 말하였으니, 하물

---

30) 『선원속보(璿源續譜)』, 국립중앙도서관 일산문고. "肅宗 戊寅 丁月二十六日生 蔭庶尹 陞嘉義. 英祖乙未十月八日卒. 墓煙霞洞壬坐. 娶咸原府院君魚有龜女".

31) 『충청도읍지(忠淸道邑誌)』, 국립중앙도서관소장, 아세아문화사 영인, 1984. 「영춘현(永春縣) 선생안(先生案)」과 「괴산군(槐山郡) 관적(官蹟)」에도 이보상(李普祥)의 이름이 올라있다.

32) 권섭(權燮), 『옥소고(玉所稿)』 3, 제천본, 「기송면이괴산보상(寄松面李槐山普祥)」, 다운샘, 2007, 209면.

33) 영조 47년(1771년) 6월 29일.

34) 영조 48년(1772년) 11월 19일.

35) 이원(李遠): 당나라 선종(宣宗) 때 영호 도(令狐 綯)의 추천으로 항주자사(杭州刺史)가 되었는데, 선종이 말하기를 "長日惟消一局碁)" 즉 "내가 듣건데, 이원의 시에 '긴 날을 오직 바둑 한 가지로 보낸다." 고 하였으니, 어찌 사람을 다스리겠는가?"하자, 영호 도가 말하기를 "시인이 이것에 흥를 풀었던 것뿐입니다. 반드시 실제로 그러하지는 않을 것입니다."라고 한 고사.

며 사송(詞訟)을 맡는 자리이겠습니까? 청컨데 그를 파직하소서" 하니 임금이 윤허하였다.

전반적인 정황으로 보아, 그는 매우 호탕하고 풍류를 즐기며 산수자연에도 심취했다는 것을 알 수 있다. 이리하여 그는 선유구곡을 설정하는데 동참하고, '선유동문(仙遊洞門)'이라는 글씨를 남김으로써 구곡문화 계승자의 한 사람으로 인사유명(人死留名)을 성취했다.

3) 정술조(鄭述祚)의 가계와 생애

정술조(鄭述祚 1711~1788) 가계와 생애에 대해 『오간 해주정씨족보(五刊 海州鄭氏族譜)』[36]를 통해 살펴보자.

시조(始祖) 정숙(鄭肅) 전객서령(典客署令)→ 1세 언(王+言)→ 2세 윤규(允珪)→ 3세 역(易)→ 4세 충석(忠錫) 목사(牧使)→ 5세 침(忱)→ 6세 유경(有慶)→ 7세 희공(希恭)→ 8세 언효(彦孝)(생부 生父 희문 希文)→ 9세 자연(子淵)→ 10세 호학(好學)→ 11세 도창(道昌)→ 12세 면(勔)(생부 生父 도정 道亨)→ 13세 제3남 세주(世周)→ 14세 진형(震衡)(생부 후주 生父 後周)→ 15세 술조(述祚 1683, 6, 19생 1760, 9, 17일 졸. 향년 78세)

자(字)는 효선(孝善)이요 사호(賜號)는 삼춘당(三春堂)이다. 문집이 남아있다. 숙종(肅宗) 신묘(辛卯 1711년) 유월(六月) 구일(九日)에 출생했다. 영조(英祖) 경신(庚申 1740년) 증광(增廣) 생원(生員)에 합격했다. 정묘(丁卯 1747년) 칠석제문과(七夕製文科)에 장원했으며, 경오(庚午 (1750년)에 전시(展試)에 합격했다. 병자(丙子 1756년)에 지평(持平)으로 입시(入侍)했다. 소조(小朝)에 우암(尤庵)·동춘(同春) 두 선생을 문묘(文廟)에 종향(從享)하는 일을 소청(疏請)하여 윤허를 받았다. 기묘(己卯 1759년)에 춘방(春坊)에 선발되어 지제교(知製教)가 되었으며, 병술(丙戌 1766년)에 중시(重試)에 합격하여 통정(通政)에 승진했다. 정조(正祖) 갑진(甲辰 1784년)에 특별히 당품(堂品)으로 보덕(輔德)을 제수(除授)받아 일강(日講)하기 위해 입시(入侍)했다. 을사(乙巳 1785년)에 가선(嘉善)이 되었으며, 정미(丁未 1787년)에 휴

36) 『오간 해주정씨족보(五刊 海州鄭氏族譜)』 1919년 간행, 국립중앙도서관소장.

치(休致)을 소청했는데, 자헌(資憲)을 특별히 추가했다. 한성부판윤(漢城府判尹)과 형조판서(刑曹判書)를 역임했으며, 기로소(耆老所)에 들어갔다. 무신(戊申 1788년)에 봉조하(奉朝賀)에 치사(致仕) 동년 사월 십팔일에 졸(卒)했으니, 향년 칠십팔이다. 기유(己酉 1789년) 사월, 도설(棹楔)을 시설하라는 은전을 입었다. 배(配)는 풍양조씨(豊壤趙氏)이며 부(父)는 성빈(聖賓)이다. 묘(墓)는 부평(富平) 하오정(下梧亭) 작동(鵲洞) 곤좌(坤坐)에 합장했다.[37] 위에서 보았듯이, 족보에 문집이 남아있다는 기록이 있어, 실물의 존재를 확인중에 있다.

4) 이상간(李尙偘)의 가계와 생애

선유동의 소유주인 이상간(李尙偘 1715~1765)의 가계와 생애에 대해 『광주이씨족보(廣州李氏族譜)』[38]를 통해 알아보자.

1세 집(集)→ 2세 지직(之直)→ 3세 장손(長孫)→ 4세 차남(次男) 극감(克堪) → 5세 장남(長男) 세좌(世佐)→ 6세 사남(四男) 수정(守貞)→ 7세 차남 준경(浚慶)→ 8세 예열(禮悅 1529~1585)→ 9세 사수(士修)→ 10세 필정(必亭)→ 11세 호징(好徵)→ 12세 최만(最晩)→ 13세 조원(肇源)→

14세 장남 명화(命華. 墓 松面 梨洞 酉坐)→ 15세 장남 상언(尙彦)
15세 차남 상간(尙偘): 명숭(命嵩)의 양자(養子)로 감
14세 삼남 명숭(命嵩. 興源에게 養子로 감)→ 15세(尙偘이 養子로 옴)

'국(鞠)'자(字)를 살펴보라. 생부(生父)는 명화(命華)이다. '유(惟)'자(字)를 살펴보라. 자(字)는 중익(仲益)이다. 을미(乙未 1715년)에 출생하여, 을유(乙酉 1765)년에 죽었다. 묘(墓)는 선고(先考)의 묘(墓) 송면 이동 유좌(松

37) 『오간 해주정씨족보(五刊 海州鄭氏族譜)』. "鄭述祚 字 孝善 賜號三春堂 有遺集. 肅宗 辛卯 六月 九日生. 英祖 庚辰 增廣 生員. 丁卯 七夕製文科魁. 庚午展試. 丙子以持平入侍. 小朝疏請尤庵同春兩先生從享文廟事 蒙允. 己卯 選春坊 知製敎. 丙戌 重試 陞通政. 正祖 甲辰 特設堂品 輔德除授, 日講入侍. 乙巳嘉善. 丁未疏請休致, 特加資憲. 漢城府判尹 歷刑曹判書. 入耆社. 戊申 致仕奉朝賀. 同年四月十八日 卒. 享年七十八. 己酉 四月 施棹楔之典. 配 豊壤趙氏 父 聖賓. 墓 富平下梧亭 鵲洞 坤坐 合窆."

38) 『광주이씨족보(廣州李氏族譜)』기미보(己未譜), 1919년 간행

面 梨洞 酉坐)아래 계좌(癸坐)에 있다. 배(配)는 전주최씨(全州崔氏)이며, 부(父)는 발(浡)이다. 혈육이 없으며 묘는 합장했다. 배(配)는 전주이씨(全州李氏)이니, 부(父)는 정기(廷夔)이다. 묘는 쌍분(雙墳)이다.[39)]

이상간은 이준경(李浚慶 1499~1572)의 후손이다. 이준경은 사람을 알아보는 감식능력인 지인지감(知人之鑑)이 있었다. 그는 임진왜란의 발발을 예견하고, 그 대비책을 강구할 선견지명(先見之明)을 갖춘 도인(道人)을 발탁했다. 그 도인은 이준경의 후손들과 가솔들을 이끌고, 안전지대인 지금의 선유동으로 이주하여 무사히 피난하게 한다. 난리가 끝나고 이 도인은 이준경의 후손들에게 부귀영화를 누릴 수 있는 길지를 점지해주고 홀연히 종적을 감춘다. 이에 관한 상세한 내용은 「이동고위겸택가랑(李東皐爲傔擇佳郎): [「이동고(李東皐)가 겸인(傔人)을 위해 좋은 신랑감을 선택하다.]」」를 통해 알 수 있다. 그 후손이 살았던 집터엔 지금 송면초등학교가 자리잡고 있어 그 흔적을 찾아 볼 수 없으니, 마치 신선세계에 들어온 것 같은 환상감을 느끼게 해준다.

선유구곡(仙遊九曲)의 각각의 명칭은 다음과 같다. 제1곡 선유동문(仙遊洞門):'선유동문(仙遊洞門)'이라는 글씨는 해서(楷書)로 왼쪽부터 가로로 썼으며, '이보상서(李普祥書)'라는 글씨는 작은 글씨로 그 오른쪽에 세로로 새겼다. 통상 앞에서 보았듯이 구곡의 입구에 "연하동문(烟霞洞門)"과 "갈은동문(葛隱洞門)"이라 새겨놓는다. 화양동문도 있다. 제천시 덕산면에 억수리 용하동문 등이 그 예에다. 이런 사례로 보아 선유구곡 제1곡은 선유동문이 아니라고 본다. 그러나 1933년 이병연(李秉延)이 편찬한 『조선환여승람(朝鮮圜輿勝覽) 괴산군』과 홍치유(洪致裕)의 선유구곡시에도 선유동문을 제1곡으로 보고 있다. 2018년 수정한다.

제2곡 경천벽(擎天壁): 암벽에 글씨는 확인되지 않고 있다.

제3곡 학소대(鶴巢臺): 암벽에 글씨는 확인되지 않고 있다.

제4곡 연단로(煉丹爐): 행서(行書)로 썼다. '연단로(煉丹爐)'라고 글씨를 쓴 바위표면에 신선을 그린 것으로 추정되는 인면도(人面圖)를 새겨놓았다. 이목구비의 윤곽을 선으로 선명하게 음각해놓았다. 오른쪽에서 본 얼굴의 측면도인데, 정수리에서 목 부분까지 그려놓았다. 오른 쪽 눈의 눈썹을 위아래로 두 개의 선으로 표현했다. 눈은 멀리 앞쪽을 응시하고 있다. 뒤통수를 공 모양으

39) 『광주이씨족보(廣州李氏族譜)』기미보(己未譜), 1919년 간행. "見鞠 生父命華. 見惟. 字仲益. 乙未生 乙酉終. 墓在先考墓下癸坐. 配全州崔氏 父 浡 无育墓祔 配全州李氏 父 廷夔 墓 雙墳."

로 둥글게 표현했는데, 머리카락을 묶은 형상을 그린 것 같다. 전체적인 표정이 중국 무협영화에 나오는 무도인(武道人)같기도 하다. 근엄한 듯하면서, 또 무언가 진지하게 번뇌하는 듯하고, 그런가하면 달관한 듯한 표정으로도 보인다. 여기가 연단로이기 때문에, 신선의 얼굴을 그려놓은 것으로 추정해도 무방할 것이다. 필자는 이를 '연단로(煉丹爐)의 암각신선도(巖刻神仙圖)'라 명명했다. 연단로는 불로장생한다는 단약(丹藥)을 달이는 화로이다. 지금 이곳에 연단로의 형상을 조성해놓은 유적이 남아있다. 바위 정상부에 주위를 쪼아내어 다른 부분보다 조금 높게 원형의 턱을 만들고 그 안에 원형의 홈을 파놓았다. 이 신선도를 음각한 시기와 음각한 사람이 누구인지 막론하고, 제4곡 연단로 암반위에 새겨놓아, 그 이름에 상응하는 운치를 고조시켜준다. 이 '연단로(煉丹爐)의 암각신선도(巖刻神仙圖)는 필자가 2001년 9월 8일 토요일 발견하여 처음 학계에 소개했다.40)

제5곡 와룡폭(臥龍瀑): 초서로 웅혼하게 새겼다.

제6곡 난가대(爛柯臺): 초서로 새겼다.

제7곡 기국암(棋局巖): 해서로 새겼다.

제8곡 구암(龜巖): 초서로 새겼다.

제9곡 은선암(隱仙巖): '은선암(隱仙巖)'이라는 글씨는 초서로 새겼다. 여기에 '김시찬(金時粲)·이보상(李普祥)·정술조(鄭述祚)·동주(洞主) 이상간(李尙侃) 임신(壬申) 구월(九月) 일(日)'

오른쪽에서 왼쪽으로 차례로 종서로 썼으며, 그 다음 '은선암(隱仙巖)'은 횡서로 썼다.

이상에서 살펴본 내용을 통해 '선유팔경'에서 '화양구곡'과 '선유구곡'의 분화변천과정을 일목요연하게 정리해보자.

(1) 제1기: 선유팔경시대 – 1500년대

① 선유팔경의 설정자 및 명명자: 이녕(李寧 1514~1570이후 어느 시기)

② 명칭: 화양(華陽)·선유(仙遊)·파곶(葩串) – 선유팔경의 일부

③ 선유팔경을 표시한 사람: 이녕

④ 선유팔경 각각의 명칭: 제1경 송정대월(松亭待月), 제2경 문암수계(門巖

40) 이상주(李相周), 「선유구곡(仙遊九曲)과 선유구곡시(仙遊九曲詩)」, 『개신어문연구(開新語文硏究)』 제18집, 충북대학교 개신어문학회, 2001. 139~164면.

修契), 제3경 화양상춘(華陽賞春), 제4경 파곶심승(葩串尋僧), 제5경 사평목우(沙坪牧牛), 제6경 선동방학 (仙洞訪鶴), 제7경 화산채약(花山採藥), 제8경 기탄조어(岐灘釣魚)

⑤ 선유팔경을 읊은 시: 성운(成運 1497~1579), 『대곡집(大谷集)』, 「칠송팔경(七松八景)」. 이황(李滉 1501~1570), 『퇴계집(退溪集)』, 「선유동팔영(仙遊洞八詠)」. 구사맹(具思孟 1535~1604), 『팔곡집(八谷集)』, 「선유동십영(仙遊洞十詠)」

(2) 제2기: 화양구곡시대 – 1727년 경 이후

① 화양구곡이라 부른 사람: 송시열(宋時烈 1607~1689)

② ㄱ. 최초로 화양구곡 각각의 명칭을 명명한 사람: 권상하(權尙夏 1641~1721)

ㄴ. 화양구곡의 구체적인 명칭과 위치를 명명하여 그림으로 그린 사람: 김진옥(金鎭玉)

제1곡: 황묘(皇廟) 제2곡: 서원(書院) 제3곡: 서실(書室) 제4곡: 암서재(岩栖齋) 제5곡: 운한각환장암(雲漢閣煥章庵) 제6곡: 강암(舡岩) 제7곡: 파곶(巴串) 제8곡: 칠송정(七松亭) 제9곡: 선유동(仙遊洞)

③ 명칭:

ㄱ. 화양(華陽 – 선유팔경 제3경의 위치. 지금 충북 괴산군 청천면 화양리 금사담 근처): 화양구곡(華陽九曲)의 총칭으로 전환.

ㄴ. 파곶(葩串): 선유팔경 제4경의 위치. 지금 충북 괴산군 청천면 화양리 파곶): '파곶(巴串)'이라 표기하고 1727년 경 이후 화양구곡(華陽九曲) 제9곡이 됨. 화양구곡시대이후 파계(葩溪)·파곡(葩谷)·파곶(巴串)·파곡(巴谷)·파계(巴溪)으로 한자 표기가 변화됨.

ㄷ. 선유(仙遊): 화양구곡에서 선유동(仙遊洞)제외시킴.

④. 화양구곡 각각의 명칭을 글씨로 쓴 사람: 윤헌주(尹憲柱 1661~1729) – 제3곡 읍궁암(泣弓巖)의 글씨. 민진원(閔鎭遠) – 나머지 구곡중 8개의 전서(篆書) 글씨. 민진원이 쓴 전서(篆書)를 바위에 새겨놓음으로 해서 화양구곡의 구체적인 위치와 명칭이 확정됨.

⑤. 화양구곡(華陽九曲) 각각의 명칭: 제1곡 경천벽(擎天壁), 제2곡 운영담(雲影潭), 제3곡 읍궁암(泣弓巖), 제4곡 금사담(金沙潭), 제5곡 능운대(凌雲臺), 제6곡 첨성대(瞻星臺), 제7곡 와룡암(臥龍巖), 제8곡 학소대(鶴巢臺), 제9곡 파곶(巴串)

⑥. 민진원(閔鎭遠)이 확정한 화양구곡을 그림으로 그린 사람: 충북대박물관 소장 『화양구곡도(華陽九曲圖)』. 권신응(權信應)이 그린 것으로 추정한다.

⑦. 화양구곡을 읊은 한시: 임상주(任相周), 「만흥영화양구곡(漫興詠華陽九曲)」. 권진응(權震應), 「화양구곡화무이도가십수(華陽九曲和武夷棹歌十首)」. 송흠학(宋欽學), 「응화양구곡의무이도가십운(應華陽九曲依武夷棹歌十韻)」 이상은 인쇄본 『화양지(華陽誌)』. 박윤원(朴胤源 1734~1799), 『근재집(近齋集), 「제화양구곡(題華陽九曲)」. 박문호(朴文鎬 1846~1918), 『호산집(壺山集)』, 화양구곡시(華陽九曲詩) 윤병의(尹秉義 1822~1889), 『감암집(橄庵集)』. 우현정(禹顯鼎 1871~1935), 「근차화양동구곡원운(謹次華陽洞九曲原韻), 절구(絶句)」. 『역운집(易雲集)』. 홍치유(洪致裕 1879~1946), 「화양구곡(華陽九曲)」, 『겸산집(謙山集)』 등.

(3) 제3기: 화양구곡·선유구곡의 양립화(兩立化)시대-1752년 이후 현재까지

①. 화양구곡: '제2기 화양구곡시대'의 내용과 같음

②. 선유구곡

ㄱ) 설정연대 및 설정자: 1752년 김시찬(金時燦 1700~1767)·이보상(李普祥 1698~1775년)·정술조(鄭述祚 1711~1788)과 선유동주인(仙遊洞主人)인 이상간(李尙侃 1715~1765) 등

ㄴ) 글씨를 쓴 사람: 이보상(李普祥)이 선유동문(仙遊洞門)의 글씨를 씀.

ㄷ) 명칭: 선유(仙遊) - 선유구곡(仙遊九曲)의 총칭으로 전환

ㄹ) 선유구곡 각각의 명칭: 제1곡 선유동문(仙遊洞門)[41], 제2곡 경천벽(擎天壁), 제3곡 학소대(鶴巢臺), 제4곡 연단로(煉丹爐), 제5곡 와룡폭(臥龍瀑), 제6곡 난가대(爛柯臺), 제7곡 기국암(碁局巖), 제8곡 구암(龜

41) 통상 구곡으로 들어가는 입구를 '화양동문(華陽洞門)', '연하동문(煙霞洞門)', '갈은동문(葛隱洞門)', '용하동문(用夏洞門)', '벽학동문(闢學洞門)'이라 했다. 이런 사례로 보아, 선유구곡을 정할 당시에 선유동문(仙遊洞門)을 선유구곡 제1곡으로 정하지는 않았을 것으로 생각한다.

巖), 제9곡 은선암(隱仙巖)

ㅁ) 선유구곡을 읊은 한시: 홍치유(洪致裕 1879~1946), 『겸산집(兼山集)』, 「선유구곡(仙遊九曲)」. 정태진(丁泰鎭 1876~1956), 『외재문집(畏齋文集)』, 「외선유구경(外仙遊九景)」.

위에서 살펴보았듯이, '선유팔경'중의 제3경인 '화양상춘(華陽賞春)'이 설정되었던 '화양(華陽)'과 제4경인 '파곶심승(葩串尋僧)'이 설정되었던 파곶(葩串)의 권역 내에, '화양구곡'을 설정함으로 하여 '화양구곡'으로 분화되었다. 그 후 '선유팔경'중 제6경 '선동방학(仙洞放鶴)'이 설정되었던 선유동에 김시찬 등이 '선유구곡'을 설정하여 '화양구곡'·'선유구곡'의 양분화시대를 맞아 오늘에 이르고 있다. 그리하여 지금 '선유팔경'은 역사 속에 매몰되어 일부 전문가들만 알고 있는 전설적인 존재가 되었으며, '화양구곡'과 '선유구곡'으로 세상에 널리 알려졌다. '화양구곡'은 암벽에 각각의 구곡의 명칭을 거대하게 음각해놓아, 육안으로 금방 그 존재를 알아볼 수 있어, 오늘날까지 세상에 널리 알려진 것이다. 이녕은 선유동을 후세사람들이 잘 알아보지 못할 것을 염려하여 표시를 해놓았다고 했다. 이런 내용으로 보아 바위에 새겨놓은 것으로 짐작된다. 그러나 아직 그 흔적을 찾지 못했다. 이런 사정이 '선유팔경'을 역사 속으로 매몰되게 한 요인이다. 시각적으로 분명한 기록이, 실존했던 역사를 본의든 우연이든 퇴색시키거나 말살왜곡될 수 있다는 준엄한 사례를 여기서 볼 수 있다. 다시 한 번, 가시적으로 확연한 기록의 중요성을 실감할 수 있는 사례이다. 다행히 이녕과 교유했던 저명인사들이 남긴 기록에 '선유팔경'의 실체와 이녕의 인적사항이 남아있어, '선유팔경'을 밝힐 수 있으며, 그의 인적사항을 어느 정도 복원할 수 있으니, 진실은 언젠가 드러난다는 준엄한 교훈을 절감할 수 있다.

3. 맺음말

지금의 선유동과 화양동일대에 1500년대 이녕(李寧 1514~1570이후 어느 시기)이 '선유팔경'을 설정했다. 선유팔경 각각의 명칭은 다음과 같다. 제1경

송정대월(松亭待月), 제2경 문암수계(門巖修契), 제3경 화양상춘(華陽賞春), 제4경 파곶심승(葩串尋僧), 제5경 사평목우(沙坪牧牛), 제6경 선동방학 (仙洞訪鶴), 제7경 화산채약(花山採藥), 제8경 기탄조어(岐灘釣魚) 등이다.

그후 1600년대에 송시열(宋時烈 1607~1689)·권상하(權尙夏 1641~1721)가 정했던 화양구곡 9개의 명칭은 다음과 같다. 1곡과 2곡 입구의 어떤 물과 어떤 바위. 3곡 황묘(皇廟)서원(書院)서실(書室), 제4곡 암서재(岩栖齋) 제5곡 운한각환장암(雲漢閣煥章庵) 제6곡 강암(舡岩) 제7곡 파곶(巴串) 제8곡 칠송정(七松亭) 제9곡 선유동(仙遊洞) 등이다

권상하가 서거한 후 민진원(閔鎭遠 1664~1736)이 화양구곡의 명칭을 바꿔 바위에 전서로 새겨놓음으로 해서 오늘까지 화양구곡의 명칭은 고정되었다.

또 중요한 점을 밝혔다. 지금껏 화양구곡의 순서는 제1곡 경천벽(擎天壁), 제2곡 운영潭(雲影潭), 제3곡 읍궁암(泣弓巖), 제4곡 금사담(金沙潭), 제5곡 첨성대(瞻星臺), 제6곡 능운대(凌雲臺), 제7곡 와룡암(臥龍巖), 제8곡 학소대(鶴巢臺), 제9곡: 파곶(巴串) 으로 알고 있고, 화양구곡 현지의 안내문에도 그렇게 표기했다. 즉 제5곡이 '첨성대(瞻星臺)', 제6곡이 '능운대(凌雲臺)' 로 알고 있었다.

권섭의 기록을 통해 확인한 바, 민진원이 전서를 새겨 확정된 화양구곡의 정확한 순서는 다음과 같다. 제1곡 경천벽(擎天壁), 제2곡 운영潭(雲影潭), 제3곡 읍궁암(泣弓巖), 제4곡 금사담(金沙潭), 제5곡 능운대(凌雲臺), 제6곡 첨성대(瞻星臺), 제7곡 와룡암(臥龍巖), 제8곡 학소대(鶴巢臺), 제9곡 파곶(巴串) 이다.

1700년대인 1752년 김시찬(金時燦 1700~1767)·이보상(李普祥 1698~1775년)·정술조(鄭述祚 1711~1788)와 선유동주인(仙遊洞主人)인 이상간(李尙侃 1715~1765) 등이 '선유구곡'을 설정하였다. 지금까지 선유구곡 각각의 명칭은 다음과 같이 알려졌다. 제1곡 선유동문(仙遊洞門), 제2곡 경천벽(擎天壁), 제3곡 학소대(鶴巢臺), 제4곡 연단로(煉丹爐), 제5곡 와룡폭(臥龍瀑), 제6곡 난가대(爛柯臺), 제7곡 기국암(碁局巖), 제8곡 구암(龜巖), 제9곡 은선암(隱仙巖) 등이다. 통상 구곡으로 들어가는 입구를 '화양동문(華陽洞門)', '연하동문(煙霞洞門)', '갈은동문(葛隱洞門)', '용하동문(用夏洞門)', '벽학

동문(闢學洞門)'이라 한다. 이런 사례로 보아, 선유구곡을 정할 당시에 선유동문(仙遊洞門)을 선유구곡 제1곡으로 정하지는 않았을 것으로 생각한다.

특히 '선유구곡'의 설정자와 설정연대를 확인하게 되어, '선유구곡' 설정의 연원을 분명하게 알 수 있게 됐다. 이렇듯 '선유팔경'의 권역은 후대에 '화양구곡'과 '선유구곡'으로 분화되었다. 이들 두 구곡(九曲)은 바위에 명확하게 구곡의 명칭을 새겨놓아서 지금껏 그 존재가 전해지고 있다. 그러나 '선유팔경'은 거기에 표시를 했다는 사실이 기록에 전하나, 지금 확인되지 않고 있다. 또한 그 설정자가 직접 작성한 문헌이 전해지지 않아, 이제껏 그에 대한 인지도가 매우 낮았다. 다행히 최근 필자가 그와 교유했던 인사들의 문집 속에서 그의 존재를 찾아내어, 그에 대한 정보를 상당 수준 복원하게 되었다. 시각적으로 분명한 기록이, 실존했던 역사를 본의든 우연이든 퇴색시키거나 말살 왜곡될 수 있다는 준엄한 사례를 여기서 볼 수 있다. 다시 한 번 기록의 중요성을 실감할 수 있는 사례이다.

본고에서 규명한 일련의 내용들은 '구곡문화관광특구(九曲文化觀光特區)'의 백미(白眉)인 '화양구곡'·'선유구곡'의 연원을 올바로 이해하는데 필수불가결한 정보가 될 것이다.

7장. 화양(華陽)·선유(仙遊)·파곶(葩串)이란 명칭의 한자 표기의 변천

1. 머리말

이미 앞에서 언급했듯이, 화양(華陽), 선유(仙遊), 파곶(葩串)은 '선유팔경' 중의 일부이다. 이 명칭은 기록으로 정착되기 전부터 불려졌다고 보는 것이 타당하다. 화양(華陽), 선유(仙遊), 파곶(葩串)이란 명칭의 변천 사례를 살펴보기로 하자.

2. 화양(華陽)·선유(仙遊)·파곶(葩串)의 한자 표기(漢字 表記) 변천

화양(華陽)·선유(仙遊)·파곶(葩串)이라는 명칭이 최초로 보이는 문헌은 성운(成運 1497~1579)의 『대곡집(大谷集)』, 「칠송팔경(七松八景)」[1] 시(詩)이다. '葩串'은 지금 대개 '파천'으로 읽고 있으나 '파곶'으로 읽는 것이 타당하다. 지금 서울특별시 성동구 행당동 전곶교(箭串橋살곶이다리), 인천광역시 강화군 '갑곶리(甲串里)' '월곶리(月串里)' 등이 그 예이다.[2]

칠송팔경(七松八景) 중

---

1) 성운(成運)(1497~1579), 『대곡집(大谷集)』, 「칠송팔경(七松八景)」, (한국문집총간 28), 민족문화추진회. 17~18면

2) 파곶(葩串): 지금 한자(漢字)로 '巴串'이라 표기하며, 대개가 파천으로 읽는다. 필자 '파곶'으로 읽는 것이 타당하다고 본다. '곶(串)'은 지명을 가리킬 때 쓰는 우리 한자음(漢字音)으로 '곶'으로 읽는 것이 통례이다. 따라서 지명으로 쓰일 때는 '곶'으로 읽는 것이 합리적이기 때문이다. 지금 서울특별시 성동구 행당동 전곶교(箭串橋살곶이다리), 인천광역시 강화군 '갑곶리(甲串里)' '월곶리(月串里)'가 그 예이다. 충북 충주시 '금곶(金串)'도 그 한 예이다. 이안눌(李安訥), 『동악집(東岳集)』, 「자충주금곶도(自忠州金串渡), 승선이하(乘船而下), 도광진상안(到廣津上岸), 선중기흥(船中記興) 사수(四首)」. 경기도 연천군 중면 삼곶리(三串里) 경북 문경시 석현산성이 있는 산중턱에 조성한 잔도(棧道)의 이름을 '串岬遷'으로 표기한다. 이때도 곶갑천(串岬遷)이라 발음해야한다. 천(遷)은 잔도(棧道)를 일컫는 우리의 방언(方言)이다. 곶(串)은 전국적으로 적지 않다.

제3경 화양상춘(華陽賞春) 화양동에서 봄 즐기기
제4경 파곶심승(葩串尋僧) 파곶사로 중을 찾아가기
제6경 선동방학(仙洞訪鶴) 선유동에서 학 찾기

다음으로 이황(李滉)의 『퇴계집(退溪集)』, 「선유동팔영(仙遊洞八詠)」[3]시(詩)이다.

「선유동팔영(仙遊洞八詠)」 중
제3경 파곶심승(葩串尋僧), 제4경 황양상춘(黃楊賞春), 제6경 선동방학(仙洞訪鶴)

위에서 보듯이 성운은 「칠송팔경(七松八景)」에서, 제3경에 '화양상춘(華陽賞春)', 제4경에 '파관심승(葩串尋僧)', 제6경에 '선동방학(仙洞訪鶴)'을 설정했다. 그런데 이황(李滉 1501~1570)은 제3경에 '파곶심승(葩串尋僧)', 제4경에 '황양상춘(黃楊賞春)', 제6경에 '선동방학(仙洞訪鶴)'을 설정했다. 즉 성운의 「칠송팔경(七松八景)」과 비교해볼 때, 제3경과 제4경이 바뀌었다.[4] 그런가하면 성운은 화양(華陽), 이황은 황양(黃楊)으로 표기했다.

대개 1500년경에는 이미 화양(華陽), 선유(仙遊), 파곶(葩串)이라는 세 지명이 보편화되어 통용되었던 것 같다. 그 몇몇의 용례를 더 들어본다. 앞의 인용문은 성운(成運 1497~1579)의 「선유거사색시제황구이색기근(仙遊居士索詩題荒句以塞其勤)」4수중 제2수의 제1구이며, 뒤의 인용문은 성운(成運)의 「유파곶(遊葩串)」제1구이다.

'화양동리석탐춘(華陽洞裏昔探春), 화양동(華陽洞)안에서 전에 봄을 즐길 때,'
'화양가승자천성(華陽佳勝自天成), 화양동의 아름다운 경치는 천연적으로 이루어졌는데,'

---

3) 이황(李滉), 『퇴계집(退溪集)』, 「선유동팔영(仙遊洞八詠)」, 한국문집총간 29~30, 민족문화추진회.157~158면, 1570년작.

4) 성운과 이황은 선유팔경(仙遊八景) 3경과 4경의 순서를 바꿔썼다. 구사맹(具思孟 1535~1604), 「선유동십영(仙遊洞十詠)」에, '① 제1경 송정요월(松亭邀月) ② 제2경 황양상춘(黃陽賞春) ③ 제3경 호암수계(戶岩修禊) ④ 제4경 파곶심승(葩串尋僧) … '의 순으로 되어있다. 따라서 성운(成運)의 칠송팔경(七松八景)의 순서가 올바른 것으로 확정한다. 구사맹(具思孟 1535-1604), 「선유동십영(仙遊洞十詠)」, 『八谷集』한국문집총간 40. 447면.

다음은 박지화(朴枝華 1513~1592)의 시(詩) 「장입동해 이령지우연방숙서이증별 오수(將入東海 李領之偶然訪宿 書以贈別 五首)」[5]중 제1수의 제1구와 제2구이다.

숙석유선동(宿昔遊仙洞), 그전부터 선유동에 살면서,
휘수사진무(揮手謝塵霧) 손 내저어 티끌안개 사양했네.

다음으로 노수신(盧守愼 1515~1590)의 『소재집(蘇齋集)』, 「환희사(歡喜寺)」[6]시(詩)를 보자. 그 시에 다음과 같은 주석을 붙였다.

'속칭파곶사(俗稱葩串寺), 파곶실산명(葩串實山名)'.
'속칭 파곶사(葩串寺)라 하는데, 파곶(葩串)은 실제 산의 이름이다.'

또 「파계(葩溪)」라는 시(詩)에 다음과 같은 주를 달았다.

'일명(一名), 파곶조포(葩串造泡)'
'일명(一名), 파곶조포(葩串造泡)라 한다.'

이번엔 구사맹(具思孟 1531~1604)의 시(詩) 「파곶십절(葩串十絶)」[7]의 주(註)를 보기로 하자.

「파곶십절 재청주(葩串十絶 在淸州)[8]. 시일(是日), 숙조포암(宿造泡庵)」.
파곶(葩串)을 읊은 절구(絶句) 10수. 청주(淸州)에 있다. 이날, 조포암(造泡庵)에서 잤다.

따라서 파곶사(葩串寺)는 지금의 충북 괴산군 청천면 화양리에 있었던 환희사(歡喜寺)라는 사실을 알 수 있다. 또한 지금의 '화양구곡' 제9곡 '파곶(巴串)'일대를 관류하는 시내의 이름을 '파계(葩溪)'라 불렀다는 사실을 알 수 있

5) 박지화(朴枝華), 『수암유고(守庵遺稿)』, (한국문집총간 34), 민족문화추진회, 123면.
6) 노수신(盧守愼), 『소재집(蘇齋集)』, 「환희사(歡喜寺)」. 한국문집총간 35, 민족문화추진회, 250면.
7) 구사맹(具思孟 1535-1604), 『八谷集』, 「파곶십절 재청주(葩串十絶 在淸州) 시일(是日), 숙조포암(宿造泡庵)」.
8) 청주(淸州): 지금은 충북 괴산군 청천면에 속해있지만, 당시 청주목(淸州牧) 관할 구역이었다.

다. 그러나 『읍지(邑誌)』, 이병연(李秉延)의 『조선환여승람(朝鮮寰輿勝覽)』, 권상로(權相老)의 『사찰전서(寺刹全書)』 등에 '환희사'나 '파곶사'에 대한 기록은 보이지 않는다. 나는 지금 '파곶사'가 있었던 자리가 어디인지 짐작은 할 수 있지만, 아직 정확한 위치는 확인하지 못했다.

다음으로 유성룡(柳成龍 1542~1607)이 1569년에 남긴 기록을 살펴보자.

> 기사(己巳 1569년) 3월 초 9일, … 한식 때 고향에 돌아와 선영(先塋)에 절하고 소제했다. … 청주동쪽 청천현(淸川縣)에 파곶사(葩串寺)가 있다. 선유동(仙遊洞)의 시내와 암석은 절승(絶勝)이다. 산중(山中)에 거사(居士) 이령(李翎)[9]이 살고 있다. 스스로 호를 칠송거사(七松居士)라 했다. 대곡(大谷) 성운(成運)과 퇴계선생(退溪先生)이 모두 그에게 준 시가 있다. 공이 파곶사(葩串寺)와 선유동(仙遊洞)에 놀러가서 퇴계(退溪)의 운에 차운하여 이녕에게 주었다. [10]

위의 기록들을 통해 볼 때, '화양(華陽)·황양(黃楊)'·'선유(仙遊)'·'파곶(葩串)·파계葩溪)'라는 지명은, 이녕(李寧)이 선유팔경을 설정할 시기엔, 그와 교유했던 인사들에 의해, 본격적으로 기록화 되었다는 사실과 보편적으로 통용되었다는 사실도 알 수 있다.

본래 '선유팔경(仙遊八景)'의 일부였던 '화양(華陽)'·'선유(仙遊)'·'파곶(葩串)'이 '화양구곡'·'선유구곡'으로 분화되었으나, '화양(華陽)'과 '파곶(葩串)'은 '화양구곡'중에서도 대표적인 명소로 변함없이 명성이 있었다. 몇 몇 자료들을 통해 확인해보기로 하자. 대표적으로 '화양구곡' 제1곡 경천벽 상류쪽 암벽에 해서체인 '화양동문(華陽洞門)'이라는 글씨를 거대하게 가로로 음각해놓았다.

---

9) 이령(李翎): 여러 문헌을 살펴본 결과, 성명은 이녕(李寧)·이령(李潁)·이령(李翎)이라 표기했으며, 자(字)는 영지(翎之)·영지(寧之)로 표기했다. 호(號)는 기우자(騎牛子)·화관옹(樺冠翁)·칠송거사(七松居士)·선유거사(仙遊居士)라 불렀다. 이상주(李相周), 「괴산군(槐山郡) 선유동(仙遊洞)의 전설적(傳說的)·선취적(仙趣的) 인물 이녕(李寧)의 가계와 생애」, 『중원문화논총(中原文化論叢)』제5집, 충북대학교 중원문화연구소(中原文化硏究所), 2001, 51~67면.

10) 유성룡(柳成龍 1542~1607), 『고문서집성(古文書集成)』 십팔(十八), 하회풍산유씨편(河回豊山柳氏篇), 4, 「종천영모록(終天永慕錄)」, 한국정신문화연구원(韓國精神文化硏究院), 1994. 80면. 己巳 三月 初九日, … 還鄕寒食拜掃先塋. … 州東面淸川縣, 有葩串寺. 仙遊洞泉石絶勝. 山中有居士李翎居之, 自號七松居士. 成大谷運及退溪先生皆有贈詩. 公時行遊葩串寺仙遊洞, 次退溪韻, 以贈翎.

3. 화양동(華陽洞)이라는 명칭을 사용한 사례

이번엔 '화양동(華陽洞)'의 명칭에 대한 표기 사례를 시인묵객들이 지은 시(詩)의 제목를 통해 알아보자.

○. 송시열(宋時烈 1607~1689), 『송자대전(宋子大全)』, 「화양동우후(華陽洞雨後)」. 「화양산사음 시제군(華陽山寺吟 示諸君)」.
○. 박세채(朴世采 1631~1695), 『남계집(南溪集)』, 「지화양동작(到華陽洞作)」.
○. 권상하(權尙夏 1641~1721), 『한수재집(寒水齋集)』, 「연달천소입화양도중구점(沿獺川泝入華陽途中口占)」, 「화양동차정중순운(華陽洞次鄭仲淳韻)」.
○. 신정하(申靖夏 1681~1710), 『서암집(恕菴集)』, 「화양동(華陽洞)」.
○. 윤봉구(尹鳳九 1681~1767), 『병계집(屛溪集)』, 「화양동좌노선생서실유감(華陽洞坐老先生書室有感)」.
○. 심육(沈錥 1685~1753), 『저촌유고(樗村遺稿)』, 「화양동(華陽洞)」.

4. 파곶(葩串)·파곶(芭串)·파곶(巴串)·파곡(巴谷)·파계(巴溪)로 표기한 사례

이번엔 파곶(葩串)·파곶(芭串)·파곶(巴串)·파곡(巴谷)·파계(巴溪)로 표기한 사례를 필자가 살펴 본 사례만 들어본다.

○. 성운(成運 1497~1579), 『대곡집(大谷集)』, 「유파곶(遊葩串)」.
○. 노수신(盧守愼 1515~1590) 『소재집(蘇齋集)』, 「환희사(歡喜寺)」의 주(註): 파곶사(葩串寺), 파곶(葩串) 「파계(葩溪)」의 주(註): 파곶조포(葩串造泡)
○. 구사맹(具思孟 1531~1604), 『八谷集』, 「파곶십절(葩串十絶)」
○. 이춘영(李春英 1563~1606), 『체소집(體素集)』, 「파곶천석지승(芭串泉石之勝), 갑어호서(甲於湖西), 이동명목이황양(而洞名目以黃楊), 개다차목고야(盖多此木故也) 여이위소물부족이위호(余以爲小物不足以爲號), 개작화양(改作華陽) 기상우유선유동운(其上又有仙遊洞云)」.
○. 송시열(宋時烈 1607~1689), 『송자대전(宋子大全)』, 선유동(仙遊洞)제1구에 파곡(巴谷)이라 씀. 「파곡 차귀봉운(巴谷 次龜峰韻)」. 「파곡 유이유이노제명

유감이작(巴谷 有怡愉李老題名有感而作)」. 「파곡 차농암운(葩谷 次農巖韻)」 제5구에 파계(巴溪)라 씀.

○. 권상하(權尙夏 1641~1721), 『한수재집(寒水齋集)』, 「배우암선생(陪尤菴先生) 왕유파곶선유동(往遊巴串仙遊洞) 모귀이수(暮歸二首)」.

○. 김창협(金昌協 1651~1708), 『농암집(農巖集)』, 「배우옹유파곶(陪尤翁遊葩串)」.

○. 이하곤(李夏坤 1677~1724), 『두타초(頭陀草)』, 「파곶(巴串)」.

○. 신정하(申靖夏 1681~1710), 『서암집(恕菴集)』, 「차정장감회운(次鄭丈感懷韻)」파동(葩洞)

○. 정래교(鄭來僑 1681~1757), 『완암집(浣巖集)』, 「파곶(巴串)」.

○. 임상주(任相周), 「만흥영화양구곡(漫興詠華陽九曲)」제9곡 파곶(巴串) 『화양지(華陽誌)』.

○. 권진응(權震應), 「화양구곡화무이도가십수(華陽九曲和武夷棹歌十首)」서시(序詩) 제2구에 '파곡(巴谷)', 제9곡 '파곶(巴串)' 제3구에 '파계(巴溪)'라 썼다. 『화양지(華陽誌)』

○. 송흠학(宋欽學), 「응화양구곡의무이도가십운(應華陽九曲依武夷棹歌十韻)」제9곡 파곶(巴串) 『화양지(華陽誌)』

○. 박윤원(朴胤源 1734~1799), 『근재집(近齋集)』, 「제화양구곡(題華陽九曲)」 제 9곡 파곶(巴串)

○. 박건중(朴建中 1766~1841), 『선곡유고(仙谷遺稿)』, 「유화양동(遊華陽洞)」. 「화양동(華陽洞)」. 「유파곶(遊巴串)」. 「파곶(巴串)」

○. 박문호(朴文鎬 1846~1918), 『호산집(壺山集)』, 「화양구곡시(華陽九曲詩)」 제 9곡 파곶(巴串)

○. 윤병의(尹秉義 1822~1889)』, 「파곶(巴串)」.

○. 우현정(禹顯鼎 1871~1935), 『역운집(易雲集)』, 「파곶(巴串)」.

○. 기행산문으로 김창협(金昌協 1651~1708), 『농암집(農巖集)』, 「화양제승기(華陽諸勝記)」에 '파곡(葩谷)'이라 표기했다.

앞에서 인용했던 송주상(宋周相), 『화양지(華陽誌)』의 내용을 다시 살펴보자.

병오년(1666년), 선생이 60세 되던 8월 기사일에 화양동(華陽洞)에 거주했다.[화양동은 청천현 동쪽 파곡(巴谷)의 하류인 낙양산(洛陽山)아래에 있는데

청천현에서 20리 떨어졌다.][11]

위 글에서 '화양동(華陽洞)'과 '파곡(巴谷)'을 명확히 구분하여 설명하고 있어, 이녕의 선유팔경시대부터 송시열의 화양구곡시대에도 두 곳을 대표적 절승으로 평가했다는 사실을 알 수 있다.

다음은 한자(漢字)의 표기는 다르지만 '파곶'에 대한 설명을 보기로 하자.

파곶(巴串)의 암반. … 전략(前略) … 또 파곶(巴串)으로 부터 동쪽으로 10리 들어가서 칠송정(七松亭)을 지나면, 무릇 사섭천(四涉川) 북쪽에 하나의 골짜기로 들어가면 즉 선유동이다. 즉 문경(聞慶) 땅으로 대야산(大冶山) 아래에 있는데 그 아늑하고 깊숙하고 기이하고 절경인 것이 파곶(巴串)과 서로 백중지세이다. [12]

윗글에서는 '파곶(葩串)'을 '파곶(巴串)'으로 표기했다.

다음은 『충청도읍지(忠淸道邑誌)』권8 청주목 산천조의 기록을 보자.

화양동(華陽洞) 낙영산(落影山)이 둘러싸인 가운데 파곶(葩串)이 있는데, 흐르는 물과 바위가 맑고 고와 특별한 승경지를 이루고 있다. 우암 송시열이 만년에 이곳에 은퇴하여 환장암(煥章菴)을 창설하고 비례부동(非禮不動) 네 글자를 바위에 새겼는데 숭정황제(崇禎皇帝)의 어필(御筆)이다.[13]

선유동(仙遊洞) 청주목에서 동쪽으로 100리 화양동(華陽洞)에서 10리 떨어진 곳에 있다. 경치가 수려하여 파곶(葩串)과 더불어 우열을 다툰다.[14]

여기에는 '파곶(葩串)'이라 표기하고 있다.

---

11) 송주상(宋周相), 『화양지(華陽誌)』, 「연보절략(年譜節略) 부(附)」. "丙午(1666년), 先生 年六十歲, 八月 己巳,卜居于華陽洞(洞在淸州靑川縣東 巴谷下流 洛陽山下, 距縣二十里."

12) 송주상(宋周相), 『화양지(華陽誌)』, 「지명연혁(地名沿革)」, 구곡동천(九曲洞天) 부(附)」. "파곶반(巴串盤) … 又自巴串行東入十里許, 歷七松亭, 凡四涉川北入一谷, 則 乃仙遊洞. 卽 聞慶地, 在大冶山下, 其幽深奇絶, 與巴串, 可相伯仲也."

13) 『충청도읍지(忠淸道邑誌)』권8 청주목 산천, 국립중앙도서관. 화양동(華陽洞)"落影山之中, 有葩串, 泉石明麗, 境地特別. 尤庵宋時烈晩年退休於此, 刱置煥章菴, 巖石上刻非禮不動四字, 乃崇禎皇帝御筆也."

14) 『충청도읍지(忠淸道邑誌)』권8 청주목 산천.. 선유동(仙遊洞) "在州東百里, 距華陽十里. 水石奇異, 景致秀麗, 與葩串爭勝."

『호서읍지(湖西邑誌)』제 10권 산천조에는 모두 '파곶(巴串)'으로 표기했다.

이제까지 살펴본 바를 토대로 '화양(華陽)'. '선유(仙遊)'. '파곶(葩串)'의 한자(漢字) 표기 변천과정을 정리해본다.

제1기 선유팔경시대 - 1500년대: 화양(華陽) 황양(黃楊) 선유(仙遊) 파곶(葩串) 파곶(芭串) 파계(葩溪)

제2기 화양구곡시대 - 1727년 경 이후: 화양(華陽)·선유(仙遊)·파곶(葩串)·파곶(巴串)·파곡(葩谷)·파곡(巴谷)·파계(巴溪)'

제3기 선유구곡시대·화양구곡시대 양립시대 - 1752년 선유구곡이 설정된 이후 1800년대: 화양(華陽)·선유(仙遊)·파곶(葩串)·파곡(巴谷)·파계(巴溪)

제4기 현재: 화양(華陽)·선유(仙遊)·파곶(巴串)으로 보편화

위에서 살펴본 내용을 통해 다음과 같은 점을 확인할 수 있다. '화양동'은 지금의 청천면 화양리 금사담(金沙潭) 근처 즉 '화양서원(華陽書院)'과 '만동묘(萬東廟)'가 있었던 주변을 지칭하는 것이다. '파곶(葩串)'은 지금 '화양구곡' 제9곡 '파곶(巴串)'을 지칭하는 것이다. 화양동(華陽洞)은 선유팔경시대에는 선유팔경 제3경 '화양상춘(華陽賞春)'이 설정되었던 곳이며, '파곶(葩串)'은 선유팔경 제4경 '파곶심승(葩串尋僧)'이 설정되었던 곳이나, 화양구곡시대에는 화양구곡 제9곡 '파곶(巴串)'이 설정된 곳이다.

파곶의 한자표기(漢字表記)가 달라진 일정한 이유가 있다는 사실을 알 수 있다. 첫 째, 지명이라는 의미로 쓸 때는 '파곶(巴串)'이라 썼다. 둘째, '파곶(巴串)'에 흐르는 시내라는 의미로 쓸 때는 '파계(葩溪) · 파계(巴溪)'로 썼다. 셋째, 지명과 시내를 통칭하는 관용어로 썼다. 넷째, 초기에 '파곶(葩串) · 파계葩溪)'로 표기하다가, 후대로 오면서 '파곶(巴串)' · '파곡(葩谷)' · '파곡(巴谷)' · '파계(巴溪)' 등으로 표기했다. 이는 상투적 관용적으로 썼으며, 때로 시(詩)의 평측(平仄)을 맞추고 운(韻)을 쓰는 과정에서 한자 표기가 달라지게된 것으로 여겨진다.

5. 맺음말

위에서 살펴본 내용을 통해 다음과 같은 점을 확인할 수 있다. '화양동'은 지금의 청천면 화양리 '금사담(金沙潭)' 근처 즉 '화양서원(華陽書院)'과 '만동묘(萬東廟)'가 있었던 주변을 지칭하는 것이다. '파곶(葩串)'은 지금 '화양구곡' 제9곡 '파곶(巴串)'을 지칭하는 것이다. '화양동(華陽洞)'은 '선유팔경시대'에는 선유팔경 제3경 '화양상춘(華陽賞春)'이 설정되었던 곳이며, '파관(葩串)'은 선유팔경 제4경 '파관심승(葩串尋僧)'이 설정되었던 곳이나, '화양구곡시대'에는 화양구곡 제9곡 '파곶(巴串)'이 설정된 곳이다.

이제까지 살펴본 바를 토대로 '화양(華陽)'·'선유(仙遊)'·'파곶(葩串)'의 한자(漢字) 표기 변천과정을 정리해본다. 제1기인 1500년대에 '화양(華陽)=황양(黃楊)'·'선유(仙遊)'·'파곶(葩串)=파계(葩溪)'에서, 제2기 1600년대에 '화양(華陽)'·'선유(仙遊)'·'파곶(葩串)·파곶(巴串)·파곡(葩谷)·파곡(巴谷)·파계(巴溪) 등으로 표기되었다. 제3기 1700년~1800년대에 '화양(華陽)'·'선유(仙遊)'·'파곶(葩串)·파곡(巴谷)·파계(巴溪)' 등으로 표기되었으며, 제4기인 현재에 이르러 '화양(華陽)'·'선유(仙遊)'·'파곶(巴串)'으로 보편화되어 통용되고 있다.

8장. 화양(華陽)과 파곶(葩串)이라는 명칭의 연원

1. 머리말

이제 '파곶(葩串)'·'파곶(葩串)·파계(葩溪)'라고 명명하게 된 연유에 대해 알아보자.

2. 화양(華陽)이라는 명칭의 연원

먼저 화양동이란 명칭의 유래에 대해 알아보자. 이춘영(李春英 1563~1606)의 시(詩) 제목을 보기로 하자.

> 파곶(芭串)의 수석(水石)의 아름다움은 호서(湖西)에서 제일인데, 동(洞)의 이름이 황양(黃楊)으로 지목하게 된 것은, 대개 이 나무가 많기 때문이다. 내가 작은 사물로 그 이름을 삼은 것이 부족하다고 여겨 화양(華陽)으로 고친다. 그 윗쪽에 또 선유동(仙遊洞)이 있다고 한다.[1)]

위에서 보았다시피 황양목(黃楊木)이 자고 있기 때문에 동(洞)의 이름을 '황양동(黃楊洞)'이라 했다. 이렇듯 '황양동(黃楊洞)=화양동(華陽洞)'이라는 지명이 '황양목(黃楊木)=화양목(華陽木)'이 많이 자생한데서 유래했다는 기록으로는, 필자가 본 최고(最古)의 기록이다. 그런데 이춘영(李春英 1563~1606)의 문집에는 이녕(李寧)의 '선유팔경(仙遊八景)'에 대한 언급은 없다. 이로 보아 그 사실을 몰랐던 것으로 여겨진다. 앞에서 살펴보았듯이, 이미 성운(成運 1497~1579)은 「칠송팔경(七松八景)」, 제3경 '화양상춘(華陽賞春)'에 '화양(華陽)이라, 이황(李滉 1501~1570)은 「선유동팔영(仙遊洞八詠)」, 제3경 '황양상춘(黃楊賞春)'에 '황양(黃楊)'이라는 용어를 썼다.

송주상이 1807년에 간행한 『화양지(華陽誌)』의 「지명연혁(地名沿革)」 '화

---

1) 이춘영(李春英),『체소집(體素集)』, 「芭串泉石之勝, 甲於湖西, 而洞名目以黃楊, 盖多此木故也. 余以爲小物不足以爲號, 改作華陽. 其上又有仙遊洞云」, (한국문집총간 66), 360면.

양동(華陽洞)'을 보기로 하자.

> 화양동(華陽洞)은 일명 황양동(黃楊洞)이라 하는데 황양목(黃楊木)이 많아서 그래서 그렇게 이름이 지어졌다.[2)]

> 구곡동천(九曲洞天) 구곡의 명칭을 살펴보면, 혹 지명에 인연하기도 하고 혹 고의(古義)에서 취하기도 했다. [3)]

여기에서도 '화양(華陽)'이란 어원은 '황양목(黃楊木)'이 많이 자생하고 있어 붙여진 이름이라 기록하고 있다. 필자도 어렸을 때, 할머니(신부덕 辛富德 1900~1976)로 부터, 화양목이 많아서 화양동이라 한다는 말을 들은 적이 있다. 실제 화양동엔 화양목이 많이 자생한다. 지명을 형성하는 몇 가지 원칙 중에 특산물의 명칭을 따서 짓는 경우가 있는데, 이에 해당되는 것이다.

'화양'이란 어원은 1차적으로 '황양목(黃楊木)=화양목(華陽木)'이라는 나무에서 유래됐다고 보는 것이 타당하다. 앞서 보았듯이, 성운(成運)이 「칠송팔경(七松八景)」중 제3경 '화양상춘(華陽賞春)', 다음으로 이황(李滉)의 『퇴계집(退溪集)』, 「선유동팔영(仙遊洞八詠)」중 제4경 '황양상춘(黃楊賞春)'이라 표기했다. 이때 이미 '화양목(華陽木)' 또는 '황양목(黃楊木)'으로 병용됐다는 사실을 알 수 있다. 지금 학술적 명칭은 '황양목(黃楊木)'이나 속칭 '화양목(華陽木)'으로 널리 불려진다. 잘 알다시피 '황양목(黃楊木)'은 타원형의 잎이 마주나는 상록 관목이다. 정원의 화단 가장자리를 둘러 치장하는 상록수로 각광받고 있다.

'화양구곡' 각각의 이름을 명명할 때 지명과 고의(古義)에서 취했다고 했다. '화양구곡' 각각의 명칭중에, 전래하는 지명을 따서 붙인 것은, '파곶(巴串)' 하나다. 여기서 필자는 성운(成運)의 「칠송팔경(七松八景)」·「선유거사색시제황구이색기근(仙遊居士索詩題荒句以塞其勤)」의 내용과 이녕의 의식과 생활면을 중시하여 '화양'이란 지명의 또 다른 연원을 추정해보고자한다. 중국의 지명과의 관련성을 배제할 수는 없을 것 같다.

---

2) 송주상, 『화양지(華陽誌)』, 「지명연혁(地名沿革)」 화양동(華陽洞) "一名黃楊, 以洞多黃楊, 故名.)
3) 송주상, 『화양지(華陽誌)』, 「지명연혁(地名沿革)」, 구곡동천(九曲洞天) "今按九曲名號, 或仍地名, 或取古義. 多昉於先生時, 而其定爲九曲, 卽 實 遂菴權公所命也. 丹巖閔相公鎭遠以篆鐫刻, 而惟泣弓岩並有隸字大刻字乃尹憲柱筆, 又金沙潭邊大石, 刻華陽水石大明乾坤八大字, 亦尹筆也."

성운(成運)의 「칠송팔경(七松八景)」 제5경을 읊은 시를 보기로 하자.

제5경 사평목우(沙坪牧牛) 사평에서 소 기르기

파향제군화료신(怕向齊軍火燎身)[4]	옛날에 제(齊)나라 군대가 꼬리에 불 지른 일을 두려워하며,
도림희와초생춘(桃林[5]喜臥草生春)	봄풀 자란 도림에 드러누워 있기를 좋아하네.[6]
유시포천심산거(有時蒲薦尋山去)	때때로 부들자리 가지고 산을 찾아가니,
각승금안조자신(却勝金鞍朝紫宸)[7]	도리어 금장식 안장 타고 조회하는 것보다 낫구나.

'도림(桃林)'에 관련된 고사의 출처와 내용을 알아보자. 『서경(書經)』, 「무성(武成)」."내언무수문(乃偃武修文), 귀마우화산지양(歸馬于華山之陽), 방우우도림지야(放牛于桃林之野), 시천하불복(示天下不服)[8]"이라는 구절이 있다. "무력(武力)을 거두고 문교(文敎)를 다스릴 방침으로, 말을 화산(華山)의 남쪽에 돌려보내고, 소를 도림(桃林)의 들녘에서 풀어놓아 이것을 두 번 다시 쓰지 않을 것을 천하에 보였다."라는 뜻이다. 전쟁이 없는 태평성대를 유지하겠다는 의지의 표명이다. 도림(桃林)은 무왕(武王)이 은(殷)을 정벌하고 나서 정벌할 때 동원했던 소와 말을 방목한 곳이다. 지금 하남성(河南省) 화음현(華陰縣) 동관(潼關)이다. 성운이 이런 고사를 동원한 이면에는 무왕시대처럼 태평성대를 동경하는 염원이 담겨있는 것이다. 또한 '선유팔경'을 설정한 이녕의 추구했던 고고한 삶을 고부하고 찬양하는 의도가 내포되어있는 것이다.

성운(成運)은 을사사화 때 중형(仲兄) 성우(成遇)가 죽임을 당하는 아픔을

4) 향제군화료신(向齊軍火燎身): 제(齊)나라 전단(田單)이 연(燕)나라에게 빼앗긴 성을 회복할 때의 행했던 고사를 가리킨다. 즉 소의 몸통에 비단 천을 두르고 용무늬를 그렸으며, 소의 뿔에 칼날을 묶고, 기름을 바른 갈대를 그 꼬리에 묶고 불을 질렀다. 그러자 소가 꼬리가 뜨거워지자, 성이 나서 내달려 연나라 군대를 부딪쳐 죽게 하여 회복한 성이 70여개가 된다. 『통감언해(通鑑諺解)』, 「주기(周紀)」 난왕(赧王) 『사기(史記)』, 「전단전(田單傳)」.

5) 도림(桃林): 무왕(武王)이 은(殷)을 정벌하고 나서 정벌할 때 동원했던 소와 말을 방목한 곳. 지금 하남성(河南省) 화음현(華陰縣) 동관(潼關) 『서경(書經)』, 「무성(武成)」. "放牛于桃林之野".

6) 김영진은 『괴산군시문집』, 괴산문화원, 2000, 81면에서 다음과 같이 번역했다. "도림에 누워 즐기니 봄풀도 자라네. 桃林喜臥草生春."

7) 자신(紫宸): 궁전의 이름. 『당서(唐書)』, 「백관지(百官志)」. 자신전(紫宸殿)은 당(唐)나라 궁전의 이름.

8) 이러한 내용을 악기(樂記)에도 보인다고, 『서경(書經)』의 주(註)에 들어있다.

감수해야했다. 그후 속세를 벗어나 지금의 충북 보은군 종곡리에 자연을 벗하며 은둔했던 것이다. "봄풀 자란 도림에 드러누워 있기를 좋아하네."라는 표현은 성운 자신의 심경을 대변한 것으로 생각된다.

"화산지양(華山之陽)"의 준말이 '화양(華陽)'이다. '양(陽)'은 '산(山)'의 남쪽이라는 의미니, '화양(華陽)'은 화산(華山)의 남쪽이라는 뜻이다. 화산(華山)은 중국 오악중(五嶽中)에 서쪽에 있는 山이다. 중봉(中峰)은 연화봉(蓮花峰), 동봉(東峰)은 선인장(仙人掌), 남봉(南峰)은 낙안봉(落雁峰)인데 세칭 화악삼봉(華嶽三峰)이라 한다. 화산은 중국 협서성(陝西省) 화음현(華陰縣) 남(南)쪽에 있다. 일명 태화(泰華)이라 한다. 다음에서도 '화양(華陽)'이란 용어를 찾아볼 수 있다. 『서경(書經)』, 「우공(禹貢)」에 "화양흑수(華陽黑水), 유양주(惟梁州)"라는 문구가 있다. "화산(華山) 남쪽에서 흑수(黑水)사이를, 양주(梁州)로 했다."라는 뜻이다. 우리나라 지명중에는 중국의 지명을 차용한 경우가 상당 수 있다. 충북의 '청주(淸州)'·'상당산(上黨山)' 등이 모두 그러하다. 지금의 화양동도 중국의 지명을 차용했을 가능성이 적지 않다.

그런가하면 이미 앞에서 보았듯이 이녕은 '화피관(樺皮冠)'을 쓰고 있다.

> 거사는 선유동의 승경에 대해 후인들이 혹 어둑하게 될까봐 염려하여, 돌아다녀야 하는 것을 꺼려하지 않고, 정성스럽게 그것을 표시하여 알릴 방도를 생각한 것은 기이한 일이라 일컬을 것이며, 화피관(樺皮冠)은, 또한 기이한 복식이라 일컬을 것이다. [9]

그가 '화피관(樺皮冠)'을 착용하고 생활했다는 사실은 성운(成運)의 「선유거사색시제황구이색기근(仙遊居士索詩題荒句以塞其勤)」4수중 제2수를 통해서도 알 수 있다.[10]

고모경인기토홍(古貌驚人氣吐虹)	고아(古雅)한 모습은 사람을 놀라게 하며 기개는 무지개를 토하고,

9) 송인(宋寅), 『이암집(頤庵集)』, 「증칠송거사병서(贈七松居士幷序)」. "居士恐仙遊之勝, 後人或昧焉, 惓惓然不憚其跋涉, 圖所以表章之者, 可謂奇事, 而樺皮冠, 亦可謂奇服矣. 所恨, 余未有奇文以發揮之耳. 因介于高巒李典翰汝受・栗谷李校理叔獻, 請發一語, 兩學士欣接而樂道之. 居士懷玉于褐, 意滿而歸. 玆叙首末, 使他日相遇者, 便知爲非凡人也."

10) 성운(成運), 『대곡집(大谷集)』, 한국문집총간 28책, 「선유거사색시제황구이색기근(仙遊居士索詩題荒句以塞其勤)」, 19면.

화관고대사선옹(樺冠高戴似仙翁) 화관(樺冠)을 높이 쓰고 있으니 신선같네.
출산심아편여학(出山尋我翩如鶴) 산을 나와 나를 찾으니 학이 나는 듯한데,
만수유함계학풍(滿袖猶啣溪壑風) 소매 가득히 오히려 계곡의 바람이 스며드네.

이녕이 '화피관(樺皮冠)'을 쓰고 있는 모습이 신선을 연상케 한다고 했다. 제2구에서 신선같다고 했는데, 제3구에서 "학이 나는 듯하다"고 이녕의 자태를 비유했다. 고래로부터 학은 신선의 화신으로 여겼으니, 이녕의 고아한 풍채를 신선같다고 재강조한 것이다. 화(樺)는 화(華)와 통(通)한다[11]. 따라서 화관(樺冠)은 화관(華冠)으로 보아도 될 것이다. 화산모양으로 만든 관이다. 이 화산건(華山巾)은 도사가 착용하는 두건(頭巾)이다.

위의 두 곳에서 살펴보았듯이. 이녕의 인품과 삶의 지향점은 중국고사중에 나오는 '화양(華陽)'과 '화산지관(華山之冠)'과 관련이 밀접하다. 이번엔 '화산지관(華山之冠)'의 유래에 대해 살펴보자. 화산지관(華山之冠)은 『장자(莊子)』, 「천하(天下)」편(篇)에 나온다.

송견(宋鈃)·윤문(尹文)은 그 유풍을 듣고 기뻐하여, 화산(華山)의 관(冠)을 만들어 스스로 표시했다. [12]

현영(玄英)이 소(疏)하기를,

화산(華山)은 그 형상이 깎은 듯하고 상하가 균일하게 평평한데, 송(宋)과 윤(尹)이 뜻을 세운 것이 맑고 높다. 그래서 관을 만드는 것은, 덕(德)이 다르다는 것을 표시하는 것이다.[13]

'화산지관(華山之冠)' 즉 '화산(華山)의 모양을 본 떠 만든 관(冠)'은, 뜻이 높고 덕이 남다르다는 것을 상징한다.

지금껏 이녕이 직접 작성한 문헌이나 그가 지은 글이 확인된 것은 없다. 그러나 그와 교유한 인사들은 당대 명사들이다. 그 친구를 보면 그 사람을 알

---

11) 『한서(漢書)』, 「사마상여전(司馬相如傳)」. "楓枰櫨注 華卽今樺皮貼弓者.
12) 장자(莊子)』, 「천하(天下)」편(篇) "云, 宋鈃・尹文聞其風而悅之, 作爲華山之冠, 以自表."
13) "玄英疏云, 華山其形如削, 上下均平, 而宋・尹立志淸高, 故爲冠以表德之異."
그런가하면 화관(樺冠)이란 용어는 다음에도 보인다. 『장자(莊子)』."原憲樺冠縰履."

수 있는 것이다. 필자가 앞에 든 논문에서 밝혔듯이, 이녕(李寧)은 성운(成運)·이황(李滉)·이이(李珥)·송인(宋寅)·신응시(申應時)·박지화(朴枝華)·유성룡(柳成龍) 등과 교유했다. 이중에 이이(李珥)·신응시(申應時)를 제외한 네 사람은 이녕에게 시(詩)를 지어주었다. 이녕이 칠송거사(七松居士)라 호를 지은 것은 중국 당나라 때 사람 정훈(鄭薰)의 호를 모방한 것으로 보아야한다. 정훈은 좌승(左丞)까지 승진하고 노년에 호를 은암(隱巖)이라하고, 또 일곱 그루의 소나무를 심고 자신의 호를 칠송처사(七松處士)라 했다. 이녕도 선유동에 은거하면서 소나무 일곱 그루를 심고 칠송처사(七松居士)라 했다. 그는 과거공부를 하다가 여의치 않아 속세를 버리고 은거한 것이다. 그런 점과 교유인사들의 수준으로 볼 때, 그가 상당 수준의 학식이 있던 인물인 것이다. 따라서 『서경』 등에 나오는 고사를 섭렵한 것은 당연하다고 봐야한다.

이상에서 살펴보았듯이, '화양'이라는 지명은 이녕과 일정한 관련이 있다는 사실을 부정할 수는 없다. '화양'이란 지명은 1차적으로 '화양목'이 많이 자생한다는 사실과, 2차적으로 화피관(樺皮冠 = 華皮冠)을 착용하고 고고하게 살았던 이녕의 삶을 고무 찬양하는 뜻도 가미됐다고 보아야할 것이다. 또한 중국의 고사와 지명에서 연유했다는 점도 인정해야할 것이다. 이녕과 성운이 추구하는 이상세계의 동경이, '화양(華陽)'이라는 지명에 가탁화 표상화된 것으로 보아야할 것이다. 본래 구곡이 신선사상의 산수자연에의 표상화이기도 하다. 결국 '화양동'이라는 지명에는 '화양목(華陽木)'이라는 특산물과, 이녕(李寧)과 성운(成運)의 이상세계에 대한 동경심을, 『서경(書經)』에 나오는 화양(華陽)에 의탁 반영된 것으로 보아야 합당할 것 같다.

3. 파곶(葩串)이란 명칭의 연원

다음은 '파곶(葩串)'이라는 지명에 대해 살펴보기로 하자. 지명의 형성요인(形成要因) 중에 지형(地形)을 따서 이름을 붙이는 경우도 있다. '파곶(葩串)'이 지명의 연원에 대해 살펴보자. 파(葩)는 화(花)라. 중국 허신(許愼)의 『설문해자(說文解字)』에 "파(葩)는 화야(華也)"라고 했다. 이에 근거한다면 '파천(葩串)'은 '꽃같은 곶(串)'이라는 뜻이다. 즉 '꽃처럼 아름다운 곶(串)'이라는 뜻이다. 실제 파곶은 절경이다. 수많은 시인묵객들이 그 경관을 예찬했다.

앞에서 보았듯이 '파계(葩溪)'는 노수신이 시(詩)에 처음 사용한 이래, 송시열이 시(詩)에 '파계(巴溪)'라 표기하고 있는데, 한자(漢字) 표기는 다르나 발음은 같다. 송시열의 제자나 그와 교유했던 인물들은 대개 '파곶(巴串)'으로 표기하는 경우가 적지 않다. 이렇듯 화양구곡시대이후 '파곶(巴串)'으로 표기하는 사례가 증가하고 있다. 개중에 관습상 '파곶(葩串)'·'파곡(葩谷)'·'파곶(葩串)' 등으로 쓴다. 과거의 지명이 세월이 흘러 새로운 이름으로 바뀌는 경우도 있고, 한자(漢字) 표기(表記)가 바뀌거나, 예전의 이름과 함께 한자표기가 바뀐 이름이 공용되는 사례는 흔히 있다.

'선유팔경'중 제3경인 '파곶(葩串)'이 화양구곡시대에 와서 한자표기가 '파곶(巴串)'으로 전환된 이유에 대해 추적해보기로 한다.

다음은 정래교(鄭來僑 1681~1757)의 「파곶(巴串)」이라는 시(詩)이다. 제5구부터 보기로 하자.

천회파자성성격(泉廻巴字聲聲激) 물이 '파(巴)'자로 돌아 물소리 우렁차고,
석작반형종종기(石作盤形種種奇) 돌이 소반이 되어 가지가지 기이하네.
담상소와숙쇄심(潭上小窩潚灑甚) 못 위 작은 집 매우 맑고 깨끗하니,
경수명일농청의(更須明日弄聽漪) 내일 다시 물소리를 들으며 놀려네.

우선 '파곶(巴串)'의 지형이 한자(漢字)의 '파(巴)'와 같은 모양으로 물이 흐르는 곳이다. 쉽게 말해 '기(己)'자로 물이 흐르는 곳이다. 태극문 중앙분할선(☯) 모양이라 설명하면 적절하다. 정래교는 시(詩)에 이를 표현한 것이다.

'파곶(巴串)'의 물이 흐르는 모양이 한자(漢字)의 '파(巴)'와 같은 모양으로 흐르기 때문에, 파곶이라 한다는 사례는 또 있다. 정재문(鄭在文 1756~1819)의 가사(歌辭) 「화양별곡(華陽別曲)」[14]이다. 그 해당 부분은 살펴보자. 필자가 원문의 한자(漢字)를 한글로 음을 달고 ( )안에 넣었다.

여흥(餘興)이 도도(滔滔)ᄒᆞ여 파곶(巴串)을 ᄎᆞ자가니
석색천광(石色天光)이 대도회(大都會)되엿셔라.
수세(水勢)가 위이(逶迤)ᄒᆞ여 파자형(巴字形)이 기이(奇異)하다.

14) 원문은 林基中, 『필사본 역대가사문학전집』, 13권, 여강출판사, 1988. 283~296면. 崔康賢, 「華陽別曲 小攷」, 『弘大論叢』, 홍익대학교, 1974.

어와 조화옹(造化翁)아 헌ᄉᆞ도 헌ᄉᆞᄒᆞᆯ샤

이렇듯 파곶(巴串)의 명칭이, 물이 흐르는 모양이 파자(巴字)와 같아서 파곶(巴串)이라 명명했다는 점을 다시 증명할 수 있다.

다음 시(詩)에서는 제갈량(諸葛亮) 즉 와룡선생(臥龍先生)의 고사를 끌어들이고 있다. 송흠학(宋欽學), 『화양지(華陽誌)』[15], 「응화양구곡의무이도가십운(應華陽九曲依武夷棹歌十韻)」 제7곡 와룡암(臥龍巖)을 읊은 시를 보기로 하자.

칠곡용암침석탄(七曲龍巖枕石灘)	칠곡이라 용암(龍巖)이 바위여울을 베고있고,
일방어수와운간(一方魚水[16]臥雲看)	한쪽 곁엔 물과 물고기인데 누워서 구름을 바라보네.
초당춘수금수환(草堂春睡今誰喚	봄에 초당에서 졸고 있는데 지금 누가 부르는가?
사한인심상자한(思漢人心尙自寒)	제갈량을 생각하니 마음이 오히려 절로 싸늘해지네.

와룡(臥龍)은 서서(徐庶)가 제갈 량(諸葛 亮)을 비유한 표현이다[17]. 와룡암(臥龍巖)은 제갈 량을 의식하여 설정한 것이다. 제갈 량은 유비(劉備)를 도와 촉한(蜀漢)을 건설한 공로자다. 여기서 시인은 우암과 제갈 량처럼 국가를 위해 진력할 수 있는 인재의 출현을 열망하고 있는 것 같다. 주자(朱子)가 설정한 '무이구곡(武夷九曲)' 인근에 제갈 량을 모시는 '와룡사(臥龍祠)'라는 사당이 있다. '화양구곡' 각각의 구곡을 설정하는데는 '무이구곡(武夷九曲)'의 배경을 참고한 것이다.

이어 임상주(任相周)의 「만흥영화양구곡(漫興詠華陽九曲)」 제7곡 와룡암

---

15) 화양지(華陽誌)는 3 종류가 있다. 하나는 목판본으로 上·下 2책으로 1807년 우암의 방 현손(傍 玄孫) 송주상(宋周相)이 편한 것이 있다. 또 하나는 1861년 우암의 팔대손(八代孫) 송근수(宋近洙 1818~1902)가 편한 것이다. 또 인쇄본이 있다. 본고에서 인용한 화양구곡에 대한 두 사람의 시(詩)는 인쇄본에 실린 것이다.

16) 어수(魚水): 끊을래야 끊을 수 없는 밀접한 관계. 군신이 서로 만나 잘 맞는 경우를 비유함. 『삼국지(三國志)』「촉지 제갈량전(蜀志 諸葛亮傳)」. "先主解之曰 孤之有孔明, 猶魚之有水也.

17) 서서(徐庶)는 제갈 량을 와룡(臥龍)이라 평함. 재주가 특출하나 아직 등용되지 않은 기특한 재주를 가진 사람을 비유함. 『삼국지(三國志)』, 「촉지 제갈량전(蜀志 諸葛亮傳)」. "先主屯新野, 徐庶見先主, 先主器之, 謂先主曰 諸葛孔明, 臥龍也. 將軍豈願見之乎?"

(臥龍巖)을 읊은 시 제2수를 보기로 하자.

지시남양옹(知是南陽翁)[18] 알겠도다, 제갈공명(諸葛孔明)이,
변화위차석(變化爲此石) 변화해 이 암석이 된 줄을.
평생흥복의(平生興復意) 평생 부흥의 뜻,
완완여숙석(蜿蜿如宿昔) 꿈틀 꿈틀 예전 같아라.

임상주는 와룡암을 제갈 량의 화신으로 여기고 있다. 그만큼 제갈 량에 대한 동경이 지대하다는 반증이다. 그와 같은 걸출한 인물이 출현하기를 열망하는 심정을 의탁한 것이다.

이번엔 임상주(任相周)의 「만흥영화양구곡(漫興詠華陽九曲)」제9곡 파곶(巴串)를 읊은 시(詩)를 보기로 하자.

제9곡 파곶(巴串)

제1수
억석한소열(憶昔漢昭烈)[19] 그 옛날 촉한(蜀漢)의 유비(劉備)의 충렬을 생각하니,
도읍재서파(都邑在西巴)[20] 도읍이 서파(西巴)에 있었네.
쟁영피검각(崢嶸彼劒閣)[21] 높고 높도다. 저 검각(劒閣)이,
탄연성중화(坦然成中華) 탄탄히 중국을 이루었네.

제2수
차자일파자(嗟玆一巴字) 아! 이곳 파곶(巴串)과
지명호상사(地名胡相似) 지명이 어쩌면 서로 같은가?
린린백석상(磷磷白石上) 희끗희끗한 흰 돌 위로,
천재공류수(千載空流水) 누 세월 부질없이 물 흐르네.
파곶(巴串)

18) 남양옹(南陽翁): 제갈(諸葛) 량(亮)을 지칭. 자(字)는 공명(孔明) 삼국시대 촉(蜀)의 재상. 남양 융중(南陽 隆中)에 은거하고 있을 때 유비(劉備)의 삼고초려(三顧草廬)를 못 이겨 출사(出仕)한 후 유비로 하여금 蜀을 건국케 함. 서서(徐庶)는 공명을 와룡(臥龍)이라 평함. 재주가 특출하나 아직 등용되지 않은 기특한 재주를 가진 사람을 비유함.

19) 한소열(漢昭烈): 소열(昭烈)은 촉한(蜀漢)의 시조(始祖) 유비(劉備)의 시호(諡號)

20) 서파(西巴): 촉(蜀)의 땅 사천성(四川省) 한(漢)나라 때에 촉(蜀)이 서방(西方)에 있었음.

21) 검각(劒閣): 장안(長安)에서 촉(蜀)으로 가는 길인 대검(大劒)과 소검(小劒)의 두 산(山)

제1수를 보자. 임상주는 '파곶'이라는 지명에 고사를 연관시키고 있다. '파곶(巴串)'과 촉한(蜀漢)을 세운 유비(劉備)의 도읍이 서파(西巴)에 있었다는 사실과 관련짓고 있다. 제2수에서도 시인은 '파곶(巴串)'이라는 지명이 유비의 서파와 서로 같다는 점을 강조하고 있다. 이는 화양구곡의 파곶이 중국의 서파(西巴)와 '파(巴)'자가 같다는 점에 감탄한다.

서파(西巴)는 파서(巴西)[22]이다. 파서(巴西)는 삼파중(三巴中)의 하나이다. 삼파(三巴)는 동한말(東漢末) 유장(劉璋)이 설치하였다. 삼파(三巴)는 파군(巴群)·파동(巴東)·파서(巴西)이다. 영녕(永寧)을 파군(巴群)으로, 고릉(固陵)을 파동(巴東)으로 고쳤다. 영녕(永寧)은 지금 사천성(四川省) 파현(巴縣) 충현(忠縣)일대, 고릉(固陵)은 지금 운양(雲陽) 봉절(奉節)일대, 파서군(巴西郡)은 지금 랑중시(閬中市)이다. 파촉(巴蜀)은 진(秦)·한시(漢時) 파촉(巴蜀)의 이군(二郡)을 설치한 곳이다. 지금 사천성인데, 이로 인해서 후세에 파서(巴西)는 사천성의 별칭이 되었다.

이상에서 살펴본 바를 토대로, '파곶(葩串)'이 '파곶(巴串)'으로 한자 표기가 바뀐 것을 대략 두 가지 측면에서 정리할 수 있다. 첫째, '파곶'의 물흐르는 모양이 한자(漢字)의 '파(巴)'자와 같다는 지형적 특징에 비중을 둔 결과이다. 둘째, 중국 제갈량의 고사를 관련지은 것이다. 이는 제갈량과 같은 인물의 출현을 기대하는 심리가 강렬하게 반영된 것이다. '무이구곡(武夷九曲)'에 와룡사(臥龍祠)가 있는데, '화양구곡' 제7곡에 와룡암(臥龍巖)을 설정하여 제9구곡 '파곶(巴串)'의 지명과 조화를 이루게 하고 있다. 이런 점을 감안해 본다면, '화양구곡'이 주자(朱子)의 '무이구곡'을 모방했지만, 거기에 비견할 만한 조건을 구비했다는 것을 은연중 표출한 것이다.

4. 맺음말

'화양(華陽)'이라는 지명은 이녕(李寧)과 일정한 관련이 있다는 사실을 부정할 수는 없다. '화양'이란 지명은 1차적으로 '화양목'이 많이 자생한다는 사실과, 2차적으로 '화피관(樺皮冠)·화피관(華皮冠)'을 착용하고 고고하게 살았

---

22) 진(晋), 상거(常璩), 『화양국지(華陽國志)』, 「파지(巴志)」. (劉)璋乃改永寧爲巴郡, 以固陵爲巴東, 徙(龐)羲爲巴西太守, 是爲三巴." 『華陽國志』는 巴蜀에 관한 일을 기술한 것이다.

던 이녕의 삶을 고무찬양하기 위한 뜻이 가미됐다고 보아야할 것이다. 또한 중국의 고사와 지명에서 연유했다는 점도 인정해야할 것이다. 즉 이녕(李寧)과 성운(成運)이 추구하는 이상세계의 동경이, '화양(華陽)'이라는 지명에 가탁화 표상화된 것으로 보아야할 것이다. 본래 구곡이 신선사상의 산수자연에의 표상화이기도 하다. 결국 '화양동'이라는 지명은 '화양목(華陽木)'이라는 특산물과, 이녕(李寧)과 성운(成運)이 추구하는 이상세계인 『서경(書經)』, 「무성(武成)」편에 함축된 의미가 결부되어 형성된 것이다. 즉 전쟁이 없는 태평성대를 동경하는 염원이 '화양(華陽)'이라는 지명에 의탁 반영된 것이다.

'파곶(巴串)'의 한자 표기(漢字 表記)가 달라진 데는 일정한 이유가 있다. 첫 째, 지명이라는 의미로 쓸 때는 '파곶(葩串)·파곶(巴串)'이라 썼다. 둘째, '파곶(葩串)'에 흐르는 시내라는 의미로 쓸 때는 '파계(葩溪)·파계(巴溪)'로 썼다. 셋째, 지명과 시내를 통칭하는 관용어로 썼다. 넷째, 초기에 '파곶(葩串)·파계(葩溪)'로 표기하다가, 후대로 오면서 '파곶(巴串)'·'파곡(葩谷)'·'파곡(巴谷)'·'파계(巴溪)' 등으로 표기했다. 때로 시(詩)의 평측(平仄)을 맞추는 과정에서 거기에 맞는 운을 쓰는 과정에서 한자 표기가 달라지게 된 것으로 여겨진다.

'파곶(葩串)'이 '파곶(巴串)'으로 한자 표기가 바뀐 것은 두 가지 이유가 있다. 첫째, '파곶'의 물이 흐르는 모양이 한자(漢字)의 '파(巴)'자와 같다는 지형적 특징에 비중을 둔 결과이다. 둘째, 중국 제갈 량의 고사를 관련지은 것이다. 이는 제갈 량과 같은 인물의 출현을 기대하는 심리가 강렬하게 반영된 것이다. 중국 '무이구곡'에 와룡사(臥龍祠)가 있는데, '화양구곡'에 제7곡에 '와룡암(臥龍巖)'을 설정하여 제9구곡 '파곶(巴串)'의 지명과 조화를 이루게 하고 있다. 이런 점을 감안해 본다면, '화양구곡'이 주자(朱子)의 '무이구곡'을 모방했지만, 거기에 비견되는 수준이라는 것을 명칭상으로 표출한 것이다.

9장. 홍치유(洪致裕)의 괴산 선유구곡시(仙遊九曲詩)

1. 머리말

좌측 사진: 선유구곡 제5곡 와룡폭.
우측 사진: 제5곡 와룡폭 왼쪽 위 암벽에 선유정을 지을 때 놓았던 주춧돌을 놓은 자리

'개권유익(開卷有益)[1]'이란 말이 있다. 말 그대로 책을 펼치기만 해도 이익이 있다는 말이다. 그 속뜻은 독서의 유익성과 다독의 효용성을 지적한 경구이다. 나는 대학시절 이 말을 참으로 좋아했다. 내가 이 말을 어떤 경로를 통해 알게 됐는지는 정확히 기억이 나지 않는다. 그것을 꼭 알아둘려고 노력하지 않은 이유도 있겠지만, 좋은 말은 출전(出典)에 상관없이 가슴에 담아두고 실천하는 것이 중요하다고 여겼기 때문이다. 나는 최근 '개권유익(開卷有益)'의 본래의 어의를 다시금 체감했다. 바로 홍치유(洪致裕)의 선유구곡시(仙遊九曲詩)[2]를 목격하게 된 과정이 그러하다. 이 사연을 말하기 전에, '개권유익(開卷有益)' 즉 '책을 펴놓기만 해도 이익이 있다'는 표면적인 뜻을 실감한 사례를 소개한다.

1) 개권유익(開卷有益): 宋나라 王辟之 『澠水燕潭錄』卷6. "太宗日覽 『御覽』三卷, 因事有缺, 暇日追補之, 嘗曰 開卷有益, 朕不以爲勞也."

2) 다음에 실었던 논문을 보완수정했다. 이상주, 「홍치유(洪致裕)의 선유구곡시(仙遊九曲詩)」, 『충북작가(忠北作家)』2002년 여름호, 2002, 309~329면. 2018년 일부 잘못 알았던 내용을 수정했다. 그리고 제목을 경북 문경의 선유구곡과 구별하기 위해, 제목을 「홍치유(洪致裕)의 괴산(槐山) 선유구곡시(仙遊九曲詩)에 대한 고찰」로 바꾸었다. 현재까지 발견된 괴산의 선유구곡을 읊은 시로는 최초의 시이다. 홍치유(洪致裕 1879~1946)가 선유구곡시을 지은 시기는 1930년인데, 정태진(丁泰鎭 1876~1956)의 「외선유구경(外仙遊九景)」즉 괴산의 선유구곡시를 지은 연대를 알 수 없다

1979년 가을 어느 일요일이었다. 청주시 우암동 김옥인(金玉仁)여사댁 이층에서 하숙생활을 할 때의 일이다. 공부를 하다가 잠시 바람을 쐬러 나가려고 했다. 공부하던 책을 덮어놓고 가려고 했는데, 문득 그런 생각이 드는 것이었다. 내가 공부하러 간 사이에, 혹 아버지께서 오셨다가, 책상 위에 책도 펴놓지 않은 것을 보시면, 공부는 안 하고 놀러만 다니는 것으로 생각하시고, 서운해 하시면 어쩌나 하는 생각이 들었다. 나는 평소에 열심히 공부해왔다. 이런 나를 아버지[3]께서 믿으시기 때문에 오해를 하시지는 않으리라 생각했다. 그런데도 괜히 마음이 쓰였다. 나는 부모님의 마음을 조금이라도 불편하게 해드리지 않으려는 마음에서, 책상 위에 책을 펴놓은 상태로 나갔다. 그날 따라 멀리 가고 싶은 마음도 없고, 웬지 곧바로 돌아오고 싶었다. 잠깐 동네를 한 바퀴 돌고 들어왔다. 이층 옥상에 올라오니 아버지께서 난간 쪽에 서 계셨다. 나는 너무 의외이고 기분이 좋아서 "아, 아버지! 안녕하셨어요. 언제 오셨어요." 했다. 아버지께선 웃으시면서 말씀하셨다. "공부하다 바람 쐬러 갔다 오니? 방에 없어서 밖에서 기다리고 있는 거다. 그냥 가려고하다, 책을 펴놓고 나간 걸 보니, 공부하다 나간 것 같이 생각이 돼, 금방 돌아올 것 같아서, 기다리고 있는 거다." "예 공부하다 잠시 머리 좀 시키려고 나갔다 왔어요. 언제 오셨어요." 아버지는 웃으시면서 "너의 이모부댁에 왔다가 들렀다." 하신다. 아버지는 치열이 고르고 치아가 매우 희기 때문에, 웃으실 때는 더욱 인자해 보이신다. 이 일화는 '개권유익'이란 말을 지행합일했던 한 사례이자, 아버지와의 잊지 못할 한 일화다.

이제 홍치유의 선유구곡시를 목격하게 된 사연을 기술해본다. 나는 1998년부터 '구곡문화권'에 대한 연구를 지속해왔다. 그런데 정부는 2001년을 '한국

---

3) 이은자 우자(李殷字 祐字 1920~1999): 일제시대 서울에 있는 배재중학교를 다니셨다. 태평양전쟁이 발발하자 학병으로 징집당해, 처음 만주전선으로 투입되었다. 그후 태평양전투에 참전하기 위해 일본 시모노세키를 출발하여 필리핀의 '팔라우군도'에서 주둔하며 미군과 전투를 했다. 중국에서나 팔라우군도에서나 전투에 투입됐을 때 독립군이나 연합군을 향해 총을 쏘지 않고 총구를 일부러 하늘을 향해 쏘았다 한다. 1년 이상 밥을 구경도 못하고 초근목피를 채취해 먹고, 뱀등 야생동물도 잡아먹었다. 일본군의 항복으로 종전이 되었으나, 귀국시기가 늦어지자, 불길한 예감이 들었다. 이에 배가 아프다고 말하여 다른 사람보다 좀 먼저 귀환하게 되었다. 일본 세모노세기를 거쳐 부산항에 도착한 것은 1948년이었다. 귀국이 늦어지자, 동네에서는 불행한 일을 당했을까 걱정하는 눈치가 역력했었다 한다. 이후 사리면 면서기, 1952년 제1대 읍면의원(邑面議員) 선출시 괴산군 사리면 '면의원(面議員)'을 역임했다. 화곡국민학교육성회장 등 지역사회를 위해 일정한 일을 했다. 불초한 필자의 청을 받아들여 전쟁참전경험의 핵심내용을 간략히 기술해놓았다. '태평양전쟁참전기'이다.

방문의 해' '지역문화의 해'로 선포했다. 지역문화의 해는 2002년까지 연장했다. 마침 2002년 '세계배(월드컵)축구대회'가 우리나라에서 열린다. 나는 정부시책에 부응하고, 그를 기념하는 뜻에서, 2001년 '구곡문화권(九曲文化圈)'을 '구곡문화관광특구(九曲文化觀光特區)'라 설정하고 특별기획과제로 삼아 연구해왔다. 이 연구를 이름하여 '구곡문화관광특구(九曲文化觀光特區)와 구곡한시(九曲漢詩)'라 했다. 본래 이 연구는 2001년 11월 11일 까지 완료하려고 했다. 그러나 여러 가지로 사정이 여의치 못해 차질이 생겨, 2002년 2월 말까지로 시한을 늦추었다.[여러 가지 연구할 대상이 많아 미루다 올해 2018년에야 매듭을 짓게 되었다.]

나는 구곡문화관광특구의 연구가 완료되면, '충북의 팔경(八景)과 팔경시(八景詩)'에 대한 연구를 착수할 계획을 세우고 있었다. 나는 이런 계획을 충북학연구소 비상임연구원[4] 연구과제로 구두 설명한 바 있다. 그래서 겨울 방학 때 틈틈히 팔경(八景)에 관한 자료들을 수집정리하고 있었다. 『보은군지(報恩郡誌)』를 열람하는데, 거기에 「종곡팔경(鍾谷八景)」이 있다는 기록을 보게 됐다. 출전은 『겸산집(謙山集)』[5]이라 했다. 이를 확인하기 위해, 2002년 3월 13일 수요일 12시 20분경, 청주대학교 종합정보원 열람실을 찾았다. 종곡팔경시를 확인하기 위해 『겸산집(謙山集)』을 넘기다 보니, 선유구곡시(仙遊九曲詩)가 실려 있는 것이 아닌가. 지금까지 서술한 내용이, 홍치유의 선유구곡시를 확인하게 된 경위이며, '개권유익'을 체험한 또 하나의 사례이다.

구곡문화관광특구내에 9개의 구곡이 있다. 괴산의 쌍곡을 제외하고 모두 1800년대 말 이전에 설정되었다. 그리고 구곡을 읊은 한시도 찾아냈다. 이제 홍치유의 선유구곡시를 확인함으로 해서, 유서 깊은 8개의 구곡 중에 7개의

4) 충북개발연구원장 명의로 충북학연구소 비상임연구원(2002,2,1～2004,1,31)에 임명되었다.

5) 내가 홍치유라는 이름을 처음 알게된 것은, 청주신흥고(淸州新興高) 재직시절(1981년～1987년)이다. 1985년경 충청북도 도청 정문 맞은 편에 있는 '임호화랑'이라는 골동품점에서 홍치유가 한지에 쓴 「안정라씨삼세충효비명병서(安定羅氏三世忠孝碑銘幷序)」를 발견한 것이 계기가 되었다. 당시 신흥고 나덕찬(羅德燦)교장의 가문에 관련된 기록이다. 이를 나교장님께 말씀드려, 나교장님께서 4만원에 구입해간 적이 있다. 그러나 홍치유에 대한 인적사항을 알 수가 없었다. 그후 성균관대학교 박사과정 동기생이자, 지금 경상대학교 한문과 교수인 황의열(黃義冽 1954~)선생의 집에서 『겸산집(謙山集)』을 보았다. 그런데 저자가 홍치유였다. 『겸산집(謙山集)』은 그 제자인 임창순선생이 편찬했는데, 황의열선생은 임창순선생의 제자이다. 내가 성균관대학교로 박사과정 공부를 하러 다닐 때, 황선생집에서 여러 번 숙식한 적이 있다. 이틀 수강을 해야 했는데, 청주로 왔다갔다하는 번거로움을 덜어주기 위해, 자기 집으로 안내했던 것이다. 그때 내가 그 책을 보고, 한 권을 구해달라고 부탁하자, 황선생이 기꺼이 구해준 것이다.

구곡시를 찾아낸 것이다. 아직 구곡시를 찾아내지 못한 곳은 서계구곡(西溪九曲) 한 곳뿐이다.

학문연구에 있어서 충실하고 완벽한 연구는 학문연구의 생명이다. 온고지신적(溫故知新的) 논문은 발명특허다. 인생사 호사다마요, 전화위복이다. 이제 홍치유의 선유구곡시를 찾아냄으로 해서, '구곡문화관광특구'의 구곡시(九曲詩)에 대해 보다 충실하게 연구할 수 있게 됐다. 이렇게 할 수 있도록 끊임없이 새로운 학문적 영감을 주시는 조상님의 영령과 천지신명께 감사한다.

이제 홍치유의 가계와 생애 및 선유구곡시 창작연대를 살펴보고 홍치유의 선유구곡시를 분석하고 그 의미를 부여하고자 한다.

2. 홍치유(洪致裕)의 가계와 생애 및 선유구곡시 창작연대

홍치유(洪致裕 1879~1946)의 가계와 생애에 대해서는, 임창순(任昌淳)이 간행한 『겸산집(兼山集)』에 실린 「겸산홍선생묘비(謙山洪先生墓碑)」의 내용을 참고요약한다. 이는 홍치유의 제자이자 성균관대학교 교수를 역임한 신석호(申奭浩 1904~1981)가 쓴 것이다.

홍치유의 본관은 남양(南陽)이며, 자(字)는 응원(應遠), 호(號)는 겸산(謙山)이다. 아버지 철후(哲厚), 어머니 안동권씨(安東權氏)의 둘째 아들로 1879년 음력 5월 12일 지금 경북 봉화군 두곡리(斗谷里)에서 태어났다. 어려서부터 가정에서 한학(漢學)을 공부하였으며, 성장하여 성리학자(性理學者)인 청산(晴山) 권상익(權相翊)[6]의 문하에서 이론체계를 세워 20세 전후에 학술과 문장이 대가의 경지에 다달았다. 25세에 부친을 따라 한양(漢陽)에 체류하여 관계(官界)에 진출할 길이 열렸으나 국운이 기울어가자 향리로 돌

6) 權相翊(1863 ~ 1935): 본관은 안동(安東) 경상북도 봉화 출신. 1905년 을사조약이 강제로 체결되자, 만국공관(萬國公館)에 보낸 호소문을 작성하였으나 뜻을 이루지 못하였다. 1910년 국권이 상실되자 후학의 지도에 전념하였다. 1919년 3·1운동이 일어나자, 김창숙(金昌淑)·곽종석(郭鍾錫) 등 유림 137명과 파리강화회의에 독립을 청원하는 장서(長書)에 서명하여 이의 발송에 참가하였다가 일본경찰에 붙잡혔다. 1925년 김창숙이 중국으로부터 비밀리에 입국하여 내몽고(內蒙古)지방에 독립군기지를 건설할 자금으로 20만원의 군자금을 모금할 때 이에 찬동하여 자진해서 군자금을 제공하였으며, 이를 적극 지원하다가 일본경찰에 붙잡혔다. 1929년 3월에 대구지방법원에서 징역 1년에 집행유예 2년을 언도받았다. 1968년 대통령표창, 1990년 애족장이 추서되었다. 문집으로 『성재집(省齋集)』 28권이 있다. 한국민족문화대백과, 한국학중앙연구원.

아와서 성리학에 더욱 정진하였다. 1921년 부친을 모시고 지금 충북 보은으로 이사하여 삼가(三街)·봉비(鳳飛)·누저(樓底) 등의 마을에서 후진을 양성했다. 그러다가 1927년 남헌(南軒) 선정훈(宣政薰 1888~1963)선생이 설립한 관선정서숙(觀善亭書塾)에 교수로 초빙되어 12년간 강단을 주재하여 양성한 학자가 200여명에 달했다. 당시의 교과목은 유학의 경전외에 국사(國史) 예학(禮學)을 전공하는 한편, 시문(詩文)의 저작까지 했다. 선생의 학문은 파벌적 학통을 고수하지 않고 퇴계설(退溪說)의 대체를 따르며 율곡(栗谷)의 이통기국론(理通氣局論)을 성리설(性理說)의 요체(要諦)로 설정하였다.

국사(國史)에 중점을 두어 민족정신을 고취하였고, 시문(詩文)은 전아건실(典雅健實)을 주로 했으며 영화(英華)가 밖으로 빛났고 행의(行誼)는 효우(孝友)를 극진히 하였으며 평소생활은 새벽부터 저녁까지 규율이 일정하여 십년이 하루 같았고 희롱하거나 조급한 말과 동작이 일체 없었다. 이러한 깊은 학행(學行)·건실(健實)한 문장(文章)·탁월한 행의(行誼)로 일관했으며 빈궁하게 살다가, 1946년 음력 12월 26일 향년 68세로 보은군 길상리(吉祥里) 집에서 별세하니, 동리 뒷산 9번지에 안장했다. 시문집이외에 『국사집요(國史輯要)』·『예의작의(禮儀酌宜)』·『입본(立本)』및 국어로 된 가사(歌詞)인 「영언(永言)」 등이 있다.

홍치유의 제자로 학계에 지명도가 있는 인물은 신석호(申奭浩 1904~1981)와 임창순(任昌淳 1914~1999)[7]이 있다. 두 사람은 성균관대학교 교수를 역임했다. 임창순은 경기도 남양주에서 태동고전연구소(泰東古典硏究所)를 설립하여 한학을 강학하여 많은 한문학연구자를 양성했으니, 스승의 얼을 잘 계승한 제자라 할 것이다.

이제 홍치유가 선유구곡시를 창작한 연대를 알아보기로 한다. 홍치유는 앞에서 살펴보았듯이 1921년 충북 보은으로 이주했다.

7) 임창순(任昌淳) : 한학자 · 금석학자 · 서예가 · 역사학자. 호는 청명(靑溟) 충청북도 옥천군 청산면 법화리(法禾里) 버구실에서 아버지 임원재(任元宰)와 어머니 김영례(金永禮)의 장남으로 태어났다. 4세 때 조부 임경호(任敬鎬)로부터 천자문을 배웠고, 14세 때 보은군 장안면 개안리의 서당 관선정(觀善亭)에 들어가 겸산(兼山) 홍치유(洪致裕) 선생에게 6년간 한학을 수학하였다. 1954년에 성균관대학교 사학과 교수가 되었다. 성균관대학교 재직 중에 4·19혁명이 일어나자 '4·25 교수데모'를 주도해 성명서에 "대통령은 책임지고 물러나라"는 문구를 넣을 것을 주장하고, "학생의 피에 보답하라"는 플래카드 글씨를 직접 썼다. 한국민족문화대백과, 한국학중앙연구원.

나의 친구 인백(仁伯) 박동식(朴東植)이 그가 사는 집 서쪽 몇 리 소령(蕭嶺)의 아래에 곧바로 가서 한 구역의 땅을 마련하고 그 거친 밭을 개간하여 몇 이랑을 만들고 네모난 연못을 파서 물을 가두어 끌어들여 관개를 했다. 매 농사철이면 논두둑 가득 찼으며, 벼를 심으면 무성하여 볼 만했다. 기사년 여름 그 옆에 정자를 짓고 관가정이라 편액을 하였으니 대개 뜻이 실하다. 명년 중추 내가 화양동을 거쳐 선유동에 갔는데, 인백이 드디어 이 정자에서 나에게 술을 권하며 돌아보고, 그것을 즐거워하며 말하기를 "어찌 그것을 기록하지 않겠는가?" 했다.[8)]

이 글에 의하면, 박동식(朴東植 1887～1957)이 관가정(觀稼亭)을 신축한 해는 기사년(己巳年 1929년)이며, 이듬해에 홍치유는 화양동을 거쳐 선유동에 갔다는 것을 알 수 있다. 이를 통해 볼 때, 홍치유가 선유구곡시를 지은 시기는 1930년이라는 사실을 알 수 있다. 『겸산집(兼山集)』은 저술연대별로 작품을 배열했다. 선유구곡시는 경오년(庚午年 1930년)조에 배열되어 있다. 따라서 선유구곡시는 1930년도에 창작됐다는 것을 재확인할 수 있다.

3. 괴산 선유구곡시(仙遊九曲詩)의 분석

홍치유의 선유구곡시는 주자(朱子)의 「무이도가(武夷櫂歌)」의 운을 차운하지는 않았으나, 구곡시라는 형식을 답습하여 선유구곡의 승경을 시화했다. 홍치유 스스로 '선유구곡시'라 대제목(大題目)을 붙이지는 않았다. '선유동문 일

8) 홍치유(洪致裕), 「관가정기(觀稼亭記)」, 『兼山集』, 回想社, 376~377면. "吾友朴仁伯東植, 直其居第之西數里許, 蕭嶺之下, 得一區地, 墾其荒田, 可數頃, 鑿方塘, 貯水以引之, 以利灌漑. 每農月滿壟, 禾稼芃然可觀, 歲己巳夏, 因築小亭子其上, 扁之以觀稼, 蓋志實也. 粤明年仲秋, 余自華陽訪仁伯于仙洞, 仁伯遂酌余于是亭, 顧而樂之曰盍記之."
홍치유의 다음 글을 통해서, 선유동(仙遊洞)에 사는 박동식(朴東植)이 관가(觀稼)·삼가(三佳)의 두 정자를 지었다는 사실도 알 수 있다. 홍치유, 『兼山集』, 回想社, 59면. 「訪朴仁伯 東植于仙遊洞, 仁伯嘗築觀稼·三佳二亭, 要余登覽, 因次其板上韻」. 이 제목 다음에 관가정(觀稼亭)·삼가정(三佳亭)을 읊은 시가 실려있는데, 경오년(庚午年 1930년)에 쓴 것이다.
다음은 2002년 3월 30일 토요일 선유동마을에 사는 박온섭(朴蘊燮 1938~) 전(前) 도의원(道議員)께 전화로 확인한 내용이다. 관가정은 사기막에서 송면으로 넘어오는 고개인 소실령아래 산기슭에 있었다. 정자는 산기슭 첫번 째 논자리에 있었다. 6.25때 인민군이 불을 지를 것을 염려하여 뜯었다. 삼가정은 지금 선유동 매표소 맞은 편에 있던 정자로, 1950년경까지 존속됐었다. 청풍(淸風)·청담(淸潭)·율림(栗林) 세 가지가 아름답다하여 붙인 이름이다. 이 두 정자를 운영했던 박동식은 박온섭의 종숙부이다.

곡(仙遊洞門 一曲)이라하고 시(詩)를 시작하여, '은선암 구곡(隱仙巖 九曲)'이라하여 지금의 선유구곡 9개소의 풍광을 읊었다. 비록 '○○구곡시(○○九曲詩)'라 제목을 붙이지는 않았지만, 선유구곡 전체의 승경을 읊었기 때문에, 나는 '선유구곡시'라 명명한다. 대개 구곡 입구에 '화양동문(華陽洞門)' '연하동문(煙霞洞門)' '용하동문(用夏洞門)' '벽학동문(闢學洞門)' 등과 같이 '○○동문'이라 바위에 새겨놓는다. 이런 정황으로 보아 선유구곡에도 선유동문이 제1곡이 아니고 '일곡(一曲)'식으로 새겨놓지는 않았더라도 제1곡의 명칭이 별도로 있었을 것으로 여겨진다. 곡의 명칭만 새겨놓았지 '이곡(二曲)'식으로 그 순서를 새겨놓지는 않았다. 이병연이 1933년에 간행한 『조선환여승람』에도 제1곡을 선유동문이라 기술해놓았다.

먼저 제1곡시를 보기로 한다.

선유동문 일곡(仙遊洞門 一曲) 9)

---

9) 홍치유(洪致裕), 앞의 책, 59~60면. 선유구곡시 9수는 두 쪽에 걸쳐 실려 있다. 선유동입구 암벽 수직면에 '선유동문(仙遊洞門)'이라 거대한 해서체로 음각해놓았다. 이 하단에 사람이 지나다닐 수 있는 '통굴(通窟)'이 형성되어 홍교(虹橋)모양을 이루고 있다. '선유구곡'이 설정되기 전 '선유팔경(仙遊八景)'시대에, 구사맹(具思孟 1535~1604)은 「선유동십영(仙遊洞十詠)」, 『八谷集』 한국문집총간 40. 447면. 서문에 '홍굴(虹窟)'이라 했다.

'홍굴(虹窟)'안 경사면 바위에, '산주(汕住)'이라 음각해놓은 글씨가 있다. 언제 누가 새겼는지 알 수 없다. 혹 선유팔경의 설정자 이녕(李寧)의 필적일지도 모른다. 화양구곡 암서재 아래 개울가 나즈막한 수직 암벽 '산주서(汕住書)'라 새겨 놓았는데, 이를 새긴 사람과 동일인임에는 틀림없다. 학문은 박람강기(博覽强記) 개권유익(開卷有益)하면 고식(高識) 창의(創意)할 수 있다. 계룡산 용산구곡에 대해 동양일보에 게재할 글을 쓰려고 2018년 11월 15일 목요일 인터넷을 검색해보았다. 용산구곡의 설정자가 권중면(權重冕)이라는 사실과 그 아들이 권태훈(權泰勳)이라는 사실을 알고 있었다. 여러해 전에 권태훈의 제자 정재승과 연락이 되어 권태훈의 『봉우일기』를 받아보았다기 때문이다. 책을 찾기가 어려워 부득이 인터넷을 활용하려고 검색해본 것이다. 한국학중앙연구원 작성한 한국민족문화대백과, '권태훈'에 "13세에 선도계의 거인인 우도방주(右道坊主) 김일송(金一松)을 처음 만났으며, 19세에 그를 따라 구월산에 입산하여 3개월간 선도수련에 입문하였다. 이 때 좌도(左道)·우도(右道)의 여러 심법(心法) 등을 전수받았으며, 그 뒤 인천에서 산주(汕住) 박양래(朴養來) 등 선도계의 여러 인물들을 만나기 시작하였다."라는 문구를 보았다. 박양래의 행적과 선유동과 화양동의 산세 등 전반적인 상황으로 보아 선유구곡과 화양구곡에 이름을 새겨놓은 박양래와 동일인으로 보아도 무방할 것으로 생각한다. 그러나 박양래의 생몰연대를 기술해놓은 자료는 보지 못했다.

정재응(鄭在應 1764~1822)은 선유구곡 입구 '선유동문' 개울에 있는 암반을 '망선암(望仙巖)'이라 한다고 했다. 자신의 재종조 참봉공(參奉公)이 앉아 있었기 때문에 주민들이 '참봉암(參奉巖)'이라고도 불렀다 한다. 정재응(鄭在應), 『잠재집(潛齋集)』권5 잡저(雜著), 「속리일기(俗離日記)」,1971. "壬戌 陽月 吉日, 洞口有望仙巖者, 平鋪, 可坐數十人, 昔再從祖參奉公, 嘗坐其上. 居人仍稱參奉巖云."

九曲山深一水回 구 곡 산 심 일 수 회	구곡은 산이 깊어 한 물줄기 감돌고,
蒼巖中坼洞門開 창 암 중 탁 동 문 개	검푸른 바위 가운데를 뚫어 동문(洞門)을 열었네.
遊人試向臺前路 유 인 시 향 대 전 로	노니는 사람 대(臺)앞의 길로 향하려 하는데,
已覺仙風拂地來 이 각 선 풍 불 지 래	이미 선풍(仙風)이 땅을 떨치고 불어오는 것을 깨닫겠네.

선유구곡의 제1곡은 선유동문(仙遊洞門)이다. 대개 구곡이 시작하는 초입에 제1곡을 설정하고 '○○동문(○○洞門)'이라 명명했다. 구곡이 시작되는 입구에 '○○동문(○○洞門)'이라 명명한 경우는, 충북 괴산군 청천면 화양리 화양구곡의 '화양동문(華陽洞門) '괴산군 칠성면 갈론리 '갈은구곡(葛隱九曲)'의 '갈은동문(葛隱洞門)'과 사은리 '연하구곡(煙霞九曲)'의 '연하동문(烟霞洞門)'이 그 좋은 예이다. 이런 사례로 보아 선유구곡 제1곡이 선유동문은 아니라고 보아야한다.

선유동문에는 측면에서 보면, 암벽이 수직에 가까이 올라가다가, 수 미터 지점에서 지붕의 추녀처럼 앞으로 돌출되어 있다. 이 돌출 부분이 높이가 한 길 정도 가로는 3미터 정도 된다. 이 부분에 선유동문이라 새겨놓았다. 이 하단부에 사람이 지나다닐 수 있는 굴이 뚫려있다. 여기를 통과하여 선유동 골짜기 위쪽으로 들어갈 수 있다. 양회로 다리를 건설하기 전엔 이곳을 통과해서 선유동을 들어갔을 것이다.

제1곡시에서는 선유동 전체적인 분위기를 표현했다. 선유구곡은 제1곡에서 제5곡 와룡폭까지는 500미터, 제9곡 은선암까지는 약 800미터, 제1곡에서부터 제비소까지는 약1300미터 정도 된다. 그 상류쪽으로도 경치가 좋은 편이다. 선유구곡은 중앙에 시내가 흐르고 양쪽으로 암석으로 이루어진 석산(石山)이 솟아 있다. 석산 군데군데에 수림이 우거져 있어 절경을 이루고 있다. 제1구에서 보듯이 산이 깊어 한 줄기 물줄기가 골짜기를 관류하고 있다. 2구에서 표현했듯이, 실제 바위에 굴이 뚫려있다. 높이는 사람이 서서 지나도 걸리지 않으며, 폭은 아래쪽은 좁고 윗쪽이 약간 넓다. 굴의 길이는 그리 길은 편이 아니다. 몇 미터된다. 지금은 다리를 놓아 자동차로도 갈 수 있지만, 예전에 이 굴을 통해서 상류로 올라가거나, 선유동문 맞은 편, 즉 동쪽편에서 개울을 건너 선유동 상류쪽으로 들어갈 수 있었을 것이다. 유람객이 이 대 앞을 지나려하니 이미 선풍(仙風)이 땅을 떨치고 불어온다. 실제 여느 바람이지만, 여기에 오면 '신선세계의 바람'으로 느끼게 되는 것이다. 이를 통해 선유동의 산수가 수려하다는 사실을 짐작하고도 남음이 있다. 선풍을 쐬인 유람객은 어느새 신선이 되었을 것이다. 그런 환상에 젖어 선유동을 유람하면 선경을 만끽하고 신선연할 수 있으니 일석이조이다. 맘먹기 달렸으니 부디 그곳에 가면 신선풍(神仙風)이라 생각하고 신선의 세계로 몰입해보자.

다음은 제2곡이다.

경천벽 이곡(擎天壁 二曲)

翠壁撑空任自高 푸른 절벽 허공에 버티어 절로 높으며,
취 벽 탱 공 임 자 고

巖巖[10]如可抗狂濤 암암하기가 미친 물결도 막을 수 있겠네.
암 암 여 가 항 광 도

而今縱有扶天力 지금 비록 하늘을 떠받칠 힘이 있더라도,
이 금 종 유 부 천 력

柰爾瀕荒未遇遭 어찌 네가 거친 물가를 만나지 않는다고 할 수 있겠는가?
내 이 빈 황 미 우 조

제2곡은 경천벽(擎天壁)이다. 즉 하늘을 떠받치고 있는 암벽이다. 이 경천벽에서는 '경천벽'이라는 암각서를 찾아내지 못했다. 본래부터 새겨놓지 않았는지, 새겨놓았는데 마멸되거나 이끼가 덮혀있어 확인이 안 되는지 정확히 알 수 없다. 다만 필자가 몇 차례 새겨져 있을 만한 곳을 유심히 살펴보았지만, 성과가 없었다. 화양구곡 제1곡도 경천벽이라 명명했는데, 그 의미가 상통한다. 경천벽은 선유동문 맞은 편 약간 상류쪽에 있다. 깎아 세운 듯 높이 서있는 암벽이다. 그 아래 상류에서 흘러내려오는 물굽이가 감돈다. 절벽 바위 틈 사이에는 각종 나무들이 여기저기 뿌리를 내리고 자라고 있는데, 그 전체의 형상이 매우 절묘하다.

경천벽은 하단부가 널직하며 통돌로 이루어진 석산(石山)의 일부분이다. 이처럼 형세가 너무 견고하기 때문에 미친 물결도 막아낼 수 있다고 표현한 것이다. 미친 물결이라 표현한 것은, 그 기세를 예측할 수 없거니와 그 흐르는 방향도 예측할 수 없을 정도로 위협적이라는 의미를 내포하고 있다. 그렇지만

10) 암암(巖巖): 돌이 높이 겹쳐 위험한 모양. 『詩經』, 「小雅 節南山」. "節彼南山, 維石巖巖." 산세가 높고 험한 모양. 『詩經』, 「魯頌 閟宮」. "泰山巖巖, 魯邦所瞻."

이 경천벽의 위용으로 보아, 미친 물결의 영향을 전혀 받지 않을 것이라 예찬한다. 그러나 3구와 4구에서 "지금 비록 하늘을 떠받칠 힘이 있더라도, 어찌 네가 거친 물가를 만나지 않는다고 할 수 있겠는가?" 라고 반문했다. 선유구곡을 관통하는 선유천은 평소엔 유수량이 많지 않다. 그러나 장마가 지면 협곡이기 때문에 상류에서 일시에 많은 물이 몰려들어 계곡에 물이 갑자기 불어 차오른다. 그러면 거센 물결이 경천벽 하단부를 치고 나가게 된다. 그렇게 되면 경천벽은 침식이 될 수 있다. 3구와 4구에 담긴 의미는 너무 자신의 역량을 과신하면 안 된다는 충고와 간언이다. 또한 예측할 수 없는 사고와 불의의 재난에 방심하면 안 된다는 경고이자 훈계이다. 이는 경천벽에 국한된 경고로 끝나지 않는다. 현재의 기세를 믿고 오만 방자하고 겸손하지 않는 인간들에 대한 경고처럼 느껴진다. 시인은 경천벽을 바라보면서, 일제(日帝)의 잔학무도한 행위와 기고만장하고 오만불손한 만행에 대해 시(詩)로써 경고한 듯하다.

다음은 제3곡이다.

학소암 삼곡(鶴巢巖 三曲)

巖上何年鶴有巢 암 상 하 년 학 유 소	바위 위에 언제부터 학의 둥지가 있었나?
老松依舊護雲梢 노 송 의 구 호 운 초	노송은 의구하여 구름11)을 보호하네.
山人不復遊仙夢 산 인 불 복 유 선 몽	산인(山人)은 신선과 노니는 꿈을 회복하지 못하는데,
只見蒼烟鎖九皐 지 견 창 연 쇄 구 고	다만 푸른 안개가 구곡을 감싸는 것을 볼 수 있네.

제3곡은 학소암(鶴巢巖)이다. 학의 둥지가 있는 바위이다. 통상 학은 신선의 화신이라고도 하고, 신선이 타고 다니는 새라고도 한다. 분명한 것은 신선과 관련이 있는 영조(靈鳥)이다. 이 학소대에도 "학소대"라고 바위에 글씨를 새겨놓은 것으로 짐작된다. 그러나 아직 글씨를 찾아내지 못했다. 화양구곡에도 제9곡에 학소대가 있다.

1구에서 학의 둥지가 매우 오래 전부터 자리하고 있었다는 것을 암시를 하

11) 운초(雲梢): 운기(雲旗) 운기는 기에 구름을 그린 것, 정기가 휘날리는 모양이 구름같다는 뜻. 구름을 뜻하는 것으로 봄

고 있다. 그것은 2구의 노송이란 말이 그것을 유추하게 해준다. 노송이 의구하여 구름을 보호하고 있다. 장구한 세월동안 학의 둥지는 바위와 노송과 함께 있었다. 학이 있으면 의당 소나무는 있게 마련이다. 오죽하면 송학(松鶴)이라는 관용어가 있겠는가? 소나무와 학은 십장생이다. 신선의 세계에 늘 등장하는 자연물이다.

산인은 신선과 노니는 꿈에서 깨어나지 못했다. 깨어나지 못한 것이 아니라 깨어나고 싶지 않으리라. 작자는 신선의 세계에 깊이 몰입해 있는 것이다. 그런데 푸른 안개가 구곡을 감싸고 있다. 이 푸른 안개 역시 신선이 사는 곳을 장식하는 자연현상이다. 이렇듯 자연환경이 신선경을 오래도록 유지해주고 있다. 산인이 신선과 노니는 꿈에서 깨어나지 않은 것만 아니다. 시인 자신은 지금 신선의 세계에 와있는지도 모르고 있는 것이리라. 신선계가 오래도록 지속되는 것이 오히려 행복할 것이다.

다음은 제4곡이다.

연단로 사곡(煉丹爐 四曲)

仙翁一去尚餘爐 선 옹 일 거 상 여 로	신선은 한 번 떠나갔어도 아직도 연단로(煉丹爐)는 남아있으며,
天斲奇形點滓無 천 착 기 형 점 재 무	하늘이 기이한 형상을 깎아내어 한 점의 찌꺼기도 없네.
誰復煉丹醫此俗 수 복 연 단 의 차 속	누가 연단(煉丹)을 회복하여 이 속세를 치료할까?
夜來瓊露至今濡 야 래 경 로 지 금 유	지금 밤되자 구슬같은 이슬방울이 젖어드네.

제4곡은 연단로(煉丹爐)이다. 단약(丹藥)을 제조하는 화로이다. 단약은 유황과 수은의 화합물로 신선이 먹는다는 음식이다. 연단로라 명명한 암반에는 실제 화로모양의 연단로가 있다. 지름이 30cm 높이 10cm 가량의 원형의 용기모양을 바위 정상부에 만들어 놓았다. 그리고 신선도로 추정되는 그림이 음각되어 있다. 연단(煉丹)에 관한 내용은 '갈은구곡(葛隱九曲)' 제4곡 '옥류벽(玉溜壁)'에도 보인다. 연하구곡 제1곡 탑암(塔巖=선유대)[12] 정상부 암반에도 연단로를 파놓았다.

---

12) 선유대(仙遊臺): 2010년 경 이후 관광사업화한 후 각시바위라 부르고 그 맞은편 바위절벽을 족두리 바위라 이야기를 만들어서 부른다.

지금 신선은 보이지 않지만 연단로는 잔존해있다. 언제고 신선은 다시 와서 이 연단로에서 단약을 만들 수 있다. 지금 제4곡 '연단로'에 있는 연단로는, 인공으로 만들어 놓은 것일 것이다. 그러나 그 모양이 너무 자연스러워, 본래부터 천연적으로 그렇게 형성돼 있는 것처럼 느껴진다. 그래서 하늘이 기이한 형상을 깎아내어 한 점 찌꺼기도 없다고 한 것 같다. 이런 신비한 연단로를 누군가 회복하여 속세를 치료하기를 기대하고 있다. 작자는 당시 속세가 병들었다고 생각하고 있는 것이다. 속세의 질병이 너무 위중하여 신선의 세계에서 사용하는 비방이 아니고는 치료하기 불가능한 것으로 보았던 것 같다. 여기에 그의 역사적 인식이 이입된 듯하다. 홍치유는 역사과목을 매우 중시하여 가르칠 정도로 역사의식이 투철했던 학자이자 교육자였다. 일제하에서 암울한 현실을 극복할 묘책을 모색하던 그의 의식이 이런 발상을 하게 했는지도 모른다. 상상으로나마 현실을 탈피하여 질곡이 없는 신선계로 몰입하고 싶었는지 모른다. 그러나 그의 의지와 상관없이 선유동 제4곡에는 선경이라는 사실을 알 수 있는 현상이 일어나고 있다. 밤이 되자 구슬같은 이슬이 나린다. 이슬은 신선이 먹는다. 이렇듯 밤이 되어도 선계는 변함없이 선계이다. 이곳은 속세의 모든 희노애락을 초월하고 병적인 현상을 망각할 수 있게 해주는 탈속의 세계이다. 제4곡 연단로(煉丹爐)암반에 '연단로(煉丹爐)'라 초서로 새겨놓았다. 이 옆에 사람의 얼굴을 새겨놓았다. 필자가 미화하여 '암각신선도(巖刻神仙圖)'라 명명하여 소개했다.

이제 제5곡으로 가보자.

와룡폭 오곡(臥龍瀑 五曲)

神鱗巨腹枕雲根 신 린 거 복 침 운 근	신령한 비늘 거대한 복부가 구름 밑둥을 베고 누워,
噴薄雷霆白日昏 분 박 뇌 정 백 일 혼	뇌성벽력을 뿜어내니 대낮이 어둑해지네.
不向人間成沛雨 불 향 인 간 성 패 우	인간을 향하여 패우(沛雨)[13]를 내려주지 않으나,
長留仙界噤塵喧 장 유 선 계 금 진 훤	선계에 오랫동안 머무니 속세의 시끄런 소리[14] 멈추게 하네.

13) 패우(沛雨): 비가 세차게 오는 모양. 『맹자(孟子)』, 「양혜왕(梁惠王)」상(上) 천유연작운(天油然作雲), 패연하우(沛然下雨), 즉묘발연흥지의(則苗浡然興之矣)

14) 진훤(塵喧): 진효(塵囂) 속세의 시끄러운 땅. 진세진훤지지(塵世塵喧之地) 위응물(韋應物), 「남

제5곡은 와룡폭(臥龍瀑)이다. 용이 누어있는 폭포이다. 폭포 양쪽에는 암벽으로 이루어져있으며, 그 사이에 암반이 완만한 경사를 이루고 있다. 이 암반에 물이 흐르는 좁은 도랑이 형성돼있다. 이 도랑을 흘어내릴 때 물이 약간 위로 솟아오른다. 이런 형상을 일컬어 누워있는 용이 물을 뿜어내는 형상으로 본 것이다. 폭포수가 흘러내리는 바로 아래 물이 고여있는 소(沼)가 있다. 이 소(沼) 가운데 바위가 누워있다. 화양구곡(華陽九曲) 제7곡이 와룡암(臥龍巖)이다. 화양동의 와룡암은 원래 중국 촉한(蜀漢)의 제갈 량(諸葛 亮)을 염두하고 설정한 것이다. 중국 무이구곡(武夷九曲) 범위 내에 제갈양을 모시는 사당인 와룡사(臥龍祠)가 있다. 제갈 량(諸葛 亮)은 제갈 공명(諸葛 孔明)으로 더 잘 알려졌으며, 별칭이 와룡(臥龍)선생이다. 와룡암을 설정한 이유는 제갈량 같은 인물의 출현을 기대하는 열망을 의탁한 것이다. 또한 우암 송시열을 그와 같은 인물이라 비유한 것이기도 하다

제1구에서 와룡의 형상을 표현했다. 신령스런 비늘과 거대한 배를 가진 용이 구름아래부분을 베고 누워있다. 구름 역시 신선이 타고 다니는 가마나 마찬가지로 여겼다. 역시 이곳은 신선의 거처라는 것을 다시 한 번 재암시한 것이다. 제2구의 뇌성벽력을 뿜어내니 대낮이 어두워진다고 했다. 폭포가 소리를 내며 흘러내릴 때, 그 물줄기가 퍼지는 형상을 표현한 것이다. 용이 인간세계를 향해서 많은 비를 내려주지 않지만, 선계에 오랜 세월 머무니 속세의 시끄런 소리를 멈추게 한다. 실제 이곳의 정경은 고요하고 한적하다. 이곳은 와룡폭이다. 그래서 용의 힘에 의해 이루어진 것이라고, 미화하여 표현한 것이다. 이곳에서 물에 발을 담그고 있노라면 속세의 모든 잡념을 잊어버릴 수 있다. 용은 비를 관장하는 영물이다. 2001년엔 가뭄이 매우 심했다. 2002년에도 봄에 가뭄이 심했으나, 단비가 몇 번 나려 아직 농사에 지장을 초래하지는 않을 듯하다. 금년에도 적절하게 비가 나려주길 용왕께 기도해야겠다. 2001년에 쌀이 남아 돈다고 야단인데, 쌀을 덜 먹어서 그런 것일 뿐이다. 실제 식량 자급률은 저조하다. 먹거리가 없어 굶주리던 때와 쌀을 무기화했던 때가 30년 전이다. 대자연이 가르쳐주는 무언의 교훈을 대별하면, 정직과 겸손 두 가지를 꼽을 수 있다. 이 두 가지 교훈을 거울삼아, 풍년이라 함부로 말 하지 말고, 쌀이 남아돈다 함부로 말하지 말라. 겸허하고 진중하기 바란다.

원(南園)_. 돈쇄진훤의(頓灑塵喧意) 장소만금풍(長嘯滿襟風)

이제 제6곡으로 간다.

난가대 육곡(爛柯臺 六曲)

樵翁到此却忘迴 초 옹 도 차 각 망 회	나무하는 노인 여기에 와서 돌아가는 걸 잊었는데,
歲月蒼茫石已苔 세 월 창 망 석 이 태	세월이 아득하여 돌에 이미 이끼 끼었네.
世局興亡人不識 세 국 흥 망 인 불 식	세상의 흥망을 사람들은 알지 못하는데,
千秋惟有爛柯臺 천 추 유 유 난 가 대	천추에 오직 난가대(爛柯臺)만 남아있다네.

제6곡은 난가대(爛柯臺)이다. 나무가지가 썩는 대이다. 흔히 신선놀음에 도끼자루 썩는 줄 모른다는 말이 있다. 바로 이곳이 그런 속담을 실감나게 해주는 곳이다. 제1구에서 시인은 위와 같은 설화를 도입했다. 나무하는 노인이 이곳에 와서 돌아가는 것을 잊었다. 왜 그랬을까? 그것은 자명하다. 이곳이 신선의 세계이기 때문이다. 그런 이곳에 세월이 아득하여 이끼만 끼어있다. 이끼가 낄 정도로 많은 세월이 흘렀다는 말이다. 세월이 가는 줄 모르고 나무꾼은 선계에서 즐기다 간 것이다. 세상은 흥망이 반복된다. 그러나 사람들은 그것을 자각하지 못한다. 영원하지 않다는 것을 모를리야 없겠지만 자신에게만은 영원하길 바란다. 스스로 착각에 빠지고 마는 것이다. 흥망이 유수한데 난가대는 천추에 오직 의구하다. 인간사 흥망이 반복돼도 신선의 세계는 영존한다. 여기서 놀던 신선들은 이 영원한 신선세계에서 놀 것이다. 작자는 흥망의 원리를 알고 있는 인간 신선으로 여기 와 있는 것이다. 신선의 세계에서 영원히 벗어나지 않기를 바라면서.

제6곡 난가대(爛柯臺)와 제7곡 기국암(碁局巖)에는 다음과 같은 전설이 있다. 조선 명종 때 한 나무꾼이 도끼로 나무를 베다가 건너편 바위에서 바둑을 두는 노인을 발견 가까이 가서 구경을 했다. 그러자 노인은 "여기는 선경이니 돌아가시오"라는 말에 정신을 차리고 옆에 둔 도끼를 찾았으나 자루가 이미 썩어 없어졌다는 것이다. 바둑을 구경한 세월이 150년이나 되어 집에 와보니 5대 후손이 살고 있더라는 것이다. 도끼자루가 썩은 곳이 난가대요, 바둑을 두던 곳이 기국암이다.

제7곡으로 왔다.

기국암 칠곡(碁局巖 七曲)

爛柯臺畔列仙碁 난 가 대 반 열 선 기	난가대(爛柯臺) 옆에 기국암(碁局巖) 늘어서있는데,
流水踈松畵景奇 유 수 소 송 화 경 기	흐르는 물 드문 소나무 그림같은 경치 기이하네.
坐久依然商皓[15]我 좌 구 의 연 상 호 아	오래 앉아 있으려니 내가 의연히 상산(商山)의 노인같아,
不知西日下山遲 불 지 서 일 하 산 지	서산에 해 지나 하산이 더뎌지는 걸 알지 못하겠네.

제7곡은 기국암(碁局巖)이다. 바둑을 두는 바위다. 갈은구곡(葛隱九曲) 제9곡이 선국암(仙局嵒)이다. 이 선국암에는 조선후기 유행하던 순장(巡將 = 巡牆)바둑판을 암반위에 음각해놓았다.

지금 기국암은 난가대에서 약간 상류쪽으로 올라가서 물가에 자리하고있다. 커다란 바위인데, 그 정상은 평평하고 넓어 여러 사람이 앉을 수 있다. 1구와 2구는 이런 기국암의 경관을 설명한 것이다. 기국암 양쪽 산기슭에 소나무가 지금도 제법 촘촘히 서 있다. 이곳에 앉아 있으면 자신이 신선이 된 듯한 느낌을 갖게되는 것은 당연하다. 상호(商皓)는 진말(秦末)의 은사(隱士) 네 사람이다. 동원공(東圓公)·녹리선생(甪里先生)·기리계(綺里季)·화황공(夏黃公) 등이다. 모두 전란을 피해서 상산(商山)에 은거했는데, 나이가 모두 80여세를 살았으며 수염과 눈썹이 모두 하얗게 되어 당시에 상산사호(商山四皓)라 일컬었다. 작자는 자신을 상산사호(商山四皓)에 비유하고 있다. 이곳에 와서 이런 정감을 느끼는 것은 홍치유뿐만 아니다. 이곳은 서산에 해가 져도, 하산을 더뎌지게 하는 곳이다. 절경에 도취되어 시간 가는 줄 몰랐다는 말이니, 이곳의 경치가 어느 정도인지 짐작케 해준다. 지금 그는 시간가는 줄도 모르고 영산(靈山)인 속리산(俗離山) 산자락에 신선처럼 영원히 잠자고 있다.

제8곡을 살펴보자.

구암 팔곡(龜巖 八曲)

15) 상호(商皓): 상산사호(商山四皓) 진말(秦末)의 은사(隱士) 네 사람. 동원공(東圓公)·녹리선생(甪里先生)·기리계(綺里季)·하황공(夏黃公) 전란을 피해서 상산(商山)에 은거했는데, 나이가 모두 80여세를 살았으며 수염과 눈썹이 모두 하얗게 되어서 당시에 상산사호(商山四皓)라 일컬었다. 『사기(史記)』「유후세가(留侯世家)」.

窿然頂背老龜如 융 연 정 배 노 구 여	오래 묵은 거북처럼 머리와 등이 우뚝 솟았는데,
谷霧溪烟任呴嘘 곡 무 계 연 임 구 허	골짜기 안개 시내의 안개 불어내고 뿜어내네.
何意化翁遺此物 하 의 화 옹 유 차 물	무슨 뜻으로 조화옹 이 사물을 남겨 놓았나?
苔紋猶似範疇書[16] 태 문 유 사 범 주 서	이끼 낀 무늬 오히려 홍범구주(洪範九疇)의 글 같네.

제8곡은 구암(龜巖)이다. 즉 거북모양을 한 바위다. 연하구곡(煙霞九曲)의 제7곡에도 구암(龜巖)이 있으며, 갈은구곡(葛隱九曲) 제6곡에도 구암(龜嵒)이 설정되어 있다. 바위의 모양이 거북이 형상을 하고 있어 그렇게 명명한 것이다.

제1구에서 구암의 외형적 특징을 그려내고 있다. 구암은 실제 거북이가 머리를 들고 있는 형상을 하고 있다. 거북의 등에 해당하는 부분에는 거북등처럼 금이 나있다. 꼭 육각형은 아니지만 거북등의 형상한 무늬라 할 만한 줄무늬가 형성되어있다. 이 구암 바로 위 상류쪽에서 경사진 암반을 타고 내려오는 물이, 아래에 있는 돌에 부딪치면서 물보라가 일어난다. 이를 형용하여 안개를 뿜어낸다고 본 듯하다. 늘 물이 흐르는 곳이니까 안개가 서려있고, 수증기가 증발할 때 김이 피어오르기도 한다. 작자는 이런 주변환경을 예의주시하는 것으로 끝나지 않는다. 이 거북바위를 조물주의 의도적인 작품으로 보는 것이다. 즉 거북바위의 등무늬를 보며, 하도낙서(河圖洛書)의 고사를 연상하며, 홍범구주(洪範九疇)가 재현되기를 염원하고 있다. 이런 염원과 기대는 유학적 학문관과 문학관을 견지한 선비들의 공통적 염원이자 관심사인 것이다. 홍범구주(洪範九疇)는 중국 하(夏)의 우왕(禹王)때 낙수(洛水)에서 나타난 신령스런 거북이 등에 나타났다는 구장(九章)의 글로서 천하를 다스리는 대법(大法)이다. 홍치유는 당시의 시국을 매우 예리하게 주목하고 있었던 듯하다. 일제시대하에서 이상적인 정치세계를 동경하고 있는 듯하다. 홍범구주로

16) 범주서(範疇書): 홍범구주(洪範九疇) 중국 하(夏)의 우왕(禹王)때 낙수(洛水)에서 나타난 신령스런 거북이 등에 나타났다는 구장(九章)의 글로서 천하를 다스리는 대법(大法) 첫째 오행(五行), 둘째 경건히 시행할 오사(五事), 셋째 농사에 필요한 팔정(八政), 넷째 협조하여 적용할 오기(五紀), 다섯째 임금의 법칙을 통일시키는 황극(皇極), 여섯째 다스림에 적용할 삼덕(三德), 일곱째 명확하게 하기위해 점을 치는 계의(稽疑), 여덟째 정치의 잘잘못을 살피는 서징(庶徵), 아홉째는 신하의 공덕을 기리는 오복(五福)과 악덕을 경계하는데 필요한 육극(六極)이다. 『서경(書經)』「홍범(洪範)」.

통치하던 우임금시대에는 인심(人心)과 도심(道心)이 정일(精一)하였으며, 질서 정연히 태평성대가 유지되었다. 지금 홍치유는 국태민안(國泰民安)과 국리민복(國利民福)이 공존하는 태평성대가 구현되기를 갈망하고 있는 것이다. 이렇듯 당시 선비들은 거북처럼 생긴 자연물에도 자신들의 정치적 열망을 가탁하여 관조하였던 일면을 엿볼 수 있다.

선유구곡의 제9곡이다.

은선암 구곡(隱仙巖 九曲)

谽谺石广可容人 함 하 석 엄 가 용 인	휑하게 뚫린 돌집 사람이 용신할 수 있으니,
也識斯間有隱倫17) 야 식 사 간 유 은 륜	이 사이에 은륜(隱倫)이 있었다는 걸 알겠네.
請子誅茅修廢址 청 자 주 모 수 폐 지	청컨데 그대는 띠 풀을 베어 폐허된 터를 보수하시게,
山阿無主不禁嚬 산 아 무 주 불 금 빈	산언덕에 주인 없으니 제재당하지 않으리.

구유선유정(舊有仙遊亭), 금정폐(今亭廢), 이유지상존(而遺址尙存), 이박인백거근(以朴仁伯居近), 이기시동유고운(而其時同遊故云)

옛날에 선유정(仙遊亭)이 있었는데, 지금 정자는 폐해지고, 지금 유지는 아직 남아있는데 박인백(朴仁伯)이 근처에 살고 있어 그 때 함께 놀러갔기 때문에 일컫는 것이다.

제9곡은 은선암(隱仙巖)이다. 신선이 은거하는 바위이다. 선유동의 개울은 바닥이 암반으로 되어있다. 은선암은 개울가에 서있다. 그래서 물이 은선암 바로 아래에 찰랑거린다. 은선암 바로 뒤편에는 산과 연결된 바위가 자리하고 있다. 이 바위와 은선암 사이에 적잖은 공간이 형성돼있다. 제1구에서 말하는 '휑하게 뚫린 돌집'은 이 공간을 말하는 것이다. 암반 위로 흐르는 개울물이 공간사이로도 흘러나간다. 이곳엔 햇빛이 거의 들지 않는 그늘이 형성되어있다. 그리고 이 공간을 통과하여 빠져나가는 바람이 몹시 시원하다. 물이 차오르지 않는 곳에 자리를 깔고 누우면, 상쾌하기 그지없다. 여기에 신선이 은거

17) 은륜(隱倫): 은륜(隱淪) 신(神)의 이름. 『文選』, 郭璞, 「江賦」. "納隱淪之列眞, 挺異人乎精魄." 주(註)에 천하에 신인(神人)이 다섯 있는데, 첫째 신선(神仙), 둘째 은륜(隱淪), 셋째가 사귀물(使鬼物), 넷째가 선지(先知), 다섯째가 주응(鑄凝)이 있다함.

한다고 여긴 것이다. 사실은 인간의 열망을 시적으로 형상화한 것이요. 신선처럼 살고 싶은 신선사상을 자연에 표상화한 것이다. 홍치유는 이때 선유동에 사는 친구 박동식(朴東植)과 동행했다. 당시 선유동에 있던 정자가 모두 폐허가 됐다. 홍치유는 친구 박동식에게 폐허된 정자를 보수할 것을 제의한다. 자신은 할 여력이 없지만 친구에게 부탁하는 것이다. 주인이 없으니 그것을 제재할 사람이 없을 것이라며 권유한다. 홍치유는 신선의 세계가 훼손되고 삭감된 것이 아쉬웠던 것이다. 옛 사람이 놀던 자취를 복원하여 자신도 신선연하며 즐기고 싶었던 것이다. 혼자는 고독하다. 그래서 믿음직한 친구와 함께하고 싶었던 것이다.

홍치유의 위 글에 선유정(仙遊亭)이 있었다 했다. 선유동계곡안에 정자가 있었던 사실은 「우후제선정폭포(雨後題仙亭瀑布)」라는 시(詩)를 통해서 알 수 있다. 제6곡 '난가대(爛柯臺)'라 새겨 놓은 절벽의 수직 암벽에 새겨놓은 시이다. 나는 2001년 8월 16일 수요일 탁본했다. 살펴보기로 하자. 최정락(崔鼎洛)이라 새긴 바로 아래 이어지다시피한 위치에 세로로 새겨놓았다. 그래서 본의 아니게, 이 시의 작자를 최정락(崔鼎洛)라 여겼었다.[18] 그러나 나는 아직 이 시의 작자에 대한 정보를 확보하지 못했다. 차후 기회되는 대로 보완할 수 밖에 없다.

「우후제선정폭포(雨後題仙亭瀑布)」「비온 후 선정폭포를 읊음」

현욕생화경약충(眩欲生花競若充)	현란하게 꽃피어나는 모습 뒤덮기 경쟁하듯하고,
차만탕석일하웅(此巒盪石一何雄)	이 산봉우리의 산뜻한 암석들은 어찌 한결같이 웅장한가?
수화호기번공운(洙華皜起翻空雲)	물가의 꽃이 하얗게 일어나 허공의 구름을 뒤엎고,

18) 필자는 최정락(崔鼎洛)이라는 이름이 새겨진 수직의 암벽에 곧 바로 이어서 「우후제선정폭포(雨後題仙亭瀑布)」라는 시(詩)가 새겨져 있어, 다음 논문에서 이 시의 작자를 최정낙(崔鼎洛)으로 간주했다. 「홍치유(洪致裕)의 선유구곡시(仙遊九曲詩)」, 『충북작가(忠北作家)』, 2002년 여름호, 2002, 309~329면. 그런데 이 논문을 읽어본 박온섭 전 충북도의원께서, 잘못 알은 것이라고 전화로 알려줬다. 최정락은 송면에서 약방을 했으며, 석수(石手)에게 쌀 한 말을 주고 자기 이름을 새겨달라고 부탁하여, 거기에 이름을 새겼을 뿐 그 시를 지은 것은 아니라고 했다. 작자를 고증하는데 필요한 자료를 색출해야할 것이다.

도세구래만노풍(濤勢驅來滿怒風) 물살의 기세 내달려오니 노한 바람이 몰아치네.
가수가추창해량(歌受可推滄海量) 노래소리 이어지니 창해의 크기를 추측할 수 있으며,
학소방식화옹공(壑踈方識化翁功) 골짜기가 탁 트였으니 조물주의 공을 알겠네.
소천득우능여하(小川得雨能如何) 작은 시내에 비 내리니 그 능력이 어떠한가?
시신궁통재차중(始信躬通在此中) 비로소 자신의 몸이 이 가운데 있는 줄 믿어지네.
세재기사모춘(歲在己巳暮春) 기사년 늦은 봄에.

위 시(詩)의 제목이 「우후제선정폭포(雨後題仙亭瀑布)」이다. 이 시를 통해 정자의 이름을 유추해볼 수 있다. '선정(仙亭)'라 하지는 않았을 것이다. 통상 줄여서 부르는 경우가 많다. 홍치유의 위 글에 기록했듯이, '선유정(仙遊亭)'이라 했을 것으로 추정된다. 폭포이름도 시에서 보듯이 '선정폭포(仙亭瀑布)'라 하지는 않았을 것이다. '선유폭포(仙遊瀑布)'라 했을 수 있다. 이 시의 작자는 자기 취향에 맞추어 남들이 부르는 이름을 약칭하거나 통칭해서 불렀을 수 있다.

이 시를 지은 '세재기사모춘(歲在己巳暮春) 기사년 늦은 봄에'라 했다. 이 시를 새겨놓은 암벽 표면의 상태와 글씨의 선명도로 보아 1989년은 아니라고 단정해도 무리가 아니다. 이 시가 새겨진 위치는, 서향(西向)의 수직 암벽이다. 그 상단부에는 지붕모양으로 암석이 앞으로 돌출되어 있다. 따라서 비가 들이쳐 풍화될 가능성이 거의 없다. 다만 세월 따라 자연풍화로 인해 글자가 훼손되거나 마멸될 가능은 있다. 그래서 이 시를 새긴 연대가 1989년은 아니라고 단언하는 것이다. 위에서 말한 여건으로 보아, 한 주갑(周甲) 앞시대인 1929년 이전이거나, 두 주갑(周甲) 앞시대인 1869년까지도 그 새긴 연대를 소급할 수 있을 것이다. 보다 정확한 고증을 추진하고 있다. 여기에는 정확한 건립연대와 훼철연대를 알 수 없으나, 통상 '선유정(仙遊亭)[19]'이라 불리던 정자가 있었다. 폭포이름도 '와룡폭'이라 불렀다. 이외에 통상 일컫던 이름으로, 「우후제선정폭포(雨後題仙亭瀑布)」라는 암각시(巖刻詩)에 의하면, '선정폭포(仙亭瀑布)'라고 불렀던 것을 알 수 있다. '와룡폭(臥龍瀑)'과 '선정폭포(仙

19) 이민보(李敏輔), 『농서집(農墅集)』, 「선유정주면(仙游亭晝眠)」. 298면. 한국문집총간 232. "午枕欠伸起, 吾猶褸上茵. 依俙騎鶴夢, 縹緲臥雲身. 石老凉吹髮, 松寒影滿巾. 希夷徒隱睡, 未是愛醒人."

亭瀑布)'중 어느 것이 먼저 불려지기 시작했는지 알 수 없다. 병용했던 것으로 여겨진다. 이에 대한 고증이 필요하다.

선유구곡(仙遊九曲) 제5곡 와룡폭(臥龍瀑) 좌측 암벽의 암반에 세워졌던 정자의 이름은, 통상 선유정이라 한 듯하다. 그러나 공식적인 명칭은 '팔선정(八仙亭)'이라 했다고 보아야한다. 다음은 1802년 정재응(鄭在應 1764~1822)이 속리산과 화양동 및 선유동을 기행하고 남긴 「속리일기(俗離日記)」이다. 선유구곡 제5곡 와룡암(臥龍巖)의 형세와 팔선정의 존재를 기술한 내용이다.

> 푸른 소나무가 그늘을 이루고, 맑은 물이 못을 이루었는데, 그 위에 새가 날개를 편 것같은 모양을 한 것은 팔선정(八仙亭)이다. [20]

이 내용은 1802년 10월 1일의 기록으로, 이때도 팔선정이라 불렀다는 사실을 알 수 있다.

선유구곡(仙遊九曲) 제5곡 와룡폭(臥龍瀑) 옆 암벽위 암반에 세워졌던 정자의 이름과 소유주를, 박문호(朴文鎬 1846~1918) 의 「유화양동기(遊華陽洞記)」의 기록을 통해 재확인할 수 있다.

> 화양동(華陽洞)으로 거슬러 10리 가면 선유동(仙遊洞)이 되는데, 아늑하고 기이하며 비밀스럽고 궤이하여 절묘한 형국이니, 화양동에는 없는 것이다. 팔선정(八仙亭)[21]이 있는데 정자는 이씨(李氏)의 소유이다. [22]

박문호는 무진년(1880년) 속리산과 화양동을 여행했다. 이때 「유속리산기(遊俗離山記)」를 남겼다. 이런 정황으로 보아, 「유화양동기(遊華陽洞記)」는 1880년의 기록으로 보아야할 것 같다. 따라서 이때까지 선유동에 있는 정자

---

20) 정재응(鄭在應), 『잠재집(潛齋集)』권5 잡저(雜著), 「속리일기(俗離日記)」 壬戌 陽月 吉日, 1971. "蒼松成陰, 淸流成潭, 其上翼然者 八仙亭也."

21) 선유정(仙遊亭)에 대해 다음과 같은 기술이 있다. 김영진, 『충북역사지리사전』, 향학사, 1998. 144면. 仙遊亭 조선 순조 1년(1801년) 李尙侃이 八仙亭을 중수하고 바꾼 이름. 융희 1년(1907년) 허물어졌다. 위의 내용은, 김종륜, 『괴산군지』, 1969,450면. 仙遊亭(非現存)에 수록한 내용을 축약한 것이다. 김종륜은 朴東植의 「仙遊亭興廢事略」을 참고하여 기술한 것이다.

22) 신필흠(申弼欽 1806~1866), 『泉齋先生文集』권1, 「仙遊洞李氏亭」 b128_029a (한국문집총간 속 128), 2011, "雙屧飄如羽化然, 搜奇抉怪溯流川. 松亭更覺風斯下, 領取仙遊洞裏天." 박문호(朴文鎬 1846)~1918), 『호산집(壺山集)』권 30, 「유화양동기(遊華陽洞記)」. "自華陽洞泝十里, 爲仙遊洞, 幽奇秘詭爲絶妙之局, 又華陽洞所無也. 有八仙亭, 亭李氏有也."

를 팔선정(八仙亭)이라 불렀다는 사실을 알 수 있다.

이상을 종합해보면 정자의 이름은 '팔선정(八仙亭)[23]'이었는데, 통상 '선유정(仙遊亭)', 줄여서 '선정(仙亭)'이라 했다는 것을 알 수 있다. 폭포의 이름은 '와룡폭(臥龍瀑)' 또는 '선정폭포(仙亭瀑布)'라 불렀다는 사실을 확인할 수 있다. 또한 정자의 소유주는 이씨(李氏)라는 사실을 알 수 있다. 이씨(李氏)는 이준경(李浚慶 1499~1572)의 후손인 광주이씨(廣州李氏)로 보아야할 것이다. 선유동의 소유주로 선유구곡(仙遊九曲)의 설정자의 한 사람인 이상간(李尙侃 1715~1765)[24]은 이준경의 8대 후손이기 때문이다.

지금 제5곡 와룡폭(臥龍瀑)서쪽에 와룡폭과 연결된 수 미터 암벽위로 약간 경사진 암반이 형성돼있다. 여기에 상면에서 보면 'ㅁ'자. 측면에서 보면 'ㄴ'자로 판 홈이 남아있다. 이 홈에 직육면체 내지 사다리꼴의 주초돌을 세우고 정자를 지었던 것이다. 그 규모는 8칸이었던 것으로 보인다. 정자이름이 '팔선정(八仙亭)'이라 8칸이었던 것이다. 이 정자를 지은 사람은 8명의 신선처럼 자신도 신선처럼 살고 싶은 이상을 정자의 이름에 의탁한 것이다.

4. 맺음말

이상의 논고를 통해 선유구곡에 관한 몇 가지 새로운 사실을 확인할 수 있다. 선유구곡(仙遊九曲) 제5곡 와룡폭(臥龍瀑) 좌측 상부 암벽의 암반에 존재했던 정자의 본래 이름은 '팔선정(八仙亭)'이었는데, 통상 '선유정(仙遊亭)', 줄여서 '선정(仙亭)'이라 했다는 것을 알 수 있다. 폭포의 이름은 '와룡폭(臥龍瀑)' 또는 '선정폭포(仙亭瀑布)'라 불렀다는 사실을 확인할 수 있다. 또한 정자의 소유주는 이씨(李氏)라는 사실을 알 수 있으니, 즉 1752년 선유구곡의 설정자의 한 사람인 이상간의 후손일 것이다.

홍치유는 경북 봉화군 출신으로 충북 보은군에 거주하며 후진양성에 힘을

---

23) 팔선정(八仙亭): 8명의 신선. 당(唐)나라 때 술을 좋아하던 8명의 문인을 일컫는 말로 보인다. 이백(李白)·하지장(賀知章)·이괄지(李适之)·왕진(王璡)·최종지(崔宗之)·소진(蘇晉)·장욱(張旭)·초수(焦遂) 선유구곡에 팔선정을 건립한 사람들은, 전설상 역사상 유명한 신선 내지 인간 신선을 자처했던 대상을 동경하며, 자신들도 신선처럼 살고자 하는 열망을 정자의 이름에 함축했다.

24) 이상주(李相周) 「선유팔경(仙遊八景)과 선유구곡(仙遊九曲)에 대한 고찰」, 『한문학보(漢文學報)』 제7집,우리한문학회,2002.

쏟아 적잖은 석학들을 배출한 유학자이다. 그는 그의 수제자중의 하나인 신석호가 쓴 묘비문에서 보듯이, 그가 주자학의 숭상자라는 사실을 알 수 있다.

선유구곡시는 홍치유가 1930년에 지은 것이다. 이 시(詩)는 주자(朱子)의 「무이도가(武夷棹歌)」의 운을 차운(次韻)하지는 않았으나, 구곡시라는 형식을 답습하여 선유구곡의 승경을 시화했다. 선유구곡을 아름다운 실경을 대개 1구과 2구에서 사실적 표현법으로 잘 표현했으며, 3구과 4구에서 비유적으로 상징적으로 절묘하게 표현하여 문학성을 제고했다. 이렇듯 홍치유는 신선처럼 살고 싶은 자신의 열망이자 인간의 보편적 열망을 선유구곡시에 표출하였다. 이로써 구곡시가 「무이도가(武夷棹歌)」의 계승이자, 신선사상의 한 표현이라는 사실을 재확인하게 되었다. 또한 1900년 초까지 유학적 학문관과, 주자적(朱子的) 학문관·생활관이 지속돼왔다는 사실을 확인했다. 신선처럼 살고 싶은 욕망은 인류가 존재하는 한 존재할 보편적 공통적 욕망이다. 따라서 홍치유의 선유구곡시는 구곡시의 전통을 계승한 '구곡문화관광특구'내의 최후의 구곡시이다. 이로써 조선조는 물론이요, 근대에도 주자적(朱子的) 유학적 전통사상체계하에서 구곡문화(九曲文化)가 끼친 영향이 지대했다는 사실을 확인할 수 있다. 이리하여 지금 나는 이를 '구곡문화관광특구'라는 특별 기획 문화관광권역으로 설정하여 그 역사적 문화적 의미를 부여하는 것이다.

괴산의 선유동에서 선도수련인들이 수련한 것으로 알고 있는 사람이 있다. 이는 선유동이라는 지명이 같아 착각한 것이다. 문경 선유동을 가려면 괴산의 선유동에서 '버리미재'를 넘으면 된다. 남궁두(南宮斗)와 최도 등이 선도수련한 곳은 문경의 선유동이다. 그 증거를 제시한다. 허균(許筠 1569~1618)이 지은 「남궁선생전(南宮先生傳)」의 주인공은 남궁두(南宮斗)이다.[25] 이긍익(李肯翊 1736~1806)이 『연려실기술 별집』에 다음과 같은 기록이 있다. "선유산(仙遊山) 청화산의 동북쪽에 있다. 산정은 평탄하고 계곡이 매우 길다. 위에 칠성대(七星臺)·호소굴(虎巢窟)진인(眞人) 최도(崔도)와 도사 남궁두가 도를 수련하던 곳이다. 시냇물이 흘러내려가 낭풍원(閬風苑)이 되고, 동쪽으로 흘러 대탄(大灘)으로 들어간다".[26] 이규경(李圭景)의 『오주연문장전산고(五洲衍文長箋散稿)』에도 그들이 수련했다고 기술해놓았다.[27]

---

25) 許筠, 『惺所覆瓿藁』 제8권, 「문부(文部) 5 · 전(傳)」「남궁선생전」.
26) 李肯翊, 『練藜室記述 別集』 제16권, 「지리전고 · 선유산(仙遊山)」.
27) 李圭景, 『五洲衍文長箋散稿』, 「天地篇○地理類 洞府」. 「世傳牛腹洞圖記辨證說 附猪音洞」 青華

10장. 구곡시(九曲詩)의 전통(傳統)과 화양구곡시(華陽九曲詩)

1. 머리말

좌측 사진: 일제가 쪼아버린 만동묘비.
우측 사진: 1914년 우인규가 탁본한 옥조빙호를 붙이고 촬영한 사진. 직육면체의 옥돌에 새긴 것을 1953년 경 빼갔다.

東北, 有仙游洞. 爲山上聚局, 絶頂坦夷, 洞壑甚長, 上有七星臺. 崔眞人、南宮道士斗修鍊於此, 此山乃神皐也.

좌측 사진: 제2곡 운영담을 배경으로 기념 촬영을 하는 관광객들
우측 사진: 제9곡 파곶(巴串) 지형이 파자(巴字) 기자(己字) 모양이다. 파곶이라는 명칭의 유래가 되기도 했다.

화양구곡[1)]은 산수가 수려한 명승지로 널리 알려져 있는 곳이다. 이곳에는 조선시대의 거유(巨儒)인 우암(尤庵) 송시열(宋時烈 1607~1689)과 관련된 문화유적이 산재해 있다. 송시열은 그 제자 권상하(權尙夏 1641~1721)에게 만동묘를 건립케 하여 임진왜란 때 원군을 보내준 명(明)나라 신종(神宗)과 명(明)나라의 마지막 황제 의종(毅宗)의 위패를 모셔 의리정신을 고양하게 했다. 송시열이 죽은 후 화양서원이 개설되어 학술을 강론했던 곳이기도 하다. 이렇듯 화양동은 문화적 전통과 명성이 있는 곳이다. 그러나 화양동을 찾는 대다수의 사람들은 산수경관이 수려한 곳이라는데 더 비중을 있으며, 송시열과 관련된 문화적 전통이 깃들어 있는 곳이라는 사실은 간과하고 있는 경

1) 지금 충북 괴산군 청천면 화양리 일원을 말한다. 송시열이 구곡의 위치를 정하고, 구체적인 구곡의 명칭은 그의 수제자인 권상하(權尙夏)가 명명했다. 송주상(宋周相), 『화양지(華陽誌)』, 「지명연혁(地名沿革)」 구곡동천(九曲洞天) "금안구곡명호(今按九曲名號), 혹잉지명(或仍地名), 혹취고의(或取古義), 다방어선생시(多昉於先生時), 이기정위구곡(而其定爲九曲), 즉(卽) 실(實) 수암권공소명야(遂菴權公所命也)" 화양구곡은 10여리 내에 있다.

향이 높다. 최근 이곳에서는 문화관광을 유도하기 위해 축제를 개최하기도 했다. 바로 이곳 화양동 야영장에 전개한 괴산영화제(槐山映畵祭)[2]다.

이제까지 산수명승지의 관광의 실상은 대개 단순히 먹고 마시고 보고 즐기는 관광이었다. 필자는 유흥관광과 아울러 문화 유적과 역사의식을 고취앙양할 수 있는 문화교육관광의 인식과 기회를 확산하고자 본고를 작성했다.

고려말에 주자학(朱子學)은 성리학(性理學)이란 이름으로 중국에서 받아들였으며, 이의 이념을 수용한 신진 지식인들이 부상하기 시작했다. 주자는 우리나라에 사상에서 뿐 아니라 문인학자들의 강호(江湖)에서의 생활면 그리고 문학에까지 큰 영향을 미쳤다. 강호자연 친화적인 생활의 전통은 굳이 따지자면 노장사상(老莊思想)의 영향도 컸다는 사실을 간과할 수는 없다.

주자(朱子 1130~1200)는 무이구곡(武夷九曲)과 운곡(雲谷)에 은거했다. 무이정사(武夷精舍)를 짓고 거기서 강학과 창작을 했다. 조선조 사림들은 이런 주자의 생활을 모방하여 생활 속에 실천했다. 주자의 문학적 영향은 「무이도가(武夷櫂歌)」의 수용으로 극명하게 나타난다. 이조에 있어서 주자의 무이구곡에의 음영을 최초로 시창작에 응용했던 지식인은 서거정(徐居正)인 듯하다.[3] 이후 구곡을 경영하면서 문학작품을 창작한 사실이 중요하다. 율곡(栗谷) 이이(李珥 1536(중종 31)~1584(선조 17)는 고산구곡(高山九曲), 곡운(谷雲) 김수증(金壽增1624~1701))이 곡운구곡(谷雲九曲), 우암(尤庵) 송시열(宋時烈)은 화양구곡(華陽九曲), 이계(耳溪) 홍양호(洪良浩 1724~1802)는 이계구곡(耳溪九曲)을 경영하였다. 서계(西溪) 이득윤(李得胤1553~1630)도 옥화구곡(玉華九曲)을 설정하고 「서계육가(西溪六歌)」·「옥화육가(玉華六歌)」를 창작했던 바, 구곡(九曲)의 조선적(朝鮮的) 표현의 일례이다.

구곡시(九曲詩)는 이런 전통 속에서 창작되었으며, 화양구곡시도 이런 전통의 산물이다. 본고에서는 화양구곡시를 통해 그 문학적 연원과 조선조 사림(士林)들이 화양동에 대해 어떻게 인식했는가 하는 점을 살펴보고 그 현시대적 의미를 규명해보고자 한다.

본고에서 논하는 화양구곡시라 하면 우선 일차적으로 제목 자체에 화양구

---

2) 행사기간은 1999년 7월 31일부터 8월 14일까지였다.
3) 이민홍(李敏弘), 『사림파문학(士林派文學)의 연구(硏究)』, 형설출판사, 1987. 55면. 서거정(徐居正)은 주자의 「무이정사잡영(武夷精舍雜詠)」에 차운(次韻)하여 「주문공무이정사도용문공운(朱文公武夷精舍圖用文公韻)」을 지었다. 서거정(徐居正) 『사가집(四佳集)』 권4 79~80면.

곡이라 명시한 시를 포함해서 무이도가를 차운한 시를 중심으로 살펴볼 것이다. 본고에서는 화양지(華陽誌)[4] 소재의 한시(漢詩) 「만흥영화양구곡(漫興詠華陽九曲)」·「화양구곡화무이도가십수(華陽九曲和武夷棹歌十首)」·「화양구곡의무이도가십운(華陽九曲依武夷棹歌十韻)」을 연구대상으로 한다.

2. 만동묘(萬東廟)와 화양서원(華陽書院)에 대한 개관

화양구곡시를 올바로 이해하기 위해 잠시 만동묘(萬東廟)와 화양서원(華陽書院)에 대해 개관해 보기로 한다. 먼저 만동묘에 대해 알아보기로 하자

효종이 1637년(인조15년)에 있었던 삼전도(三田渡)의 치욕을 설욕하고자 북벌을 계획했으며 송시열이 이에 참여했다.[5] 이 계획은 효종이 즉위 10년만에 승하하자 수포로 돌아갔지만 청(淸)에 대한 배척의지는 강한 숭명의식(崇明意識)으로 발현된다. 최근묵(崔槿默)은 송시열의 벌청존명의지(伐淸尊明意志)는 단순히 모화의식(慕華意識)에서 연유된 것이 아니라 명(明)을 공맹지도(孔孟之道)를 계승한 나라로 보는 반면 청(淸)은 유교정통성(儒敎正統性)을 침해한 금수(禽獸)의 국가로 규정하는 존화양이사상(尊華攘夷思想)에서 유래된 것이라 했다.[6] 송시열은 임진란에 구원병을 보내준 명(明)의 신종(神宗)에 대한 사은(謝恩)의 의리를 잊지 않으며, 갑신 3월의 변으로 자살한 의종(毅宗)의 의(義)를 흠모하였다. 송시열이 화양동에 우거하면서 석벽(石壁)에 의종(毅宗)의 어필(御筆)을 모각하였고, 말년에는 고인(古人)이 초(楚)나라 소왕(昭王) 즉 굴원(屈原)의 (義)에 제사(祭祀)한 고사(故事)에 따라 명(明)의 신종(神宗), 의종(毅宗) 두 황제의 묘를 세우려 했으나 뜻을 이루지 못했다. 그러다 숙종 15년(1689년) 6월 송시열이 제주도 유배의 귀로(歸路)에서 사사(賜死)되기 전에, 문인(門人)인 권상하(權尙夏)에게 편지를 보내 황

4) 화양지(華陽誌)는 3 종류가 있다. 하나는 목판본으로 상(上)·하(下) 2책으로 1807년 우암의 방현손(傍玄孫) 송주상(宋周相)이 편한 것이 있다. 또 하나는 1861년 우암의 팔대손(八代孫) 송근수(宋近洙 1818~1902)가 편한 것이다. 또 인쇄본이 있다. 본고에서 연구대상으로 한 화양구곡시는 인쇄본소재의 한시이다.

5) 『숙종실록』 권 39 숙종 30년 정월 경술조

6) 최근묵(崔槿默), 「우암(尤庵) 송시열의 문묘(文廟) 및 원(院)·사종사(祀從祀)에 관한 연구」, 전북대학교박사논문, 1987, 31~32면 참조.

묘 건립을 부탁하였다. 권상하는 이 뜻에 따라 화양동에 두 황제의 묘우(廟宇)로 초가 건물을 짓기에 이르렀다. 건립 시기는 만동묘정비명병서(萬東廟庭碑銘幷序)에도 숭정(崇禎) 칠십육년(七十六年) 추시성이사(秋始成以祀)라고 기록하고 있어 1703년(숙종 29년)에 세웠다는 사실을 알 수 있다. 그리고 처음으로 봉향한 것은 그 다음 해인 1704년으로 이 해는 곧 여기에 제향 된 의종(毅宗)이 자살한지 60년이 되는 해이기도 하다. 위패(位牌)에는 신종현황제(神宗顯皇帝), 의종열황제(毅宗烈皇帝)라 썼다. 이러한 시대적 배경을 가지고 건립된 화양동 만동묘에는 전국 각지의 사림들이 참례했으며 조정에서도 각별한 관심을 갖고 만동묘의 보호책을 썼으니, 전토와 노비를 하사하고 혹은 중수(重修)를 명하고 혹은 작폐(作弊)를 논했다.

명이 이미 쇠망했음에도 불구하고 묘우를 창건한 것은 비단 명에 대한 보은의 의리와 모화주의에서 만은 아니다. 그것은 일찍이 병자호란의 치욕을 씻고자 북벌론을 주장한 효종이 그 대의를 실현하지 못한 채 승하하자, 그 유업을 계승한다는 저의가 내재해있었다는 것을 간과해서는 아니 되겠다. 즉 숭명척청(崇明斥淸)의 소극적 표현으로 만동묘 건립의 내재적 의미를 찾을 수 있다.[7]

만동묘 건립의 목적과 그 창설목적이 일맥상통하는 대보단(大報壇)에 대해 알아보자. 대보단은 만동묘의 재경적(在京的) 등가적(等價的) 건축물(建築物)이다. 대보단(大報壇)은 1704년(숙종 30년 갑신) 12월 21일 완성되었다. 18세기 초에 이르러 과거의 국론인 복수설치(復讐雪恥)는 실효성을 상실하였으나 그 정신만은 잊지 말고 국민 총화의 합일점으로 삼아 자강지도(自强之道) 강구의 원동력으로 삼으려는 의도였다.[8] 더욱이 17세기 후반 몇 십 년의 재정비 기간을 통하여 북벌론의 기치아래 일사불란하게 일로 매진하였던 국민정신이 세월이 흐름에 따라 퇴색하고 해이해지는 경향이 나타나자 이를 불식하고 국민에게 경각심을 깨우치기 위해 외양(外攘)에서 내수(內修)로 방향전환을 괴하고 나아가 정신적 침체를 떨쳐버리기 위해 새로운 조치가 필요하였으니 이러한 시대적 요청에 부응하여 창출된 대보단(大報壇)이야말로 내수외양(內修外攘)으로 표현되는 자강지도(自强之道)의 방책이며 노론 집권층의

7) 오갑균(吳甲均), 「화양동사적(華陽洞事跡)에 관한 조사보고」, 『역사교육』 11,12합집, 1969. 345면. 만동묘와 화양서원에 관해서는 오갑균의 논문과 다음의 논문들을 참고 했다. 정용우(鄭用宇), 「화양서원(華陽書院)과 만동묘(萬東廟)에 관한 연구」, 『호서사학』 18집, 1990. 조상희(趙相熙), 「조선후기 만동묘(萬東廟)의 건립과 변천연구」, 청주대 석사논문, 1984. 21~25면.

8) 정옥자, 「대보단의 창설」, 『조선후기 문화운동사』, 일조각, 1990.42면.

정치기반 구축과 관련되는 것이다.[9)]

이번엔 화양서원에 대해 간략히 알아본다. 우암을 봉사하고 유학을 강술하는 화양서원이 설립되었다. 숙종 22년에 신건(新建)된 화양서원(華陽書院)은 같은 해 사액(賜額)을 받았고 숙종 36년 화양동으로 이건(移建)했다.[10)] 본당은 오량삼간실(五樑三間室)이다. 만동묘의 변천과정은 다음과 같다. 1865年 대원군(大院君)이 철폐, 1874年 부활, 1908年 일본 통감부(統監府)가 철폐, 1937年 만동묘정비(萬東廟庭碑) 정(釘)으로 훼손, 2006年 현재 모습으로 중건했다.

화양서원에는 산장(山長)이 있어 총관하였으니 초대 산장으로 우암의 문인(門人) 이수언(李秀彦 1636~1697)은 1660년(현종 1)이 영수가 되었으며 이어 권상하(權尙夏) 정호(鄭澔 1648~1736)가 영수를 역임하였고 후학으로 민진원(閔鎭遠 1664~1736), 이의현(李宜顯 1669~1745), 이재(李縡 1680

---

9) 정옥자, 『조선후기 문화운동사』, 일조각, 56~57면.

10) 정용우(鄭用宇), 「화양서원(華陽書院)과 만동묘(萬東廟)에 관한 연구」, 『호서사학』 18집, 1990. 140면. 정용우는 『증보문헌비고(增補文獻備考)』·『조두록(俎豆錄)』·『우암년보(尤庵年譜)』 등은 창건연대를 숙종22년으로 기록한데 비해 『화양지(華陽誌)』는 숙종 21년이라 하여 차이를 보이고 있다. 이는 『화양지(華陽誌)』의 기록 중 시건(始建)이란 말이 있는 것으로 보아 숙종 21년에 건축을 시작해 숙종 22년에 완성했거나 아니면 21년에 건물만 완성하고 영정의 봉안은 이듬해 하였을 경우 이런 차이가 있을 수 있다고 본다고 했다. 정용우는 위의 논문 140면에서 다음 기록들을 통해, 처음에는 화양서원을 만경대에 건립했다는 사실을 구체적으로 밝혔다. 『문화양서원통문(問華陽書院通文)』「답만산서(答萬山書)」에 "당초에 비록 수호(守護)하는 어려움 때문에 서원을 만경대에 세웠지만 사실은 화양동 범위 내가 유촉(遊躅)이다." 「화양서원묘정비(華陽書院廟庭碑)」에 "서원은 처음 화양동 밖 수 십리 거리에 있었다. 권상하가 이르기를 '화양은 선생의 과축지소(薖軸之所)이고 황묘(皇廟)와 어필애각(御筆厓刻)이 모두 여기 있으니, 선생의 원우(院宇)를 별지(別地)에 멀리 두는 것은 옳지 않다.'고 하여 경인년에 이설(移設)했다." 는 내용이 있다. 오갑균(吳甲均)은 화양서원이 초기에는 경천벽상(擎天壁上) 만경대(晩景臺)에 설립되었다고, 만경대의 위치를 잘못 잡고 있다. 오갑균(吳甲均), 「화양동사적(華陽洞事跡)에 관한 조사보고」, 『역사교육』 11,12합집, 1969. 350면. 김영진도 이런 오갑균의 잘못을 지적하면서, 만경대의 위치를 『화양지(華陽誌)』, 「구곡동천[九曲洞天, 자청천현동행십오리(自靑川縣東行十五里), 역무량도원리만경대(歷無量桃源里晩景臺), 서원구지(書院舊址), 대변침류정하(對邊枕流亭下)]」와 「복거시말[卜居始末, 무량촌은 침류정(枕流亭) 서쪽 1리쯤에 있다.]」의 기록을 토대로 지금 청천면 도원리(桃源里) 침류정(枕流亭)아래로 보고 있다. 아울러 「화양서원묘정비(華陽書院廟庭碑)」에 "원초재동외수십리(院初在東外數十里)"는 '십여리(十餘里)'의 잘못이라 하고 있다. 김영진(金榮振), 「화양서원고(華陽書院攷)」, 『충북문화론고(忠北文化論考)』, 창학사(創學社), 1997.15면 참조. 필자가 조사한 결과, 만경대(萬景臺)의 위치는 지금 충북 괴산군 청천면 후평리(後坪里)에 속한다. 즉 괴산군 청천면 귀만리와 경계지점에 있다. 만경대가 송시열 생존 당시에는 도원리(桃源里)에 속했던 것으로 생각된다. 이곳은 화양동에서 대략 수 십리 된다. 위와 같은 사실로 미루어 볼 때, 최초에 화양서원을 설립했던 장소는 지금의 만경대 근처로 비정해야 「화양서원묘정비(華陽書院廟庭碑)」의 내용과 부합된다고 본다.

~1746), 박필주(朴弼周 1680~1748) 등이 산장을 계승하여 원생(院生)을 통솔하고 중수하며 관리해왔다.[11)]

화양서원의 권위가 어떠했는지 다음을 통해 알 수 있다. 동지사 이여(李畬)가 "송시열의 화양동은 실로 주자(朱子)의 무이(武夷)와 같습니다. … 화양은 삼처(三處)보다 더욱 중하니 어찌 건립을 허락하지 않을 수 있습니까?[12)] 라며 비중을 강조했다. 경종초 소론의 집권으로 노론이 대거 숙청되고 송시열의 서원이 모두 철퇴를 맞고 있을 때 화양서원만은 무사했던 것은 잘 알려진 일이다.[13)] 또 영조 때 충청병사 이방화(李邦華)의 비장이 화양서원에서 행패를 부린 죄로 상관인 이방화까지 연대처벌을 받기도 했다.[14)]

화양서원은 송시열을 제향 한 수십 개의 원사(院祠)중에서 가장 권위 있는 집권세력의 본거지로서 당쟁의 와중 속에서도 그 영향력을 잃지 않았으며 기호사림의 구심점으로 사론(士論)을 형성하고 공론을 주도하며 조선후기 사회에 군림하였다고 할 수 있다.[15)]

이렇듯 만동묘는 송시열의 유지를 받들어 명에 대해 의리를 지키고 존명배청의 의식을 고양하는 성스러운 사당으로 건립되었으며, 화양서원은 이런 송시열을 배향하고 그 뜻을 받들어 유학을 강술하는 학술의 전당으로 창건된 것이다.

3. 화양구곡시(華陽九曲詩)의 내용분석

1) 만흥영화양구곡(漫興詠華陽九曲)

이 시는 임상주(任相周1710~1791)[16)]의 작품이다. 이 시는 화양구곡 아홉개소의 승경을 각각 2수의 연작시로 읊었다. 그러나 1수의 내용과 2수의 내용은 서로 이어서 보아야한다.

11) 오갑균(吳甲均), 「화양동사적(華陽洞事跡)에 관한 조사보고」, 『역사교육』 11,12합집, 1969. 345면.
12) 『書院謄錄』 肅宗 22년 9월 6일조.
13) 『영조실록』 권9 2년 정월삭 갑오조.
14) 『영조실록』 권102, 39년 12월 무인조.
15) 정용우, 전게서, 144면.
16) 임상주(任相周 1710~1791): 자 유보(幼輔) 본관 풍천(풍천) 관직은 첨중추(僉中樞)를 지냈다. 묘소는 괴산군 청천면 무릉동(武陵洞) 자좌(子坐)에 있다. 부인은 전주 이씨(全州 李氏)로 참봉(參奉) 하명(夏命)의 딸이다.

만흥영화양구곡(漫興詠華陽九曲) : 절로 흥이 일어나 화양구곡을 읊다.
제1곡 경천벽(擎天壁)이다.

有壁千丈屹 경천벽(擎天壁)은 우뚝 높이 솟아,
유 벽 천 장 흘

可以擎彼蒼 저 푸른 창공을 떠받히고 있네.
가 이 경 피 창

胡不於中國 어찌 중국보다 못하랴?
호 부 어 중 국

獨此華之陽 유독 이곳 화양동(華陽洞)의 승경이.
독 차 화 지 양

中有二帝廟 그 가운데 신종(申宗)·의종(毅宗) 황제(皇帝)를 모신 사당이 있으니,
중 유 이 제 묘

是亦一中土 이 또 하나의 중국 땅이 아닌가?
시 역 일 중 토

天乎勿傾頽 하늘이시어! 기울어지거나 무너지지 않게 하시어,
천 호 물 경 퇴

此壁立萬古 경천벽을 오랜 세월 동안 서있게 해주소서.
차 벽 입 만 고

제1곡은 경천벽이다. 창공에 솟은 경천벽의 실상을 간명하게 읊고 있다. 실제 경천벽은 그렇게 높지는 않다. 경천벽이 그 근처에서 높다는 사실을 강조한 것으로 보인다. 서시격인 제1수에서 임상주는 화양동의 승경을 중국과 대등한 것으로 평가한다. 화양동 승경이 중국에 못지않다고 표현한 것은, 화양동 경관에 대한 자부심과 자국의 산수자연에 대한 긍지의 일면을 표출한 것으로 볼 수 있다.

제2수에서는 화양동에 명나라 신종과 의종을 모신 사당 만동묘가 있었다는 사실을 지적한다. 두 황제를 모신 사당이 있기 때문에 또 하나의 중국이라 표방한다. 이는 임진왜란 때 원군을 보내준 신종, 명의 마지막 임금 의종의 공덕을 인정한다는 뜻을 강하게 표현한 것이기도 하다. 그러나 그 이면에는 우리의 문화수준이 중국문화 수준과 대등하다는 문화대등의식의 발현으로 이해해도 무방할 듯하다. 임상주는 경천벽이 무너지지 않길 바란다고 했다. 이는 다름 아니라 이런 우리의 문화적 전통이 무너지지 않고 유지되길 바라는 염원을 치환해서 표현한 것이다.

제2곡 운영담(雲影潭)이다.

有潭淸且潔 운영담(雲影潭)은 맑고도 깨끗하며,
유 담 청 차 결

活水源頭來 출렁이는 물은 발원지(發源地)로부터 흘러오네.
활 수 원 두 래

白雲溶溶起 흰 구름이 뭉게뭉게 피어오르고,
백 운 용 용 기

其中影徘徊 그 그림자 연못가운데 일렁이네.
기 중 영 배 회

譬彼君子心 비유하노니, 저 군자의 마음같이,
비 피 군 자 심

湛然無塵累 한 점 티없이 맑아라.
담 연 무 진 루

終日鏡面開 하루 종일 거울처럼 맑고,
종 일 경 면 개

水抱朝宗義 물이 조종(朝宗)의 의리(義理)를 감싸 안네.
수 포 조 종 의

1수에서 먼저 운영담의 형상을 읊고 있다. 구름까지도 비쳐 보이는 맑은 물이 고였다 흐른다는 운영담이다. 실제 구름이 피어오르는 실상과, 구름이 연못에 비치는 허상을 절묘하게 안배했다.

2수에서 임상주는 운영담의 물이 매우 맑다는 점을 비유적으로 강조했다. 바로 "군자의 마음에, 맑게 한 점 티 없는 듯하네."라는 시구이다. 이는 "군자기교(君子之交), 담약수(淡若水)"즉 "군자의 사귐은 물과 같이 맑다."라는 『장자(莊子)』, 「산림(山林)」의 말을 원용한 것이다. 여기서 임상주는 군자(君子)가 추구해야할 우도(友道)를 물이 가지고 있는 속성에 비유하여 제시했다. 이렇듯 시인은 물을 단순한 물로 보지 않은 것이다. 운영담의 맑은 물을 보면서 군자가 구비해야할 덕목중의 하나인 우도(友道)의 논리를 강조한 것이다. 그런가 하면 군자(君子)가 수행해야할 우도의 핵심은 의리(義理)이다. 의(義)는 사람이 가야할 바른 길이다.[17] 시인이 맑은 물과 관련하여 군자의 의리정신

17) 『맹자(孟子)』, 「이루(離婁)」상(上). "의(義), 인지정로야(人之正路也)." 조선후기 교유관계에 있어서 이해득실에 따라 이합, 집산하는 경향이 짙었다. 이하곤(李夏坤) 등 일부 식견 있는 지식인들은 이런 우도(友道)를 비판하고 이를 극복, 개선할 대안으로 고대(古代)의 우도(友道)를 실천할 것을 제시했다. 실제 이들은 당파와 신분에 구애받지 의(義)를 중시하며 지기동지적(知己同志的) 교유를 하면서 '이문회우(以文會友)'와 '유어예(遊於藝)'를 실천해 조선후기 문학예술발전에 일정한 기여를 했다. 이상주(李相周), 「18세기 초 문인(文人)들의 우도론(友道論)과 문예취향(文藝趣向)」, 『한국한문학연구(韓國漢文學硏究)』 제23집, 한국한문학회(韓國漢文學會), 1999. 197~228면.

을 강조한 것은 다름이 아니다. 임상주는 여기서 중국과의 의리를 고수해야 한다는 점을 부연하기 위해서이다. 즉 명나라 임진왜란 때 원군을 보내준 신종, 그리고 명나라 마지막 황제 의종에 대한 의리를 지켜야한다는 점을 염두에 둔 것이다. 구름이 비칠 정도로 물이 맑듯이 그 의리도 영원무궁토록 비쳐 있길 간절히 염원하고 있는 것이다. 임상주는 인간사회의 보편적인 의리를 강조하면서 아울러 중국과의 의리를 강조하고 있는 것이다. 운영담의 맑은 물이 남쪽에 있는 화양서원과 만동묘를 감싸듯이 흐르고 있다. 이를 두고 임상주는 "물이 조종(朝宗)을 감싸 안았네."고 했다. 조종(朝宗)은 다름 아닌 중국을 가리킨다. 임상주는 물이 화양서원과 만동묘를 감싸듯이 흐르는 실경(實景)에 의탁하여, 물이 중국에 대한 의리를 감싸고 있다고 절묘하게 완곡적으로 표현한 것이다.

제3곡 읍궁암(泣弓巖)이다.

吁嗟彼盤石 아! 널직하고 평평한 바위,
우 차 피 반 석
云胡名泣弓[18] 어찌하여 읍궁암(泣弓巖)이라 이름했나?
운 호 명 읍 궁
孝廟之諱日 효종(孝宗)의 제삿날이면,
효 묘 지 휘 일
有臣號蒼穹 우암선생(尤庵先生) 창공을 향해 울부짖었네.
유 신 호 창 궁

年年是巖上 세월이 지나도 이 바위엔,
년 년 시 암 상
淚痕磨不磷[19] 눈물흔적 닳아 없어지지 않았으이.
누 흔 마 부 린
侵晨慟哭[20]語 새벽에 통곡하셨다는 말씀,
침 신 통 곡 어

18) 읍궁(泣弓) : 임금의 죽음을 일컬음. 황제인 헌원(軒轅)을 교산에 장례 지냈다. 산이 무너졌는데 관이 비어 있었으며, 오직 검과 신발이 남아있었다고 함. 『사기(史記)』, 「오황제기(五黃帝紀) 황제붕주(黃帝崩注)」. "헌원자택망일(軒轅自擇亡日), 여군신사환(與群臣辭還), 장교산(葬橋山), 산붕관공(山崩棺空), 유유검석재관언(唯有劍舃在棺焉)"

19) 인치(磷緇) : 『논어』, 「양화(陽貨)」. "불왈견호(不曰堅乎), 마이부린(磨而不磷), 불왈백호(不曰白乎), 열이불치(涅而不緇)" 자기수양과 주관이 확고하여 전혀 외계의 나쁜 영향을 받지 않는다는 뜻이다.

20) 침신통곡(侵晨慟哭) : 읍궁암이 있는 물가 언덕에 세운 비에 새겨진 내용의 일부. "차일지하일(此日知何日), 고충상제임(孤衷上帝臨) 침신통곡후(侵晨痛哭後), 권슬갱장음(捲膝更長吟)" 즉 "이날이 어떤 날인줄 아는가? 외로운 충정 하늘에 닿았네. 새벽되도록 통곡한 후에, 무릎 끓고 다시금 크게 탄식하네."

可以泣鬼神 귀신을 울리겠도다.
가 이 읍 귀 신

1수에서 읍궁암이라 명명된 유래에 대한 역사적 사실을 읊었다."읍궁(泣弓)"은 활을 보고 울었다는 말이다. 활은 귀인의 죽음을 비유하는 바, 여기서는 효종의 승하를 의미한다. 효종은 청나라에 당한 삼전도(三田渡)의 치욕을 설욕을 하기 위해 북벌계획세우고 민족자존을 회복하려 했으나 실현하지 못하고 승하했다. 이렇게 되자 송시열은 효종의 제삿날 인 5월 4일이 되면, 이 바위에서 대궐을 향해 통곡했다. 우암은 자신을 총애해주었던 군주에 대한 일편단심을 눈물로 분출한 것이다. 또한 북벌계획을 실현하지 못한 통한의 눈물이리라. 임상주도 우암의 이런 심정에 공감하고 있는 것이다.

2수에서 우암이 효종을 그리다 흘린 눈물이 없어지지 않았다고 했다. "마부린(磨不磷)"은"마이부린(磨而不磷)"즉 "갈아도 갈아 없어지지 않는다."는, 『논어』, 「양화(陽貨)」에 보이는 말을 차용했다. 본래 내포하고 있는 함의는 자기수양과 주관이 확고하여 전혀 외계의 나쁜 영향을 받지 않는다는 뜻이다. 여기서는 닳아 없어지지 않는다는 점을 극대적으로 강조한 것이다. 이는 현실속에서 이미 눈물 자욱은 없어진지 오래지만, 임상주의 가슴속에는 눈물 자욱이 영원불멸하다는 것을 비유한 것이다. 우암의 의리정신과 북벌정신은 사대부의 관념 속에 항존해 있었으며 감화를 주었던 것이다. 또한 시인의 의식 속에 배청의식(排淸意識)의 일면이 잔존해 있음을 알 수 있다. "새벽에 통곡하셨다는 말씀, 귀신을 울리겠네."라는 표현은, 우암의 언행이 극대적 감동을 주고 있다는 것을 극대적으로 표현한 것이다.

좌측 사진: 암서재 앞에서 1937년도 지금 괴산읍 소재 명덕초등학교 6학년 수학여행 기념 사진. 지금 충북 괴산군 사리면 화산리 도촌(243번지) 출신 졸업생 이은우(李殷祐 1920~1999) 참가
우측 사진: 2001년 암서재 설경.

제4곡 금사담(金沙潭)이다.

煥章菴邊水　환장암 주변에 흐르는 물,
환 장 암 변 수
巖棲齋下斜　암서재 아래로 굽이쳐 가네.
암 서 재 하 사
日照委黃金　햇빛은 황금빛으로 반짝반짝 튀고,
일 조 위 황 금
漣微曳白沙　잔잔한 물결 백사장을 쓸고 가네.
연 미 예 백 사

常在空山裏　항상 텅 빈 산속에 있으니,
상 재 공 산 리
何處是滄溟　어느 곳이 창명(滄溟)인가?
하 처 시 창 명
空山兮空山　텅 빈 산이여, 텅 빈 산이여,
공 산 혜 공 산
山中有皇靈　산중에 황제의 영혼을 머금었네.
산 중 유 황 영

1수에서 금사담 주변의 경관을 간명하게 표현했다. 1~2구에서 암서재를 감싸 흐르는 물 구비의 존재를 제시했다. 3~4구를 보자. 불그레한 햇빛이 물위에 반사되는 순간, 모래는 황금빛으로 찬란하게 변한다. 황금빛 햇빛에 물든 모래 역시 황금빛이다. 그래서 금사(金沙)요, 황금빛 모래가 쌓인 연못이라서 금사담(金沙潭)이다. 자연은 이처럼 장관을 연출한다. 햇빛이 물결위에 비쳐 반짝반짝 빛나고, 그 물결이 고운 모래 결을 쓸어 지나가는 실상을 읊은 것이다.

2수를 보자. 이곳은 심산유곡이다. 따라서 심산유곡에서 넓은 바다(滄溟)는 아득하다. 그러나 넓은 바다만이 소중하고 의미가 있는 것은 아니다. 비록 이곳이 한갓지고 외떨어진 곳이지만 황제의 영혼이 머물러 있으니 넓은 바다 못지않다. "텅 빈 산이여, 텅 빈 산이여"를 두 번 반복 했다. 텅 빈 산만큼 채울 수 있는 공간이 넉넉한 것이다. 그 공간에 황제의 영혼이 꽉 메우듯 머물러있다. 물리적 공간은 허(虛)한 듯하지만 정신적 공간은 황제의 영혼으로 충만해 있어 허(虛)하지 않고 오히려 실(實)한 것이다.

제5곡 능운대(凌雲臺)이다.

嵬磊石層層 외 뢰 석 층 층	삐쭉 솟은 암석이 층층이 쌓여,
屹屹仍作臺 흘 흘 잉 작 대	높고 높은 능운대가 되었어라.
凜凜凌風雲 름 름 릉 풍 운	늠름하게 풍운(風雲)을 뚫고 솟아,
迢迢絶塵埃 초 초 절 진 애	아득히 속세의 티끌에서 벗어났네.
山靄半空浮 산 애 반 공 부	아지랑이 산 중턱에 감도는데,
儼然天中入 엄 연 천 중 입	위엄 있게 하늘가운데 솟아있네.
有類豪傑士 유 류 호 걸 사	호걸스런 선비가,
唾手燕雲立 타 수 연 운 립	한가로운 구름가운데 늠름하게 서있는 것 같네.

능운대는 구름위로 솟을 듯한 암석으로 대를 이룬 곳이다. 그 모습은 티끌세상을 벗어난 탈속적인 기품이 서려있다. 바로 능운대는 이런 탈속적인 기품

의 형상으로 나타난 것이다. 임상주는 능운대를 바라보며 탈속의 기품을 강조하고 있는 것을 알 수 있다. 능운대는 자연이 창조한 탈속의 기품이 형상화된 걸작품이다. 1수에서는 전경후정(前景後情)의 표현법을 활용했다.

2수를 보자. 아지랑이가 능운대 주변에 가물가물 피어오른다는 표현에서, 하늘가에 솟은 능운대가 상대적으로 부각된다. 능운대는 호걸스런 선비의 풍모에 비견된다. 이는 임상주는 추구하는 이상의 반영이다. 세속에서 우뚝한 선비의 출현을 염원하고 있는 것이다.

제6곡 첨성대(瞻星臺)이다.

北辰居其所 북극성이 자리잡고 있으면,
북 진 거 기 소

衆星拱其下[21] 뭇 별들은 그 아래서 안고 도네.
중 성 공 기 하

噫彼旄頭光 아! 저 모성(旄星)의 빛이,
희 피 모 두 광

柰何掩中夏 어찌 중국땅을 가릴 수 있겠나?
내 하 엄 중 하

願言觀天象 하늘의 형상을 보고 싶네,
원 언 관 천 상

四山鬱嵯峨 사방의 산이 울창하고 삐쭉 삐쭉.
사 산 울 차 아

於焉上高臺 어언 높은 대에 올라보니,
어 언 상 고 대

歷歷瞻星河 역력히 은하수라도 볼 수 있겠네.
역 력 첨 성 하

제1수를 보자. 고정불변의 자리에 있는 북극성을 중심으로 뭇별들이 공전한다. 『논어(論語)』, 「위정(爲政)」의 논리를 그대로 원용한 것이다. 즉 임금의 덕화(德化)가 천하에 미치고 감화를 받아 응집됨을 강조한 것이다. 첨성대에서 별 중의 별 북극성을 관찰하듯이, 임금의 덕화가 만방에 미치길 염원한다. 첨성대를 바라보며, 모성(旄星)과 같이 하찮은 것으론 천하를 통섭하기 불가능하다는 것을 아울러 천명하고 있다.

2수를 보자. 첨성대는 하늘의 별을 관측하는 장소란 상징성을 가지고 있다.

---

21) 중성공기하(衆星拱其下) : 『논어(論語)』, 「위정(爲政)」. "자왈(子曰) 위정이덕(爲政以德), 비여북진거기소(譬如北辰居其所), 이중성공지(而衆星共(拱)之)" 정사(政事)를 덕(德)으로 하면, 하는 일이 없어도 천하(天下)가 돌아온다는 것을 비유한 것이다.

그래서 천체를 관찰할 수 있는 것이다. 첨성대에 오르면 하늘 높이 떠있는 은하수도 역력히 관찰할 수 있다고 했다. 이것은 첨성대가 높다는 사실과 관찰이 용이한 지점이라는 점을 강조한 것이다.

제7곡 와룡암(臥龍巖)이다.

維彼臥龍巖 오직 저 와룡암,
유 피 와 룡 암
若捋乘風雲 풍운을 타고 오르는 것 같네.
약 랄 승 풍 운
宛在水中央 완연히 물 중앙에 있는데,
완 재 수 중 앙
蒼痕背成文 푸른 흔적 등에 무늬가 되었네.
창 흔 배 성 문

知是南陽翁[22] 알겠도다, 제갈공명(諸葛孔明)이,
지 시 남 양 옹
變化爲此石 변화해 이 암석이 된 줄을.
변 화 위 차 석
平生興復意 평생 부흥의 뜻,
평 생 흥 부 의
蜿蜿如宿昔 꿈틀 꿈틀 예전 같아라.
완 완 여 숙 석

1수를 보자. 와룡암의 형상이 누워있는 용의 형상임을 강조한다. 물 가운데 누워있어 와룡인 것이다. 그 무늬가 완연 살아있는 용처럼 생동감이 있다. 그 기세는 풍운을 타고 오르는 듯하다. 푸른 물속에 잠겨 등천(登天)을 기다리는 잠룡(潛龍)인 것이다. 용은 여의주를 입에 물고 있는 무소불위(無所不爲)의 능력을 지닌 상상의 동물이다. 이렇듯 용은 전지전능한 인물을 상징하기도 한다.

2수를 보자. 와룡(臥龍)은 중국 삼국시대에 촉한(蜀漢)의 제갈량(諸葛亮), 지금 제갈공명(諸葛孔明)으로 더 잘 알려진 제갈량(諸葛亮)의 별호(別號)이다. 서서(徐庶)는 공명을 와룡(臥龍)이라 평했다. 그를 인간(人間) 룡(龍)으로 보았던 것이다. 작자는 와룡암을 보면서 제갈공명을 연상한다. 제갈 량은 유비를 도와 촉한을 흥성케 한 인물이다. 여기에 또한 시인 자신의 의지가 가

22) 남양옹(南陽翁) : 제갈량(諸葛亮)을 지칭. 자(字)는 공명(孔明) 삼국시대 촉(蜀)의 재상. 남양(南陽) 융중(隆中)에 은거하고 있을 때 유비(劉備)의 삼고초려(三顧草廬)를 못 이겨 출사(出仕)한 후 유비로 하여금 촉(蜀)을 건국케 함. 서서(徐庶)는 공명을 와룡(臥龍)이라 평함.

탁돼 있는 것이다. 여기서 작자는 제갈량과 같은 인물이 출현해서 청나라를 척결하고 명을 부흥하는 위인의 출현을 강렬히 열망하고 있는 것이리라.

제8곡 학소대(鶴巢臺)이다.

鶴巢問何年 학소문하년 　학이 깃든지 얼마나 되었을꼬?
祗今猶有臺 지금유유대 　다만 지금 오히려 누대만 남아있네.
神仙不可見 신선불가견 　신선을 볼 수 없음에,
怊悵空徘徊 초창공배회 　서글퍼 부질없이 배회하네.

安得安期生[23] 안득안기생 　어떻게 하면 안기생(安期生)을 만나서
一問長年術 일문장년술 　한번 장수의 비결을 물어볼 수 있을까?
長年欲奚爲 장년욕해위 　무얼 하려 장수의 비결 찾고자 하나?
願掃犬羊窟 원소견양굴 　오랑캐를 쓸어버리려고 그러는 거지.

1수를 보자. 신선(神仙)과 학(鶴)은 불가분의 관계이다. 신선의 화신이 학이다. 옛날 사람들은 그렇게 생각했다. 신선이 없고 대만 남아있지만 신선경은 불변이다. 신선이 없는 빈자리에 지금 작자가 와 있다. 임상주는 지금 신선경에 인간(人間) 신선(神仙)으로 와 있는 것이다. 신선을 볼 수 없어 서글프다고 했다. 자신과 지기(知己)할 수 있는 사람을 만나지 못함을 서글퍼하는 것으로 볼 수 있다. 아니면 우암 송시열을 신선으로 여겼는지도 모른다. 따라서 우암을 흠모하고 있는 심정을 그렇게 표현했는지도 모르겠다.

2수를 보자. 학은 십장생(十長生)의 하나이다. 작자는 장수동물인 학을 연상하면서 장수한 사람의 대명사격인 안기생(安期生)과 같이 장수하기를 열망하고 있다. 그런데 작가가 장수하고자 하는 이유는 특이하다. 오랑캐를 척결하겠는 것이다. 오랑캐는 바로 청나라이다. 이는 청나라에 대한 적개심이 충만해있다는 증거다. 청(淸)나라 이렇듯 시인은 오랑캐를 척결하여 태평성대가 유지되는 낙토에서 신선이 되어 장수하고 싶었으리라.

---

23) 안기생(安期生) : 진대(秦代) 낭야부현(琅邪阜縣) 사람. 장수(長壽)하였으므로 천세옹(千歲翁)이라 일컬음.

제9곡 파곶(巴串)이다.

憶昔漢昭烈[24] (억석한소열) 그 옛날 촉한(蜀漢)의 유비(劉備)를 생각하니,
都邑在西巴[25] (도읍재서파) 도읍이 서파(西巴)에 있었네.
崢嶸彼劒閣[26] (쟁영피검각) 높고 높도다. 저 검각(劒閣)이,
坦然成中華 (탄연성중화) 탄탄히 중국을 이루었네.

嗟茲一巴字 (차자일파자) 아! 이곳 파곶(巴串)과
地名胡相似 (지명호상사) 지명이 어쩌면 서로 같은가?
磷磷白石上 (린린백석상) 희끗희끗한 흰 돌 위로,
千載空流水 (천재공류수) 누 세월 부질없이 물 흐르네.

1수를 보자. 시인은 지명과 관련된 중국고사를 연상한다. 한소열제(漢昭烈)는 촉한(蜀漢)을 세운 유비(劉備)의 도읍이 서파(西巴)에 있었다는 사실을 염두 한다. 거기에는 검각(劒閣)이라는 요새지가 있다. 이는 국가안보를 견고히 해주는 천연의 요새지인 것이다. 시인은 이곳에서 국가안보의 중요성을 재삼 강하게 확인했다. 또한 화양동에서 은둔하며 강학했던 우암을 통해 국가의 초석이 되었다는 점을 은현(隱現)한 것이다. 여기서 임상주는 파곶(巴串)이라는 지명과 유비를 연관시켜 생각하고 있다. 이는 국가의 기틀을 나시교사 했던 우암의 기개와 역량을 흠모하고 있는 것이다.

2수를 보자. 임상주는 지명의 유사성에서 유비(劉備)의 업적과 우암의 업적의 대등함을 긍정하고 있는 것이다. 다만 유수(流水)는 영원한데 인걸(人傑)이 간 데 없음을 한탄한다. 그러나 그 이면에 유수(流水)가 영원하듯 그 시대를 흘러가게 할 인물의 탄생도 아울러 기대하고 있는 것이리라.

이상에서 살펴본 내용을 정리해보겠다. 임상주는 매 구곡(九曲)을 읊은 시에서 일차적으로 화양구곡의 절경을 간단명료하게 표현했다. 그리하여 함축미

24) 한소열(漢昭烈) : 소열(昭烈)은 촉한(蜀漢)의 시조(始祖) 유비(劉備)의 시호(諡號)
25) 서파(西巴) : 촉(蜀)의 땅 사천성(四川省) 한시(漢時)에 촉(蜀)이 서방(西方)에 있었음.
26) 장안(長安)에서 촉(蜀)으로 가는 길인 대검(大劒)과 소검(小劒)의 두 산(山)의 요해(要害)

를 느낄 수 있다. 이차적으로 화양동이 산수자연이 아름다운 곳으로만 보지 않고, 명나라 신종과 의종을 모신 사당이 있는 곳으로 의리를 지켰던 현장이라는 점을 인식하고 있다. 아울러 우암의 숭명배청(崇明排淸)의 의지를 불태우며 북벌계획을 수립했던 우암 송시열의 얼을 기린다.

여기서 우리는 이 임상주는 화양동을 숭명 존주대의를 고취하고 아울러 배청의식을 앙양할 수 있는 일종의 성지(聖地)로 인식하고 있다는 사실을 확인할 수 있다.

2) 「화양구곡화무이도가십수(華陽九曲和武夷棹歌十首)」

무이도가(武夷棹歌)의 모티브를 도학(道學)의 입도차제(入道次第)로 파악하는 것은 16세기의 대세였던 것 같다. 산수의 미경(美景)을 읊은 산수시(山水詩)가 아니라 산수(山水)를 매체(媒體)로 하여 도학(道學)의 진도과정(進度過程)과 도학의 오묘한 이치를 노래한 조도시(造道詩)로 이해하는 것이다.[27]

「화양구곡화무이도가십수(華陽九曲和武夷棹歌十首)」의 작자는 권진응(權震應)이다.

泓崢曲曲爽襟靈
홍 쟁 곡 곡 상 금 영
맑은 물 우뚝 솟은 산, 기분을 상쾌하게 해주고,

巴谷還同雲谷淸
파 곡 환 동 운 곡 청
파곶은 도리어 운곡(雲谷)[28]의 청아함과 같네.

箇裏誰能會眞趣
개 리 수 능 회 진 취
그 가운데 그 누가 참 정취 알겠나?

櫂歌聊復和新聲
도 가 료 부 화 신 성
무이도가(武夷棹歌)에 애로라지 다시 시 지어 화답하네.

시인은 서시(序詩)에서 고산청수(高山淸水)한 화양동의 승경이 기분을 상쾌하게 해주는 절경이라 예찬한다. 시인은 파곶(巴串)의 풍광이 운곡(雲谷)과 흡사하다고 간주한다. 운곡은 주자가 만년에 은거하던 곳이다. 시인은 파곶을 화양동을 대변하는 명승으로 보고 있다. 시인이 그 참 정취를 알 사람이 없다고 한 것은 정말 없어서가 아니다. 시인 자신은 알고 있다는 것을 전제한 강

27) 이민홍(李敏弘), 『사림파문학(士林派文學)의 연구(硏究)』, 형설출판사, 1987. 106면.
28) 운곡(雲谷): 중국 복건성(福建省) 건양현(建陽縣) 서쪽. 본래 노봉산(蘆峯山)이었는데, 주자(朱子)가 운곡(雲谷)이라 개명하고 그 아래 운곡초당(雲谷草堂)을 지었음.

한 부정이다. 주자가 무이구곡의 승경을 노래했듯이 시인 자신은 이곳 화양동의 승경을 노래하여 거기에 화답하겠다는 것이다. 한편 자신은 화양동의 풍광의 수려함을 알아볼 수 있으며, 그러한 정취를 누릴 수 있는 식견을 구비했다는 자부심을 표출한 것이다.

제1곡 경천벽(擎天壁)이다.

一曲漣漪可泛船 일 곡 련 의 가 범 선	일곡이라 한 구비 비단 물결 배 띄울 만한데,
擎天危壁逈臨川 경 천 위 벽 형 임 천	하늘을 떠받든 우뚝한 절벽 멀리 개울가에 서있네.
虹橋北望皇祠近 홍 교 북 망 황 사 근	홍교 북쪽으로 명나라 황제모신 사당이 가까운데,
松檜森森鎖翠烟 송 회 삼 삼 쇄 취 연	소나무 회나무 자욱이 푸른 안개에 감싸였네.

권진응은 먼저 경천벽 일대의 자연풍광과 경천벽의 형세를 개괄적으로 읊었다. 그 다음으로 명나라 황제를 모신 사당의 존재를 언급한다. 바로 만동묘이다. 이 사당주변에는 소나무 회나무가 자욱이 푸른 안개에 감싸였다. 만동묘주변의 경관이 수목과 조화를 이루어 아늑하고 경건함을 풍기는 신비로움이 감도는 성지라는 점을 강조한 것으로 이해할 수 있다.

제2곡 운영담(雲影潭)이다.

二曲澄潭抱碧峰 이 곡 징 담 포 벽 봉	이곡이라 맑은 못 푸른 봉우리 감싸 안고,
天雲終古倒寒容 천 운 종 고 도 한 용	하늘의 구름 시원스런 자태 언제나 거꾸로 비치네.
高山漠漠靈源秘 고 산 막 막 영 원 비	높은 산은 막막하고 영험한 발원지는 숨겨져 있는데,
流水桃花渺幾重 류 수 도 화 묘 기 중	흐르는 물결에 복숭아꽃 아득히 흘러가네.

운영담의 형상을 간명하게 묘사했다. 그러나 정작 운영담의 신비경은 3~4구에 은유되어 있다. 운영담의 발원지는 감추어져있지만 그 곳을 유추, 상상할 수 있도록 여운을 남겨두었다. 즉 "흐르는 물결에 복숭아꽃 아득히 흘러가네."라는 표현은, 도연명(陶淵明)의 「도화원기(桃花源記)」에 나오는 "복숭아꽃이 흐르는 물에 멀리 흘러가는구나." 즉 "도화류수묘연거(桃花流水杳然去)"를 염두 한 표현이다. 이처럼 이곳이 별천지라는 사실을 권진응은 인정한다. 지

금 화양동 경천벽 가기 전 5리 지점에 도원리(桃原里)와 무릉리(武陵里)라는 마을이 실존한다. 이 두 지명은 산수 좋은 곳에 상투적으로 붙는 지명이다. 이로 미루어 화양동 일대의 산수풍광이 어떠한지 상상할 수 있다.

제3곡 읍궁암(泣弓巖)이다.

三曲巖如泛壑船 삼 곡 암 여 범 학 선	삼곡이라 골짜기에 떠있는 배와 같은 바위,
貂裘泣血問何年 초 구 읍 혈 문 하 년	담비 갖옷 입고 피눈물 흘리기 몇 년인가?
君民大計空遺廟 군 민 대 계 공 유 묘	임금과 백성의 큰 계획 만동묘(萬東廟)에 남아있고,
社宇聲聲聽可憐 사 우 성 성 청 가 련	만동묘에 통곡하는 소리 가련하네.

읍궁암을 화양동 골짜기에 떠있는 배에 비유했다. 화양동의 주인인 우암이 효종의 승하한 후 제삿날 마다 통곡했다는 곳이다. 우암은 효종과 북벌계획을 수립했다. 그것이 임진왜란과 병자호란으로 실추된 국가의 위엄과 이반된 민심을 수습하기 위한 국민여론전환용의 공허한 계획이라 평가하는 학자도 있지만, 군신(君臣)과의 신의(信義)의 표징이라는 점은 인정해야할 것이다. 이를 완수하지 못한 우암의 애끊는 절규가 시인의 귀에 쟁쟁히 들리는 것이다. 지금 시인도 국방력을 강화하고 민족의 자존심을 회복하려했던 우암의 정신을 긍정하고 공감하고 있는 것이다.

제4곡 금사담(金沙潭)이다.

四曲金沙映翠巖 사 곡 금 사 영 취 암	사곡이라 금사담에 푸른 절벽 비치고,
巖松汀柳共毿毿 암 송 정 류 공 삼 삼	바위의 소나무 물가의 버드나무 빽빽이 어우러지네.
書齋寂寞遺芬遠 서 재 적 막 유 분 원	서재는 적막하나 향기 오래 남아있고,
秋月依然照碧潭 추 월 의 연 조 벽 담	가을 달이 어렴풋이 푸른 연못 비추네.

1구에서 금사담이 절벽아래 있으며 주변에 수목이 울창함을 알 수 있다. 암서재(巖棲齋)는 고요하나 우암의 학문적 향기는 향기롭다. 여기서 서재는 암서재이다. 암서재는 금사담 위 쪽 암벽 위에 지은 학문을 강하던 재(齋)이다. 시인은 가을 달이 우암의 화신으로 생각했는지 모르겠다. 가을 달빛이 밝게

비추듯 우암의 학문하는 자세와 그 의리를 중시하는 정신이 많은 사람들에게 영향을 주었다는 사실을 은근히 암시하고 있는 것 같다.

제5곡 첨성대(瞻星臺)이다.

五曲蒼崖高更深 오곡이라 푸른 절벽 높고도 깊어,
오곡창애고경심

霽雲和雨[29]鎖空林 맑은 구름, 때맞춰 나리는 단비 공허한 숲속에 감도네.
제운화우 쇄공림

煌煌寶墨[30]腥塵外 빛나고 빛나는 신종(神宗)·의종황제(毅宗皇帝)의 어필(御筆)! 속세 밖에 돋보여,
황황보묵 성진외

永激東民拱北心 오래도록 동쪽나라 백성 공북심(拱北心) 우러나게 하네.
영격동민공북심

첨성대의 형상을 읊었다. 높고 높은 절벽으로 된 대이며 비 기운이 공허한 숲에 어려 있다. 보묵(寶墨)은 명나라 신종의 어필(御筆)인 옥조빙호[玉藻氷(冰)壺]와 의종의 어필(御筆)인 비례부동(非禮不動)을 가리킨다. 비례부동(非禮不動)은 『논어(論語)』, 「안연(顔淵)」 비례물동(非禮勿動)[31]의 차용이다. 이 어필을 새긴 글자가 속세 밖에 돋보이며 공북심(拱北心)을 자아낸다고 했다. 그 덕화(德化) 즉 조일전쟁 때 원군을 보내주어 나라를 유지하게 해준데 대해 감사한다는 뜻이 내포되어 있다. 공북심(拱北心)은 『논어(論語)』, 「위정(爲政)」 편의 논리를 그대로 시어(詩語)에 적용했다.

---

29) 제운화우(霽雲和雨) : 맑은 구름, 때맞춰 니리는 비.

30) 황황보묵(煌煌寶墨) : 명나라 의종(毅宗)의 어필인 비례부동(非禮不動)을 민정중(閔鼎重)이 북경에서 구해와 송시열에게 주어 첨성대 절벽 중간지점에 새겼다. 비례부동은 유학의 핵심적 가치기준인 예(禮)를 강조한 말. 대명천지(大明天地), 숭정일월(崇禎日月, 선조의 어필이라는 설과 우암의 친필이란 설이 있음)이라는 글씨를 비례부동(非禮不動)오른쪽에 새겨놓음. 만절필동(萬折必東)은 선조(宣祖)의 어필을 1692년 모각한 것이다. 비례부동(非禮不動)은 만절필동(萬折必東)과 함께 첨성대 암벽에 신종(神宗)의 어필인 옥조빙호(玉藻冰壺)의 좌하(左下)에 있다. 만동묘(萬東廟)란 의미는 중국의 강이 만 번 꺾여도 반드시 모두 동으로 흐르듯, 중국의 명나라의 의리가 조선에 미친다는 뜻을 담고 있다.

① 옥조(玉藻) : 옥은 면류관(冕旒冠)의 앞뒤의 류(旒)에 늘어뜨린 옥. 조(藻)는 색실을 꼬아서 옥을 꿰는데 쓰는 끈. 옥으로 조(藻)를 장식하므로 옥조(玉藻)라 함. 류(旒)는 조(藻)에 구슬을 꿰고 면류관(冕旒冠) 꼭대기의 앞뒤로 늘어뜨린 것. 따라서 전의(轉意)되어 임금을 가리킴. 『예기(禮記)』, 「옥조(玉藻)」. "천자옥조(天子玉藻), 십유이류(十有二旒)"

② 빙호(冰壺) : 본래 얼음을 담는 옥 항아리. 마음이 차고 맑을 것을 비유함. 유준(劉峻) 「송귤계(送橘啓)」 감유평실(甘踰萍實), 냉아빙호(冷亞冰壺) 따라서 옥조빙호(玉藻冰壺)는 임금의 마음이 깨끗하고 맑아야 된다는 의미로 썼다.

31) 『論語』, 「顔淵」 "非禮勿視, 非禮勿聽, 非禮勿言, 非禮勿動."

제6곡 와룡암(臥龍巖)이다.

六曲奇岩枕綠灣 육 곡 기 암 침 록 만	육곡이라 기이한 암석이 푸른 물 구비를 베고 누웠는데,
重重雲樹隔塵關 중 중 운 수 격 진 관	겹겹이 구름 감도는 나무들 속세와는 격리되었네.
天時冉冉群陰剝 천 시 염 염 군 음 박	날씨는 쨍쨍 짙은 녹음은 늘어졌는데,
潭底潛龍臥自閒 담 저 잠 룡 와 자 한	웅덩이의 잠룡이 절로 한가로이 누워있네.

와룡암 일대 기암괴석이 물과 조화를 이루었다는 표현을 적절한 비유로 묘사했다. 이런 절경을 속세를 벗어난 절경이라 극찬한다. 웅덩이의 잠룡처럼 와룡암이 한가롭게 누웠다는 비유는, 당시 현실을 치환적으로 표현한 것이리라. 즉 국난을 극복할 인물이 필요한 시기인데, 그러한 능력을 갖춘 인물들이 여러 가지 여건이 형성되지 않아 활약하지 못하는 세태에 대한 한탄으로 보인다.

제7곡 학소대(鶴巢臺)이다.

七曲清流激作灘 칠 곡 청 류 격 작 탄	칠곡이라 맑은 물이 빠르게 흘러 여울이 되었으며,
鶴巢秋色錦屛看 학 소 추 색 금 병 간	학소대의 가을 색이 비단 병풍 같네.
徜徉盡日忘歸去 상 양 진 일 망 귀 거	하루 종일 노닐다가 돌아가는 것도 잊고,
幽鳥不鳴空翠寒 유 조 부 명 공 취 한	학(鶴)은 울지 않는데 허공의 푸른 빛이 차기만 하네.

권진응은 학소대의 가을 풍경을 비단병풍에 비유함으로써 학소대의 아름다운 경치를 극찬하고 있다. 이래서 권진응은 학소대에서 돌아가는 것을 잊었다고 실토한다. 학소대 근처의 절경을 강조한 말이다. 그는 학이 울지 않아도 돌아가고 싶지 않다고 했다. 학은 신선에 비유된다. 이를 통해 권진응이 절로 신선경에 도취되었다는 사실을 알 수 있다. 푸른빛은 희망을 뜻하는 빛이다. 따라서 학은 울지 않지만 아직도 신선을 볼 수 있는 희망이 있다는 것을 암시하는 것이다. 이렇듯 시인은 선경 같은 이곳에서 막연하나마 신선의 출현을 기대하며 심취해있는 것이다.

제8곡 파곶(巴串)이다.

八曲寬平眼忽開 팔곡이라 넓적하고 평평하여 눈앞이 확 떠지고,
팔곡관평안홀개

素磐千頃水縈洄 하얀 반석 널직하며 물이 빙빙 도네.
소반천경수영회

蒼苔細逕渾依舊 푸른 이끼가 오솔길에 의구한데,
창태세경혼의구

尚想吟風詠月來 아직도 음풍영월하던 일 상상할 수 있네.
상상음풍영월래

파곶에 평평하게 깔려있는 암반은 괄목할 만하다. 물이 빙빙 돌고 암반이 눈이 확 떠질 정도로 운치를 자아내는 곳이다. 이런 절승에서 우암이 음풍농월하던 사실을 연상한다. 이곳은 음풍농월의 산실이다. 권진응은 이끼는 끼어 있어도 그 음풍농월은 상상할 수 있다고 했다. 우암의 학문과 강학의 유흔이 아직도 남아있다는 사실을 강조한 것이다.

제9곡 선유동(仙游洞)이다.

九曲仙游更窅然 구곡이라 선유동 다시 아득한데,
구곡선유갱요연

巑岏峯壁瀉長川 높고 높은 봉우리 장천(長川)에 솟아있네.
찬완봉벽사장천

游人誰解窮源泒 유람객 누가 무궁한 근원을 알리오?
유인수해궁원파

除是華陽一洞天 여기도 화양구곡의 한 구역이라네.[32]
제시화양일동천

권진응은 화양구곡에서 선유동이 제외된 사실을 시로 읊어 남겨놓았다. 즉 권진응은 자기 증조부인 권상하가 선유동을 포함해서 화양구곡을 정했는데, 민진원이 선유동을 제외하고 화양구곡을 축소하여 정한 것을 아쉬워하여 자신은 선유동을 포함하여 시를 지은 것이다. 1999년 이 논문을 쓸 당시에는 선유팔경이 화양구곡과 선유구곡으로 분화변천된 사실을 밝힐 자료를 탐색해 내지 못했다. 그후 몇 편의 논문에서 그 분화변천과정 등에 관해 상세히 논증했다.[33] 2018년 보완한다.

---

32) 權震應, 『山水軒先生遺稿』火, 「華陽九曲和武夷櫂歌十首」, 회상사, 1994. 成海應, 『研經齋集』外集 권30,韓國文集叢刊 276, 민족문화추진회, 2001, 496~497면.

33) 이상주(李相周), 「괴산군(槐山郡) 선유동(仙遊洞)의 전설적(傳說的) · 선취적(仙趣的) 인물 이녕(李寧)의 가계와 생애」, 『중원문화논총(中原文化論叢)』제5집, 충북대학교 중원문화연구소(中原文化研究所), 2001.이상주(李相周), 「'선유팔경(仙遊八景)'의'화양구곡(華陽九曲)' · '선유구곡(仙遊九曲)'에로의 분화변천과정과 기타 관련문제」, 『중원문화논총(中原文化論叢)』제6집, 충북대학교

이상에서 고찰한 바를 정리하면 다음과 같다. 작자는 은거하면서 강학과 저술활동을 했던 주자식의 생활방식을 동경하고 그와 같은 정취를 시화했다.

이 시는 주자의 「무이도가」에 화운(和韻)한 시이다. 같은 운을 따라 시를 시었다는 외형적 형식은 동일하다. 그러나 시상(詩想)은 동일하지 않다. 화양동의 자연경관의 수려함을 적절히 표현했다. 그리고 자연경물에 얽힌 역사적 사실과 일화를 묵과하지 않았다. 대체로 표현법에 있어서 앞부분에서 자연경관을 읊고 뒷부분에서 정감을 토로하는 전경후정(前景後情)의 표현방식을 취했다. 이런 가운데 중국 신종과 의종에 대한 의리를 묵과하지 않았다. 아울러 우암이 효종과의 의리를 잊지 않고 있다는 사실을 주목했다. 이렇듯 시인은 화양동이 산수자연이 수려하다는 사실을 읊으면서 이곳에 의리정신이 깃들어 있는 곳이라는 점을 강조하고 있다.

3) 화양구곡의무이도가십운(華陽九曲依武夷棹歌十韻)

이 시는 우암의 7대손 송흠학(宋欽學)의 작품으로 보인다.(?)

화양구곡의무이도가십운(華陽九曲依武夷棹歌十韻)

先生出處證山靈 선 생 출 처 증 산 령	선생의 처신은 산신령이 증명해주었으며,
兼愛巖泉絶世清 겸 애 암 천 절 세 청	애호했던 바위와 샘물은 세상에 더없이 맑다네.
況又皇靈憑几杖 황 우 황 영 빙 궤 장	하물며 황제의 혼령 책상과 지팡이에 의지하고 있는데,
隔林長聽子規聲 격 임 장 청 자 규 성	숲 멀리 자규의 울음소리 오래도록 들려오네.

송흠학은 서시에서 우암의 처신(處身)이 산신령이 인정한 경지라 예찬한다. 또한 우암이 애호했던 바위와 샘물이 세상에서 더없이 맑다고 했다. 이는 화양동의 산수자연의 청아함을 강조하면서, 우암의 고결하고 청아한 인품과 학문을 비유적으로 표현한 것이다. 화양동 만동묘에는 명나라 신종과 의종의 위패를 모셨다. 이 황제의 혼령이 우암의 서재에 서려있다고 표현한 것은 그 만큼 우암이 황제를 지극히 흠모했다는 점을 강조한 것이다. 자규(子規)는 두견

중원문화연구소, 2002.

(杜鵑)이라고도 한다. 촉(蜀)나라 망제(望帝)의 죽은 넋이 화해서 되었다는 전설을 가진 새이다. 황령(皇靈)은 천자(天子)의 신령, 다시 말해 신종과 의종의 혼령이다. 우암은 황제를 추모하는 정을 화양동에 집약했던 것이다. 이렇듯 화양동은 아름다운 산수와 함께 우암의 신종과 의종에 대한 의리를 빼놓을 수 없다. 그래서 작자는 서시에서 화양동의 상징을 표상화한 것이다.

경천벽(擎天臺)

一曲層巖繫釣船 일곡층암계조선　일곡이라 층암에 낚싯배 매놓을 수 있으며,
擎天危壁插長川 경천위벽삽장천　하늘을 떠받든 높다란 암벽이 긴 시내에 솟아있네.
洞門長護王春脈[34] 동문장호왕춘맥　화양동에서 대일통(大一統)의 뜻을 오래 지켰는데,
俯視塵寰閱劫烟 부시진환열겁연　속세를 굽어보니 안개 자욱히 끼었네.

배는 무엇을 싣고 가는 기능을 가지고 있다. 하늘을 치받을 듯한 높은 절벽은 불굴의 기상을 은유한 것이다. 이런 기상은 대일통(大一統)으로 발휘된다. 대일통은 국론의 화합과 통일을 전제로 한다. 이는 우암의 배청북벌(排淸北伐)의 원대한 계획을 말한 것이리라. 작자의 배에는 대일통의 원대하고 견강한 이상을 싣고 있었다. 즉 작자는 우암의 뜻에 공감을 가지고 있었다. 그런데 속세를 굽어보니 안개가 자욱하다고 했다. 이는 우암의 대일통의 뜻을 아는 이가 적다는 것을 비유한 것으로 해석할 수 있다.

제2곡 운영담(雲影潭)이다.

二曲青嵐擁碧峰 이곡청람옹벽봉　이곡이라 옅은 아지랑이 층암절벽을 감싸고,
蘸淵雲影渼天容 잠연운영미천용　연못에 구름 그림자 잠겨있고 하늘의 모습 물결치네.
方塘尙自淸如許 방당상자청여허　네모스름한 연못은 아직도 절로 푸른데,

34) 왕춘(王春) : 왕정월(王正月)과 같음. 주(周) 천자(天子)가 정월(正月)에 대일통(大一統)의 뜻을 밝힌다. 『춘추공양전(春秋公羊傳)』, 「은공원년(隱公元年)」 "왕정월(王正月), 대일통야(大一統也)"

何況靈源瀞氣重 신령스런 발원지(發源地)엔 영기(瀞氣)가 얼마나 많이 뭉쳐있겠
하황영원영기중 는가?

운영담은 아지랑이가 절벽을 감싸 안을 정도로, 높고 신비로움을 자아내는 곳이다. 구름어린 연못이니, 아지랑이 피어오르는 것은 당연하다. 연못에 하늘 모습이 물결친다. 그만큼 물이 맑고 잔잔하다는 의미이다. 네모진 연못의 푸르름은 너무 신비롭다. 운영담은 흘러내려와 고인 중간 지점의 물이다. 이렇듯 이곳의 물이 맑은 점에 비추어 볼 때 발원지의 영기는 절로 짐작할 수 있는 것이다. 여기서 작자는 구름서리고 맑은 물이 감도는 신령스러울 정도로 아름다운 운영담의 절경을 표현한 것이다.

제3곡 읍궁암이다.

三曲穹巖似跨船 삼곡이라 커다란 바위 걸터앉은 배와 같은데,
삼곡궁암사과선

攀躋長憶泣弓年 올라가서 활을 품고 통곡하던 당년 모습을 한참 생각해보네.
반제장억읍궁년

窮山血痕從誰灑 깊은 산에 혈흔(血痕) 누가 뿌려놓았나?
궁산혈흔종수쇄

惟有河西曠世憐 오직 시내 서쪽에 남아 오랜 세월 가련하네.
유유하서광세련

읍궁암은 운영담 물가에 있는 널찍하고 평평한 바위다. 이를 걸터앉은 배의 형상이라 비유했다. 우암이 효종의 제삿날이 되면 이 바위에 올라 통곡했던 곳이다. 혈흔이 서쪽에 남아있어 오랜 세월 가련하다고 했다. 실제 혈흔이 남아있을 리 없다. 그토록 효종의 승하를 애통해했다는 점을 부각한 것이다. 서쪽도 단순히 방위상으로 서쪽을 의미하지는 않는 것으로 생각된다. 서쪽은 해가 넘어가는 곳이다. 무엇이 기울어간다는 것을 뜻한다. 우암은 북벌계획을 실현치 못한 아쉬움을 품고 있었다. 이렇듯 우암의 북벌계획에 대한 실패와 좌절의 한이 담겨 있는 곳이라는 것을 의미한다.

제4곡 금사담(金沙潭)이다.

四曲金沙繞碧巖 사곡이라 금사담은 검푸른 바위로 둘러싸이고,
사곡금사요벽암

巖棲逕仄草毿毿 암서재 길옆에 풀이 하늘하늘하네.
암서경측초삼삼

琴書咫尺開光影 　거문고와 서책이 지척에서 빛을 발하니,
금 서 지 척 개 광 영

認是山南第一潭 　산남의 제일가는 못 인줄 알겠네.
인 시 산 남 제 일 담

풀과 물과 바위가 조화를 이룬 곳에 금사담이 있다. 금사담이 내려다보이는 암반위에 우암의 학재인 암서재가 자리하고 있다. 거문고와 책은 선비가 지녀야할 필수품들이다. 바로 선비의 상징이다. 그 상징이 금사담에 어려 있다. 당나라 유우석(劉禹錫)은 「누실명(陋室銘)」에서 "산부재고(山不在高), 유선즉명(有仙則名)" 즉 "산은 높은 데 그 의미가 있는 것이 아니라, 신선이 있으면 이름이 난다."이라 했다. 핵심과 근본이 구비돼야 참 의미와 가치가 있는 것이다. 동방의 대유(大儒)인 우암의 자취가 이곳에 남아있으니, 제일가는 못이라 간주한 것이다. 시인은 금사담의 수려함을 예찬하면서, 아울러 우암의 학문을 높이 평가하고 있는 것이다.

제5곡 첨성대(瞻星臺)이다.

五曲瞻星擇地深 　오곡이라 첨성대 지세를 잘 잡았으니,
오 곡 첨 성 택 지 심

斗南[35]光氣耀山林 　상성(相星)의 빛나는 기운 산 숲을 밝히네.
두 남 광 기 요 산 림

厓前寶刻天章爛 　바위 절벽에 새긴 황제의 글씨 현란하여,
애 전 보 각 천 장 난

省識瑤纏拱北心 　별이 북극성 안고 도는 줄 알겠네.
성 식 요 전 공 북 심

첨성대에선 별들의 운행을 관찰할 수 있다. 이곳에선 북두성과 북극성의 관측도 용이한 곳이다. 두남(斗南)은 상성(相星)을 비유적으로 쓰는 말이다. 상성(相星)은 송시열을 상징한다. 송시열은 그 제자 권상하 민진원 등 제자들에게 첨성대 암벽에 만절필동(萬折必東), 비례부동(非禮不同), 옥조빙호(玉藻冰壺) 등의 글씨를 새기게 했다. 그래서 암벽에 황제의 글씨가 선명한 것이다. 황제의 글씨에 대해서는 앞의 시를 논하면서 설명했다. 뭇별들이 북극성을 안고 돌아간다. 이처럼 명황제의 덕화(德化)가 우리나라에 미쳤다는 사실을 강

35) 두남(斗南) : 상성(相星)은 북두성이남(北斗星以南)에 있는데, 세상에서 이로 인해서 재상(宰相)을 대신 이르는 말로 쓰임. 『진서(晋書)』, 「천문지(天文志)」. "상일성(相一星), 재북두남상자(在北斗南相者), 총령백사(總領百司), 이장방무(而掌邦務), 이좌제왕안방국(以佐帝王安邦國), 집중사야(集衆事也)"

조한 것이다. 화양동에 명나라 신종과 의종을 모신 사당 만동묘가 있었다.

제6곡 능운대(凌雲臺)이다.

六曲凌雲又一灣 육곡능운우일만	육곡이라 능운대는 또 하나의 물 굽이,
水門烟雨暖常關 수문연우난상관	수문에 항상 뿌연 안개비 서려있네.
自崖高揖干霄氣 자애고읍간소기	언덕으로부터 하늘을 범하는 기운 높이 모였으니,
仁者巖巖智者[36]閑 인자암암지자 한	인자(仁者)는 높고 높으며 지자(智者)는 한가하네.

구름을 뚫고 솟아있는 바위가 능운대이다. 그 아래 물이 구비 쳐 흐르고, 안개비가 서려있다. "안개비"는 물보라가 뿌옇게 일어나는 장면을 표현한 것이다. 여기서 우리는 문자 이면에 깔려 있는 의미를 주시해야한다. 인자(仁者)는 산(山)을 의미하고 지자(智者)는 물을 의미한다. 『논어』에 나오는 말 "인자요산(仁者樂山), 지자요수(智者樂水)"즉 "어진 사람은 산을 좋아하고, 지혜로운 사람은 물을 좋아한다."를 원용한 것이다. 산수자연을 통해 우리는 일정한 교훈과 감화를 얻을 수 있다. 즉 산과 물을 늘 가까이 하고 살다보면 산과 물이 가지고 있는 속성을 닮아간다는 점이다. 『논어집주(論語集註)』에 다음과 같이 주석했다."지자(知者)는 사리(事理)에 통달하여 두루 유통(流通)하고 막힘이 없어서 물과 비슷한 점이 있으므로 물을 좋아하고, 인자(仁者)는 의리(義理)에 편안하여 중후하고 옮기지 않아서 산과 비슷한 점이 있으므로 산을 좋아하는 것이다."[37] 시인은 능운대를 바라보면서 이런 점까지도 관조했던 것이다. 바로 시인은 산(山)을 바라보면서 일면 의리(義理)의 높음을 염두하고 있다.

제7곡 와룡암(臥龍巖)이다.

七曲龍巖枕石灘 칠곡용암침석탄	칠곡이라 용암이 바위 여울에 잠겨있는데,
一方魚水[38]臥雲看 일방어수 와운간	한쪽 곁에 누워 물과 고기를 구름아래 바라보네.

---

36) 『論語』, 「雍也」. "智者樂水, 仁者樂山."

37) 成百曉, 『懸吐 完譯 論語集註』, 전통문화연구회, 1997. 참조, 121면. 번역 참조.

38) 어수(魚水) : 끊을래야 끊을 수 없는 밀접한 관계. 「촉지(蜀志)」 선생왈(先生曰) 고지유공명(孤之有孔明), 유어지유수야(猶魚之有水也)

草堂春睡今誰喚 초당에 봄잠 오는데 지금 누구를 부르리오?
초 당 춘 수 금 수 환

思漢人心尙自寒 제갈량을 생각하니 마음이 오히려 절로 싸늘해지네.
사 한 인 심 상 자 한

와룡암은 용의 형상을 한 바위가 물밑에 깔려있는 곳이다. 그곳에서 물과 고기를 바라본다. 물과 고기는 불가분의 관계이다. 이렇듯 와룡(臥龍)하면 연상되는 대상이 제갈량(諸葛亮)이다. 제갈량은 유비를 도와 촉한(蜀漢)을 건설한 공로자다. 제갈량을 생각하니 정신이 번쩍 드는 것이다. 청나라를 정벌하려했던 우암을 제갈량에 비견하고 있는 것이다. 여기서 시인은 우암과 제갈량처럼 국가를 위해 진력할 수 있는 인재의 출현을 열망하고 있는 것 같다.

제8곡 학소대(鶴巢臺)이다.

八曲巖泉怳復開 팔곡이라 암천(巖泉)이 어렴풋이 다시 솟아오르고,
팔 곡 암 천 황 부 개

鶴巢臺下耐沿洄 학소대 아래 물굽이 돌아 흐르네.
학 소 대 하 내 연 회

莫嘆華表[39]無歸影 화표(華表)에 돌아갈 그림자 없음을 한탄하지 마라,
막 탄 화 표 무 귀 영

猶有杉松引得來 오히려 삼나무 소나무가 있는 이곳으로 오렴아.
유 유 삼 송 인 득 래

학소대 주변엔 석간수가 솟아오르고 그 아래 물굽이가 돌아간다. 학은 신선의 화신으로 일컬어진다. 작자는 학더러 이곳에 오라한다. 소나무와 삼나무 그리고 맑은 물이 있어 학이 머물기 좋은 곳임을 강조했다. 이곳에 작자 자신도 와있다. 학과 함께 자신이 살아있는 인간신선으로 와 있는지도 모른다.

제9곡 파곶(巴串)이다.

九曲心眸頓擴然 구곡이라 마음과 눈이 갑자기 떠지는데,
구 곡 심 모 돈 확 연

長松白石鴻淸川 장송(長松)과 백석(白石) 맑은 시내에 펼쳐졌네.
장 송 백 석 홍 청 천

巴溪別是源頭水 파계(巴溪)가 특별히 발원의 머리가 되는 물인데,
파 계 별 시 원 두 수

39) 화표(華表) : 「수신후기(搜神後記)」. 정령위(丁令威) 본래 한(漢) 요동인(遼東人) 영허산(靈虛山)에서 도(道)를 배워 학(鶴)이 되어 요동에 돌아옴. 성문의 화표주(華表柱)에 모였는데, 이 때 소년이 활로 쏘려하자, 학이 날며 허공을 배회하며 말하기를 "새가 있으니, 정영위라. 집을 떠난 지 천년 만에 지금 돌아오니 성곽은 예와 같은데 인민(人民)은 아니다. 어찌 선몽(仙冢)을 누누이 배우지 않나?"하고는, 드디어 하늘로 높이 날아갔다.

宛在中央一洞天　　완연히 중앙에 하나의 동천이 있네.
완 재 중 앙 일 동 천

파곶의 실상이 눈앞에 완연하다. 파곶은 마음과 눈이 확 떠질 정도로 맑은 시내위로 낙락장송이 늘어져있다. 파곶에 흐르는 물은 원두수(源頭水)가 되며, 그 중앙에 하나의 동천이 있다고 보았다. 즉 동천은 신선의 세계이니 파곶의 절경을 예찬한 것이다. 여기서 한 가지 부언해둔다. 대개 사람들이 파천이라 부른다. 파곶이 맞는 발음이다. 돈꿰미라는 뜻으로 쓰일 땐 천이지만, 땅이름으로 쓰일 때는 곶이다. 그 예로 장산곶과 장기곶을 들 수 있다. 파곡(葩谷)[40]으로도 불린 경우도 있다.

이상에서 살펴보았듯이 이 시는 주자의 「무이도가」에 화운(和韻)해 지었다는 외형적 형식은 동일하다. 그러나 시상(詩想)은 동일하지 않다. 이 시는 조도시(造道詩)가 아니라 서경시(敍景詩)로 볼 수 있다. 화양동의 절경을 간명하게 적절히 표현했다. 그리고 자연경물에 얽힌 역사적 사실과 일화를 제시했다. 대체로 표현법에 있어서 앞부분에서 자연경관을 읊고 뒷부분에서 정감을 토로하는 표현법을 취했다. 이런 가운데 중국의 신종과 의종에 대한 의리의 중요성을 주시했다. 아울러 우암이 효종과의 의리를 고수했다는 점에 대해서도 유념하고 있다. 이렇듯 시인은 화양동이 산자수명한 명승지라는 사실을 읊으면서 이곳에 의리정신이 깃들어 있는 곳이라는 점을 강조하고 있다.

4. 맺음말

고려말에 성리학(性理學)이란 이름으로 중국에서 수용한 주자학은 우리나라에 사상에서 뿐 아니라 문인학자들의 생활면 그리고 문학에까지 큰 영향을 미쳤다. 조선조 사림들은 주자의 영향을 받아 구곡을 설정하고 문학작품을 창작했던 것이다.

화양동은 송시열이 은거하며 학문을 닦던 곳이다. 송시열이 주자주의자였던 것은 부정할 수 없는 사실이다. 송시열이 죽은 후 그 제자 권상하가 명에 대

40) 金正喜, 「朝鮮山水記」, 『古今小說精華』권 6 地理類 (二) 古跡門,36. 廣益書局 1910년대 북경출판사 19922년 영인. 尹浩鎭, 「추사 김정희의 朝鮮山水記」, 『韓國漢文學硏究』 제23집, 韓國漢文學會, 1999. 249~277면. 432면.

한 보은의 의리를 지키기 위해 송시열의 유지를 받들어 만동묘를 건립했다. 후학들은 송시열을 추모하고 학술을 강학하기 위해 화양서원을 건립했다. 본고에서는 이러한 역사적 배경이 있는 화양구곡에 대해 읊은 화양구곡시의 문학적 연원을 개관하고, 그 시를 통해 조선조 사림들이 화양동에 대해 어떻게 인식했는가 하는 점과 그 현시대적 의미를 규명해보고자 했다.

위에서 살펴본 세편의 시에 나타난 대체적인 특징은 다음과 같다. 작자는 일차적으로 화양구곡의 절경을 개괄적으로 간단명료하게 표현했다. 그리하여 함축미를 느낄 수 있다. 이차적으로 화양동을 산수자연이 아름다운 곳으로만 보지 않고, 명나라 신종과 의종을 모신 사당이 있는 곳으로 의리를 지켰던 현장이라는 점을 인식하고 있다. 아울러 우암의 숭명배청(崇明排淸)의 의지를 불태우며 북벌계획을 수립했던 우암 송시열의 얼을 기리고 있다. 또한 우암이 효종과의 의리를 잊지 않고 있다는 사실을 주목했다. 여기서 우리는 화양동이 숭명(崇明)과 관련하여 의리정신(義理精神)과 배청의식을 고취앙양할 수 있는 일종의 성지(聖地)로 인식하고 있다는 사실을 확인할 수 있다.

만동묘와 화양서원을 건립한 취지가 일면 노론당(老論黨)의 당리당략적 의도가 있었던 것은 사실이다. 이런 요소를 배제한다면 화양동은 산수경관이 수려한 명승지로 자연미감상의 물론, 존화양이의식과 의리정신 그리고 자강지도(自强之道)를 함양할 수 있는 문화유적지로 그 의미를 부여할 수 있을 것이다.

11장. 이득윤(李得胤)의 서계구곡(西溪九曲)과 조우인(曺友仁)의 「서계팔영(西溪八詠)」

1. 머리말

좌측 사진: 이득윤의 농금암 각자.
중앙 사진: 이득윤의 상읍암 근접 촬영.
우측 사진: 상읍암 전경.

다음은 서계 후손 이종찬이 들려준 내용이다. "상읍암 아래 옆의 개울물이 들어오게 물길을 내었으며 학생들에게 바위에 뛰어 오르기 훈련을 시켰다 한다. 바위 중간에 올라가기 편하기 인공으로 다듬어 놓은 흔적이 있다."

서계구곡(西溪九曲)[1]은 서계(西溪) 이득윤(李得胤 1553~1630)이 지금의 청주시 상당구 미원면 가양리 일대에 설정한 것이다. 그러나 지금까지 세상에 널리 알려지지 않았다. 필자가 그 동안 각종 문헌에서 확인하여, 그 구체적인 명칭을 학계에 처음 소개하는 것이다. 이득윤(李得胤)은 지금 청주시 청원구 북이면 석화리에서 출생하여, 미원면 가양리에 거처하였다. 그는 한글로 「서계육가(西溪六歌)」·「옥화육가(玉華六歌)」를 창작했으며, 음악과 역학(易學)에 조예가 깊은 문인학자이자, 서원(書院)의 원장인 산장(山丈)과 광해군을

1) 이득윤은 서계구곡과 서계팔경을 정했다. 서계구곡과 서계팔경의 일부가 겹친다. 서계구곡가가 현재 전하지 않아 그 실상의 일부나마 알아볼 수 있게 하기 위해 수록한다.

교육한 왕자사부(王子師傅)를 지낸 교육자였다.

가양리일대는 이득윤의 학문수준과 역학적 일면을 살펴볼 수 있는 문화유적지이다. 서계(西溪)라는 지명은 이득윤이 명명한 것이다. 서쪽에서 발원하여 동쪽으로 흐르는 시내라 하여 서계(西溪)라 했으며, 이득윤은 이를 자신의 호로 삼았다. 이득윤은 지금 가양리의 대표적 장소에 서계구곡을 설정했으며, 「서계육가」를 지었다. 또한 지금 충북 청원군(청주시 상당구 2014년 7월 1일 통합) 미원면 옥화리에 옥화구곡을 설정하고 「옥화육가」을 지었다. 지금 옥화대로 널리 알려진 명승지는 옥화구곡의 제5곡에 해당하는 명칭이다. 옥화구곡은 이를 중심으로 박대천(博大川) 상·하류 30리에 걸쳐 설정되었다. 『서계집(西溪集)』에 수록되어있는 묘지명과 『경주이씨선세실록(慶州李氏先世實錄)』에 수록된 「서계선생년보(西溪先生年譜)」에 「서계육가(西溪六歌)」와 「옥화육가(玉華六歌)」를 창작했다는 기록이 있다. 서계가 55세가 되던 1607년의 일이다. 그러나, 이 두 편의 한글 시가작품(詩歌作品)은, 『서계집』에 실려있지 않다. 『서계집』을 간행하던 시기에 수록을 하지 않아 없어졌거나, 『경주이씨선세실록』을 간행하던 시기에 제외되어 없어진 것으로 추정된다. 『서계집』은 1833년 간행 후 재간된 적이 없다.

그런데 서계구곡이 있는 가양리일대에는 서계팔경(西溪八景)도 공존했었다. 지금 조우인(曺友仁1568~1625)의 「서계팔영(西溪八詠)」시(詩)[2)]가 전해온다. 서계팔경의 각각의 명칭은 역학(易學)과 관련된 명칭을 붙였다. 이는 서계가 역학에 일가를 이루었으며 당대 명사들이 공인할 수준이었다는 반증이다. 그런데 안타깝게도 이득윤의 서계구곡시는 전해오지 않는 것 같다. 본래 짓지 않은 것인지, 지었는데 전하지 않는 것인지는, 현재로는 단정할 수 없다. 그의 문학적 식견으로 볼 때, 한시(漢詩)로 서계구곡시와 옥화구곡시를 창작했을 가능성을 부정할 수 없다. 그런가하면 한글로 서계구곡가를 지었을 수도 있다. 이런 작품들이 현재 전해오는 것 같지는 않다. 이런 형편에서 조우인의 「서계팔영(西溪八詠)」이 남아있다는 자체만도 천만다행이다. 이를 통해 이득윤의 학문적·역학적(易學的) 면모를 재확인할 수 있는 것이다.

---

2) 曺友仁, 『頤齋集』, 「西溪八詠」. 「서계팔영(西溪八詠)」은 나의 박사학위 지도교수이신 성균관대학교 한문교육과 임형택(林熒澤 1943~)선생님께서 그 시의 존재에 대해 다음의 논문에서 언급했으며, 그 시 전체를 제공해주시고 필자가 번역한 「서계팔영(西溪八詠)」을 검토해주셨다. 임형택(林熒澤), 「17세기 전후(前後) 육가형식(六歌形式)의 발전과 시조문학』, 『민족문학사연구』 6집, 민족문학사연구소, 1994, 12면.

이제 서계의 가계와 생애 및 저술, 그리고 서계구곡의 각각의 명칭과 위치, 서계팔경의 각각의 명칭과 위치를 살펴보자한다. 또한 「서계팔영(西溪八詠)」의 작자 조우인의 가계와 생애를 개략하고, 「서계팔영(西溪八詠)」을 분석하여 '구곡문화관광특구(九曲文化觀光特區)' 기행에 일익을 주고자한다.

2. 이득윤(李得胤)의 가계(家系)와 생애(生涯) 및 저술[3)]

서계(西溪) 이득윤(李得胤)의 대해서는, 이병기(李秉岐)선생이 『현금동문유기(玄琴東文類記)』를 소개하면서, 그 저자라는 사실을 밝혔가. 임형택(林熒澤 1943~)교수님께서 「서계육가」와 「옥화육가」에 대해 논하면서 음악과 관련된 면을 언급한 바 있다. 서계의 생애에 대해서는 그의 문집인 『서계집』에 수록되어있는 행장과 묘지명을 통해 대체적인 면모를 알 수 있다. 본고에서는 『조선왕조실록』과 필자가 색출한 『경주이씨선세실록(慶州李氏先世實錄)』에 수록된 「서계선생년보」에 의거하여 그의 생애의 특징적인 면을 개괄한다. 연보는 그 행적을 연대순으로 기술하고 있어 구체적인 연도를 파악할 수 있기 때문이다.

『경주이씨선세실록』과 『경주이씨세적보유(慶州李氏世蹟補遺)』의 편저자는 서계(西溪)의 후손 이필영(李苾榮 1853~1930)이다.[4)] 그러나 「서계선생년보」의 작성자가 누구인지는 알 수 없다. 서술체계를 살펴본 결과, 서계가 몰(歿)한 후에, 서계의 형제나 서계의 직계자손에 의해 작성된 것으로 추정할 뿐이

---

3) 이득윤의 생애 및 저술에 대해서는 다음의 논문을 약간 가다듬어 싣는 것이다. 이상주(李相周), 「이득윤(李得胤)과 서계육가(西溪六歌)·옥화육가(玉華六歌)의 창작연대-「서계년보(西溪年譜)」를 통하여-」, 『한국의 경학과 한문학(죽부(竹夫) 이지형교수(李篪衡敎授) 정년퇴직 논총)』, 태학사, 1996. 李相周, 「서계선생년보(西溪先生年譜)와 「서계육가(西溪六歌)」·「옥화육가(玉華六歌)」의 창작년대(創作年代)」, 『서지학보(書誌學報)』21호, 한국서지학회, 1998.

4) 서계의 후손 이필영(李苾榮)은 1921년 『경주이씨선세실록(慶州李氏先世實錄』 상 하(上 下) 2책의 목판본을 간행했다. 이공린(李公麟)의 아들 이곤(李鯤)으로 이어지는 인물들의 사적을 기술한 책이다. 이 책은 초고필사본인 『경주이씨세적보유(慶州李氏世蹟補遺)』를 저본으로 한 것이다. 『경주이씨세적보유』는, 외표지에 가승(家乘)이라 적은 필사본(筆寫本)으로 천(天)·지(地)·인(人) 3책인데, 이필영의 손자 이종찬이 소장하고 있다. 이 필사본 초고는 가전하는 선조들의 필사본을 토대로 옮겨쓴 것으로 짐작된다. 이 책의 천책(天冊)에 이정의 「풍계육가」와 지책(地冊)에 이홍유의 「산민육가(山民六歌)」가 수록되어 있다. 그러나 이 두 편의 한글 시가는 목판본으로 공간한 『경주이씨선세실록(慶州李氏先世實錄)』에 실지 않았다. 문집 편찬과정에서 편찬 비용을 절감하기 위해서 또는 문집 편찬자의 식견에 따라 한글작품이 제외되는 경우도 있다.

다. 이필영이 유력하다. 집안에 전해오던 것을 신유년(1921년)에 『경주이씨 선세실록』를 간행하면서 첨부한 것으로 짐작된다.

이득윤(李得胤)의 초명(初名)은 덕윤(德胤)이고 자(字)는 극흠(克欽), 호(號)는 서계(西溪)이다. 본관은 경주(慶州)인데, 경주이씨는 고려 말부터 부상한, 문운이 성세한 가문이다. 신라시대인물 알평(謁平)의 17세손이 이제현(李齊賢 1287~1367)이다. 그의 6세 후손 이공린(李公麟)은 세간에 '팔별(八鼈)'이라 알려져 있는 8명의 아들을 두었다. 그 막내가 곤(鯤)이며 곤의 넷째 아들이 잠(潛)이다. 잠의 맏아들이 바로 서계 이득윤이다.

서계에 대한 『인조실록』의 기록을 보기로 한다.

> 괴산군수 이득윤(李得胤)이 졸했다. 처음 이름은 덕윤(德胤)이고 자(字)는 극흠(克欽)이면 본관은 경주이다. 소시 적에 학문을 좋아하였으며, 부모를 효성스레 모시었다. 인조반정초기에 공조정랑(工曺正郞)으로 임명되어 임금의 부름을 받고 올라왔다. 뒤에 괴산군수를 제수하니 서울에 올라와 은혜에 사례했다. 성안의 사람들의 말소리를 듣고, 사람들에게 말하기를 "쇠소리가 오히려 크게 들리니, 병난이 가셔지지 않은 것이다."라고 했다. 정묘년에 이르니 그 말이 과연 징험이 있다. 군(郡)을 다스림에 치행을 제일 잘하여 임금이 특별히 통정대부(通政大夫)의 품계를 내려 그를 포상했다. 마침내 늙고 병들어 집으로 돌아가 지내다가 이에 이른 것이다. 죽은 해의 나이는 78이었다.[5)]

위를 통해 서계의 생애의 대체적인 면모를 알 수 있다.

이번엔 「서계선생년보」을 근거로 하여 생애 중에 특징적인 행적을 제시한다.

가정(嘉靖) 삼십이년 계축년(1553년) 윤 삼월, 지금의 충북 청주시 청원구 북일면 석화리(石花里)집에서 출생했다.

20세(1572년)에 서기(徐起)로부터 높은 학문수준을 인정받았으며, 21세(1573년)때 역학자(易學者) 박지화(朴枝華)가 역학에 전심하는 인물중에 출중한 인물임을 인정했다.

25세(1577년) 때 후사(後嗣)없는 백모(伯母)가 돌아가자, 잘 모시고 잘 봉양할 할 것(侍養)을 강조하였다.

---

5) 『인조실록』 권22 인조8년 5월 정미일(29일) "槐山郡守 李得胤卒, 初名德胤, 字克欽, 慶州人. 少好學, 有孝行. 反正初, 拜工曺正郞, 承召而至, 後授槐山郡守, 詣京謝恩, 聞城中語音, 謂人曰, 金聲猶盛, 難未艾也. 至丁卯, 言果驗. 爲郡, 以治行第一, 上特賜通政階, 以褒之, 竟以老病歸家, 至是. 卒年七十八."

40세(1592년)에 지금의 충북 청주시 상당구 미원면 가양리 수락동(壽樂洞) 시냇가에 작은 정사(精舍)를 짓고 완역재(玩易齋)라 표기했으며, 그 내를 불사천(不舍川)이라 표기했다.

46세(1598년) 때 역학에 통달하여 길흉과 미래를 예견하는 징험이 대단한 경지에 도달했다.

48세(1600년) 때 왕자사부(王子師傅)에 발탁되어 지성으로 가르쳤다. 이해 수락동(壽樂洞) 선영아래 추원당(追遠堂)을 건립했다.

50세(1602년)때 조정에서는 『주역(周易)』에 오류가 많아 주역교정국(周易校正局)을 설치했는데, 선생과 그 아우 이광윤(李光胤 1564~1637)이 교정국원으로 추천되었다.

52세(1604년)에 의성현령(義城縣令)에 제수되어, 54세에 사직했는데 주민이 거사비(去思碑)를 세웠다. 정치를 잘해서 임금이 겉옷과 속옷 한 벌을 하사했다.

57세(1609년)에 광해시(光海時)에 시국이 좋지 않아 지금의 청주시 상당구 미원면 옥화리(玉華里)에 무이구곡(武夷九曲)을 본떠, 제5곡 옥화대(玉華臺)에 춘풍당(春風堂)을 지었다. 산장(山丈)에 추대되어 학규(學規)를 닦고 사림(士林)들을 잘 훈도했다.

58세(1610년)에 옥화리에 사창(社倉)[6]을 설립하여 덕업을 권하고 환란(患亂)을 구제하기 위해 차용기간에 따라 금리를 늘여 받았는데, 그 대출과 환수 업무를 직접 수행했다. 이는 오늘날 금융기관에서 시행하는 금융대출차용업무

---

6) 사창(社倉)은 조선시대 각 군현(郡縣)의 촌락에 설치된 곡물대여기관(穀物貸與機關) 농민에 대한 진흥정책이라는 면에서는 의창(義倉)과 같은 성격이나 의창(義倉)이 관설 구호기관(官設 救護機關)인데 반해 사창(社倉)은 촌락을 기반으로 한 민간자치적(民間自治的) 구호기관(救護機關)의 성격을 띤 구황시설(救荒施設)의 하나이다. 사창(社倉)의 유래는 중국(中國) 한(漢)나라 선제 때 대사농(大司農) 경수창(耿壽昌)이 곡가(穀價)를 조절한 상평창(常平倉), 남송(南宋)의 주희(朱熹)가 실시한 사창법(社倉法)에 그 기원을 두고 있다. 우리나라에 처음 사창이 실시된 때는 조선 1451년(문종1년)이었다. 우여곡절 끝에 어렵게 성행된 사창은 시행된 지 얼마 되지 않아 폐지 주장이 나오게 되었다. 그 원인은 구휼기관(救恤機關)이 아닌 국가적 대여기관(貸與機關)으로 전락되었기 때문이다. 1510년(중종5년) 사창실시의 견해가 있었으나 실시되지 못하였고, 1660년 (현종 1년) 좌참찬 송준길(宋浚吉)이 수(隋)·당(唐)의 제도를 본받아 기민을 구제할 것을 제기하였으며, 숙종 때에도 그 건의는 계속되었으나 그 결실은 쉽게 맺지 못했다. 한국정신문화연구원, 『한국민족문화 대백과사전』 11, 1992. 「사창」조 참조.
송시열(宋時烈 1607년~1689년)도 지금의 충북 괴산군 청천에 사창을 설치하여 구휼활동을 한 사례가 있다. 성주탁(成周鐸), 「우암(尤庵)의 청천사창(青川社倉) 연구」, 『송자학논총(宋子學論叢)』 창간호, 충남대학교 송자학연구소, 1994. 참조. 그러나 이는 서계보다 후대의 일이다.

(金融貸出借用業務)인 것이다. 이는 주민 상호간의 금융편익을 도모하여 환란을 구제하기 위한 조치이자, 경제적 안정을 통해 복리증진을 실현하려는 사회사업의 일환이다. 이는 매우 적극적인 대민 구호활동으로 서계의 애민의식의 일면을 엿볼 수 있는 실례이다.

70세(1622년)에 유일(遺逸)로 공조정랑(工曹正郎)에 임명됐다. 본원(本源)의 도(道)를 함양해야한다고 누차 계(啓)를 올리자 임금이 쌀과 콩을 하사했다.

72세(1624년)에 임금이 친히 도목(都目)하여 괴산군수에 제수했다. 선조대(先朝代)의 공로를 인정하여 특별히 통정(通政)의 품계를 받았다. 민폐에 대한 소(疏)를 올리고, 향약을 설정하여 백성을 교화하고 도훈장(都訓長)을 두어 후예들을 가르쳤다. 이는 서계가 교육효과의 제고를 위해 자기 나름대로 교육체계를 개선 운영한 것으로, 서계의 교육에 대한 열의와 교육방법, 그리고 교육체계개선에 대한 열의와 관심도를 알 수 있다.

73세(1625년)에 병으로 사임하자 주민들이 비석을 세워주었다.

78세(1630년)에 지금의 청원군 미원면 가양리 수락동에서 서거했다. 임종할 때 "내가 혼백을 장사지낼 곳을 일찍이 옥화(玉華)에 점지했으나, 지금 생각해보니 선영(先塋)에서 멀리 떨어져 있어 마음이 차마 하지 못하며, 골육을 비록 저곳에 장사지내도 혼백은 마땅히 여기서 노닐 것이니, 어찌 산천의 길흉으로 자손에게 화복을 주겠는가? 어버이가 죽은 후에 너희들이 당연히 지성으로 할 일은 오직 제사뿐이다. 집 뒤 선영의 옆이 좋을 것이다.[7]"라고 했다. 이를 통해 볼 때 비록 서계가 역학에 있어서 심오한 경지에 도달했으나, 역학에 의존하기보다는, 효행 등 인간으로서 수행해야할 기본적인 덕목을 강조하고 있다는 것을 알 수 있다.

우리가 주목할 것은, 서계가 음악에 대한 일정한 식견(識見)을 확립하고 있었다는 점이다. 서계는 곡조(曲調)에서 평조(平調) 만대엽(慢大葉)의 위상과 특징을 명확히 인식하고 있었다. 정두원(鄭斗源)이 만대엽(慢大葉)이 만산(慢散)하여 정(鄭)·위(衛)의 난세지음(亂世之音)이라고 여기자, 서계는 다음과 같이 해명한다.

7) 李苾榮, 『경주이씨서네실록(慶州李氏先世實錄)』, 1921. 「西溪先生年譜」. "且曰 吾葬魄之所, 曾卜於玉華, 到今, 思之, 遠離先塋, 心所不忍, 骨肉, 雖葬於彼, 魂氣, 當遊於此, 安得以山川之吉凶, 爲禍福於子孫哉. 親死之後, 汝當致誠者, 惟祭祀耳. 用家後先兆之側,可也."

"보내신 글에, 신생(申生)으로부터 노생(老生)이 현금(玄琴) 만대엽(慢大葉)을 타는 것을 좋아한다는 것을 들었는데, 마침내 이 곡의 뜻이 매우 만산(慢散)하여, 실제 이것은 정(鄭)·위(衛)의 난세의 소리[8]로 여겨진다고 운운했습니다. 아! 나는 음률을 잘 알지 못하여, 진실로 용이하게 설명하기 어렵습니다. 그러나 내뜻이 그렇게 되지 않을까 두렵습니다. 무릇 금조(琴調)에는 평조(平調)·악시조(樂時調)·계면조(界面調)·우조(羽調)가 있는데, 사시사철에 알맞게 맞추어 만화(萬化)를 예찬하는 것입니다. 그 평조(平調)의 만대엽(慢大葉)은 여러 곡의 조종(祖宗)이며 조용하고 한원(閑遠)하며, 자연평담((自然平淡)합니다. 고로 삼매(三昧)에 들어가고자 하는 자가 그것을 타면, 유유(油油)한 것이 봄구름이 허공에 떠가는 것 같으며, 넓고 넓어 훈풍이 들판을 떨치며 불어가는 것 같습니다. 또한 천세(千世)의 여룡(驪龍)[9]이 여울아래서 읊조리는 것 같고, 반공(半空)의 생학(笙鶴)[10]이 소나무사이에서 우는 것 같으니, 즉 그 사악하고 더러움을 씻어주는 것 같고, 그 찌꺼기를 제거해주는 것 같으니, 아마도 당(唐)·우(虞) 삼대시대(三代時代)에도 있었을 것입니다. 이것은 난세망국지음(亂世亡國之音)과 절대로 서로 같지 않으니, 지금 이에 견주어 그것을 같다고 하는 것은 내가 감히 아는 것과는 다릅니다."[11]

서계는 평조(平調)의 만대엽(慢大葉)은 여러 곡의 조종(祖宗)이며 조용하고 한원(閒遠)하며 자연평담(自然平淡)하다고 평한다. 그리고 이 평조 만대엽은 삼매에 들어가고자 하는 사람에게는 다음과 같은 심성정화의 효용이 있다는 것이다. 즉 사악하고 더러움을 씻어주며, 찌꺼기를 제거해주는 것 같다는 것이다. 이러한 만대엽의 속성이 난세망국지음(亂世亡國之音)과 차이점이라는 사실을, 서계는 정두원(鄭斗源)에게 명확히 판별해서 설명해준 것이다.

---

8) 정(鄭)·위(衛)의 난세의 소리: 정(鄭)·위(衛) 두 나라는 풍속이 음란하고 사치스러워 남녀가 서로 희롱하거나 처첩을 서로 빼앗는 일이 많았다. 그래서 그 노래·시·음악이 음탕한 것이 많았다. 『詩經』의 정풍(鄭風)·위풍(衛風)에 우아하고 바른 것이 적다. 『禮記』, 「樂記」. 鄭·衛之音, 亂世之音, 比於慢矣. 『論語』, 「衛靈公」. "鄭聲淫."

9) 여룡(驪龍): 온몸이 검다는 용.

10) 생학(笙鶴): 선학(仙鶴)의 이름.

11) 李得胤, 『西溪集』권2 「答鄭下叔(이름은 斗源: 인용자 주)」. "來書曰 仍申生得聞 老生愛彈玄琴慢大葉, 而遂以爲此曲意甚慢散, 實是鄭衛亂世之聲云云. 噫, 予不解音律, 固難容易說破, 然於吾意, 則 恐不然也. 夫琴調有四, 一平調, 二樂時, 三曰界面, 四曰羽調, 而參四時贊萬化者也. 其平調慢大葉者, 諸曲之祖而從容閒遠, 自然平淡, 故若使入三昧者彈之, 則油油乎, 若春雲之浮空, 浩浩乎, 若薰風之拂野. 又如千歲驪龍吟於瀨下, 半空笙鶴戾於松間, 則所謂蕩滌其邪穢, 消融其查滓, 而悅在於唐虞三代之天矣. 此與亂世亡國之音, 絶不相似, 而今乃比而同之, 非吾之所敢知也"

현재까지 알려진 서계 이득윤의 저술은 다음과 같다.

① 『현금동문유기(玄琴東文類記)』는 이병기(李秉岐)님이 발견하여 이득윤(李得胤)의 자필고본(自筆稿本)임을 고증한 귀중한 악보중의 하나이다. 역대 명현(名賢)의 거문고에 관한 명(銘)·부(賦)·기(記)·시(詩)·서(書) 등을 모으고 『고금금보견문록(古今琴譜見聞錄)』이라 하여 안상(安瑺)·조성(趙晟)·박근(朴謹)·박수노(朴壽老)·허사종(許嗣宗)·이세준(李世俊)·무안수(武安守)김종손(金從孫)·이세정(李世鼎) 등의 악보를 들고 있는 것이 특기할 만하다. 또 『안상금보(安瑺琴譜)』와 『조성금보(趙晟琴譜)』의 지법(指法)과 탄법(彈法) 등을 상세히 소개하였을 뿐만 아니라, 합자보(合字譜)를 채택한 점에서, 이 두 금보(琴譜)를 많이 따른 것 같다. 필사본 1책. 서울대 규장각도서소장. 종 37.7cm 횡 24cm. 이 내용은 『한국음악학자료총서』 15 영인본(影印本)에 실려 있는 장사훈(張師勛)의 해제를 요약한 것이다.

② 『서계가장결(西溪家藏訣)』 1책 7장(후사 後寫) 규장각 12378. 내용은 「경주이가장결(慶州李家藏訣)」과 「서계이가장결(西溪李家藏訣)」로 되어있는데, 미래에 다가올 병란과 혼란을 예상하고 경주이씨가문과 서계의 직계손들에게 살만한 곳을 알려준 비결서이다.

③ 『서계집』 숭정(崇禎) 사계사년(四癸巳年, 1833년) 6세손 정연(靜淵)이 『서계집』 4권 2책을 목판본으로 간행했다. 1권 시(詩)와 소(疎) 2권 서(書) 3권 잡저(雜著), 서(序), 제발(題跋), 잠(箴), 명(銘), 축문(祝文), 제문(祭文), 예설(禮說) 4권은 부록[附錄, 만사(挽詞), 제문(祭文), 행장(行狀), 묘갈명(墓碣銘), 축문(祝文)]이다. 여기에 악조(樂調)에 대해 논한 「답정하숙(答鄭下叔)」이란 편지글이 실려 있다. 이글은 음악사(音樂史)나 시가사(詩歌史)에 소중한 내용으로 평가되고 있다.

④ 『상례(喪禮)』 필사본 1책이 전해오는데, 소장자인 서계의 후손 이용우(李龍雨)의 말에 따르면 서계의 친필이라 한다. 미원면 옥화리에 살고 있다. 『주자가례(朱子家禮)』 등 많은 전고를 인용하여 상례에 관한 내용을 상세히 기술하고 있다. 지금 전하는 『서계집』, 「상례(喪禮)」에 수록된 내용은 필사본 『상례(喪禮)』에 기술된 내용의 일부이다.

3. 서계구곡(西溪九曲)과 서계팔경(西溪八景)

1) 서계구곡과 서계구곡의 설정연대

먼저 서계구곡에 대해 구체적으로 알아보자. 서계구곡의 존재사실에 대해 언급한 글들이 몇 편 있다. 그 중에서 제일 상세하게 기록해놓은 「수락기지발문(水落基址跋文)」을 참고하여 구곡의 구체적인 명칭과 그 위치를 살펴보자.

> 돌의 표면에 새겨놓았는데, 혹 바람에 마모되어 장차 사그러지려 하는 것도 있으며, 혹 이끼가 끼었으며 없어지지 않은 것도 있다. 관운정(觀雲亭)·추원당(追遠堂)·완역재(玩易齋)·팔괘단(八卦壇)·불사천(不舍川)·자하봉(紫霞峰)·농금암(弄琴巖)·해송구곡(海松九曲) 등 글자가 희미하게 남아있는데, 또한 서계선조(西溪先祖)가 장수(藏修)[12]하던 날 거닐던 곳이다.[13]

위 인용문을 통해 확인한 서계구곡은 관운정(觀雲亭)·추원당(追遠堂)·완역재(玩易齋)·팔괘단(八卦壇)[14]·불사천(不舍川)·자하봉(紫霞峰)[15]·농금암(弄琴巖)·해송대(海松臺) 등 8개이다. 다음을 살펴보자.

> 상당의 동쪽에 인경산(人磬山)[16]이 있어 구불구불 8,9리 이어져 수락산(壽樂山)이 되는데, 산 아래 동네가 있어 자양동(紫陽洞)[17]이라 일컫는다. 전에 나의

---

12) 장수(藏修): 藏修游息의 준말. 항상 학업(學業)에 뜻을 품고, 수습(修習)을 폐하지 않으며, 휴식할 때, 혹 한가무사할 때도 또한 학문에 뜻을 두어야한다는 것. 『禮記』「樂記」. 君子之於學也, 藏焉, 修焉, 游焉, 息焉.

13) 『慶州李氏世蹟補遺(家乘)』(天) 冊. 「水落基址跋文」苾榮 述. "石面有刻或風磨而將泯, 或苔蝕而不滅. 其觀雲・追遠堂・玩易齋・八卦壇・不舍川・紫霞峰・弄琴巖・海松九曲等, 字隱然 留在, 亦西溪先祖藏修之日考盤處."

14) 팔괘단(八卦壇): 『주역(周易)』의 여덟가지 괘를 그려놓은 듯하다. 8괘는 건(乾)・태(兌)・이(離)・진(震)・손(巽)・감(坎)・간(艮)・곤(坤) 복희(伏犧)씨가 지었다고 한다. 그후 주(周)나라 문왕(文王)이 64괘를 지어 각 괘(卦)를 설명하는 문구를 달았음.

15) 자하봉(紫霞峰): 청주시 상당구 미원면 가양리 뒷산. 자하(紫霞)는 신선이 사는 곳을 말함. 영평(永平)4년, 이주자사(利州刺史) 왕승상(王承賞)이 아뢰기를, 장산(長山) 양모동(楊謨洞)에 높다란 절벽이 있어, 거기에 황자색(黃紫色) 옷을 입은 신선이 3~5인이 사는데, 가끔 볼 수 있다고 하자, 조서(詔書)를 내려 자하동(紫霞洞)이라 개칭하고 자하관(紫霞觀)을 설치했다.『錄異記』. 이득윤은 자기가 거처하는 마을을 신선이 사는 마을이라 간주하였으니, 자신은 신선과 같은 사람이라는 내포시킨 것이다.

16) 인경산(人磬山): 지금 청주시 상당구 낭성면(琅城面) 인경리(仁景里) 마구리 동쪽에 있는 산.

17) 자양동(紫陽洞): 지금 청주시 상당구 미원면 가양리(佳陽里)이라고도 하고, 자양里(紫陽里)로도 부름. 그러나 본래 자양(紫陽)라 불렀던 것으로 보는 것이 옳음. 서계가 주자를 흠모하여 주자

> 선조 섬계(剡溪)공이 산의 반석위에 정자를 짓고, 그를 이름하여 관운정(觀雲亭)이라 했다. 무이고사(武夷故事)를 모방하여 정자 아래에 구곡을 설정했으니, 해송대(海松臺), 팔괘단(八卦壇), 농금암(弄琴巖), 석가산(石假山), 자하봉(紫霞峰)이 그 이름들이다.[18]

위 인용문에, 이득윤의 아버지 섬계(剡溪) 이잠(李潛)이 구곡을 명명한 것으로 기록되어있다. 또한 서계구곡이 '관운정(觀雲亭)'아래에 있었다는 사실과 9곡중 나머지 하나가 석가산(石假山)이라는 사실을 확인할 수 있다. 석가산은 돌을 쌓아 인공으로 조성한 석산을 말한다. 조선시대에도 사대부들은 종종 정원에 석가산(石假山)[19]을 조성한 사례가 있다.

다음 김낙현(金洛鉉)의 「관운정기(觀雲亭記)」를 보자.

> 「관운정기(觀雲亭記)」유일(遺逸)로 판서(判書)가 된 광산(光山) 김낙현(金洛鉉)씀. 청주 이필영(李苾榮)군이 찾아와서 관운정기(觀雲亭記)를 청하며 말하기를 "관운정(觀雲亭)은 나의 선조 섬계(剡溪)공이 지었으며, 서계(西溪)공이 수업했던 옛터이다. … 지금 서원은 이미 훼철되고 정자도 무너진지 또한 오래되어, 후손 순영(舜榮)이 종중(宗中)에 이 정자를 복건할 것을 건의했다. 그래서 감히 사실을 기록하는 글을 후손에게 보여주기를 청한다. 무릇 완역재(玩易齋)·추원당(追遠堂)·자하봉(紫霞峯) 등 구곡(九曲)의 글자는 모두 공이 손수 새긴 것으로 지금 완연하다."[20]

의 학문과 생활을 본받는다는 뜻에서 자양(紫陽)리라 명명한 것으로 추정됨. 자양(紫陽)은 중국 안휘성(安徽省) 흡현성(歙縣城) 남쪽에 있는 산으로, 송(宋) 주희(朱熹)의 아버지 주송(朱松)이 그 위에서 독서를 하였다. 후에 주희가 복건성(福建省) 숭안(崇安)에 살 때, 사저(私邸)의 마루에 자양서실(紫陽書室)이라 했는데, 후인이 이로 인하여 흡현(歙縣)에 자양서원(紫陽書院)을 세웠는데, 이를 계승하여 세우는 사람이 많았다.

18) 『慶州李氏世蹟補遺(家乘)』 (天) 冊, 「觀雲亭講稧座目序文」. "上黨之東, 有人磬山, 逶迤八九里, 而爲壽樂山, 山下有洞曰紫陽洞. 昔吾先祖剡溪公, 築亭於山之崖盤石上, 名之曰觀雲, 倣武夷故事, 亭下有九曲, 海松臺, 八卦壇, 弄琴巖, 石假山, 紫霞峰, 盖其名也."

19) 석가산(石假山): 정원가운데 돌을 모아 쌓아서 조그맣게 만든 산. 가산(假山) 이를 통해 당시 정원 조경 풍속을 짐작할 수 있다. 강진에 사는 승씨집(昇家)에 만들어놓은 석가산(石假山)을 만들어 놓았다. 오늘날 돌로 정원을 꾸며 놓는 것과 같다. 李相周, 「澹軒 李夏坤 文學의 硏究」, 成均館 大學校 博士論文,1994. 참조.

20) 『慶州李氏世蹟補遺(家乘)』 天冊. 「觀雲亭記」"逸判書 光山 金洛鉉. 『慶州李氏世蹟補遺(家乘)』 天冊. 淸州李君苾榮, 來請余觀雲亭記曰 觀雲亭者,吾先祖剡溪公所築, 而西溪公授業之舊基也. … 今院旣掇矣, 亭圮亦久, 後孫舜榮議於一宗復建此亭, 故敢請記實之文, 以示後承. 若夫玩易齋・追遠堂・紫霞峯九曲等字, 皆公之手刻, 而至今宛然者也."

위 글을 보면 구곡의 명칭을 서계가 손수 새겨놓았다는 사실을 알 수 있다. 이상에서 살펴본 내용을 종합해보면, 지금의 충북 청주시 상당구 미원면 가양리에, 관운정을 건립하고 구곡을 설정한 것은 이잠(李潛)이며, 그 각각의 명칭을 바위에 새겨놓은 사람은 이잠의 아들 이득윤으로 기록해놓았다. 이득윤은 청주시 상당구미원면 가양리 마을 한 가운데를 관통하는 시내를 서계(西溪) 또는 불사천(不舍川)이라고 명명했으며, 완역재(玩易齋)를 건립하고 이곳에서 학문적 활동을 왕성히 하여, 그의 명성이 그 아버지 이잠보다 더 널리 알려졌다. 이러한 전반적인 상황으로 보아, 섬계 이잠은 구곡을 설정하기 했으나 특별히 명칭을 붙인 것 같지는 않다. 설사 구곡 각각의 명칭을 부여하기는 했을지라도, "섬계구곡(剡溪九曲)"이라고 하지는 않았을 것 같다. 남들이 편의상, 그렇게 불렀을 가능성은 있다. 그후 서계가 지명도 높게 활동하다보니 서계의 명성이 높아져 그 후대에 서계구곡으로 더 알려졌을 가능성이 높다. 따라서 이곳의 구곡이 보편적으로 서계구곡으로 불려져왔고, 서계의 인지도를 감안하여 서계구곡으로 부르기로 한다.

이제 서계구곡의 각각의 명칭과 위치를 정리해보자. 그 각각의 명칭은 관운정(觀雲亭)·추원당(追遠堂)·완역재(玩易齋)·팔괘단(八卦壇)·불사천(不舍川)·자하봉(紫霞峰)·농금암(弄琴巖)·해송대(海松臺)·석가산(石假山)이다. 어느 곳을 제1곡으로 삼았는지는 정확히 알 수 없다. 다만 무이구곡 제5곡에 무이정사(武夷精舍)를 축조했던 사례를 본받아, 옥화구곡 제5곡에 옥화대를 축조했던 사례에 비추어, 완역재가 5곡이었을 것으로 추정된다.

현재 대략적이나마 그 위치를 확인할 수 있는 곳은 관운정(觀雲亭)·수원당(追遠堂)[21]·완역재(玩易齋)·팔괘단(八卦壇)·불사천(不舍川)·자하봉(紫霞峰 가양리 뒷산)·농금암(弄琴巖)·팔괘단(八卦壇)·등이다. 해송대(海松臺)·석가산(石假山)도 그 인근에 설정되었던 것으로 짐작된다. 이득윤의 장남 이홍유

21) 이홍유(李弘有), 『둔헌선생문집(遯軒先生文集)』, 「추원당기(追遠堂記)」. "萬曆 己亥 吾王父西溪先生立兩架屋于壽樂山塋之下, 以爲薦苾芬之所 名之曰 追遠. 庚子季冬 上浣 承親命而記." 이 기록에 의하면 1599년에 추원당을 건립한 것으로 봐야한다. 「서계선생년보(西溪先生年譜)」를 편찬할 때, 이만헌이 경자년(1600년)에 「추원당기(追遠堂記)」를 작성한 것을 잘못 알아, 추원당 건립연대로 기재한 것으로 보인다. 추원(追遠)은 신종추원(愼終追遠)에서 따온 말로 초상(初喪)을 삼가해하고, 멀리 돌아가신 분에게 추도하는 제사를 잘 지내야한다는 뜻이다. 『論語』, 「學而」. "曾子曰 愼終追遠, 民德歸厚矣."
『慶州李氏先世實蹟』春編, 「西溪先生年譜」.경자년(1600년) 이득윤이 48세되는 해 선영아래에 追遠堂을 구축했다. 이상주, 「譯註 西溪年譜」, 『어문논총』14, 동서어문학회, 1999, 209면 참조.

(李弘有 1588~1671)의 시를 통해 당시 관운정(觀雲亭)의 면모를 짐작할 수 있다.

「관운정련지(觀雲亭蓮池)」[22] 「관운정의 연꽃에 핀 못」

백병하화옹소지(百柄荷花擁小池)	백 그루 연꽃이 작은 연못을 감싸안고,
홍운취개난참치(紅雲翠盖難參差)	붉은 구름과 검푸른 나무가 뒤섞였네.
미풍사기시시과(微風乍起時時過)	미풍이 가끔 일어 때때로 불어가고,
세세청향입주치(細細清香入酒巵)	세세한 맑은 향기가 술잔에 들어오네.

「수락산거(壽樂山居)」[23] 「수락산(壽樂山)에 거처함」

불구영환불우빈(不求榮宦不憂貧)	영화와 벼슬을 구하지 않고 가난을 근심하지 않으며,
산수우유착차신(山水優游着此身)	산수간에 편안하고 한가롭게 노닐며 이 몸을 의탁하네.
화죽역능공일세(花竹亦能供一世)	꽃과 대나무 또한 일세를 함께하며,
개중유원보천진(箇中惟願葆天眞)	그 가운데 오직 천진(天眞)이 더해지기를 바라네.

이 관운정은 1886년에 중수했었는데[24], 지금은 없어졌다. 중수한 관운정의 면모에 대해 알아보자. 다음은 2001년 5월 27일 일요일 청주시 상당구 미원면 가양리 수락동에 거주하는 송하용씨(1925년생)가 어릴 적에 보았던 관운정 주변에 관한 내용이다.

22) 李弘有, 『遯軒先生文集』卷之四 .

23) 李弘有, 『遯軒先生文集』 卷之四 .

24) 李苾榮, 『慶州李氏世蹟補遺(家乘)』 天冊. 「觀雲亭重修記」. "上之二十三年 丙戌 後孫 舜榮氏 倡重建之議, 鳩材命工, 卽 其遺址一循, 舊規無敢增損, 不旬月而告成於是乎."
李苾榮, 『慶州李氏世蹟補遺(家乘)』 天冊. 「觀雲亭講會顚末記」. "按遯軒公文集, 觀雲亭 剡溪公所築, 而西溪公與門徒學於斯. 其後遯軒公, 以每年三月三日 九月九日, 會遠近多士, 設蘭菊之飮於斯. 歷世寢園, 亭毁會亦廢矣. 不肖於丙戌重建之後, 猥蹈先公遺規, 用每歲春秋, 會一鄉士類及村秀於亭上, 先行鄕飮酒禮, 或修稧事, 或行相揖禮. 禮畢後, 使講長聽講, 考藝取其優等, 施賞, 勸學, 庶覩鄕俗蔚變矣."
李秉延, 『朝鮮寰輿勝覽』, 1937년. 淸州郡. 「形勝」觀雲亭. 미원면 가양리에 있으며, 剡溪 李潛의 독서하는 장소로 判書 金洛鉉이 기문을 썼다.(在米院面 佳陽里, 剡溪 李潛 讀書之所, 判書 金洛鉉記)

"관음정은 지금 상읍암(相揖岩)이 있는 곳 암벽 위에 크게 2칸이 있었다. 오른쪽 산에서 내려오는 물을 바로 암벽 아래까지 끌어들여 돌아서 나가게 했다. 제자들에게 관운정이 자리한 암벽을 뛰어 올라 오게하는 운동도 시켰다한다. 지금 암벽 상부가까이에 정으로 쪼아놓은 흔적이 있다. 암벽 옆 커다란 바위가 쌓아 놓은 듯한 형상을 하고 있다. 이 주위에 대나무가 촘촘히 둘러싸고 있었으며, 주춧돌이 6개였다. 기와가 허물어지자, 불사천 아래쪽 폭포 위 평지에 옮기고 초가로 이었으나, 이것도 허물어졌다. 지금 그 주초석이 하나 남아있다. 정자 앞에 '사선생비(四先生碑)'가 있었는데, 전면에 사선생비라고만 새기고 후면엔 아무 글씨도 없었다. 나중에 알아보니, 사선생은 섬계(剡溪) 이잠(李潛)·서계(西溪) 이득윤(李得胤)·만주(晩州) 홍석기(洪錫箕)[25]·화곡(和谷) 정사호(鄭賜湖)[26]였다. 이 비는 근래까지 남아있었다는데, 지금은 행방을 알 수 없다. 관운정 주변은 참으로 경치가 좋았다. 마을 느티나무 아래 "수락정원(水落亭園)"이라는 글씨를 이무영씨가 새겼다. 불사천 위쪽 왼편 서원터 기와조각과 축대가 남아있는데 이별장터라고 전해온다. 영당(影堂)으로 가는 길목 즉 지금의 추원당 앞 양쪽에 돌기둥을 세우고 나무를 대서 홍살문을 세웠는데 2미터 가량 되었다. 22세경 창평이공린공비(昌平李公麟公碑)를 마을 입구에 세우고, 거북처럼 생긴 바위에 구암석(龜巖石)이라 새겼다."

이상이 송하용씨가 전해주는 복건(復建)했던 관운정 주변의 모습이다. 골짜기 물을 바위 아래로 끌어들여 돌아 흐르게 하는 방식은 흔히 곡수(曲水)라 한다. 대개 사대부 가문에서 조성하였다. 그 대표적 사례가 경주의 포석정(布石亭)이다.

필자는 1996년 6월 16일, 충주에 사는 서계의 후손인 이종찬(李鍾瓚)씨를 면담하여 서계가 남긴 친필 유작과 유적의 유무를 물었다. 그는 임형택교수께서 이미 소개한 바 있는 「산민육가(山民六歌)」·「풍계육가(楓溪六歌)」이외의 서계가 남긴 국문시가(國文詩歌) 작품이 수록된 문헌은 없다고 했다. 이는 필사본 『경주이씨세적보유(慶州李氏世蹟補遺)』에 수록되어 있다. 아울러 충북

25) 홍석기(洪錫箕 1606~1680): 조선. 문신. 자(字)는 원구(元九) 호(號)는 만주(晩州) 본관은 남양. 시호는 효정(孝定) 저서에 『만주유집(晩州遺集)』. 지금 충북 청주시 상당구 미원면 후운정리에 후운정을 짓고 유유자적한 적이 있다. 이득윤의 아들 이홍유와 교유했다. 李弘有, 『遯軒集』권지사 15, 「寄後雲亭主人 孤雲崔先生遺墟」. 洪錫箕, 『晩州遺集』권5, 「輓李西溪 得胤」.

26) 정사호(鄭賜湖 1553년 ~ ?): 조선 본관은 광주(光州) 호(號)는 화곡(禾谷) 동지춘추관사(同知春秋館事) 평안도 관찰사. 형조판서역임. 글씨를 잘 썼다.

청주시 상당구 미원면 수락동 서계의 유허지 주변 바위에 서계의 글씨라 하는 글자가 새겨져 있다고 제보했다. 필자는 현지를 답사하여 불사천변(不捨川邊: 西溪) 암벽 수직면에 세로로 음각되어 있는 '농금암(弄琴巖)'이라는 글씨의 존재를 확인했다. 음악사 연구의 귀중한 문헌인 『현금동문유기』의 저자인 서계의 음악적 취향을 엿볼 수 있는 유적이다. 이런 음악적 취향과 식견이 「서계육가」와 「옥화육가」를 창작하게 한 것으로 추측할 수 있다. 완역재(玩易齋) 유허지 뒷편에 서있는 돌에 '상읍암(相揖岩)'이라는 글씨가 세로로 음각돼 있다. 바로 관운정이 자리하던 주위에 서있다. 평평한 바위 표면 옆에 두 개의 바위가 솟아 서로 마주 보고 읍하는 것 같아 그렇게 붙인 것 같기도 하다. 이런 형상을 한 바위처럼, 이는 평평한 바위 위에 앉아 음풍농월하던 시인묵객들도 서로 읍하며 예의를 갖추라는 뜻이 담겨있는 것이다. 앞에 든 이필영(李苾榮)의 「관운정강회전말기(觀雲亭講會顚末記)」를 통해 이를 확인할 수 있다. 거기에 "혹행상읍례(或行相揖禮)[27]" "혹 서로 상읍(相揖)의 예(禮)를 행했다."라는 기록이 있다.

필자는 충북문화유산답사회 김영순, 김인숙, 송기호, 한도희회원과 함께 답사하여 '농금암(弄琴巖)'과 '상읍암(相揖岩)'이라는 암각서(巖刻書)를 탁본했다. 이를 필자가 처음 학계에 소개한 바 있다.[28] 서계의 후손 이종찬이 서계의 친필이라 했다.

'농금암(弄琴巖)은 구양순체(歐陽詢體)를 공부한 흔적이 엿보이는 글씨로, 자획(字劃)이나 결구(結構)에서 세련된 응중미(凝重美)가 돋보이며, '상읍암(相揖巖'은 점획(點劃)의 공간이 넉넉함을 느낄 수 있다고, 서울 '예술의전당' 서예관(書藝館) 강사(講師)인 무심서학회(無心書學會) 송종관(宋鍾寬 1951~) 회장은 품평했다.

「관운정강계좌목서문(觀雲亭講稧座目序文)」에 보이는 자양동(紫陽洞)과 「수락기지발문(水落基址跋文)」에 보이는 수락(水落)은 지금의 청원군(청주시 상당구 2014년 7월 1일 통합) 미원면 가양리(佳陽里) 수락동(水落洞)이다. 전엔 자양동(紫陽洞)이라 불렀는데, 지금 가양리(佳陽里)로 변한 것이다. 수락동(水落洞)도 전엔 수락동(壽樂洞)이라 표기했다.

---

27) 李苾榮, 『慶州李氏世蹟補遺(家乘)』 天冊. 「觀雲亭講會顚末記」. "不肖於丙戌重建之後, 猥蹈先公遺規, 用每歲春秋, 會一鄕士類及村秀於亭上, 先行鄕飮酒禮, 或修稧事, 或行相揖禮.".

28) 李相周, 「譯註 西溪先生年譜」, 『語文論叢』제14집, 동서어문학회, 1999년.

그러면 서계구곡의 설정연대는 언제인가 알아보자. 현재 그 정확한 설정연대를 알 수 없다. 「서계선생연보」의 다음 내용을 통해 대략이나마 그 설정 연대를 추정할 수 있다.

> 정미년(1607년) 55세. 남아 홍복(弘復)이 전의(全義) 이씨인 이망원(李望遠)의 딸에게 장가들었다. 십일월 이십사일 장자부(長子婦) 정씨(鄭氏)의 상을 당했다. 「사산장서(辭山丈書)」를 두번 올렸다. 「서계육가(西溪六歌)」·「옥화육가(玉華六歌)」를 지었는데, 「도산십이곡(陶山十二曲)」을 비의(比依)한 뜻이 담겨져있다.[29]

> 기유년(1609년) 57세. 광해시에 시국사태가 크게 변하자 선생은 옥화동(玉華洞)으로 들어갔다. 계산(溪山)이 무이(武夷)와 대략 같아 그래서 구곡(九曲)의 이름을 붙였다. 오곡(五曲)의 위에 집 하나를 별도로 짓고 당(堂)을 춘풍당(春風堂)이라하고 헌(軒)을 추월헌(秋月軒)이라 하고 은거한 이래로 세상과 접촉하려 하지 않고, 다만 사계(沙溪)와 서로 서신을 왕복하여 태극도(太極圖)와 역학(易學)을 논변했다. [30]

위에서 살펴보았듯이 서계는 1607년 「서계육가(西溪六歌)」·「옥화육가(玉華六歌)」를 창작했다. 서계는 가양리에 거주하고 있었다. 그러다가 기유년(1609년) 광해시에 시국사태가 크게 변하자 선생은 옥화동(玉華洞)으로 들어가서 옥하구곡을 설정했다.

위의 내용을 통해 볼 때, 서계구곡은 옥화구곡보다 설정한 연대보다는 앞선 것으로 보아야한다. 다음의 내용을 보자.

> 을해년(1575년) 22세 때, 부친상을 당해 여러 형제들과 3년 동안 여막살이를 하고, 묘소아래에 몇 간의 석가래집을 짓고 추원당(追遠堂)이라 명명했으니, 계절에 맞춰 제사를 지내는 곳이다. 경자년(1600년) 48세에, 선영아래 추원당(追遠堂)을 구축했다. [31]

---

29) 李苾榮, 『경주이씨선세실록(慶州李氏先世實錄)』, 1921. 「서계선생년보」丁未 五十五歲. 男弘復, 聘全義李望遠之女. ○ 十一月二十四日, 遭長子婦鄭氏喪. ○ 兩度辭山丈書. ○ 作西溪六歌玉華六歌, 依陶山十二曲之意也.

30) 이홍유의 문집 『遯軒先生文集』18면 「年譜」에 무신(1608년) 서계가 옥화대에 세한정(歲寒亭)을 건립한것으로 되어있으나 『서계선생년보』를 따르기로 한다. 세한정(歲寒亭)은 춘풍당(春風堂)의 별칭이다. "先考卜玉華臺扁堂曰歲寒亭."

31) 李苾榮, 『경주이씨선세실록(慶州李氏先世實錄)』, 1921. "乙亥 二十三歲. 三月 二十二日, 丁外憂, 與諸弟, 廬居三年, 執喪奉祭一遵朱子家禮, 卽於墓下, 立數椽屋. 名之曰 追遠(有記文: 原註) 以爲

이의 내용을 정리해보면, 1575년에는 추원당(追遠堂)이라 명명한 건물은 소규모의 재실로 여겨지며, 경자년(1600년) 48세에, 본격적으로 선영아래 추원당을 건축한 것으로 여겨진다. 다음을 살펴보자.

> 무술년(1598년) 46세. 선영 옆에 작은 시내 동쪽에 정사(精舍)를 짓고 그 재를 완역재(玩易齋)라 했으며, 그 시내를 불사천(不舍川)이라 했으니, 여기에서 근거하여 스스로 호(號)를 서계(西溪)라 했다.[32)]

서계구곡 중에 추원당과 완역재가 포함되어있다. 위에서 보았듯이, 이득윤은 46세인 1598년 완역재(玩易齋)를 짓고, 그 옆 시내를 불사천(不舍川)이라 했으며, 여기에서 근거하여 스스로 호(號)를 서계(西溪)라 했다.

이런 전반적인 정황으로 보아, 서계구곡은 1575년 이후 1598년 사이, 늦어도 「서계육가」를 지었던 1607년 이전에는 설정되었다고 보아야 한다. 옥화구곡도 「옥화육가」를 지었던 1607년에는 설정된 것으로 보아야할 것이다.

2) 이득윤의 역학(易學)과 서계팔경(西溪八景)

「서계팔영」은 조우인(曺友仁 1568~1625)이 서계팔경(西溪八景)을 읊은 시이다. 서계팔경은 이득윤이 거처했던 지금 충북 청주시 상당구 미원면 가양리 수락동 설정했다. 「서계팔영(西溪八詠)」에 의하면 서계팔경은 다음과 같다. 무극동(無極洞)[33)]·불사천(不舍泉)·원도동(原道洞)·오리전(悟理田)[34)]·완역재(玩易齋)·농환대(弄丸臺)·세심담(洗心潭)·설시헌(揲蓍軒)[35)]이다. 다음의 기록을 살펴보자.

> 본래 시내와 산을 좋아했으며, 가슴속과 마음(襟懷)이 쾌활하고 시원스러웠으

時薦苾芬之所. 蓋從墓側 立祠堂之意也."

32) 李苾榮, 『경주이씨선세실록(慶州李氏先世實錄)』, 1921. "戊戌(1598년) 四十六歲. 搆精舍於先塋側小溪東, 名其齋曰 玩易 川曰不舍, 因以自號西溪."
이홍유의 문집 『遯軒先生文集』18면 「年譜」에 1600년에 서계가 완역재를 지은 것으로 돼있으나 『서계선생년보』를 따른다, 庚子(1600년) 先考作玩易齋于西溪之上.

33) 무극동(無極洞): 송하용씨는, 지금 '무중골(舞中골)'이라 불리는 곳을 가리키는 것이 아니겠느냐고 추정했다.

34) 오리전(悟理田): 송하용씨는 지금 '오리골'이라 불리는 곳을 가리키는 것이 아니겠느냐고 추정했다. 지금 청주시 상당구 미원면 오리골(?)

35) 설시헌(揲蓍軒): 서계가 불사천 윗쪽 절골에서 10년간 『주역(周易)』을 읽었다 하는데, 거기에 있던 건물을 그렇게 명명한 것이 아닌가 한다.

며(灑落), 정사(精舍)를 세우고 소나무와 대나무를 가꾸며, 날마다 그 사이에 휘파람불고 읊조렸다. 그리하여 한가롭고도 맑고 트인 의취(意趣)를 문득 팔영(八詠)으로 발표했다. 그러나 읊조릴(詠) 수 있어도 노래(歌)할 수 없는 까닭에 다시 대략 도산가(陶山歌)를 본떠서 서계육가(西溪六歌)를 만들었다. 모시는 아이들(侍兒)에게 주어 조석으로 익혀서 노래를 부르도록 하고 기대어 듣곤 하였으며, 매양 좋은 손님 좋은 경치를 만나면, 으레 몇 아이들을 시켜 목소리를 함께해서 부르도록 하고 소매를 나란히 춤추도록 했다, 곁에 구경하는 자들이 '그림속의 사람'이라고 칭찬했다.[36]

위의 내용으로 보아, 서계가 읊은 『서계팔영』이 있었던 것이 분명하나, 지금 그 실물을 아직 찾아내지 못했다. 또한 『서계팔영』을 『서계육가』[37]보다 먼저 지었다는 사실을 알 수 있다. 『서계육가』는 형식상 육가의 전통을 계승한 작품인 것이다. "가영이불가가(可詠而不可歌)"라는 내용은 이황의 「도산십이곡발(陶山十二曲跋)」을 그대로 차용한 것이다. 이황의 명성이 드높아 편승효과를 감안하여 도산가 즉 도산십이곡을 모방했다고 한 것이다. 서계팔경은 서계구곡과 그 명칭이 중복되는 것이 있다. 바로 불사천(不舍川)과 완역재(玩易齋)이다. 서계팔경중에서 현재 그 위치를 짐작할 수 있는 곳은 불사천(不舍泉)과 완역재(玩易齋) 2 개소다. 불사천(不舍泉)을 서계구곡(西溪九曲)에서는 불사천(不舍川)이라 표기했다.

앞서 언급한 바와 같이, 이득윤은 음악뿐 아니라 역학에도 조예가 깊었으며, 서계팔영은 역학에 관련된 내용이 주류를 이룬다. 서계가 얼마나 역학에 정통한 인물인지 알아보기 위해서, 『서계선생연보』중에서 역학(易學)에 관한 내용을 살펴보기로 한다. 이는 『서계팔영』을 올바로 이해하기 위해서, 서계

---

36) 李弘有, 『遯軒集)』, 「先考西溪先生行狀」. "先考門人 右承旨 卞時益又撰行狀, 載文集" "돌아가신 아버지의 문인인 우승지 변시익(卞時益)이 또 행장(行狀)을 찬했는데 문집에 실려있다." 『遯軒集』권2. "雅好溪山, 襟懷灑落, 營亭榭, 植松竹, 日嘯詠於其間, 而囂 淸曠之趣, 發於八詠然, 可詠而不可歌也. 故嘗略倣陶山歌, 而作爲西溪九曲, 付之侍兒, 朝夕習, 而歌之, 隱几而聽之. 每遇佳賓好景, 則必使數兒並喉, 而唱詠聯袂, 而蹁躚, 傍觀者, 指爲畫圖中人也." 변시익(卞時益)이 찬한 서계행장에 인용문에 들어 있는 내용이 들어있지 않다.

37) 육가(六歌)는 김시습(金時習)의 「동봉육가(東峰六歌)」가 있으며, 이별(李鼈)의 「장육당육가(藏六堂六歌)」가 있다. 이황(李滉)의 「도산십이곡(陶山十二曲)」은 이별의 육가의 형식을 모방하고 내용의 계승은 부정한 것이다. 이별은 이득윤의 종조(從祖)이다. 이와 관련된 논문은 崔載南이 「六歌의 내용과 전승에 대한 고찰」, 『冠嶽語文硏究』 제12집. 「藏六堂六歌와 六歌系 時調」, 『語文敎育論集』 제7집, 부산대학교 국어교육과, 1983, 119-130면. 林熒澤, 「國文詩의 전통과 陶山十二曲」, 『한국문학사의 시각』, 창작과 비평사, 1984. 등이 있다.

역학에 대한 예비적 지식이 필요하기 때문이다. 앞에서 이미 인용했거나 「서계팔영」을 논하는 자리에서 소개할 것은 제외한다.

임인년(1572년) 20세. 이와(頤窩) 서기(徐起)[38]가 유학(儒學)을 업으로 하고 있다는 소문을 듣고, 가서 그를 추종하고 그에게 『대학(大學)』·『심경(心經)』·『주역(周易)』·『계몽편(啓蒙編)』 등에 대해 질문하니, 이와(頤窩)가 놀라고 탄식하여 말하기를 "학문으로 우리 동방에 이름이 있는 사람이 그대가 아니면 누구이겠소?" 했다.[39]

갑인년(1574년) 22세. 수암(守菴) 박지화(朴枝華)[40]가 가까운 곳에 우거하고 있는데, 역학(易學)에 밝아, 선생이 평일에 통하지 못했던 내용에 대해 물었다. 수암이 대답했다. "공이 알지 못하는 것을 내가 어찌 알겠소?" 하고 사사로이 문하생들에게 말하기를 "역학에 전심하는 사람이 이아무개만한 사람이 없다." 고 했다.[41]

계사년(1593년) 41세. ○ 자경문을 지었다. "사면에 적병이 있으니, 일심으로 『주역(周易)』[42]을 믿으라."[43]

병신년(1596년) 44세. 사서(四書)·육경(六經) 및 성리학(性理學)에 관련된 모든 책을 돌려가며 숙독하지 않은 것이 없었으며, 더욱 역학(易學)에 정예(精銳)하게 됐다.[44]

---

38) 서기(徐起): (1523년~1591년) 조선. 학자. 제자백가의 이론과 기술의 이론까지 통달했다. 서경덕(徐敬德)·이지함(李之菡) 등을 사사(師事) 특히 지함과 뜻이 맞아 각지를 유랑하며 민속과 실용적 학문에 전심했다. 지리산 홍운동(紅雲洞)에 들어가 제자를 가르쳤으며, 뒤에 계룡산(鷄龍山)의 고청봉(孤靑峰)아래서 후학을 가르쳤다. 저서에 『고청유고(孤靑遺稿)』가 있다.

39) 李苾榮, 『경주이씨선세실록(慶州李氏先世實錄)』, 1921, 『서계선생년보』. "壬寅 二十歲. 聞徐頤窩起業儒, 往從之, 質之, 以大學·心經·周易·啓蒙等書. 頤窩驚歎曰 以學問, 名吾東者, 非子而誰也?"

40) 박지화(朴枝華): (1513년~1592년) 조선시대의 학자. 서경덕의 문인. 유교, 도교, 불교에 모두 조예가 깊었으며, 특히 기수학(氣數學)에 뛰어나 명종 때 으뜸가는 학자로 꼽혔다. 현감을 역임했으며, 임진란 때 왜병이 피난처로 가까이 오자 자결했다.

41) 李苾榮, 『경주이씨선세실록(慶州李氏先世實錄)』, 1921, 『서계선생년보』. "甲戌 二十二歲. 朴守菴枝華, 寓居近地, 明於易學, 先生叩問其平日未瑩處. 守菴答曰 公所不知, 我豈能知之? 私謂門徒曰 專心易學, 莫如李某也."

42) 희경(羲經): 주역(周易)의 이칭.

43) 李苾榮, 『경주이씨선세실록(慶州李氏先世實錄)』, 1921, 『서계선생년보』. "癸巳 四十一歲. ○ 自警文 曰 四面敵兵, 一心羲經."

44) 李苾榮, 『경주이씨선세실록(慶州李氏先世實錄)』, 1921, 『서계선생년보』. "丙申 四十四歲. 四書六

> 임인년(1602년) 50세. 임기가 다되자[45] 형조좌랑(刑曹左郎)에 추천되었으나 병으로 사양하고 귀향했다. 이때 연석에서[46] 바야흐로 주역을 강론하는데, 주석에 어긋나는 것이 많아[47], 임금께서 교정국(校正局)을 설립할 것을 명했다. 선생이 아우인 광윤(光胤)과 함께 우선적으로 추천되니, 사람들이 모두 영광이라 여겼다.[48]
>
> 계묘년(1603년) 51세. 사월에 공조좌랑(工曺左郎)에 제수되었다가 오월에 이어서 형조(刑曹)에 추천되었으나, 모두 병으로 사양했다. 머지않아 의빈도사(儀賓都事)[49]에 제수되었는데, 바로 영전한[50] 것은, 『역경(易經)』을 교정할 때에 승진시키라는[51] 어명이 있었기 때문이다.[52]

앞에서 살펴보았듯이, 그는 『서계가장결(西溪家藏訣)』을 남기기도 했다. 이렇듯 그는 역학에 상당히 밝은 인물이었다. 이제 조우인과 「서계팔영」시에 대해서 알아보자.

4. 조우인과 「서계팔영(西溪八詠)」

1) 조우인의 가계와 생애

조우인은 조선 명종(明宗) 16년(1568년)에 태어나 인조(仁祖) 3년(1625년)까지 살았다. 자는 여익(汝益) 호는 매호(梅湖) 또는 이재(頤齋 怡齋)이다. 본관은 창녕(昌寧)이며 우부승지(右副承旨) 계형(繼衡)의 증손이요 몽신(夢臣)의 아들이다. 1588년(선조 21년) 진사가 되고 참봉을 지낸 뒤 1650년

經及性理諸書, 無不循環熟讀, 而尤致精於易學."

45) 질만(秩滿): 관직에서 임기가 참.

46) 연중(筵中): 연석(筵席) 임금과 신하가 자문주답(諮問奏答)하던 자리.

47) 천와(舛訛): 말이나 글자의 그릇됨.

48) 李苾榮, 『경주이씨선세실록(慶州李氏先世實錄)』, 1921, 『서계선생년보』. "壬寅 五十歲. 秩滿, 遷刑曹佐郎, 謝病, 下鄕. 時筵中, 方講周易, 上以註釋多舛訛, 命設局校正. 先生與弟光胤, 同被首薦, 人皆爲榮."

49) 의빈도사(儀賓都事): 의빈부(儀賓府) 이조 때의 관청. 공주나 옹주 등과 결혼한 사람을 위하여 설치되었다. 종5품의 도사(都事) 1명.

50) 취승(驟陞): 급작스럽게 관리의 계급이 뛰어오름.

51) 승서(陞敍): 관위를 올라가게 하는 것.

52) 李苾榮, 『경주이씨선세실록(慶州李氏先世實錄)』, 1921, 『서계선생년보』. "癸卯 五十一歲. 四月除工曺左郎, 五月 尋遷刑曺, 皆辭疾. 未幾, 除儀賓都事, 驟陞者, 以校易時, 有陞敍之命故也."

정시문과에 병과로 급제 승문원의 벼슬을 거쳐 경성판관(鏡城判官)이 되었다가 1621년(광해군 13년) 제술관(製述官)으로 서울에 올라와 고궁(古宮)의 황폐함을 보고 시를 지은 것이 백대연(白大衍) 이이첨(李爾瞻)일당에 의해 대역의 뜻이 있다는 무고(誣告)를 받아 투옥되었다. 1623년 인조반정으로 풀려나와 첨지중추부사(僉知中樞府使)가 되고 이어 동부승지(同副承旨)를 거쳐 우부승지(右副承旨)에 올랐다. 글씨 그림 시에 능해 삼절이라 일컬어졌으며 글씨는 특히 진서(晋書)와 초서(草書)에 뛰어났다. 53)

2) 「서계팔영(西溪八詠)」의 분석

「서계팔영(西溪八詠)」은 서계팔경을 시로 읊은 것이다. 대개의 팔경시는 8개 경의 명칭을 명명할 때 유사성과 대비성을 적용한다.54) 그러나 「서계팔영」은 그렇지 않고 특징적 내용을 소제목으로 했다. 또한 대개의 팔영시는 소제목을 4자의 한자어(漢字語)로 명명했으나, 「서계팔영」은 3자의 한자어(漢字語)로 소제목의 명칭을 지었다. 대개 『주역(周易)』과 관련이 있는 용어들을 서계팔경의 소제목을 삼았다. 시의 내용은 그 구체적인 자연 실경을 사실적으로 묘사한 시가 아니라, 철학적 내용을 이입시켜, 이득윤의 학문과 역학적 탁월성을 부각하는 내용이니, 설리시(說理詩)라 할 수 있다. 「서계팔영」은 구체적으로 그 순서를 정해놓지 않았다. 통상 첫 번 째 시를 제1경으로 본다. 따라서 「서계팔영」도 그 첫 번째 시를 제1경시로 보고자 한다. 제1경은 무극동(無極洞)55)이다.

서계팔영위이극흠작(西溪八詠爲李克欽作): 이극흠(李克欽)을 위해 서계팔영(西溪八詠)을 지음

珍重濂溪56) **一圈圖**57) 보배로운 염계(濂溪)의 일 권 그림,
진 중 렴 계　일 권 도

53) 조우인의 가계와 생애에 대해서는, 편의상 신구문화사에 간행한 『한국인명대사전』의 내용을 전재했다.

54) 안장리(安章利), 「한국팔경시연구(韓國八景詩研究)」, 한국정신문화연구원 박사논문, 1996, 1~239면.

55) 무극(無極): 송(宋)의 유학자 주돈이(周敦頤)는 도체(道體)의 본원을 추구하는 것을 태극이라했다. 우주의 본체는 무미(無味)·무취(無臭)·무색(無色)·무시(無始)·무종(無終)하며 나의 마음이 적연(寂然) 무사(無思)하고 만선(萬善)을 발하지 않으니 또한 이것이 무극이다. 『太極圖說』 無極而太極.

分明指掌示規模 손바닥 보듯 그 규모 분명하도다.
분 명 지 장 시 규 모

言難盡意誰知蘊 말은 뜻을 다 할 수 없거늘 누가 그 쌓인 것을 알리요?
언 난 진 의 수 지 온

見出常情爲說無 보면 상정(常情)이 나타나거늘 설명할 수 없을 소냐?
견 출 상 정 위 설 무

未信壽涯能獨得 수애(壽涯)를 능히 홀로 얻었다는 것을 믿지 못하는데,
미 신 수 애 능 독 득

還嗟陸氏[58]竟殊遙 애닯도다, 오히려 육씨(陸氏)가 마침내 차이가 나는 것이.
환 차 육 씨 경 수 요

古人不見心如昨 고인을 보지 못했어도 마음은 어제와 같으니,
고 인 불 견 심 여 작

洞府雲烟若起吾[59] 이 골짝 자연(구름과 안개)이 나를 깨우치는구나.
동 부 운 연 약 기 오

극흠(克欽)은 이득윤(李得胤)의 자(字)이다. 제1경시를 통해, 염계의 학문을 계승하고 탐구하는 서계의 학문적 면모를 인지할 수 있다. 이득윤은 염계의 도판 1권을 비치하고 있다. 이 그림이 무엇인지 구체적으로 명시하지 않아 그 실체를 정확히 알 수는 없다. 그러나 짐작할 수는 있다. 제1경시의 제목이 무극동(無極洞)이니 태극도와 관련이 있는 것으로 보아아도 무방하다. 태극도는 염계 주돈이선생이 작성한 것이다. 다음을 살펴보기로 하자.

> 내가 이 첩을 황경신(黃敬身)공에게 얻어 항상 책상위에 놓고 좋아하고 그것을 완상한 것이 오래됐다. 장차 전파하여 후대의 몽매한 자들을 깨우쳐주고자 하나 정예한 솜씨가 아니라서 즉 능히 뜻을 전달할 수 없이 迎(?)지금에 이르

56) 염계(濂溪): 북송(北宋) 때 유학자(儒學者) 주돈이(周敦頤)의 호(號)이다. 정호(鄭顥)·정이(鄭頤)의 스승이며 송학(宋學)의 비조(鼻祖)가 되었다. 『통서(通書)』·『태극도설(太極圖說)』 등이 있다.

57) 염계일권도(濂溪一圈圖): 송(宋) 주돈이(周敦頤)가 만든 도형. 무극(無極)인 태극(太極)에서 부터 음양오행(陰陽五行)의 원리, 곧 우주(宇宙) 및 인류(人類) 만물(萬物)의 생성원리와 발전과정을 도해하고 설명을 붙인 것.

58) 육씨(陸氏): 중국 삼국시대 오(吳)의 육적(陸績)이 『육씨역해(陸氏易解)』 일권(一卷)을 찬함. 책은 이미 일실되고, 이것이 명(明)때 『요사인집본(姚士燐輯本)』 일권(一卷)이 되어 사고(四庫)에 들어갔다. 자(字)는 공기(公紀) 6세 때 구강(九江)에서 원술(袁術)을 만났는데, 원술이 귤을 주자, 세 개를 가지고 와서 어머니를 드려 효자라 일컬어졌다. '육적회귤(陸績懷橘)'이라 하여 효행을 비유하는 고사(故事)가 되었다. 성장하여서는 박학다식하여 성력산수(星曆算數)에 해박하지 않음이 없었으며, 일찍이 혼천도(渾天圖)를 만들었으며, 아울러 『주역』을 주석(註釋)했는데 주석이 현묘(玄妙)했다. 『三國志』「吳志」 陸績.

59) 상(商)은 공자의 제자 자하(子夏)의 이름. 자기가 미처 깨닫지 못한 것을 남에게서 주의(注意)를 받아 깨달음을 이룬다는 뜻. 『논어』, 「팔일(八佾)」에 나오는 어구. "起予者商也, 始可與言詩已矣".즉 "나를 깨우쳐 주는 사람은 상(商)이니. 함께 시(詩)를 말할 만 하구나."

렀는데, 마침 이형(李瑩)군의 모사하여 낸 것을 얻어보니 진실로 다행이다. 비록 지극히 정하고 지극히 묘하나 혹 묵재(默齋)에게 미치지 못한다. 그러나 또한 이로 인하여 그 뜻의 요체를 알 수 있다. 이것을 사용해 이건(二件)을 치장하여 책으로 엮어서, 하나는 집에 걸어놓고 하나는 서원에 비치하여 초학계몽자(初學啓蒙者)의 지남(指南)으로 삼았다. 만력(萬曆) 기미(己未 1619) 중추(中秋), 월성후인(月城後人), 이덕윤(李德胤)이 시냇가 완역재(玩易齋)에서 쓰다.[60)]

황경신(黃敬身 1569~1651) [61)]은 현존 최초의 육아일기 『양아록』의 주인공 이수봉(李守封 1551~1594)의 맏딸 이숙희(李淑禧 1547~ ?)와 결혼했다. 묵재(默齋) 이문건(李文楗 1494 ~1567)은 이수봉의 할아버지로 『양아록』을 저술했다.[62)] 위 글에서 말하는 첩은 바로 제1경시에서 말하는 염계선생의 그림과 동일한 것으로 보여진다. 즉 태극도로 여겨진다. 이를 두 개나 정사(精寫)하여 하나는 이득윤 자신의 거처에 걸어놓았다. 다른 하나는 서원의 교재용으로 비치했으니, 그의 성리학에 대한 관심도는 가히 짐작할 만하다. 앞에서 보았듯이 『서계선생연보』에, 다만 사계(沙溪)와 서로 서신을 왕복하여 태극도(太極圖)와 역학(易學)을 논변했다"[63)]는 사실을 감안해볼 때, 이 그림은

---

60) 이득윤의 필적. 瓢巖(慶州李氏會誌 제2집), 경주이씨 중앙화수회, 1982. 영인하여 수록함. "余得此帖於黃公敬身, 常置案上, 愛而玩之者, 久矣. 將欲傳播以啓後蒙而非精手則 莫能有意達迎(?), 以迄于今. 適得李君瑩模寫, 以出良可幸也. 雖至極精極妙, 或未及默齋. 然亦可因此而知其旨要矣. 玆用粧成二件 一懸于家, 一置于院, 以爲初學啓蒙者之指南也. 萬曆己未(1619)中秋, 月城後人, 李德胤書于溪上之玩易齋."

61) 황경신(黃敬身 1569~1651)은 자(子)가 직부(直夫)요 호는 침류정(沈流亭)이다. 첨지중추부사를 했다. 묘소는 충북 괴산군 청안면 문장리 압정(鴨亭: 鴨項오리목) 우막동(牛幕洞)에 있다. 청홍도(지금 충청도) 관찰사를 지낸 황서(黃瑞 1514~1569)의 조카이다. 황서는 지금 괴산군 청천면 도원리 신도2리 대티로 넘어가는 개울가에 침류정을 지었다. 지금 '침류정거리'라 부른다. 2013년 황창모와 충북 괴산군 청천면 금평리에 사는 황종원이 침류정이 있던 위치를 알려주었다. 황서의 인적사항은 고려족보문화원 오재일(吳在鎰)원장과 충북 괴산군 칠성면 비도리에 사는 황인모가 알려주었다.

62) 묵재(默齋): 이문건(李文楗 1494~1567)의 호(號) 조선 중종 때 승정원 좌부승지를 역임. 을사사화 때 경상북도 성주(星州)로 귀양가서 거기서 죽었다. 태극도의 일종인 『도서괘화촬요(圖書卦畵撮要)』를 지었다. 『묵재휴수고(默齋休叟稿)』 2책과 친구들과 주고받은 시문집인 『친우시고(親友詩稿)』1책이 있다. 그가 남긴 『양아록(養兒錄)』은 16세기에 쓰여진 그 유례를 찾아보기 힘든 희귀한 육아기록(育兒記錄)으로, 현존 최고(最古)의 육아일기이며, 아동교육사와 풍속사회사 연구에 있어 귀중한 문헌이다. 李文楗 著(李相周 譯註), 『養兒錄』, 태학사, 1997.참조.

63) 李苾榮, 『경주이씨선세실록(慶州李氏先世實錄)』, 1921, 『서계선생년보』. "己酉 五十七歲. … 不欲與世相接, 祇與沙溪, 互相, 往復書尺, 論辨太極圖及易學."서계가 沙溪 金長生과 태극도에 대한 문답을 했다는 사실은 다음 글을 통해서도 알 수 있다. 『慶州李氏世蹟補遺(=家乘)』 天冊, 「觀雲亭記」, "逸判書 光山 金洛鉉. 余嘗讀吾先祖文元公書牘中太極圖問答, 而景仰西溪先生, 久矣."

태극도를 가리키는 것으로 짐작해볼 수 있다.

태극도는 무극(無極)인 태극(太極)에서 부터 음양오행(陰陽五行)의 원리 곧 우주(宇宙) 및 인류(人類) 만물(萬物)의 생성원리와 발전과정을 도해하고 설명을 붙인 것이다. 염계(濂溪)는 북송(北宋) 때 유학자(儒學者) 주돈이(周敦頤)의 호(號)이다. 정호(鄭顥)·정이(鄭頤)의 스승이며 송학(宋學)의 비조(鼻祖)가 되었다. 1구와 2구에서 염계의 그림이 손바닥 보듯이 분명하다고 했다. 염계의 태극도는 그 내용을 잘 알아볼 수 있게 도설해놓은 것이다. 3~4구에서 "담긴 뜻을 말로 다 표현할 수 없으니 누가 그 쌓인 것을 알리요?"라고 했다. 그 만큼 말로 설명할 수 없는 심오한 뜻이 담겨있다는 말이다. 그러나 잘 살펴보면 상정(常情)이 나타나있어 설명이 가능하다고 했다. 그만큼 염계선생의 그림은 말로 설명하기는 용이하지 않지만, 자세히 관찰해보면 상정(常情)을 도설해놓은 것이라서 잘 알 수 있다는 말이다. 5~6구에서는 염계가 운명에 관련된 문제를 홀로 터득했다는 것은 믿기지 않을 정도로 그 수준은 육씨(陸氏)를 능가했다는 사실을 예찬한 것이다. 육씨는 중국의 육적(陸績)으로 역학 연구의 대가이다. 7~8구에서는 조우인은 고인과 그 마음이 같을 정도로 고인의 경지에 가깝게 도달했다는 것이다. 이는 무극동이라는 골짜기의 명칭을 통해 깨달을 수 있다고 토로했다.

제1경시에서 조우인은, 이득윤이 태극도를 비치한 사실을 통해, 이득윤이 역학에 지대하게 관심을 갖고 있다는 점을 부각했다. 이미 앞에서 이득윤의 역학적 수준에 대해 살펴보았지만, 당시 사람들은 그의 역학에 대한 수준을 공인하고 있다는 사실은 다음을 통해 알 수 있다. 김상헌(金尙憲)의 『청음집(淸陰集)』권 6 「이괴산덕윤만(李槐山德胤挽)」이라는 시의 제목 아래 '심어역학(深於易學)' 즉 '역학에 심오했다.'라는 주를 붙였다. 앞에서 살펴보았듯이, 덕윤(德胤)은 이득윤(李得胤)의 초명(初名)이다.

다음은 제2경인 불사천(不舍泉)이다. .

活潑源從厚地穿 활발한 기운 본디 두터운 땅을 뚫고 솟아나와,
활 발 원 종 후 지 천

法法混混又涓涓 콸콸 솟아 출렁이다가, 잔잔히도 흐르네.
운 운 혼 혼 우 연 연

逝窮晝夜歸滄海 주야로 흘러흘러 넓은 바다로 돌아가고,
서 궁 주 야 귀 창 해

運不留亭若健乾[64] 운 불 유 정 약 건 건	움직여 머무르지 않음은 건건(健乾)과 같네.
聖嘆要須心暗契 성 탄 요 수 심 암 계	성인이 탄식하시던 일 마음으로 암합(暗合)이 되기를 기다려야 하니,
眞機方覺語難傳 진 기 방 각 어 난 전	진기(眞機)는 말로 전하기 어려움을 이제야 깨닫노라.
欲知無限充周妙 욕 지 무 한 충 주 묘	무한히 현묘함을 채우는 것을 알고자 하면,
看取滔滔在眼前 간 취 도 도 재 안 전	눈앞에 도도히 흐르는 이 물을 보라.

제2경 불사천은 이름 그대로 쉬지 않고 솟아오르는 샘물이다. 앞서 「서계선생년보」에 살펴보았듯이, 그의 나이 46세가 되던 1598년에 그 서재를 완역재라 했으며 그 주위에 흐르는 시내를 불사천이라 했다.

1~2구에서 조우인은 불사천이 힘차게 솟아오르는 기세를 매우 적절하게 표현했다. 즉 그 물 기운이 두터운 땅을 뚫고 솟아오른다고 했다. 또한 그 물이 솟아오르고 흘러가는 형상을, “콸콸 솟아 출렁이다 잔잔히도 흐르네.”라 표현했다. 실제 불사천을 그렇게 거대한 하천이 아니다. 그러나 시적(詩的) 표현법에서 과장법은 종종 그 실상을 부각하는 방법으로 동원된다. 이 샘물이 주야로 흘러 그 흐름이 건건(健乾)과 같다고 했다. 건건(健乾)은 건건(乾健)으로 『주역(周易)』, 「설괘전(說卦傳)」 제육(第六)에 있다. 건(乾)은 강건(强健)한 것이다. 불사천이 쉬지 않고 세차게 흐르는 모양을, 『주역(周易)』에 나오는 용어를 빌려 설명한 것이다.

5~6구를 보자. 성인이 탄식했다는 말은, 『논어(論語)』, 「자한(子罕)」의 다음내용이다. “공자(孔子)께서 냇가에 내가 말씀하시를 ‘가는 것이 이와 같아, 주야(晝夜)에 그치지 않는구나.’”[65]라고 했다. 이 말은 학문에 정진하여 그치지 말라고 권고하는 뜻도 담겨있다고 본다. 성인(聖人)이 가졌던 마음에 부합되기를 기다려야하니, 진기(眞機)를 말로 전하기 어려움을 깨닫게 된다. 그러나 진기(眞機)를 말로 전하지 않고 대오 각성할 수 있는 방법이 7~8구에 제시되어있다. 그것은 자연을 통해 그 자연이 내포한 진리를 인지하는 것인데, 이득윤은 그것을 실천하여 보여준 것이다. 다시 말하면, 이득윤이 현묘한 진

---

64) 건건(健乾): 『周易』「說卦傳」. “第六. 乾健也, 坤順也, 震動也, 巽入也.”
65) 『論語』, 「子罕」. “子在川上曰 逝者如斯夫, 晝夜不舍.”

리를 터득하는데 있어서, 말로 설명하지 않고 '불사천'이라고 명명하여, 진리를 터득한 수준을 자연에 구체적으로 표상화하여 그 터득한 것을 보여준 것이다. 조우인은 이득윤의 이런 점을 찬양한 것이다.

제3경은 원도동(原道洞)이다.

至道無垠莫究端　지극한 도는 한계가 없어 다 궁구(窮究)할 수 없거늘,
지 도 무 은 막 구 단

誰從閫奧[66]試探看　누가 깊은 영역을 더듬어 보리?
수 종 곤 오 시 탐 간

根於性命彝倫[67]上　성명(性命)과 인륜에서 근원하되,
근 어 성 명 이 륜 상

散在流行日用間　유행하는 일상생활(일용행사)에서 산재해있도다.
산 재 류 행 일 용 간

說到出天惟有董[68]　이론의 근원은 하늘에 이르러 오직 동중서(董仲舒)요,
설 도 출 천 유 유 동

語遺窮理却疑韓[69]　설명은 이치를 궁구하는데 도리어 한유(韓愈)를 의심하더라.
어 유 궁 리 각 의 한

有空大谷何名號　텅 빈 큰 골짜기 무엇이라 이름 지을까?
유 공 대 곡 하 명 호

俯仰思量爲一嘆　하늘을 쳐다보고 땅을 굽어보고 생각하며 한 번 탄식하노라.
부 앙 사 량 위 일 탄

원도동(原道洞)은 도(道)를 근원으로 하는 동네라는 뜻이다. 이득윤은 72세가 되던 1623년, 인조반정 후, 공조정랑(工曺正郎)에 임명받았으며, 본원지도(本源之道)를 함양해야한다고 누차에 걸쳐 계(啓)를 올렸는데, 임금께서 모두 경청했디[70] 한다.

1구와 2구에서 조우인은, "지극한 도는 한계가 없어 다 궁구(窮究)할 수 없거늘, 누가 깊은 영역을 더듬어 보리?"라고 반문한다. 그 이면엔 그런 경지에

---

66) 곤오(閫奧): 방이 깊숙한 것을 말함. 韓愈, 「如崔羣書」. "窺之閫奧, 而不見畛域."

67) 이륜(彝倫): 사람으로서 지켜야할 떳떳한 도리. 『書經』, 「洪範」. "王(武王: 인용자 주)乃言曰 … 我不知其彝倫攸叙. 箕子乃言曰 … 汨陳其五行. 帝乃震怒, 不畀洪範九疇, 彝倫攸斁. … 天乃錫禹洪範九疇, 彝倫攸敍. 初一, 曰五行, 次二, 敬用五事."

68) 동중서(董仲舒): 전한(前漢) 무제(武帝)때의 학자. 춘추학(春秋學)에 밝아 춘추번로(春秋繁露)를 지었다. 무제에게 상주(上奏)하여 유교(儒教)를 국교(國教)로 정하게 한 것으로 유명함.

69) 한유(韓愈): 당(唐) 중기 때의 인물로 당송팔대가(唐宋八大家)의 한 사람. 선진(先秦)과 전한(前漢)·후한(後漢)의 전아(典雅)한 산문(散文)인 고문(古文)을 모범으로 하여 문장을 써야한다는 문학론을 실천한 문장가.

70) 李苾榮, 『경주이씨선세실록(慶州李氏先世實錄)』, 1921, 『서계선생년보』. "癸亥 七十一歲. 仁廟改玉, 擧先生遺逸, 擬持平. 六月 二日, 拜工曺正郎. 上特命乘馹上來, 先生承命入侍, 以涵養本源之道, 縷縷陳啓, 上虛已傾聽, 因傳教曰 米七碩 菽三碩, 一依金長生例賜給."

도달한 인물이 존재한다는 것을 염두에 둔 것이다. 바로 이득윤이다.

도를 터득하는 원리는 서로 통하는 법이다. 한 가지 분야의 도를 터득하는 기본적인 원리를 알고 있으면, 그 원리를 다른 분야에도 적용할 수 있다. 그 도의 근원은 무엇인가? 3~구에 그 내용을 제시했다. 인간이 기본적으로 지녀야할 덕목을 들고 있다. 즉 성명(性命)과 이륜(彛倫)에서 근원하는 것이다. 성명(性命)은 천성(天性) 또는 천명(天命)이다. 이륜(彛倫)은 인륜(人倫) 또는 오륜(五倫)이다. 그것을 밝혀 일상생활에서 응용하고 확산시키는 것이니, 득도의 일상적 실용화를 강조한 것이다.

5~6구에서 조우인은, 이득윤이 이론의 근원을 밝힌 수준이 중국 한나라 때 동중서(董仲舒)에 비견할 만하다고 찬사를 보냈다. 또 그 설명하는 수준이 한유(韓愈)에 비견된다고 했다. 한유는 당(唐) 중기(中期) 때의 인물로 당송팔대가(唐宋八大家)의 한 사람이다. 선진(先秦)과 전한(前漢)·후한(後漢)의 전아(典雅)한 산문(散文)인 고문(古文)을 모범으로 하여 문장을 써야한다는 문학론을 실천한 문장가이다. 한유는 「원도(原道)」라는 제목의 글을 썼다. 한유는 공맹(孔孟)을 숭상하여 불로(佛老)를 열었다고 자임(自任)하고 글을 지은 것에 제목을 「원도(原道)」라 했다. 이렇듯 조우인은 이득윤의 득도의 수준을 중국의 저명인사들에 비견하여 찬양했다.

지극한 도에 도달한 이득윤의 득도의 경지는 이름이 없던 골짜기의 이름을 짓는데도 발휘된다. 이름하여 원도동(原道洞)이라 한 것이다. 조우인은 7구와 8구에서, 이득윤이 텅 빈 골짜기의 명칭을 원도동이란 명명한 것이 너무 절묘하여 탄식이 나올 정도라 했다.

제4경은 오리전(悟理田)이다.

元來有物理斯存 원 래 유 물 이 사 존	원래 물(物)이 있어 이(理)는 여기에 있는 것이며,
萬象流行本一原 만 상 류 행 본 일 원	만상(萬象) 유행하지만 본디 근원은 하나로다.
驟究却愁難下手 취 구 각 수 난 하 수	갑자기 파고들면 도리어 표현하기 어려운 근심이 있으며,
徐求漸喜到窮源[71] 서 구 점 희 도 궁 원	천천히 찾아 근원에 도달함에 기쁨을 느끼더라.
要從眞實專探賾 요 종 진 실 전 탐 색	요컨데 진실을 따라 오로지 깊은 이치를 탐색해야하니,

71) 궁원(窮源): 극진(極盡)한 원류(源流) 薛能, 「黃河」詩. “人間無博望, 誰復到窮源.”

莫把虛無認本根 막 파 허 무 인 본 근	허무한 것을 잡고 근본을 알았다 하지 말라.
積累一朝知快活 적 루 일 조 지 쾌 활	노력을 쌓아 하루 아침에 쾌활함을 아니,
傍人休道悟禪門 방 인 휴 도 오 선 문	곁에 있는 사람아 선을 깨닫는 문(禪門)이라 말하지 마라.

오리전(悟理田), 즉 진리를 깨우쳐주는 밭이다. 진리를 탐구하는 것은 본래 만물의 이치를 밝히는 것이다. 그러나 삼라만상이 존재하고 행해지는 원리는 한 가지 근원에 있는 것이다. 제1~2구에서 그 진리를 추구하는 기본 원리의 터득하는 것이 중요하다는 점을 지적했다. 제3구에서는 이득윤이 이룩한 진리 탐구의 경지가 단기간에 도달한 것이 아니라는 점을 천명하고 있다. 4구에서 이득윤은 장구한 세월에 걸쳐 무궁한 진리를 터득하여 오묘한 뜻을 감지한 것을 기뻐하는 것이다. 5구와 6구에서는 이득운의 진리탐구 자세와 그 본령에 대해 언급하고 있다. 진실한 진리를 탐구하는데 전념해야한다는 점을 강조했다. 이득윤은 이런 학문자세를 실천한 것이다. 이런 점은 이 시대 학자들도 본받아야할 자세인 것이다. 허무한 원리에 집착하여 제대로 터득하지 못하고 그것이 진리라고 착각하는 학문자세를 비판한 것이다. 허무한 공리공론에 집착하는 사이비학문 자세에 대한 준엄한 경고이다.

이득윤이 진리에 도달하게 된 것은, 오랜 시간에 걸쳐 몰두하여 얻은 결과라는 점을 5~6구에서 강조했는데 7구에서 재강조했다. 즉 진리는 장기간 천착과 연구가 누적되어 발현된 것이라는 점을 말했다. 그렇게 쉽게 진리를 터득한 것이 아니라는 점을 강조한 것이다. 8구에서, "곁에 있는 사람아 선을 깨닫는 문(禪門)이라 말하지 마시라." 했다. 선(禪)은 불가어(佛家語)로 사유정려(思惟靜慮)하는 것을 말한다. 즉 이득윤은 돈오(頓悟)를 통해 진리를 터득한 것이 아니라는 말이다. 오랜 시간 진리의 근원을 탐구하여 획득한 성과라는 점을 천명한 것이다. 여기서 조우인은 진리를 깨닫는 정도(正道)를 이득윤을 통해 제시하고 있다. 아울러 조우인은 불교의 승려들이 이론적으로 정치하게 탐구하지 않고 지나치게 참선에 몰두하는 것을 비판한 듯하다.

제5경은 완역재(玩易齋)[72]이다.

72) 완역(玩易): 『周易』「繫辭」上 9장. "是故 君子所居而安者, 易之序也, 所樂而玩者, 爻之辭也. 是故君子居則觀其象而玩其辭, 動則觀其變而玩其占. 是故自天祐之, 吉無不利."

河洛圖書抵掌間 하 락 도 서 지 장 간	하도락서(河圖洛書) 손바닥 안에 두고,
曾經四聖啓玄關 증 경 사 성 계 현 관	일찍이 네 성현(聖賢)을 배워 현묘한 도(道)에 들어가는 문을 열었네.
天猶在眼分明見 천 유 재 안 분 명 견	하늘은 오히려 눈에 있어 분명히 보거늘,
爐覓零金溱合難 노 멱 령 금 진 합 난	화로에서 영금(零金)을 찾는 것은 합하기 어렵도다.
遺義幾多迷象數[73] 유 의 기 다 미 상 수	끼친 뜻 상수역(象數易)으로 하여 미혹하게 한 것이 얼마나 많은가?
失道[74]還怕鍊金丹 실 도 환 파 련 금 단	도를 잃어버려 도리어 금단(金丹)에 빠질까 두렵도다.
梅窓日晏香煙細 매 창 일 안 향 연 세	매화 핀 창가에서 날마다 조용히 향불 피우고,
好把精微仔細看 호 파 정 미 자 세 간	정미한 이치 자세히 살펴보노라.

완역재(玩易齋)는 이름 그대로 『주역(周易)』을 농완(弄玩)하는 집이다. 공자(孔子)가 가죽 끈이 세 번 끊어지도록 읽었다는 일화가 있는 『주역(周易)』이다. 심오한 진리를 내재하고 있다는 것을 강조한 것이다. 아울러 그 심오한 진리를 터득하기가 쉽지 않다는 뜻이 담겨있는 것이다. 지금도 사람들이 『주역(周易)』의 오묘하고 난해한 뜻을 이해하기 쉽지 않다고 한다. 그런데 이득윤은 『주역(周易)』을 즐겼다하니 그 경지를 가히 짐작할 수 있다.

1~2구를 보자 1구에서 조우인은 이득윤이 『하도락서(河圖洛書)』를 손바닥 보듯이 통달한 것으로 본다. 2구에서는 그 도를 얻는 방법을 사성(四聖)의 도(道)를 경유하여 현묘한 경지에 도달한 것으로 간주한다. 사성(四聖)은 전욱(顓頊)·제곡(帝嚳)·요(堯)·순(舜)을 가리킨다는 설과 요(堯)·순(舜)·우

---

73) 상수(象數): 상수역(象數易)을 지칭함: 괘효상(卦爻象)을 천문(天文)·지리(地理)·율력(律曆)·오행(五行)·저구(蓍龜)·잡점(雜占)·형법(形法) 등의 술수와 배합하여 한대(漢代)에 발전한 역(易)의 한 학파. 상(象)은 두가지를 가리킨다. 하나는 괘상(卦象)이다. 천(天)·지(地)·풍(風)·뇌(雷)·수(水)·화(火)·산(山)·택(澤) 등 팔괘(八卦)가 취한 상(象)과 64괘(卦)가 형상화한 사물 및 그 위치관계를 말한다. 또 하나는 효상(爻象)인데 음(陰)과 양(陽)의 두 효(爻)가 형상한 사물을 가리킨다. 수(數)도 두 가지를 가리킨다. 하나는 음(陰)과 양(陽)의 수(數)다. 음(陰)의 수(數)는 홀수요, 양(陽)의 수(數)는 짝수이다. 또 하나는 효(爻)의 수(數)인데 각 효(爻)는 9·8·7·6의 수를 가지며 그 위치는 처음(初)과 二·三·四·五와 꼭대기(上)의 자리를 갖게된다.

74) 실도(失道): 원본에 '실(失)' 다음에 한 글짜가 빠져있는데, 내용상으로 보아 도(道)가 합당할 듯하여 삽입하였음.

(禹)·탕(湯)을 가리킨다는 설이 있다. 여기서 사성을 원용한 이유는, 이득윤의 득도의 과정이 성스러운 통치자인 사성(四聖)을 모범으로 삼아 성취했다는 것을 강조하기 위한 것이다.

3~4구를 보자. 하늘은 가시적 대상이기 때문에 외관적으로 살펴보기가 쉽다. 그러나 화로에서 영금(零金)을 찾는 것은 쉬운 일이 아니다. 이득윤이 상수역(象數易)에 밝았다는 사실은 다음을 통해 알 수 있다.

> 기해년(1599년) 47세. 역학을 공부하는데, 『이정전(二程傳)』[75]과 『주자본의(朱子本義)』[76] 두 가지는 공부하지 않고[77], 의리학(義理學)[78]과 상수학(象數學)을 반복하여 오묘한 이치에 깊이 나아가, 활연히 길흉과 미래를 예견하는 징험이 촛불을 밝히는 듯한 경지에 도달했다.[79]

이득윤은 상수역에 심오하여 사람들을 미혹하게 만들었던 것이다. 그의 역학 수준을 단적으로 표현한 말이다. 그의 역학이 매우 심오한 경지에 도달하여 사람들이 제대로 이해할 수 없는 단계에 도달했다는 말이다. 6구에서는 이득윤의 역학의 경지가 자칫 도(道)를 잃어버려 오히려 금단(金丹)을 만드는 도술에 빠질까 두렵다 했다. 이렇게 말한 것은, 이득윤이 뛰어나 도술을 부릴 수 있는 경지에 도달했다는 찬사를 반어적으로 표현한 것이다. 금단(金丹)은 주사(朱砂) 또는 단사(丹砂)라고 하는 수은(水銀)과 유황(硫黃)의 화합물을 조합하여 만든다고 하는데, 신선이 먹는다고 한다.

제8구를 읽노라면, 매화가 핀 창가에서 향불을 피우고 고즈넉하게 앉아 정치한 이치를 탐구하는 이득윤의 모습이 눈에 선하게 다가오는 듯한 느낌을 준다.

---

75) 정전(程傳): 정이(程頤)가 주역을 해석한 전, 즉 『이정전(二程傳)』.

76) 본의(本義): 『주역본의(周易本義)』를 가리킴. 주자가 주역의 이치를 해석한 편이름.

77) 참상(參商): 참(參)은 서방(西方) 신(申)의 위치에 있는 별, 상(商)은 동방(東方) 묘(卯)의 위치에 있는 별로, 오래 동안 서로 만나지 못함, 또는 서로 친하지 않음을 비유함.

78) 의리(義理): 역(易)의 학파엔 두 학파와 여섯 분파로 나눈다. 두학파는 상수학파(象數學派)와 의리학파(義理學派) 여섯 분파는 상수역(象數易)의 점서역(占筮易)·기상역(禨祥易)·도서역(圖書易)·의리역(義理易)의 도가역(道家易)·유가역(儒家易)·사사역(史事易)을 가리킨다. 역의 두학파와 여섯 분파는 송대(宋代)에 그 면모를 갖추게 되었다. 의리학(義理易)이란 윤리 혹은 철학의 입장에서 주역의 경문을 해석한 학파를 지칭한다. 그 특색은 상수(象數)를 배척하고 의리를 취하는데 있다.

79) 李苾榮, 『경주이씨선세실록(慶州李氏先世實錄)』, 1921, 『서계선생년보』. "己亥 四十七歲. 於易學, 參象乎程傳本義, 反覆乎義理象數, 深造奧妙, 豁然, 自得, 至於吉凶先機之驗, 有如燭照."

2002년 1월 17일, 충북 청주시 상당구 미원면 가양리 장골에 사는 서계의 후손 이봉우옹은 "서계가 절골에서 10년간 주역을 연구했다"고, 말했다. 절골은 지금 불사천 위쪽 산기슭인데, 아무런 흔적이 남아있지 않다고 한다.

제6경은 농환대(弄丸臺)이다.

數尺荒臺尚記名 몇 자 높이 거친 대에 이름을 붙였으니,
수 척 황 대 상 기 명

至今曾此玩高明 지금 이곳에서 높고 밝음을 완롱하노라.
지 금 증 차 완 고 명

神遊動靜無端妙 신유(神遊)의 동정(動靜)은 묘함이 무한하니,
신 유 동 정 무 단 묘

心契羲文立象[80]精 마음은 복희(伏犧)씨의 글과 합하여 상(象)의 정(精)을 세우더라.
심 계 희 문 입 상 정

世界昔聞藏粒少 세계는 옛날에 듣건데 낱알처럼 작다고 하였고,
세 계 석 문 장 입 소

乾坤今見運丸[81]輕 건곤(乾坤)은 이제 보니 공이 돌리듯 가볍더라.
건 곤 금 견 운 환 경

當時安樂窩中老 당시에 평안하게 움집(窩中)에서 늙었거늘,
당 시 안 락 와 중 노

緬想依然喚再生 곰곰히 생각하여 의연히 불러 다시 살게 하였네.
면 상 의 연 환 재 생

제6경은 공을 가지고 노는 대(臺)이다. 제1~2구에서 이득윤은 대의 이름을 농환대(弄丸臺)라 붙여놓고 고명(高明)함을 완롱하고 있다. 3~4구에서 정신은 역동적이며 정적인 상태에서 활동하여 오묘함을 무한하게 한다. 그리고 마음은 복희씨(伏犧氏)가 만든 팔괘(八卦)의 글과 부합하여, 상(象)의 정(精)함을 확립할 정도였다. 복희씨가 팔괘를 만들고 문왕(文王)이 64괘를 만들었다 한다. 문왕은 중국 은(殷)의 주왕(紂王) 때 제후(諸侯)였는데 중국 땅의 3분의 2를 다스렸다. 서방제후의 대표격이 돼서 서백(西伯)이라하였다. 주왕(紂王)이 그를 두려워하여 유리(羑里)라는 곳에 가두었는데, 이때 『주역(周易)』을 대성했다한다. 5~6구에서 옛날에 들려오는 말에, 세계가 낱알처럼 작게

80) 상(象): 『周易』「繫辭」上 10. "전략 … 是故, 易有太極. 是生兩儀, 兩儀生四象, 四象生八卦, 八卦定吉凶, 吉凶生大業. … 天垂象, 見吉凶, 聖人象之. 河出圖, 洛出書, 聖人則之. 易有四象, 所以示也. 繫辭焉, 所以告也. 定之以吉凶, 所以斷也. 『周易』「繫辭」上 12子曰 聖人立象以盡意, 設卦以盡情僞."

81) 의료(宜僚)라는 사람이 아홉 개의 방울을 돌리는데, 여덟 개는 공중에 떠있고, 한 개는 손안에 있게할 정도로 방울을 잘 다루는 재주가 있었다. 『莊子』, 「徐无鬼」. "市南宜僚, 善弄九鈴, 八箇在空中, 一箇在手."

보인다고 했다. 그런가하면 지금 건곤(乾坤)은 공을 돌리듯이 가볍다고 했으니, 대단한 과장법이다. 『장자(莊子)』「서무귀(徐无鬼)」에 의료(宜僚)라는 사람이 아홉 개의 방울을 돌리는데, 여덟 개는 공중에 떠있고, 한 개는 손안에 있게 할 정도로 방울을 잘 다루는 재주가 있었다는 일화가 실려 있다. 7~8구를 보자. 이득윤은 평안하게 그의 처소인 완역재(玩易齋)에서 학문연구에 몰두했으며 역학에도 정치(精緻)했다. 이득윤은 그곳에서 노년을 맞았어도 다시 살아날 수 있을 정도의 능력을 소유한 인물로 평가받았다.

이 시를 통해 우리는 우주의 원리를 터득하고 세상을 통달한 이득윤의 삶을 모습과 학문의 경지를 알아볼 수 있다.

제7경은 세심담(洗心潭)[82]이다.

潭水澄澄徹底清 (담 수 징 징 철 저 청) 연못 물 맑디맑아 바닥까지 푸르고,
絶無些滓污虛明 (절 무 사 재 오 허 명) 찌꺼기 하나 없이 맑고 밝다네.
纔涵萬象昭昭見 (재 함 만 상 소 소 견) 만상을 머금음에 소소히 비치는데,
乍滌心源炯炯呈 (사 척 심 원 형 형 정) 마음의 근원을 깨끗이 씻어 형형히 드러나네.
寒鏡斂波風暫定 (한 경 렴 파 풍 잠 정) 바람 잦자 명경의 물결 그치고,
長穹凝露月初生 (장 궁 응 로 월 초 생) 넓은 하늘에 처음 달이 떠오르고 이슬 맺히노라.
此間意味難名狀 (차 간 의 미 난 명 상) 이 사이의 의미 표현하기 어려우나,
手弄纖紋更濯纓[83] (수 롱 섬 문 경 탁 영) 손으로 고운 물결 만지며 갓끈을 씻노라.

세심담(洗心潭)은 마음을 씻는 못이다. 물이 맑고 맑아 바닥까지 들오다 보이고 찌꺼기나 침전물이 하나도 없다. 그야말로 명경지수(明鏡止水)이다. 3~4구를 보자. 거기에 비치는 만상이 밝게 비친다. 또한 마음의 근원을 씻어 빛나고 빛나게 비친다고 했다. 5~6구를 살펴보자. 바람이 잦자 명경의 물결

82) 세심(洗心): 허물을 고치는 것을 비유함. 『周易』「繫辭」上 10장. "子曰 夫易何爲者也? 夫易, 開物成務, 冒天下之道, 如斯而已者也. 是故 聖人以通天下之志, 以定天下之業, 以斷天下之疑. 是故, 蓍之德, 圓而神, 卦之德, 方以知, 六爻之德, 易以貢. 聖人, 以此洗心, 退藏於密, 吉凶與民同患."

83) 탁영(濯纓): 세속에 오염되지 않고 고고하고 청아하게 살겠다는 뜻. 屈原 「漁父辭」"滄浪之水淸兮, 可以濯吾纓, 滄浪之水濁兮, 可以濯吾足." "新沐者, 必彈冠, 新浴者, 必振衣."

이 그친다. 물이 맑다는 것을 다시 한 번 강조했다. 이어 넓은 하늘에 달이 처음 떠오르자 이슬이 맺힌다고 했다. 달빛에 어리는 이슬방울은 영롱하게 은빛을 발할 것이다. 상상해도 환상적이다. 오죽하면 이 사이의 의미를 표현하기 어렵다고 했을까. 밝고 밝은 달빛과 맑고 맑은 물빛을 대비해놓았다. 7~8구에서, 손으로 고운 물결을 만지며 갓끈을 씻는다고 했다. 8구의 탁영(濯纓)은 「어부사(漁父辭)」에 보이는 말을 원용한 것이다. 즉 "창랑(滄浪)의 물이 맑도다. 나의 갓끈을 씻을 만하도다. 창랑(滄浪)의 물이 흐리도다. 나의 발을 씻을 만 하도다."이다. 이 말은 세속의 부정과 비리에 오염되지 않고 고결하게 살아가는 인생관을 표명한 것이다. 조우인은 세심담을 보면서 이득윤의 삶을 굴원(屈原)[84]에 비견하고 있는 것이다. 세심담의 맑은 물빛은 바로 이득윤 마음의 빛깔이다.

제8경은 설시헌(揲蓍軒)이다.

虛室薰爐永晝晴 허실훈로영주청	빈방에 향로 긴 낮에 조촐한데.
凝思靜慮對神明 응사정려대신명	마음을 집중하여 신명을 대하노라.
分而掛一三才立[85] 분이괘일삼재립	나누어 <둘로 하고> 하나를 걸어 셋을 겨우 세우니,
揲後歸奇再閏成 설후귀기재윤성	<넷으로 셈하고> 점을 치매 기(奇)로 돌아가고 재윤(再閏)을 이루었네.
悔吝[86]自能看變化 회린 자능간변화	회린(悔吝)에 스스로 변화를 볼 수 있으니,
吉凶方驗示丁寧 길흉방험시정녕	길흉을 바야흐로 징험하여 정녕히 보이더라.
平生坐昧窮通事 평생좌매궁통사	평생 삼매(三昧)하여 사리에 통달하였으니,

84) 굴원(屈原)은 전국시(戰國時) 초인(楚人) 이름은 평(平) 자(字)는 원(原) 치란지도(治亂之道)에 밝아 삼려대부(三閭大夫)가 되었으나, 간신들의 참소(讒訴)로 왕으로 부터 멀어지게 되었다. 그러자 「이소(離騷)」를 지어 울분을 풀었다. 그후 양왕(襄王)때 유배되어 「어부사(漁父辭)」를 짓고 멱라수(汨羅水)에 몸을 던졌다.

85) 『周易』「繫辭」上 9장. "大衍之數五十, 其用四十有九. 分而爲二, 以象兩, 卦一以象三, 揲之以四, 以象四時. 歸奇於扐(시초사이에 낄 륵), 以象閏, 五歲再閏. 故再扐而後掛. 乾之策, 二百一十有六, 坤之策, 百四十有四. 凡三百有六十, 當期之日. 二篇之策, 萬有一千五百二十, 當萬物之數也. 是故, 四營而成易, 十有八變而成卦. 八卦而小成, 引而伸之, 觸類而長之, 天下之能事畢矣."

86) 悔吝: 『周易』「繫辭」下. "吉凶悔吝者, 生乎動者也. 剛柔者, 立本者也, 變通者趣時者也, 吉凶者, 貞勝者也."

著策其能識命程 시책기능식명정　　시초점으로 어찌 운명을 알리요?

설시헌(揲蓍軒)은 시초점을 치는 집이다. 1~2구에서 설시헌(揲蓍軒)의 분위기가 잘 드러나 있다. 고요한 방에 향로를 놓고 마음을 집중하여 신명(神明)을 대한다. 고도의 정신통일을 통하여 신명을 대하게 됐다. 3~4구는 『주역(周易)』「계사(繫辭)」상(上) 9장에 나오는 내용을 차용했다.

회린(悔吝)은 전의 잘못을 후회하고 한하는 것이다. 이득윤은 회린(悔吝)의 변화를 스스로 알아보고, 길흉을 징험해볼 수 있는 능력을 구비했다. 이런 경지에 도달하는 과정을 7~8구에 명시해놓았다. 이득윤이 시초점을 쳐서 운명을 알아보는 것처럼 보이지만, 사실은 그것이 아니라는 점을 분명히 밝히고 있다. 즉 조우인은, 이득윤이 평생 독서삼매에 몰입한 결과, 길흉을 징험했다는 점을 강조했다. 조우인은 시초점을 비과학적이요 비합리적으로 본 것이다.

5. 맺음말

전반적인 정황으로 보아, 이득윤(李得胤)이 서계구곡(西溪九曲)을 설정한 시기는 1575년 이후 1598년 사이, 늦어도 「서계육가(西溪六歌)」를 지었던 1607년 이전이라고 보아야한 다. 또한 옥화구곡(玉華九曲)도 「옥화육가(玉華六歌)」를 지었던 1607년에는 설정된 것으로 보아야할 것이다.

송(宋)의 황정견(黃庭堅)이 염계(濂溪) 주돈이(周敦頤)의 인품을 예찬하기를 “인품이 매우 높아, 가슴속과 마음이 상쾌하고 시원하기가, 비온 뒤에 부는 바람과 비 개인 뒤에 떠오르는 달과 같다.”고 예찬했다. 중국 도학(道學)의 학통은 대개 주돈이(周敦頤)→ 정이(程頤)·정호(程顥)→ 주희(朱熹)로 이어지는 것으로 본다. 이런 학통의 집대성자인 주자(朱子)가 무이구곡(武夷九曲)에서 「무이도가(武夷棹歌)」를 짓고 강학과 문예활동을 했다. 조선조에 와서 유학자들은 유학의 이론을 실천하며, 주자의 이런 생활을 흠모하고 동경하여 이를 구현하려했다. 이득윤도 주돈이(周敦頤)와 주희의 학문자세와 인품을 흠모하고 이를 답습하려고 했다. 이는 서계구곡과 옥화구곡을 설정했다는 사실과, 조우인이 지은 「서계팔영』의 내용을 통해 확인할 수 있다.

서계구곡과 서계팔경은 이득윤이 거처했던 지금 충북 청주시 상당구 미원면 가양리 수락동에 설정했다. 조우인은 「서계팔영」시를 통해 이득윤의 학문적 자세와 수준을 부각시켰다. 그의 학문수준과 학자의 자세를 찬양하기 위해, 동중서(董仲舒)·한유(韓愈) 등 중국의 대가들을 거명했다. 특히 그가 역학분야에도 일가견이 있다는 점을 중점적으로 읊었다. 높은 수준의 학문이 일시적 즉흥적 행위에 의해 얻어진 것이 아니라, 장구한 세월에 걸쳐 심오하게 탐구한 결과 얻어진 당연한 성과라는 점을 지적했다. 지금도 역학은 점치는 쪽에 비중을 두어 논해지는 것이 상례이다. 서계 생존당시에도 예외는 아니었다. 조우인은 이득윤의 경우에는 이런 선입관이 부적합하다는 점을 부각시켜려 했다. 조우인은 이득윤은 심오한 연구와 독서삼매를 통해 역학(易學)분야에 정치(精緻)한 성과를 이룩했다는 점을 강조했다. 이런 학문적 자세는, 적당히 짜깁기하거나 전재재록(轉載再錄)하는 사람들에게 심각한 반성을 요구한다. 조우인은 「서계팔영」에서 서계의 학문수준과 학문자세를 읊으면서, 아울러 진정한 학문자세에 대해서도 말하고 있는 것이다.

서계 이득윤은 서계라는 자신의 처소 주변에 서계구곡과 서계팔경을 설정했는데, 이는 중국 구곡문화와 팔경문화의 조선적(朝鮮的) 일례인 것이다. 즉 자신의 생활주변의 산수자연에, 사상과 의식을 표상화한 것이다. 이는 국토에 대한 애정과 관심의 표출이자, 자연물과 자신을 일치시키는 물아일치(物我一致) 의식의 발로이다. 우리의 선인들은 중국의 팔경문화와 구곡문화를 수용하여 자기 주변 산수자연에 구곡과 팔경을 설정하고 구곡시와 팔경시를 지어 자기 주변 산수자연을 예찬했다. 이렇듯 이들은 시 창작을 통해 자기주변의 산수에 대해 널리 홍보하고 공감대를 유도하고 있다. 이를 통해 우리는 자연과 인간과의 조화를 중시했던 선인들의 자연관을 알 수 있으며, 그들의 자연애호 정신을 배울 수 있다. 또한 그들은 구곡과 팔경을 설정하고, 그곳에서 우인(友人)들과 시를 주고받으며, 우의(友誼)를 돈독히 하는 장으로 활용하고, 아울러 교육과 학문연구의 산실로 이용하였다. 이렇듯 그들은 자기고장의 산수 자연을 애호하고, 자연을 매개로 하여 문학적 학문적 교류를 하며 학문과 우의를 공고히 했다. 이런 선인들의 산수자연에 대한 애호정신과 학문적 문학적 자세를 계승하여, 우리는 자기고장의 명승지를 애호 보전(愛護 保傳)하고, 자기 주변의 산수자연을 학문적 문학적으로 승화하는 길을 모색해야할 것이다.

12장. 옥화구곡(玉華九曲)과 옥화구곡시(玉華九曲詩)

1. 머리말

제5곡 옥화대의 겨울.

제5곡 옥화대에 있는 세심정의 가을

옥화구곡은(玉華九曲) 서계(西溪) 이득윤(李得胤 1553~1630)이 지금 청주시 상당구 미원면 옥화리를 중심으로 설정하였다. 옥화대(玉華臺)는 산수가 수려하여 관광객의 발길이 끊이지 않는 명승지이다. 여기에는 서계(西溪) 이득윤(李得胤 1553~1630)의 숨결이 곳곳에 서려있다. 그는 옥화대의 산수가 대략 중국의 무이구곡(武夷九曲)과 같아 옥화구곡을 설정했다. 또한 서계는 지금 충북 청주시 상당구 미원면 가양리 수락동에 서계구곡(西溪九曲)을 설정했다. 서계(西溪)는 서원(書院)의 원장인 산장(山丈)을 맡았으며 선조(宣祖)의 신임을 받아 왕자사부(王子師傅)를 지낸 교육자였다. 또한 그는 음악(音樂)과 역학(易學)에 조예가 깊었으며 1607년 「서계육가(西溪六歌)」·「옥화육가(玉華六歌)」를 창작한 문인학자이다. 그는 두 곳을 왕래하며 학문을 연구하고 교육을 실시했으며, 문학예술을 창작했던 것이다. 이렇듯 옥화대는 이득윤의 고고한 발자취가 남아 있는 산자수명한 명승지이다.

그런가하면 일찍이 윤사석(尹師晳 1494~1506)이 이곳에 유유자적한 바 있으며, 그 6대 후손이자 이득윤의 제자인 윤승임(尹承任 1603~1687)도 이곳에서 학문을 탐구하며 시문생활을 했다. 이렇듯 선인들은 산수를 즐기고 그 감상한 정회를 문학으로 형상화하였다. 운치 있게 산수에 노닐었던 선인들의 풍류를 올바르게 이해하고 감상하는 것도 문화의 세기에 문화국민으로서의 도리이리라. 만인이 자신의 스승이요, 만물은 자신의 선생이다. 남의 모습을 통해 자기 인생의 미래를 가늠해볼 줄 아는 것도 현명한 일이다. 타산지석(他山之石)하고 온고지신(溫故知新)할 때 자신이 발전하는 것이다. 옥화대의 역사와 사적들을 통해 이를 체험할 수 있다.

이득윤의 9대 후손 이필영(李苾榮 1853~1930)과 그의 아들인 이규익(李圭益 1884~1972)은 각각 옥화구곡한시(玉華九曲漢詩)를 창작했다. 두 편의 옥화구곡시는 『경주이씨세적보유(慶州李氏世蹟補遺)』[1] 천(天)·지(地)·인(人) 3책 중에 지(地) 책(冊)에 실려 있다. 외표지에 가승(家乘)이라 필사(筆寫)하고 첫째 장 앞면에『경주이씨세적보유(慶州李氏世蹟補遺)』라 한 필사본(筆寫本)이다. 이는 이필영(李苾榮)의 손자 이종찬(李鍾瓚)[2]이 소장하고 있다. 이를 필자가 발견하여 처음 학계에 소개하는 것이다. 본고에서는 이득윤의 생애와 저술을 개괄하고 두 편의 시를 구체적으로 분석하여,「무이도가(武夷棹歌)」가 후대 문인들에게 끼친 영향과 그 수용양상의 일단을 살펴보고자 한다. 아울러 '구곡문화관광특구'의 관광에 일익을 주고자 한다.

2. 이득윤(李得胤)과 옥화구곡(玉華九曲)

서계구곡(西溪九曲)·옥화구곡(玉華九曲)을 설정한 이득윤에 대해 알아보기로 하자. 1996년 필자는 이종혁(李鍾奕)이 소장하고 있는『경주이씨선세실적[慶州李氏先世實蹟(록錄)]』춘편(春編)을 찾아내어 보게됐다. 여기에「서계선생연보(西溪先生年譜)」와 「둔헌공행록(遯軒公行錄)」이 수록돼있다는 사실을

---

1)『경주이씨선세실록(慶州李氏先世實錄)』과『경주이씨세적보유(慶州李氏世蹟補遺)』의 편저자는 서계(西溪)의 후손 이필영(李苾榮)이다.

『경주이씨세적보유(慶州李氏世蹟補遺)』을 저본으로 하여 그 내용을 발췌해서 간행한『경주이씨선세실록(慶州李氏先世實錄)』은 신유년(辛酉年, 1921년)에 간행된 상(上)·하(下) 2책의 목판본으로, 이공린(李公麟)의 아들 이곤(李鯤)으로 이어지는 인물들의 사적을 기술한 책이다. 이 책에는 두 편의 옥화구곡시가 수록되어 있지 않다. 본고에서 필자가 참고한『경주이씨선세실록(慶州李氏先世實錄)』은 서계(西溪)의 후손 중 이종혁(李鍾奕)은 소장하고 있으나 이종찬은 소장하고 있지 않다. 이 책의 서문을 읽어보면 이필영(李苾榮, 1853~1930)의 요청으로 김제환(金濟煥)이 서문을 썼다는 사실을 알 수 있다.

3) 1956년에 간행한『경주이씨파보(慶州李氏派譜)』에는 종엽(鍾燁)으로 되어있으나 종찬(鍾瓚)으로 부름.

학계에 처음 소개한 바 있다.3) 앞의 「이득윤의 서계구곡과 조우인의 서계팔영」에서 이득윤의 생애에 대해서 상론했기 때문에 여기서는 옥화구곡에 관해서 논하기로 한다.

이득윤이 옥화구곡을 설정한 연대를 다음 기록을 통해 살펴보기로 하자. 「서계선생연보」의 다음 내용을 통해 그 설정 연대를 추정할 수 있다.

> 정미년(1607년) 55세. 남아 홍복(弘復)이 전의(全義) 이씨인 이망원(李望遠)의 딸에게 장가들었다. 십일월 이십사일 장자부(長子婦) 정씨(鄭氏)의 상을 당했다. 「사산장서(辭山丈書)」를 두 번 올렸다. 「서계육가(西溪六歌)」·「옥화육가(玉華六歌)」를 지었는데, 「도산십이곡(陶山十二曲)」을 비의(比依)한 뜻이 담겨져 있다.4)

서계는 서계육가(西溪六歌)」·「옥화육가(玉華六歌)」를 창작한 해가 1607년이라는 사실은, 필자가 논문에서 밝혔다.5) 위의 인용문의 내용으로 보아 1607년에 이미 옥화구곡을 설정해놓은 것 같다. 서계구곡은 필자가 쓴 「서계

---

3) 이 「서계선생년보(西溪先生年譜)」를 통해 서계의 생애를 소상히 알 수 있을 뿐 아니라, 「서계육가(西溪六歌)」·「옥화육가(玉華六歌)」의 창작연대(創作年代)가 1607년이라는 사실을 알 수 있게 됐다. 또한 「풍계육가(楓溪六歌)」의 작자 이정(李淨 ?~1594)의 몰년(歿年)이 1594년임을 확인할 수 있어, 그의 「풍계육가」 창작 하한년대(下限年代)를 1594년 이전으로 압축할 수 있다. 그리고 『경주이씨선세실록』에 수록된 「둔헌공행록(遯軒公行錄)」의 기록을 통해 「산민육가(山民六歌)」의 작가인 둔헌(遯軒) 이홍유(李弘有 1588~1671)의 국문시가(國文詩歌) 「감노음(感老吟)」오수(五首) 및 「귀거래가(歸去來歌)」일편(一篇)을 창작했다는 사실을 확인하였다. 이렇듯 이 문헌의 기록을 통해 육가(六歌)의 창작편년(創作編年)을 좀 더 소상히 확인하게 되었으며, 새로운 국문시가 자료의 색출가능성을 확보했다. 또한 이황은 이별(李鼈)이 지은 「육가(六歌)」를 내용면에서는 부정하고 형식은 계승하여 「도산십이곡(陶山十二曲)」을 창작했다. 이득윤이 「도산십이곡(陶山十二曲)」을 모방하여 「서계육가(西溪六歌)」·「옥화육가(玉華六歌)」를 창작했다는 사실은 「행장」과 「묘지명」에 지적되었다. 그런데 「서계선생년보」의 기록을 통해 「서계육가(西溪六歌)」·「옥화육가(玉華六歌)」 창작에 끼친 「도산십이곡(陶山十二曲)」의 영향을 재확인하게 된 것도 의미 있는 일이다. 이리하여 「서계육가(西溪六歌)」·「옥화육가(玉華六歌)」의 내용도 짐작할 수 있으며, 육가계(六歌系) 시조(時調) 발전에 있어서 「도산십이곡(陶山十二曲)」의 위력의 일면을 추측할 수 있다. 결국 「서계선생연보(西溪先生年譜)」의 기록은 육가(六歌)의 영향관계를 지적한 또 하나의 구체적인 기록인 것이다.

4) 「서계선생연보」丁未 五十五歲. 男弘復, 聘全義李望遠之女. ○ 十一月二十四日, 遭長子婦鄭氏喪. ○ 兩度辭山丈書. ○ 作西溪六歌玉華六歌, 依陶山十二曲之意也.

5) 이상주(李相周), 「이득윤(李得胤)과 서계육가(西溪六歌)·옥화육가(玉華六歌)의 창작연대 -「서계년보(西溪年譜)」를 통하여-」, 『한국의 경학과 한문학(죽부(竹夫) 이지형교수(李篪衡教授) 정년퇴직 논총)』, 태학사, 1996. 李相周, 「서계선생년보(西溪先生年譜)와 「서계육가(西溪六歌)」·「옥화육가(玉華六歌)」의 창작년대(創作年代)」, 『서지학보(書誌學報)』21호, 한국서지학회, 1998.

구곡과 서계팔영」이라는 논문에서 밝혔듯이 1575년 이후 1598년 사이, 늦어도 「서계육가」를 지었던 1607년 이전에는 설정되었다고 보아야한다. 서계는 가양리에 거주하고 있었다. 그러다가 기유년(1609년) 광해시에 시국사태가 크게 변하자 선생은 옥화동(玉華洞)으로 들어간 것으로 보아야할 것이다.

> 기유년(1609년) 57세. 유월에 「여정화곡서(與鄭和谷書)」를 쓰다. 칠월에 「여김사계서(與金沙溪書)」를 쓰다. 광해시에 시국사태가 크게 변하자 선생은 옥화동(玉華洞)으로 들어갔다. 계산(溪山)이 무이(武夷)와 대략 같아 그래서 구곡(九曲)의 이름을 붙였다. 오곡(五曲)의 위에 집 하나를 별도로 짓고 당(堂)을 춘풍당(春風堂)이라하고 헌(軒)을 추월헌(秋月軒)이라 하고 은거한 이래로 세상과 접촉하려하지 않고, 다만 사계(沙溪)와 서로 서신을 왕복하여 태극도(太極圖)와 역학(易學)을 논변했다. 고을에서 산장(山長)에 추대했는데, 학규(學規)를 닦고 밝혔으며 사림을 훈계하여 인도하였다.6)

위에서 살펴보았듯이 옥화구곡은 이득윤이 57세 되던 1609년에 설정했다. 그런데 서계육가(西溪六歌)」·「옥화육가(玉華六歌)」의 실물은 아직 찾아내지 못했다. 서계가 생존했던 당시의 옥화구곡(玉華九曲)과 지금의 옥화구경(玉華九景)을 서로 대비해 볼 수 있도록 소개한다. 먼저 옥화구곡이다. 각각의 구곡의 명칭은 이필영과 이규익의 시인 「옥화구곡(玉華九曲)」시(詩)를 통해 확인한 것이다. 그 때까지 후손과 세간에 전해졌던 것으로 여겨진다. 박대천(博大川) 하류로부터 제1곡이 시작되어 상류쪽에 제9곡을 설정했다.

제1곡 만경대(萬景臺) : 지금 충북 괴산군 청천면 후평리(後坪里)에 있다. 괴산군 청천면 후평리에서 동으로 500미터 지점의 냇가에 숲과 내가 조화를 이루는 곳에 있는 바위로 이루어져있다.

---

6) 『慶州李氏先世實蹟(錄)』 春編, 「西溪先生年譜」.1921. 李苾榮 주관. “己酉 五十七歲. 六月 與鄭禾谷書. 七月 與金沙溪書. ○ 光海時事大變, 先生入玉華洞. 以溪山, 略似武夷, 仍以九曲名焉, 別構一舍於第五曲之上, 扁其堂曰 春風(有記 : 원주), 軒曰 秋月, 自屛跡以來, 不欲與世相接, 祗與沙溪, 互相, 往復書尺, 論辨太極圖及易學, 一鄕推爲院長(山長之稱: 原註)修明學規訓迪士林.” 李相周, 「譯註 西溪先生年譜」, 『語文論叢』제14집, 동서어문학회, 1999년. 219면 참조. 다음에도 위와 유사한 내용이 수록되어 있다. 李弘有, 「先考西溪先生行狀」(先考文人 右承旨 卞時益又撰行狀, 載文集) 참조.
학규(學規): 학과의 규칙. 교규(校規)

제2곡 후운정(後雲亭) : 청주시 상당구 미원면 계원리(桂院里) 후운정.

제3곡 어암(漁巖) : 청주시 상당구 미원면 어암리.

제4곡 호산(壺山) : 청주시 상당구 미원면 월룡리. 바위 절벽이 병의 목 부분처럼 생겼다하여 붙여진 이름으로, 지금 '병목'이라 부른다. 병목 아래 농경지내에 있던 마을이 금봉이다.

제5곡 옥화대(玉花臺) : 청주시 상당구 미원면 옥화리. 옥화대에서 바라보이는 동북쪽 야산 중턱에 석굴이 있다. 나는 이 동굴의 존재를 1996년 처음 확인하고 답사는 차후로 미루었다. 서계에 대한 자료를 추적하다가 그 후손 이용우씨를 만나서 어느 정도의 정보를 얻을 수 있었다. 그 때 나는 근처에 동굴이 있는 곳이 있느냐고 여쭤보았다. 그 때 그가 이 동굴의 존재를 알려주었다. 2001년 11월 3일 나는 처음으로 이 굴에 들어가서 표면을 살펴보았다. 동물의 어금니 뼈와 몇 개의 뼈, 그리고 다슬기 모양의 패류 껍데기를 몇 개 주었다. 아마 학계에서는 처음 답사하는 것으로 여겨진다.

제6곡 천경대(天鏡臺) : 청주시 상당구 미원면 옥화리 옥화대 맞은편에 있는 절벽.

제7곡 어담(漁潭, 용소龍沼) : 청석굴에서 2km 하류인 미원면 운암리에서 옥화리로 넘어가는 도로 옆 개울에 있는 소(沼)

제7곡 인풍정(引風亭) : 청주시 상당구 미원면 운암리 인풍정.

제9곡 봉황대 : 충북 보은군 내북면 봉황리.

다음은 옥화구경(玉華九景)이다. 1990년 5월 10일 청원군 군정자문회의의 자문을 받아 선정하였다. 좌구산(座龜山)에서 발원하여 미원을 거쳐 박대천(博大川) 유역에 형성되어있는 9개소의 명승지이다. 상류로부터 제1곡이 시작되어 하류쪽에 제9곡을 설정했다.

제1경 청석굴(青石窟) : 청주시 상당구 미원면 운암리 국도변 냇가에 있는 천연동굴.

제2경 용소(龍沼) : 청석굴에서 2km 하류인 청원군 미원면 운암리에서 옥화리로 넘어가는 개울에 있는 소.

제3경 천경대(天鏡臺) : 청주시 상당구 미원면 옥화리 옥화대 맞은편에 있는 절벽.

제4경 옥화대(玉華臺) : 청주시 상당구 미원면 옥화리.

제5경 금봉(錦峰): 청주시 상당구 미원면 월룡리. 옥화리에서 1km지점.

제6경 금관숲: 청주시 상당구 미원면 금관리 개울가에 있는 2400여평의 숲. 아람드리 떡갈나무가 유명하다. 장자(莊子)에 보이는 '무용(無用)이 대용(大用)[7]'의 사상을 실천한 은사가 있었던 듯하다.

제7경: 가마소뿔: 청주시 상당구 미원면 어암리 달천(達川)에 있는 깊은 물. 금관에서 2km하류.

제8경 신선봉(神仙峰) : 청주시 상당구 미원면 계원리. 가마소에서 동북쪽으로 약 1km의 하류.

제9경 박대소(博大沼) : 청주시 상당구 미원면 어암리. 신선봉에서 서북쪽으로 약 1km 하류.

옥하구경은 옥화대 인근에 있는 산수가 좋은 곳을 대상으로 설정했는데, 서계(西溪)의 옥화구곡은 이보다 광범한 지역을 포함시키고 있다. 위에서 살펴본 역사문화적 사실을 인지하고, 옥화대를 답사유람하면 훨씬 의미 있는 문화기행이 될 것이다.

그런데 옥화대 입구에 청원군에서 설치한 '옥화4경 옥화대'안내판에는 다음과 같이 설명해 놓고 있다. 1995년에 보았다.

옥화대 안내판 오자가 여러 군데 있다. 1995년 촬영

7) 목수가 제(齊)나라로 가다가 곡원(曲轅)땅에 100아름되는 떡갈나무를 보았다. 많은 사람들이 이 큰 나무를 재목으로 써보려고 관심을 가지고 몰려들었다. 그러나 목수는 조목조목 예를 들어 이 떡갈나무는 재목감으로 가치가 없는 나무라고 말했다. 소용이 없는 나무였기 때문에 장수를 누려 그렇게 큰 나무가 된 것이라 설명했다. 『장자(莊子)』「인간세(人間世)」.

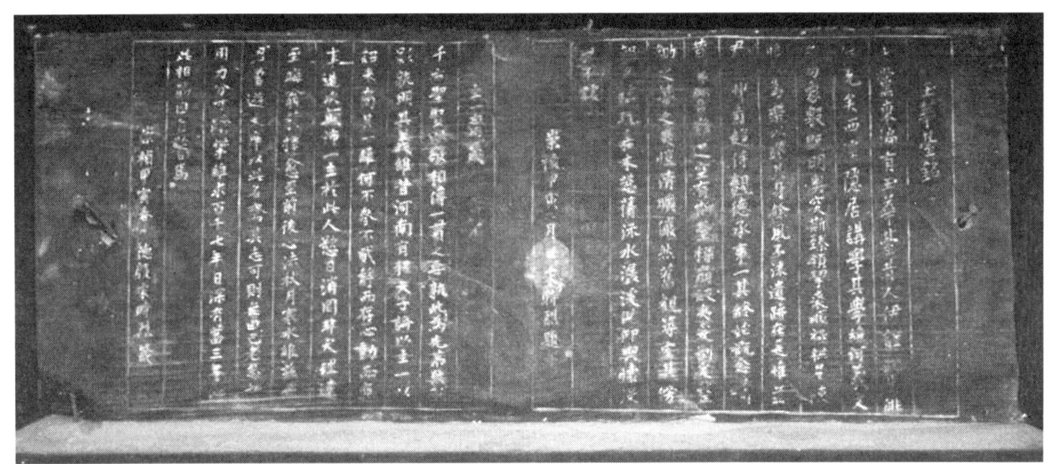

송시열이 지은 옥화명을 새긴 현판

> 깍<깎>아 찌른듯한<찌른 듯한> 절벽의 아름다음<움>과 옥화리 벌판에 구술<슬>(옥 玉)처럼 외따로 떨어져 있다는 유래에서 옥화대라 하며 조선조의 학자인 서계이득봉(西溪李得鳳[鳳은 윤(胤)의 오자이다;인용자])이 세웠다는 추월정과 세심정이라는 정자가 있다.

이 안내문은 맞춤법과 띄어쓰기가 맞지 않은 글자도 있을 뿐 아니라 '이득윤(李得胤)'을 '이득봉(李得鳳)'이라 오기 해 놓았다. < >안의 내용이 올바른 것이다. 문화유적지의 안내문은 정확한 고증과 맞춤법에 의거하여 작성해야한다는 교훈을 주는 일례이다.

다음은 2018년에 확인한 옥화대 안내판에 서술한 내용이다.

> 청주시 옥화 제4경 옥화대. 조선시대 선비인 석애 이규소 등 유학자들이 청명한 가을 달을 닮은 추월정. 세상 모든 경치를 볼 수 있다는 만경정. 마음을 닦고 씻는다는 세심정 정자를 지어 후학을 양성했다는 곳이다. 옥화리 개울가 절벽 위에 고목이 무성한 동산인 이곳은 들판에 옥처럼 떨어져 있다하여 옥화대라 이름지었으며 지조있는 선비들이 아끼던 장소로 옥화9경 중에서도 대표적인 절경으로 꼽히고 있는 곳이다.

위 안내판에 기술한 "석애"는 서계 이득윤을 모르는 사람에게 "서계"라고 써서 보여주지 않고 말로 서계라고 하니 "석애"로 알아들은 듯하다. 이규소는 옥화구곡시를 지은 이규익을 잘못 알은 듯하다. 알 수 없다. 필자가 이런 사실을 기술하는 이유는 찾아오는 관광객들에게 진실을 올바로 전달하고자 함이다. 아울러 청원군과 청주시청이라는 관청에서 기존의 자료도 참고하지 않고 비학술적으로 무성의하게 서술해 놓지 않기를 바라기 때문이다. 또한 아울러 우리 역사문화에 대한 보다 많은 관심을 가져주기를 바라기 때문이다. 참고하고 긍정적으로 수용하기 바란다.

『논어』에 "허물을 알고도 고치지 못하는 것이 허물이다"라는 말이 들어있다. 『서경』에 "상현(象賢)" 즉 "어진 사람을 본받는다"는 말이 들어 있다.

3. 이필영(李苾榮)과 이규익(李圭益)의 옥화구곡시(玉華九曲詩)

이필영(李苾榮)과 이규익(李圭益)이 지은 옥화구곡시의 창작연대는 정확히 알 수 없다. 이필영은 선조들의 사적을 필사본(筆寫本)인 『경주이씨세적보유(慶州李氏世蹟補遺)』 천(天)·지(地)·인(人) 3책에 기술했으며, 이를 저본으로 하여 그 내용을 발췌해서 『경주이씨선세실록(慶州李氏先世實錄)』을 신유년(辛酉年, 1921년)에 상(上)·하(下) 2책의 목판본으로 간행했다. 두 사람의 옥화구곡시가 『경주이씨세적보유(慶州李氏世蹟補遺)』 지책(地冊)에 실려는 점으로 보아, 옥화구곡시를 창작한 최하한 연대는 1921년이라 볼 수 있다.

1) 이필영(李苾榮)의 생애와 저술

『경주이씨파보(慶州李氏派譜)』[8])를 참고로 이필영의 가계를 살펴보자. 다음은 경주이씨 시조인 알평공(謁平公)으로 부터 수락동서계공파(水落洞西溪公派)의 가계도이다. 알평공(謁平公)으로 부터 23세 공린(公麟)→ 24세 8남 곤(鯤)→ 25세 4남 이잠(李潛)→ 26세 이득윤(李得胤)→ 27세 이홍유(李弘有) → 28세 3남 이만표(李萬彪)→ 29세 이세백(李世白)→ 30세 2남 이희성(李喜成)→ 31세 이윤한(李潤漢)→ 32세 이경집(李慶集)→ 33세 이덕원(李德源) →34세 집성(集盛)→ 35세 필영(苾榮)

이필영(李苾榮)은 1853년생으로 1930년에 졸했다. 초휘(初諱)는 광영(匡

8) 『경주이씨파보(慶州李氏派譜)』, 1922년. 『경주이씨파보(慶州李氏派譜)』 1956년. 앞에 든 『경주이씨세적보유(慶州李氏世蹟補遺)』. 법부기초위원(法部起草委員) 문서과주사(文書課主事), 영선사기수(營繕司技手), 육품(六品)으로 승진했다고 기록돼 있다.

榮), 자(字)는 경오(敬五), 호(號)는 서운(西雲)이다. 경사(經史)에 박통(博通)하여 여러 번 향시(鄕試)에 합격하였다. 법률학(法律學) 교수(敎授), 형조좌랑(刑曹佐郞), 선공감주부(繕工監主簿)를 역임했다. 배(配)는 숙인(淑人) 교하노씨(交河盧氏)인데, 부(父)는 통정(通政)을 지낸 상대(尙大)이다. 묘소(墓所)는 지금 충북 청원군 미원면 무중동(霧中洞) 선영계하(先塋階下) 건좌(乾坐)에 합장했다.

2) 이규익(李圭益)의 생애

이규익(李圭益)은 이필영의 장남이다. 1884년생으로 1972년 88세에 졸했다. 자(字)는 순좌(舜佐)요. 호(號)는 회당(晦堂)이다. 서사(書史)를 대략 섭렵(涉獵)했다. 약관(弱冠)에 처음 벼슬로 충훈부(忠勳府) 충의(忠義)를 지내고, 중추원의관(中樞院議官) 등을 역임했다. 배(配)는 숙인(淑人) 한산이씨(韓山李氏)로 부(父)는 준노(準老)이다. 계배(系配)는 여흥민씨(驪興閔氏)로 부(父)는 익호(益鎬)이다. 묘소 지금 충북 청원군 미원면 수락동 야동(冶洞)에 있다.[9)]

먼저 이필영(李苾榮)의 옥화구곡시(玉華九曲詩)를 보자.

옥화구곡(玉華九曲) 서계공문집중(西溪公文集中), 옥계산수굴일사지간(玉溪山水窟一舍之間), 방무이구곡자야(倣武夷九曲者也) 필영저(苾榮著)

옥화구곡(玉華九曲) 서계공문집(西溪公文集) 가운데, 옥계산수 30리 사이의 지역은 무이구곡을 모방한 것이다. 필영저(苾榮著)필영이 짓다.

天藏地秘玉華開 천 장 지 비 옥 화 개	하늘이 감춰두고 땅이 비밀로 했던 곳에 옥화구곡이 펼쳐졌는데,
先世槃停已摠裁 선 세 반 정 이 총 재	선조 서계선생 노니시며 이미 구곡을 모두 정하셨네.
九曲灘頭秋月暎 구 곡 탄 두 추 월 영	구곡의 여울물에 가을 달빛 비치니,
漁人不敢棹歌廻 어 인 부 감 도 가 회	고기 잡는 사람 감히 뱃노래 되돌리지 못하네.

9) 이규익(李圭益)의 생애에 대해서는 다음의 족보를 참고했다. 『경주이씨파보(慶州李氏派譜)』, 1956년. 『경주이씨파보(慶州李氏派譜)』, 1922년. 『경주이씨파보(慶州李氏派譜)』. 『경주이씨세적보유(慶州李氏世蹟補遺)』(지地)책에 음사(蔭仕)로 충의(忠義)・참봉(參奉)・중추원의관(中樞院議官)을 했다고 기록하고 있다.

이 시는 옥화구곡시의 서시(序詩)이다. 서시에서 이필영은 옥화구곡의 전체적인 특징을 개괄했다. 그는 옥화구곡을 일컬어 “하늘이 감춰두고 땅이 비밀로 했던 곳에 옥화구곡이 펼쳐졌다.”고 했다. 이 “천장지비(天藏地秘)의 땅”이라는 표현은 천지간에 매우 소중하게 감춰두고 아껴두었던 신비롭고 특이한 땅이라는 뜻이다. 산수경치가 절경을 이룬 명승지에 상투적으로 쓰이는 관용어이다. 옥화구곡은 깊숙하고 아늑하며 한적한 곳에 자리를 잡고 있다. 넓고 번화한 세상과는 동떨어진 곳에 있으니, 별천지라는 뜻으로 보아도 무리는 아닐 것이다. 이어 이런 절승지에 구곡을 설정한 인물에 대해 피력했다. 다름 아닌 이필영 자신의 선조인 서계 이득윤인 것이다. 천지간에 사람이 산다. 이득윤은 이곳에 구곡을 설정하고 은거했던 것이다. 이득윤은 옥화구곡이 천장지비처(天藏地秘處)임을 감지한 것이다. 이필영은 자신의 선조가 이런 천장지비처(天藏地秘處)에 구곡을 설정한 사실에 대해 긍지를 갖고 그 공을 예찬하고 있는 것이다. 옥화구곡 여울머리에 가을달이 비친다. 이런 정경 속에서 고기 잡는 사람들은 돌아가기가 싫은 것이다. 달은 가을이라야 제대로 그윽한 운취를 느낄 수 있다. 이렇듯 이필영은 서시에서 옥화구곡이 자신의 선조 이득윤이 자취가 서린 곳이라는 곳을 강조하며, 이곳이 뱃노래를 즐길 수 있는 선경이라는 점을 천명했다.

이규익(李圭益)과 옥화구곡시(玉華九曲詩)를 살펴보자. 이규익이 지은 옥화구곡의 서시(序詩)를 살펴보자.

옥화구곡(玉華九曲) 규익저(圭益著)

玉華靈境鏡中開 옥 화 영 경 경 중 개	옥화의 신령한 경치 거울 속에 펼쳐지고,
臺下山川曲曲裁 대 하 산 천 곡 곡 재	옥화대 아래 산천 구비구비를 마름질했네.
百世先生留杖屨 백 세 선 생 유 장 구	백대도록 선생의 유적이 남아있으매,
後人頌德詠歌廻 후 인 송 덕 영 가 회	후인이 송덕하는 노래 나도네.

서시에서 작자는 옥화구곡의 승경을 ‘영경(靈境)’이라 단언했다. 글자 그대로 신령스런 경치라는 말이다. 이런 절승(絶勝)이 거울 속에 펼쳐졌다고, 작자는 예찬한다. 이렇듯 작자는 옥화구곡의 자연경관이 절경(絶境)이라는 점을 간단명료하면서도 극대적으로 표현한 것이다. 물론 이는 강조법이자 과장법이

다. 명승지를 예찬하는 상투적인 표현인 것이다. 사실 옥화대의 경관은 아름답다. 그런데 작자의 눈에는 그냥 영경이 아니다. '거울 속에 펼쳐진 영경(靈境)'이다. 작자의 시적 표현이 절묘하다. 작자는 옥화대의 수려한 자연경관을 시적 표현을 통해 극찬했다. 이것이 시적 묘미이자 시의 효과요, 문학적 표현 미학의 아름다움이다.

이필영의 제1곡 만경대(萬景臺)를 보자.

一曲蒼屛萬景臺 일곡창병만경대	일곡이라 푸른 병풍 같은 만경대,
群山削立水縈廻 군산삭립수영회	뭇 산이 깎아지른 듯 서있으며 물이 감싸 도네.
遊人覺了塵寰夢 유인각료진환몽	유람객을 속세의 꿈에서 깨어나게 해주는데,
却向靈區豁眼開 각향영구활안개	문득 신령스런 구역으로 들어가니 눈이 확 트이네.

1곡은 만경대이다. 그는 만경대 주변이 형세를 간단하게 압축하여 표현했다. 만경대는 푸른 병풍 같다. 병풍은 바람을 막는 도구로도 쓰이지만 주로 장식용으로 쓰인다. 그 정도로 천경대가 아름답다는 것을 비유한 것이다. 또한 주변에 많은 산들이 깎아지른 듯이 서있다. 그리고 물이 감싸 돌고 있다. 산과 물이 조화를 이루면 명승이 형성되기 마련이다. 그래서 우리는 아름다운 산수를 즐길 수 있다. 천경대의 산수가 얼마나 아름답다고 생각하는지는 3~4구의 표현을 보면 짐작할 수 있다. 천경대를 영구(靈區) 즉 "신령한 구역"이라 했으니, 천경대의 경관에 대해서는 더 이상의 말은 필요 없다. 이렇듯 표현은 간단하면서도 의미심장하게 표현하는 언간의심(言簡意深)의 표현기법으로 천경대의 아름다움을 함축했다.

이규익이 지은 제1곡 만경대(萬景臺)이다.

一曲川邊有釣臺 일곡천변유조대	일곡이라 시냇가 낚시터엔,
蘆花明月鶴飛廻 로화명월학비회	갈대꽃 핀 밝은 달밤에 학이 빙빙 나누나.
玉簫聲斷仙人去 옥소성단선인거	옥피리 소리 끊어져 선인이 떠나가니,
萬景沈沈鬱未開 만경침침울미개	만경대는 어두므레 가려져 열리지 않았네.

제1곡 만경대는 시냇가에 낚시터가 있다. 그 낚시터 주변엔 갈대가 피어있다. 달빛이 은은한 밤에 학이 그 위를 비잉 빙 맴돈다. 그야말로 환몽적이다. 갈대는 가을이면 하이얀 꽃이 핀다. 그 꽃이 바람에 하늘하늘 한다. 거기다 뽀얀 달빛이 은은하게 비치는 달밤에 백학(白鶴)이 하늘에 맴돌고 있다. 예로부터 학을 신선의 화신으로 여겼다.[10] 결국 작자는 만경대가 신선이 놀만 한 곳으로 예찬한 것이다. 만경대는 안개 같은 것에 감싸이고 가려져서 세상에 잘 알려지지 않고 있다. 지금도 만경대 시냇가에 가을이면 갈대꽃이 하얗게 만발하여 학과 옥피리를 아는 사람을 기다리고 있다.

이필영의 제2곡 후운정(後雲亭)을 살펴보자.

二曲江亭亭上雲 이 곡 강 정 정 상 운	이곡이라 강가의 정자, 정자위로 구름이 떠가는데,
我心怡悅欲隨君 아 심 이 열 욕 수 군	내 마음 기쁘고 즐거워 그대 따라 가고 싶네.
汀洲日落空延竚 정 주 일 락 공 연 저	물가에 해는 졌는데 부질없이 서성이노라니,
洗耳[11]徒緣事不聞 세 이 도 연 사 부 문	귀 씻은 무리들과 인연된 일은 들리지 않네.

2곡은 후운정[12]이다. 정자 위로 구름이 떠간다. 후운정에 구름 운(雲)이

10) 화표(華表) : 「수신후기(搜神後記)」. 정영위(丁令威)는 본래 한(漢) 요동인(遼東人) 영허산(靈虛山)에서 도(道)를 배워 학(鶴)이 되어 요동에 돌아옴. 성문의 화표주(華表柱)에 모였는데, 이때 소년이 활로 쏘려하자, 학이 날며 허공을 배회하며 말하기를 "새가 있으니, 정영위라. 집을 떠난 지 천년 만에 지금 돌아오니 성곽은 옛날과 같은데 인민(人民)은 아니다. 어찌 선몽(仙冢)을 루루히 배우지 않나?" 하고는, 드디어 하늘로 높이 날아갔다.

11) 세이도(洗耳徒) : 중국 상고시대의 은사(隱士) 허유(許由)를 가리킨다. 양성(陽城) 괴리인(槐里人) 자(字) 무중(武仲) 요(堯)임금이 천하를 양위한다고 하자 받지 않고 영수(潁水)에 은둔하고, 듣지 않은 것으로 하고자 영수(潁水)의 물에 귀를 씻었다고 함. 『사기(史記)』「연세가(燕世家0」. 허유가 기산(箕山)에 은둔할 때 그릇도 없이 손바닥으로 물을 받아 넉자 사람들이 표주박을 하나 갖다 주었는데, 그것을 나무에 걸어두었다. 바람이 불면 소리가 역역해서 허유가 그것을 버렸다함. 『금조(琴操)』. 은둔하고 있는 고고한 선비가 정사(政事)에 대해 듣는 것을 싫어한다는 뜻으로 쓰임.

12) 신라시대 고운 최치원이 공부하던 고운암이라는 암자가 있었다하나 전해지지 않는다. 이 고운암은 지금 청주시 상당구 미원면 계원리 신선봉에 있었던 것으로 보인다. 2001년 10월 10일 미원면 어암리 2구 인봉마을 경로당에서 김상기(1928년생)・노병철(1930년생)・김재희(1925년생)옹 등이 들려준 내용을 약술한다. 최치원이 수도했다고 전해지는 절터가 남아있으며, 그 주변에 바위가 군데군데 솟아있는데 그 사이를 돌로 채워 돌담처럼 되어 있다한다. 또한 절에 빈대가 많이 생겨 사람이 살 수가 없어 절이 망했다고 하며, 현재 묘가 들어서 있다고 한다. 후운정(後雲亭)은 지금 충북 청주시 상당구 미원면 계원리 후운정 마을에 있었다. 후운정(後雲亭)이 있어서 마을 이름을 그렇게 부르게 된 것이다. 홍석기(洪錫箕, 1606~1680)가 고운대(孤

들어있기 때문에 구름을 결부시켜 시를 전개하고 있다. 제2구의 군(君)은 구름이다. 구름은 바람 따라 어디든지 정처 없이 흘러가는 것이다. 이런 구름을 바라보면 함께 가고 싶은 충동을 느끼게 해주는 곳이다. 그러나 후운정이라 명명된 유래를 알면 또 다른 의미가 내포되었다는 사실을 짐작할 수 있다. 후운정 마을에 전해오는 전설에 의하면, 신라시대의 대문장가 고운(孤雲) 최치원(崔致遠)이 이곳 신선봉(神仙峰)에 은거했었다고 한다. 2구의 표현에서 이필영은 고운 최치원이 갔던 길을 따라 가고 싶다는 열망을 암시적으로 의탁시켰다. 후운정 일대는 산수가 아름답고 한적하여 속세를 떠나 음풍농월하며 유유자적하고 싶게 만드는 곳이다. 이는 제4구를 통해 알 수 있다. "귀 씻은 무리들과 인연된 일은 들리지 않네."라고 했다. 요(堯)임금시대에 허유(許由)는 영수(潁水)의 물가에서 귀 씻으며 은둔했다. 이필영은 후운정의 풍광이 영수(潁水)와 동등하다고 간주하고 있는 것이다. 즉 후운정은 은둔하고 있는 고고한 선비가 정사(政事)에 대해 듣는 것을 싫어하게 할 수 있는 분위기를 느끼게 해주는 곳이라는 뜻이다. 이렇듯 후운정은 속세의 명리에 집착하지 않고 초탈의 경지에 도달할 수 있는 심성을 유발하게 해주는 곳이다.

이규익이 지은 제2곡 후운정(後雲亭)이다.

二曲依微楚女雲
이 곡 의 미 초 녀 운
이곡이라 비유할 수 있네, 무산의 선녀가 구름되어,

朝朝暮暮長隨君
조 조 모 모 장 수 군
아침저녁 오래도록 그대 따라 갔던 일이랑.

翛然孤臥衣裳冷
소 연 고 와 의 상 냉
외롭게 누우니 옷이 차가워지는데,

桂苑[13]仙風有孰聞
계 원 선 풍 유 숙 문
계원의 선풍 누가 들려줄 수 있겠나?

제2곡은 후운정이다. 지금 충북 청원군 계원리(桂院里) 후운정 마을이 있

雲臺) 아래에 신라의 대 문장가 고운(孤雲) 최치원(崔致遠)을 흠모하여 그 뒤를 잇는다는 뜻에서 후운정(後雲亭)이라 이름 한 것이다. 고운대(孤雲臺)는 최치원이 놀던 곳이라 전해온다. 김득신(金得臣)의 「후운정기(後雲亭記)」에 지금의 충북 괴산군 청천면 평단리(平丹里) 검단산(儉丹山)이 나온다. 검단산(儉丹山)은 괴산군·보은군·청원군의 경계지점에 있는 산이다. 충북 보은군 산외면 대원리 여동(汝洞)골 뒷산이자, 지금 청주시 상당구 미원면 계원리(桂院里) 동쪽이 된다. 백제(百濟)의 중 검단(儉丹)이 살아서 검단산이라 부른다. 김영진은 김득신(金得臣)의 「후운정기(後雲亭記)」를 다음 책에 수록해놓았다. 후운정(後雲亭)이 괴산군 관할 지역으로 안 것 같다. 김영진 역주, 『괴산군시문집』괴산문화원, 2000), 244~247면.

13) 계원(桂苑) : 문단(文壇) 계목(桂木) 상록교목. 규목(桂木)을 가꾸어 만든 원(苑)

다. 후운정이 있었던 곳이라 마을의 이름이 후운정이 되었다. 본래 청주군 산내이상면(山內二上面)인데 1914년 행정구역 통폐합 때 내기리(內基里)·향운리(向雲里)·계당리(桂塘里)·두원리(斗院里)를 병합하여 계당(桂塘)과 두원(斗院)의 이름을 따서 계원리(桂院里)이라 했다. 후운정 마을은 신선봉기슭 어암 개울가에 자리 잡고 있다. 신선봉은 1990년 5월 10일 청원군 군정자문위원회의 자문을 받아 선정한 옥화구경(玉華九景) 중의 하나이다. 신선봉은 후운정 동쪽에 있는 산이다. 경치가 아름다워 신선이 살았다는 전설이 있다. 신라말기 고운(孤雲) 최치원(崔致遠)선생이 은거했던 곳으로 전해진다.[14)]

후운(後雲)이란 말은 고운(孤雲) 최치원(崔致遠)의 뒤를 잇는다는 뜻에서 붙인 것이다. 조선조에 홍석기(洪錫箕)는 이곳에 정자를 짓고 후운정이라 했으며, 김득신(金得臣)의 「후운정기(後雲亭記)」가 있다. 지금 어암리(漁巖里) 인봉(仞峯)마을 앞 시내를 건너면 바로 마을 입구 오른쪽 낮은 언덕에 후운정 터만 남아있다. 홍석기(洪錫箕)는 최치원의 고고한 기품과 문학적 성취, 명리를 추월하여 속세를 벗어나 은둔했던 삶의 자세를 동경하고 그 뜻을 모방했던 것이다. 아마도 지각이 있는 선비들의 이상적 동경의 대상중의 하나가 최치원이었을 것이다.

'계원(桂院)의 선풍(仙風)'은 최치원을 염두한 표현이다. 지금의 후운정에서 최치원이 은거했다는 전설을 의식한 시적 표현이다. 『계원필경집(桂苑筆耕集)』은 최치원의 문집이다. 작자 역시 최치원의 문장을 선망하고 흠모하고 있는 것이다. 최치원과 관련된 전설을 결부시켜 후운정의 절경을 부각한 것이다.

작자는 후운정의 경치의 아름다움을 부각하기 위해, 제1구에 구름에 얽힌 재미있고 낭만적인 고사를 끌어들인다. 바로 중국 무산(巫山)의 선녀이야기이다. 무산은 열두 봉우리로 되어 있다. 초(楚)의 회왕(懷王)이 고당(高塘)에서 잠을 자다가 꿈에 찾아온 여인과 하룻밤 동침을 하였다. 다음날 아침 그 여인이 떠나면서 "저는 무산(巫山)에 사는 선녀인데 매일 아침이면 구름이 되고 저녁이면 비가 됩니다." 하였다. 이 고사는 남녀의 성애적(性愛的) 쾌락을 즐기는 것을 뜻한다. 작자는 신선봉 밑에 있는 후운정의 절경을 극대화하기 위해 신비로운 전설과 낭만적인 고사를 동원하여 비유적으로 표현하였다. 그의 시적 표현기교도 인정해줄 만하다. 작자는 결구(結句)에서 '계원(桂院)의 선

14) 『청원군지명지』, 1997, 83~84면 참조.

풍(仙風) 들려줄 사람 누구인가?'하고 반문하고 있다. 그런 인물이 없음 아쉬워하고 있는 것이다. 그러나 한편으로 자신은 선풍을 알고 즐길 수 있다는 자부심을 내포시킨 것이리라. 최치원이 은둔했었다는 전설은 지금 곳곳에 남아 있다.

이필영의 제3곡 어암(漁巖)으로 가보자.

三曲寒流百尺巖 삼곡이라 차가운 냇물이 감도는 백 척의 바위,
삼 곡 한 류 백 척 암

漁郎倚棹晝眠酣 어부는 노에 기대어 한낮에 단잠을 자네.
어 랑 의 도 주 면 감

江兒喚起斜陽外 강가의 아이가 석양 멀리서 부르는 소리에 잠이 깨어 보니,
강 아 환 기 사 양 외

白鳥雙飛水盡南 백조 한 쌍이 날아가고 물은 남쪽으로 흐르네.
백 조 쌍 비 수 진 남

차가운 냇물이 백 척의 바윗가에 흐른다. 백 척은 매우 높다는 것을 과장한 것이다. 그러나 실제 어암은 시냇가에 바위 절벽이 병풍을 쳐놓은 듯이 옆으로 길게 늘어서 있다. 고기 잡는 사람은 고기는 안 잡고 한낮에 잠을 자고 있다. 매우 평화로워 보인다. 잠을 자다 보면 꿈도 꾸게 된다. 잠든 이후 꿈속에서 맛보는 황홀감은 구체적으로 표현하지 않았고 상상에 맡겼다. 지금 이 어부는 매우 황홀하고 감미로운 꿈을 꾸고 있다. "단잠"이라는 표현이 그런 정황을 암시하고 있다. 환상적인 꿈에 젖어 야릇한 미소를 지으며 잠자고 있는 어부의 모습을 상상할 수 있다. 그러나 아쉽게도 아이들의 노래 소리에 단잠에서 깨어나야 한다. 결국 환상에서 깨어나야 하는 것이다. 그런데 환상적 분위기가 완전히 깨어진 것은 아니다. 잠에서 깨어났어도 이어진다. 하얀 백조 한 쌍이 정겹게 날아가고 있다. 얼마나 다정해 보이고 평화로워 보이는가? 이렇듯 어암은 환상적인 아름다움을 느끼게 해주고, 평화로운 정경을 실감케 해주는 곳이다.

이규익이 지은 제3곡 어암(漁岩)이다.

三曲砯砰白石巖 삼곡이라 물결 부딪치는 하얀 바위,
삼 곡 빙 팽 백 석 암

枕頭胡蝶夢[15]甛酣 베개머리에 호접몽(胡蝶夢)으로 달게 빠져들었네.
침 두 호 접 몽 첨 감

五更星隕無人見 오 경 성 운 무 인 견	오경 되자 별지니 사람을 볼 수 없고,
漁笛寥寥月巷南 어 적 요 요 월 항 남	고기 잡는 피리소리 적막한데 달은 남쪽에 떠있네.

어암은 앉아서 고기잡이 할 수 있는 하얀 바위다. 바위에 물결이 찰랑 밀려온다. 옛날에는 물론 자연오염이니 수질 오염이니 하는 말이 없기도 했겠거니와, 좀 사람이 모이는 곳이라 해도 오늘날과 같이 오염이 심하기야 했으랴. 실제 하얗기 때문에 하얀 바위라 표현했겠지만 하얀색이 주는 색채적 함의는 청결하고 순수하다는 느낌을 준다. 베개 머리에 호접몽이 감미롭다고 했다. 시각이 오경(五更)이 됐다. 여느 때 같으면 꿈나라로 갈 시간이다. 별 마저 지고 마니 인적이 드물다. 무인지경의 적막한 야밤에 고기 잡는다. 피리소리 고요한 밤하늘에 울려 퍼진다. 달은 남쪽에 있다. 조금 후면 서쪽으로 넘어갈 것이다. 이미 한 밤이 지나 새벽으로 향하고 있는 시각인 것이다. 날이 새는 줄도 모르고 고기잡이하는 것이다. 새벽으로 가는 시각에 자연에 심취하여 고기잡이의 즐거움에 몰입하다보니 시간 가는 줄을 모르는 것이다. 이곳은 고기잡이하며 자연미를 탐닉할 수 있는 천혜의 땅인 것이다. 청정한 자연에서 여유있게 고기 잡는 쾌감을 누릴 수 있는 적지가 어암이다.

이필영의 제4곡 호산(壺山)을 살펴보자.

四曲釰峰復壺山 사 곡 일 봉 부 호 산	사곡이라 일봉(釰峰)을 지나 다시 호산(壺山)인데,
誰識眞源在此間 수 식 진 원 재 차 간	누가 이곳에 참다운 근원이 있는 줄 알까나?
幸被東風能假我 행 피 동 풍 능 가 아	다행이 동풍을 나에게 빌려주어,
揷花題柳不曾閒 삽 화 제 류 부 증 한	꽃을 꽂고 버들개지 노래하느라 일찍이 겨를이 없네.

제4곡은 호산(壺山)이다. 호산(壺山)은 지형이 병의 목처럼 생겼다하여 지

15) 꿈속에서 자신이 나비로 변하는 것. 후대에 환몽(幻夢)을 가리키게 됐다. 『장자(莊子)』, 「제물론(齊物論)」. "석자장주몽위호접(昔者莊周夢爲胡蝶), 허허연호접야(栩栩然胡蝶也) 자유적지여(自喩適志與), 부지주야(不知周也) 아연각(俄然覺), 즉거거연주야(則蘧蘧然周也) 부지주지몽위호접여(不知周之夢爲胡蝶與), 호접지몽위주여(胡蝶之夢爲周與), 주여호접칙필유분의(周與胡蝶則必有分矣), 차지위물화(此之謂物化)"

금 우리말로 '병목'이라 부른다. 동쪽기슭에 금봉이라는 마을이 있었다. 그래서 지금은 옥화9경 중 제5경에 금봉이 들어있다. 호산은 물길이 태극문양의 중앙분할선형태(영문자로 S자)처럼 감돌아 간다. 그런데 그 굽이가 심하여 그리스 문자로 표현하자면 'Ω'자 가까운 모양을 이룬 지형이다. 'Ω'자를 거꾸로 놓으면 완연한 병모양이다. 물론 이런 물굽이가 다른 지역에 없는 것은 아니다. 호산은 암벽으로 형성되어있다. 호산 정상부는 가장 좁은 곳은 폭이 70cm정도이며, 최하단부의 폭이 가장 좁은 곳은 5m 정도이다. 깎아지른 듯한 바위절벽이 수백m 이어지고 양쪽으로 푸른 물이 흘러가고 있어 내려다보면 아찔하다. 산 정상부라 바람이 세게 불어 시원한데, 절벽아래 흐르는 물을 내려다보면 저절로 등골이 오싹해져 한 여름에도 땀이 쑥 들어간다.

이런 호산의 실상을 표현한 이필영의 시를 살펴보자 제2구에서 호산의 절경을 '참다운 근원(眞源)'이라는 말로 압축했다. 글자의 뜻 그대로 '참다운 근원'이라는 뜻으로만 썼을까? 그러나 이런 뜻으로만 해석한다면, 호산(壺山)이 산수가 뛰어나는 곳이라는 점을 강조하는 표현이라기엔 좀 미흡하다. '진짜 무릉도원'이라는 뜻을 축약하여 쓴 것으로 보아야할 것 같다. 그래야 인봉과 호산 일대의 산수가 절경이라는 점이 부각된다. 평측(平仄)을 맞추어야하고 제한된 글자로 시를 지어야하는 시작법상 '진짜 무릉도원(武陵桃源)'이란 용어를 그대로 다 쓸 수가 없었을 것이다. 실제 호산일대(壺山一帶)는 무릉도원이라 할 만큼 산수 형상이 좀 특이한 것이다. 이곳은 사람의 발길이 많이 닿지 않아 오염되지 않은 곳이다. 물소리 새소리 바람소리를 들을 수 있으며, 꽃들의 미소를 볼 수 있다. 제4구에 "꽃을 꽂고 버들개지 노래하느라 일찍이 겨를이 없네." 여기에 제시한 꽃은 도연명의 「도화원기(桃花源記)」에 나오는 복숭아꽃을 염두 한 표현이리라. 버드나무는 도연명(陶淵明)의 「오류선생전(五柳先生傳)」에 보이는 버드나무일 것이다. 시인은 호산일대가 복숭아꽃이 떠가는 무릉도원(武陵桃源)이라고 환상에 젖어본 것 같다.

호산으로 가는 제1노선은 다음과 같다. 금관초등학교 정문에서 보은방면으로 조금 가면 금관교가 나온다. 여기서 왼쪽으로 개울가를 따라 걸어 올라가면 바로 금관절경이라는 음식점이 나온다. 개울가 뚝방에 초가집 두 채를 지어 놓았는데 개울 건너 웃청벽과 잘 조화를 이룬다. 이 개울가를 따라 걸어 올라가면 오른쪽으로 높은 바위절벽이 병풍처럼 둘러쳤다. 이른바 장구목이라는 산이다. 농악기 장구의 목처럼 생겼다하여 붙여진 이름이다. 이 절벽아래 개울은 바닥이 바위로 이루어졌다. 그런데 개울 가운데 바위가 울뭉줄뭉 이어져 개울을 가로지르고 있다. 어느 정도 일정한 간격으로 형성되어있는데 그 구간이 200m 정도 계속되어 장관을 이룬다. 늦가을에 가면 개울가 왼쪽으로 하얀 꽃이 핀 갈대와 붉게 물든 여귀풀이 초록의 물빛과 어우러져 절경을 이룬다. 장구목 가기 전에서 개울을 건너 금봉쪽을 향해서 개울가를 따라 걸으면 자갈이 부딪히는 소리를 들을 수 있다. 이 개울가에서 호산을 바라보면 그 절벽과 절벽 바위틈에 나있는 초목들이 장관을 연출한다. 한참 개울가을 따라 걸어가면 평상목에서 개울가로 이어지는 건널목이 나온다. 여기서 금봉마을이 있던 곳으로 건너야한다. 두 곳 모두 다리가 설치되지 않아 신을 벗고 건너야 한다. 여기서 호산잠수교까지 수 백m의 황토길이 전개된다. 이 길을 따라 옥화대 방면으로 한참 가다가 금봉마을이 있던 자리에서 호산 정상으로 올라가면 된다. 여기서 다시 하산하여 잠수교를 건너 옥화대 방면으로 오면 된다. 이 길이 약간 힘은 들지만 산수풍광미를 만끽할 수 있고 걷는 재미도 느낄 수 있다. 이 일대의 산수풍광은 이필영의 표현 그대로 신선경인 '진원(眞源)'이다. 심산유곡을 따라 울퉁불퉁한 흙길을 호젓하게 걸을 수 있어 도보산책로로는 제격이다. 금관교에서 호산잠수교까지는 약 2km 정도 된다. 나는 이 노선을 이득윤이 육가를 창작한 것을 기념하는 뜻에서 '육가(六歌)를 부르는 길'이라 명명하고 싶다. 아울러 청주시 상당구 미원면 어암1구 쇠바위에서 어암2구 인봉마을에 이르는 약 2km의 시냇가 오솔길을 '옥화구곡시를 읊조리는 길'로 명명해 본다. 이 두 곳에는 차가 다닐 수 있는 길을 닦아놓았으나, 농사용 차량이외는 거의 차가 다니지 않는다. 또한 흙길이거나 자갈길이기 때문에, 물길을 따라 자연의 소리를 들으며 호젓하게 산보할 수 있다. 따라서 산책로 적격이며 또는 극기훈련을 위한 달리기 장소로도 매우 적합하다. 제2노선은 승용차를 이용하여 월용리를 거쳐 호산정상부로 가는 기슭까지 갈 수 있다. 용이하기는 해도 제1노선만큼 산수풍광미를 즐길 수 없다.

이규익이 지은 제4곡 호산(壺山)이다.

四曲逶迤數仞山 사 곡 위 이 수 인 산	사곡이라 연이어 솟아있는 수 길 되는 산,
烟霞出沒翠微間 연 하 출 몰 취 미 간	안개노을이 푸르름 사이로 피어올랐다 걷혔다하네.

清風送酒林亭晚 맑은 바람 쐬며 술 마시니 숲속 정자에 해는 저무는데,
청풍송주임정만

始覺壺中日月閑 비로소 호산 안에서의 세월이 한가롭다는 걸깨닫겠네.
시각호중일월한

연이어 몇 길의 산이 솟아있고 안개가 피어오르다 걷혔다 한다. 이런 경치 속에 맑은 바람 쏘이며 술잔을 기울인다. 절로 술맛이 돋아나는 것은 지당한 것이다. 맛에 취해 마시다보니 해 저무는 줄도 모른다. 호산에서의 술 마시는 날은 세월을 잊을 수 있는 날이다. 작자는 호산(壺山)이라는 지명에 걸맞게 술을 끌어왔다. '호산(壺山)','병목안', 술병안이다. 작자는 지금 '병목안'에 와 있다. 술병 안에 들어가서 술이 취하지 않고 배길 수 있을 사람이 있겠는가? 작자는 지명과 술을 결부하여 시적(詩的) 묘미를 기묘하게 살려냈다.

지금 우리가 살고 있는 세상은 만취상태에서 술주정하는 것 보다 더 추잡하고 혼미한 일면이 있다. 이곳 '호산(壺山)' 즉 '병목안'에서 수양하면 그 추태에서 탈피할 수 있을 것 같다. 도연명(陶淵明)은 술을 '망우물(忘憂物)'이라 하기도 했다. 막연하게 시름을 잊으려고 술을 마셔서는 안 된다. 시름을 즐거움으로 바꿀 수 있는 대책도 강구하면서 술을 마셔야 한다. 개선의 힘과 창조의 힘을 되찾기 위한 술자리가 되어야 한다. 술 마시는 얘기가 나와서 술에 관한 나의 지론을 하나를 적는다. '차 한 잔에 사랑과 술 한 잔에 우정을 타 마시며 자신의 미래를 논하라. 그리고 한국의 미래를 논하라. 그리고 또 이 시대의 문제를 논하라. 그리고 그 해결책을 논하라.' 이것이 올바르게 술 마시는 자세요, 운치를 아는 문화인의 주도(酒道)이자, 낭만을 아는 지성인의 풍류다.

이제 이득윤의 춘풍당(春風堂)과 추월정(秋月亭)이 있는 제5곡으로 왔다. 이필영의 시이다.

五曲荒臺是玉華 오곡이라 황량한 누대 옥화대,
오곡황대시옥화

春風秋月道人家 춘풍당(春風堂)과 추월헌[秋月軒, 지금 추월정(秋月亭)]은 도인이 살던 집.
춘풍추월도인가

瞻前忽後誰能罷 누군들 앞쪽만 바라보다 뒤를 소홀히 하지 않으리?
첨전홀후수능파

山上仙靈認不遐 산위의 선령(仙靈)이 멀지 않음을 알겠네.
산상선영인부하

옥화대(玉華臺)

주자정사재오곡(朱子精舍在五曲) 고추월정역재차(故秋月亭亦在此) 옥화대(玉華臺) 주자의 정사(精舍)가 오곡에 있었다. 그래서 추월정도 또한 여기에 있는 것이다.

5곡은 옥화대이다. 이필영은 옥화대(玉華臺)를 황대(荒臺)로 표현했다. 이는 겸손하게 표현한 말이다. 자신의 회사를 겸손하게 표현하여 폐사(弊社)라 하는 것과 같은 것이다. 옥화대(玉華臺)는 옥화구곡의 핵심이다. 이곳에서 이득윤이 학문을 연구하며 후진을 교육하고 문학을 창작했던 곳이다. 이득윤의 얼이 깃든 곳이며 그 자취가 남아있는 곳이다. 춘풍(春風)과 추월(秋月)은 이득윤이 건립한 춘풍당(春風堂)과 추월헌(秋月軒)이다. 지금 추월정(秋月亭)이라 이름 한 건물을 옥화대 언덕 위에 지었다. 이득윤의 정신문화의 산실이었다. 이득윤은 왜 하필이면 춘풍당(春風堂)과 추월헌(秋月軒)이라 이름 했을까? 깊은 뜻이 담겨있다. 춘풍(春風)은 일반적으로 사람을 가르치고 덕화를 베푼다는 뜻을 비유적으로 쓴 것이다. 그야말로 강의실 내지 학교의 이름을 문학적으로 시적(詩的)으로 붙인 것이다. 이것이 우리 선조들의 풍류요, 지성적 멋이다. 그 연원을 살펴보자. 먼저 이득윤의 후손인 이경무(李慶武)[16]가 쓴 「춘풍당(春風堂, 세한정이당왈춘풍헌왈추월중수기(歲寒亭而堂曰春風軒曰秋月重修記)」를 보면 춘풍당(春風堂)과 추월헌(秋月軒)이라 명명한 내력과 유래를 밝혀놓고 있다. 살펴보기로 하자.

높은 곳에 올라가서 바라보며 말하기를 "왼쪽으로 오른쪽으로 마땅하게 있어야 한다."라고 했다. 이에 옥화대에 정자를 짓고 당(堂)에 춘풍(春風)이라 편액하고, 헌(軒)에 추월(秋月)이라 했으니 두 가지의 청아함을 게시한 아름다운 이름이니, 감탄하여 말하기를 "사계절을 한 눈에 볼 수 있으니, 즉 전체를 구비한 승경이 모두 그 가운데 있으니, 이에 춘추(春秋) 두 글자를 택한 뜻이라 했다. 내가 송(宋)나라 명도(明道, 정호程顥의 자字-인용자 주) 정호(程顥)선생의 화풍

16) 『세적보유(世蹟補遺)』(지, 地) 책(冊) 「춘풍당[春風堂, 세한정이당왈춘풍헌왈추월(歲寒亭而堂曰春風軒曰秋月) 중수기(重修記)_부초손(不肖孫) 경무(慶茂) 1922년에 간행한 『경주이씨파보』를 통해 그의 가계를 정리해본다. 이득윤(李得胤)→ 제2남 홍부(弘復)→ 장남 만정(萬廷)→ 장남 인백(寅白)→ 장남 동기(東夔)→ 장남 원한(元漢)→ 제3남 경무(慶武) 정사생(丁巳生) 임신졸(壬申卒) 묘(墓)는 안심곡(安心谷) 자좌(子坐) 표석(標石)이 있다. 학행이 있으며 유고(遺稿)와 문인록(門人錄)이 있다.

(和風)의 기상(氣像)을 표제(標題)로 삼고, 송나라 연평(延平, 이동李侗의 자字-인용자 주) 이동선생(李侗先生)의 추월(秋月)의 기상(氣像)을 모범으로 삼았다. 이런 이름을 설정한 이유는 아래로부터 위에 도달한다는 뜻에서 취한 것이다.[17]

정호(程顥)와 이동(李侗)은 모두 고결한 인품과 높은 학문을 성취한 도학자(道學者)들이다. 춘풍당(春風堂)의 유래와 관련하여 그들에 대한 기록을 살펴보자. 『송사(宋史)』의 기록을 살펴보기로 하자. 앞은 정호에 대한 인물평이며 뒤는 이동(李侗)에 대한 평이다.

정호는 자질과 성품이 남들보다 뛰어나며, 수양을 잘하고 도가 있어 온화하고 순수한 기질이 얼굴과 등에 넘쳐 문인(門人)과 교우(交友)들이 그를 수십년(數十年) 따라도 또한 화내고 어기는 얼굴을 일찍이 본 적이 없다.[18]

말하지 않아도 사람에게 머금으면 온화하게 하고, 사람들과 더불어 서있으면 사람으로 하여금 감화하게 하여, 춘풍이 만물을 발하게 하는 것과 같은데 이르나, 대개 또한 그 소이연을 알지 못한다.[19]

위 글에서 말했듯이 춘풍은 봄바람이 만물에 입게 하듯이 인류에게 교육을 입게 하는 것을 비유한다. 이렇듯 이득윤은 춘풍이 주는 의상(意象)과 같은 감화와 덕화를 베풀겠다는 신념을 당(堂)의 이름으로 삼은 것이다. 이런 사례는 다음에서도 『설원(說苑)』[20]에서도 찾아볼 수 있다.

다음은 추월헌(秋月軒)에 대한 유래를 살펴보자. 『송사(宋史)』의 기록이다.

사현(沙縣)의 등적(鄧迪)이 일찍이 주송(朱松)에게 일컬어 말하기를 "원중(愿

17) 李慶武, 「春風堂(歲寒亭而堂曰春風軒曰秋月)重修記」."登臨高眄曰左之右之宜之有之, 乃起亭於臺上扁堂曰春風軒曰秋月, 揭雙淸之美號, 歎曰矚一目於四時, 則全體具備之景, 摠在其中, 於是擇春秋二字之義云. 吾於宋得明道先生和風氣像以之爲標題, 又得延平先生秋月氣像, 以之爲模範. 其所以設此名者, 取其自下達上之義耳."

18) 『宋史』 卷427 列傳 186"道學 一 程顥. 顥資性過人, 充養有道, 和粹之氣, 盎於面背, 門人交友從之數十年, 亦未嘗見其忿厲之容."

19) 『宋史』, 「李侗傳」. "至於不言而飮人以和, 與人並立而使人化, 如春風發物, 蓋亦莫知其所以然也."

20) 춘풍풍인(春風風人) : 사람이 남에게 은택을 베푸는 것. 남에게 교육 또는 도움을 베푸는 것. 『설원(說苑)』「귀덕(貴德)」. 관중상거왈(管仲上車曰) 오부능이춘풍풍인(吾不能以春風風人), 하우우인(夏雨雨人), 오궁필의(吾窮必矣)

中)은 얼음이 든 병과 가을 달과 같아 맑고 투명하고 흠이 없어서 우리들이 미칠 수 없다."하니, 주송(朱松)이 그것을 일컬어 지견(知見)이 있는 말이라 했다.[21]

이렇듯 이득윤은 가을달이 풍기는 의상(意象)과 같은 인품을 도야하겠다는 의지를 담아 헌(軒)의 이름으로 삼은 것이다. 그러면 옥화대의 산수풍광은 어떠한가? 제3구에서 앞쪽에 치중하여 살펴보다 보면 뒤쪽을 소홀히 하게 된다고 했다. 앞쪽이 너무 좋아 거기에 몰입하여 도취되다 보면 아예 뒤쪽을 마음 쓰지 못하고 망각한다는 말이다. 그러니 그 승경을 상상해 보라. 어떠한 곳이라 강조한 것인가? 앞쪽의 경치도 좋지만 뒤쪽은 더욱 좋다는 말이다. 뒤쪽에 대한 설명을 보자. 뒤쪽엔 선령(仙靈)이 있다는 말로 일갈했다. 선령이 있다는 말을 신선이 사는 곳이다. 우리가 흔히 산수경치가 좋으면 의례적으로 신선경(神仙境)이라 표현한다. 옥화대의 수려한 산수에 대해서는 그 이상 군더더기의 말이 필요 없다. 이렇듯 옥화대는 산수의 아름다움이 전후(前後)가 상응(相應)한 명승지인 것이다.

「서계선생년보(西溪先生年譜)」를 통해서, 춘풍당(春風堂)과 추월헌(秋月軒)은 기유년(1609년) 57세에 완공했다는 것을 알 수 있다.[22])

이규익이 지은 제5곡 옥화대(玉華臺)를 보자.

五曲亭亭秋月華 오곡이라 은은히 가을 달은 빛나고,
오 곡 정 정 추 월 화
數椽依舊碧山家 몇 개의 석가래 푸른 산의 누대에 의구하네.
수 연 의 구 벽 산 가
滿臺松桂春無盡 옥화대 주변 빽빽한 소나무 계수나무 봄에도 한없이 푸르니,
만 대 송 계 춘 무 진
先澤[23]流傳百世遐 선조의 손때가 오랜 세월 전해지네.
선 택 류 전 백 세 하

21) 『송사(宋史)』 권428 열전(列傳) 187 도학(道學) 이(二) 이동(李侗) "사현(沙縣) 등적상위송왈(鄧迪嘗謂松曰) 원중여빙호추월(愿中如冰壺秋月), 형철무하(瑩徹無瑕), 비오조소급(非吾曹所及), 송이위지언(松以謂知言)" 송(松)은 주송(朱松)으로 이동(李侗)과 동문우(同門友) 원중(愿中)은 이동(李侗)의 자(字)

22) "己酉 五十七歲. ○ 光海時事大變, 先生入玉華洞. 以溪山, 略似武夷, 仍以九曲名焉, 別構一舍於第五曲之上, 扁其堂曰 春風(有記 : 원주), 軒曰 秋月, 自屛跡以來, 不欲與世相接, 祇與沙溪, 互相, 往復書尺, 論辨太極圖及易學."

23) 先澤 : 先祖의 德澤. 陸游「次何斯擧秋居雜詠詩」德澤亻尙未衰, 豈無五乘栗.

5곡은 옥화대이다. 옥화대(玉華臺)라 명명한 내력은 다음을 참고했을 것으로 짐작된다. 옥화산(玉華山)은 중국 섬서성의군현(陝西省宜君縣) 남쪽에 있다. 그 남쪽에 야화곡(野火谷)이 있고 야화곡 서쪽에 봉황곡(鳳凰谷)이 있다. 당(唐) 태종(太宗)이 옥화궁(玉華宮)을 건설했는데, 이로서 산의 이름이 되었다.[24] 지금 보은군 내북면 봉황리가 있으며 옥하구곡 제9곡에 봉황대를 설정해 놓고 있다.

옥화대(玉華臺)는 서계 이득윤이 춘풍정(春風亭)과 추월헌(秋月軒)을 세우고 강학을 하며 시문을 창작했던 장소이다. 이득윤은 제5곡 옥화대에 기유년(1609년) 57세에 춘풍당(春風堂)과 추월헌(秋月軒)을 창건했다. 주자(朱子)가 무이구곡(武夷九曲) 제5곡에 무이정사(武夷精舍)를 세운 것을 모방한 것이다. 물론 주자의 학문생활도 모방한 것이다. 역기서 추월(秋月)은 단순히 하늘에 떠있는 달만을 가리키는 것은 아니다. 서계가 지었던 추월헌도 염두하고 그렇게 이끌어 온 것이라 보아야한 것이다. 달은 가을에 보아야 운치가 제맛이 난다. 은가루 뿌려놓은 듯한 은하수 떠가는 끝없이 맑고 푸른 하늘에 맑고 시원한 바람이 소슬히 부는 밤에 둥그렇고 뽀얀 달을 보라. 청풍명월(淸風明月)이다. 이를 보면 광풍제월(光風霽月)을 연상케 한다.

옥화대에 고고한 학자였던 이득윤의 덕택이 서려있다. 이득윤은 이곳에서 교육과 학문을 했으며, 이득윤은 1607년 「서계육가(西溪六歌)」와 「옥화육가(玉華六歌)」를 창작했다. 그러나 아쉽게도 「서계육가(西溪六歌)」와 「옥화육가(玉華六歌)」의 실물은 발견되지 않고 있다. 이런 육가창작은 경주 이씨 가문의 전통처럼 되어 그의 맡아늘 이홍유(李弘有)노 「산민육가(山民六歌)」를 창작했다. 이홍유(李弘有)에 대해서는 「낙우당구곡(樂愚堂九曲)」을 논하는 자리에서 자세히 다루었다[25].

서계가 남긴 은택은 교육을 통한 후학의 양성에서도 드러난다. 「서계선생연보」에 등재된 서계의 문하생중 비교적 지명도가 높은 몇 사람을 열거한다.

이덕수(李德洙), 자(字) 사노(師魯), 호(號) 이유당(怡愉堂), 한산인(韓山人) 진사(進士), 이참(吏參)

이시발(李時發), 자(字) 양구(養久), 호(號) 벽오(碧梧) 선생삼종손(先生三

---

24) 『讀史方輿記要』「陝西 延安府 鄜州 宜君縣」

25) 李相周, 「樂愚堂九曲과 樂愚堂九曲詩」, 『敎育科學硏究』제15집 제2호, 청주대학교 교육문제연구소, 2001

從孫), 문과(文科), 판서(判書), 시호(謚號) 충익(忠翼)

홍석기(洪錫箕), 자(字) 원구(元九), 호(號) 만주(晩洲), 남양인(南陽人) 문과(文科), 참판(參判)

한백겸(韓百謙), 자(字) 명길(明吉), 호(號) 구암(久菴), 청주인(淸州人) 직장(直長), 목사(牧使)

윤승임(尹承任), 자(字) 중보(重甫), 호(號) 주일재(主一齋), 파평인(坡平人) 학행(學行)이 있다. 증 승지(贈 承旨) 자 흠(子 欽), 송우암문인(宋尤菴門人)

신지익(申之益)[26], 자(字) 순거(舜擧), 호(號) 양일당(養一堂), 아주인(鵝州人) 효행(孝行)으로 참봉(參奉)에 천거되었으며 정려문(旌閭門)이 있다.

이규익은 이런 자신의 선조 이득윤의 학덕과 혜택이 전해지고 있다는 사실에 대해 긍지와 자부심을 가지고 있는 것이다. 그 이면에 그 뜻을 계승하려는 방향을 모색하고 있었으리라. 이규익이 「옥화구곡(玉華九曲)」시(詩)를 창작한 것도 바로 이런 선조의 은택을 계승한 구체적 실례인 것이다. 후손으로서 선조의 학덕을 숭상하고 계승하려는 것은 인간의 당연한 도리이다.

이필영의 제6곡 천경대(天景臺)를 보기로 하자.

千六曲紫霞[27]像萬千 천 육 곡 자 하 상 만 천	육곡이라 자하봉(紫霞峰)의 형상은 천태만상,
巖花堤樹早晨天 암 화 제 수 조 신 천	바위에 꽃 제방의 나무 새벽하늘에 돋보이네.
有靈鶴頂安心谷 유 령 학 정 안 심 곡	유령리(有靈里)·학정리(鶴頂里)·안심곡(安心谷),
淸景森羅活畵邊 청 경 삼 라 활 화 변	삼라만상의 맑은 풍경 그림 가에 살아있네.

6곡은 천경대이다. 천경대 맞은편에 있는 좀 높은 산이 자하봉(紫霞峰)이다. 서쪽에 있다. 그래서 가끔은 불그레한 노을이 산마루에 걸려있으리라. 그래서 자하봉(紫霞峰)이다. 그런데 이 봉우리는 천태만상의 변화를 보인다. 그도 그럴 것이 노을의 색깔에 따라 다르게 보일 것이다. 또 저녁 때 되면 수증기가 응결되어 안개로 변할 때 다른 모습으로 보일 것이다. 이래서 자하봉은

26) 신지익(申之益)은 이득윤의 장남 이홍유와 친분이 두터웠으며 야계팔경(冶溪八景)을 설정하고 풍류를 즐겼다.

27) 자하봉(紫霞峰) : 천경대(天景臺) 앞산.

변화무쌍한 모습을 보여주는 것이다. 천경대 바위 위에 핀 꽃과 나무들이 새벽에 더욱 청초하게 돋보인다. 여기에서 바라다 보이는 마을을 보자. 유령리(有靈里)[28]·학정(鶴頂)[29]·안심곡(安心谷)[30]이다. 마을 이름도 신선과 관련 있는 이름이다. 유령리(有靈里)는 이름 그대로 신령(神靈)이 있는 마을이란 뜻이다. 학정리(鶴頂里)는 마을의 형상이 학의 목을 닮았다 해서 붙여진 이름이다. 학(鶴)은 신선의 화신(化身)이라는 전설이 있다는 것은 주지의 사실이다. 안심곡(安心谷)은 마을 편안하게 해주는 마을이다. 이곳에 이득윤이 1592년 동서재(東西齋)를 창건한 바 있다.[31]

제4구에 "삼라만상의 절경이 그림 가에 살아있다."란 말로 요약했다. 흔히 산수가 아름다운 곳에 가면, 그림 같다고 한다. 이 말은 매우 아름답다는 사실을 강조한 것이다. 천경대의 아름다운 승경을 그림 가에 살아있다고 비유적으로 표현했으니, 천경대의 아름다운 경관에 대해선 더 이상의 설명이 필요 없다는 것이다.

이규익이 지은 제6곡 천경대(千景臺)이다.

六曲臺高氣像千 육 곡 대 고 기 상 천	육곡이라 천경대 드높고 기세가 뛰어나,
一川花柳媚春天 일 천 화 류 미 춘 천	한 줄기 시내가의 꽃과 버들이 봄날에 아름답네.
道人悟得鳶魚理[32] 도 인 오 득 연 어 리	도인(道人)이 연비어약(鳶飛魚躍)의 이치 깨달았으니,
霽旭昭然曜四邊 제 욱 소 연 요 사 변	날이 개이어 빛나듯 밝게 사방을 비추네.

28) 유령(有靈) : 유령리(有靈里) 지금의 청주시 상당구 미원면 옥화리 괴머리골 동남쪽에 있는 들마을.

29) 학정(鶴頂) : 지금의 청주시 상당구 미원면 옥화리 오소불(오소, 우소午沼, 용소龍沼)동남쪽에 있는 마을. 뒷산이 학의 목처럼 생겼음.

30) 안심곡(安心谷) : 지금의 청주시 상당구 미원면 금관리 안골.

31) "임진사십세(壬辰四十歲) 치룡사지온(値龍蛇之蘊), 여문도수백인(與門徒數百人), 피병어좌구산(避兵於左龜山), 독서어옥화동(讀書於玉華洞), 창안심곡(刱安心谷), 동서재(東西齋)"
임진년(1592년) 40세. 왜란(倭亂 : 용사지온龍蛇之蘊)이 발발하자 문도(門徒) 수백인과 함께 좌구산(左龜山)으로 난리를 피해 들어가서 옥화동(玉華洞)에서 독서하며, 안심곡(安心谷)에 동서재(東西齋)를 창건했다. 좌구산(左龜山) : 지금은 좌구산(坐龜山)으로 표기함. 지금 충북 청주시 상당구 미원면 화원리(花源里), 용곡리(龍谷里) 접경에 있는 산. 옥화동(玉華洞) : 지금 충북 청주시 상당구 미원면 옥화리.

32) 『중용(中庸)』. 시왈연비려천(詩曰鳶飛唳天), 어약우연(魚躍于淵) 언기상하찰야(言其上下察也) 즉 "하늘에 솔개 날고 물에 고기가 뛴다함은 위아래로 나타나는 것을 살펴본다는 것이다." 도는 천지간에 어디나 있는 것. 만물이 저마다 제 능력대로 움직이는 상태를 말한다.

천경대는 옥화대 건너편 오른쪽 물가에 있다. 바위절벽이 시내를 따라 옆으로 길게 병풍처럼 둘러있다. 꽃과 버드나무의 아름다움을 아무래도 봄이라야 제 풍취가 살아난다. 여기서도 이득윤의 학덕을 찬미하고 있다. 연비어약(鳶飛魚躍)은 도(道)는 천지간에 어디나 있는 것이며, 만물이 저마다 제 능력대로 움직이는 상태를 뜻하는 말이다. 즉 천지자연의 이치를 구현했다는 의미이다. 다름 아니라 이득윤의 학도(學道)의 수준이 상당한 경지에 도달했다는 사실을 찬양한 것이다. 아울러 이득윤의 학문적 혜택이 햇빛이 찬란하듯이 찬연히 빛나기를 열망하고 확산되기를 염원한 것이다.

이필영의 제7곡 오담(鰲潭)을 보자.

좌측사진: 제7곡 오담. 지층의 변화현상인 습곡(褶曲)을 알아볼 수 있다.
우측사진: 청주시, 굽이굽이 옥화구곡 따라, 2017, 32면 '금봉'에서 인용. 다음 설명은 인용 이상주가 붙임. 왼쪽부터 옥화구곡 '제4곡 호산' '제5곡 옥화대' '제6곡 천경대' '제7곡 오담'이 보임.

七曲深深鰲背潭 칠 곡 심 심 오 배 담	칠곡이라 깊고 깊은 오배담(鰲背潭),
布帆春雨滴青嵐 포 범 춘 우 적 청 람	삼베 돛에 나리는 봄비 물방울 파르스름한 아지랑이어라.
源頭覔路頻回首 원 두 멱 로 빈 회 수	물의 근원을 찾으려 머리를 돌려보니,
邨樣扶疎一兩三 촌 양 부 소 일 량 삼	촌 동네 두세 집 띄어 띄엄띄엄 있네.

7곡은 오담(鰲潭)[33]이다. 오배담 이라고도 한다. 오담은 단순히 개울물이

33) 오담(鰲潭) : 현재 용소(龍沼) 옥화동 서남쪽 개울의 소. 바위 절벽아래 물이 돌아 흐르는 곳으로, 물이 고여 있는 듯함. 가뭄이 심할 때 군수가 기우제를 지내면 비를 맞고 갈 정도로 감응이 뛰어나다고, 옥화리에 사는 서계의 후손 이용우씨가 전했다. 2001년 5월에도 이곳에서 기우

흐르다 평평하게 고여 있는 곳이 아니다. 오배담(鰲背潭)을 상상하게 해주는 곳이다.

자라는 신선과 관련이 있다. 오배(鰲背)는 전설에 큰 자라가 등에 선산(仙山)을 지고 다닌다는 말에서 유래한 것이다. 그러니 이곳에 오면 신선경을 느낄 수 있다는 점을 요약해 표현한 것이다. 이 신령한 못에 삼베로 만든 돛단배가 떠있고 봄비가 내린다. 이내 푸르스름한 아지랑이가 되어 피어오른다. 이렇듯 신비로운 분위기를 자아내는 물의 근원을 찾으려 바라본다. 보이는 것은 촌마을 몇 집이다. 마을의 집들이 드문드문 떨어져 자리잡고 있다. 인적이 드물다는 말이다. 인적이 드물면 한가로이 자연의 정취를 음미하기가 좋다. 실제 오담에서 상류쪽을 바라보면 탁 트이고 지금도 인가가 많지 않다.

이규익이 지은 제7곡 오담(鰲潭)을 보자.

七曲沿流向碧潭 칠 곡 연 류 향 벽 담	칠곡이라 여울물 푸른 웅덩이로 흘러들고,
寒波滿地滴青嵐 한 파 만 지 적 청 람	찬 물결은 땅 가득 물방울은 푸른 아지랑이로구나.
六鰲霜骨知安在 육 오 상 골 지 안 재	여섯 자라 상골(霜骨) 어디에 있는지 아는가?
夢裡仙山海上三 몽 리 선 산 해 상 삼	꿈속에 해상에 삼신산(三神山)을 보았네.

7곡은 어담이다. 지금의 용소(龍沼)이다. 깎아지른 듯한 바위 절벽아래 포르스름한 물이 감돈다. 그 물결은 차다. 물결 위에 수증기가 서려 오른다. 이것이 푸른 아지랑이가 되어 오른다. 포르란 물결위에 피어오르는 아지랑이 사이로 포르란 물빛이 비쳐 그렇게 보이는 것이다. 포르스름한 색깔은 청초하고 시원한 느낌을 준다. 이런 분위기를 어담에서 느낄 수 있다. 제3구에서 시인은 자라의 소재를 묻고 있다. 전설에 자라등의 위에 신선산이 있다고 한다. 작자는 어담을 바라보며 신선의 세계를 상상해보고 있는 것이다. 그 상상력은 멀리 바다에까지 미친다. 해상 멀리에 있는 삼신산을 꿈속에 본 것이다. 삼신산은 바로 해상(海上)에 있다는 전설 속의 산이다. 신선이 사는 지방이다. 흔히 방장(方丈)·봉래(蓬萊)·영주(瀛洲)라 한다.[34)]

자라와 관련해 부언해 둘 일화가 있다. 자라는 경주이씨 '팔별파(八鼈派)'와

제를 지냈다.

34) 王嘉, 『拾遺記』, 「高辛」.

무관하지 않다. 그 조상 이공린(李公麟)은 아들 여덟은 낳았는데, 대개 자라라는 뜻이 담긴 한자를 써서 이름을 지었다. 참고삼아 소개해둔다.

곤(鯤)·경(鯨)·벽(鼊)·별(鼈)·타(鼉)·원(黿)·구(龜)·오(鰲)이다. 김시양(金時讓, 1581~1643)의 「부계기문(涪溪[35]記聞)」에 다음과 같은 일화가 실려 있다. 그의 아내가 원(黿)의 현손(玄孫)이므로 그 일을 매우 자세히 들었다고 기록했다. 그 내용은 다음과 같다.

> 현령(縣令) 이공린(李公麟)은 감사(監司) 윤인(尹仁)의 아들이다. 참판 박팽년(朴彭年)의 딸에게 장가들었다. 합근(合巹)하던 날 밤에 꿈을 꾸니, 늙은이 8인이 앞에 와서 절하고 말하기를 '저희들이 장차 죽게 되었습니다. 공께서 만약 솥에 삶아지게 된 목숨을 살려준다면 후하게 은혜를 갚겠습니다.'라고 했다. 이공린이 놀라서 물었다. 요리하는 사람이 장차 자라 여덟 마리로 국을 만들려 하고 있었다. 즉시 강물에 놓아 보내라고 명했다. 자라 한 마리가 달아나는 것을 어린 하인이 삽을 갖고 잡다가 잘못하여 목을 끊어 죽게 하였다. 그날 밤 또 꿈을 꾸니 일곱 늙은이가 와서 감사했다. 뒤에 이공린은 아들 여덟을 낳았다.[36]

이 일화는 적선하는 집에 반드시 경사가 찾아온다는 말을 실감케 해주는 것이다. 이공린의 묘소가 있는 지금 청주시 상당구 미원면 가양리(자양리)에 이공린유허비를 세웠다. 비석 주변에 돌을 직육면체로 다듬은 8개의 석주(石柱)를 세우고 그 위에 자라상을 올려놓았다.

이필영의 제8곡 인풍정(引風亭)으로 가본다.

八曲豁然引風亭 팔 곡 활 연 인 풍 정	팔곡이라 탁 트인 인풍정(引風亭),
望裏橫橋石色靑 망 리 횡 교 석 색 청	바라보니 가로놓인 다리 돌 색깔 청색이네.
飄灑胸襟渾忘返 표 쇄 흉 금 혼 망 반	시원한 바람 가슴을 후련하게 하여 돌아가고 싶지 않고,
渚禽林鳥亂人聽 저 금 림 조 란 인 청	물새 산새 지저귀는 소리 귓전에 요란하네.

35) 부계(涪溪)는 함경북도 종성(鐘城)의 딴 이름인데, 김시양이 광해조 임자년(1612년)에 귀양살이를 하였다.

36) 金時讓, 「涪溪記聞」, 『大東野乘』17, 제72권. 1985, 557~558면 참고.

8곡은 인풍정(引風亭)[37]이다. 전에 이곳이 놓였던 다리가 돌다리였었던 것으로 추정할 수 있다. 지금 이곳에 놓은 다리를 청석교(靑石橋)라고 부른다. 당시에는 돌로 놓은 징검다리였을 가능성이 높다. 이 지방을 돌 색깔이 약간 검푸른 색을 띄고 있다.

위 시에서 인풍정 시내에 놓인 다리의 돌 색깔이 청색이라 했다. 청색이 주는 색채감이 산뜻하고 시원하다. 게다가 서늘한 바람이 분다. 그래서 돌아가기 싫다. 물새 산새가 지저귄다. 인적이 드물다보니 마음 놓고 지저귀고 있는 것이다. 사람을 두려워하지 않고 울어대는 것이다. 자연 친화적 승경으로서의 인풍정의 면모를 잘 표현했다.

청석교 약간 하류 개울가에 천연석굴이 있는데 청석굴(靑石窟)이라 부른다. 이에 대해 참고삼아 부기해 둔다. 청석굴(靑石窟)은 1990년 5월 10일 청원군 군정자문위원회의 자문을 받아 옥화구경을 선정했는데, 제1경으로 설정되었다. 청원군 미원면 소재지에서 보은방면으로 약 5km 지점 왼쪽 냇가, 즉 후운정 상류 약 1km지점에 있는 자연석굴이다. 굴 안에서 용이 나왔다는 전설이 있으며, 구석기시대 유물로 찍개와 볼록한 긁개가 발굴되었다. 전체적으로 먼저 간접떼기의 모룻돌로 사용한 것으로 보아, 후기 구석기시대의 연모제작용 이었을 것으로 평가받는다.

이규익이 지은 제8곡 인풍정(引風亭)이다.

八曲平開十里亭 팔 곡 평 개 십 리 정	팔곡이라 십리나 평평하게 펼쳐진 곳에 후운정,
群山低戶遠逾靑 군 산 저 호 원 유 청	뭇 산이 낮은 집에서 멀수록 더욱 푸르네.
名區落日秋蟬響 명 구 락 일 추 선 향	명승지에 해질 무렵 가을매미소리 들리는데,
引得淸風最可聽 인 득 청 풍 최 가 청	맑은 바람 스치는 소리 듣기 아주 좋아라.

인풍정 주변은 10리쯤 평평하게 전개된다. 수많은 산들이 야트막한 지붕 너머로 멀리 푸르게 보인다. 서산마루에 붉게 노을이 걸린 모습이 상상된다. 거기에 가을매미 소리가 어우러진다. 또한 맑은 바람소리가 가미된다. 결국 저녁노을과 매미소리 바람소리가 조화롭다. 여기에 와 있는 사람의 눈과 귀가

37) 인풍정: 지금 충북 청주시 상당구 미원면 운암리 인풍정.

황홀하다. 이렇듯 인풍정은 노을 속에 스치는 바람과 매미 소리가 그 운취를 증폭시켜주는 곳이다.

이필영의 제9곡 봉황대(鳳凰臺) 를 살펴보자.

九曲天畔鳳凰臺 구곡이라 하늘가에 솟은 봉황대,
구 곡 천 반 봉 황 대

次第清光眼際來 차례로 맑은 빛 눈앞에 비쳐드네.
차 제 청 광 안 제 래

遊子從今誇有眼 유람객 이로 부터 눈 있음을 자랑할 수 있으니,
유 자 종 금 과 유 안

山東[38]畵幅正恢恢 산동의 화폭이 정말 넓디넓네.
산 동 화 폭 정 회 회

봉황대(鳳凰臺)[39] 자일곡만경대지차(自一曲滿景臺至此) 위일사(爲一舍) 봉황대, 제1곡 만경대에서부터 여기에 이르기까지 일사(一舍)[40]가 된다.

9곡은 봉황대이다. 봉황이 깃든다는 전설을 간직하고 있다. 봉황은 전설 속, 상상속의 영조(靈鳥)이다. 그 봉황의 출현을 기대하고 있는 사람들의 열망이 서린 봉우리이기도 하다. 산세가 수려하고 신묘한 면을 지니고 있는 산으로 간주하여 붙인 이름이다. 차제성(次第星)의['차례로'로 2018년 수정한다] 맑은 빛이 눈앞에 펼쳐진다. 그래서 유람객의 눈은 즐겁다. 이필영은 봉황대를 포함한 옥화구곡의 승경을 넓디넓은 화폭으로 비유했다. 그림은 본래 아름답게 그려야한다. 옥하구곡은 조물주가 그려낸 넓디넓은 화폭이다. 이필영은 지금 넓디넓은 화폭가운데 서있다. 그림밖에 있으면서 그림 속에 있다는 환상에 빠져있다. 행복한 환상이다. 작자는 그림 밖에서 글을 통해 그림 속으로 들어가 그림 같은 봉황대를 그려낸 것이다.

이규익이 지은 제9곡 봉황대(鳳凰臺)이다.

九曲終臨爽塏臺 구곡이라 마침내 시원스레 펼쳐진 봉황대,
구 곡 종 임 상 개 대

---

38) 산동(山東) : 지금 충북 청주시 상당구 상당산 동쪽 50리에 있는 지역을 산동이라 한다. 지금 주로 낭성면 미원면 일대이다. 낭성면에 산동초등학교가 있었으나 폐교되었다.

39) 봉황대(鳳凰臺) : 충북 보은군 내북면 봉황리에 있다. 깎아지른 듯한 암벽이 상당히 높은데 그 정상부가 봉황대이다. 북쪽으로 청주시 상당구 미원면과 인접해있으며 청주시 상당구 미원면 옥화리와는 가까운 거리이다.

40) 일사(一舍) : 삼 십리.

鳳凰何日自天來 (봉황하일자천래) 봉황은 어느 날에 하늘로부터 날아들까?
謫仙[41] 莫詫題詩句 (적선 막타제시구) 적선(謫仙)은 시 잘 짓는다 자랑 마시라,
此地逍遙眼界恢 (차지소요안계회) 이곳을 소요하면 그대의 안목이 더 넓게 트이리라.

봉황대(鳳凰臺)

자만경대(自萬景臺), 지봉황대(至鳳凰臺), 위일사지지(爲一舍之地), 시선공문집중옥계산수굴자야(是先公文集中玉溪山水窟者也). 만경대(萬景臺)로부터 봉황대(鳳凰臺)에 이르기까지 30리 거리가 되는 지역인데, 이곳은 서계문집 중에 좋은 산과 좋은 물이 많은 곳이라 한 곳이다.

중국에도 봉황대가 여러 있다. 옥화산(玉華山)은 합서성(陝西省) 宜君縣(宜君縣) 남쪽에 있다. 그 남쪽에 야화곡(野火谷)이 있고 야화곡 서쪽에 봉황곡(鳳凰谷)이 있다. 당(唐) 태종(太宗)이 옥화궁(玉華宮)의 건설했는데, 이로서 산의 이름이 되었다.[42] 이백(李白)과 관련 있는 봉황대(鳳凰臺)는 강소성(江蘇省) 남경시(南京市) 남쪽에 있다. 이백(李白)은 봉황대에 다음과 같이 읊었다. 「등김릉봉황대(登金陵鳳凰臺)」. 봉황대상봉황유(鳳凰臺上鳳凰遊), 봉거대공강자류(鳳去臺空江自流)" 즉 "봉황대 위에 봉황이 날아들었는데, 봉황이 날아가니 대는 비고 강만 절로 흐르네." 이렇듯 제9곡 봉황대 시는 이를 염두하고 쓴 것이다. 제1~2구를 보자. 앞이 시원스레 탁 트였다. 봉황은 벽오동에 깃든다. 시인은 봉황이 날아들 것을 기대하고 있다. 시인은 봉황대에 언제 봉황이 날아들까 묻고 있다. 그 다음에 "시선은 시 잘 짓는다 말하지 말라."고 한다. 시선(詩仙)은 주지하다시피 이백(李白)을 가리킨다. 작자는 앞이 탁 트인 봉황대에 오면, 절로 시의(詩意)와 시심(詩心)이 영활(靈活)해진다고 믿는 것이다. 작자는 봉황대는 절로 좋은 시를 지을 수 있는 분위기를 제공하는 곳으로 인식하고 있는 것이다. 이것이 "시선은 시 잘 짓는다 말하지 말라."고 한 이유다. 봉황대의 아름다운 풍경의 영향을 받아서인지 봉황대를 대상으로 읊은 한시의 존재를 또 확인할 수 있다. 바로 이득윤의 아들 이홍유(李弘有)가 지은 「봉황대팔영 신평보소거(鳳凰臺八詠 申平甫所居)」[43]이다.

---

41) 적선(謫仙) : 당(唐)나라 시인 이백(李白)을 지칭함.

42) 『독사방여기요(讀史方輿記要)』「섬서(陝西) 연안부(延安府) 부주(鄜州) 의군현(宜君縣)」. 수컷을 봉(鳳)이라 하고, 암컷을 황(凰)이라 한다.

4. 맺음말

「옥화구곡시」는 주자의 「무이도가(武夷櫂歌)」의 시형식과 시의(詩意)를 일면 수용한 바, 무이구곡에서 「무이도가(武夷櫂歌)」를 지었던 주자의 사상과 문학적 영향이 조선후기 1800년대 말 1900년대 초까지 지속되었다는 사실을 알 수 있는 일례적인 작품이다.

이필영은 옥화구곡 서시에서 옥화구곡이 자신의 선조인 서계 이득윤의 얼이 깃든 곳이라는 점을 언급했다. 제1곡 시에서 '영구(靈區)'라 했는데 이는 전체적 경관에 대한 총평이라 할 수 있을 것이다. 이필영은 옥화구곡의 수려한 자연경관을 시적으로 표현하는데 있어서 사실적(寫實的)으로 표현하는가 하면, 그 실상을 효과적으로 부각하기 위해 합당한 고사와 비유적 방법을 써서 극대화하고 있다.

이규익은 옥화구곡 서시에서 옥화구곡을 '영경(靈境)'이라 단언했다. 각각의 구곡의 경관과 특징을 표현하는데 있어, 실경을 사실적(寫實的)으로 표현하였다. 각각의 구곡을 읊은 시에서 이규익은 옥화구곡이 '영경'이라는 사실을 강조하기 위해서 적절한 고사를 동원하거나 암시하며 비유적으로 표현하였다. 그 결과 옥화구곡이 '영경'이라는 점을 부각하는데 표현미학적으로 성공하였다.

그는 자신의 선조인 서계(西溪) 이득윤(李得胤)의 학덕과 혜택을 추모 찬양하면서 이의 계승을 염두하고 염원했다. 옥화구곡은 옥화구곡 각각의 수려한 자연경치를 그리면서 내면의 의식도 적절히 표현하였다. 먼저 자연경관을 읊고 뒤에 자신의 감정을 이입하는 전경후정식(前景後情式)의 표현법을 구사했다 할 것이다. 두 부자(父子)의 시적 격조를 표현미학적 관점에서 평하자면 아들인 이규익의 작품이 좀 더 품격이 높다.

이필영·이규익 부자는 옥화구곡시에서 옥화대라는 산자수명한 명승지의 자연경관과 서계 이득윤의 학덕을 효과적으로 표현하여 두 가지 시적(詩的) 목적을 충분히 살려내는데 성공했다. 서계의 후손다운 면모를 유감없이 발휘한 것이다.

---

43) 李弘有, 『遯軒集』 卷之三 22장. 이상주(李相周), 「보은군(報恩郡)의 봉황대(鳳凰臺)와 이홍유(李弘有)의 봉황대팔영(鳳凰臺八詠)」, 『충북향토문화(忠北鄕土文化)』제13집, 충북향토문화연구소, 2002, 137~149면.

『중용(中庸)』에 “효자선계인지지(孝者善繼人之志), 선술인지사자야(善述人之事者也)” 즉 “효도라는 것은 선조가 남긴 뜻을 잘 계승하고, 선조가 남긴 사적(事蹟)을 잘 기술하는 것이다.”라고 했다. 이필영은 선조들의 사적을 『경주이씨세적보유(慶州李氏世蹟補遺)』에 기술했으며, 이를 저본으로 하여 그 내용을 발췌해서 『경주이씨선세실록(慶州李氏先世實錄)』을 신유년(辛酉年 1921년)에 상(上)·하(下) 2책의 목판본으로 간행했다. 이 작업에는 그 아들이 이규익도 동참한 것으로 보인다. 이렇듯 이필영과 이규익은 선조들의 사적을 기술하고, 선조들의 문학정신 계승하여 옥화구곡시를 창작했으니, 효의 본원을 실천한 것이며, 학자 이득윤의 후손답게 후손의 도리를 완수한 것이다. 옥화구곡시는 이런 효의 실천과 학풍의 계승과 문학정신의 실천적 소산인 것이다. 이들은 바로 온고지신을 지행합일 했다고 할 수 있다. 이런 정신은 학문과 사회를 발전시키는 핵심원리로, 본받아 실천할 만한 덕목이다.

옥화구곡(玉華九曲)은 제1곡 만경대에서 개울을 따라 제9곡 봉황대까지 대략 30리 정도 된다. 기암괴석으로 이루어진 바위산과 굽이도는 시내가 조화를 이루어 곳곳에 절경이 형성돼있다. 이 길을 따라 계산풍류(溪山風流)를 즐겼던 선인들의 운치를 더듬어보면 문학 예술적 잠재력이 계발될 수 있으리라. 또한 학문과 교육에 충실했던 선인들의 학문정신과 교육정신을 음미해 보면 진정한 학문자세와 이상적인 교육의 방향을 설정할 수 있을 것이다.

13장. 신득치(申得治)의 낙우당구곡(樂愚堂九曲)과 낙우당 구곡시(樂愚堂九曲詩)

1. 머리말

1600년대 초반 경 신득치(申得治 1592~1656)가 낙우당구곡(樂愚堂九曲)을 설정했다. 이는 이홍유(李弘有 1588~1671)의 문집에 실린 「경차낙우당주인구곡운(敬次樂愚堂主人九曲韻)」[1]이라는 제목의 시(詩)를 통해서 확인한 것이다. 그러나 아직 그 위치를 아는 사람을 찾지 못했다. 다만 낙우당구곡(樂愚堂九曲)은 낙우당(樂愚堂) 신득치(申得治 1592~1656)가 설정했다는 사실과 신득치의 신상에 대한 정보를 확인했다. 또 낙우당구곡(樂愚堂九曲)의 대략적인 위치가 지금의 충북 보은군 내북면 봉황리(鳳凰里) 일원이라는 사실을 확인했으나, 구곡(九曲) 각각의 구체적인 위치는 파악하지 못했다. 이를 규명할 수 있는 구체적인 자료를 지속적으로 추적하기로 하고, 아쉽긴 하지만 우선 지금까지 파악한 내용들을 제시한다. 먼저 신득치의 가계와 생애 그리고 낙우당구곡(樂愚堂九曲)의 위치에 대한 추적과정을 소개한다. 아울러 「경차낙우당주인구곡운(敬次樂愚堂主人九曲韻)」의 작자의 이홍유(李弘有1588~1671)의 가계와 생애를 살펴본다. 2014년 신득홍의 봉황정구곡시 즉 낙우당구곡에 대해 지은 시를 확인했다. 신득홍(申得洪)은 봉황정구곡(鳳凰亭九曲)이라 했다. 이에 16~17세기 지금의 낭성면과 미원면의 구곡문화의 실상을 고찰한다. 그리고 이홍유와 신득홍의 시를 분석해보고자 한다. 그리하여 '구곡문화관광(九曲文化觀光)'을 풍성하게 하고자 한다.

2. 16~17세기 낭성(琅城)·미원(米院) 지방의 구곡(九曲) 문화

필자가 지금까지 충북 청주시 상당구 낭성면과 미원면 일대에 설정되었거나 그곳에 거주한 사람들이 창작한 구곡시를 열람 발굴했다. 이로 보아

1) 이홍유(李弘有), 『둔헌선생문집(遯軒先生文集)』 권3, 22. 이하 『둔헌집(遯軒集)』이라 약칭함.

16~17세기 낭성(琅城)·미원(米院) 지방에 거주한 인사들은 일찍이 구곡(九曲) 문화에 관심을 가지고 그를 향유했다는 사실을 알 수 있다. 낭성면과 미원면의 구곡(九曲) 문화에 대해 좀 더 이해할 수 있도록 하기 위해 좀 언급해보고자 한다.

1) 이득윤의 서계구곡(西溪九曲): 1575~1598년 경 설정했다.
   위치: 충북 청주시 상당구 미원면 가양리 일원
   설정자: 이득윤
   시 작자: 현재 발견된 시는 없다.
2) 이득윤의 옥화구곡: 1607년 이전에 설정했다.
   위치: 충북 청주시 상당구 미원면 옥화리 일원
   설정자: 이득윤
   시 작자: 이필영(李苾榮 1853~1930)과 이규익(李圭益 1884~1972)
3) 신득치의 봉황정구곡과 이홍유 신득홍의 구곡시
   위치: 충북 보은군 내북면 봉황리 상하 일원
   설정자: 신득치
   시 작자. 이홍유. 신득홍

위에서 살펴보았듯이 낭성면과 미원면 일대에 거주하는 이득윤과 신득치가 구곡을 설정하고 시를 지었다. 이득윤과 신득치는 모두 구곡을 자신의 거주지의 계곡과 주변 산수에 설정했다. 이들은 모두 구곡문화를 일찍이 수용하고 향유했다. 각자 자기 고향산천에 대한 애정을 문화적으로 승화한 것이다. 이득윤의 아들이 이홍유이다. 신득치는 이득윤의 제자이다. 이득윤은 지금 청주시 상당구 미원면 가양리에 서계구곡, 옥화리에 옥화구곡을 설정했다. 신득치가 지금 충북 보은군 내북면 봉황리 일원에 봉황정구곡을 설정했다. 신득치의 외아들 신집(1623~1688)의 부인이 이홍유(李弘有)의 장남 이만헌(李萬憲 1608~?)의 딸이다. 즉 이홍유의 손녀이다. 서계구곡과 옥화구곡을 정한 이득윤의 증손녀다. 이렇듯 이홍유와 신득치 가문과는 세교(世交)하면서 혼교(婚交)를 했다. 이홍유는 옥화대에서 신득치는 봉황대에서 유유자적하며 서로 시문을 주고 받으며 고고한 삶을 누렸던 것이다.

다음 이홍유의 구곡에 대한 인식수준을 살펴보자. 이홍유는 구곡을 설정하지는 않았지만 무이구곡도에 대한 시를 지은 것으로 보아, 주자의 무이구곡과

「무이도가」에 대해 인식하고 있었다는 사실을 알 수 있다. 「제무이구곡도족자 이수(題武夷九曲圖簇子 二首)」를 읽어보자.

「제무이구곡도족자 이수(題武夷九曲圖簇子 二首)」: 무이구곡족자를 보고 읊은 시 2수

무이구곡전형승(武夷九曲專形勝)	무이구곡 그 형승 오롯하니
요상문공점차간(遙想文公占此間)	아득히 문공을 상상하여 이곳에 점지했네.
후인모사상초상(後人模寫霜綃上)	후인이 하얀 비단 위에 모사하여,
괘벽삼여입안간(掛壁森如入眼看)	벽에 거니 눈 안에 들어와 있는 것처럼 삼삼하도다.

곡곡청류촉촉산(曲曲淸流矗矗山)	구비구비 맑은 시내 우뚝우뚝한 산,
단청루각출운단(丹靑樓閣出雲端)	단청한 누각 구름 끝에 솟았네.
천간지비류금고(天慳地秘留今古)	하늘이 아끼고 땅이 비밀로 하여 고금에 남겼으니,
고허문공자재한(故許文公自在閒)[2]	짐짓 문공의 한가함을 허락했네.

무이구곡도족자(武夷九曲圖簇子)는 이성길(李成吉 1512~1621)[3]이 그린 것으로 보인다. 현존 최고의 무이구곡도는 이성길이 그렸는데, 이홍유가 찰방

2) 이홍유, 『둔헌집(遯軒集)』권4,

3) 이성길(李成吉 1512~1621)은 경기도 포천지역에 묘가 있는 조선 후기 문신이자 화가이다. 본관은 고성(固城) 자는 덕재(德哉), 호는 창주(滄洲) 아버지는 참봉 이정려(李精璙)이다. 이성길은 성품이 호방하여 세상에 구애됨이 없었다. 17세에 출입을 삼가고 독서에 열중하여 경사(經史)에 통독하였다. 1589년(선조 22) 사마시에 장원하여 진사가 되고, 이어 증광 문과에 병과 15위로 급제하였다. 1592년(선조 25) 임진왜란이 일어나자 유도대장 이양원(李陽元)의 종사관이 되었다가 한양에서 철수하게 되자 아버지와 함께 관북(關北)으로 갔다. 경성에 이르러 당시 북평사 정문부(鄭文孚)가 의병을 일으키자 적극 동참하였다. 경성과 회령 일대에서 반란군 국경인(鞠景仁) 등을 처단하고 왜적을 무찔렀다. 다시 명천과 길주에서 왜적을 공격하여 격파하였고, 12월에는 임명(臨溟)과 쌍포(雙浦)에서 싸워 대승하였다. 다음 해 종성으로 쳐들어온 여진족을 물리치고 단천에서 가토 기요마사[加藤淸正]의 군대를 철퇴시켜 관북을 탈환하니, 이른바 '북관대첩(北關大捷)'이 바로 이것이다. 이 전공으로 수성도 찰방에 제수되었다. 그림에도 재능이 있어 임진왜란 당시 쌍포에서 싸워 대승한 것을 화폭에 그린 「쌍포승첩도(雙浦勝捷圖)」가 전한다. 진중에서 그린 「무이구곡도권(武夷九曲圖卷)」도 전한다. 송나라 주자(朱子) '무이구곡'를 정하고 「무이도가(武夷棹歌)」를 지었다. 이성길의 「무이구곡도권」은 필치가 정교하고 섬세하면서도 활력이 넘쳐서 선경(仙境)을 그대로 옮겨다 놓은 것 같다는 평가를 받는 명작이다. 묘는 경기도 포천시 군내면 명산리에 있다. 1980년 후손들이 경기도 포천시 군내면 명산리에 신도비를 세웠다. 출처: 한국학중앙연구원 - 포천향토문화전자대전.

을 했으며 이성길도 찰방을 지냈다. 서울에서 서로 대면할 기회가 있을 때 무이구곡도 친견할 수 있었을 것이다.

다음 「구월 일 방무계서재(九月日 訪武溪書齋)」를 읽어보자.

정당추일국화시(正當秋日菊花時) 바로 가을날 국화꽃 피는 시절을 맞아,
래견계장경자기(來見溪庄境自奇) 시냇가 별장에 찾아오니 경치 절로 기이하네.
만벽시공겸화묘(滿壁詩工兼畵妙) 벽에 공려한 시와 절묘한 그림 가득하고,
시중유화화중시(詩中有畵畵中詩) 시 가운데 그림 있고 그림 가운데 시 있네.
승구종기기진형(勝區終豈棄榛荊) 승경지 끝내 어찌 개암나무 가시나무 우거진 채로 버려둘꼬?
신구공능차일성(新搆公能此日成) 새로 공이 오늘에 완성했네
천재무이심소모(千載武夷心所慕) 천 년 전 무이를 마음으로 흠모하며,
불방수취작계명(不妨收取作溪名)[4] 그를 취해 시내이름을 지으니 무방하도다.

이홍유는 무계라는 인물이 무이구곡을 모방하여 시내의 이름을 무계로 했다는 사실을 제8구에 읊었다. '무계(武溪)'라는 호를 쓴 사람의 성명에 대해 현재 필자는 밝히지 못했다. 시의 내용으로 보아 이홍유보다는 연상인 것으로 생각된다. 현재 이성길이 무계라는 호를 썼다는 기록은 없으나, 앞에서 언급했듯이 이성길과 교유했으며 이성길이 「무이구곡도」를 그린 사실로 보아 이성길이라고 추정해볼 뿐이다. 이득윤이 1575~1598년 사이에 서계구곡(西溪九曲) 1607년 이전 옥화구곡(玉華九曲)을 설정하였으며, 신득치가 낙우당구곡 즉 봉황정구곡을 설정했다.

이들은 자기 거주지 주변 계곡에는 구곡을 설정했으며, 또 주변 산수에 팔경을 설정하여 자기 거주지 주변을 구곡과 팔경으로 문예화했다.

이렇듯 17세기 지금 낭성면 미원면 등 산동지방에 구곡문화와 팔경문화에 대한 상당한 이해와 수용양상을 확인할 수 있다.

4) 이홍유, 『둔헌집(遯軒集)』 권4, 「구월 일 방무계서재(九月 日 訪武溪書齋)」.

3. 청주시 낭성면의 고령 신씨가문의 문예적(文藝的) 기풍(氣風)

세상사 정보와 지식에 의해 성패가 결정되는 경우가 많다. 학문 분야도 예외는 아니다. 학문을 하는 한 사람으로서 번번이 그것을 절감한다. 이 세상에 모든 지식은 다 유용하다. 활용자의 능력에 따라 같은 지식도 그 가치가 달라진다. 지식은 다양한 방법으로 습득할 수 있다. 그 하나가 책을 통해 얻는 방법이 있다. 개권유익(開卷有益), 즉 책을 펼치기만 해도 이익이 있다. 중국 당나라 태종(太宗)이 한 말이다. 필자는 이를 자주 실감한다. 본고에서 다루는 지담(芷潭) 신득홍(申得洪 1608~1653)의 봉황정구곡시(鳳凰亭九曲詩)도 그 한 사례이다. 필자는 2012년 12월 경 낭성면지편찬위원회 신원식위원장으로부터 낭성면지 조사 집필을 맡아달라는 요청을 받았다. 쉽지 않은 일이라 사양하다가 인연으로 생각하고 감사하는 마음으로 응락했다. 그리하여 2012년 12월부터 2014년 6월 인쇄에 들어가기 전까지 당시 청원군 낭성면 21개 리를 함께 순회 조사하며 많은 자료를 수집하여 열람 점검했다. 문집과 고문서 등 문헌자료 중에 낭성면에 관한 내용을 우선으로 선별하고, 그 다음 지금의 충북 청주시 상당구 그리고 충북도내의 주요 명승고적, 또 특기할 만한 민속과 특산물 등에 관한 내용을 중심으로 선별했다. 탐문하거나 제공받은 자료를 자세히 살펴보느라고 했어도 본의 아니게 다 포착하지 못했다. 그중 하나가 신득홍(申得洪 1608(선조 41)~1653(효종 4))의 봉황정구곡시(鳳凰亭九曲詩)이다. 3책으로 만들어진 『지담집(芷潭集)』[5] 번역본 중에서 우선 청원군 낭성면에 관련된 내용이 있는지 나름대로 세심히 살펴보느라고 했으나, 그때는 「봉황정구곡차운(鳳凰亭九曲次韻)」를 포착하지 못했다. 『지담집(芷潭集)』에 실린 내용은 호남지방 등 타지방에 관련된 내용이 주류를 이루고 있다. 『낭성면지』[6]가 간행되고 나서 마음과 시간의 여유가 좀 생겨 『지담집(芷潭集)』을 다시금 살펴보니 봉황정구곡시(鳳凰亭九曲詩)가 실려 있는 것이었다. 이런 사정으로 인해 본의 아니게 『낭성면지』에는 수록하지 못하여 죄책감이 매우 컸다. 인간의 눈이 완벽하지 못함을 다시금 절감했다. 한편 단편의 논문으로

5) 신명휴(申命休)역주, 신범식(申範植) 정리, 『지담집(芷潭集)』, 고령신씨 지담공파종중, 1997. 이 책은 낭성면지 편찬을 위해 함께 조사하러 다녔던 조사위원인 한국한자문화연구원 김용일 선생이 복사해놓아 잘 참고했다.

6) 낭성면지편찬위원회, 『낭성면지』, 2014, 1~1015면.

『충북향토문화연구』[7]에 게재함으로써 더 널리 알릴 수 있게 되어 조금이나마 속죄가 된다. 지담공의 영령께서 더욱 널리 알릴 수 있게 하기 위해, 그 때는 일부러 보지 못하게 했다고 자위해본다. 「봉황정구곡차운(鳳凰亭九曲次韻)」를 『낭성한문학』에도 실었다.[8]

봉황정구곡(鳳凰亭九曲=낙우당구곡樂愚堂九曲)의 설정자 신득치(申得治)는 「봉황정구곡차운(鳳凰亭九曲次韻)」을 지은 신득홍(申得洪)의 바로 위의 형이다. 여기서는 신득홍과 그 아버지 신용 그 할아버지 신중엄에 대해서 좀 구체적 소개하기로 한다. 신중엄의 업적과 신용의 학문 예술적 업적이 신득치와 신득홍의 문학예술 세계에 영향을 주었다고 보기 때문이다.

이들의 행적에 대해서는 『사마방목』 『문과방목』 등 공적인 자료를 활용하여 정리한 한국학중앙연구원에서 집필한 내용, 그리고 신중엄에 대해서는 『명가보묵』의 경수도첩을 원용한다.

1) 신중엄(申中淹)와 신용(申涌)의 생애와 업적

신중엄(申中淹 1522~1604)은 신득홍의 할아버지이다. 신중엄에 대해 간략히 살펴본다.[9] 신중엄은 조선 중기의 문신이다. 본관은 고령(高靈)이며, 자는 희범(希范)으로 문충공 신숙주(申淑舟)의 후손인 영성군파(靈城君派)의 인물로 신숙주의 4세손이다. 아버지는 신서(申溆)이고, 할아버지는 갑자사화(甲子士禍) 이후 벼슬에 뜻을 두지 않고 청원군 낭성면 지역으로 은거한 신광윤(申光潤)이다. 부인은 문화유씨(文化柳氏)와 전주이씨(全州李氏) 부인이 있었다. 아들로 신저(申渚), 신식(申湜), 신용(申涌), 신은(申氵隱) 등 4형제를 두었는데, 신식은 충청도와 강원도의 관찰사를 지냈으며, 신용은 황해도관찰사와 홍문관 부제학을 지냈다. 신중엄은 음사(蔭仕)로 관직에 나아갔다. 선공감(繕工監)의 감역(監役)을 시작으로 용담, 상주, 수안, 순천, 곡산 등의 수령을 지냈는데, 그중 수안(遂安)에는 그를 기리는 거사비(去思碑)가 있다고 한다. 임진왜란 때에는 군량미 부족으로 어려움이 많은 것을 알고는 자신의 재산을 내어 명나라에 군량미를 조달하는 등 국난 대처에 노력하였다. 이러한 공로로

---

7) 이상주, 「지담(芷潭) 신득홍(申得洪)의 봉황정구곡시(鳳凰亭九曲詩)」, 『충북향토문화연구』제26집, (사)충북향토문화연구소,2014, 93~124면.

8) 이상주, 『낭성한문학』, 이에스, 2015, 1~256면.

9) 다음에 수록된 내용을 본고의 서술체제에 맞춰 옮겼다. 출처, 한국학중앙연구원, 디지털청주문화전자대전. 집필, 이재학.

정부로부터 첨지중추부사를 제수 받았으며, 80세가 되자 수직(壽職)으로 가선대부 동지중추부사에 임명되었다.

신중엄이 죽자 선조(宣祖)는 예관(禮官)을 보내어 치제(致祭)하였으며 좌찬성을 추증하였다. 1619년(광해군 11)에 세운 신도비가 있는데 비문은 심희수(沈喜壽 1548~1622)가 지었고 글씨는 이산뢰(李山賚)가 썼다. 신도비는 충청북도 유형문화재 제161호로 지정, 관리되고 있다. 묘소는 청원군 낭성면 관정리 묵정에 있다. 청주, 청원군 일대에 세거하는 고령신씨(高靈申氏) 영성군파 종중의 대표적인 현조(顯祖)이다.

다음은 『명가보묵』에 작성 수록된 세계도를 인용한다.[10)]

```
 신숙주-주(澍)
(申叔舟) 면(沔)
         찬(澯)
         정(瀞)
         준(浚)
         부(溥)
         형(泂)-광윤(光潤)-서(漵)-중엄(仲淹)-저(渚)
         필(泌) 광택(光澤) 란(灤)  중한(仲漢) 식(湜)
         결(潔) 광한(光漢) 단(澶)             용(涌)-[득패(得沛)]
                           전(澱)             은(澺) [득유(得游)]
                           악(渥)               [득치(得治)]-집(潗)-필원(必源)-(霶)
                                                    [득홍(得洪)]       필청(必淸)
                                                    [득명(得溟)]       필징(必澄)
                                                                       필곤(必混)
                                                                       필성(必渻)
                                                                       필창(必淐)
                                                                       필렴(必濂)
                                                                       필량(必滰)
                                                                       필운(必沄)
```

이번엔 신용(申涌)의 업적의 업적을 알아보자. 신용(申湧 1561년[명종 16]~미상)은 신득홍의 아버지이다. 신용(申涌)에 대해서 살펴보자.[11)] 본관은

10) 신용호 · 신범식, 『역주 명가보묵(譯註 名家寶墨)』, 충북대학교 출판부, 2011년. 15면 참조. 숭조의식 조상선양으로 심혈을 기울여 번역한 귀중한 이 책을 영동대학교 신범식교수가 기증해주었다. 필자가 한문공부를 하다가 모르는 부분에 대해서 그의 선친 경운(景雲) 신철우(申哲雨 1918~2002)선생님께 여쭈어보았다. 필자는 그 시문집인 『경운시문집』간행에 참여하여 원고의 일부를 분담하여 입력하고 교정을 보았다.

고령(高靈) 자는 계수(季收), 호는 하은(霞隱) 조부는 신서(申溆)이고, 부친은 신중엄(申仲淹)이다. 대사헌(大司憲) 졸재(拙齋)신식(申湜)의 종제(從弟: 종제가 아니라 바로 아래 아우이다:인용자 주)이며, 만전(晩全) 홍가신(洪可臣 1541~1615)의 사위이다. 선조조(宣祖朝)에 문과(文科)에 등제한 뒤 벼슬은 한림(翰林)·군수(郡守)를 거쳐 황해도관찰사(黃海道觀察使)에 이르렀다. 아들은 신득패(申得沛), 주서(注書)신득유(申得游), 함경도사(咸鏡都事)신득홍(申得洪), 신득명(申得溟)을 두었다. 이조판서(吏曹判書)·대제학(大提學)을 증직을 받았고 청주(淸州)의 봉계서원(鳳溪書院)에 배향되었다. 저술로는 『의례고람(儀禮考覽)』, 『상례통재(喪禮通載)』, 『오복통고(五服通考)』가 세상에 전해지고 있다.[12)]

다음은 디지털청주문화대전의 내용을 살펴보자.[13)] 본관은 고령(高靈)이며, 자는 계달(季達), 계수(季收)이며, 호는 하은(霞隱)이다. 문충공 신숙주(申淑舟)의 후손인 영성군파(靈城君派)의 인물로 신숙주의 5세손이다. 아버지는 신중엄(申仲淹), 할아버지는 신서(申溆), 증조할아버지는 신광윤(申光潤)이다. 형으로 신저(申渚)와 신식(申湜)이 있고, 동생으로는 신은(申[氵+隱])이 있다.

11세에 형 신식과 함께 퇴계(退溪) 이황(李滉)의 문하에서 수학하였고, 청주지역에서는 서계(西溪) 이득윤(李得胤 1553년 ~ 1630))의 문인으로 수학하였으며, 부모님 상을 당하여서는 여막(廬幕)을 짓고 3년상을 치렀다고 한다. 29세인 1588년(선조 21) 생원시에 급제하였고, 32세에 문과에 급제하여 예문관 한림, 승문원 주서, 예조낭관, 의정부 검상사인, 이조전랑을 거쳐 황해도관찰사를 지냈다. 1608년에는 홍문관 부제학에 제수되어 하정사(賀正使)로 명나라에 다녀왔다. 평해, 순천, 공주, 김제 등지의 수령을 지내어 거사비(去思碑)가 있다고 한다.

임진왜란 때는 임금을 호종(扈從)하여 선무2등공신이 되었다. 그가 죽자 인조(仁祖)는 관리를 보내 치제(致祭)하고 이조판서를 추증하였다. 1702년(숙종 28) 상당구 월오동에 건립된 봉계서원(鳳溪書院)에 배향되었다.

저술로는 『의례고람(儀禮考覽)』, 『상례통재(喪禮通載)』, 『오복통고(五服通考)』가 있다. 묘소는 황해도 개성군 임한면 유천리에 있다. 판서(判書) 이서

---

11) 다음의 내용을 옮겼다. 집필자 김동섭, 한국민족문화대백과, 한국학중앙연구원.

12) 『司馬榜目』, 韓國精神文化研究院. 『國朝文科榜目』. 『淸州邑誌.』

13) 다음의 내용을 옮겼다. 집필자 이재학, 한국학중앙연구원 - 청주향토문화전자대전.

우(李瑞雨)가 지은 묘갈과 승지(承旨) 이진휴(李震休)가 지은 묘비가 있다고 전한다. 청주, 청원지역에 세거하는 고령신씨(高靈申氏) 영성군파의 대표적인 현조(顯祖)이다. 신득홍은 신용의 네 번 째 아들이다.

2) 낙우당구곡의 설정자 신득치(申得治)와 낙우당구곡의 위치

낙우당구곡(樂愚堂九曲)을 설정한 사람이 낙우당(樂愚堂) 신득치(申得治)라는 사실을 알 수 있는 근거는 다음과 같다. 이홍유의 『둔헌집(遯軒集)』 권지삼(卷之三) 7 「만신평보 유사율급칠절. 하은신공지자, 자호낙우당(挽申平甫有四律及七絶. 霞隱申公之子, 自號樂愚堂)」· 권지삼(卷之三) 11 「차봉황대신평보정자벽상운(次鳳凰臺申平甫亭子壁上韻)」· 권지삼(卷之三) 17 「취제낙우당벽상, 신평보소구(醉題樂愚堂壁上, 申平甫所構)」· 권지삼(卷之三) 22 「봉황대팔영, 신평보소거(鳳凰臺八詠, 申平甫所居)」· 권지삼(卷之三) 25 「만신평보, 휘득치(挽申平甫. 諱得治)」· 권지사(卷之四) 8 「만신평보, 유오율급칠율(挽申平甫, 有五律及七律)」 등이다. 이를 근거로 하여 신득치의 가계를 추적했다.

위에 든 두 편의 시(詩)에 나오는 봉황대는 지금의 충북 보은군 내북면 봉황리라는 것을, 필자는 쉽게 알 수 있었다. 이득윤(李得胤)이 설정한 옥화구곡(玉華九曲)에 봉황대가 들어있기 때문이다. 나는 서계(西溪) 이득윤(李得胤)과 「서계육가(西溪六歌)」·「옥화육가(玉華六歌)」에 대한 자료를 색출하여 연구한 적이 있다. 그 과정에서 이득윤의 후손 이필영(李苾榮 1853~1930)과 이규익(李圭益 1884~1972)이 남긴 옥화구곡시(玉華九曲詩)의 존재를 확인하여 연구했다.[14] 「경차낙우당주인구곡운(敬次樂愚堂主人九曲韻)」의 작자 이홍유(李弘有 1588~1671)는 이득윤의 장남이다. 이홍유는 지금의 충북 청원군[청주시 상당구 2014년 7월 1일 통합했다. 이하 상당구로 표시한다]미원면 가양리 수락동에 거처했다. 그러면서 지금의 충북 상당구 미원면 옥화리 옥화대를 오가며 학문을 하고 문학창작을 했다. 위에 든 시의 내용을 통해, 이홍유는 옥화구곡과 서계구곡을 중심으로, 신득치는 봉황대인근의 낙우당구곡을 근거지로 하여 서로 왕래하며 시문(詩文)을 주고받았다는 것을 알 수 있다.

이와 같은 내용을 토대로 신득치의 가계와 낙우당구곡(樂愚堂九曲)의 위치에 대해 탐문해보았다. 충북 청주시 상당구 미원면에는 고령 신씨 신숙주 후

---

14) 이상주(李相周), 「옥화구곡(玉華九曲)과 「옥화구곡시(玉華九曲詩)」, 『충북학 연구』제3집, 충북학연구소, 2001.

손이 많이 살고 있다. 우선 고령신씨중에 봉황대인근에 거주하는 분에게 신득치의 신상에 대해 문의해보기로 했다. 봉황리인근인 충북 청주시 상당구 미원면 운암리에 거주하는 신공우씨와 전화통화로 신득치에 관해 문의했다. 이날이 2001년 2월 6일이었다. 다음날 신공우씨는 『고령신씨문헌록(高靈申氏文獻錄)』영성군파(靈城君派) 104쪽에 신득치의 『봉황팔경시첩(鳳凰八景試帖)』이 있다는 기록이 있다고 말했다. 또한 신석호씨가 더 잘 알고 있으니, 청주에 있는 서점 유신상사 2층에 고령신씨종회사무실로 연락해보라는 말도 덧붙였다. 2001년 2월 9일 고령신씨종회사무실로 전화를 해서 신석호씨와 통화했다. 그는 청주대학교 체육교육과 신준호교수가 신득치의 후손이기 때문에 잘 알고 있을 것이라고 그 분께 문의해보라고 했다. 이런 사실을 접한 나는 신득치의 신상에 관련된 내용에 대해서는 바로 확인할 수 있으리라 생각되어, 시간을 요할 것으로 생각되는 낙우당구곡의 위치에 대해서 우선 탐문하기로 했다.

나는 그 동안 추적한 자료를 토대로 현지에 가서 탐문하면, 낙우당구곡의 위치를 쉽게 확인할 수 있으리라는 기대를 걸고, 충북 청주시 상당구 미원면 봉황리일대로 찾아가기로 마음먹고 있었다. 2001년 5월 17일 목요일 충북문화유산답사회 한도희회원과 김인숙회원의 차량을 타고 봉황리로 갔다. 봉황리에서 몇몇 연로한 주민들에게 낙우당구곡(樂愚堂九曲)과 「봉황대팔영(鳳凰臺八詠)」에 대해 문의했으나 전혀 들어본 바가 없다고 했다. 「봉황대팔영(鳳凰臺八詠)」도 이홍유의 작품이다. 나는 낙우당구곡(樂愚堂九曲) 각각의 명칭과 봉황대팔경(鳳凰臺八景)의 각각의 명칭을 일일이 들어가며 물었지만, 들어본 적이 없다고 했다. '창리부동산' 사무실에서 만난 한 노인이 주성(酒城)은 앞에 있는 산이라고 알려주었다. 이날 저녁 보은군 산외면(山外面) 이식(梨息)에 사는 안승함씨와 전화로 이식의 지명유래에 대해 들었다. "지금 앞의 큰 다리가 있던 자리를 주식포(舟息浦) 또는 주포리(舟浦里 = 배쉰개 = 배가 쉬어있는 개울이라는 뜻)라 했다. 스님들이 도보로 속리산을 다닐 때 걸어 다니던 징검다리가 있었다. 지금 충북 보은군 산외면 이식리(梨息里)이다." 내북면소재지에서 창리부동산을 운영하는 남준희씨와 전화로 통화를 했으나, 역시 들어보지 못했다 한다. 그 후에도 몇 차례 탐문했으나, 현재로서는 낙우당구곡의 정확한 위치를 확인할 수 없는 형편이다. 추적할 수 있는 자료가 출현하기를 바라는 마음 간절하다.

2001년 5월 24일 목요일 신득치의 신상에 관련된 내용을 확인하기 위해 신준호교수댁을 방문했다. 그가 소장하고 있는 고문서와 고서중에 일부를 열람한 결과 『고령신씨세보(高靈申氏世譜)』2종과 전(前) 동몽교관(童蒙敎官) 신행(申洐)이 찬(撰)하고 신득치의 셋째 손자 신징(申澄)이 글씨를 쓴 『조고묘갈(祖考墓碣)』의 탁본을 열람했다. 그리고 저자미상의 필사본 시첩인 『지사(芝史)』1책을 열람했다. 그러나 열람한 책중에는 봉황팔경시첩은 없었다. 필사자와 작자를 알 수 없는 필사본인 『지사(芝史)』라는 책에 봉황대에 관해 읊은 시(詩)가 여러 편 들어있다. 그런데 이 책에 보이는 봉황대가 보은군 내북면 봉황대라는 확증할 수 있는 근거가 보이지 않는다. 이 책에 실려있는 시는 누군가 벼슬을 다니며 그 지방을 유람하고 읊은 시이다.

간행년도 미확인의 『고령신씨세보(高靈申氏世譜)』와 1956에 간행된 『고령신씨세보(高靈申氏世譜)』, 그리고 『조고묘갈(祖考墓碣)』을 통해 신득치의 가계와 생애에 대해 살펴보기로 한다. 조선 세종조에 집현전 학사로 유명한 신숙주의 후손이다. 고려조 시조(始祖) 신성용(申成用)→ 2세 신강승(申康升) → 3세 신인재(申仁材)→ 4세 신사경(申思敬)→ 5세 신덕린(申德鄰)→ 6세 신포시(申包翅)→ 7세 신장(申檣)→ 8세 신숙주(申叔舟)→ 9세 신형(申泂)→ 10세 신광윤(申光潤)→ 11세 신서(申潊)→ 12세 신중엄(申仲淹)→ 13세 제3남 신용(申涌)→ 14세 제3남 신득치(申得治)→ 15세 독자(獨子) 신집(申潗)

위의 두 족보를 통해 신득치의 신상과 행적을 살펴보자. 본관(本貫)은 고령(高靈)이다. 자(字)는 평보(平甫)요, 호(號)는 낙우재(樂愚齋)이다. 지금 충북 상당구 낭성면 관정리가 고향이다. 1592년에 출생하여 1656년에 졸(卒)했다. 인조 갑자년(1624년)에 아버지 판서공을 따라 공주(公州)로 임금의 어가(御駕)를 호종(扈從)하였다. 조정에서 노고를 갚기 위해 과거를 실시했으나 응하지 않았다. 인조 31년(1631년) 아버지가 돌아가셔서 덕수(德水)에서 여막살이를 했다. 묘소는 지금 충북 청주시 상당구 현암동(玄巖洞)에 있다. 1684년에 종질(從姪) 통훈대부(通訓大夫) 전(前) 동몽교관(童蒙敎官) 신행(申涬)이 찬(撰)하고, 셋째 손자 신필징(申必澄 1649~1703)이 글씨를 쓴 묘갈(墓碣)을 건립했다. 묘갈(墓碣)에 다음과 같은 내용을 찾아볼 수 있다.

> 봉암(鳳岩)의 산천을 사랑하여 정자의 편액을 낙우(樂愚)라 했다. 그 가운데서 음영할 때 산을 좋아하는 노인(山翁)과 시내를 사랑하는 사람(溪友)들과 더

불어 술병을 들고 배를 타며 형식을 잊고 따지지 않는 것(忘形)을 즐거움으로 삼았다.[15)]

봉암(鳳岩)은 앞에 열거한 전반적인 내용으로 보아 지금의 충북 보은군 내북면 봉황대가 확실하다. 묘갈에 보이는 봉암을 지금 봉황리로 단정할 수 있는 근거는 또 있다. 위에 든 족보에 다음과 같은 내용이 있다. 신득치(申得治)의 외아들 신집(申潗 1623~1688)의 부인이 이홍유(李弘有)의 장남(長男) 이만헌(李萬憲 1608~?)의 딸이다. 즉 이홍유의 손녀이다. 이렇듯 이홍유와 신득치 가문과는 세교(世交)를 했다. 이홍유는 옥화대에서 신득치는 봉황대에서 유유자적하며 서로 시문을 주고 받으며 고고한 삶을 누렸던 것이다. 이만헌(李萬憲)은 「칠송거사전(七松居士傳)」을 남겨 선유동거사(仙遊洞居士)라 불렸던 이녕(李寧)[16)]의 행적을 알 수 있게 해준 인물이다.

이 봉황대는 묘갈(墓碣)에 봉암(鳳岩)이라 했듯이 암벽(巖壁)으로 형성돼 있으며, 그 아래 물이 휘돌아나가고 그 일대 상류로 올라가면 풍광이 매우 좋은 곳이 여러 군데 있다. 신득치가 태어난 곳은 지금 충북 청주시 상당구 낭성면 묵정리이다. 여기서 봉황대까지는 그리 멀지 않은 곳이다. 지금 자동차 도로를 따라 가면 20리쯤 된다. 그러나 묵정에서 하천을 따라 지름길로 왕래할 경우는 이보다 가깝다.

3) 신득홍(申得洪)의 산수취향(山水趣向)과 문예의식(文藝意識)

먼저 신득홍이 과거에 합격한 경력을 살펴본다.[17)] 생원시 인조(仁祖) 8년

15) 申滓 撰, 「申得治墓碣」, "애봉암산천(愛鳳岩山川), 편정왈(扁亭曰) 낙우(樂愚) 음영기중시(吟詠其中時), 여산옹계우(與山翁溪友), 휴주가정(携酒駕艇), 망형위오(忘形爲娛)"
2001년 7월 2일 화요일 신득치의 묘소를 찾아갔다. 지금의 묘갈은 표면에 이끼가 말라붙어 글자가 거의 보이지 않는다. 글자를 새긴 부분은 약간 들어가 있어 윤곽이 희미하게 잡힌다. 비갈이라는 것을 알고서 차근차근 살펴보았기 때문에 글자의 윤곽을 어렴풋이나마 짐작할 수 있을 정도이다. 만일 바위 절벽이었다면 글자가 새겨져 있다는 곳이라고 생각도 하지 못할 정도로 이끼가 한 꺼풀 말라 붙어있다. 자세히 살펴본 결과 지금의 비갈(碑碣)도 처음 세운 그 비갈이 아니다. 비가 오래돼서 '숭정기원후 사 기미년((崇禎紀元後 四 己未年 1919년)'에 다시 세운 것이다. 8세손인 진사(進士) 신상구(申象求)가 추지(追識)했다고 써놓았다. 이 비갈 오른쪽에 이 비문(碑文)의 요지를 국한(國漢) 혼용문으로 써서 1997년 새로 비를 세웠다. 문관석(文官石)과 촛대는 처음 세운 그대로 인 것 같다. 두 석물에 나름대로 독특한 문양이 새겨져 있다.

16) 이상주(李相周), 「괴산군 선유동(仙遊洞)의 전설적(傳說的)·선취적(仙趣的) 인물 이녕(李寧)의 가계와 생애」, 『중원문화논총』5집, 충북대학교 중원문화연구소, 2001.

17) 한국학중앙구원 역대인물정보,

(1630) 경오(庚午) 식년시(式年試) 생원 3등(三等) 15위(45/100) 자 대오(大吾) 생년 무신(戊申) 1608년(선조 41) 합격연령 23세 본관 고령(高靈) 거주지 한성([京]) 이력사항 선발인원100명 전력 유학(幼學) 타과 인조(仁祖) 17년(1639) 기묘(己卯) 식년시(式年試) 문과(文科) 병과(丙科) 1위. 부모 구존 구경하(具慶下) 가족사항 [부] 성명 신용(申涌) 품계 절충장군(折衝將軍) 관직 행용양위사용(行龍驤衛司勇) [안항(雁行) : 형] 성명 신득패(申得沛) 성명 신득유(申得游) 성명 신득치(申得治) [안항 : 제] 성명 신득명(申得溟) [출전] 『경오식년사마방목(庚午式年司馬榜目)』(국립중앙도서관[일산 古6024-91]) 한국학중앙구원 역대인물정보 [관련정보][사전] 인물 사전 [문과] 인조(仁祖) 17년(1639) 기묘(己卯) 식년시(式年試) 병과(丙科) 1위(11/33)

다음은 한국민족문화대백과사전의 내용을 살펴보자.[18] 신득홍(申得洪 1608(선조 41)~1653(효종 4) 자 대오(大吾), 조선 후기의 문신. 호 지담(芷潭) 고령(高靈) 공조좌랑, 옥과현감, 함경도도사. 본관은 고령(高靈) 자는 대오(大吾), 호는 지담(芷潭) 서(澂)의 증손으로, 할아버지는 중엄(仲淹)이고, 아버지는 관찰사 용(涌)이며, 어머니는 형조판서 홍가신(洪可臣)의 딸이다, 1630년(인조 8)에 생원시에 합격하였고, 1639년 식년문과에 병과로 급제하였다. 문한관(文翰官: 문필을 담당하는 관직)을 거쳐 전적·감찰·공조좌랑·옥과현감 등의 관직을 역임한 뒤 함경도도사(咸鏡道都事)에 이르렀다. 그는 경사자집(經史子集) 및 제자백가서에 능통하였고 문사(文詞)에 있어서는 모든 체(體)를 갖추어 그 묘를 이루었다고 한다. 저서로는 『지담유고(芷潭遺稿)』가 있다. 참고문헌 『국조방목(國朝榜目)』 『고선책보(古鮮冊譜)』

이번엔 신득홍의 문집인 『지담집』[19]에 대해 알아보자. 조선 후기의 문신 겸 학자인 신득홍의 시문집이다. 1923년 8대손 필구 등이 편집, 간행하였다. 6권 3책. 규장각도서. 1923년 신득홍의 8대손 신필구(申弼求) 등이 편집·간행하였다. 권두에 이용구(李容九)의 서문, 권말에 8대손 신필구·신명구(申命求)·신풍구(申豊求)와 9대손 신원휴(申遠休), 10대손 신정우(申楨雨) 등의 발

18) 다음 내용의 극히 일부를 논문의 체제로 바꾸고 그대로 옮겼다. 출처: 한국민족문화대백과, 한국학중앙연구원.

19) 다음 내용의 극히 일부를 논문의 체제로 바꾸고 그대로 옮겼다. 출처: 한국학중앙연구원, 한국민족문화대백과.

문이 있다. 6권 3책. 천·지·인 3책으로 되어 있다. 목활자본. 규장각 도서·장서각 도서·국립중앙도서관 등에 있다.

천책(天冊)은 설산록(雪山錄)이라는 제목으로 권1에 「독좌만음(獨坐漫吟)」·「중오일구점이율(重午日口占二律)」·「효회문체(効回文體)」·「향렴팔절(香奩八絶)」·「제태인피향정(題泰仁披香亭)」·「면앙정(俛仰亭)」 등의 시 70수, 권2에 「영납매(詠臘梅)」·「야좌유회(夜坐有懷)」·「숙운주사(宿雲住寺)」·「송광사(松廣寺)」·「전가사(田家詞)」·「전가즉사(田家卽事)」·「과김제군(過金堤郡)」 등의 시가 수록되어 있다. 이 가운데 「과김제군」은 저자의 아버지가 읍재로 있을 때 방백이 죄를 씌워 끌고 갔던 과거를 회상하며 지은 시이다.

지책은 남정록(南征錄)으로 남쪽 지방을 여행하면서 보고 느낀 것을 적어놓은 것이다. 권3에 「보은현(報恩縣)」·「황간현(黃澗縣)」·「가야산(伽倻山)」·「해인사(海印寺)」·「김천역(金泉驛)」 등의 시 50수, 권4에 「과남한산성유감(過南漢山城有感)」·「입한성(入漢城)」·「월야사친(月夜思親)」·「삼월삼일(三月三日)」·「어촌낙조(漁村落照)」 등의 시 323수가 실려 있다.

인책의 권5는 북정록(北征錄)이라는 제목으로 되어 있는데, 작자가 함경도 도사로 부임하던 1646년(인조 24) 가을에 함흥까지의 여정을 그린 시이다. 「과양주(過楊州)」·「등풍전역(登豊田驛)」·「등사성역(登舍城驛)」·「과함관령(過咸關嶺)」·「유철령(踰鐵嶺)」 등의 시 65수가 있다. 권6은 문(文)으로 「진하전문(陳賀箋文)」·「대비전상존호(大妃殿上尊號)」 등의 전 11편, 「제한정승문(祭韓政承文)」의 제문 1편, 「옥과현선생안발(玉果縣先生案跋)」의 발 1편, 「신평이공연백묘지명(新平李公延白墓誌銘)」의 명 1편이 있다.

끝에 타인이 쓴 글이 첨부되어 있는데, 그 내용은 정창주(鄭昌胄)가 쓴 「성포평수회계병서(聖浦萍水會契屛序)」, 이민구(李敏求)가 쓴 「옥과현객사중건기(玉果縣客舍重建記)」·「임설산감시왕복간첩(任雪山監時往復簡帖)」, 그밖에 유석(柳碩)·황호(黃㦿)·이응시(李應蓍)·오준(吳竣)·오정일(吳挺一)·남중회(南重晦) 등의 글이 있다. 부록으로 증손자 신필청(申必淸)이 쓴 행장, 외손자 송정규(宋廷奎)가 쓴 묘지, 권유(權愈)가 쓴 묘갈명과 유사, 노문한(盧文漢) 등이 쓴 제문 3편, 유준창(柳俊昌) 등 17인이 쓴 만사가 있다.

이번엔 신득홍의 산수 유락과 문예 취향, 그리고 그 후손들의 그 계승의식에 알아보자. 위에서 제시했듯이 한국민족문화대백과의 다음 내용을 살펴보자.

문한관(文翰官: 문필을 담당하는 관직)을 거쳐 전적·감찰·공조좌랑·옥과현감 등의 관직을 역임한 뒤 함경도도사(咸鏡道都事)에 이르렀다. 그는 경사자집(經史子集) 및 제자백가서에 능통하였고 문사(文詞)에 있어서는 모든 체(體)를 갖추어 그 묘를 이루었다고 한다.

문필을 담당하는 관직인 문한관(文翰官)을 역임했다는 사실을 통해 그가 문필력을 인정받았다는 사실을 알 수 있다. 경사자집(經史子集) 및 제자백가서에 능통하였고 문사(文詞)에 있어서는 모든 체(體)를 갖추어 그 묘를 이루었다고 하니, 그의 문예적 재능이 특출하다는 것을 인지할 수 있다.

이번엔 이익(李瀷 1681~1763)의 「백석정기(白石亭記)」를 살펴보자.

정자의 이름을 백석(白石)이라 한 것은 바위가 희기 때문이다. 바위는 본래 천연적으로 이루어진 것이어서 옛날에도 희었고 지금도 그러하지만, 백석이란 명칭은 정자가 세워지면서부터 시작되었다. 정자가 세워지기 전에는 덩그러니 솟은 평평한 바위가 높은 손바닥 모양을 하고 있어 벌어진 꼭대기가 발을 붙일 만하였는데, 이는 조물주가 붙잡아 두고서 주인을 기다린 것이다. 지담(芷潭) 신공(申公)[20]이 소요하다 우연히 이곳에 이르러 배회하고 음영하다가 말하기를, "이곳에 정자를 지을 만하다." 하였는데, 지담공의 아들 주부공(主簿公[21])이 이어서 그 뜻을 이루고 마침내 백석정이라고 이름을 붙였다. 이에 온 나라 사람들이 혹 직접 가보거나 눈으로 본 적이 없는 자들조차 청주에 백석정이 있다는 것을 알게 되었으니, 사물이 주인을 만나고 만나지 못함이 이와 같구나.[22]

지담(芷潭) 신공(申公) 즉 신득홍이 소요하다 우연히 이곳에 이르러 배회하고 음영하다가 말하기를, "이곳에 정자를 지을 만하다."라고 했다. 그 뜻을

---

20) 지담(芷潭) 신공(申公) : 신득홍(申得洪, 1608~1653)이다. 본관은 고령(高靈), 자는 대오(大吾), 호는 지담이다. 경전(經傳)과 백가서(百家書)에 통달하여 1639년(인조17) 문과에 급제한 후 공조 좌랑, 함경도 도사, 옥과 현감(玉果縣監) 등을 역임하였다. 문집으로 『지담유고』가 전한다.

21) 주부공(主簿公) : 신교(申滘 1645~?)이다. 신득홍의 아들로, 자는 도원(道源), 호는 만회당(晩悔堂)·만천(晩川)이다. 1673년(현종14) 문과에 급제하여 가주서, 지평, 정언, 승지 등을 역임하였다.

22) 이익(李瀷), 『성호전집』 제53, 「백석정기(白石亭記)」, 한국고전번역원, 김성애 번역, 2010.
이익(李瀷), 『성호전집』 제53, 「백석정기(白石亭記)」(한국문집총간 199, 481면) 亭名白石, 以石白也. 石本天成, 古白而今亦然, 然白石之名, 自亭立始. 當其未立, 孤樽盤陀, 爲高掌呀頂, 可以寄足, 是則造物者搏攫而有待, 有芝潭申公杖屨偶及, 徘徊嘯詠曰此可亭也. 至芷潭之子主簿公, 繼而成其志, 遂命之名. 於是國之人或不曾足躡目寓, 而知淸之州有白石者在, 物之遇不遇如是夫.

계승하여, 지담공의 아들 주부공(主簿公) 즉 신교(申灚 1641~1703)가 1676년 마침내 정자를 짓고 백석정이라고 이름을 붙였다. 이에 온 나라 사람들이 청주에 백석정이 있다는 것이 알려지게 됐다. 즉 거기에 합당한 인물에 의해서 자연명승과 누정도 명성을 얻게 된다는 것이다. 이렇듯 신득홍은 산수(山水) 취향(趣向)이 지대했다.

이익의 증조부 이상의(李尙毅 1560~1624)가 申仲淹(1522~1604)의 경수연에 참석했다. 신중엄이 80세 되던 1601년부터 84세 되던 1604년까지 그 아들 신식(申湜 1551~1623)과 신용(申涌 1561~?)은 아버지의 장수를 축하하는 경수연을 6회 개최했다. 이는 현재 알려진 경수연 개최횟수로는 최다이다. 경수연도(慶壽宴圖) 4폭과 유근(柳根 1549~1627), 이덕형(李德馨 1561~1613), 이수광(李睟光 1563~1628), 이정귀(李廷龜 1564~1635), 이항복(李恒福 1556~1618) 등이 26명이 지은 친필 시문을 배접하여 『경수도첩(慶壽圖帖)』이라 책으로 만들었다. 최립(崔岦 1539년~1612)이 지은 서문과 허목(許穆 1595~1682)의 후서後序)를 붙였으며 허목에게 수학(修學)한 신용(申涌)의 고손자(高孫子) 신택이 엮었다. 이 『경수도첩』에 실린 경수연도는 학계에 보고된 자료로는 현존하는 최초(最初)의 친필 원본(原本) 경수연도이며, 경수시는 현존 최초의 친필 원본 경수시이다. 23)

신중엄은 신득홍의 할아버지이다. 신득홍의 형 신득치의 아들이 신집이다. 신집의 아들이 신필원이다. 신필원의 사위가 이익이다. 이익의 처남이 申溥이다. 다음은 이익의 연보에 들어있는 내용이다. "숙종 35 1709 기축 29세에 순흥(順興)의 백운동서원(白雲洞書院)을 방문하다. 처남인 신부(申溥[澤卿]) 과 청량산(淸凉山)을 유람하고 「유청량산기(遊淸凉山記)」를 짓다. 도산서원(陶山書院)을 배알하다."

위에서 간략히 살펴보았듯이 신득홍은 산수취향(山水趣向)과 문예의식(文藝意識)이 있었다. 이런 그의 산수취향과 문예의식이 3책의 문집을 남긴 것이다. 그리고 형제간 우애를 구곡문학적으로 발산하여 형 신득치가 설정하고 지은 봉황정구곡시에 차운시를 지은 것이다.

---

23) 신용호 · 신범식, 『역주 명가보묵(譯註 名家寶墨)』, 충북대학교 출판부, 2011, 1~531면. 이상주, 「경수도첩(慶壽圖帖)에 실린 신중엄의 경수연도(慶壽宴圖)에 대한 고찰」, 『열상고전연구』 47집, 열상고전연구회, 2015, 413~451면. 이상주, 「신중엄의 『경수도첩』에 실린 경수시(慶壽詩)에 대한 고찰」, 『한문학보』 37집,2017,103~151면.

4. 「경차낙우당주인구곡운(敬次樂愚堂主人九曲韻)」의 작자 이홍유(李弘有)

1922년에 간행된 『경주이씨파보(慶州李氏派譜)』를 참고로 하여 이홍유(李弘有 1588~1671)의 가계와 생애를 살펴보자. 다음은 경주이씨 시조인 알평공(謁平公)으로 부터 수락동서계공파(水落洞西溪公派)의 가계도이다. 알평공(謁平公)으로 부터 23세 이공린(李公麟)→ 24세 제8남 이곤(李鯤)→ 25세 제4남 이잠(李潛)→ 26세 이득윤(李得胤 1553~1630)→ 이홍유(李弘有 1588~1671)

만력(萬曆) 무자년(戊子年 1588년) 正月에 태어나 현종(顯宗) 신해년(辛亥年 1671년) 84세에 졸(卒)했다. 선조 정묘년(1567년)[24]에 진사에 합격했다. 김집(金集)·송시열(宋時烈)·송준길(宋俊吉)·홍석기(洪錫箕)·최명길(崔鳴吉)·이태연(李泰淵)과 교유했다. 유림들이 일도(一道)의 도훈장(都訓長)에 추천하였으나 여러 번 사양했는데 다시 산장(山丈)에 추천했다. 산장(山丈)은 서원(書院)의 원장(院丈)과 같은 말로 서원의 원장을 가리키는데 당시 산장으로 추대되면 도내에서 학자로서 권위와 명망을 갖게 된다. 동몽교관(童蒙敎官)에 제수되었으나, 나아가지 않았다. 후에 성현도(省縣道)[25] 찰방(察訪)에 제수되어 임금의 명을 거역할 수 없어 몇 개월 있다가 그만두고 돌아와 국문시가인 「귀거래가(歸去來歌)」를 지었다.

『경주이씨선세실록(慶州李氏先世實錄)』, 「둔헌공행록 하편(遯軒公行錄 下篇)」. 경인 이월 상완(庚寅 二月 上浣), 불초손(不肖孫) 필영근지(苾榮謹識)라는 술기(述記)가 있다. 단락을 바꿔 다음과 같은 기록이 있다.

> 원문: 산민육가, 급감노음오절, 급귀거래가일편, 간용언어. 고 금불록, 개둔헌공 소작.(山民六歌, 及感老吟五節, 及歸去來歌一篇, 間用諺語. 故 今不錄, 皆遯軒公 所作.)
>
> 번역문: 「산민육가(山民六歌)」 및 「감노음(感老吟)」 오수(五首) 및 「귀거래가

24) 『경주이씨파보(慶州李氏派譜)』, 1922년. 에 선조 정묘년(1567년)에 진사에 합격한 것으로 기록돼있는데 태어나기 전에 해당되니, 이는 오기(誤記)로 봐야한다. 『둔헌선생문집(遯軒先生文集)』 「연보(年譜)」에 을묘년(1615년) 진사에 합격한 것으로 기록돼있는데, 이 기록이 신빙성이 있다.

25) 성현도(省縣道): 조선시대 경상도 역도(驛道)의 이름. 중심역은 성현역(省縣驛) 지금의 청도(淸道)로 종 6품의 찰방이 있었다. 성현도의 관할 범위는 청도(淸道)~밀양(密陽), 청도(淸道)~경주(慶州), 청도(淸道)~창녕(昌寧), 창녕(昌寧)~영산(靈山) 등으로 이어지는 역로이다. 이 역도(驛道)는 1894년 갑오경장 때까지 존속했었다.

(歸去來歌)」 일편(一篇)에 언문을 간혹 사용했다. 그래서 수록하지 않는데, 모두 둔헌공(遯軒公)이 창작한 것이다.

이홍유가 창작한 「산민육가」제1절에서부터 제5절까지는 모두 3행의 종서(縱書)로 기록되어있는데 제6절은 1행만이 남아있다. 2행과 3행이 다음 장의 전면으로 이어졌을 것으로 생각된다. 그 다음에 연속해서 이홍유의 「감노음(感老吟)」 5수 및 「귀거래가(歸去來歌)」 일편(一篇)이 기록되었던 것으로 짐작된다. 이는 인용문에 제시한 이필영의 "「산민육가(山民六歌)」 및 「감노음(感老吟)」 오수(五首) 및 「귀거래가(歸去來歌)」 일편에 언문을 간혹 사용했다. 그래서 수록하지 않는데, 모두 둔헌공(遯軒公)이 창작한 것이다." 라는 기록을 통해 알 수 있다. 그런데 이 부분이 남아있지 않다.

필사본 『경주이씨세적보유(慶州李氏世蹟補遺)』 천·지·인(天·地·人) 3책을 편술할 당시의 저본으로 사용했을 구고(舊考)의 기록엔 위의 작품들이 남아있었던 것으로 사료되는데, 지금 그 행방은 알 수 없으며, 이필영의 손자인 이종찬의 집에는 그외 다른 기록물은 없다고 한다.[26] 한글을 간간히 사용하여 수록하지 않는다는 선자(選者)의 한문작품 중심의 선집원칙 때문에, 국문시가(國文詩歌) 작품이 공간(公刊)되지 못하고 인멸의 길로 가게된 것이다. 그러했던 당시의 보편적인 분위기를 이해할 수는 있다하더라도, 매우 애석한 일이다.[27]

---

26) 필자가 1996년 6월 16일 충주에 거주하는 서계(西溪)의 후손인 이종찬씨의 거처를 찾아가서 선조들이 남긴 또 다른 국문시가작품의 존재에 대해 문의했다. 이종찬은 이미 「풍계육가」와 「산민육가」를 연구자료로 제공하여 임형택교수가 소개한 바, 자신도 관심을 가지고 다른 작품의 여부를 조사해봤으나, 자신이 소장한 문헌에는 「풍계육가」와 「산민육가」이외 다른 국문시가는 없다한다. 그가 소장하고 있는 문헌은 「풍계육가」와 「산민육가」를 기록한 『경주이씨세적보유(慶州李氏世蹟補遺)』 3책(冊)과 이필영(李苾榮)의 문집인 『서운재집(西雲齋集)』 그리고 족보류였다. 필자가 그의 서가에 꽂혀있는 다른 책을 열람해보았으나, 이홍유의 새로운 국문시가는 없었다. 다음 두 책에도 이홍유의 작품이 수록되어 있지 않다. 정병욱, 『시조문학사전』, 신구문화사, 1979. 박을수, 『한국시조대사전』, 아세아문화사, 1992.

27) 이홍유의 「산민육가(山民六歌)」에 대한 본고의 내용은 이상주(李相周), 「이득윤(李得胤)과 서계육가(西溪六歌)·옥화육가(玉華六歌)의 창작연대 -「서계년보(西溪年譜)」를 통하여」-, 『한국의 경학과 한문학(죽부(竹夫) 이지형교수(李篪衡敎授) 정년퇴직 논총)』, 태학사, 1996. 李相周, 「서계선생년보(西溪先生年譜)와 「서계육가(西溪六歌)」·「옥화육가(玉華六歌)」의 창작년대(創作年代)」, 『서지학보(書誌學報)』21호, 한국서지학회, 1998. 를 참조한 것이다. 「산민육가(山民六歌)」의 원문은 임형택(林熒澤)교수께서 「17세기 전후 육가형식의 발전과 시조문학」, 『민족문학사연구』 6집, 민족문학사연구소, 1994에 소개하고 평설하였다.

5. 이홍유와 신득홍의 낙우당구곡시

앞에서 밝혔듯이 낙우당구곡(樂愚堂九曲)은 낙우당 신득치가 설정하고 각각의 명칭을 부여했다. 따라서 낙우당구곡(樂愚堂九曲)의 각각의 명칭에는 신득치의 인생관과 사상의 일면 내포돼있다고 볼 수 있다. 이런 전제하에 「경차나우당주인구곡운(敬次樂愚堂主人九曲韻)」을 분석해야할 것이다.

이홍유의 제1곡 영귀담(咏歸潭)을 보자.

源泉活水繞窓南 원 천 활 수 요 창 남	발원한 세찬 물줄기 창 남쪽을 감돌아 나가고,
雲影天光蘸碧潭 운 영 천 광 잠 벽 담	구름어린 하늘 빛 푸른 연못에 잠겼네.
尙友平生惟與點 상 우 평 생 유 여 점	평생 옛사람을 벗하노니, 나는 오직 '증점(曾點)'이니,
舞雩千載亦無慙 무 우 천 재 역 무 참	무우(舞雩)에서 노래하며 돌아오는 일, 천년이 지난 지금 나는 부끄럽지 않게 하리.

낙우당구곡중 제1곡은 영귀담(咏歸潭)이다. 읊조리며 돌아가는 못이다. 제1곡시에서는 영귀담(咏歸潭)의 자연환경과 그의 인생의 지향(志向)을 간명하게 표현했다. 시내가 흘러가다가 좀 널직한 공간이 있으면 물이 고여 있는 듯이 보이는 곳이 있다. 이런 곳을 한자(漢字)로 담(潭)이라고 부른다. 혹 소(沼)라고도 한다. 지금 영귀담은 그런 곳이다. 물이 고여 있는 물웅덩이 가에서 시(詩)를 읊조리다 돌아갈 수 있는 장소이다. 영귀담 주변의 경관을 살펴보자. 물줄기가 길게 유유히 창 남쪽으로 흘러간다. 집이 시냇가 근처에 전망이 좋은 곳에 자리잡고 있다는 것을 알 수 있다. 거기다 구름어린 하늘이 푸른 연못에 비친다. 아름다운 자연이 어우러진 이곳에서 오면 시(詩)가 절로 나오고 시(詩)를 읊조리지 않을 수가 없을 것이다. 이런 자연환경과 가까이 할 수 있는 작자는 어떤 삶을 추구하고 있는가? 그는 평소 "상우(尙友)"를 실천하며 살고 있다. 이 무슨 말인가? "상우(尙友)"[28]는 『맹자(孟子)』「만장(萬章)」하(下)에 보이는 말이다. 위대한 옛 사람(聖賢)을 숭상하여 그들이 남긴 시서(詩書)를 송독하여 그들의 진실한 삶을 파악하고, 나아가 그들이 처

---

28) 『맹자(孟子)』, 「만장(萬章)」 하(下) "우상논고지인(又尙論古之人), 송기시(頌其詩), 독기서(讀其書), 부지기인(不知其人), 가호(可乎)? 시이론기세야(是以論其世也), 시상우야(是尙友也)"

해 있는 시대의 세태를 논구하여 그들을 이해하는 것이다. 이홍유는 이런 사상을 실천하기 위해 상우당(尙友堂)이라 호(號)를 지은 것이다. 그렇다면 이홍유가 "상우(尙友)"하고자 하는 구체적인 대상은 누구인가? 바로 증석(曾晳)이다. 그는 증삼(曾參)의 아버지로 이름은 점(點)이다. 이홍유는 평생 증점(曾點)이 공자에게 허여(許與)받은 것을 생각하며 살아간다는 것이다. 즉 그런 면을 흠모하고 숭상한다는 것이다.

그러면 증점(曾點)은 어떤 의식을 가졌으며 어떻게 살았던 인물인가? 『논어(論語)』, 「선진(先進)」의 내용을 통해 알아보자. 자로(子路)·증석(曾晳)·염유(冉有)·공서화(公西華)에게 공자가 말하기를 "만일 혹 너희들을 알아주면 어떻게 하겠느냐?"고 물었다. 어떻게 쓰여지겠느냐?는 뜻이다. 세 사람은 지엽적인 정사(政事)에 관한 것에 급급했다. 그런데 증점은 다음과 같이 대답했다.

> 증점(曾點)아 너는 어떻게 하겠느냐? … "늦봄에 봄옷이 이미 만들어지면, 관을 쓴 어른 5~6명과 동자 6~7명과 함께 기수(沂水)에서 목욕하고 무우(舞雩)에서 바람을 쐬고 노래하며 돌아오겠습니다." 공자께서 감탄하시며, "나는 증점(曾點)을 허여(許與)한다." 하셨다.[29]

학문이란 인욕(人慾)을 다 버린 곳에 천리(天理)가 유행하여 곳에 따라 충만하여 조금도 결함이 없어야한다. 공자의 뜻은 노인을 편안하게 해주고, 붕우를 미덥게 해주고, 젊은이를 감싸줌에 있어서 만물로 하여금 그 본성을 이루지 않음이 없게 하는 것이었다. 사람으로서 사람답게 사람의 기본 도리를 다하는 삶의 자세를 강조한 것이다. 증점은 이것을 인지하고 정치에 실천할 의지를 가지고 있었던 것이다.

이홍유는 제1곡시에서 영귀담의 아름다운 풍경과 자신이 추구하고 있는 고아한 인품과 고결한 인생관을 함축적으로 표현했다.

다음은 신득홍이 지은 제1곡 영귀담을 보자.[30]

---

29) 『논어(論語)』, 「선진(先進)」. "점(點), 이하여(爾何如), … 모춘자(暮春者), 춘복기성(春服旣成), 관자오륙인(冠者五六人), 동자육칠인(童子六七人), 욕호기(浴乎沂), 풍호무우(風乎舞雩), 영이귀(詠而歸), 부자위연왈(夫子喟然曰), 오여점야(吾與點也)"

30) 신명휴(申命休)역주, 신범식(申範植) 정리, 『지담집(芝潭集)』, 고령신씨 지담공파종중, 1997. 신득홍(申得洪), 『지담집(芝潭集)』, 국립중앙도서관 소장. 두 종의 책을 참고하였다.

流水縈廻繞屋南 흐르는 시냇물 돌고돌아 집 남쪽을 감싸고,
유 수 영 회 요 옥 남

縠紋平處是長潭 구불구불 흐르다 평평한 곳에 기다란 못을 이루었네.
곡 문 평 처 시 장 담

詠歸自有風乎樂 노래하며 돌아오는 풍류 절로 누리니,
영 귀 자 유 풍 호 락

眞趣何須點也慚 참된 정취 어찌 증점(曾點)에게 부끄러울꼬?
진 취 하 수 점 야 참

제1곡 영귀담의 자연풍광을 살펴보자. 시냇물이 집 남쪽을 감싸안고 흐르는데, 구불구불 평평한 곳으로 흘러가다가 못을 이루었다. '영귀(咏歸)'라는 용어에는 신득치의 인생관이 담겨있다. '영귀'는 『논어(論語)』, 「선진(先進)」의 내용에서 따왔다. 신득홍은 제3~4구에서 "노래하며 돌아오는 풍류 절로 누리니, 참된 정취 어찌 증점(曾點)에게 부끄러울꼬?"라고 읊었다. 이렇듯 신득홍은 '영귀담'이라는 제1곡의 명칭에서 바로 자신의 위의 형 신득치의 고아한 인품과 고결한 처세관을 의탁했다는 점을 인지하고 그를 예찬했다.

이홍유의 제2곡 해당안(海棠岸)이다.

花仙[31]醉笑長潭畔 화선(花仙)이 긴 연못가에서 술취해 웃고,
화 선 취 소 장 담 반

浛露梳風照兩岸 이슬 머금은 빗겨부는 바람(소풍 梳風)이 양 언덕에 들이치네.
흡 로 소 풍 조 양 안

不待金盤薦玉堂[32] 금쟁반을 옥당(玉堂)에 바치는 것을 기다리지 않고,
부 대 금 반 천 옥 당

隨緣作伴江湖散 따라가서 벗을 짝하여 강호(江湖)에 흩어지노라.
수 연 작 반 강 호 산

제2곡은 해당안(海棠岸) 즉 해당화가 피어있는 언덕이다. 제1구의 화선(花仙)은 해당화를 달리 부르는 말이다. 해당화는 꽃중에 신선이다. 신선같이 고고하고 우아한 꽃이라는 뜻이다. 이홍유는 "화선이 긴 연못가에서 술이 취해 웃는다."고 표현했다. 술이 취하면 얼굴이 볼그레하다. 해당화의 꽃 색깔이 분홍색이다. 그래서 분홍꽃 해당화의 꽃빛을 술 취해 웃는다고 표현한 것이다. 매우 적합한 비유다. 이런 표현은 다음의 표현과 유사점이 있다. 서거정(徐居

---

31) 화선(花仙): 해당화(海棠花)의 미칭. 해당화(海棠花)는 장미과 낙엽 아교목(亞喬木) 속칭 대찔레꽃이라 부른다. 장미꽃 모양의 분홍빛 꽃이 피며, 가지에 매우 작고 가는 가시가 조밀하게 나 있다.

32) 옥당(玉堂): 학자가 거처하는 곳. 관서(官署)의 이름. 한대(漢代) 시중유옥당(侍中有玉堂) 송대 한림원(宋代 翰林院)을 칭함. 홍문관(弘文館)을 칭함. 신선이 거처하는 곳을 뜻하기도 함.

正)의 『동인시화(東人詩話)』 41항에 "동파(東坡)가 해당화(海棠花)를 읊기를 '미인이 술 마신듯 빰이 불그레해지고(朱脣得酒暈生臉)"[33]라고 했다.' 이 시(詩)의 제목을 확인하려고 했으나, 『소동파전집(蘇東坡全集)』의 시를 다 읽어볼 여력이 없어서 아직 찾아내지 못했다. 「해당(海棠)」이라는 제목의 시가 있으나 이 시에 있는 시구는 아니다. 홍명희는 소설 『임꺽정』에서 "웃는 듯한 분홍빛"이라 했다. 이홍유와 홍명희의 표현이 소식(蘇軾)의 표현과 유사한 면이 있는데, 일부러 모방하려고 한 것은 아니고 우연히 그렇게 되었을 것이다. 인간의 감정은 비슷하여 동일한 사유를 할 수 있는 능력 즉 동일사유력(同一思惟力)을 가지고 있다. 표현해야할 언어문자는 한정돼있고 표현법도 한정되어 있으니 유사하게 표현하는 것은 있을 수 있는 일이다. 그래서 만유인력이라는 자연에 실존해있는 법칙도 뉴턴이 먼저 과학적으로 규명하여 뉴턴의 법칙이하고 하는 것이다. 이런 사례로 보아 이제껏 남이 규명하지 못한 규칙을 발견하거나 새로운 문학작품을 발견하면 먼저 논문을 작성하서나 기록을 해서 공간해야 그 업적을 인정받을 수 있다는 사실을 실감할 수 있다. 필자는 1979년 대학졸업논문을 준비하면서 이런 점을 실감했다. 그래서 필자는 그 느낌을 「동일사유론과 기록의 중요성」[34]이라는 글로 정리했다.

해당화는 흔한 듯하면서 많은 사람들의 사랑을 받는다. 그 꽃이 화사하고 청초하다. 이 해당화가 술에 취해서 연못가에서 웃고 있다. 이슬을 머금고 빗겨가는 바람이 해당화 만발한 언덕에 비친다. 해당화의 꽃 색깔은 선홍색이다. 가랑비에 젖어 함초롬히 피어나는 분홍빛 해당화를 상상해보라. 분홍빛이 더욱 선명해지고 청초함이 고조된다. 제3구에서 "금쟁반을 옥당(玉堂)에 바치는 것을 기다리지 않고,"라 했다. 고귀한 대우를 바라지 않는다는 의미가 담긴 것 같다. 그래서 물위에 떠간다. 그것도 포르라니 맑은 물위에 서서히 맴돌며 흘러간다. 여러 송이가 함께. 여기서 이홍유는 자신의 삶을 비유한 것이라 여겨진다. 신선같은 모습으로 탐욕부리지 않고 강호자연에서 신선같은 친구들과 유유히 살겠는 의지를 가탁한 것이리라.

다음은 신득홍이 지은 제2곡 해당안(海棠[35]岸)이다.

---

33) 『古文眞寶』 前集 제6권, 「七言古風 長篇 定慧院海棠」.

34) 충청일보 2011.06.12 16:22:00

35) 해당화(海棠花): 장미과 낙엽 아교목(亞喬木) 속칭 대찔레꽃이라 부른다. 장미꽃 모양의 분홍빛 꽃이 피며, 가지에 매우 작고 가는 가시가 조밀하게 나있다. 미칭(美稱)으로 화선(花仙)이라고 한다.

棠花新種清溪畔 해당화 맑은 시냇가에 새로 심으니,
당 화 신 종 청 계 반

半倒波心半在岸 반은 물속에 거꾸로 반은 언덕에 있네.
반 도 파 심 반 재 안

昨夜山翁酒初熟 어제 밤 산옹집에 처음 익은 술,
작 야 산 옹 주 초 숙

狂風莫攬殘紅散 광풍은 흩어진 남은 꽃송이 쓸어가지 말라.
광 풍 막 람 잔 홍 산

제1~2구를 통해 신득치가 맑은 시냇가에 해당화를 심었는데, 거의 물가 가까이 심었다는 사실을 알 수 있다. 제3~4구에 "어제 밤 산옹집에 처음 익은 술, 광풍은 흩어진 남은 꽃송이 쓸어가지 말라."라 했다. 제4구의 표현서술기법은 이백(李白)의 「장진주(將進酒)」의 "인생득의수진환(人生得意須盡歡), 막사금준공대월(莫使金尊空對月) 즉 "인생에서 뜻을 얻었을 때 모름지기 한껏 즐기어, 금 술잔이 저 달을 헛되이 대하도록 하지 말라."의 표현수법을 모방했다. 내용을 바꿔 표현수법을 모방했으니 환골탈태(換骨奪胎)중에서 탈태(奪胎)에 해당한다. 또한 다음 시를 염두한 표현인 듯하다.

해당화를 화선(花仙) 즉 꽃 중에 신선이라고 한다. 신선같이 고고하고 우아한 꽃이라는 뜻이다 술을 마시면 얼굴이 빨개진다. 빨개진 얼굴과 해당화 꽃잎의 빨간 색깔이 서로 조화를 이룬다. 신득홍은 이런 분위기를 연상하고 해당안의 정경을 선취화(仙趣化)했다. 해당화를 선녀로 상상하고 신선의 세계같은 강호자연에서 신선같은 친구들과 유유자적하며 살겠는 의지를 가탁한 것이리라.

이홍유가 지은 제3곡 산송대(傘松臺)이다.

昂藏老幹自徂徠 치켜 뻗은 묵은 줄기 제멋대로 일렁일렁,
앙 장 노 간 자 조 래

故向溪邊掩石臺 짐짓 시냇가를 향해 돌돈대를 가리웠네.
고 향 계 변 엄 석 대

爲愛[虬]枝盤作傘 좋도다, 규룡같은 가지 쟁반같은 우산되어,
위 애 규 지 반 작 산

炎天引得晩凉來 무더운 여름에도 저녁 때 같이 서늘하게 해주니.
염 천 인 득 만 량 래

제3곡은 산송대(傘松臺)이다. 가지가 일산(日傘) 즉 우산(雨傘)처럼 넓적하게 퍼져있는 소나무가 나있는 곳이다. 이 소나무는 오래된 나무이다. 치켜 뻗은

은 줄기와 늘어진 가지가 제멋대로 일렁인다. 시냇가에 있는 돌로 이루어진 돈대를 가리고 있다. 소나무는 규룡이 엉겨있는 듯하며, 쟁반처럼 둥글 넙적하게 하늘을 가리고 있다. 그래서 시원한 그늘을 지게 한다. 이 그늘은 저녁나절에 그늘져 서늘한 것처럼 한 여름에도 시원하게 해준다. 더욱이 이곳은 시냇가로 강바람이 시원하게 불어온다. 그러니 더욱 시원할 수밖에 없다. 그러니 무더운 여름에도 더위를 식히면 음풍농월할 수 있을 것이다. 소나무는 십장생(十長生)의 하나이다. 소나무는 오래 살고 그 잎이 항상 푸르러 장수와 절조로 비유된다. 이홍유는 산송대에 서있는 낙락장송이 주는 아름다움과 이로움을 예찬했다. 그 이면에는 소나무가 그늘을 만들어 서늘함을 제공하듯이, 산송대 근처에서 유유자적하는 신득치의 덕화가 많은 사람들에게 돌아가기를 비는 뜻을 담은 것이리라. 또한 신득치의 장수를 빌며 아울러 신득치의 절개를 예찬하고 있는 속뜻이 담겼으리라.

신득홍이 지은 제3곡 산송대(傘松臺)를 살펴보자.

龍鐘翠幹自此徠 용 종 취 간 자 차 래	용종(龍鐘)한 푸른 줄기는 이로부터 생겨나고,
歲暮心期託此臺 세 모 심 기 탁 차 대	연말에 이 대에 올 것을 마음으로 기약하네.
爲愛童童浦上蓋 위 애 동 동 포 상 개	물가에 동동 뒤 덮은 가지 좋고
杖藜清曉獨吟來 장 려 청 효 독 음 래	청아한 새벽 청려장 짚고 홀로 읊조리며 오네.

신득홍은 제2구에서 용종한 즉 연약한 푸른 줄기 소나무 가지에서 나온다고 했다. 제2구에서 "연말에 이 대에 올 것을 마음으로 기약하네."라고 했다. 이 시구는 이미 다음의 문구를 숙지 응용한 표현이다. 『논어(論語)』, 「자한(子罕)」에 "세한연후(歲寒然後), 지송백지후조야(知松柏之後凋也)"라는 문구가 있다. 즉 "날씨가 추워진 다음에야 송백이 뒤늦게 시든다는 것을 알 수가 있다."는 공자의 말이다. 한 겨울에도 시들지 않는 모습을 불변의 절개의 상징으로 보았다.

제3구에 "물가에 동동 뒤 덮은 가지 좋고"라 했는데 산송대에 서있는 낙락장송이 주는 아름다움과 이로움을 예찬했다. 제4구에 "청아한 새벽 청려장 짚고 홀로 읊조리며 오네."라 했다. 1년생 잡초인 명아주의 대로 만든 지팡이를 말한다. 청려장은 학문연구 진리탐구에 대한 격려 보답[36]과 장수의 상징으로 쓴다.

이홍유가 지은 제4곡 태고재(太古齋)를 보기로 하자.

數疊青山碧水涯 수 첩 청 산 벽 수 애	몇 겹으로 싸인 청산은 푸른 물가에 솟아있고,
短椽蕭灑一茅齋 단 연 소 쇄 일 모 재	짧은 석가래에 산뜻한 한 채의 모옥.
高臥北窓心太古 고 와 북 창 심 태 고	고고하게 북쪽 창가에 누우니 태고의 마음이며,
清風明月滿庭堦 청 풍 명 월 만 정 계	맑은 바람과 밝은 달빛이 뜨락에 가득하네.

4곡은 태고재(太古齋)이다. 청산이 푸른 물가에 솟아있는 곳이다. 이른 바 녹수청산(綠水青山)이다. 모두가 청초하고 청정한 느낌을 준다. 이곳에 짧은 석가래로 산뜻한 모옥을 지었다. 요즘 우리는 오염된 자연환경 속에서 살아가고 있다. 예전에는 환경오염이란 말을 사용하지 않았을 것이다. 자연은 일정한 한도 내에서는 자정능력(自淨能力)에 의해 스스로 정화가 가능하다. 그러나 지금은 자정능력의 한계를 초과한 상태이다. 그러나 당시는 청정지대였다. 청정지역에서 고고하게 북쪽 창가에 누우면 이내 태고심(太古心)이 된다. 순수자연의 마음이 되는 것이다. 청풍명월(淸風明月)이 뜨락에 가득하다. 청풍명월(淸風明月)하면 상투적으로 연상되는 구절이 있다. 황정견(黃庭堅)이 주돈이(周敦頤)의 인품을 예찬한 말 가운데, "청신쇄락(淸新灑落), 여광풍제월(如光風霽月)"이란 말이 있다. "가슴속과 마음이 상쾌하고 시원하기가, 비온 뒤에 부는 바람과 비 개인 뒤에 떠오르는 달과 같다."이다. 충북 괴산군 칠성면 갈론리의 갈은구곡(葛隱九曲) 제2곡인 강선대(降僊臺)에도 쇄락(灑落)이란 말이 보인다. 그런가하면 충북 괴산군 괴산읍 제월리 유근(柳根)의 고산구곡(孤山九曲) 암반에 '제월대(霽月臺)'라 음각한 사례도 있다. 여기서 이홍유는 자신이 지향하는 인격의 목표점과 아울러 신득치의 인품을 비유적으로 표현했다고 보아도 될 것이다.

신득홍의 제4곡 태고재(太古齋)를 살펴보자.

---

36) 한 성제(漢成帝) 말년에 유향(劉向)이 천록각(天祿閣)에서 교서(校書)의 직책을 수행하면서 매일 밤늦게까지 연구에 몰두하였는데, 어느 날 밤 태을지정(太乙之精)을 자처하는 황의를 입은 노인(黃衣老人)이 나타나 청려장(青藜杖) 지팡이 끝에 불을 붙여 방 안을 환히 밝힌 다음 『홍범오행(洪範五行)』 등 고대의 글을 전수해 주고 사라졌다는 전설이 전한다. 『습유기(拾遺記)』 권 6.

閑中何必問生涯　한가한 가운데 하필 삶에 대해 물을꼬?
한 중 하 필 문 생 애
十畝澄潭擁小齋　열이랑 맑은 못 작은 집을 안고 있네.
십 무 징 담 옹 소 재
遠慕放勳時世事　멀리 요임금시대의 세상사[37] 흠모하며,
원 모 방 훈 시 세 사
茅茨不剪土爲階　띠풀을 자르지 않고 흙을 계단으로 삼네.
모 자 부 전 토 위 계

제1구에서 "한가한 가운데 하필 삶에 대해 물을꼬?"라고 반문한다. 물어볼 필요가 없다는 말이다. 이유는 간단하다. 풍광 좋은 자연 속에 집을 짓고, 인간 본연의 마음을 지니고 살기 때문이다. 나아가 욕심없이 살기 때문이다. 이런 의식은 제3구의 내용을 통해서 알 수 있다. 방훈(放勳)[38]은 요임금의 이름이다. 요임금 시대 요임금이 정치를 잘 해서 백성들이 「격양가」를 부르며 살았다. 『주역』, 「계사전(繫辭傳)」 하(下)에 "황제요순, 수의상이천하치, 개취제건곤(黃帝堯舜, 垂衣裳而天下治, 蓋取諸乾坤)" 즉 "황제와 요·순 등 제왕이 의상을 늘어뜨리고 편히 앉아 있었는데도 천하가 잘 다스려졌으니, 이는 천지자연의 법도를 취했기 때문이다."라는 말이 나온다.

제4구 "띠풀을 자르지 않고 흙을 계단으로 삼네."라고 읊었다. 요순이, 지붕에 인 띠는 가지런히 자르지도 않고, 계단은 흙으로 삼등(三等)만 쌓았다는 데서 온 말로, 매우 검소했음을 뜻한다.

이홍유의 제5곡 관덕정(觀德亭)을 보기로 하자.

槐柳濃陰暗小亭　느티나무 버드나무 짙은 녹음 속에 작은 정자,
괴 류 농 음 암 소 정
命名觀德構茲亭　관덕정이라 이름 지어 이 정자를 지었네.
명 명 관 덕 구 자 정

37) 『논형(論衡)』, 「예증(藝增)」에, "나이 50이 된 어떤 사람이 길에서 노래를 부르고 있었는데, 이를 본 사람이 말하기를, '위대하도다, 요 임금의 덕이여.' 하자, 땅을 두드리면서 노래를 하고 있던 사람이 말하기를, '일출이작, 일입이식, 착정이음, 경전이식, 제력어아하유재(日出而作, 日入而息, 鑿井而飮, 耕田而食, 帝力於我何有哉' 즉 '나는 해가 뜨면 일을 하고 해가 지면 쉬면서 우물을 파서 물을 마시고 밭을 갈아서 밥 먹을 뿐이니, 임금님의 힘이 도대체 나에게 무슨 상관이랴. 하였다."라는 말이 나온다.

38) 『사기』 권1 오제본기(五帝本紀)에 "제요자방훈, 기인여천, 기지여신, 취지여일, 망지여운(帝堯者放勳, 其仁如天, 其知如神, 就之如日, 望之如雲)" 즉 "제요란 분은 이름이 방훈이니, 그 인덕(仁德)은 하늘과 같았고, 그 지혜는 신과 같았으며, 가까이 나아가 보면 따스한 햇볕과 같았고, 멀리서 바라보면 촉촉이 비를 내려 주는 구름 같았다."라는 말이 나온다.

日任張帿爭勝負 날마다 과녁을 설치하고 승부를 겨루는데,
일임장후쟁승부

弓如圓月矢如星 활은 둥근 달이요 화살은 별과 같네.
궁여원월시여성

제5곡 관덕정(觀德亭)이다. 덕(德)에 도달할 수 있는 경지내지는 덕(德)을 함양할 수 있는 자세를 살펴볼 수 있는 정자이다. 이곳은 활터이다. 느티나무와 버드나무의 녹음이 짙은 곳에 자리를 잡고 있다. 날마다 과녁을 설치하고 활쏘기를 한다. 활쏘기는 육예(六藝)[39]의 하나이다. 군자(君子)의 필수 덕목의 하나이다. 군자는 문무를 겸비해야하며, 군자(君子)는 불기(不器)해야한다.[40] 즉 그릇처럼 한 가지 용도에 쓰여서는 안 되며, 다방면에 능통해야한다는 뜻이다. 이렇게 함으로써 진정한 군자로서 선비로서의 품격을 갖추게 되는 것이다. 문무를 겸비하고 있어야, 만약 일을 해야할 때를 만나면 입공(立功)할 수도 있으며 입덕(立德)할 수도 있는 것이다.

입덕(立德)은 삼불후(三不朽)의 하나이다. 이 삼불후(三不朽)는 『좌전(左傳)』 양공(襄公) 24년조[41]에 보이는 말로 입덕(立德)·입공(立功)·입언(立言)을 가리킨다. 활쏘기를 하며 육예를 닦아 군자의 품격을 구비하고 덕성을 함양하는 것이다.

관덕(觀德)이란 용어는 『예기(禮記)』에서 원용한 것이다.

> 그래서 활을 쏘는 사람은 전진·후퇴·좌우이동을 논하지 않고 반드시 예에 맞게해야하니, 안으로는 뜻을 바르게 하고 밖으로는 몸을 곧게 한 연후에 활과 화살을 잘 살펴보고 굳게 잡아야하며, 활과 화살을 잘 살펴보고 굳게 잡은 연후에, 사중목표(射中目標)에 올랐다고 말할 수 있으니, 이는 개인의 그 덕행을 살펴볼 수 있는 것이다. … 일절(一節)[42]로 하는데 있어서 천자(天子)는 추우(騶虞)[43]를 일절(一節)로 삼고, … 그래서 각각 그 일절(一節)로 삼는 뜻을 명

---

39) 육예(六藝) : 선비들이 배워야 할 여섯 가지의 기예(技藝) 즉 예(禮)·악(樂)의 문장. 사(射)·어(御)·서(書)·수(數)의 방법. 『논어(論語)』, 「술이(述而)」. "자왈(子曰) 지어도(志於道), 거어덕(據於德), 의어인(依於仁), 유어예(遊於藝)"

40) 『논어(論語)』, 「위정(爲政)」. 군자불기(君子不器) 이문건(李文楗)저, 이상주(李相周)역주, 『양아록(養兒錄)』, 태학사, 1997. 48~50면. 75~82면. 「마마를 앓아서(行疫嘆)」에서도 이문건(李文楗)은 손자 이수봉(李守封)에게 군자(君子)의 기품을 함양하기를 요망했다.

41) "대상유입덕(大上有立德), 기차유입공(其次有立功), 기차유립언(其次有立言) 수구불폐(雖久不廢), 차지위불후(此之謂不朽)"

42) 노래 한 곡이 끝나는 시간을 일절(一節)이라 하는데, 활을 쏠 때는 일절(一節)의 시간차를 두고 쏘아야함.

> 백히 하여 그 하는 일을 실패하지 않으면 즉 공을 이루어 덕행을 세울 수 있으며, 덕행을 세우면 즉 포악한 난(亂)의 화(禍)가 없을 것이다. 공(功)을 이루면 즉 나라가 편안할 것이다. 그래서 활을 쏘는 예는 덕행의 고상한 여부(盛德)를 살펴볼 수 있는 것이다.[44]

활쏘기 할 때 활터에서 실천해야할 예의범절을 알 수 있다. 선인들은 활쏘기에 임하는 자세를, 군자의 덕성을 수련하는 한 과정으로 삼았다. 군자의 덕을 향해 힘차게 활을 당기는 모습이 삼삼히 다가온다. 제4구를 보자. 활을 둥근 달에 비유했다. 활시위를 최대한 당겨 활이 둥그렇게 된 모양을 형용한 것이다. 그렇게 힘차게 당길 수 있는 힘이 있다. 화살은 별이다. 화살이 빠르게 날아가 별이 반짝이듯 보이는 모습을 비유적으로 표현한 것이다. 여기 관덕정에서 이들은 활쏘기를 하면 군자로서 심신을 수련했던 것이다. 군자는 학문과 인품을 겸비하여 남의 사표가 될 만한 인물을 말한다. 그 옛날 관덕정에서 활쏘기 하던 선인들의 기상과 정신을 본받을 수 있는 군자들이 이 시대에도 많이 출현하기를 소망해본다.

신득홍의 제5곡은 관덕정(觀德亭)이다.

垂柳陰中敝小庭 수 류 음 중 폐 소 정	늘어진 버드나무 그늘 작은 뜰을 덮고,
主人觀德此爲亭 주 인 관 덕 차 위 정	주인은 덕을 중시하여 정자 이름으로 삼았네.
長風欲捲秋雲幅 장 풍 욕 권 추 운 폭	오래도록 부는 바람은 가을 구름을 한 폭 말아 올리고,
明月初彎半落星 명 월 초 만 반 낙 성	밝은 달은 지는 별 사이로 처음 구부러졌네.

제1~2구를 읽어보자. 작은 앞마당을 버드나무그늘이 덮었다. 덕이 세상을 덮기를 바라는 마음을 그렇게 피력했으리라. 활쏘기는 육예(六藝)의 하나이자, 군자(君子)가 구비해야할 필수 덕목의 하나이다. 군자는 문무를 겸비해야

---

43) 추우(騶虞) : 『시경(詩經)』「소남(召南)」의 편명(篇名)

44) 『예기(禮記)』, 「사의(射義)」. "고사자(故射者), 진퇴주환필중예(進退周還必中禮), 내지정(內志正), 외체직(外體直), 연후지궁시심고(然後持弓矢審固), 지궁시심고(持弓矢審固), 연후가이언중(然後可以言中), 차가이관덕행의(此可以觀德行矣) … 기절(其節), 천자이추우위절(天子以騶虞爲節) … 고명호기절지지(故明乎其節之志), 이불실기사(以不失其事), 즉공성이덕행립(則功成而德行立), 덕행입즉무폭란지화의(德行立則無暴亂之禍矣) 공성즉국안(功成則國安) 고사자(故射者), 소이관성덕야(所以觀盛德也)"

하며, 군자(君子)는 불기(不器)해야한다. 즉 그릇처럼 한 가지 용도에 쓰여서는 안 되며, 다방면에 능통해야한다는 뜻이다. 활쏘기를 하며 육예를 닦아 군자의 품격을 구비하고 덕성을 함양하는 것이다. 3~5-4구를 보자. 관덕정은 바람이 오래도록 불어 가을 구름을 날아가게 하는 시원한 곳이다. 그래서 달이 지도록 관덕정에서 활을 쏘며 군자의 덕성을 연마하고 있다.

관덕(觀德)이란 용어는 『예기(禮記)』에서 원용한 것이다. 활쏘기 할 때 활터에서 실천해야할 예의범절이다. 선인들은 활쏘기에 임하는 자세를 통해 군자의 덕성을 수련하는 한 과정으로 인식했다.

이홍유의 제6곡 조어기(釣魚磯)를 보자.

江深水濶鱖魚肥 강 심 수 활 궐 어 비	강이 깊고 물이 넓으니 쏘가리 살져 있고,
楓葉蘆花滿石磯 풍 엽 노 화 만 석 기	단풍잎 갈대꽃이 낚시터 돌 가에 가득하네.
可憐細雨斜風裏 가 련 세 우 사 풍 리	보기 좋도다, 바람에 가랑비 옆으로 날리는데,
簑笠漁翁坐不歸 사 립 어 옹 좌 불 귀	삿갓 쓴 고기잡이 노인 앉아서 돌아갈 줄 모르네.

제6곡은 조어기(釣魚磯)이다. 1~2구를 보자. 낚시하며 고기를 잡는 곳이다. 강이 깊고 물이 넓다. 쏘가리가 살져있다. 쏘가리는 회뿐만 아니라 매운탕을 끓여도 일미이다. 여기에다 소주를 한 잔 곁들이는 맛은 절미이다. 그러나 작자는 이런 내용을 표현하지 않았다. 제한된 글자로 쓰는 짧은 시의 형식에 그런 내용을 표현하지 않았지만 읽는 사람의 상상력에 맡긴 것이다. 전에 이곳은 쏘가리 매운탕에 소주 맛 당기게 하는 곳이었으리라. 지금에야 황소가리는 천연기념물로 지정되어 보호받고 있어 마음대로 잡을 수 없지만 말이다. 3~4구를 보자. 주위엔 단풍잎이 휘날리고 갈대가 나부낀다. 가을정취의 절정이요, 가을 운취의 극치이다. 거기다 가랑비가 나리고 바람도 비겨 분다. 그 속에 삿갓 쓴 노인이 고기잡느라 돌아갈 줄 모른다. 그는 고기잡이에 몰두한 것이 아니리라. 자연의 절경에 빠져 돌아갈 줄 모르고 있는 것이리라. 자연과 자신이 하나가 되는 물아일치(物我一致)의 경지에서 몰아(沒我)의 경지로 들어간 것이다. 제4구는 장지화(張志和)의 「어부가(漁父歌)」를 염두한 표현이다. "서쪽 변방 산 앞에 백로가 날고, 복사꽃 흐르는 곳에 쏘가리가 살져있네. 파란 삿갓 푸른 도롱이, 비겨 부는 부람 가랑비에 돌아가지 않네"[45] 고기 잡는 즐

거움을 그린 한 폭의 그림이다. 앞의 장지화(張志和)의 시는 중국 주(周)나라 문왕(文王) 때 띠풀 위에 앉아 낚시를 드리우고 있던 여상(呂尙)를 마차에 태우고 돌아와 태공망(太公望)이라 존칭해준 고사를 시로 쓴 것이다. 이 제6곡시에는 삿갓 쓴 노인의 인품과 경륜이 여상(呂尙)에게 비길 만하다는 뜻을 담아놓고 있는 것이다. 삿갓 쓴 고기잡이 노인은 이홍유 자신의 자화상(自畵像)일 수 있다. 또한 신득치의 실상(實像)일 수 있다.

신득홍의 제6곡은 조어기(釣魚磯)다.

桃花流水鯽魚肥 도 화 유 수 붕 어 비	복숭아꽃 흐르고 붕어는 살쪘는데,
終日水綸坐釣磯 종 일 수 륜 좌 조 기	하루 종일 낚시터에 앉아 물에 낚시줄 늘이네.
溪雨欲晴波浪息 계 우 욕 청 파 랑 식	시냇가 비 개려 하고 물결은 그치는데,
不訪乘月夜深歸 불 방 승 월 야 심 귀	달빛 타고 찾아가지 않고 밤 깊어 돌아가네.

제1구는 도연명의 「도화원기(桃花源記)」를 상상하고 지은 것이다. 진(晉)나라 때 무릉(武陵)의 한 어부가 복사꽃이 흘러 내려오는 물길을 따라 거슬러 올라갔다가 진(秦)나라의 난리를 피해 들어온 사람들을 만났다. 그런데 그곳은 선경(仙境)이라서 바깥세상의 변천과 세월의 흐름도 잊고 살았다는 내용이다.[46] 2구는 엄광(嚴光)을 의식한 표현이다. 동한(東漢)의 은자(隱者)인 엄광(嚴光)의 자(字)는 자릉(子陵)이다. 엄광은 한나라 광무제(光武帝)와 동학(同學)한 사이였는데, 광무제가 황제가 된 뒤에 성명(姓名)을 바꾸고 숨어 살았다. 광무제가 엄광을 찾아내어 조정으로 불렀으나 오지 않다가 세 번을 부른 다음에야 겨우 나왔다. 광무제와 엄광이 함께 잠을 자던 중에 엄광이 광무제의 배에 다리를 올려놓았다. 그다음 날 태사(太史)가 아뢰기를, "객성이 어좌(御座)를 범하였습니다." 하니, 광무제가 웃으면서, "짐이 옛 친구인 엄자릉과 함께 잤을 뿐이다." 하였다. 그 뒤 광무제가 조정에 머물러 있기를 권하였으나, 엄광은 절강성(浙江省)에 있는 부춘산(富春山)으로 들어가 엄릉뢰(嚴

45) 원행패(袁行霈)저, 칠인(七人)공역, 『중국시가예술연구(中國詩歌藝術硏究)』, 아세아문화사, 1990, 38면. 재인용. "서색산전백로비(西塞山前白鷺飛), 도화류수궐어비(桃花流水鱖魚肥) 청약입록사의(靑箬笠綠簑衣), 사풍세우불수귀(斜風細雨不須歸)"

46) 진(晉)나라 도잠(陶潛)의 『도연명집(陶淵明集)』 6권, 「도화원기(桃花源記)」에 나와 있다.

陵瀨)라는 물가에서 낚시질을 하며 지냈다.[47]

3~4구를 보자. 4구는 광풍제월을 의식한 표현이다. 인품이 비 개인 뒤 떠오르는 달처럼 고결하기를 바라는 마음을 의탁한 것이다. 그는 달빛에 취해 늦게 돌아갔다.

이홍유의 제7곡 계주포(繫舟浦)를 보자.

崇朝[48]倚醉煙霞塢 (숭조 의취연하오) 아침에 안개노을 어린 언덕에 술 취해 있는데,

薄晩[49]維舟楊柳浦 (박만 유주양유포) 어슴푸레한 저녁 때 오직 배가 버드나무 우거진 나루에 매어있네.

長波不盡碧悠悠 (장파부진벽유유) 긴 물결 끝없이 푸르게 유유히 흐르는데,

獨立蒼茫咏漁父 (독립창망영어부) 넓고 푸른 곳에 호젓하게 서서 어부사(漁父辭)를 읊조리네.

제7곡은 계주포(繫舟浦)이다. 배를 매두는 나루이다. “어슴푸레한 저녁 때 오직 배가 버드나무 우거진 나루에 매어있네.” 왜 하필이면 버드나무인가? 버드나무는 물을 좋아하는 나무이기 때문에 개울가에서 더욱 잘 자란다. 아마 버드나무는 도연명(陶淵明)의 「오류선생전(五柳先生傳)」에 보이는 버드나무를 의식한 것이리라. 도연명은 집 옆에 버드나무 다섯 그루가 있어서 호(號)를 그렇게 삼았다. 한적하고 조용한 곳에서 살며, 말이 적었으며 명예나 실리를 바라지 않았다. 항상 문장을 지으며 스스로 즐기면서 자못 자신의 뜻을 나타내려 했다. 득(得)과 실(實)에 대한 생각을 잊고서 이런 상태로 자신의 일생을 마치려했다. 빈천을 두려워하지 않고 부귀에 급급해하지 않았다. 이렇듯 도연명은 자신의 인생관을 객관적으로 전(傳)의 형식을 빌려 표현했다. 버드나무를 바라보며 이홍유도 이런 생각을 하고 있었을 것이다.

이홍유는 맑고 넓은 물을 바라보며 「어부사(漁父辭)」를 읊는다. 「어부사(漁父辭)」는 굴원(屈原)[50]의 작품으로, 그 한 대목을 소개한다. “어찌 결백한 몸

---

47) 『후한서(後漢書)』권83, 「일민열전(逸民列傳) · 엄광(嚴光)」

48) 숭조(崇朝) : 새벽부터 조반들 때까지의 아침.

49) 박만(薄晩) : 어슴푸레한 저녁 때. 박모(薄暮): 해가 장차 넘어가려고 할 때.

50) 굴원(屈原)은 전국시(戰國時) 초(楚)나라 사람. 이름은 평(平) 자(字)는 원(原) 치란지도(治亂之道)에 밝아 삼려대부(三閭大夫)가 되었으나, 간신들의 참소(讒訴)로 왕으로 부터 멀어지게 되었다. 그러자 「이소(離騷)」를 지어 울분을 풀었다. 그 후 양왕(襄王)때 유배되어 「어부사(漁父

으로 사물의 더러운 것을 받아드릴 수 있겠는가? 차라리 상강(湘江)에 나가서 물고기의 뱃속에 장사지내지, 어찌 결백한 몸으로 세속의 티끌을 뒤집어 쓸 수 있겠는가?"[51] 굴원(屈原)의 말이다. 이 말은 세속의 부정과 비리에 오염되지 않고 고결하게 살아가는 인생관을 표명한 것이다. 이것이 바로 이홍유가 추구하는 인생관의 일면인 것이다. 시(詩)를 일컬어 음풍농월(吟風弄月)이라 했다. 인간은 자연을 통해 인간을 관조한다. 또 자연에 인생을 비유하기도 한다. 이렇듯 자연사물에 인생의 의미를 의탁하여 표현하는 수법을 이른 바 탁물우의(托物寓意)라 한다. 즉 자연을 읊으면서 거기에 인간이 말하고자 하는 뜻을 담기도 했다. 고구려 유리왕의 「황조가(黃鳥歌)」도 그렇다. 이홍유도 지금 녹수(綠水)를 바라보며 「어부사(漁父辭)」를 통해 자신의 심회를 의탁하고 있다.

신득홍의 제7곡 계주포(繫舟浦)이다.

淸江一曲圍村塢 청 강 일 곡 위 촌 오	맑은 강물 한 줄기 시골언덕을 둘러싸고,
小艇晩泊蘆花浦 소 정 만 박 로 화 포	작은 배 갈대 핀 나루에 늦게 대네.
月笛煙莎自在閒 월 적 연 사 자 재 한	안개 낀 사초 달빛 아래 피리 불며 스스로 한가한데,
誰識潘溪有漁父 수 식 반 계 유 어 부	누가 알랴, 반계에 어부가 있는 줄을.

시골 언덕을 맑은 강 한 줄기가 둘러싼 곳이다. 갈대꽃이 핀 그 나루에 작은 배를 댄다. 안개 자욱한 잔디밭 달빛 아래서 한가롭게 피리를 분다. 거기 한적하게 낚시하는 사람이 있다. 제4구에서 강태공(姜太公)의 고사를 참고했다. 강태공(姜太公) 즉 여상(呂尙)은 위수(渭水) 물가의 반계(磻溪)에서 낚시질하다가 문왕(文王)을 처음 만나 사부(師傅)로 추대되었으며, 뒤에 문왕의 아들인 무왕(武王)을 도와서 은나라를 멸망시키고 천하를 평정하였다. 신득치는 강태공 여상의 삶의 방식을 동경하고 그런 의지를 제7곡의 명칭으로 삼았다. 신득홍은 신득치의 이런 의취를 시에 표출했다.

辭)」를 짓고 멱라수(汨羅水)에 몸을 던졌다.

51) 굴원(屈原), 「어부사(漁父辭)」. "안이신지찰찰(安以身之察察), 수물지문문자호(受物之汶汶者乎)? 영부상류(寧赴湘流), 장어강어지복중(葬於江魚之腹中), 안능이호호지백(安能以皓皓之白), 이몽세속지진애호(而蒙世俗之塵埃乎)?"

이홍유의 제8곡 방초주(芳草洲)를 보기로 한다.

好趂春風恣意遊 좋아하노니, 봄바람 따라 맘 내키는 대로 놀며,
호 진 춘 풍 자 의 유

綠如茵處對芳洲 푸른 풀이 자리처럼 자란 모래톱에 나가기를.
녹 여 인 처 대 방 주

耽看日日行來遠 날마다 즐겁게 바라보려고 멀리까지 왕래하니,
탐 간 일 일 행 래 원

莫遣王孫[52]且喚愁 왕손을 보내 근심을 또한 불러오게 하지 말라.
막 견 왕 손 차 환 수

제8곡은 방초주(芳草[53]洲)이다. 방초주(芳草洲)는 무성한 풀이 우거진 모래톱이다. 방초(芳草)는 향기로운 풀로 군자(君子)의 미덕(美德)을 비유한다. 창주(滄洲)는 물가의 땅으로 은자(隱者)가 사는 곳이다. 그러니 방초주(芳草洲)라는 제목에서부터 군자가 머무는 곳이라는 것을 천명하고 있는 것이다. 이곳에 봄바람이 살랑살랑 분다. 무성한 풀 우거진 모래톱이 눈앞에 전개된다. 풀이 적당한 크기로 잘 자라있다. 자리를 깔아놓은 듯하다. 그곳에 눕고 싶은 충동을 유발한다. 날마다 그 정경을 바라보며 오간다. 푹신푹신한 풀을 밟으며 걷는 기분이 좋다. 이 즐거움을 방해받고 싶지 않다. 오래도록 누리고 싶은 것이다. 그래서 왕손(王孫)을 부르지 말라고 한 것이다. 속세의 근심을 듣고 싶지 않은 것이다. 물외한적(物外閑寂)의 정취를 마음껏 누리고 싶은 것이다. 왕손은 귀족을 뜻하는 말이다. 여기서는 자손들이나 가족들을 높여 부르는 말로 보인다. 시인은 방초주(芳草洲)에서 군자의 풍모를 다듬으며 걸었다.

신득홍의 제8곡 방초주(芳草洲)이다.

春來無日不遨遊 봄이 오면 즐기며 놀지 않는 날이 없는데,
춘 래 무 일 불 오 유

芳草聯綿遠近洲 꽃다운 풀 멀리 가까이 모래톱에 이어지네.
방 초 연 면 원 근 주

時命小車時命酒 때로 수레 끌라 하고 때로 술을 가져오라 명하니,
시 명 소 거 시 명 주

一般幽致一般愁 한편으로 그윽한 정취 한편으론 우수에 젖네.
일 반 유 치 일 반 수

---

52) 왕손 : 귀족의 후예. 귀공자.

53) 방초(芳草): 향기로운 풀. 군자(君子)의 미덕(美德)을 비유. 『초사(楚辭)』「이소(離騷)」 십(十) 하석일지방초혜(何昔日之芳草兮), 금직위차소애야(今直爲此蕭艾也)

방초는 향기로운 풀로 군자의 미덕을 비유한다. 봄이 되면 방초주에서 매일 노닌다. 물외한적(物外閑寂)의 정취를 마음껏 누리며 군자의 풍모를 다듬는 것이다. 때로는 수레 타고 이동하고 때로는 술상차려 술을 마신다. 한편으로는 그윽한 정취에 취하지만 한편으론 우수에 젖는다. 군자라 하더라도 인생만사 초탈하려해도 일시적이나마 번뇌와 고민이 어찌 없겠는가.

이홍유의 제9곡 애련거(愛蓮渠)를 보자.

細柳陰邊一小渠 실버들 우거진 그늘 가에 하나의 작은 개울,
세 류 음 변 일 소 거

紅粧[54]翠盖[55]擁芙蕖[56] 붉은 단장하고 푸른 일산으로 연꽃을 감싸안았네
홍 장 취 개 옹 부 거

可憐植物清如許 식물의 청아함을 사랑하는 것이,
가 련 식 물 청 여 허

宛見當時茂叔[57]居 완연히 당시 무숙(茂叔)의 사는 모습을 볼 수 있네.
완 견 당 시 무 숙 거

9곡은 애련거(愛蓮渠)이다. 이는 예사 도랑이 아니다. 실버들 하늘거리고 연꽃이 피어있는 도랑이다. 다음 제2구의 표현이 고아하다. 붉은 단장하고 푸른 일산으로 연꽃을 감싸 안았다라고 했다. 이는 연꽃이 피어있는 모양을 비유해서 표현한 것이다. 연꽃의 붉은 꽃잎을 초록색 꽃받침이 받치고 있는 형상을 묘사한 것이다. 제4구에서 “완연히 당시 무숙(茂叔)의 사는 모습을 볼 수 있네.”라 했다. 무숙(茂叔)은 주돈이(周敦頤)의 자(字)이다. 그는 산문(散文) 「애련설(愛蓮說)」[58]에서 “연꽃은 꽃중의 군자이다.” 라고 했다. 연꽃의 품격을 군자(君子)의 품격에 비유하여 자기가 추구하는 인간의 품격을 함축적으로 논한 글이다. 군자는 인품과 학문을 겸비한 인물이다. 위 시에서 이홍유는 신득치의 군자적(君子的) 생활상을 주돈이의 생활면에 비유하여 표현한

---

54) 홍장(紅粧) : 연지를 찍고 화장한 미인.

55) 취개(翠盖) : 취(翠)의 깃털로 장식한 일산. 취(翠)는 푸른 깃털의 작(雀) 『이아(爾雅)』「석조(釋鳥)」.

56) 부거(芙蕖) : 연(蓮)의 이칭.

57) 무숙(茂叔) : 북송(北宋) 때 유학자(儒學者) 주돈이(周敦頤)의 자(字) 호(號)는 염계(濂溪) 정호(鄭顥) 정이(鄭頤)의 스승이며 송학(宋學)의 비조(鼻祖)가 됨. 저서에 『통서(通書)』·『태극도설(太極圖說)』 등이 있다.

58) 주돈이(周敦頤), 「애련설(愛蓮說)」. “여위국화지은일자야(余謂菊花之隱逸者也), 모란화지부귀자야(牡丹花之富貴者也), 연화지군자자야(蓮花之君子者也)” 연꽃의 품격을 군자(君子)의 품격에 비유하여 자기가 추구하는 인간의 품격을 함축적으로 논한 글이다.

것이다. 한편 이홍유 자신도 그런 삶을 동경하고 추구하고 있다는 의미를 내포시키고 있는 것이리라.

이렇듯이 연꽃은 군자의 상징이다. 그러나 아무나 연꽃을 사랑할 수 있는 것이 아니다. 또한 연꽃은 아무에게나 사랑받는 것을 싫어한다. 이런 연꽃의 마음을 읽을 수 있는 사람이 많아지는 날을 기다려보자. 말하지 않고 있는 연꽃의 마음을 읽을 수 있는 혜안을 갖추도록 해보자. 군자의 눈에 군자가 보이는 법이다. 그 정도의 식견은 확립해야한다.

『시경(詩經)』「관저(關雎)」에 "요조숙녀(窈窕淑女), 군자호구(君子好逑)"라고 했다. "요조숙녀(窈窕淑女)는 군자(君子)의 좋은 짝이다."라는 뜻이다. 군자라야 요조숙녀(窈窕淑女)와 어울릴 수 있다. 요조숙녀(窈窕淑女)를 원하거들랑 먼저 군자의 기품을 구비해야 할 것이다.

위에서 살펴보았듯이 이홍유는 군자의 품격을 함양하려고 노력했다. 그만이 할 수 있는 것은 아니다. 맘먹는 사람은 누구나 할 수 있다. 속담에 "맘먹기 달려있다."는 말이 있다. 이런 논조는 이미 『대학(大學)』에 보인다. 『대학(大學)』에 "심성구지, 수부중, 불원의(心誠求之, 雖不中, 不遠矣.)"를 제시했다. "마음에서 진실로 그것을 추구하면 비록 적중하지는 않더라도 멀게 되지는 않는다." 이를 "성어중(誠於中), 형어외(形於外)" 즉 "마음에서 정성을 다하면 겉으로 나타난다."라는 말로 요약했다. 맘먹기에 따라 결과가 결정된다는 점을 강조한 것이다. 유학에서 강조하는 덕목중의 하나가 지행합일(知行合一)이다. 요즘은 사람들은 현실에 급급하여 근시안적으로 인생을 사는 경우가 과거 어느 시점보다 증가했다. 대장부가 평생토록 구현해야할 목표를 수립하고 그 실천을 강구하는 것도 멋있지 않겠는가. 그리고 그 목표가 "국리민복(國利民福)"에 부응하면 더 좋지 않겠는가. 평생의 목표를 설정하고 부단히 매진하자. 군자가 되려는 맘이라도 먹어보자. "십년이면 강산도 변한다."고 했다. 그런가하면 "서당개도 삼년이면 풍월을 읊는다."했다.

제9곡 애련거(愛蓮渠)이다.

泉脈溶溶浸野渠 천 맥 용 용 침 야 거	샘물의 근원이 퐁퐁 솟아 들판의 개울에 흐르고,
水仙擎出玉芙蕖 수 선 경 출 옥 부 거	수선은 옥같은 부용 떠받들어내네.
主人贏得濂溪趣 주 인 영 득 렴 계 취	주인은 염계의 정취 넉넉히 얻어,

收拾淸香此僻居 맑은 향기 맡으며 여기 후미진 곳에 사네.
수습청향차벽거

1~2구를 보자. 샘물의 근원이 솟아 들 가운데 개울로 흐른다. 도학에서 물의 근원은 학문의 근원을 말한다. 도학(道學)의 연원은 주돈이(周敦頤)에서 시작하는 것으로 본다. 수선(水仙) 즉 해당화가 옥처럼 둥글고 아름다운 연꽃을 받들고 있다. 신선계의 풍취를 느끼게 한다. 제3~4구에 신득치가 염계(濂溪) 즉 주돈이(周敦頤)의 정취를 얻어 맑은 연꽃 향기 맞으며 외떨어진 곳에서 산다. 바로군자의 풍모를 지키며 살아간다는 말이다. 염계(濂溪)는 주돈이(周敦頤)의 호이다. 그는 산문(散文) 「애련설(愛蓮說)」[59]에서 "연꽃은 꽃중의 군자이다."라고 했다. 연꽃의 품격을 군자의 품격에 비유하여 자기가 추구하는 인간의 품격을 함축적으로 논한 글이다. 군자는 인품과 학문을 겸비한 인물이다. 위 시에서 신득홍은 신득치가 주돈이의 생활양상을 본받아 군자적(君子的) 정취로 살아가는 생활상을 표현한 것이다.

이상에서 살펴보았듯이 신득치는 자신의 인생의 지향(志向)을 구곡 9개의 각각의 명칭으로 삼았다. 이에 대해 그 아우 신득홍은 그를 예찬하는 시를 지어 그를 잘 부각했다.

6. 맺음말

16~17세기 지금의 충북 청주시 낭성면(琅城面)·미원면(米面院) 지방에는 구곡문화가 정착 확산되었다. 그 주도자는 서계 이득윤이다. 이득윤(李得胤 1553~1630)은 1575~1598년 경 지금의 충북 청주시 상당구 미원면 가양리 일원에 서계구곡을 설정했다. 또 이득윤은 1607년 이전에 지금의 충북 청주시 상당구 미원면 옥화리 일원에 옥화구곡을 설정했다. 신득치의 외아들 신집(1623~1688)의 부인이 이홍유(李弘有)의 장남 이만헌(李萬憲 1608~?)의 딸이다. 이홍유는 이득윤의 장남이다. 신득치(申得治 1592~1656)가 미원면 운암리와 보은군 내북면 봉황리 일원에 낙우당구곡 즉 봉황정구곡을 설정했

59) 주돈이(周敦頤), 「애련설(愛蓮說)」. "여위국화지은일자야(余謂菊花之隱逸者也), 모단화지부귀자야(牡丹花之富貴者也), 연화지군자자야(蓮花之君子者也)" 연꽃의 품격을 군자(君子)의 품격에 비유하여 자기가 추구하는 인간의 품격을 함축적으로 논한 글이다.

다. 이로 보아 16·17세기 낭성(琅城)·미원(米院) 지방에 거주한 인사들은 일찍이 구곡(九曲) 문화에 관심을 가지고 그를 향유했다는 사실을 알 수 있다. 이득윤과 신득치는 우암 송시열의 도통의식의 영향을 받기 이전 주자의 도통을 계승하여 구곡을 설정했다.

율곡 이이(李珥 1536~1584)가 황해도 해주군 고산면 석담리(石潭里)에 고산구곡(高山九曲)을 정했다. 그 제자 조헌(趙憲 1544~1592)이 1584년 충북 옥천군 군서면 금산리 군북면 용호리 일대에 율원구곡(栗原九曲)을 설정했다. 이득윤과 조헌이 생존시기는 비슷하지만 서로 교유했다는 증거를 현재 찾지 못했다.

이홍유(李弘有)의 「경차낙우당주인구곡운(敬次樂愚堂主人九曲韻)」는 구곡시라는 시형식은 차용했지만 주자(朱子)의 「무이도가(武夷棹歌)」의 운(韻)을 차운하지는 않았다. 이홍유는 수려한 산수자연 속에서 자연과 친화하며 세속을 초탈하여 은둔하고 살았다. 이홍유는 고고한 인품과 정치한 학문을 겸비한 군자의 기품을 견지하고 속세가 아닌 속세에 은둔하며 인간의 기본적 윤리도덕을 숭상하고 입덕(立德)의 기상을 연마했다. 그리고 그것을 구현하려 했다. 이홍유는 제1곡시와 제9곡시에서 수미쌍괄의 표현법을 써서 주돈이가 추구했던 고결한 삶의 자세를 강조했다. 또한 그는 이 시에서 주돈이(周敦頤)·정이(程頤)·정호(程顥)·주자(朱子) 등 도학자들의 고고한 생활면과 문학활동을 모방하고 실천하려는 의지를 표현했다. 이는 조선조 유학자들의 보편적인 이상이었다. 이들은 신선경의 산수자연에서 신선연(神仙然)하며 초속적(超俗的) 경지를 추구하며 고결한 삶과 문학적 취향을 즐기고 누렸다. 이를 통해 조선조 선비들이 신선사상과 중국 도학자들의 생활상과 문학적 취향을 수용하여 산수 좋은 곳에서 은거하며 구체적으로 그것을 구현한 한 사례를 확인했다. 「경차낙우당주인구곡운(敬次樂愚堂主人九曲韻)」은 신득치의 「낙우당주인구곡운(樂愚堂主人九曲韻)」에 차운한 시(詩)이다. 이런 사정을 고려한다면, 이홍유가 읊은 시(詩) 내용의 이면에는 신득치도 이와 같은 삶의 자세를 견지하고 있는 인물이라는 것을 짐작할 수 있다.

봉황정구곡은 신득홍의 바로 위의 형 신득치가 설정했다. 이홍유(李弘有 1588~1671)의문집인 『둔헌집(遯軒集)』에 「경차락우당주인구곡운(敬次樂愚堂主人九曲韻)」가 수록되어있는데, 이홍유는 봉황정구곡을 낙당주인구곡이라

한 것이다. 신득치를 존경하는 뜻을 담은 표현이다. 이 봉황정구곡(=樂愚堂主人九曲) 9개 각각의 명칭은 도학 군자(道學 君子)의 풍모를 닦는데 도움을 주는 명칭을 부여했다. 즉 신득치 자신의 인생의 지향(志向)을 구곡의 명칭으로 삼았다.

신득치의 낙우당구곡 즉 봉황정구곡은 그 설정연도로 보아 현재 충북에서 네 번째 설정된 구곡이다. 즉 이득윤의 서계구곡, 이득윤의 옥화구곡, 조헌의 율원구곡의 다음이다. 이렇듯 이득윤과 신득치 등은 주자의 구곡을 수용하여 당시 상당산 동쪽 지금의 청주시 상당구 낭성면 미원면 일대 산동지방에 구곡을 설정하고 구곡시가를 지었다.

제3부

구곡문화관광특구와 구곡한시연구의 구곡문화사적 의의와 기대효과

필자의 학문연구방법은 온고지신이며 학문연구목적은 홍익학문이다. 구곡은 한국 최고의 문화산수(文化山水)이다. 구곡이 홍익학문이라는 필자의 학문 목적에 부합하는 최고 최적이 대상이다. 그 연구성과의 하나가 '구곡문화관광특구'의 설정과 그 연구다. 필자는 1998년부터 충북의 '구곡문화(九曲文化)'에 대한 연구를 수행해왔다. 그 첫 번째 성과로 「구곡시의 전통과 화양구곡시」라는 논문을 썼다. 이후 구곡에 대해 자료를 계속 수집하는 한 편 논문을 작성했다. 충북지방엔 속리산계(俗離山系) 남한강인 달래강(달천강獺川江) 중·상류 100여리 사이에 9개의 구곡이 설정돼있다. 이런 경우는 전국적으로도 드물며 충북에서는 유일하다.

그런데 마침 정부가 2001년을 '한국방문의 해'와 '지역문화의 해'로 선포했다. 필자는 그 취지에 부응하고자, 달래강 유역에 집중돼있는 구곡문화권을 '구곡문화관광특구(九曲文化觀光特區)'라 명명하고 '구곡문화관광특구선포문'을 작성했다. 이는 '산수관광(山水觀光)'과 '문화관광(文化觀光)'을 병행할 수 있는 문화관광권으로, 구곡(九曲)의 산수(山水)를 유람하며 구곡(九曲)에 대해 읊은 한시(漢詩)인 구곡시(九曲詩)와 바위에 새긴 글씨 그리고 구곡을 그린 구곡도를 감상할 수 있는 특별한 관광구역을 말한다.

'구곡문화관광특구'내에는 9개의 구곡이 있다. 답사하기 편리한 순서대로 그 명칭을 들어본다. 지금 괴산군에 유근(柳根 1549~1627)이 정한 고산구곡(孤山九曲), 전덕호(全德浩1844~1922)가 정한 갈은구곡(葛隱九曲), 노성도(盧性度 1819~1893)가 정한 연하구곡(煙霞九曲), 정재응(鄭在應1764~ 1822)이한 쌍계구곡(雙溪九曲), 김시찬(金時粲 1700~1767) 이보상(李普祥 1698~1775) 이상간(李尙侃 1715~1765) 정술조(鄭述祚 1711~1788) 등이 정한 선유구곡(仙遊九曲), 송시렬(宋時烈1607~1689) 권상하(權尙夏 1641~1721) 민진원(閔鎭遠 1664~1736) 등이 정한 화양구곡(華陽九曲)이 있다. 그리고 청주시에 이득윤(李得胤 1553~1630)의 서계구곡(西溪九曲)과 옥화구곡(玉華九曲)이 있다. 또 보은군에 신득치(申得治 1592~1656)의 낙우당구곡(樂愚堂九曲: 봉황정구곡 鳳凰亭九曲)이 있다. 이에 대해서 필자는 그간 여러 편의 논문을 통해 연구했다. '구곡문화관광특구'를 기행하고 보은의 삼년산성을 거쳐 속리산 자정비에서 마무리하면 이상적이고 환상적인 산수문화관광을 할 수 있다.

최초로 '구곡(九曲)'을 설정한 사람은 중국의 주자(朱子)이다. '구곡(九曲)'은 아홉 개의 '곡(曲)'으로 정한 것은 『주역(周易)』, 「계사전(繫辭傳)」 '구오(九五)'의 원리를 적용한 것이다. 구오(九五)는 만물이 각각 그 기능과 역할을 다하여 원만하고 활발하게 작용하게 하여, 천하를 으뜸으로 잘 다스려지게 하는 상황을 표현한 괘(卦)이다. 즉 구곡(九曲)은 천하가 순리대로 원만하게 으뜸으로 잘 다스려지기를 기원하는 천하관(天下觀)과 정치관(政治觀)을 자연에 표현한 것이다.

이득윤(李得胤)이 서계구곡(西溪九曲)과 옥화구곡(玉華九曲)을 정했다. 신득치가 낙우당구곡(樂愚堂九曲)을 정했다. 신득치(申得治)의 외아들 신집(申潗 1623~1688)의 부인이 이홍유(李弘有)의 장남(長男) 이만헌(李萬憲 1608~?)의 딸이다. 즉 이득윤의 증손녀이다. 모두 주자학 숭상자들이다. 이렇듯 구곡은 주자학을 숭상하는 사림들이 학통의 상징으로 설정한 것이다.

학문의 발전과 학파의 결속에 있어서 학통의식은 지대한 영향을 준다. 학통의식은 조선시대에는 도통의식(道統意識)이라 했다. '도통의식'이란 도학(道學) 즉 주자(朱子 1130~1200)를 조종(朝宗)으로하는 유학의 연원(淵源)을 계승전수하려는 의식을 말한다. 중국 도학(道學)의 연원은 주돈이(周敦頤 1017~1073)→ 정호(程顥 1032~1085)·정이(程頤 1033~1107)→ 주희(朱熹)로 이어지는 것으로 본다. 이런 학통의 집대성자인 주자가 '무이구곡'에서 「무이도가(武夷櫂歌)」를 짓고 후진을 양성하고 문예활동을 했다. 조선조의 유학자들은 이런 주자의 사상과 생활을 흠모하여 이를 구현하려했다.

1666년 우암(尤庵) 송시열(宋時烈 1607~1689)은 60세가 되던 해에 지금

의 충청북도 괴산군 청천면 화양리 화양동에 거처했다. 그 후 81세 되던 1687년까지 수시로 와서 머물렀다. 우암의 제자 권상하(權尙夏 1641~1721)와 민진원(閔鎭遠 1664~1736)에 의해 1721년 이후 1727년 이전에 오늘날의 화양구곡이 완성되었다. 이후 화양구곡은 '중국 명나라의 문물을 높이고 오랑캐를 물리치자는 의식'인 존화양이의식(尊華攘夷意識)'과 '학통을 계승하자는 의식'인 '도통계승의식(道統繼承意識)'을 견지하고 우암을 숭상하는 사림들이 순례하는 성지(聖地)가 되었으며, 그 문하생들과 노론(老論) 세력들의 결집을 강화하는 본산이 되었다. 그후 우암을 추앙하고 그 학통을 계승한 상당 수의 기호사림들은 구곡(九曲)을 정하고 구곡시가(九曲詩歌)를 지었다. 이렇듯 구곡은 도통의식의 자연에의 표상화이며 구곡시가는 도통의식의 시문학적 발현이다. 송시열은 율곡(栗谷) 이이(李珥 1536~1584)의 도통을 계승하고 그 도통계승의 표상화로 「고산구곡가(高山九曲歌)」를 한역(漢譯)하였으며 『고산구곡도(高山九曲圖)』를 그리게 했다.

우리는 '구곡문화관광특구'의 기행을 통해 몇 가지 중요한 의미를 찾을 수 있다.

첫째, 우리는 '구곡문화관광특구'를 기행을 통해 장엄하고 수려한 산수자연미를 감상하며 자연의 소중함을 확인할 수 있다. 아울러 '인자요산(仁者樂山), 지자요수(知者樂水)'라는 대자연이 가르쳐주는 무언(無言)의 교훈을 터득할 수 있다.

둘째, 구곡을 설정한 사람이나 구곡시를 창작한 사람들은 대부분 주돈이(周敦頤)·정이(程頤)·정호(程顥)·주자(朱子) 등 중국 도학자(道學者)들의 심오한 학문자세와 고결한 인품을 숭앙하고 자신들도 이를 실천하여 학문과 교육에 정진하기도 했다. 이렇듯 이들은 자신이 거처하는 산수자연에서 자연을 인격도야의 장으로 여기고 학구적이며 선취적(仙趣的)인 삶을 추구했다.

셋째, 산수자연미를 감상하면서 자연에 인간의 감정을 의탁하여 표현하는 문학의 표현법인 탁물우의(托物寓意)의 표현기법을 감지할 수 있다. 또 먼저 자연경치를 읊고 나중에 인간의 감정을 표현하는 방법인 전경후정(前景後情)의 기법을 배워 문학적 소양을 높이고 한시(漢詩)의 묘미를 즐길 수 있다.

넷째, 구곡의 암벽에 한자를 새겨놓은 곳도 있으며, 누각에 현판을 양각해 놓거나, 시를 음각해놓은 곳도 있다. 이를 통해 당시 유행했던 서체(書體)와 개인의 서풍(書風) 등 당시의 서예미학을 연구하고 서예적 식견을 확립할 수 있는 서예학습장으로 답사할 만하다.

다섯째, 구곡이나 그 주변에 은둔했거나 거처했던 문인학자들은 그 인근을 비롯하여 각지의 교우들과 시문을 주고받으며 서로의 처지를 격려해주기도하고 찬양하기도 하며 돈독한 정분을 나누었다. 이런 선인들의 우도(友道)의 실천은, 이해득실(利害得失)에 따라 이합집산(離合集散)하는 경향이 농후한 이 시대에 진정한 우도(友道)의 방향을 깨우쳐준다.

이렇듯 '구곡문화관광특구'는 산수자연을 즐기면서 다양한 의미와 효과를 얻을 수 있다. 지금 우리 사회는 물질적 풍요를 누리고 있지만, 날로 인심은 각박해져가고 인륜도덕은 추락해가며 자연환경은 심각하게 오염돼가고 있다. 이런 시대에 정신문화를 풍성하게 해주고 자연의 소중함을 인식하게 해주는 '구곡문화관광특구'는 인성교육의 도량으로 체력단련의 광장으로 활용할 수 있다. 따라서 수학여행과 신혼여행 그리고 단체관광과 학술답사의 최적지이다. 이상을 염두에 두고 '구곡문화관광특구'내의 구곡을 유람하고 구곡시를 감상하면, 효과적인 구곡문화관광을 할 수 있을 것이다.

'구곡문화관광특구(九曲文化觀光特區)' 전체가 거의 남한의 중심이 있어 교통사정이 양호하다. 괴산은 중부고속도로 증평오창매표소와 중부내륙고속도로와 중앙고속도로와도 인접해있다. 지금 청주시와 보은군에 있는 옥화구곡과 서계구곡 그리고 낙우당구곡도 경부고속도로와 중부고속도로 그리고 당진영덕고속도로(청주 상주고속도로)와 근접해 있다.

필자는 수신제가치국평천하의 논리로 살았다. 즉 나 자신 그리고 전주이씨 가문의 명예를 위해, 고향 도촌과 괴산군의 영광을 위해 위대한 대한민국과 한국국민의 발전을 위해 인류와 세계의 안녕과 평화를 위해 노력했다. 한국 전통문화를 현대화 세계화하는데 인생을 걸었다. 이 구곡문화관광특구도 그 실천의 결과물이다.

노성도(盧性度)의 연하구곡(煙霞九曲)권역을 정비하여 '산막이옛길'이라는 이름으로 2011년 본격적으로 세상에 널리 알려 관광명소가 됐다. 노성도의 연하구곡에 대한 설명은 하지 않았다. 최근에는 연간 100만 명 이상의 유람객이 다녀간다. 이로 인해 지역 경제가 향상되니 한편으로 다행한 일이다. 2016년 나루터 선착장에서 연하구곡 제1곡 탑바위까지를 '충청도 양반길'이라 명명하여 정비했다. 2019년에는 쌍곡 일대를 개발한다고 한다. 이 모두 2001년부터 필자가 공식적으로 논문과 책으로 정리하여 발표한 바 있는 '구곡문화관광특구' 내에 있다. 2001년 게재한 「'구곡문화관광특구(九曲文化觀光特區)'와 구곡한시 연구(九曲漢詩 硏究)」와 2007년에 간행한 『충북의 구곡과 구곡시』가 그것이다.

하늘과 땅 그리고 노성도의 혼령 또 알 만한 사람은 알고 있다. 진실이 아니면 역사가 아니다. 본을 세우기가 어렵지 본뜨기는 쉽다. 우연히 같아졌을 것으로 본다. 인간은 동일한 생각을 한다. 필자는 이를 '동일사유론과 기록 중요성'이라는 글을 써서 강조했다. 그래서 논문도 먼저 작성하고 글도 먼저 작성하는 사람에게 귀속권이 있다. 옛사람들도 "그렇게 하려고 한 것은 아닌데 같아졌다"는 '불모이동(不謀而同)'이라 는 말을 써서 설명했다.

지금은 지방자치단체마다 관광자원 개발에 매우 적극적이다. 특히 경쟁적으로 '길' 만들기에 매진하다시피 한다. '구곡문화관광특구'는 유네스코 세계문화유산에 등재돼야한다. 2014년 문화재청은 화양구곡을 구곡으로는 한국 최초로 국가명승에 지정했다. 이는 화양구곡의 문화명승적 가치를 공식적으로 인정한 것이다. 화양구곡은 '구곡문화관광특구'의 핵이다. 문화경제시대에 '구곡문화관광특구'가 유네스코 세계문화유산에 등재되면, 충북은 세계적인 문화관광자원을 보유한 지자체가 되고 세계 속의 충북이 되며, 충북의 경제는 영원히 불황이 없게 될 것이다.

구곡문화에 대해 관심을 가지고 선구적으로 활용한 사례를 보자. 다음의 구곡달력을 살펴보자.

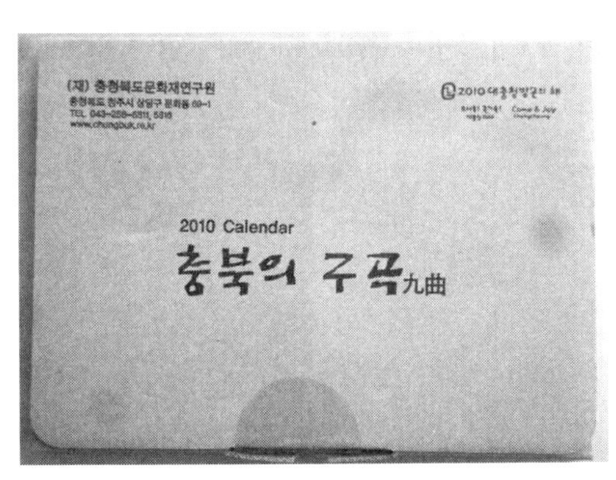

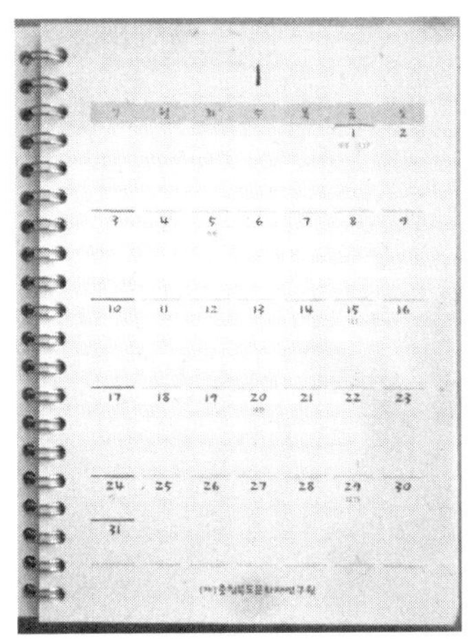

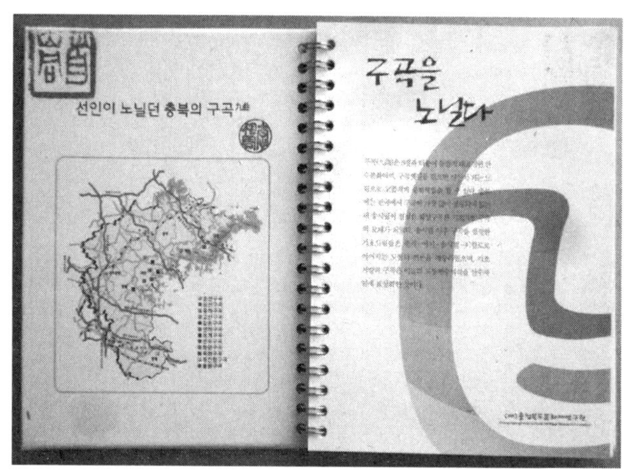

수동(首崗)이라는 인장과 이상주(李相周)라는 인장은 필자 소장용에 필자가 찍은 것이다.

성인의 눈에 성인이 보인다. 충북의 구곡에 대해 그 문화적 관광적 가치를 앞서 인식한 사람이 있다. 바로 장호수다. 그는 충청북도문화재연구원 원장시절인 2010년 대충청방문의해 기념으로 구곡달력을 제작하여 전국 주요기관에 배포했다. 그의 고도의 탁월한 문화적 식견에 삼가 경의를 표한다.

충청북도와 청주시는 국비를 지원받아 충청유교문화권 광역관광개발사업의 일환으로 2019년부터 2020년까지 길이 14.8㎞의 '문화산수 옥화구곡길(옥화구곡 문화산수관광길)' 조성사업을 실시한다고 한다. 늦은 감이 있지만 다행한 일이다. 황금은 영원한 보물이다. 문화는 마르지 않는 샘이며 구곡은 미래의 무궁한 황금광산이다.

2016년부터 4차산업혁명시대에 부응하기 위해 창의융합교육학문을 해야한다고 이구동성 강조한다. 구곡은 실존하는 자연산수에 9개의 곡을 정하고 구곡시를 지었으며 구곡도를 그리기기도 했다. 또 바위에 새겨놓은 글씨는 서예사연구의 자료로도 의의가 크다. 그야말로 구곡은 창의융합교육학문적 문화유산이다. 이를 4차산업혁명시대 창의융합적 교육사례로 적극 활용해야한다.

문화산수인 구곡을 탐방하는 정기 순회버스 운행, 구곡의 산수 그리기 대회, 서예대회, 구곡시 낭송대회, 구곡 사진촬영대회, 구곡시 시화전, 구곡연극 등 다양하게 창의융합적으로 문화관광사업에 활용할 수 있다. 이것이 창의융합적인 문화인식이며, 온고지신의 실천이라 할 것이다.

○ 문화산수(文化山水)의 정의와 그 활용에 대한 전망

이 기회에 '문화산수(文化山水)'라는 용어를 최초로 사용한 시기와 그 활용 전망에 대해 서술한 글을 보기로 하자. 필자가 2007년 7월 20일 충청일보에 다음과 같이 「'문화산수(文化山水)'를 찾아서」라는 글을 썼다.

"문화란 말은 현재 다방면에 두루 쓰이는 상투어이자, 제분야에 통용되는 일상어가 됐다. 문화란 인간이 만들어낸 인위적 현상의 총체이다. 문화관광부에서는 매달 '이달의 문화인물'을 선정해서, 그 문화적 업적을 찬양하고 계승하는 행사를 하고 있다. 지금 한류문화가 세계로 뻗어나가고 있다. 21세기를 문화의 세기라 했다. 금세기를 상징하는 세기적 특징을 함축한 말이다. 우리는 우리 선조들의 산수에 대한 관점을, '관념산수'와 '진경산수'로 양별하여 비평했다. 전자의 대표적 작품은 안견(安堅)의 '몽유도원도'이다. 후자의 대표적 작가는 정선(鄭敾)이다. 그런데 문화산수란 무엇인가. 문화산수란 자연산수에 사람이 문화적 요소를 가미한 산수를 말한다. 즉 자연산수에 철학적 사유를 표상화하거나, 서예미를 감상할 수 있는 격조 높은 글씨를 새겨놓은 산수를 말한다.

동양의 2대 산수문화는 팔경(八景)과 구곡(九曲)이다. 이중 문화산수의 정수는 단연 구곡이다. 한국 제일의 문화산수는 충북 괴산군 청천면에 자리잡고 있는 '화양구곡'이다. 문화산수의 수준을 평가하는 요목으로 ① 산수의 조화미. ② 석질과 석색의 우수성. ③ 문화유산의 다양성. ④ 인물의 역사적 영향성. ⑤ 원활한 교통여건을 들 수 있다. 화양구곡은 5대 요건을 잘 갖추고 있다. 화양구곡은 산세가 험하지 않고 계곡의 물은 포르란 옥물을 풀어놓은 듯하다. 또한 수려한 산수가 절묘하게 조화를 이루어 사람의 심신을 편안히 해준다. 한국의 구곡중 최다의 구곡시가 남아있다. 바위에 새긴 글씨들은 문화인들의 풍류이자 자연산수와 문화예술혼의 조화미의 극치다. 우암과 그 문하생들은 조선 정국의 주도적 역할하고 상당기간 화양서원 원장을 맡았다. 그를 숭상하고 학통을 계승한 기호사림들은 존화양이(尊華攘夷)·배청숭명(排淸崇明)의 사상을 견지하고 만동묘와 화양서원을 참배했다. 조선말 일제강점기에는 일제의 무력침탈을 극복하기 위해 구국의지를 견강히 하는 교육의 장이었다. 이렇듯 화양구곡은 기호사림들에게는 성지였다. 화양동은 남한의 중심에 자리잡고 있으며 2004년 3월 30일 화요일 경부고속전철의 개통으로 말미암아 더욱 시간이 단축되었다.

우리는 생활이 윤택해지고 시간적 여유가 생기면서 다양한 여가문화를 즐긴다. 산수유람과 등산은 그중의 하나이다. 이는 우선 건강에 더할 나위없이 좋다. 심신을 단련하면서 문화산수에 가서 문화산수의 존재를 알고 그 진미를 음미하면 금상첨화다. 문화의 세기에 문화와 문화산수미에도 관심을 갖고 그것을 향유한다면 일거다득이다. 개개인의 문화적 수준이 향상될 때 국민 전체의 문화수준이 향상되는 것이다.

화양구곡에 가면 문화적으로 아주 특별한 것이 많다. 그곳에 가면 문화산수의 정수를 만끽할 수 있으며, 문화산수의 정체를 실감할 수 있다. 또한 문화의 세기에 문화적 식견(識見)을 향상할 수 있다. 시대조류는 경제중산층시대에서 문화중류층시대로 이행하고 있다. 경제적 여유만큼 문화적 즐거움을 향유하면 문화특별도와 문화강국에 도달하는 시기가 앞당겨진다. 미래의 산수관광의 양상은 '문화산수' 관광시대로 진화할 것이다. 이미 우리 앞에 가까이 와 있다. '구곡문화관광특구(九曲文化觀光特區)'와 함께."

위에서 보다시피 필자는 '문화산수'라는 용어를 새로 만들고 그 정의에 대해 서술했으며, 향후 '문화산수' 관광시대로 진화할 것이라 예상했다. 이런 예상은 현실로 나타났다. 몇몇 사례를 들어본다. 구곡을 연구하는 학자가 증가했으며, 경상북도는 2012년부터 속리산권구곡문화유산에 대해 유네스코 세계문화유산에 등재하려고 준비하고 있다. 그 외 몇 몇 지방자치단체에서도 구곡을 관광자원으로 연구개발하고 있다.

한편 '문화산수'라는 용어를 사용하고 있다. 충북에서는 '문화산수'라는 용어의 의미를 공감하고 민첩하게 적용한 사람이 있다. 그는 충청북도 충북개발연구원 부설 충북학연구소 정연정 연구원이다. 2007년 12월에 간행한 충북 테마기행 7 『국립공원 월악산』이라는 책 136면과 195면에 '문화산수'라는 용어를 사용했다. 152면에 덕산지구 "문화산수(文化山水)를 가슴에 품고"라는 소제목을 붙였다. 그리고 "문화산수(文化山水)란 구곡연구가인 이상주 박사가 제안한 말로서 아름다운 자연 산수와 문화적 요소가 조화를 이루는 말이다"

라고, 필자가 그 말을 처음 사용한 사실에 공감하고 긍정하는 평설을 했다. 이로 보아 정연정 연구원은 문화적 식견이 탁월하며 학문적 자세가 정직한 학자이다. 남의 학문적 성과와 시대사조에 적합한 수사표현의 어휘에 공감하고 긍정하여 활용하니 말이다. 그의 학문적 대성을 삼가 기원한다. 대개 "재주는 곰이 부리고 돈은 되놈이 번다"고, 남의 학문적 공적이나 적절한 수사용어를 묵살하거나 도용하는 경우가 많다. 필자는 "사랑한다고 말하지 말고 사랑하라 말하라" 등 사람들이 공감할 수 있는 명구 즉 공감명구(共感名句)를 생각하며 공부하고 연구했다.

'문화산수'라는 용어를 사용한 신문기사와 기고문 중에 필자가 본 것을 모아봤다. 그 다음으로 뉴시스 강신욱기자가 2010년 5월 10일「여름을 기다리는 괴산 화양구곡」이라는 기사에서 다음과 같이 언급했다. "구곡 연구가인 이상주 박사는 "화양구곡은 한국 제일의 문화산수요, 한국 최고의 구곡"이라고 정의하는데 주저하지 않는다."

다음은 김근수 중원대향토문화연구소장이 한국국학진흥원 기관지『예던 길』 2016년 봄·여름 VOL 33,28~31면에 기고한「한국 최고의 문화산수 화양구곡」이라는 글에 다음과 같이 서술했다. "우암 송시열이 1666년부터 23년간 거처한 화양구곡에는 명나라 신종과 의종을 제사 지내던 만동묘와 화양서원이 있으며 우암이 시냇가 바위 위에 지은 암서재가 있어 산수가 수려한 곳에 새긴 암각자와 더불어 한국 최고의 문화산수에 철학적 사유를 표상화하고 우암학맥의 본산으로 당시의 선비 유학사상 계승과 문화예술적 풍류를 즐겼음을 알 수 있다."

다음은 2016년 5월 18일 월드코리언 오피니언 김정남(고문, 전 청와대 사회교육문화수석)이「아! 대한민국-109 구곡(九曲) 산수문화」라는 기사에서 다음과 같이 서술했다. "구곡은 1곡부터 9곡까지 아홉 곳의 구비로 되어 있다. 그런데 하필이면 아홉 곳의 구비일까. '문화산수(文化山水)'를 연구하는 한문학자 이상주 교수에 의하면, 주역의 구오(九五)원리를 적용한 것이라 한다."

2017년 7월 24일 충북일보에 청주시 관광과 김연화주무관이「문화산수 옥화구곡 길을 선비와 걷다」라는 글에 다음과 같이 썼다. "청주시에서는 이러한 옥화구곡 400년 스토리를 이어받아 청렴문화를 꽃피우고 청렴도시 청주로 거듭나는 의미 있는 사업을 계획 중이다. 바로 2018년부터 2019년에 걸쳐 문화

체육관광부가 수립한 충청유교문화권 광역관광개발계획의 일환으로 추진하고 있는 '문화산수 옥화구곡길' 조성 사업이다. '문화산수 옥화구곡길'은 옥화구경을 중심으로 물길, 들길, 마을길로 이어지는 걷기 길을 조성하는 사업이다.”

2018년도에 이르러 ‘문화산수’라는 용어를 사용하는 빈도수가 증가했다. 2018년에 이르러 청주시와 충청북도는 옥화구곡길을 개발하면서 문화산수라는 말을 사용했다. 관광지로 개발하기 위해 중앙부처에 개발계획서를 제출했을 때, 문화산수라는 용어를 사용하여 참신성도 일정부분 인정되어 선정된 것으로 여겨진다. 이렇듯 문화산수라는 신선하고 매력적인 어휘를 인지한 기자나 문화담당 공무원들 그리고 신문에 글을 쓰는 사람들도 문화산수라는 용어를 사용하는 사람이 증가했다. 몇몇의 예를 들어본다.

충북일보 2018.12.11. 「청주시 내년도 국비 1조1천268억 확보」. “문화산수 옥화구곡관광길 조성 5억 원과 오송 다목적 체육관 건립 20억 원, 가경 다목적 체육관 건립 10억 원, 시청자 미디어센터 구축 50억 원도 확보했다.” 충청투데이 2018.12.11. 「“청주시 내년도 국비 1조 1268억원 확보」 “지난해 정부 예산 확보에 어려움을 겪었던 문화산수 옥화구곡관광길 조성 5억 2500만원(총사업비 21억원),” 충청일보 2018.12.11. 「청주시 내년 국비 1조 1268억 확보」 “또 지난 해 정부예산 확보에 난항을 겪었던 △문화산수 옥화구곡관광길 조성 5억 2500만원,” 다음 신문들에서도 위와 같은 내용을 보도했다. (중부매일), (동양일보) (뉴데일리), (충청타임즈), (뉴스1), (네이버뉴스 프레시안), (네이버뉴스 아시아뉴스통신), (충청매일), (뉴시스) 위의 보도 사실을 통해 볼 때 청주시청에서 각 언론사에 배포한 보도자료를 참고해서 기사를 작성한 것으로 짐작된다.

다음을 살펴보자. (청주=뉴스1) 송근섭 기자, 2019. 01.01. 이시종 충북도지사 신년사 "강호대륙 꿈 그려 나가자" 파이낸셜뉴스: 2019.01.01. 조석장 기자. “올해부터 시작하는 옥화구곡 문화산수관광길 조성사업을 필두로 총 13개의 충청유교문화 관광사업이 본격 추진됩니다.”

충북일보 2019.01.20. 이도한 충북도 문화정책팀장이 「충청유교문화권 광역관광개발사업 본격 착수」라는 글에서 다음과 같이 썼다. “충북에서는 청주의 사주당 태교랜드, 괴산의 화양동 선비문화체험단지, 단양의 명승문화마을 조성 등 3개 사업이 거점관광사업으로, 충주의 탄금대 명승지 조성 등 8개

사업이 연계관광자원 개발사업으로, 문화산수 구곡관광길, 입신양명과거길 조성 등 2개 사업이 광역관광루트 개발사업으로 반영돼 총 13개 사업(세부 19개 사업)에 3천21억 원의 사업비가 투입될 예정이다."

'21세기를 문화의 세기'라 하니 충북이 문화산수(文化山水)인 구곡(九曲)을 통해 문화성세를 누리는 구곡문화특별도가 되기 바란다. 아울러 구곡의 종주국 중국인들이 구곡문화의 융창대국(隆創大國)인 한국, 그 중에서도 '구곡문화관광특구(九曲文化觀光特區)'가 설정된 충북을 왕래하여 문화교류와 함께 경제교류가 더욱 활성화되기를 바란다.

참고 자료

『인조실록(仁祖實錄)』

『논어』·『대학』·『맹자』·『송사(宋史)』·『예기(禮記)』·『장자(莊子)』·『고문진보(古文眞寶)』·『도연명집(陶淵明集)』·『주자대전(朱子大全)』, 조용승(曺龍承) 영인.

성백효(成百曉), 『현토 완역 논어집주(懸吐 完譯 論語集註)』, 전통문화연구회, 1997.

구사맹(具思孟), 『팔곡집(八谷集)』, 한국문집총간 40, 민족문화추진회.

권상하(權尙夏), 『한수재집(寒水齋集)』, 한국문집총간 150, 민족문화추진회, 1995.

김창협(金昌協), 『농암집(農巖集)』

노수신(盧守愼), 『소재집(蘇齋集)』, 한국문집총간 35, 민족문화추진회,

박건중(朴建中), 『선곡유고(仙谷遺稿)』, 회상사(回想社), 1990.

박문호(朴文鎬), 『호산전서(壺山全書)』, 아세아문화사, 1987.

박세채(朴世采), 『남계집(南溪集)』

박세화(朴世和), 『의당집(毅堂集)』, 내제문화연구회, 2002.

박윤원(朴胤源), 『근재집(近齋集)』, 한국문집총간 250, 민족문화추진회, 2000.

박지화(朴枝華), 『수암유고(守庵遺稿)』, 한국문집총간 34, 민족문화추진회.

성운(成運), 『대곡선생문집(大谷先生文集)』, 한국문집총간 28, 민족문화추진회.

송시열(宋時烈), 『송자대전(宋子大全)』

송 인(宋 寅), 『이암집(頤庵集)』,한국문집총간 36, 민족문화추진회.

신득홍(申得洪), 『지담집(芷潭集)』, 국립중앙도서관 소장.

신응시(辛應時), 『백록집(白鹿集)』

신정하(申靖夏), 『서암집(恕菴集)』, 한국문집총간 197. 민족문화추진회.

심 육(沈 錥), 『저촌유고(樗村遺稿)』

심제현(沈齊賢), 『죽재폐추(竹齋弊箒)』, 국립중앙도서관.

오원(吳瑗), 『月谷集』,한국문집총간 218, 한국고전번역원, 1998,

유성룡(柳成龍), 「종천영모록(終天永慕錄)」, 『고문서집성(古文書集成)』18, 하회풍산유씨편 4(下回豊山柳氏編 4), 한국정신문화연구원, 1994.

윤봉구(尹鳳九), 『병계집(屛溪集)』, 한국문집총간 203, 민족문화추진회, 1998.

이득윤(李得胤), 『서계집(西溪集)』.

이득윤(李得胤), 『현금동문유기(玄琴東文類記)』, 규장각 소장.

이득윤(李得胤), 『서계가장결(西溪家藏訣)』 1책 7장(後寫) 규장각소장.

이득윤(李得胤), 『상례(喪禮)』 필사본 1책, 이용우(李龍雨) 소장.

이민보(李敏輔), 『농서집(農墅集)』.

이만헌(李萬憲), 『소산공문집(小山公文集)』, 편집자(編輯者)이필영(李苾榮), 1922년.

이복(李馥), 『학은추고(鶴隱追稿)』

이산해(李山海), 『아계유고(鵝溪遺稿)』, 한국문집총간 47, 민족문화추진회.
이정(李楨), 『구암선생문집(龜巖先生文集)·속집(續集)』, 국립중앙도서관 소장본.
이 황(李 滉), 『퇴계집』, 한국문집총간 29~30, 민족문화추진회.
이하곤(李夏坤), 『두타초(頭陀草)』, 여강출판사, 1992.
이홍유(李弘有), 『둔헌집(遯軒集)』.
정래교(鄭來僑), 『완암집(浣巖集)』
정재응(鄭在應), 『잠재집(潛齋集)』. 1971.
정철(鄭澈), 『국역 송강집(國譯 松江集)』, 송강유적보존회, 1988.
정호(鄭澔), 『장암집(丈巖集)』, 한국문집총간 157, 민족문화추진회.
조우인(曺友仁), 『이재집(頤齋集)』. 임형택(林熒澤) 소장.
조유수(趙裕壽), 『후계집(后溪集)』, 규장각.
홍치유(洪致裕), 『겸산집(兼山集)』, 회상사(回想社), 1986.

신명휴(申命休)역주, 신범식(申範植) 정리, 『지담집(芷潭集)』, 고령신씨 지담공파종중, 1997.
신용호 · 신범식, 『역주 명가보묵(譯註 名家寶墨)』, 충북대학교 출판부, 2011.
이문건 저(李文楗 著), 이상주 역주(李相周 譯註), 『양아록(養兒錄)』, 태학사, 1997.
이상주(李相周), 『담헌(澹軒) 이하곤문학(李夏坤文學)의 연구(硏究)』, 이화문화출판사, 2003.
이상주(李相周), 『충북의 구곡과 구곡시 - 선인의 길을 따라 한시와 자연속으로-』, 충북학연구소, 2007.
이상주(李相周), 『충북의 팔경과 팔경시』, 동일, 2008.
이상주(李相周) 『낭성한문학』, 이에스, 2015, 1~256면.
이상주(李相周), 『조선후기 산수평론과 화양구곡한시 연구』, 다운샘, 2017, 1~315면.
이익(李瀷), 김성애 번역, 『성호전집』 제53, 「백석정기(白石亭記)」, 한국고전번역원, 2010.
정옥자(鄭玉子), 『조선후기 문화운동사』, 일조각, 1990.
정재서(鄭在書), 『불사(不死)의 신화와 사상』, 민음사, 1994.
원행패(袁行霈)저, 칠인(七人)공역, 『중국시가예술연구(中國詩歌藝術硏究)』, 아세아문화사, 1990.

『고령신씨세보(高靈申氏世譜)』, 간년미확인. 『고령신씨세보(高靈申氏世譜)』 1956간행.
『경주이씨선세실록(慶州李氏先世實錄)』 상하(上下) 2책, 이종혁(李鍾奕) 소장.
『경주이씨세적보유(慶州李氏世蹟補遺)』, 천지인(天地人) 3책, 이종찬(李鍾贊) 소장.
『경주이씨파보(慶州李氏派譜)』1922.
『경주이씨파보(慶州李氏派譜)』. 1922. 1956.
『경주이씨상서공세보(慶州李氏尙書公世譜)』, 1999.
『광주이씨족보(廣州李氏族譜)』, 1919.
『선원속보(璿源續譜)』, 국립중앙도서관 소장.
『안동김씨세보(安東金氏世譜)』, 1833.

『안동김씨세보(安東金氏世譜)』卷之二十一. 1833.
『오간 해주정씨족보(五刊 海州鄭氏族譜)』, 국립중앙도서관소장, 1919,
『해주정씨족보(海州鄭氏族譜)』, 1917.

신행(申洐), 『조고묘갈(祖考墓碣)』
「우후제선정폭포(雨後題仙亭瀑布)」, 선유구곡 암벽시(仙遊九曲 巖壁詩)

김종륜 집필, 『괴산군지(槐山郡誌)』, 1969.
『보은군지(報恩郡誌)』, 1994.
낭성면지편찬위원회, 『낭성면지』, 2014.
괴산향토사연구회, 『괴산지명지(槐山地名誌)』, 1997.
괴산군, 『가족과 함께하는 괴산명산 35』, 2003.

송주상(宋周相), 『화양지(華陽誌)』
이병연(李秉延), 『조선환여승람(朝鮮寰輿勝覽)』, 1937.
이중환(李重煥), 『택리지(擇理誌)』
『충청도읍지(忠淸道邑誌)』, 국립중앙도서관소장, 아세아문화사 영인, 1984.
괴산향토사연구회, 『괴산지명지』, 1997.

김정호(金正浩), 『대동여지도(大東輿地圖)』.
『관아세지도(官衙細地圖)』, 「괴산군지도(槐山郡地圖)」, 규장각(奎章閣)

권상로(權相老), 『한국사찰전서(韓國寺刹全書)』, 동국대학교, 1979.
김영진, 『충북문화론고(忠北文化論考)』, 향학사, 1997.
괴산군・재단법인 충청북도문화재연구원, 『화양구곡 명승 지정 방안연구』, 2014.
박을수(朴乙洙), 『한국시조대사전』, 아세아문화사, 1992.
박을수(朴乙洙), 『시조문학사전』, 신구문화사, 1979.
진공집(秦公輯), 『비별자신편(碑別字新編)』, 중국, 문물출판사(文物出版社), 1985.
허신(許愼) 찬(撰), 단옥재(段玉裁) 주(注), 『설문해자(說文解字)』, 八篇 上, 人部, 대만(臺灣) 천공서국(天工書局), 1987.
『공거지남초(公車指南草)』

중문대사전(中文大辭典)
한국학중앙연구원, 디지털청주문화대전. 디지털포천문화대전.
한국학중앙연구원, 한국민족문화대백과.

김근수(金根洙), 「화양구곡(華陽九曲)」, 『괴향문화(槐鄕文化)』 제4집, 1996.
성주탁(成周鐸), 「우암(尤庵)의 청천사창연구(青川社倉硏究」), 『주자학논총(宋子學論叢)』 창간호, 충남대학교 송자학연구소, 1994.
안장리(安章利), 「한국팔경시연구(韓國八景詩硏究)」, 한국정신문화연구원 박사논문, 1996, 1~239면.
오갑균(吳甲均), 「화양동사적(華陽洞事跡)에 관한 조사보고」, 『역사교육』 11,12합집, 1969.
윤호진(尹浩鎭), 「추사 김정희의 조선산수기(朝鮮山水記)」, 『한국한문학연구』 제23집, 한국한문학회, 1999.
이민홍(李敏弘), 「무이도가(武夷棹歌) 수용을 통해본 사림파문학의 일양상」 - 퇴계(退溪)·하서(河西)·고봉(高峯)을 중심으로-」, 『한국한문학연구』 제6집. 1982.
송재소(宋載卲), 「응와(凝窩) 이원조(李元祚)의 포천구곡차무이도가(布川九曲次武夷棹歌)에 대하여」, 『한국의 경학과 한문학(죽부(竹夫) 이지형교수(李篪衡敎授) 정년퇴직 논총)』, 태학사, 1996.
신정휴(申貞休), 「무이도가고(武夷棹歌考) -조선조 사림문학(士林文學)에 끼친 영향을 중심으로」-, 청주대석사논문, 1982.
이상주, 「경수도첩(慶壽圖帖)에 실린 신중엄의 경수연도(慶壽宴圖)에 대한 고찰」, 『열상고전연구』 47집, 열상고전연구회, 2015, 413~451면.
이상주, 「신중엄의 『경수도첩』에 실린 경수시(慶壽詩)에 대한 고찰」, 『한문학보』 37집, 2017, 103-151면.
이융조 외, 「중원지방에서 새로이 찾은 고인돌유적(1)」, 『호서문화연구(湖西文化硏究)』, 충북대 호서문화연구소, 1988.
임형택(林熒澤), 「17세기 전후(前後) 육가형식(六歌形式)의 발전과 시조문학』, 『민족문학사연구』 6집 (민족문학사연구소, 1994.
임형택(林熒澤), 「국문시(國文詩)의 전통과 도산십이곡(陶山十二曲)」, 『한국문학사의 시각』, 창작과 비평사, 1984.
정용우(鄭用宇), 「화양서원과 만동묘에 관한 연구」, 『호서사학』 18집, 1990.
조상희(趙相熙), 「조선후기 만동묘(萬東廟)의 건립과 변천연구」, 청주대 석사논문, 1984.
최재남(崔載南), 「육가(六歌)의 내용과 전승에 대한 고찰」, 『관악어문연구』 제12집.
최재남(崔載南), 「장육당육가(藏六堂六歌)와 육가계 시조(六歌系 時調)」, 『어문교육논집』 제7집, 부산대학교 국어교육과, 1983.
최석기(崔錫起), 「도산구곡(陶山九曲) 정립(定立)과 도산구곡시 창작배경」, 『한국한문학연구』, 53집, 한국한문학회, 2014.

이상주(李相周), 「서계선생년보(西溪先生年譜)와 「서계육가(西溪六歌)」·「옥화육가(玉華六歌)」의 창작년대(創作年代)」, 『서지학보(書誌學報)』21, 1998.
이상주(李相周), 「서계선생년보(西溪先生年譜)와 「서계육가(西溪六歌)」·「옥화육가(玉華六歌)」

의 창작년대(創作年代)」, 『한국의 경학과 한문학(竹夫 李篪衡教授 정년퇴직 논총)』, 태학사, 1996.

이상주(李相周), 「18세기초 문인(文人)들의 우도론(友道論)과 문예취향(文藝趣向)」, 『한국한문학연구(韓國漢文學研究)』 제23집, 한국한문학회(韓國漢文學會), 1999.

이상주(李相周), 「구곡시(九曲詩)의 전통(傳統)과 화양구곡시(華陽九曲詩)」, 『교육과학연구(教育科學研究)』 제13집, 청주대학교 교육문제연구, 1999.

이상주(李相周), 「갈은구곡(葛隱九曲)과 갈은구곡시(葛隱九曲詩) 연구(研究)」, 『괴향문화(槐鄉文化)』 제7집, 1999, 69~97면.

이상주(李相周), 「갈은구곡(葛隱九曲)과 갈은구곡시(葛隱九曲詩)」, 『한문학보』 제2집, 우리한문학회, 2000, 353~389면.

이상주(李相周), 「노성도(盧性度)와 연하구곡가(烟霞九曲歌)」, 『한문학보』 4집, 우리한문학회, 2001.

이상주(李相周), 「노성도(盧性度)와 연하구곡가(烟霞九曲歌)」, 『괴향문화』9집, 괴산향토사연구회, 2001.

이상주(李相周), 「'구곡문화관광특구(九曲文化觀光特區)'와 구곡시(九曲詩) 연구(研究)」, 『동서어 문연구(東西語文研究)』 제17집, 청주대학교 동서어문학회(東西語文學會), 2001.

이상주(李相周), 「괴산군(槐山郡) 선유동(仙遊洞)의 전설적(傳說的)·선취적(仙趣的) 인물 이녕(李寧)의 가계와 생애」, 『중원문화논총(中原文化論叢)』 제5집, 충북대학교 중원문화연구소(中原文化研究所), 2001.

이상주(李相周), 「선유구곡(仙遊九曲)과 선유구곡시(仙遊九曲詩)」, 『개신어문연구(開新語文研究)』 제18집, 충북대학교 개신어문학회(開新語文學會), 2001.

이상주, 「13세기중엽 14세기초 금속 인장 주조(金屬 印章 鑄造)와 불경(佛經)의 강론(講論)·번역(飜譯)」, 『서지학보(書誌學報)』 제25집, 한국서지학회, 2001.

이상주(李相周), 「옥화구곡(玉華九曲)과 「옥화구곡시(玉華九曲詩)」, 『충북학 연구』 제3집, 충북학연구소, 2001.

이상주(李相周), 「낙우당구곡(樂愚堂九曲)과 낙우당구곡시(樂愚堂九曲詩)」, 『교육과학연구』제15집 제2호, 청주대학교 교육문제연구소, 2001.

이상주(李相周), 「보은군(報恩郡)의 봉황대(鳳凰臺)와 이홍유(李弘有)의 봉황대팔영(鳳凰臺八詠)」, 『충북향토문화(忠北鄉土文化)』 제13집, 충북향토문화연구소, 2002.

이상주(李相周), 「'선유팔경(仙遊八景)'의'화양구곡(華陽九曲)'·'선유구곡(仙遊九曲)'에로의 분화변천과정과 기타 관련문제」, 『중원문화논총(中原文化論叢)』 제6집, 충북대학교 중원문화연구소, 2002.

이상주, 「홍치유(洪致裕)의 선유구곡시(仙遊九曲詩)」, 『충북작가(忠北作家)』 2002년 여름호, 2002, 309~329면.

이상주(李相周), 「쌍곡구곡(雙谷九曲)과 관련 시(詩)·문(文)에 대한 고찰」, 『동방한문학(東方漢文學)』 제26집, 동방한문학회, 2004.

이상주(李相周), 「정재응(鄭在應)의 쌍계구곡(雙溪九曲)과 쌍계구곡시(雙溪九曲詩)」, 『청대학술논집(淸大學術論集)』 제3집, 청주대학교 학술연구소, 2004, 144~166면.

이상주(李相周), 「'구곡문화관광특구(九曲文化觀光特區)'와 그 九曲 설정자들의 학맥(學脈)」, 『중원문화논총(中原文化論叢)』 제9집, 충북대학교 중원문화연구소, 2005.

이상주(李相周), 「기호사림(畿湖士林)의 '도통의식(道統意識)'이 구곡문화와 그 시대에 끼친 영향」, 『청풍명월의 역사와 인물[경운(景雲) 신철우선생(申哲雨先生) 서거십주년추도기념논총], 경운선생추모논총간행위원회, 황금알, 2013.

이상주, 홍치유(洪致裕)의 괴산(槐山) 선유구곡시(仙遊九曲詩)에 대한 고찰, 『충향문화』 제27집, 충북향토문화연구소, 2016, 150~182면.

이상주(李相周), 「기호사림(畿湖士林)의 '도통의식(道統意識)'이 구곡문화(九曲文化)와 그 시대에 끼친 영향」, 『충향문화』 제27집, 충북향토문화연구소, 2016, 104~149면.

이상주(李相周), 「박세화(朴世和)의 화양강회(華陽講會)와 「화양강회일기(華陽講會日記)」에 대한 고찰」, 『한문학보』 39집, 2018, 99~139면.

📖 저자 이상주(李相周)

- 중원대학교 한국학과 교수(향토문화연구소 선임연구원)
- 22sangju@hanmail.net 010-4424-3390
- 22sang@jwu.ac.kr 043-830-8693. 043-830-8311.

- 구곡(九曲)연구전문가 / 동양일보컬럼위원 / 중앙매일논설위원 /

(사)충북향토문화연구소 전문위원

- 청주대 학사·석사, 성균관대 한문학과(문학박사)
- 학교 : 충북 괴산군 괴산읍 문무로 85 중원대학교
- 본가 거주: 충북 괴산군 사리면 화산리 243 도촌(陶村)[모래재로 화산2길 55-12]
- (사)괴산향토사연구회, 동서어문학회, 열상고전연구회, 우리한문학회, 충북문화예술포럼, 충북문화유산답사회, (사)충북향토문화연구소, 한국고전문학회, 한국서지학회, 고전문학한문학연구학회, 한국한문학회.

주요 연구실적

〈文〉

- 현존 최고(最古)의 육아일기 『양아록(養兒錄)』 발견 역주(發見 譯註), 태학사(서울 KBS 1TV 1997년 '역사추리' 2009년 '역사추적'에 극화방영)
- 『담헌 이하곤 문학의 연구(澹軒 李夏坤 文學의 硏究)』
- 『18세기초 호남기행(湖南紀行)』·『낭성한문학』
- 『충북의 구곡(九曲)과 구곡시(九曲詩)』·『충북의 팔경(八景)과 팔경시(八景詩)』
- 『묵재(默齋) 이문건(李文楗)의 문학과 예술세계』
- 『화양구곡에 새긴 조선 명나라 임금 암각글씨 탁본 특별전』
- 『조선후기 산수평론과 화양구곡한시 연구』·『충북의 구곡도와 구곡문화』
- 시조(時調)와 별곡(別曲)의 의미·12대 가사(歌詞)「춘면곡(春眠曲)」의 작자 고증
- 1722년 호남연구의 필독서 이하곤(李夏坤)의 「남유록(南遊錄)」 연구
- 영정조 최고의 시인 「사천(槎川) 이병연론(李秉淵論)」
- 이득윤(李得胤)과 서계육가(西溪六歌)·옥화육가(玉華六歌)의 창작연대
- 「18세기 초 문인(文人)들의 우도론(友道論)과 문예취향(文藝趣向)」
- 청주읍지·청주 상당산성·충주 탄금대·보은 삼년산성 기록 번역
- 이인좌(李麟佐) 일당을 토벌한 『토역일기(討逆日記)』 연구 역주
- 청주 보살사 부도군(浮屠群)에 대한 고찰
- 현존 최초의 구곡시창수집 덕산구곡시(德山九曲詩)

- 현존 최고의 화양구곡도
- 화양구곡·선유구곡 완성과정과 화양구곡도
- 원지상(元持常)의 『계매서(戒妹書)』 연구
- 가산박물관소장 『지리가』 연구
- 남편이 쓴 조선초 최초의 부인묘지명 「이문건(李文楗)의 숙부인김씨묘지명(淑夫人金氏墓誌銘)에 대하여」
- 1547년 이문건이 그린 현존 최초의 초상화첩 「농서공족보(隴西公族譜)에 실린 성주이씨가(星州李氏家) 초상화(肖像畵)에 대한 고찰」
- 1601년 그린 현존 최초의 경수도. 「경수도첩에 실린 신중엄의 경수연도에 대한 고찰」
- 「박세화(朴世和)와 용하구곡시(用夏九曲詩)에 대하여」
- 「풍서 유응두(柳應斗)의 「농구십사장(農謳十四章)에 대한 고찰」
- 「송암 김재식의 「향거사시즉사(鄕居四時卽事)」에 대한 고찰」
- 「유인석의 관서지방에서의 숭화활동(崇華活動)과 「석계구곡가」
- 「이규상(李奎象)의 「태성장구곡가(台星庄九曲歌)」에 대한 고찰」
- 「화양구곡도와 하시찬(夏時贊)의 화양구곡병풍시에 대한 고찰」
- 유응두(柳應斗)와 유희영(柳曦永) 「주산구곡(蛛山九曲) 제재 한시에 대한 일고찰」
- 「16세기 성주지역에서의 이문건과 예인들의 회화창작문화콘텐츠 양상」
- 이문건의 회화에 대한 관심과 「화죽십영(畵竹十詠)」
- 우인규(禹仁圭)의 「애감록(哀感錄)」에 대한 고찰
- 「김상욱 소장 손와만록에 대한 고찰」
- 「이형부의 화양구곡도에 대한 고찰」
- 「화서학맥인물들의 음악의 암송가창성에 대한 인식과 구곡시가」
- 「괴원 이준의 단양십경차무이도가운에 대한 고찰」
- 「강용하의 존화의식과 화산십이곡」
- 「박세화의 화양강회와 화양강회일기에 대한 고찰」

〈史〉

- 『청주 용두사 철당간에 대한 오해와 진실』
- 1987년 청주 중앙(兵營)공원 소재 '청녕각(淸寧閣)' 가짜 규명(청주 KBS 1TV, MBC TV 출연 설명)
- 조선말 축조된 '괴산 갈읍 의병산성(葛邑義兵山城)' 발견 고증
- 청천 사담리 이하곤·윤순(尹淳)의 암각서예유적 '라월경(蘿月逕)' 발견
- 괴산 칠성면 쌍곡리 청화백자도요지(靑華白磁陶窯址) 발견 연구
- 비문상(碑文上) 최고의 불경번역본 『해장내서경론(海藏內書經論)』 고증
- 화양구곡 '옥조빙호(玉藻氷壺)' 탁본 발굴

★ 남권희 교수의 '증도가자(證道歌字)'에 대해 최초 반론 - 증도가자에 대한 서법적(書法的) 부

정(2010년) (서울 KBS 1TV, KBS 2TV, 서울 MBC TV, 청주 CJB TV 출연 설명)
- 일제강점기 괴산지역에 박은 쇠말뚝 조사 연구
- 『청안지역 영조 무신란 토역일기』[공역]

〈哲〉
- 공자 교학사상(敎學思想)의 현대교육학적 연구
- 조선후기 박학다식적(博學多識的) 학문경향(學問傾向)의 동인(動因) 등 190여 편 논저.

구곡문화관광특구와 구곡한시연구

2019년 2월 22일 초판1쇄 인쇄
2019년 2월 28일 초판1쇄 발행

지은이 ǀ 이 상 주
펴낸이 ǀ 김 영 환
펴낸곳 ǀ 도서출판 다운샘

05661 서울특별시 송파구 중대로27길 1
전화 02 - 449 - 9172 팩스 02 - 431 - 4151
E-mail : dusbook@naver.com

등록 제1993 - 000028호

ISBN 978-89-5817-445-5 93810

값 35,000원

이 도서의 국립중앙도서관 출판예정도서목록(CIP)은 서지정보유통지원시스템 홈페이지(http://seoji.nl.go.kr)와 국가자료종합목록시스템(http://www.nl.go.kr/kolisnet)에서 이용하실 수 있습니다. (CIP제어번호 : CIP2019007437)

※ 이 저서는 중원대학교 교내학술연구비 지원에 의한 것임
(과제관리번호: 2017-014)